DEUTSCHES FRIEDENS-BUCH

Herausgegeben von
Karl A. Mollnau und Walter Nowojski

Mit einem Geleitwort
von Hermann Kant

DEUTSCHES FRIEDENS-BUCH

AUFBAU-VERLAG BERLIN UND WEIMAR
1990

ISBN 3-351-00452-4

2., neubearbeitete und erweiterte Auflage 1990

Gestaltung Torsten Lemme
Einbandgrafik Peter Barczewski
Karl-Marx-Werk, Graphischer Großbetrieb, Pößneck V 15/30
Printed in the German Democratic Republic
Lizenznummer 301.120
Bestellnummer 613 237 5

GELEITWORT

Für den Frieden ist fast alles gesagt und längst nicht alles getan worden. Von den Worten, die ihm galten, sind in diesem Buch nicht wenige, ja, erstaunlich viele versammelt. Womöglich ist der vorliegende Band die umfassendste Anthologie ihrer Art. Nützlicher als hier haben sich Herausgeber selten machen können – oder sagen wir, einen bedeutenderen Gegenstand dürfte keiner bearbeitet haben. Jedenfalls keinen, der wie dieser aller Welt, aller Menschen Angelegenheit gewesen wäre.

Dumm nur, daß Menschen und Welt von solcher Verbindung bislang ungenügend Notiz nahmen. Bestimmte die Dringlichkeit einer Sache über den Grad der Beschäftigung mit ihr, müßte man sich um den Frieden keine Sorgen machen. Muß man aber doch, weil es so logisch nicht zugeht auf Erden. Zwar hat sich herumgesprochen, daß Krieg noch eine Möglichkeit wäre und Frieden schon eine, nur nehmen zu viele Leute das für ein bloßes Gerücht. Sie sehen den Zusammenhang zwischen ihrer Haltung und den genannten Möglichkeiten nicht. Immer Opfer gewesen, halten sie sich für Opfer immerdar. Bestenfalls bis zum Hausfrieden reicht ihre Zuständigkeit, keinesfalls bis zum Weltfrieden. Den lassen sie verwalten, und ist er auch.

Soweit zur Mehrheit; von der Minderheit und einer Minderheit in ihr handelt dieses Buch. Es meldet von deren Handeln. Es meldet von ihrer Meinung. Meinung kann Handlung sein, wennn man ihr – gegen Widerstand meist und vor allem gegen den entsetzlichsten Widerstand, der Gleichgültigkeit heißt – Umlauf verschafft.

Kein Wunder daher die Anwesenheit so vieler Schriftsteller, Poeten, Wortemacher, Schreiber in diesem Buch. Meinung zu sagen, ist ihnen Natur. Kein Wunder ebenso die Zahl der Politiker und Publizisten. Meinung zu machen, ist ihr Beruf. Nicht verwunderlich, daß auch die Wissenschaft hier mit Meinung und nicht nur mit Wissen auftritt. Gegen bestimmte Meinung nützt kein Wissen; ihr ist nur mit Gegenmeinung beizukommen. Wunderbar, daß Stimmen aus allen Bereichen in dieser Sammlung zu einer Stimme der Gegenmeinung werden.

Einförmig, eintönig gar wird es dadurch nicht. Im Gegenteil, es ist erregend auf nicht ungefährliche Art: Man liest, wie wahr seit langem gesprochen wird, und weiß doch vom Lauf der Welt. Von da bis zur Frage, ob es denn sinnvoll sei, sich in dieser Sache zu äußern, denkt es sich schnell. Naheliegend scheint die Ansicht, mit Ansichten komme man nicht weit: Die Geschichte der Worte für den Frieden eine Geschichte der Vergeblichkeit?

Der Vergeblichkeit? Eine zu lange, eine entschieden zu lange wohl, eine der Vergeblichkeit keineswegs. Denn der Krieg ist gründlich ins Gerede gekommen. Nicht zuletzt die hier versammelten Schreiber, Redner, Reimer, Denker, Leiter, Tüftler, Krittler, Realisten, Utopisten, Christen, Pazifisten, Kommunisten haben ihn dahin gebracht. Sie haben ihm so lange am Zeuge geflickt, daß er als barer Lumpensack dasteht. Sie haben ihn schlecht gemacht, so gut sie nur konnten. Sie haben ihm den Ruf gründlich ruiniert. Mit Worten, mit nichts als Worten. Allerdings nicht mit leeren, sondern solchen, die beschwert von Erfahrung sind und angereichert mit Gesichten. Einige dieser Worte, erstaunlich viele, bilden hier eine glanzvolle Versammlung. Das Thema ist alt und völlig unveraltet; es lautet: Frieden, und ist ganz für uns gedacht.

Hermann Kant

ERSTER TEIL

I

WALTHER VON DER VOGELWEIDE

Her keiser, swenne ir Tiuschen vride

Hêr keiser, swenne ir Tiuschen vride
gemachet stæte bî der wide,
sô bietent iu die vremeden zungen êre.
Die sult ir nemen ân arebeit,
und süenet al die kristenheit:
daz tiuret iuch, und müet die heiden sêre.
Ir traget zwei keisers ellen,
des aren tugent, des lewen kraft:
die sint des hêrren zeichen an dem schilte,
die zwêne hergesellen:
wan wolten si an die heidenschaft!
waz widerstüende ir manheit und ir milte?

Herr Kaiser, wenn mit Strang und Acht
Den Deutschen Frieden Ihr gebracht,
Dann werdet Ihr von Fremden auch geehrt.
Die Ehr' Euch mühelos gedeiht
Versöhnt nun all die Christenheit:
Das bringt Euch Ruhm, die Heiden es beschwert.
Ihr tragt zwei Kaisermächte:
Des Adlers Sinn, des Löwen Kraft,
Die sind für Euch das Zeichen auf dem Schilde.

Bestürmten im Gefechte
Die zwei mit Euch die Heidenschaft,
Was trotzte ihrer Mannheit, ihrer Milde?

Ich saz ûf eime steine ...

Ich saz ûf eime steine,
und dahte bein mit beine:
dar ûf satzt ich den ellenbogen:
ich hete in mîne hant gesmogen
daz kinne und ein mîn wange.
dô dâhte ich mir vil ange,
wie man zer welte solte leben:
deheinen rât kond ich gegeben,
wie man driu dinc erwurbe,
der keines niht verdurbe.
diu zwei sint êre und varnde guot,
daz dicke ein ander schaden tuot:
daz dritte ist gotes hulde,
der zweier übergulde.
die wolte ich gerne in einen schrîn.
jâ leider desn mac niht gesîn,
daz guot und weltlich êre
und gotes hulde mêre
zesamene in ein herze komen.
stîg unde wege sint in benomen:
untriuwe ist in der sâze,
gewalt vert ûf der strâze:
fride unde reht sint sêre wunt.
diu driu enhabent geleites niht, diu zwei enwerden ê gesunt.

Ich saß auf einem Steine
Und deckte Bein mit Beine;
Den Ellenbogen setzt ich auf

Und schmiegte in die Hand darauf
Das Kinn und eine Wange.
So grübelte ich lange,
Wie in der Welt man könnte leben:
Die Antwort konnt ich mir nicht geben,
Wie man drei Ding' erwürbe,
Daß keins davon verdürbe.
Der'n zwei sind Ansehn, irdisch Gut
– Das oft einander Abbruch tut –,
Das dritt ist Gottes Segen,
Den zweien überlegen.
Die wünscht ich mir in *einen* Schrein.
Doch leider kann es nimmer sein,
Daß Gut und weltlich Ehre
Und Gottes Huld je kehre
Ein in dasselbe Menschenherz.
Sie finden Hemmnis allerwärts:
Lug gibt's im Übermaße,
Gewalt herrscht auf der Straße.
Friede und Recht sind todeswund,
Es finden keinen Schutz die drei, eh diese zwei
nicht sind gesund!

EIKE VON REPGOW

Friedensregelung

§ 1. Nu vernemet den alden vrede, den die keiserlike gewalt gestedeget hevet deme lande to sassen mit der guden knechte wilkore von deme lande. Alle dage unde alle tiet solen vrede hebben papen unde geistlike lüde, unde wif unde megede unde joden an irme gude unde an irme live; kerken unde kerchove unde iewelk dorp binnen siner gruve unde sime tune, plüge unde molen, unde des koninges strate in watere unde in velde, die solen steden vrede hebben, unde allet, dat dar binnen kumt.

§ 2. Hilge dage unde gebundene dage, die sin allen lüden to vrede dagen gesat, dar to in iewelker weken vier dage: die dunresdach unde die vridach unde die sunavent unde die sundach. Des donredages wiet man den kresemen, dar man uns allen mede tekenet to der cristenheit in der döpe. Des donredages merede unse herre got mit sinen jüngeren in'me kelke, dar began unse e. Des dunredages vorde got unse minscheit to himele, unde opende uns den wech dar hen, de uns er besloten was. – Des vridages makede got den man, unde wart des vridages gemarteret durch den man. – Des sunavendes rowede he, do he himmel unde erde gemaket hadde, und allet dat dar inne was. Her rowede ok des sunavendes in deme grave na siner martere. Des sunavendes wiet man die papen to godes denste, die der cristenheit meistere sin. – Des sundages würde wie besünt mit gode umme adames missedat. Die sundach was die irste dach, die je gewart, unde wirt die leste, alse wie upirstan solen von deme dode, unde solen varen to gnaden mit live unde mit selen, die 't weder got verdient hebben. Dar umme sin disse vier dage gemene vrededage allen lüden, ane den, die in der hanthaften dat gevangen werden, oder in des rikes achte sin, oder vervest in deme gerichte.

§ 1. Vernehmt nun den alten Frieden, den die kaiserliche Macht für das Sachsenland mit Zustimmung der Edelleute verfügt hat. Alle Tage und allzeit sollen Priester und Ordensleute und Frauen und Mädchen und Juden Frieden haben an ihrem Gut und Leben; Kirchen und Kirchhöfe und jedes Dorf innerhalb seines Grabens und seiner Umfriedung, Pflüge und Mühlen und des Königs Weg zu Wasser und zu Lande. Dies alles soll dauernden Frieden haben und alle, die es betreten.

§ 2. Kirchliche Feiertage und besonders für die Rechtsprechung bestimmte Tage sind für alle Leute zu Friedenstagen bestimmt; außerdem in jeder Woche vier Tage: Donnerstage, Freitage, Sonnabende und Sonntage. Am Donnerstag weiht man das Salböl, womit man uns alle christlich tauft. Donnerstags nahm unser Herrgott mit seinen Jüngern das Abendmahl, womit unser Recht begann. Donnerstags führte Gott unsere Menschheit gen Himmel und öffnete uns den Weg dorthin, der uns bis dahin verschlossen war. – Am Freitag schuf Gott den Menschen und wurde auch Freitags durch den Menschen ans Kreuz geschlagen. Am Sonnabend, nachdem er Himmel und Erde mit allem, was darin war, geschaffen, ruhte er. Auch Sonnabends nach seiner Kreuzigung ruhte er im Grabe. Am Sonnabend weiht man auch die Geistlichen, die die Lehrer der Christenheit sind, zum Dienst an Gott. Sonntags wurden wir nach Adams Sünde mit Gott versöhnt. Der Sonntag war der erste Tag, der jemals war, und wird der letzte sein, da wir vom Tode auferstehen und mit Leib und Seele zur Glückseligkeit gelangen werden, so wir es um Gott verdient haben. Deshalb sind diese vier Tage allen Menschen gemeinsam Friedenstage, mit Ausnahme derjenigen, die bei frischer Tat ertappt werden oder sich in Reichsacht befinden oder vom Gericht verurteilt sind.

MEISTER ECKEHART
Ein edles Leben

WÊRE daz niht ein edel leben, daz ein ieglich wêre bekêret ûf sînes nêhsten vride als ûf sînen eigenen vride unde daz sîn minne alse blôz und alse lûter und alse abegescheiden sî in sich selber, daz er niht enmeinete wan güeti unde got? (...)

Wan minne, diu wil nienâ sîn, wan dâ gelîcheit ist und ein ist. Ein herre, der einen kneht hêt, dâ enist niht vride, wan dâ enist niht gelîcheit.

Wäre das nicht ein edles Leben, daß ein jeglicher auf seines Nächsten Friede gerichtet sei wie auf seinen eigenen Frieden und daß seine Minne so bloß und so lauter und so abgeschieden sei in sich selber, daß er nichts meinte als Güte und Gott? (...)

Denn Minne, die will nirgend anders sein, als da Gleichheit ist und Eins ist. Ein Herr, der einen Knecht hat, da ist nicht Friede, denn da ist nicht Gleichheit.

ERASMUS VON ROTTERDAM

Klage des Friedens, bei allen Völkern verbannt und niedergeschlagen

Nur die Menschen, für die sich am meisten von allen Einmütigkeit geziemt hätte und die ihrer am dringendsten bedürfen, vermag die sonst so mächtige und wirkungsvolle Natur nicht zu versöhnen. Weder verbindet sie eine gemeinsame Ordnung miteinander, noch können so viele aus der Einhelligkeit entspringende Vorteile sie zusammenfügen. Schließlich bringen nicht einmal die Empfindung und Erfahrung so vielen Unheils die Menschen zur Nächstenliebe. Die Menschen besitzen alle die gleiche Gestalt, dieselbe Stimme; und während sich die übrigen Arten der Lebewesen sehr stark in ihrer körperlichen Beschaffenheit voneinander unterscheiden, wurde dem Menschen als einzigem die Kraft der Vernunft eingegeben. Diese bildet eine so gemeinsame Grundlage für sie, wie sie den anderen Geschöpfen insgesamt versagt ist. Dem Menschen als einzigem Lebewesen wurde die Gabe der Sprache verliehen, jene vornehmste Mittlerin der Freundschaft. Allgemein angeboren sind die Keime von Zucht und Tugend; dazu eine gütige und sanfte, zu gegenseitigem Wohlwollen geneigte Sinnesart, welche das Geliebtwerden fördern und die Befriedigung gewähren soll, anderen Leuten selbstlos Gutes zu erweisen: es wäre denn, daß ein Mensch, durch böse Begierden wie durch den Zauber der Circe verdorben, zum unvernünftigen Tier entartete. Daher kommt es, daß man gewöhnlich als »menschlich« bezeichnet, was dem gegenseitigen Wohlwollen dient; dabei erklärt das Wort »Menschlichkeit« nicht etwa nur unsere Natur als solche, sondern bezeichnet die der Natur des Menschen angemessenen Sitten. Endlich schenkte die Natur den Menschen die Tränen: Ausdruck eines weichen Herzens, wodurch sie sich leicht aussöhnen können, soweit es sich um plötzliche Beleidigungen oder um die Trübung des heiteren Himmels der Freundschaft durch irgendein Wölkchen handelt.

Siehe, auf wie viele Weise lehrte die Natur die Eintracht!

Dennoch begnügte sie sich nicht mit diesen Lockungen eines wechselseitigen Wohlwollens; sie wollte, daß die Freundschaft für den Menschen nicht nur angenehm, sondern auch wahrhaft notwendig sei. Daher verteilte sie die Gaben des Körpers wie der Seele derart, daß niemand so vollkommen ausgestattet sei, um nicht zuweilen durch den Dienst selbst des Geringsten unterstützt zu werden. Die Natur hat nicht allen Lebewesen dieselben Gaben beschert, sie auch nicht in gleichem Maße ausgeteilt, damit diese Ungleichmäßigkeit durch gegenseitige Freundschaften ausgeglichen werde. Andere Länder bringen andere Erzeugnisse hervor, wodurch die Gewohnheit wie von selbst den Warenaustausch lehrt. Die übrigen Geschöpfe stattete die Natur mit Waffen und Schutzmitteln aus, um sich damit zu verteidigen; allein den Menschen erschuf sie wehrlos und schwach und auf keine andere Weise geschützt als durch die Notwendigkeit, wechselseitige Bündnisse zu schließen. Die Not führte die Menschen zu Staatenbildungen und lehrte sie Verbindung halten, um sich dadurch der Gewalt wilder Tiere und Räuber mit vereinten Kräften zu erwehren. So gibt es nichts im menschlichen Bereich, was aus sich selbst heraus hinreichend vollkommen wäre.

Das Menschengeschlecht wäre bereits in seinen ersten Anfängen zugrunde gegangen, wenn nicht das Eintrachtsband der Ehe für seine Fortpflanzung gesorgt hätte. Der Mensch würde nicht geboren werden, der Neugeborene alsbald umkommen und sein Leben bereits an der Schwelle des Daseins verlieren, kämen dem kleinen Kind nicht die freundliche Hand der Hebamme, die gütige Fürsorge der Pflegerin zu Hilfe. In diesem Sinne pflanzte die Natur dem Menschen jene leidenschaftlich brennende Vater- und Mutterliebe ein, so daß die Eltern bereits das lieben, was sie noch nicht gesehen haben. Die Natur fügte ferner die Gegenliebe der Kinder zu den Eltern hinzu, damit deren Schwachheit und Unvermögen die Unterstützung jener zu Hilfe käme und diese Liebe – von den Griechen sehr treffend »Antipelargosis«, Storchenliebe, genannt – auf eine für alle gleichermaßen sinnvolle Weise erwachse. Hinzu kommen die Bande der Blutsverwandtschaft und der Verschwägerung. Auch tritt bei manchen Menschen als Pfand gegenseitigen

Wohlwollens die Ähnlichkeit der Naturanlagen, Neigungen und der äußeren Gestalt hinzu, dazu schließlich in vielen ein geheimer Einklang der Seelen, ein wunderbarer Antrieb zur gegenseitigen Liebe, den die Alten voll Bewunderung dem Walten einer Gottheit oder eines Genius zuschrieben. Mit soviel Beweisen hat die Natur Frieden und Eintracht gelehrt, mit soviel Lockmitteln ermuntert sie dazu, mit soviel Banden zieht sie dorthin, mit soviel Beispielen treibt sie dazu an.

Welch böser Geist, übermächtig im Zerstören, hat nun nach alledem diese Bande aufgelöst, zerrissen, durchschnitten und dafür eine unersättliche Kriegswut in die Brust der Menschen gepflanzt? Hätte die Gewohnheit nicht zuerst das Staunen über das Böse, alsdann auch das Gefühl dafür beseitigt, wer würde noch an das menschliche Empfinden jener glauben, welche sich derart in steten Zerwürfnissen, Streitigkeiten und Kriegen bekämpfen, miteinander hadern und Aufruhr stiften? Endlich erfüllen sie alle heiligen und weltlichen Stätten mit Räubereien, Blutvergießen, Mordtaten und Zerstörungen. Keine noch so heiligen Bündnisse vermögen die in ihr gegenseitiges Verderben Rasenden auseinanderzubringen – wo vordem doch das gemeinsame Wort *Mensch* genügte, um unter den Menschen Einvernehmen herzustellen.

Wie dem auch sei: die Natur, die soviel bei den wilden Tieren zuwege brachte, konnte nichts bei den Menschen ausrichten; soll Christus ebenfalls nichts bei den Christenmenschen vermocht haben? Laß die Lehre der Natur, welche zwar allvermögend im Bereich der gefühllosen Welt ist, nur wenig wirksam sein; warum hält nun aber die Lehre Christi, wo sie doch so weitaus überlegen ist, ihre Bekenner nicht zu demjenigen an, was sie als einziges von allen so besonders rät, nämlich zum Frieden und zu gegenseitigem Wohlwollen? Warum bringt sie ihre Anhänger nicht wenigstens von dem Wahnsinn einer ebenso frevlerischen wie rohen Kriegsführung ab?

Höre ich das Wort »Mensch«, so eile ich geschwind herbei wie zu einem mir verwandten Wesen, voll Vertrauen, dort Ruhe finden zu können; höre ich den Namen »Christen«, fliege ich noch schneller heran in der Hoffnung, bei ihnen sicher meine Herrschaft aufrichten zu dürfen. Aber mit Scham und

Verdruß muß ich gestehen: Marktplätze, Rathäuser, Münster und Kirchen erschallen überall von Streitigkeiten, wie es nicht einmal bei den Heiden üblich ist. So sehr auch die Schar der Advokaten ihren guten Anteil am menschlichen Unheil hat, so ist sie doch nur ein verschwindend geringes Häuflein inmitten der wogenden Menge der Streitenden.

Ich erblicke eine Stadt. Alsbald erwächst in mir die Hoffnung, daß doch wenigstens unter denjenigen Eintracht herrsche, welche von den gleichen Mauern umschlossen, von den gleichen Gesetzen beherrscht sind und wie die Besatzung eines Schiffes der gleichen Gefahr gewärtig sein müssen. Doch weh mir Elendem! Auch hier erfahre ich: alle Dinge sind so sehr durch Zwietracht verdorben, daß man schwerlich ein Haus finden mag, in welchem ich auch nur einige Tage verweilen dürfte.

Aber ich übergehe die breite, wie ein Meer von den Wogen ihrer Leidenschaften fortgerissene Volksmasse und ziehe mich an die Fürstenhöfe wie in einen sicheren Hafen zurück. Bei ihnen, so sage ich mir, wird fraglos der Frieden eine Stätte haben: sie sind weiser als das gemeine Volk, da sie sein Gehirn und seine Augen darstellen. Weiterhin vertreten sie die Sache des Lehrmeisters und Fürsten der Einigkeit, von welchem ich doch allen Menschen, vornehmlich den Fürsten, empfohlen worden bin. Sie versprechen auch alles Gute. Ich sehe höfliche Empfänge, freundschaftliche Umarmungen, fröhliche Trinkgelage und alle übrigen Verbindlichkeiten des menschlichen Zusammenlebens. Doch welche Schande! Ich vermag bei diesen Fürsten nicht einmal den Schatten einer wahren Eintracht wahrzunehmen. Alles ist übertüncht und erdichtet. Parteiungen Tor und Tür geöffnet, das Ganze schlechthin durch geheime Zwiespältigkeiten und Rivalitäten verdorben. Endlich ersehe ich deutlich, daß bei den Fürstenhöfen keinesfalls der Sitz des Friedens sein kann; vielmehr befinden sich dort die Quellen und Pflanzstätten aller Kriege.

Wohin soll ich Unglücklicher mich nun wenden, nachdem so oft die Hoffnung fehlschlug? Die Fürsten sind wohl doch mehr große Herren als Gelehrte, sie lassen sich eher von ihren Begierden als von einem richtigen Urteil leiten. So will ich mich zu den Gelehrten flüchten. Echte Bildung macht uns zu Menschen, Philosophie läßt uns über Menschenmaß hinauswachsen, Theologie aber zu Heiligen werden. Bei ihnen darf ich sicher Ruhe nach so viel Irrwegen finden. Doch welch schmerzliche Enttäuschung! Siehe, auch dort herrscht Krieg: freilich eine andere, weniger grausame Art, die gleichwohl nicht minder unsinnig ist. Eine Schule streitet gegen die andere, und als ob die Wahrheit allerorts verschieden wäre, so fahren gewisse Kenntnisse nicht über das Meer, steigen nicht über die Alpen und schwimmen nicht über den Rhein. An der gleichen Universität kämpft vielmehr der Rhetoriker mit dem Dialektiker, der Theologe mit dem Rechtsgelehrten. Und in eben dem Maße kämpft innerhalb der gleichen Fakultät der Scotist mit dem Thomisten, der Nominalist mit dem Realisten, der Platoniker mit dem Peripatetiker so sehr, daß sie nicht einmal in den geringsten Kleinigkeiten einer Meinung sind. Oft schlagen sie sich mit höchstem Grimm um des Kaisers Bart, bis der Eifer des Disputes von den sachlichen Beweismitteln hinweg zu Schmähungen, von den Schmähungen aber zu Tätlichkeiten ausartet. Wird die Angelegenheit auch nicht mit Dolchen oder Lanzen ausgetragen, so durchbohren sich die Streitenden doch mit vergifteten Schreibgriffeln, zerfleischen sich gegenseitig auf dem Papier, wobei einer auf den guten Leumund des anderen die tödlichen Pfeile seiner Zungenfertigkeit abzuschnellen sucht. Wohin soll ich mich wenden, nachdem mir so oft leere Worte gegeben wurden?

Was bleibt weiter übrig als der heilige Anker der Religion? Zu ihr darf sich die Gesamtheit aller Christen bekennen; dennoch bekennen sich besonders jene durch Titel, Kleidung und Zeremonien zu ihr, welche vom Volke mit dem Namen »Priester« geehrt werden. Schaue ich nun diese von ferne an, so erweckt alles in mir die Hoffnung, daß ein Hafen für mich bereitet sei. Die schneeweißen Chorröcke haben ein fröhliches Ansehen – das ist ja auch meine Farbe –, ich sehe Kreuze als Symbole des Friedens, ich höre den zärtlichsten Zunamen »Bruder« als Beweis ungemeiner Liebe, ich vernehme den Friedensgruß als glückverheißendes Vorzeichen. Ich sehe eine Gemeinsamkeit in allen Dingen, ein eng verbundenes Kapitel, das gleiche Gotteshaus, dieselben Gesetze und tägliche Zusammenkünfte. Wer vertraut nicht darauf, daß hier der Ort des Friedens sein werde? Doch wie schändlich: fast nirgends ist das Kapitel mit dem Bischof einig. Aber dies ist eine geringfügige Angelegenheit, wären nicht die Kapitel unter sich selbst uneins. Wo gibt es einen Priester, der nicht mit seinem Amtsbruder in Streit liegt? Paulus hält es für untragbar, daß Christen miteinander hadern; darf dann ein Priester mit dem andern, ein Bischof mit dem anderen Bischof streiten? Freilich mag man vielleicht darüber hinwegsehen: sind sie doch bereits durch lange Übung fast in die Gesellschaft der Laien herabgestiegen, nachdem sie die gleichen Güter besitzen wie jene. Mögen sie ruhig von ihrem Recht Gebrauch machen, welches sie sich lediglich unter irgendeinem Vorwand anmaßen.

Eine Klasse von Menschen bleibt noch übrig: sie ist derart eng mit der Religion verwachsen, daß sie diese, selbst wenn sie es wollte, auf keinerlei Weise abzuschütteln vermag – ebensowenig wie die Schildkröte ihre Schale. Bei diesen hätte ich wohl Hoffnung, eine Stätte zu finden, ließe mich nicht so viele vergebliche Hoffnung gänzlich verzweifeln. Um trotzdem mein Vorhaben nicht aufzugeben, will ich den Versuch wagen. Du fragst nach dem Ergebnis? Vor niemand bin ich mehr zurückgeprallt. Denn welche Hoffnung soll ich hegen, wo die Religion mit der Religion streitet? So viele Parteien, so viele Orden. Die Predigermönche streiten mit den Barfüßern, die Benediktiner mit den Bernhardinern; so viele Namen, so viele Kleider, so viele mit Fleiß verschiedene Zeremonien sind nur dazu da, um überhaupt keine Einigung zustande kommen zu lassen. Einem jeden gefällt seine Meinung, er verachtet und haßt die fremde. Sogar derselbe Orden ist durch Parteien aufgespalten. Die Observanten verfolgen die Coleten; beide hassen die dritte Gruppe, die man »Konventbrüder« nennt, wiewohl sie vollends uneins miteinander sind. Wie dem auch sei: in meiner Verzweiflung über alle diese Dinge wünschte ich mich wenigstens in irgendeinem kleinen, wirklich ruhigen Kloster zu verbergen. Ich sage es ungern, wiewohl es nur zu wahr ist: ich fand bisher kein Kloster, welches nicht von heimlichen Feindschaften und Zänkereien vergiftet gewesen wäre. Ich müßte mich schämen zu erzählen, wie alte Männer mit schönen Bärten und Mänteln um lauter nichtiger und unnützer Dinge willen in Streit geraten; dabei kommen sie sich selbst überaus gelehrt und heilig vor.

Da lächelte mir einige Hoffnung zu, irgendwo bei den vielen Eheleuten ein bescheidenes Obdach zu erhalten. Was wird hier nämlich nicht versprochen: Haus-, Güter- und Bettgemeinschaft, gemeinsamer Besitz der Kinder; dazu das beiderseitige Recht auf den Körper des Ehegatten, so daß du einen einzigen, aus zwei Partnern zusammengefügten Menschen statt zweier vor dir zu haben glaubst. Aber auch hier kam heimlich jene boshafte Göttin des Zankes und riß die mit so starken Banden Vereinten durch den Zwiespalt ihrer Gemüter auseinander. Und dennoch wollte ich lieber unter diesen weilen als unter jenen, welche sich unter so viel Namen, äußeren Zeichen und Zeremonien zur vollkommenen christlichen Liebe bekennen.

Endlich habe ich mir gewünscht, wenigstens im Herzen eines einzigen Menschen eine Bleibe zu finden. Jedoch nicht einmal dies gelang, denn der Mensch liegt mit sich selbst im Kampf. Die Vernunft befehdet sich mit den Affekten, und obendrein streitet Affekt mit Affekt; ruft die Frömmigkeit hierhin, so zieht die Begierde dorthin. Wiederum anderes raten die Wollust, der Zorn, der Ehrgeiz und die Habsucht. Und obgleich die Menschen so geartet sind, schämt man sich nicht, sie dennoch Christen zu nennen – wiewohl sie sich in jeder Weise von demjenigen unterscheiden, was das wahre Wesen Christi ausmacht. (...)

Wie verträgt es sich, das Volk mit dem Zeichen des Friedens zu begrüßen und die Welt zu den heftigsten Kämpfen aufzureizen? Mit der Zunge den Frieden zu geben, in Wirklichkeit aber den Krieg anzustiften? Lobst du nicht mit dem gleichen Munde, der den Friedensmacher Christus preist, den Krieg und läßt dieselbe Trompete erschallen für Gott wie für den Satan? Stiftest du nicht beim Gottesdienst, mit der Kappe bedeckt, das einfache Volk zum Mord an, welches aus deinem Munde die Lehren des Evangeliums erwartet? Nimmst du nicht die Stelle der Apostel ein und lehrst doch, was ihren Geboten widerstreitet? Fürchtest du nicht, daß das von den Verkündigern Christi gesagte Wort: »Wie schön sind die Füße jener, die den Frieden, das Gute, das Heil ankündigen«, in das Gegenteil verkehrt werden könnte: wie schändlich sind die Zungen der Priester, die zum Kriege hetzen, zum Schlechten aufreizen und zum Verderben aufrufen?

Bei den zwar heidnischen, jedoch frommen Römern herrschte folgender Brauch: Derjenige, welcher die Würde des Pontifex maximus antrat, schwor, seine Hände von allem Blut rein zu halten, sich nicht einmal für eine erlittene Verletzung rächen zu wollen. Diesen Eid hat der Heidenkaiser Titus Vespasianus gewissenhaft gehalten, wofür ihn ein heidnischer Schriftsteller preist. Aber völlig entschwunden ist jeder Anstand aus dem menschlichen Tun! Bei den Christen entflammen die Gott geweihten Priester und die sich noch heiliger dünkenden Mönche die Gemüter der Fürsten und des Volkes zu Mord und Vernichtung. Und sie machen die Posaune des Evangeliums zur Posaune des Mars. Ihrer Würde vergessend, rennen sie auf und ab, und nichts gibt es, was sie nicht tun oder in Kauf nehmen, wenn sie nur Krieg anstiften können; und durch sie werden Fürsten, die sonst vielleicht zur Erhaltung des Friedens geneigt wären, zum Kampfe aufgestachelt, wiewohl ihr Ansehen die Aufrührer hätte beschwichtigen können. Indes, noch ungeheuerlicher ist die Tatsache: die Priester selbst führen Krieg, und zwar um solcher Dinge willen, welche sogar die heidnischen Philosophen verschmähten und die ganz besonders von apostolischen Männern verachtet werden sollten.

Vor wenigen Jahren, als die Welt in einer schlimmen Krankheit zu den Waffen griff, ließen Verkünder des Evangeliums, d.h. die Minoriten und Dominikaner, von der Kanzel herab die Kriegstrompete erschallen und hetzten obendrein die zur Raserei geneigten Menschen weiter auf. Bei den Engländern stichelten sie gegen die Franzosen, bei den Franzosen gegen die Engländer. Alle trieben zum Kriege. Zum Frieden rief niemand auf, außer dem einen oder dem anderen, welchen es fast den Kopf kostete, mich nur genannt zu haben. Überdies liefen die hochheiligen Kirchenfürsten hin und her, vergaßen Würde und Beruf und gaben sich Mühe, die allgemeine Weltkrankheit zu verschlimmern. Alsdann trieben sie bald den römischen Papst

Julius, bald die Könige zur Beschleunigung des Krieges an, als ob diese nicht schon von sich aus den Verstand völlig verloren hätten; und dennoch beschönigen wir diesen offensichtlichen Wahnsinn mit großartigen Namen. Hier verdrehen wir die Gesetze der Väter oder die Schriften frommer Menschen, dort die Worte der Heiligen Schrift in schamloser, um nicht zu sagen gottloser Weise. Ja, es ist sogar schon dahin gekommen, daß es als töricht und gottlos gilt, sich gegen den Krieg zu äußern und dasjenige zu preisen, was zuerst durch den Mund Christi gelobt wurde. Derjenige scheint dem Volke wie dem Fürsten schlecht zu raten, welcher das heilsamste Mittel von allen empfiehlt und von dem verderblichsten abrät. Schon ziehen die Geistlichen ins Feld, die Bischöfe führen den Oberbefehl über das Heerlager, lassen ihre Kirchen im Stiche und betreiben die Sache des Krieges. Ja, der Krieg bringt sogar Priester, Bischöfe und Kardinäle hervor, die den Titel »Legat« als ehrenhaft und eines Nachfolgers der Apostel würdig ansehen. Was Wunder, daß diejenigen den Geist des Krieges atmen, die er selbst gezeugt hat.

Um das Übel noch heilloser zu machen, bemänteln sie die Gottlosigkeit mit dem Schein der Frömmigkeit. Die Feldzeichen tragen das Kreuz. Der gottlose Soldat, für eine Handvoll Geld zu Gemetzel und Mord geführt, trägt das Kreuzeszeichen voran; und es ist das Symbol des Krieges, wo es doch allein vom Kriege hätte hinwegführen können. Was hast du mit dem Kreuz zu schaffen, verbrecherischer Soldat? (...)

Kaum ein Friede ist so ungerecht, als daß er nicht dem scheinbar gerechtesten Kriege vorzuziehen wäre. Betrachte zuvor die einzelnen Umstände, welche der Krieg erfordert oder mit sich bringt, und du wirst sehen, was du für einen Gewinn erlangt hast. Des Papstes Gewalt ist die höchste. Wenn aber die Völker und Fürsten jahrelang durch unchristliche Kriege in Unruhe versetzt sind, wo bleibt dann die Gewalt des Papstes, die Macht, welche Christus am nächsten ist? Dort wahrlich sollten sie ihre Gewalt gebraucht haben, wären sie nicht selbst von ähnlichen Begierden beherrscht. Ruft der Papst zum Krieg auf, so leistet man Gehorsam. Gebietet er Frieden, warum folgt man dann nicht ebenso? Wenn sie lieber Frieden haben wollen, warum hat man Julius, dem Urheber des Krieges, so willig gehorcht? Warum aber folgte kaum jemand Papst Leo, als er zum Frieden und zur Einheit aufforderte? Ist die Gewalt des Papstes wahrhaftig heilig, so darf sie gewiß höchste Gültigkeit beanspruchen, so oft sie zu dem aufruft, was Christus in so einzigartiger Weise gelehrt hat. Im übrigen verraten diejenigen, welche Julius zum Kriege zu bewegen vermochte – wozu der hochheilige Papst Leo, der auf so viele Arten zur christlichen Einigkeit aufrief, nicht imstande war –, daß sie ihren eigenen Gelüsten unter dem Deckmantel der Kirche frönten, um nicht Schärferes zu sagen.

Ist euch der Krieg in der Seele verhaßt, so will ich raten, wie ihr Frieden und Eintracht erhalten mögt. Ein dauerhafter Friede besteht nicht aus Verschwägerung oder menschlichen Bündnissen, aus denen wir so häufig Kriege entstehen sehen. Man muß die Quellen dieses Übels selbst reinigen; falsche Begehrlichkeiten gebären diesen Waffenlärm. Indem jeder seinen Leidenschaften dient, wird das Gemeinwesen geschädigt. Dennoch erlangt der einzelne nicht, was er in böser Absicht erstrebt.

Die Fürsten sollen weise sein, weise im Dienste des Volkes, nicht für sich; sie sollen *wahrhaft* weise sein, auf daß sie ihre Fürstenehre, Seligkeit, ihren Reichtum und ihre Pracht an den Dingen messen, welche sie wirklich groß und vortrefflich machen. Die Fürsten sollen ebenso gegen ihr Land gesinnt sein wie ein Vater gegen seine Kinder. Ein König soll sich dann als groß ansehen, wenn er die Seinen glücklich gemacht hat; dann als erhaben, wenn er vollkommen freien Untertanen gebietet; dann als reich, wenn er auch ein reiches Volk hat; dann als angesehen, wenn er Gemeinden besitzt, die in ewigem Frieden blühen. Diese Einstellung des Fürsten sollen auch die Herren und Amtleute nachahmen. Alle Dinge sollen sie im Hinblick auf das Gemeinwohl beurteilen; und auf diesem Wege werden die Fürsten und Herren ihren eigenen Nutzen auf angemessenere Weise fördern.

Wird sich wohl ein König von solcher Gesinnung leicht verleiten lassen, Geld aus seinen Untertanen herauszupressen, um davon die rohen Kriegsleute zu besolden? Sollte er seine Untertanen zum Hunger treiben, nur um einige unchristliche Hauptleute reich zu machen? Sollte er ferner das Leben seiner Untertanen so vielen Gefahren aussetzen? Ich glaube nein. Ein Fürst soll seine Regierung derart führen, daß er sich bewußt ist, als Mensch über Menschen, als Freier über Freie, endlich als Christ über Christen zu herrschen. Dagegen soll ihm das Volk so viel zukommen lassen, als es für die allgemeine Wohlfahrt nützlich ist. Nichts anderes wird ein frommer Fürst von seinen Untertanen verlangen. Die Begehrlichkeit jedoch des bösen Fürsten weiß der einstimmige Wille der Bürger zu zügeln. Weder Fürsten noch Untertanen sollen den Eigennutz suchen. Denjenigen soll man die meiste Ehre erweisen, welche den Krieg verhüteten und die Einigkeit durch ihre Klugheit und ihren Rat wiederherstellten.

Wer endlich dieses Ziel auf alle Weise erstrebt, soll keine übergroße Zahl von Kriegsleuten und Kriegsmaschinen zusammenbringen, sondern zusehen, daß sie nicht benötigt werden. Man liest, daß sich Kaiser Diokletian als einziger unter so vielen Kaisern eine sehr schöne Tat ausgedacht habe, nämlich: Kann der Krieg nicht verhütet werden, so soll man ihn so führen, daß das größte Unheil über die Häupter derjenigen komme, welche zum Kriege Anlaß gaben. Jetzt aber führen die Fürsten ohne Nachteil Krieg, die Hauptleute werden davon reich. Der größte Teil des Unglücks kommt über die Bauern und das gemeine Volk, die nichts mit dem Krieg zu tun haben und selbst keinerlei Ursache zu seinem Entstehen boten. Wo ist die Weisheit des Fürsten, wenn sie dies nicht bedenkt? Wo ist das Gemüt des Fürsten, wenn er diese Dinge leichtfertig übergeht? (...)

Man soll auch nicht unbesonnen dem einen oder anderen zuliebe einen Krieg entfesseln, da er – einmal begonnen – nicht leicht beendigt werden kann. Es gibt kein gefährlicheres Ding, und er sollte nur mit Zustimmung des ganzen Volkes unternommen werden. Die Ursachen des Krieges sind auf der Stelle zu unterbinden. Manchmal soll man ein Auge zudrücken; eine Freundlichkeit lockt die andere nach sich. Zuweilen muß der Friede auch erkauft werden. Wenn du einmal berechnest, was der Krieg verzehren würde und wie viele Bürger du vom Untergange rettest, so scheint der Friede immer noch wohlfeil, auch wenn du ihn teuer erstehst, weil du für den Krieg außer dem Blut deiner Untertanen noch mehr hättest aufwenden müssen. Rechne dir aus, wieviel Unheil du verhütet, wieviel Güter du erhalten hast, und die Kosten für den Frieden werden dich nicht gereuen.

Unterdessen sollen die Bischöfe ihres Amtes walten, die Priester wahrhaftig Priester sein, die Mönche an ihren Stand und Orden denken, die Theologen lehren, was Christi würdig ist. Sie sollen sich alle gegen den Krieg zusammentun und gegen ihn Lärm machen. Sie sollen den Frieden öffentlich und heimlich predigen, sie sollen ihn rühmen und einhämmern. Und wenn sie auch nur wenig imstande sind, die Entscheidung durch das Schwert zu verhindern, so sollen sie sie doch nicht billigen, nicht dabeisein, damit nicht durch ihre Urheberschaft eine so verbrecherische und höchst üble Sache ein Ansehen erhalte. (...)

Werdet doch endlich einmal ein wenig weise nach dem allzulange erduldeten Elend des Krieges! Den bisherigen Wahnwitz mag man dem Schicksal zuschreiben. Den Christen gefalle, was ehedem den Heiden gefiel: das vergangene Übel zu vergessen. Alsdann befleißigt euch des Strebens nach Frieden in gemeinsamen Beratungen, und zwar so, daß der Friede nicht mit Hanfschnüren, sondern mit starken, stahlharten Fesseln zusammengebunden wird und niemals mehr auseinandergerissen werden mag.

Euch Fürsten rede ich an, von deren Wink das Wohl der Menschen am meisten abhängt, die ihr das Bildnis des Fürsten Christus unter den Sterblichen verkörpert. Erkennt die Stimme eures Königs, die euch zum Frieden aufruft. Merkt darauf, daß der ganze, von so langwährendem Unheil erschöpfte Erdkreis euch flehentlich darum bittet. Und hat jemand noch irgendeinen Kummer, so ist es billig, daß er ihn der Seligkeit aller zum Opfer bringe. Die Aufgabe ist zu gewichtig, als daß sie aus geringfügigen Ursachen verzögert werden dürfte.

Ich spreche euch an, gottgeweihte Priester, erklärt das deutlich mit allem Fleiß, wovon ihr wißt, daß es Gott am wohlgefälligsten ist. Tut von euch, was ihm am meisten verhaßt ist.

Ich sage euch, Theologen, predigt das Evangelium des Friedens, verkündet es immer wieder mit lauter Stimme vor den Ohren des Volkes.

Ich rede euch an, Bischöfe und andere geistliche Würdenträger: Möge euer Ansehn Geltung haben, den Frieden mit ewigen Banden zu sichern.

Euch, Oberste und Amtleute, rede ich an, daß der Weisheit der Könige und der Andacht der Bischöfe euer Wille zur Seite stehe.

Ich spreche euch insgesamt an, die ihr euch des christlichen Namens rühmt, schließt euch einmütigen Herzens in dieser einen Frage zusammen. Beweist hier, wieviel die Eintracht des Volkes wider die Gewaltherrschaft der Mächtigen auszurichten vermag. Dazu sollen alle Menschen gleichermaßen mit ihrem Rat beitragen. Die ewige Einigkeit möge verbinden, was mit so vielen Mitteln die Natur zusammenfügte, mit den meisten aber Christus. In gemeinsamer Hingabe mögen alle das betreiben, was die Seligkeit aller gleichermaßen umschließt.

ULRICH ZASIUS

Recht und Frieden

Durch was anderes als durch Gesetze wird alle Gemeinschaft unter den Menschen erhalten? Darum wird das Gesetz von den meisten Schriftstellern die Seele des Staates genannt. Wie es keinen Körper ohne Seele gibt, so kann ohne Gesetz kein Staat bestehen.

Denn wer hält die Rasenden im Zaum? Der die Waffen gegen sein Vaterland ergreift? Wer beseitigt die Verwirrungen im natürlichen Verband der Völker? Wer gibt allen öffentlichen Dingen das Maß und befestigt das allgemeine Wohl? Waltet nicht auf der ganzen Erde, auf dem Meer, an jedem Orte der Welt das Gesetz? Wer sonst könnte dem Bettler, dem Hilflosen oder Bedrückten, den Bürgern, Einwohnern und Heimatlosen das ihnen zukommende Recht verschaffen, wenn das Gesetz es nicht täte?

Ohne Recht und Gesetz müßten wir vom Raube leben, es wäre kein Mensch vor dem anderen sicher, entwiche alle Scheu und Ehrbarkeit, gingen Treu und Glauben verloren. (...)

Zweck des Gesetzes ist das gemeine Beste. Das bedeutet: es wirkt eine heilsame Einigkeit unter den Menschen und Erhaltung sowohl der Ruhe als auch der Sicherheit.

Zu diesem höchsten Ziel strebt unsere Rechtserkenntnis. Wir Juristen wollen nicht nur für uns selber gleichsam das Rechte wissen, sondern unserem Nächsten nützlich sein. Wir arbeiten daran, den Frieden unter den Menschen und ihre Sicherheit zu stärken.

Weil nun dieses vor allem der Sinn der Gesetze ist, gehört zu ihrer Aufgabe, daß Schlechtigkeit vertrieben und Unredlichkeit bekämpft werde, Tüchtigkeit aber wachse und gedeihe.

JOHANNES PAULI

Frid vor dem Schaden

Man zoch uff einmal uß in einen Krieg mit grosen Büchsen und mit vil Geweren, wie dan Sit ist. Da stünd ein Nar da und fragt, was Leben das wer. Man sprach: »Man zücht in die Reiß.« Der Nar sprach: »Was thüt man in der Reiß?« Man sprach: »Man verbrent Dörffer und gewint Stet und verderbt Wein und Korn, und schlagen einander zü Dot.« Der Nar sprach: »Warumb geschicht das?« Man sprach: »Das man Friden mach.« Da sprach der Nar: »Es wer besser, man macht vorhin Friden, damit semlicher Schaden vermitten blib. Darumb so bin ich witziger, dan euwer Herren sein, wan es mir befolhen wer, so wolt ich vor dem Schaden Friden machen und nit darnach, so der Schaden geschehen ist.«

ULRICH VON HUTTEN

Entschüldigung wider etlicher unwahrhaftiges Ausgeben

NIEMAND darf Erlaubnüs zu dem, das jedermann befohlen ist, suchen, ich werde dann underwiesen, daß nit ein jeder schuldig sei, bei christlichem Glauben und der göttlichen Wahrheit zu halten, seinen nächsten Christenmenschen allzeit das Beste zu raten und tun, umb seines Vaterlands willen sich höchlich bemühen, in alle Fahr und Not wagen, auch den Tod nit förchten oder fliehen. Ein getrüwen, wackern Hund heißt sein Herr nimmer bellen, sobald er aber ein Dieb ersicht, bewegt ihn natürliche Treu und Wohlmeinung seines Herrn, ihm zu einer Warnung denselbigen anzuzeigen. Also auch, hätte ich nit der Curtisanen Rauberei erkannt, wäre mir über die zu klagen nit vonnöten gewest; hätte ich nit unserm Vaterland zu Schaden gehandelt werden gesehen, wär ich mit andern so vielen liegen belieben und hätte mein Rufen gelassen. Daß sie aber sagen, mir gebühr nit, Aufruhr in Reich zu machen, sag ich: Solchs ist auch mein Fürsatz oder Meinung nie gewesen, sonder denke ich so viel in mir, darzu zu helfen und allen Fleiß anzuwenden, damit durch Abtilgung und Ausreutung derjenen, die alle Ruh und gemeinen Frieden zerstören, teutsch Land wiederumb in Frieden und Freiheit gesetzt werde. Wie mögen sie aber sagen, ich erkenne mein Öberkeit nit? Hab ich nit erstlich die Rach zu Gott solchs herziglich Klagen gestellt? Hab ich nit darnach kai. Mt. mit angehebtem Ernst, größerem Fleiß und emsigem Anhalten, gemeine Not und Gebrechen zu bedenken und hinzulegen undertäniglichen und flehend gebeten? Nämlich an einem Ort, do ich also schreib:

Doch bitt ich vor Künig Karlen dich,
Wöllst dieser Sach gnädiglich
Erzeigen dich und hören zu.
Dann was ich dieser Dingen tu,
Soll gschehen als zu Ehren dir.

Dann sunst nit wöllt gebühren mir,
Im Reich Aufruhr zu heben an.
All freie Teutschen ich vormahn,
Doch dir zu Undertänigkeit
Zü sein in diesem Schimpf bereit,
Daß gholfen werd dem ganzen Land.
Und ausgetrieben Schad und Schand.
Des soltu ein Hauptmann allein,
Anheber, auch Vollender sein.
So will mit allem, das ich mag,
Zu Dienst dir kommen Nacht und Tag.
Und begehr von dir des keinen Lohn.
Möcht ich allein erlebet hon,
Das würd gelegt Beschwernus ab,
Von der ich viel geschrieben hab,
In Armut wöllt ich sterben gern
Und alles eignen Nutz entbehrn.
So soll man auch hierin kein Ehr
Mir schreiben zu, du bist der Herr.
Und was hierin gehandelt wird,
Dardurch dein Lob soll werden gziert
etc.

Hab ich nit auch unsere gnädchsten und gnädige Fürsten und Herrn in die Sach zu sehen, etwa bittend, etwa auch aus billichem Zorn scheltend ermahnet? Hab ich nit Warnung getan, daß zu förchten sei, wo unsere Oberkeiten nit selbst diesen Dingen raten, daß etwa ein gemeiner Hauf und das unsinnig Volk – nachdem der Curtisanen und ungeistlichen Geistlichen Ungebär, Mißbrauch und Tyrannei auf das höchst aufgestiegen – sich erhebe und alsdann mit der Unvernunft in Haufen schlage? Wie man das dann alles in dem abgemelten Spruch und etlichen andern meinen Schriften findt. Wer nun soliche Vermahnung gibt und wie angezeigt Warnung tut, soll man von dem sagen, daß er Aufruhr und Unruh mache?

Ja, ich sehe wohl, wenn man zu allen bösen Stucken dieser Leut still schwieg, ihn nichtes in ihr unbillig Herrschung und Gewalt trüg, ein jeden Bischof über den Kaiser, den Bapst über

Gott setzet, alle die geistlichen Namen haben, sie leben gleich wie sie wöllen, für Herren hielte, sie Land und Leut wie bisher an sich bringen, der Armen Schweiß und Blut in Unnützen bracht und schandhaftige Wollust verzehren, ja die ganze Christenheit, wie sie sich des dann gereidt underwinden, regieren und in Bezwang halten ließ, wollten sie von guter Ruh und gemeinem Frieden sagen. Hierumb steht wohl, Fürsten und Herren – wie ich dann vormals Vermahnung getan – in die Sachen zu sehen. Man hat uns das Seil über die Hörner bracht. Mögen wir des nit gemächlich auflösen, so will ich nit darwiderraten, daß man es ungestümiglich und mit Gewalt zurreiße. Dann solichen Betrang ist uns nim müglich, länger zu leiden. Und ob wir also darwiderstrebten, möcht es nit ein Aufruhr gescholten, sondern Erlösung von schmählicher Gefängnüs und unleidlichen Banden genennt werden.

THOMAS MÜNTZER

»Man muß das Unkraut ausräufen aus dem Weingarten Gottis«

Sich an den 43. Psal und 1. Paralip. 14, do wirstu finden die Auflösung also: Sie haben das Land nicht durch das Schwert gewonnen, sonder durch die Kraft Gottis, aber das Schwert war das Mittel, wie uns Essen und Trinken ein Mittel ist zu leben, also nötlich ist auch das Schwert, die Gottlosen zu vertilgen (Rom. am. 13.). Daß aber dasselbige nu redlicher Weise und fuglich geschehe, so sollen das unser teuren Väter, die Fursten, tun, die Christum mit uns bekennen. Wo sie aber das nicht tun, so wird ihn' das Schwert genommen werden (Danielis am 7. Kapitel), dann sie bekennen ihn also mit den Worten und leugnen sein mit der Tat (Titum 1). Also sollen sie den Feinden vortragen den Friede (Deut. 2): Wollen sie geistlich sein und die Kunst Gottis nit berechnen (1. Petri 3), so soll man sie wegtun (1. Korinth. 5). Aber ich bitt vor sie mit dem frummen Daniel, wo sie Gottis Offenbarung nicht widder sein; wo sie aber das Widderspiel treiben, daß man sie erwürge ohn alle Gnade, wie Iskias, Josias, Kyrus, Daniel, Helias (3. Regum 18) die Pfaffen Baal vorstöret haben. Anders mag die christliche Kirch zu ihrem Ursprung nicht wieder kommen. Man muß das Unkraut ausräufen aus dem Weingarten Gottis in der Zeit der Ernten, dann wird der schöne rote Weiz beständige Worzeln gewinnen und recht aufgehn (Matth. 13).

MARTIN LUTHER

Der XLVI. Psalm
Deus noster refugium et virtus

Ein feste Burg ist unser Gott,
Ein gute Wehr und Waffen.
Er hilft uns frei aus aller Not,
Die uns itzt hat betroffen.
Der alt böse Feind
Mit Ernst er's itzt meint,
Groß Macht und viel List
Sein grausam Rüstung ist,
Auf Erd ist nicht seinsgleichen.

Mit unser Macht ist nichts getan,
Wir sind gar bald verloren,
Es streit für uns der rechte Mann,
Den Gott hat selbs erkoren.
Fragst du wer der ist?
Er heißt Jesu Christ,
Der Herr Zebaoth,
Und ist kein ander Gott,
Das Feld muß er behalten.

Und wenn die Welt voll Teufel wär
Und wollt uns gar verschlingen,

So fürchten wir uns nicht so sehr,
Es soll uns doch gelingen.
Der Fürst dieser Welt,
Wie saur er sich stellt,
Tut er uns doch nicht,
Das macht er ist gericht.
Ein Wörtlein kann ihn fällen.

Das Wort sie sollen lassen stahn
Und kein Dank dazu haben,
Er ist bei uns wohl auf dem Plan
Mit seinem Geist und Gaben.
Nehmen sie den Leib,
Gut, Ehr, Kind und Weib,
Laß fahren dahin,
Sie haben's kein Gewinn,
Das Reich muß uns doch bleiben.

Artikelbrief der Schwarzwälder Bauern

FRIED und Gnad von Gott dem Allmächtigen fügen wir Euch, Burgermeister und Rat und ganze Gemeind der Stadt Villingen, und wir ermahnen Euch, ob Ihr auch wöllen helfen zu dem gottlichen Rechten und zu dem heilgen Evangeli unsers Herrn Jesu Christi und zu verbrüdern in die christenlich Bruderschaft nach Lut des Artikelbrief, so wir Euch hiemit schikken. Daruf begehren wir einer schriftlichen Antwurt by diesen Boten unverzogenlich.

Datum zu Verembach uf Montag nach des heiligen Krüztag An. 25

Hoptlüt und Rät des Hufen uf dem Schwarzwald

Ehrsamen wysen günstigen Herrn, Fründ und lieben Nachpurn! Dwyl bishar große Beschwerden, so wider Gott und alle Gerechtigkeit dem armen gemeinen Mann in Städten und uf dem Land von geistlichen und weltlichen Herren und Oberkeiten ufgelegt worden, welche sie doch selbs mit dem wenigsten Finger mit angerührt haben, erfolgt, daß man sölch Burden und Beschwerden länger nit tragen noch geduldEN mag, es wölle dann der gemein arm Mann sich und sine Kindskind ganz und gar an Bettelstab schicken und richten.

Demnach ist der Anschlag und Fürnehmen dieser christenlichen Vereinigung, mit der Hilf Gottes sich ledig zu machen und das als viel es möglich, ohn alle Schwertschlag und Blutvergießung, welches dann nit wohl sein mag ohn brüderliche Ermahnung und Vereinigung in allen gepührlichen Sachen, den gemeinen christenlichen Nutz betreffende, in diesen byliegenden Artikeln begriffen.

Ist hieruf unser fründlich Pitt, Ansinnen und brüderliche Ersuchung, Ihr wöllen Euch mit uns in diese christenliche Vereinigung und Bruderschaft gutwillig einlaussen und fründlichs Willens begeben; damit gemeiner christenlicher Nutz und brüderliche Lieb wiederumb ufgericht, erpuwen und gemehrt werde. Wo Ihr das tund, beschicht daran der Will Gotts in Erfüllung sins Gepots von brüderlicher Liebhabung.

Wo aber Ihr sölichs wurden abschlahen, des wir uns doch keinswegs versehen, tund wir Euch in den weltlichen Bann und erkennen Euch hierby darin in Kraft dies Briefs soferr und lang, bis Ihr Euwers Fürnehmens abstandent und Euch in diese christenliche Vereinigung günstigs Willens ergebent. Das haben wir Euch als unsern lieben Herren, Fründen und Nachpuren ganz guter Meinung nit wöllen verhalten. Begehrn hieruf von Raut und Gemein schriftlich Antwurt by diesem Boten. Hiemit sind Gott befohlen.

Der weltlich Bann halt in diese Meinung

Dass alle, so in dieser christenlichen Vereinigung sind, by ihren Ehren und höchsten Pflichten, so sie geton, mit denen, so sich sperren und widern, brüderliche Vereinigung inzugohn und gemeinen christenlichen Nutz zu fürdern, ganz und gar kein Gemeinschaft halten noch bruchen söllen, und daß weder essen, trinken, baden, malen, bachen, ackern, mayen, auch ihnen weder Spys, Korn, Trank, Holz, Fleisch, Salz oder anders zuführen, noch jemand zuführen gestatten oder laussen, von ihnen nichts kaufen, noch zu kaufen geben, sonder man lauß sie bliben als abgeschnittne gestorbne Glieder in den Sachen, so den gemeinen christenlichen Nutz und Landfrieden nit fürdern, sonder mehr verhindern wellen.

Ihnen sollen auch alle Märkt, Holz, Wunn, Weid und Wasser, so in ihren Zwingen und Bännen nit liegent, abgeschlagen sein.

Und welcher us den, so in die Vereinigung ingangen, sölichs übersehe, der soll fürhin auch usgeschlossen sein, mit glychem Bann gestraft und mit Wyb und Kinden Widerwärtigen oder Spennigen zugeschickt werden.

Von Schlössern, Klöstern und Pfaffenstiftung

Nachdem uns aber aller Verraut, Zwangnus und Verderbnus us Schlössern, Klöstern und Pfaffenstiften erfolgt und erwachsen, sollen die von Stund an in den Bann verkündt sein.

Wo aber der Adel, Münch oder Pfaffen, sölicher Schlösser, Klöster oder Stiftungen williglich abstohn wöllten und sich in gemeine Hüser wie ander frembd Lüt begeben und in diese christenliche Vereinigung ingohn wöllten, so söllen sie mit ihrer Hab und Gut fründlich und tugendlich angenommen werden. Und darnach alles das, so ihnen von göttlichen Rechten gepürt und zugehört, getrüwlich und ehrbarlich folgen laussen ohn all Intrag.

Von denen, so die Find dieser christenlichen Vereinigung behusen, fürdern und unterhalten

Item alle die, so die Find dieser christenlichen Vereinigung behusen, fürdern und unterhalten, söllen glicher Gestalt abzestohn fründlich ersucht werden. Wo sie aber das nit täten, söllen sie auch ohn all Mittel in den weltlichen Bann erkannt sein.

II

PARACELSUS
»Der Feind Christi soll überwunden werden, aber mit der Lehr, nit mit Mörderei«

Dann wo geschehen größer Mörd als in Kriegen, da vermessene Totschläg geschehen, einer des andern wartet, einer des andern begehrt, je einer dem andern stillsteht, siechet und weist sein Tod? Dies Kriegen und Totschlagen ist auf einer Seiten wie auf der anderen. Diese stehn beide gegeneinander, und ein jeder begehrt des anderen. Also seind sie beide Totschläger, der, so erschlagen wird, und der, so überbleibt. Denn der erschlagen würd, hat nichts begehrt als allein, daß sein Begehrn nit für sich gangen ist. Darumb ist einer wie der ander. Darauf sollen wir wissen, daß wir in allen Dingen wider dies Gebot seind. Wann nun ein Krieg wird angespannen, so begehen die andern alle vermessene Totschläg und Mörderei, zudem daß sie geschehen von eigens Nutz wegen, Ruhm, Reichtum, Hoffart, Gwalt, Macht, Übermut etc. Diese Ding alle machen den Totschlag und Mord noch schwerer, dann da werden Diebstahl, Falschzungen, andern Guts Begehrung vielfältig verbracht; wie dann offenbar ist und geschiecht nit allein, daß einer zeucht, den Totschlag zu vollbringen, sonder zu nehmben, was er fendet. Ist das nit gestohlen, frembdes Gut begehrt? So erforschet die Schrift baß, so fändet ihr's.

Was ist's: man hat Orden mit Landsknechten, den Türken zu

überwinden, zu erschlagen. Was ist das anders weder Mörderei und ein vermessenliche Mörderei? Und merket wohl auf das Wort Orden, was Laster darinnen sei! Ein Ursach ist, daß sie sagen, der Feind Christi soll erwürget werden, und dann, so hat man Ablaß davon. Das ist nun die Wahrheit: Der Feind Christi soll erwürget werden, und dann, so hat man Ablaß davon. Das ist nun die Wahrheit: Der Feind Christi soll überwunden werden, aber mit der Lehr, nit mit Mörderei; dann Gott hat nit gemördet zum Glauben, er setzt sein Reich nit in die Welt mit Julio, Nebucadnezaro, Alexandro etc., sonder er hieß seine Jünger verkünden das Wort Gottes, nicht Feldschlachten tun.

So wir nun von Christo dies Gebot also haben, durch sein Wort die Unglaubigen glaubig zu machen, so seind die Orden Mörder; und die Pfaffen haben's aufgericht, damit sie ihrer Predigt überladen seind und hinder den Huren bleiben sitzen. Dann das wissen sie: so der Glaub verkündet würde von Bischöfen etc., Pfaffen, München etc. mit solchem Ernst, als sie den Wein aussaufen und der Huren warten, es wär lang kein Türk mehr. Aber es ist ihn nit angelegen hinzugehn, sondern wöllen's mit dem Schwert erobern, heißen arm Leut wider 'n Türken ziehen. Sie aber bleiben sitzen, geben dieweil Ablaß aus und wöllen doch selbs nit des Ablaß teilhaftig werden.

Darumben so ist diese Ritterschaft nichts dann Mörderei, zudem daß sie sonst mehr Laster verbringen dann Gutes, mehr mit Huren zanken dann mit dem Türken. Also auch mit andern Kriegen: so ist es alles nichts, wann man's christlichen besiehet und ermisset. Allein wär alle Welt unter mir, hätt ich das, hätt ich jens, – also will's der König alles haben, der Bischof auch alles, der Stand des Ordens das und das, die Städt das und das, und ein jedlicher will's nach seinem Sinn haben, und ein jedlicher will, sein Sinn sei der recht. Darauf gehn die Juristen, suchen im Rechten solche Ansprüch zu haben, damit wissen sie nit, womit sie umbgehen. Es ist nur ein Gott und nur ein Kaiser und weiter kein Haupt mehr. Dann wo mehr Häupter seind weder eins am Leib, wo sollen die Glieder aus? Ein Krieg aber wird ausgenomben, und das ist der: so du sitzest im Frieden, so kommt dein Feind, will dir dein Leben nehmben; das solltu beschirmben.

SEBASTIAN FRANCK

»... daß Kriegen viehisch, wider die Natur und Vernunft«

Item, daß Kriegen viehisch, wider die Natur und Vernunft, ein lauter Unsinnigkeit un' nicht menschlich sei. Und wie der Satan nicht dann mit Gottes Kraft und Wort, also mag der Krieg nicht dann durch den Fried als mit seinem Gegenteil bekriegt und abtrieben werden. Hitz muß die Kält austreiben, das Licht die Finsternis. Also will ich hie mit des Frieds Waffen, wider alle Unsinnigkeit zu kriegen gerüst, streiten und kriegen. (...)

Erstlichen hat man mit einzeligen schädlichen Tieren und tyrannischen Menschen allein kriegt und deren Blut vergossen, so Blut vergossen haben als Kain, Cacum, Buscidem, wölches Herculem zu einem Gott bei den Menschen gemacht hat, daß er so viel Ehr und Siege einleget wider so viel schädliche Tier und Leut. Darnach fing man bei den Heiden an, die Eltern, von Alter und Krankheit beladen, aus Erbarmung gleich zu töten, damit sie ihnen der Marter abhulfen und sie nicht lang leiden dörften. Demnach aßen sie derselbe Fleisch, und es gedaucht sie gebührlich sein, daß sie ihre Eltern und Blutfreund äßen und ihr Blutfleisch darin Ingeweid in sich und ihre Leib vergrüben, dann in die Erden, den Würmern zur Speis. Wölche Handlung, ob sie wohl unmenschlich ist, beschönet es doch also die Gewohnheit, daß sie löblich was; dann es ist nichts so Schändlichs noch so grausam, daß ma nit lob un' für Recht halt, wo es die Gewohnheit linderet. Nun ist man weitergangen von den schädlichen wilden Tieren zu zahmem heimischem Viehe, als Schaf, Hennen, Rinder. (...) Als sie nun zu töten die Tier gewohnt und geübt waren, fingen auch die Menschen an, einander mit Knittlen, Kolben und Steinen zu Tod schlagen und werfen. Lange Zeit war noch kein Mordwaffen und war dies allein wider die Feind und Tyrannen fürgenommen, die andern schluge einander mit Stecken und Fäusten ohn Mord, Tod und Blut. Hie legt Herkules große Ehere ein, bei dem man nie kein Schlachtschwert gelesen oder gemachet gesehen hat. Darnach empörten sich die Freund und Nachbauren widereinander und lausten einander mit Kolben; etwa aber ein kleines Bächlin oder Fels, so im Weg lag, schied den Krieg; dann sie ihr Zeichen und Geding hätten, wann der Krieg sollte aufhören und genug sein. Sie hätten auch ihre Grueßwörtl, die Friednamen. Darnach ist der Krieg immerzu von einer Stapfel zu der andern gestiegen, bis er in die letzte wütende Morderei, Rauberei, Verräterei etc. geraten ist; und ließ sich der Satan je unverschamter herfür und in seinem Eigentum sehen, hören und merken. Es warde dazumal die Sache oder der Ansprache, darumb man krieget, durch Sendboten gehandelt und alles zuvor gütlich versucht, die Götter zum Zeugnus angerüft und vor, ehe man zur Schlacht griff, von etlichen darzu Erwöhlten umb den Siege gescharmützlet. Es war ein Schand, ein Feind mit Vorteil anzugreifen, ehe man ihm ein Zeichen tät. Und ward all Ding mit Kraft gehandelt – sobald der Hauptmann mit der Trompeten abblies, so war es Fried un' genug gekriegt. Und es war der Krieg mehr umb Tugend, Ehr, gmeine Nutz, sich Gewalts zu entschütten, dann um einicher Begierde, eitler Ehre, Herrschaft, Nutz, Rachs oder des Bluts willen. Über das alles krieget man allein mit ausländische fremden Völkern, so gemeinen Landsfrieden mit ihrem Überfall betrübten – darumb dann die Feind »hostes a hospite«, das ist frembde Gäst im Land, wurden genennet. Als nu der Sieg den Inheimischen oder Ausländischen heimfiel, so herrschten die Frembden die Einheimischen oder die Landsleut das frembd Volk, also wurden die Reich und Herrschaften verwechslet und fing an, ein unersättlich Begierd in Menschen zu erwachsen, zu herrschen. Da war dann ohn Unterlaß Krieg, weil die Vertriebnen und von Frembden Beherrschte nit nachlassen wollten, sich wieder frei zu machen, noch die Obsieger ihr gewunnen Eigentum und Vorteil mit Lieb und Willen nicht wollten übergeben, noch von ihrem Reich abstehn. Da gebar je ein Krieg den andern, ja, einer prütet sieben aus, wie man von der Hydra in der Pfütz Lerna lieset. Also daß jetzt allein der Affekt, Geiz der Eheren, der Land oder des Gelds und lauter Tyrannei kriegt. (…)

Zum letzten ist es dahin kommen, daß der Krieg nichts anders worden ist dann ein gemein Mord vieler Leute, wölches doch von unseren groben Edelleuten, spricht Erasmus, die ohn die Figur und Gestalt eines Menschen nichts Menschlichs an ihnen haben, als Kinderspiel verspott wird, wiewohl sie sich bisher Götter sein haben lassen dunken. Nun, von diesen erzählten Anfängen ist es zu dieser Unsinnigkeit kommen, d' jetz eine Blutschuld die andere anregt. Das ist jetz in ein solch Gewohnheit un' Gebrauch kommen, d' es niemand mehr befremdt; niemand schilt es, niemand schämt sich des Krieges, ja, jedermann will sein Ehr und Lob haben – man findet noch Theologos, die solich mehr dann höllisch Sach heilig nennen! (...)

Un' mit so einer teufenlischen, unnatürlichen Sach vermische wir Christu! Da laufen die Ordnunge beiderseits aneinand an und trage beide d's Friedzeiche, das Geduldzeiche des Kreuz's, das uns doch billig unseres Siegs ermahne sollt, nämlich d' wir wie Christus im Glauben mit Geduld müssen siege, in ihren Paniern, ja an ihren Leiben. Und zu einer so ungöttlichen Sach und unchristlich Spektakel mache wir Christu nit allein zu Zuseher, sondern auch zu eine Grießwarter un' Hauptmann. Lieber, was ist doch des Teufels Reich, wann es nit im Krieg ist?

HANS SACHS

Daß Fried und Ruh

GENIUS sprach zu mir:
»Sag an, Gsell! Wie gfällt dir
Der Krieg und die Kriegsleut,
Sein Art, Frucht, Lohn und Beut?«
Ich antwort ihm gar klug:
»Des Kriegs hab ich genug.
Dieweil ich hab mein Leben,
So will ich mich begeben
In kein Krieg nimmermehr,
Weil er ohn Nutz und Ehr

Handelt; allein mit Schaden
Wird Land und Leut beladen,
Welche der Krieg tut rühren,
Samt denen, die ihn führen.
Derhalb den Krieg (ich sag)
Ist lauter Straf und Plag,
Des gar soll müßig gahn
Ober- und Untertan.«
Da antwort Genius
Und sprach: »Gesell, man muß
Des Feindes sich oft wehren,
Der wider Recht und Ehren
Bekümmert Leut und Land.
Allda mit teurer Hand
Wehrt man sich recht und billig.
Da sollt du auch gutwillig
Deim Vaterland beistahn
Als ein ehrlicher Mann.
Dran setzte Leib und Blut,
Kraft, Macht, Gwalt unde Gut,
Dein Vaterland zu retten,
Als auch die Alten täten,
Daß Fried und Ruh ihm wachs,
Spricht von Nürnberg Hans Sachs.

GEORG AGRICOLA

»Denn keine Gabe, die Gott den Sterblichen geschenkt hat, ist erwünschter, erfreulicher und besser als der Friede«

Denn was gibt es Traurigeres, Schädlicheres, Verhängnisvolleres als den Krieg? Was dagegen Froheres, Fruchtbringenderes, Heilsameres als den Frieden? Aus jenem jedenfalls strömt wie aus einem häßlichen, widerlichen Sumpfe Schande, Übeltat,

Mißgeschick, Verderben, aus diesem wie aus einer angenehmen reinen Quelle Ehrenhaftigkeit, Tugend, Wohlstand, Heil. Denn die Masse der Soldaten wütet durchaus in Schamlosigkeit, Verbrechen und Schandtat; denn sie vergewaltigt die Keuschheit der Frauen und verunreinigt das Leben mit Schändung, besudelt es mit Ehebruch und befleckt es mit Unzucht; sie geht auf Beute und Raub aus, sie verjagt Unschuldige aus dem ererbten Gut, sie bringt den Äckern Vernichtung, sie zerstört die Maschinen der Bergwerke; sie legt Feuer an, durch die öffentliche wie private Gebäude niederbrennen; sie verursacht Mord und Totschlag, die sehr oft ganz unverdient, nicht selten verbrecherisch sind, ohne jede Rücksicht auf Geschlecht und Alter. Deshalb kann man den Krieg mit Recht als Pflanzschule jeglichen Unrechts bezeichnen. Wenn aber Friede herrscht, da werden Gesetze gegeben, da werden Entscheidungen getroffen, da werden Anordnungen erlassen. Sie setzen Belohnungen aus für die Tugend, Todesstrafen für das Laster; sie erwekken Hoffnung bei den Guten, bei den Bösen erregen sie Furcht. So ist jeder zu jeglichem Geschäft der Pflicht gerüstet und lebt im Verein mit der Tugend, oder wenn einer Verbrechen und Schandtaten begeht, so haben diese keine Straflosigkeit zur Folge, wie es der Fall ist, wenn die Trompete zum Kriege ruft. Wie Pindar Ruhe und Stille geistvoll als Tochter des Rechts bezeichnet, so kann man, nicht ohne Geist, friedliche Zeit die Mutter des Rechts nennen. Im Frieden ist das Recht lebendig – deshalb heiraten da unverdorbene Jungfrauen die jungen Männer, oder es bleibt ihnen die Seele im keuschen Körper rein; züchtige Gattinnen lieben ihre Gatten; fromme, alleinstehende Frauen verzichten nach eignem Willen auf Männer. Doch die Männer, die ein großes Vermögen besitzen, verwalten mit Überlegung und treuem Rate das Gemeinwesen und die Werte des Friedens, selbst hochgeehrt; die, deren Vermögen bescheiden ist, vermehren es durch richtige Berechnungen; die nur geringes besitzen, suchen ein größeres zu erwerben auf ehrenhafte Weise durch Bebauen der Äcker, durch Aufzucht von Vieh, durch Schürfen nach Erzen, durch Betätigung im Handel, durch Ausübung des Handwerkes. (Auf diese Weise werden nicht wenige aus Armen Reiche. Deshalb haben Euripides, der

Tragödiendichter, und Aristophanes, der Dichter der alten Komödie, den Frieden nach dem in der Tiefe in ihm verborgenen Reichtum *βαθύπλουτος* genannt.) Die Eltern aber erziehen ihre Kinder mit größter Beharrlichkeit im Schoße der Familie, sie stellen die Knaben und jungen Männer unter die Führung von Meistern der schönen Künste und von Lehrern des Lebens und bewahren die herangewachsenen Jungfrauen in Keuschheit, bis daß sie sie in Ehren Freiern zur Ehe geben. Was soll ich noch mehr rühmen? In einem gesegneten und erfreulichen Frieden steht alles in Blüte: niemand wird seines Vermögens beraubt und aus seinem Besitze vertrieben; jeder einzelne macht froh Gebrauch von dem, was für uns zum Genießen erzeugt wird; Freunde feiern, mit Kränzen geschmückt, festliche Mähler, bei denen mannigfaltiger Klang und Harmonie der Stimmen, Saiten und Flöten ertönen; die Städte lassen widerhallen die lieblichen Gesänge der Handwerker, die Wälder die der Hirten, die Äcker die der Bauern; die Kirchen antworten mit Stimme und Ton göttlichen Preisens, so daß durchaus nicht bäurisch jener Bauer bei dem Komödiendichter Philemon, der mild über die Philosophen lächelt, die über das höchste Gut streiten, sagt, dies Gut sei der Friede; denn keine Gabe, die Gott den Sterblichen geschenkt hat, ist erwünschter, erfreulicher und besser als der Friede.

JOHANNES ALTHUSIUS
Vom menschenwürdigen Leben

Das Ziel des Zusammenlebens der Menschen ist eine fromme, gerechte, schickliche und glückliche Lebensgemeinschaft, der es an keinem nötigen oder nützlichen Ding fehlt.

Um dieses allein menschenwürdige Leben zu führen, ist niemand sich selbst genug oder von der Natur hinreichend ausgestattet. Denn der Mensch wird aller Hilfsmittel bar geboren. Nackt und wehrlos, gleich einem aus Schiffbruch Entronnenen, wird er in die Drangsale des Lebens geworfen. Von sich aus könnte er weder die Mutterbrust finden, noch die Unbilden der Witterung ertragen, noch sich von der Stelle bewegen, wo man ihn ausgesetzt hat. In diesem elenden Leben, das schon mit viel Tränen und Jammergeschrei beginnt, in der gewissen Voraussicht zukünftigen Unglücks, ist der Mensch nach seiner Geburt, wenn er der Hilfe am meisten bedarf, sich selbst zu raten unfähig.

Keiner wüßte sich da zu schützen, wenn nicht andere für ihn einträten. Aber auch wenn der Körper erwachsen und der Mensch selbständiger geworden ist, könnte sich ohne die Hilfe anderer seine Vernunft nicht entwickeln und würde kein Licht seine Seele erleuchten. Denn auch im reifen Alter findet der Mensch, was zu einem wahrhaft menschlichen Leben notwendig ist, nicht in sich selber vor. Aus eigenen Kräften könnte er sich mit den geistigen Hilfsmitteln des Lebens so wenig versehen wie mit den körperlichen.

Wer trotzdem versuchen wollte, als Privatmann für sich allein zu leben und sich der Gemeinschaft anderer Menschen nicht einzufügen, könnte weder gut noch schicklich leben, weil er die meisten Dinge, die zum Leben notwendig und nützlich sind, entbehren müßte. Alle lebensnotwendigen Hilfen findet er nur in der Gemeinschaft. Nur wenn er in einer solchen zu leben begehrt, sie liebt und pflegt, wird er gleichsam vorwärts gestoßen, bilden sich seine tätigen Kräfte und sittlichen Tugenden aus.

Deshalb ist es notwendig, die Wege zu einer solchen Gemeinschaft und die Mittel, durch welche sie aufgerichtet, gefördert und erhalten werden kann, wissenschaftlich zu erforschen.

JOHANN VALENTIN ANDREAE
Staatskunst

VON subtilerer Struktur ist die Staatskunst, die zur Lenkung der Menschen und zur Erhaltung des Volkes wie ein Architekt zu Werke geht. Ich habe schon gesagt, daß man in Christianopolis den übrigen Staatsverfassungen die Herrschaft der Besten vorzieht; sie entspricht am meisten einer christlichen Gesellschaft. In ihr hat man die drei wichtigsten Güter der Menschheit verankert: die Gleichheit, die Friedensliebe und die Verachtung des Reichtums; denn die Welt wird ja durch die gegenteilige Grundhaltung am meisten geschädigt. Die Bewohner von Christianopolis haben aber auch die Geistesbildung hervorgehoben und öffentlich empfohlen, damit sich jeder leichter selbst zu erkennen vermag. Es ist für sie das wichtigste, daß die Christen durch ihre Religion, aber auch durch ihre Lebensweise sich von der gesamten Welt unterscheiden sollen. Darum ist ihnen nicht alles erlaubt, was andere tun dürfen, sie sollen auch nicht dulden, was andere ertragen. Das Evangelium erfordert eine Staatsform, die sich von den in der Welt üblichen abhebt, und die christliche Religion hat darüber zu befinden. Darum machen sie der Welt den Vorwurf, sie gestatte den Herrschenden den Hochmut, den Geistlichen ihren schlechten Lebenswandel, den Amtspersonen die Bereicherung, den Bürgern die Verschwendung und erlaube allen, über die Stränge zu schlagen, mit der einzigen Begründung, daß sie eben alle nur Menschen sind. Sie sagen, da fehle es eben an ernsthaften Bemühungen und einer wirklich guten Staatsverfassung, denn der Mensch sei nicht einfach ein Tier, das sich nicht zähmen ließe; so eröffne sich schließlich ein Tummelplatz für alles Böse, und man müsse sich wundern, wenn einer sich dessen noch enthalten kann. Vieles, was schlecht und schädlich ist, wird für gut und lobenswert gehalten, und niemand darf es tadeln. Nach außen hin hat man die besten Gesetze, wer sich jedoch darauf berufen will, macht sich lächerlich. Die Bürger von Christianopolis haben nicht den Eindruck, daß eine solche Verfassung nach Christi Vorbild ausgerichtet sei, wo Gott weniger gilt als die Menschen, die Seele weniger als der Leib und dieser weniger als das Geld, wo die Laster der Reichen keinen Ankläger, die Tugenden der Armen keine Anerkennung finden, wo der Verderber belohnt wird, der Verdorbene untergeht, wo die Seele des Menschen um jeden Preis verkauft wird. Ich vermochte beim besten Bemühen nicht, auf alle ihre Fragen eine Antwort zu finden. Darum habe ich sie an unsere zeitgenössischen Staatskundler verwiesen, die uns in so vielen dicken Büchern die Welt doch nicht ohne Kenntnis dessen, was den Sterblichen von größtem Vorteil sei, dargestellt hätten. Ich meinte jedoch, man hätte schon Grund, manches gegen die Sitten unserer Zeit zu sagen; sie zu bessern fiele uns nicht schwerer als es der Welt fällt, ihre Gesetze aufrechtzuerhalten. Wir könnten unsere Lebensgemeinschaft schon dadurch hinreichend vor Nachteilen bewahren, wenn wir die Belange Gottes und seinen heiligen Namen etwas mehr in Ehren hielten. Es gibt ja Menschen, die dergleichen in abergläubischer Furcht oder in fanatischem Eifer betreiben; die Christen sind aber so kühn, das ungescheut für unmöglich zu halten.

MARTIN OPITZ

Fleuch in der Mannheit Burg

Kömmt nun das Unglück her und heißt uns Urlaub nehmen,
Wir wollen gerne gehn und uns mitnichten grämen,
Es zeucht doch diesen fort, der lange widerstrebt.
Wer ist ein Pilgrim hier? Ein jeder, so da lebt.

Hinauf und über uns soll unser Sinn sich richten,
Soll lernen Haß und Neid und allen Fall vernichten,
Soll immer eines sein, nicht zittern und nicht flehn,
Wie kleine Kinder tun, wann daß sie Larven sehn.

Es sind auch anders nichts als Larven alle Sachen,
Umb welcher willen wir uns Leid und Kummer machen;
Des leichten Glückes Gunst ist wie des Meeres Schaum,
Der brauset und zergeht, ist wie ein süßer Traum,

Der, ehe man erwacht, entwischet aus den Sinnen.
Laß etwas unser sein, das wir behalten können,
Das nicht verloren wird, das immer eigen bleibt,
Das keine Feuersbrunst, kein Schiffbruch von uns treibt.

Der Feind hat dir dein Schloß, dein Haus hinweggerissen:
Fleuch in der Mannheit Burg, die wird er nicht beschießen.
Er hat den Tempel dir verwüstet aus und aus:
Gott schleußt sich nirgend ein, sei du sein reines Haus.

Er hat das Vieh hinweg: das Brot ist doch verblieben.
Er hat das Brot auch fort: der Tod wird keinen Dieben.
Er hat dein Geld geraubt: behalt du nur den Mut.
Er hat dich selbst verwundt: die Tugend gibt kein Blut;

Man mag sie, wie man will, verfolgen, neiden, hassen,
Sie hält ihr großes Wort: sich nicht bewegen lassen,
Ist einer Eichen gleich: je öfter man sie schlägt,
Je mehr man sie behaut, je mehr sie Äste trägt.

Sie ist wohl ausgeübt, sich hoch emporzuschwingen
Mit Flügeln der Vernunft von diesen schwachen Dingen.
Dient Gott, ehrt ihn allein, tut nur, was ihm behagt,
Ist über alle Macht, wird keines Menschen Magd.

Sie steht und wird auch stehn. Im Herzen liegt verborgen,
Was nicht genommen wird, was frei ist aller Sorgen.
Dies, was hieraußen ist, was niemand halten kann,
Mag fliehen, wann es will: es geht uns gar nicht an.

JAKOB BÖHME

»Unser Streit um das höchste Gut stehet nicht in Schwert und Schlag«

LIEBEN Kinder, unser Streit um das höchste Gut stehet nicht in Schwert und Schlag, daß wir um Gottes Willen und Reich kriegen, uns verfolgen und ermorden ...

Der Pfaffenteufel hat das Reich Christi geblendet, daß die Gemeine Christi stockblind ist, da man meinet, sie seien Götter und lehren aus dem Heiligen Geiste, obgleich in Falschheit ihre eigene Ehre und Geiz gesuchet wird. Man siehet, welch groß Unglück sie in der Welt haben angerichtet, welch manch Land sie haben verwüstet, und mit ihrer falschen Meinung viel hunderttausend Menschen ermordet, und nur dem Teufel in Christi Rock gedienet: Wenn die Gemeine doch sähe, so würde sie das inne werden. Das kommt alles daher, daß man dem Geiste Christi nicht die Ehre gönnet, man will selber Hirten wählen, und da doch der Teufel in aller Menschen-Wahl ist, wenn es Gottes Ehre und Lehre antrifft. Die selbstgewachsenen, nach Gunst erwählten Bischöfe ohne Gottes Geist sind der Welt so viel nütze als dem Wagen das fünfte Rad, ohne daß sie die Gemeine irre, lästern und zanken machen, wie das ihre Schmähbücher dartun, da in manchen so viel Gottesfurcht und Liebe zum Nächsten ist, als ihr der Teufel in der Hölle hat: Blutpauken sind sie, des Teufels Heertrommel, damit spottet er der einfältigen Gemeine Christi.

15. O lieben Kinder, tut eure Augen weit auf, gehet aus vom Pfaffen-Zank und tretet in Streit wider den Teufel, wider euer wollüstiges Fleisch und Blut. Ein Christ ist nicht ein zorniger Kriegsmann, der das Reich dieser Welt begehret, denn Christus sprach: Mein Reich ist nicht von dieser Welt, sonst würden meine Diener darum kämpfen. Joh. 18:36.

PAUL FLEMING

Neu-Jahrs-Ode 1633,

darinnen über zweimälige Verwüstung des Landes, denn auch über Königl. Majest. aus Schweden Todes-Fall geklaget und der endliche Friede erseufzet wird

O DU zweimal wüstes Land,
Von der Feinde bösen Hand,
Ach, du liebes Meißen du,
Wie bistu gerichtet zu!

Deine Felder liegen bloß,
Deine Flüsse werden groß,
Groß von Tränen, die man geußt
Und als Ströme fließen heißt.

Deine Dörfer sind verbrannt,
Deine Mauren ümgerannt,
Deine Bürger sind verzagt,
Deine Bauren ausgejagt.

Aller Vorrat ist verzehrt,
Alle Kammern ausgeleert,
Alle Kasten sind besucht,
Unsre Schätze hat die Flucht.

Du, vor aller Güter reich,
Bist itzt einer Witben gleich;
Wir, die Waisen, sind erschreckt
Und mit Kummer ganz bedeckt.

Unser Heiland, unser Held,
Dem wir alles heimgestellt,
Der uns zweimal frei gemacht,
Den reibt auf die wilde Schlacht.

Der erzürnte Himmel dräut
Wegen unsrer Sicherheit,
Daß er uns ganz stürzen will,
Weil uns unser Helfer fiel.

Zwar, wie zornig Gott auch war,
Doch bedacht er die Gefahr;
Unsre Not erhielte dies,
Daß er uns noch siegen ließ.

Aber, ach der teuren Lust,
Die uns unsern Schatz gekost!
Unsern Nützen und Gewinn
Reißet eine Kugel hin.

Unser Feind ist froh und lacht,
Daß er uns hat Schaden bracht.
Zweimal mehr wächst ihm der Mut
Durch des edlen Helden Blut.

Gläublich ist's und fast schon wahr,
Daß er seiner Räuber Schar,
Wie er immer kann und weiß,
Über uns wird geben preis.

Großes Kind, Emanuel,
Wende du dies Ungefäll,
Komm doch du dem Schaden für,
Der schon wartet vor der Tür.

Üm ein Lachen ist's geschehn,
Üm ein liebes Freundlichsehn,
Daß dein Vater ist bedenkt
Und uns unsre Strafen schenkt.

Lenke du der Feinde Mut,
Daß sie uns eins werden gut!
Wo sie dieses wollen nicht,
So nimm uns in deine Pflicht!

Zeuch vor unsern Rittern aus
Und beschütz des Sachsens Haus,
Der für deinen Ruhm und sich
Alles waget williglich!

Kann es sein, so gib uns Rast,
Der du alles kannst und hast!
Frieden-Fürst bist du genannt;
Bring du uns in Frieden-Stand!

Und ihr Feinde, gebt es zu,
Setzet euch mit uns in Ruh,
Daß wir bei der letzten Zeit
Stehn in sichrer Einigkeit!

Denket, daß der Friede nährt,
Denket, daß der Krieg verzehrt,
Denket, daß man doch nichts kriegt,
Ob man schon auch lange siegt!

Stelle deine Schlachten ein,
Mars, und lerne milder sein!
Tu die Waffen ab und sprich:
Hin, Schwert, was beschwerst du mich!

Dieser Helm wird nütze sein,
Daß die Schwalben nisten drein,
Daß man, wann der Frühling kömmt,
Junge Vögel da vernimmt.

Und der prachen Erden Bauch
Darf der Spieß und Degen auch;
Doch daß sie sehn anders aus,
Pflug und Spaten werden draus.

Tritt, was schädlich ist, beiseit!
Hin verdammte Pest und Streit!
Weg ihr Sorgen, weg Gefahr,
Itzund kommt ein neues Jahr.

ANDREAS GRYPHIUS

Tränen des Vaterlandes. Anno 1636

Wir sind doch nunmehr ganz, ja mehr denn ganz verheeret!
Der frechen Völker Schar, die rasende Posaun,
Das vom Blut fette Schwert, die donnernde Kartaun
Hat aller Schweiß und Fleiß und Vorrat aufgezehret.

Die Türme stehn in Glut, die Kirch ist umgekehret.
Das Rathaus liegt im Graus, die Starken sind zerhaun,
Die Jungfern sind geschändt, und wo wir hin nur schaun,
Ist Feuer, Pest und Tod, der Herz und Geist durchfähret.

Hier durch die Schanz und Stadt rinnt allzeit frisches Blut.
Dreimal sind schon sechs Jahr, als unser Ströme Flut,
Von Leichen fast verstopft, sich langsam fortgedrungen.

Doch schweig ich noch von dem, was ärger als der Tod,
Was grimmer denn die Pest und Glut und Hungersnot:
Daß auch der Seelen Schatz so vielen abgezwungen.

Über den Untergang der Stadt Freistadt

Was soll ich mehr noch sehn? Nun grimme Pestilenzen,
Nun bleicher Hunger, Angst verwüstet deine Grenzen,
Nun der Kartaunen Blitz, nun Hauptmann und Soldat
An unsrem Gut und Blut sich satt gefressen hat,
Zeucht eine Nacht noch auf voll tausendfacher Plagen,
Recht eine Nacht voll Nacht, voll Ach und Jammerklagen,
Und reißt, o Freistadt, was bisher noch von dir stund,
Gleich einem Zederbaum, mit Ast und Stumpf zugrund,
Eh'r jemand dies vermeint. Die Sonne war gewichen,
Der Himmel stund besternt, und Morpheus kam geschlichen
Mit seiner Träume Schar; der Sorgen Feind, die Ruh,

Schloß der nun müden Schar die trägen Augen zu,
Als das Geschrei anging. O was für Donnerschläge
Empfind ich noch in mir, wenn ich den Blick erwäge,
Den ersten Jammerblick! Die schnelle Luft ersaust,
Der Monden fleucht bestürzt, der Winde Wüten braust,
Und Freistadt kracht im Brand. Es steigen Dampf und Flammen
Und Funken himmelan. Dort fällt ein Haus zusammen
Und schlägt das ander ein. Was nicht von diesem schmaucht,
Ist schon Staub, Asch und Graus, wo jener Haufen raucht,
War vor der schönste Saal. Wo sind der Türme Spitzen,
Wo ist das Rathaus hin und wo die Richter sitzen?
Die Kirche brasselt auch; soll denn kein Erzt noch Stein,
O Freistadt, frei an dir von seinem Sterben sein?
Schützt keiner Mauren Kraft? Sind keiner Retter Hände?
Ist alles Helfen aus, und gehn die kleinen Wände
Zusamt den großen ein? O ja, dies ist der Schluß,
Der alles, was noch stund, zu Boden werfen muß.
So sinkt ein kranker Leib, den schon der Tod erkoren
(Der Arzt tu, was er kann, sein Bessern ist verloren).
So wird die große Welt auf angesetzte Zeit,
Durch schwefelichte Glut des Donners abgemeit,
Verlodern und vergehn. Was seh ich dort für Haufen,
Bestürzt und tränenvoll, mit ihren Kindern laufen?
O Kinder, die ihr kaum das Vaterland erkannt,
Schaut, wie, was euch gebaut, noch eh ihr hin, verbrannt!
Stadt, hochgestürzte Stadt, mußt du dir selbst anzünden
Den Holzstoß, auf dem Zier und Gut und Lust verschwinden?
Hat doch des Himmels Zorn, hat doch das scharfe Schwert,
Hat doch der Feinde Grimm dich nicht so umgekehrt,
Wie du dich selbst hinricht'st! Was wünschen wir die Sonnen,
Weil Luft und Flamme scheint? Was diese Nacht zerronnen,
Sieht auch, wer ganz nicht sieht, ob man schon um und an
Den Schaden noch nicht recht für Rauchen sehen kann.
Wir sehen keine Stadt. Wie ist der Ort verworren
Mit dunkelroter Glut! Die Häuser sind verschorren
In Asch und in sich selbst. Wird auch noch jemand sein,

Der aus den Kohlen sucht ein halb verbrannt Gebein
Von denen, die der Schlaf dem Feuer hat verraten?
Wir schauen derer Not, die in den Flammen braten,
Und schauen keinen Rat. Ihr Musen, ach umsunst,
Auch euer Schatz vergeht, es hat die tolle Brunst
In dies, was heilig heißt, sich grimmig eingedrungen
Und mit der Blätter Rest weit über Feld geschwungen,
Und was ein weise Sinn erforschet und gedacht,
Wodurch ein sterblich Mensch sich ewig hat gemacht,
Nimmt eine Stunde weg. Wir treten itzt mit Füßen
Dies, was wir gestern Kunst und große Weisheit hießen.
O Eitelkeit der Welt! Wie sollt ein Mensch bestehn,
Wenn, was die Zeit abteilt, muß für der Zeit vergehn?
Und mag ein zartes Fleisch ihm lange Raitung machen,
Wenn Felsen und Metall so unversehns zukrachen?
Und mag wohl jemand sein, der keine Laster scheut,
Wenn der sonst sanfte Gott mit solchen Strafen dräut,
Weil doch der Sünden Glut uns diese Brunst erreget,
Die Freistadt eingefeurt und frei in Graus geleget?
Oh, daß mein Deutschland sich mit diesem Zunder trägt,
In den der Wetter Macht mit schnellen Funken schlägt,
Der uns zu Asche brennt! Wenn Bosheit wird verschwinden,
Denn wird, was jetzund hin, sich reicher wiederfinden,
Denn wirst du, tote Stadt, aus deiner Kohlengruft
Dein itzt verscharrtes Haupt aufheben in die Luft;
Denn soll, wo Wolken jetzt von Rauch und Flammen ziehen,
Dein aufgesetzte Zier gleich einer Rosen blühen.
Denn wird, was jetzund bricht, durch Zutun weiser Hand
Erlangen, was man wünscht, und in recht neuem Stand
Sich breiten für und für! Es werden deine Mauren
Nicht mehr voll Jammer stehn, und wo man jetzund Trauren
Und Zeter rufen hört, wo jetzt des Höchsten Grimm
Ohn Maß und Ende tobt, da wird die Jubelstimm
Erschallen, voll von Lust. Die neugebauten Türme,
Des Hauses schöne Pracht wird Sicherheit im Schirme
Erhalten, ja, der Spieß, das halbverrost'te Schwert
Wird werden in ein Beil und einen Pflug verkehrt;
Auch wird die werte Treu, die Treu, die wir verloren,

Von aller Redlichkeit stehn bei uns neugeboren!
Wie denk ich doch so weit, ich, der ich dieser Näh
Nun dritten Untergang mit nassen Augen seh!
Und was geht itzt nicht ein! Wie selig sind zu schätzen
Die, welchen keine Not die Klau ins Herz kann setzen,
Weil sie der Tod entsetzt! Wir sind recht lebend-tot
Und teilen unsre Zeit in tausendfache Not.
Wir teilen Leib und Gut; was nicht die Pest genommen,
Hat Büchs und Säbel hin; was diese nicht bekommen,
Frißt die erhitzte Glut. Was läßt der Flammen Raub
Von Freistadt? Was du siehst, die Hand voll Asch und Staub.

Taube hält den Feind ab

Sage aus dem Dreißigjährigen Krieg

Im Dreißigjährigen Krieg wurde die Stadt Höxter oder Huxar im Korveischen von den kaiserlichen Soldaten eingeschlossen und konnte nicht eingenommen werden; endlich kam der Befehl, sie sollte mit schwerem Geschütz geängstigt und gezwungen werden. Wie nun bei einbrechender Nacht der Fähnrich die erste Kanone losbrennen wollte, flog eine Taube und pickte ihm auf die Hand, so daß er das Zündloch verfehlte. Da sprach er: »Es ist Gottes Willen, daß ich nicht schießen soll«, und ließ ab. In der Nacht kamen die Schweden, und die Kaiserlichen mußten abziehen; so war die Stadt diesmal gerettet.

FRIEDRICH VON LOGAU

Des Krieges Buchstaben

Kummer, der das Mark verzehret,
Raub, der Hab und Gut verheeret,
Jammer, der den Sinn verkehret,
Elend, das den Leib beschweret,
Grausamkeit, die Unrecht fähret:
Sind die Frucht, die Krieg gewähret.

ANDREAS SCULTETUS

Hegt Frieden!

... Zwar, Deutschland, deine Väter,
Die waren rauh und wild, jedoch nicht Übeltäter.
Dein Volk, das sich jetzund reißt selber in Gefahr,
Scheint mehr verwildert mir, als deine Vorwelt war.
Sie hat nichts angebaut, nicht aber, was geblühet,
Wie schlecht es war, zerstört, wie dieser Zeit geschiehet.
... Da liegt ein ströhern Dach,
Da einer Kammer Rest, dort sinkt ein Zimmer nieder,
Da steht noch eine Wand, dort wanken Fensterlider,
Da fault ein halber Sparrn, dort Riegel, Tor und Pfost,
Da stinkt ein Pferdgeschirr, dort frißt den Pflug der Rost.
Da ist ein Vorhof noch, dort eine Stube blieben,
Die von der Untat zeigt, die Mars dein Volk getrieben.
Hier hält sich nichtes auf, das uber Unrecht klagt,
Als stete Stille selbs. Doch, wann der Äol jagt
Die Diener seiner Kluft, die schreien hundert Orte
Von Heulen, Ach und Weh verruckte Trauerworte.
Da macht ein altes Haus auch ohne Schrift und Mund
Der Krieger Tyrannei und sein Verterben kund.

Kein Volk wird hier gemerkt. Wo kalte Schlangen kriechen,
Da sind vor Furcht und Angst die meisten hingewichen;
Dann wo man immer auch das Leben sicher hat,
Da reist bluthungrig hin der grimmige Soldat
Und sprüht sein Zorngift aus. Wo Menschen vormals waren,
Da nisten Würmer nun und Wild zu großen Scharen.
Jetz ist der Unterscheid, so immer unter Land
Und Wüstenei gewest, wahrhaftig unbekannt.
Das ursacht euer Krieg, ihr, eurer Brüder Feinde,
Der Grimmen Widerpart und selbs der Türken Freunde.
(...)
Die Kriegeshandlungen sind übel ausgeschlagen;
Laßt einen Friedensschluß das Unglück weiterjagen!
Es werde ferner nicht Neid, Grimm und Groll erlaubt,
Gewütet und getobt, geschunden und geraubt!
Hegt Friede, weil ihr könnt, eh euer Reich verblüht,
Daß ihr nicht, wann ihr wollt, wann alles jammrig sieht
Und auf der Grube geht, nicht könnet Friede machen.
Habt ihr nicht lieber Ruh bei wohlbestallten Sachen
Als bei verletzter Macht? Was ich hier kurz geklagt,
Ist Bösen gar zuviel, den Guten gnug gesagt.
Ich wende mich zu euch, ihr, deutscher Tugend Über,
Ihr Hasser deutscher Angst, ihr wahre Friedenslieber.
Was wartet ihr verzagt auf einen sichern Stand?
Soll unsre letzte Welt was besser sein bewandt
Als ein verjahrter Mensch, der immer hat zu kranken,
Treibt euer Liebeswerk, begehrt nicht abzuwanken:
So werdet, ist die Welt gleich voll Gefahr und Streit,
Ihr dennoch sein umbringt mit später Sicherheit.

DANIEL CZEPKO

Das übel verstandene »Man soll den Feind nicht reizen«

Von dem Schlesischen Kriege

Wie soll der Krieg bestehn, wenn jeder Tag und Nacht
Auf nichts als Güter ist, auf nichts als Geld bedacht:
Wo man die Völker führt, nur armes Volk zu quälen,
Nur auf und ab zu ziehn, nur Pferd und Küh zu stehlen.
Wie soll der Krieg bestehn, wann man zu Felde zeucht,
Und, eh ein Schuß geschicht, frisch vor dem Feinde fleucht:
Wo man, obgleich kein Stall, kein Bansam zu verschließen,
Der zu entlegen sei, nichts will vom Feinde wissen.
Wie soll der Krieg bestehn, wann man Gewehr und Schwert
Auf Untertanen nur und nicht auf Feinde kehrt:
Wo man gefangennimmt, was da verlorn das Leben,
Und diese töten will, die alles hergegeben.
Wie soll der Krieg bestehn, wann selbst ein Feldherr nicht
Dem Obersten darf traun, sie ihrer Knechte Pflicht:
Wo auf den Sammelplatz gesetzte Truppen rücken,
Die (doch auf Beuthen nicht) sie drauf nach Beuten schicken.
Wie soll der Krieg bestehn, wann man, was ihn ernährt,
Was ihn erhält und führt, verurscht, verterbt, verheert:
Wo man hergegen kann ins Feindes Läger schauen,
Wie jedes muß das Land zu seinem Frommen bauen.
Wie soll der Krieg bestehn, wann Haus und Magen leer,
Und nichts mehr übrigbleibt als Hunger und Beschwer:
Wo man viel Meilen muß um unsre Gegend reisen,
Eh als man einen Pflug kann Wandersleuten weisen.
Wie soll der Krieg bestehn, wann nicht mehr Herz und Brust
Ein deutscher Eifer brennt, zu sehn des Feindes Post:
Wo mehr kein Vorsatz ist, den Frieden einzuführen:
Und Hände Palmenzweig und Herzen Drommeln rühren.
Ihr Herren, wo der Krieg soll lange so bestehn,
So werdet ihr mit uns, befürcht ich, untergehn:

Dann Herren ohne Land und Länder ohne Leute,
Und Leut ohn Haus und Hof sind solcher Kriege Beute.

HANS MICHAEL MOSCHEROSCH

O edler Fried, du höchstes Gut

O EDLER Fried, du höchstes Gut,
Wohl dem, der bei dir wohnen tut
Und fröhlich under deinem Zelt
Sich mit den Seinen aufenthält.
Weh aber dem, der allda sitzt
Im Krieg, daß ihm die Seele schwitzt,
Wo Bruder Veit mit seiner Rut
Ankommen und regieren tut.

Darumb, ihr Deutschen, unverzagt,
Euch wie Christen wohl vertragt,
Auf daß ihr nicht durch euern Streit
Selbs Ursach euers Unfalls seid.
Dann wann ihr euch mit vielem Schlagen
Wollt selber aus dem Lande jagen,
Die Festen hin und her zerbrechen
Und euch wie Vieh zu Boden stechen,
Dazu die Rüstung samt den Spießn
Verderben und all Kraut verschießn,
Wie wollt ihr dann im Ungerland
Dem Türken tun ein Widerstand,
Wann er mit seinen Säbeln schwer
Käm wider euch gezogen her?

Wollt Gott, daß alles Kraut und Lot,
So in dem Reich ohn sonder Not
Samt manchem dapfern Kriegesmann
In zwanzig Jahren ist vertan,
Nach Offen hin mit starker Hand

Wär wider unsern Feind gewandt,
So glaub ich, daß man hätt mit Fromm'n
Konstantinopel eingenomm'n.
Aber es ist, Gott sei's geklagt,
Allein nur an die Freund gewagt,
Da die Gliedmaßen, hoch gesessen,
Die Kleinen haben aufgefressen,
Dadurch der Leib, das Römisch Reich,
Wird in die Läng gar matt und bleich,
Sich wider die wild reißig Bärn
Von Ismael mit Kraft zu wehrn.

O frommer Gott, wie ist doch heut
Im Reich so gar kein Einigkeit!
In allen Ständen hin und her,
Sie blicken alle in die Quer.

Ein jeder zu dem Seinen sicht,
Getrauet seinem Nachbarn nicht,
Besorgt, daß er ihm Spott beweis
Und einen lahmen Bossen reiß,
Und ob sie wohl einander schreibn,
Wie Brüder fest beisamm zu bleibn,
Und das mit Worten hart verschränken,
Doch innerlich viel anders denken.

Dann Ehr und Treu zu unser Frist
Bei jedermann gefallen ist,
Wie mancher Mann in seinem Ordn
Mit Schaden das ist wahrgewordn.

Wahrlich, wann man dem Türken sagt,
Wie ihr euch selbs zu Boden schlagt
Und also Ubel ärger macht,
So sitzt der dicke Schelm und lacht
Und denkt also: Das ist für mich,
Nun hab ich einen freien Stich
Wider die Christen, weil sie sich

Selber verderben jämmerlich.
Und wann der Pfuhu abgericht
Sein wohlgelegne Zeit ersicht,
So kommt er trötzlich in das Feld
Mit seinen Eulen ungezählt
Und beut mit vielem Spott alldar,
Dem altberühmten Adler klar,
Samt seinen Falken wohlgetan,
Umb Land und Leut zu kämpfen an.

Wann ihr euch dann als wie die Raben
Selbst kurz zuvor gebissen haben,
Das Geld verschustert, Kraut verschossen
Und euer Brüder Blut vergossen,
So wird der Adler neben euch
Samt allem Volk im ganzen Reich
Besorgen müssen groß Gefahr,
Dafür uns Gottes Sohn bewahr.

Darumb, ihr Brüder allzugleich,
Die ihr noch liebt das Römisch Reich,
Seid einig wie die Christenleut,
Vermeidet die inheimisch Streit,
Auf daß ihr euch nach einem Geist
Der brüderlichen Eintracht fleißt,
Und braucht nur euern Helm und Schild,
Wann's wider Türk und Heiden gilt;
So wird das ganze Land gemehrt,
Dazu Gott und das Reich geehrt.
Du siehest, wie groß, Herr Jesu Christ,
Der Lärm in allen Landen ist
Und jedermann in Dorf und Stadt
Sein Todfeind an der Seiten hat.

Dazu die Lieb bei jung und alt
Ist wie ein hartes Eis erkalt,
Und keine Beßrung auf der Erd
Zu hoffen, bis ein Ende werd.

Als komm mit deinem Richterstab
Ja in der Zeit von oben 'rab,
Ehe dann mit vieler Christen Weh
Der Glaube gar zu Boden geh,
Und heb den ärgerlichen Lauf
Der Welt samt allem Hader auf,
Der nicht kann werden undernommen,
Bis daß du wirst vom Himmel kommen.

O Jesu, der du in dem Feld
Alleine bist der starke Held,
So da mit einem schlechten Sprechen
Kannst Mauren, Schild und Spieße brechen,
Dazu den Feinden ihr Gewalt
Und großen Hochmut stillen bald,
Daß sie entweder auf den Füßen
Schnell laufen oder fallen müssen,
Steh doch in diesem harten Streit
Auch bei der armen Christenheit,
Die jetzt durch sich selbst hochbeträngt
Allein an deiner Hülfe hängt,
Fürwahr, es sieht bei jedermann,
Als ob es mit uns wär getan
Und ob es würde in gemein
Mit uns allen verloren sein.

Darumb, o Herr, errett uns doch
Von unser selbs gemachtem Joch,
Beweis dein Macht und Stärk einmal
Von oben aus des Himmels Saal.
Du kennst das Herz, Herr Jesu Christ,
Weißt wohl, wer fried- und redlich ist,
Drumb laß den Hauf zu Boden gehn,
Der sich zum Fried nicht will verstehn,
Daß dich dein Volk erheben tu,
Hie zeitlich und dort immerzu.

JOHANN RIST
Das Friede wünschende Teutschland

DER FRIEDE *tritt allein auf mit traurigem Antlitz und Gebärden; fanget also an zu reden:* Nun, du verblendetes, elendes Teutschland, nun hastu endlich mich, dein allerhöchstes zeitliches Gut, den edelsten Friede, ganz mutwilligerweise von dir hinweggejaget und vertrieben, und nun meinest du noch dazu, du habest die Sache sehr wohl ausgerichtet. Aber, o große Blindheit, o schreckliche Sicherheit, durch welche du dich so ganz unbesonnenerweise in das äußerste Verderben stürzest! Ach, Teutschland, was warest du doch eine glückselige Königin, als sich der Friede mit seinem unvergleichlichen Nutzen bei dir aufhielte. Ich, ich der Friede habe durch Gottes Gnade, Hülfe und Beistand erworben und zuwege gebracht, daß das edle Wort des Lebens rein und lauter in Teutschland ward gelehret, daß hohe und niedrige Schulen darinnen blühten, daß alle gute Künste, Sprachen und Wissenschaften immer höher stiegen, daß die Ratstühle bei den Höfen und in den Städten wohl bestellet wurden, daß einem jeden Untertanen Recht und Gerechtigkeit ward erteilet, daß Fürsten und Herren glücklich regierten, große und kleine Städte wuchsen und zunahmen, Handel und Wandel sicher ward getrieben, der Adel mit Ehre und Ruhm, die Kaufleute und Bürger mit Güteren, der Ackermann mit überflüssigem Aufenthalt ward beseliget, daß die Schiffahrt bis in die äußersten Örter der Welt ward fortgesetzet, die Nahrung der Handwerker nützlich getrieben, der Feld- und Gartenbau in seinem Wesen erhalten und schließlich alle Stände ihre anbefohlene Ämter und Arbeit in erwünscheter Ruhe und Sicherheit, ehrlich, fröhlich und nützlich, Gott zu Lobe, dem Nähesten zu seiner Ersprießlichkeit und sich selber zum Besten, Ehre und Güteren konnten bedienen. Was will aber nun geschehen? Wie wird es nun ferner dahergehen, o du tolles und törichtes Teutschland, da du, deiner großen Glückseligkeit fast ganz und gar überdrüssig, den Frieden mutwilligerweise von dir hast hinausgestoßen? Das mag wohl eine schwere Strafe von Gott sein, der mir ganz ernstlich hat befohlen, daß ich mich von dieser bösen unruhigen Welt erheben und zu ihm in den allerherrlichsten und glückseligsten Frieden- und Freudenthron des Himmels soll verfügen.

Mir zwar wird über alle Maße wohl geschehen, aber, o Teutschland, wie will es dir ergehen? Wie wirst du dich so jämmerlich betrügen lassen von denen fremden Völkeren, welcher Kundschaft und Gegenwart du so sehr liebest! Du hast schon angefangen, mit ihnen Freundschaft zu machen, aber, was gilt's, es wird dich in kurzer Zeit gereuen! Du setzest eben hierdurch dein prächtiges Haupt in sehr große Gefahr, welches du doch über alles hättest ehren und lieben sollen. Alle deine Glieder werden nicht weniger als das Haupt müssen herhalten und von den Fremden geplaget werden. Aber was soll ich dich viel beklagen, was soll ich deine Unsinnigkeit ferner betrauren? Gott hat diese Völker in seinem grimmigen Zorn berufen, daß sie dir eben den Lohn sollen geben, welchen deine gottlose und üppige Taten schon vorlängst haben verdienet. Ach, Teutschland, es jammert mich dennoch deines bevorstehenden Elendes von Herzen, unangesehen ich mit Schelten und Schlägen vor dir bin beurlaubet worden. Aber wozu hilft mein Klagen? Zeit ist es, daß ich nach dem Willen des Allerhöchsten mich an den Orten der Freuden verfüge und, wenn es ihme gefällt, auf eine kurze Zeit wiederum herunterkomme, entweder Teutschlandes jämmerlichen Zustand anzusehen, oder auch demselben, dafern es rechtschaffene Reue und Buße würket, mit Rat und Trost inskünftige beizuspringen. *Gehet ab.*

III

Landsknechtslied

Froh begrüßte Friedenstaube

So dem auf dem Tränenmeer durch Kriegessturm arg verschlagenen armen teutschen Reiche endlich glückverheißend den grünen Ölzweig wiederbracht

NUN, so schwebest endlich wieder
Aus der Kriegessündflut Meer,
Gülden Friedenstaube, nieder,
Mit dem Ölzweig zu uns her!
Der Kartaunen Donnerrachen,
Schwerter, Partisanen Drohn,
Der Musketen tödlich Krachen
Schwichtet Friedenspsalterton.

Oh, was ist von Kriegeshanden
Tod und Elend dreißig Jahr
Angetan den deutschen Landen,
Und kein Retter in Gefahr!
Nun ein Schutthauf alles worden,
Not und Elend überall,
Ward er müde selbst das Morden,
Lässet ruhn den Waffenschall.

Ihr, die solches habt verschuldet,
Fürchtet ihr den Herren nicht,
Weil in Langmut er geduldet,
Daß er komm und halt Gericht?
Da ihr vorgebt: Gott zu Ehren
Hättet alles ihr getan
Und, sein Friedensreich zu mehren,
Ausgeführt den blut'gen Plan?

Ach, wie bald wär nicht gekommen
Gar ein ander Friedensbot,
Wenn das Schwert hinweggenommen
Auch den letzten in den Tod!
Doch der Herr hat wohl erwogen
Gar ein andern Friedenspfad:
Ließ erstehn den Regenbogen
Als ein Zeichen seiner Gnad.

Alles ist nun überstanden,
Weil das Zorngewitter fern,
Ob wir's schwer auch überwanden,
Und die Toten ruhn im Herrn.
Sucht herfür festliche Lieder,
Kränzt das Haupt, in Freuden rot;
Erst doch kniet zur Erden nieder,
Singt: Nun danket alle Gott.

Dann erhebt euch aus dem Staube,
Bauet frisch die Häuser neu,
Laßt aus der Zerstörung Raube
Alles sprossen jung und frei!
Betet, aber laßt die Hände
Nimmer ruhn, schafft unverwandt,
Daß also das Übel ende
Und erstehe Haus und Land!

Gott der Liebe, Gnade, Güte,
Hilf, daß alles mög gedeihn,

Lange schreckbedrangt Gemüte
Sich der Friedenssonn erfreun!
Segen träuf auf unser Fluren
Nach dem schweren Wetterstreich,
Daß erblüh aus Todesspuren
Unser Heilig Deutsches Reich! Amen!

NIKOLAUS PEUCKER

Der Bauer spricht

Wer wollt ihm beßre Ruh erwähln?
Soldaten dürfen nicht mehr stehln,
Das Obst bleibt sicher auf dem Baum
Und hat auch auf dem Boden Raum.

Ich sitze ruhig vor der Tür
Und trink ein gutes Kännlein Bier,
Trotz dem Soldaten, wann er kömmt,
Daß er mir etwas tut und nimmt.

Ich bin nun wieder Herr im Haus,
Es jagt mich kein Soldat hinaus,
Es zündet mir's auch keiner an;
Das hat der Friedensschluß getan!

Kömmt ein Soldat ins Dorf und spricht:
»Gib, Bauersmann, was mir gebricht!«
So sprech ich: »Nein, es hat nicht Not,
Du kriegst nicht einen Munds voll Brot.«

Mein Weib, von Zucht und Scham geziert,
Wird in Unehren nicht berührt,
Sie wohnet meiner Nahrung bei
Und ist mir, ihrem Mann, getreu.

Will ich in meinen Garten gehn,
So seh ich junge Bäume stehn,
Gepflanzt von meiner eignen Hand:
Wem ist wohl beßre Lust bekannt?

MARTIN RINCKART

Die schöne Müllerin-Stimm und friedenreiches Freuden-Lied

Nun freut euch, lieben Christen gmein,
Und laßt uns fröhlich springen,
Daß wir getrost und in gemein
Mit Lust und Liebe singen,
Was Gott für güldne Friedens-Zeit,
Der Himmels-Friede-Fürst, bereit
In unserm Vater-Lande.

Ihr, die ihr reitet aus und ein
Auf schönen Eselinnen,
Stimmt an bei Sonn und Monden-Schein
Dem Wächter auf der Zinnen.
Die Lerch und die Frau Nachtigall
Begleiten euren Hofe-Schall
Mit ihrem Cincierlieren.

Ihr Fürsten, leget Spieß und Schwert
Und Wehr und Waffen nieder
Und bauet Gottes Haus und Herd
Und Kirch und Schulen wieder
Und heget Städt- und Land-Gericht
Und lasset den Gerechten nicht
Unbillig unterdrücken.

Ihr Gottes-Boten, seid bereit,
Ohn alle Furcht und Schrecken,

Der ganzen werten Christenheit
Die Wahrheit zu entdecken,
  Und bauet Gottes Kirch und Berg
Und preiset Gottes Güt und Werk
Mit Jauchzen und mit Schalle.

  Ihr Sänger, euer Lob-Gepräng
Im Engels-Chor erschalle.
Die keuschen Töchter der Gesäng
Euch schon aufwarten alle.
  Lobsinget Gott, lobsinget Gott,
Der uns geholfen aus der Not
Und aus dem Feuer-Ofen.

  Nun ziehet aus zu Land und Meer,
Ihr Kauf- und Handels-Leute.
Die Straßen sind nun wieder leer
Und frei von Raub und Beute.
  Es hat die güldne Friedens-Kraft
Die Diebes-Mützen abgeschafft
Und alle Blackereien.

  Nun leget wieder Hand an Pflug,
Ihr wackern Acker-Knechte.
Der Gaul, der vor Freibeuter trug,
Itzt träget Dorf-Geschlechte.
  Es hat der Reuter und sein Gaul,
Bei euch zu füllen Bauch und Maul,
Sich unter schon gestellet.

  Nun gehet frisch und fröhlich aus.
Ihr Maihder und ihr Schnitter,
Und bauet wieder Hof und Haus,
Haus-Väter und Haus-Mütter.
  Gesegnet sei die Frucht, sie säugt,
Und Kind und Kindes-Kinder zeugt,
Die neue Welt zu bauen.

Nun schmücket euch mit Leib und Seel
Und schicket euch zum Reihen,
Ihr Söhn und Töchter Israel,
Die Buhlen zu erfreuen.
Ist Gold und Silber nicht zur Hand,
So zieret euch der Tugend-Band
Von Perlen und Demanten.

Ihr Künstler und ihr Handwerks-Leut,
Itzt möget ihr Gott preisen
Beim Trunk und Werk und wo ihr seid,
Mit schönen Tage-Weisen.
Singt eins ums ander, Jung und Alt,
Und preiset Gott, so mannigfalt
Er Gnade uns erweiset.

Ihr keuschen Nähterinnen, singt
Für eurer Keuschheit Blume.
Ihr schönen Müllerinnen, schwingt
(Dem höchsten Gott zu Ruhme)
Die Zucker-süße Stimm empor.
Ihr Grase-Mägde, schreiet vor
Den Feld- und Heide-Lerchen.

Ihr Berg- und Werk-Leut in gemein,
Ihr Müller und ihr Knappen,
Mit Mund und Händen stimmet ein;
All euer Klippen-Klappen,
All euer Beil- und Barten-Schall,
All euer Hämmer Knall und Hall
Den Friedens-Schatz uns preisen.

Gelobet sei der große Gott,
Der uns den Schatz gegeben,
Uns lässet nach so mancher Not
Den Frieden noch erleben.
Was Leben, Wind und Odem hat,

Mit uns einstimme früh und spat
Und fröhlich sing und sage:

Gelobet sei, gelobet sei
Sein väterlich Gemüte!
Gelobet täglich sei aufs neu
All uns erweiste Güte
Und alle seine Vater-Gnad
Und honig-süße Wundertat
Hier und dort ewig, Amen.

PAUL GERHARDT

Danklied für die Verkündigung des Friedens

Gottlob, nun ist erschollen
Das edle Fried- und Freudenwort,
Daß nunmehr ruhen sollen
Die Spieß und Schwerter und ihr Mord!
Wohlauf und nimm nun wieder
Dein Saitenspiel hervor,
O Deutschland, und sing Lieder
Im hohen, vollen Chor.
Erhebe dein Gemüte
Und danke Gott und sprich:
Herr, deine Gnad und Güte
Bleibt dennoch ewiglich!

Wir haben nichts verdienet
Denn schwere Straf und großen Zorn,
Weil stets noch bei uns grünet
Der freche, schnöde Sündendorn.
Wir sind fürwahr geschlagen
Mit harter, scharfer Rut,
Und dennoch muß man fragen:

Wer ist, der Buße tut?
Wir sind und bleiben böse,
Gott ist und bleibet treu,
Hilft, daß sich bei uns löse
Der Krieg und sein Geschrei.

Sei tausendmal willkommen,
Du teure, werte Friedensgab!
Jetzt sehn wir, was für Frommen
Dein Bei-uns-Wohnen in sich hab.
In dich hat Gott versenket
All unser Glück und Heil;
Wer dich betrübt und kränket,
Der drückt ihm selbst den Pfeil
Des Herzleids in das Herze
Und lescht aus Unverstand
Die güldne Freudenkerze
Mit seiner eignen Hand.

Das drückt uns niemand besser
In unsre Seel und Herz hinein
Denn ihr zerstörten Schlösser
Und Städte voller Schutt und Stein;
Ihr vormals schönen Felder,
Mit frischer Saat bestreut,
Jetzt aber lauter Wälder
Und dürre, wüste Heid,
Ihr Gräber, voller Leichen
Und tapfrem Heldenschweiß
Der Helden, derer gleichen
Auf Erden man nicht weiß.

Hier trübe deine Sinnen,
O Mensch, und laß den Tränenbach
Aus beiden Augen rinnen!
Geh in dein Herz und denke nach:
Was Gott bisher gesendet,
Das hast du ausgelacht;

Nun hat er sich gewendet
Und väterlich bedacht,
Vom Grimm und scharfen Dringen
Zu deinem Heil zu ruhn,
Ob er dich möchte zwingen
Mit Lieb und Gutestun.

Ach, laß dich doch erwecken!
Wach auf! wach auf! du harte Welt,
Eh denn das letzte Schrecken
Dich schnell und plötzlich überfällt.
Wer aber Christum liebet,
Sei unerschrocknes Muts:
Der Friede, den er gibet,
Bedeutet alles Guts.
Er will die Lehre geben:
Das Ende naht herzu,
Da sollt ihr bei Gott leben
In ew'gem Fried und Ruh.

JAKOB SCHWIEGER

Auf den lang gewünscheten Frieden in Teutschland

Nun höret man nicht mehr, o güldene Zeiten,
Von blutigen Kriegen, von raubeten Beuten.
Mars schläfet, mit seiner Bellona gelegt,
Kein greuliches Kämpfen wird nunmehr erregt.

Die lange gehoffet Irene nun küsset
Das liebende Teutschland; nun ihrer genießet
Der Bürger und Bauer, vom edelen Blut,
Irene sie alle nun labet mit Gut.

Es werden nun nicht mehr besprützet die Felder
Mit tapferem Blute. Nun hegen die Wälder

Mitnichten die laurenden Reuter auf Raub.
Nun fürchtet sich nicht mehr das flüchtige Laub.

Es kann nun mit Frieden der Ackermann säen,
Auch, wenn es gereifet, mit Frieden abmähen.
Es dürfen die Reuter nicht sagen: »Halt ein,
Du Bauer, ausspanne, die Pferde sind mein!

Schaff eilig uns Fressen; Gäns, Hühner gebraten!
Geh, hole Wein! – Letzlich auch: gib mir Dukaten!«
Und wenn er will ziehen, so nimmt er dazu
Schaf, Ochsen und Töchter, das Kalb mit der Kuh.

Wie kann uns der Herrscher der ewigen Zeiten,
O Wunder, so güldene Zeiten bereiten,
Daß ider, in Frieden und Freuden ergetzt,
Sein ganzes Tun lauter Glückseligkeit schätzt.

HANS JAKOB CHRISTOFFEL
VON GRIMMELSHAUSEN

»... wo Krieg ist, da muß der Unschuldig sowohl als der Schuldig herhalten!«

Ich saße einsmals mit fünfundzwanzig Feurröhren nicht weit von Dorsten und paßte einer Konvoi mit etlichen Fuhrleuten auf, die nach Dorsten kommen sollte. Ich hielte meiner Gewohnheit nach selbst Schildwacht, weil wir dem Feind nahe waren. Da kam ein einziger Mann daher, fein ehrbar gekleidet; der redte mit ihm selbst und hatte mit seinem Meerrohr, das er in Händen trug, ein seltsam Gefecht. Ich konnte nichts anders verstehen, als daß er sagte: „Ich will einmal die Welt strafen, es wolle mir's dann das große Numen nicht zugeben!", woraus ich mutmaßete, es möchte etwan ein mächtiger Fürst sein, der so verkleidterweis herumgienge, seiner Untertanen Leben und

Sitten zu erkundigen, und sich nun vorgenommen hätte, solche (weil er sie vielleicht nicht nach seinem Willen gefunden) gebührend zu strafen. Ich gedachte: „Ist dieser Mann vom Feind, so setzt's eine gute Ranzion; wo nicht, so wiltu ihn so höflich traktieren und ihm dardurch das Herz dermaßen abstehlen, daß es dir künftig dein Lebtag wohl bekommen soll", sprang derhalben hervor, präsentiert mein Gewehr mit aufgezogenem Hahnen und sagte: „Der Herr wird ihm belieben lassen, vor mir hin in Busch zu gehen, wofern er nicht als ein Feind traktiert sein will." Er antwortet sehr ernsthaftig: „Solcher Traktation ist meinesgleichen nit gewohnt." Ich aber tummelt ihn höflich fort und sagte: „Der Herr wird ihm nicht zuwider sein lassen, sich vor diesmal in die Zeit zu schicken!" Und als ich ihn in den Busch zu meinen Leuten gebracht und die Schildwachten wieder besetzt hatte, fragte ich ihn, wer er seie. Er antwortet gar großmütig, es würde mir wenig daran gelegen sein, wenn ich's schon wüßte; er sei auch ein großer Gott. Ich gedachte, er möchte mich vielleicht kennen und etwan ein Edelmann von Soest sein und so sagen, mich zu hetzen, weil man die Soester mit dem großen Gott und seinem güldenen Fürtuch zu vexieren pflegt, ward aber bald innen, daß ich anstatt eines Fürsten einen Phantasten gefangen hätte, der sich überstudiert und sonderlich in der Poeterei gewaltig verstiegen; dann da er bei mir ein wenig erwarmte, gab er sich vor den Gott Jupiter aus.

Ich wünschte zwar, daß ich diesen Fang nicht getan; weil ich den Narrn aber hatte, mußte ich ihn wohl behalten, bis wir von dannen rückten, und demnach mir die Zeit ohnedas ziemlich lang wurde, gedachte ich, diesen Kerl zu stimmen und mir seine Gaben zunutz zu machen, sagte derowegen zu ihm: „Nun dann, mein lieber Jove, wie kommt's doch, daß deine hohe Gottheit ihren himmlischen Thron verläßt und zu uns auf Erden steigt? Vergebe mir, o Jupiter, meine Frag, die du vor fürwitzig halten möchtest; dann wir seind den himmlischen Göttern auch verwandt und eitel Sylvani, von den Faunis und Nymphis geboren, denen diese Heimlichkeit billig ohnverborgen sein solle." – „Ich schwöre dir beim Styx", antwortet Jupiter, „daß du hiervon nichts erfahren solltest, wenn du meinem

Mundschenken Ganymede nicht so ähnlich sähest, und wenn du schon Pans eigener Sohn wärest; aber von seinetwegen kommuniziere ich dir, daß ein groß Geschrei über der Welt Laster zu mir durch die Wolken gedrungen, darüber in aller Götter Rat beschlossen worden, ich könnte mit Billigkeit wie zu Lykaons Zeiten den Erdboden wieder mit Wasser austilgen. Weil ich aber dem menschlichen Geschlecht mit sonderbarer Gunst gewogen bin und ohnedas allezeit lieber die Güte als eine strenge Verfahrung brauche, vagiere ich jetzt herum, der Menschen Tun und Lassen selbst zu erkündigen; und obwohl ich alles ärger finde, als mir's vorkommen, so bin ich doch nicht gesinnt, alle Menschen zugleich und ohne Unterscheid auszureuten, sondern nur diejenige zu strafen, die zu strafen sind, und hernach die übrige nach meinem Willen zu ziehen."

Ich mußte zwar lachen, verbisse es doch, so gut ich konnte, und sagte: „Ach Jupiter! deine Mühe und Arbeit wird besorglich allerdings umsonst sein, wann du nicht wieder, wie vor diesem, die Welt mit Wasser oder gar mit Feur heimsuchest. Dann schickest du einen Krieg, so laufen alle böse, verwegene Buben mit, welche die friedliebende, fromme Menschen nur quälen werden; schickest du eine Teurung, so ist's eine erwünschte Sach vor die Wucherer, weil alsdann denselben ihr Korn viel gilt; schickest du aber ein Sterben, so haben die Geizhäls und alle übrige Menschen ein gewonnen Spiel, indem sie hernach viel erben; wirst derhalben die ganze Welt mit Butzen und Stiel ausrotten müssen, wenn du andere strafen willt."

Jupiter antwortet: „Du redest von der Sach wie ein natürlicher Mensch, als ob du nicht wüßtest, daß uns Göttern müglich sei, etwas anzustellen, daß nur die Böse gestraft und die Guten erhalten werden. Ich will einen teutschen Helden erwecken, der soll alles mit der Schärfe des Schwerts vollenden; er wird alle verruchte Menschen umbringen und die fromme erhalten und erhöhen." Ich sagte: „So muß ja ein solcher Held auch Soldaten haben, und wo man Soldaten braucht, da ist auch Krieg, und wo Krieg ist, da muß der Unschuldig sowohl als der Schuldig herhalten!" – „Seid ihr irdische Götter dann auch gesinnt wie die irdische Menschen", sagte Jupiter hierauf, „daß ihr so gar nichts verstehen könnet? Ich will einen solchen Helden schicken, der keiner Soldaten bedarf und doch die ganze Welt reformieren soll; in seiner Geburtsstund will ich ihm verleihen einen wohlgestalten und stärkern Leib, als Herkules einen hatte, mit Fürsichtigkeit, Weisheit und Verstand überflüssig geziert; hier soll ihm Venus geben ein schön Angesicht, also daß er auch Narcissum, Adonidem und meinen Ganymedem selbst übertreffen solle; sie soll ihm zu allen seinen Tugenden eine sonderbare Zierlichkeit, Aufsehen und Anmütigkeit vorstrekken und dahero ihn bei aller Welt beliebt machen, weil ich sie eben der Ursachen halber in seiner Nativität desto freundlicher anblicken werde. Mercurius aber soll ihn mit unvergleichlich sinnreicher Vernunft begaben, und der unbeständige Mond soll ihm nicht schädlich, sondern nützlich sein, weil er ihm eine unglaubliche Geschwindigkeit einpflanzen wird. Die Pallas soll ihn auf dem Parnasso auferziehen, und Vulcanus soll ihm in hora Martis seine Waffen, sonderlich aber ein Schwert schmieden, mit welchem er die ganze Welt bezwingen und alle Gottlosen niedermachen wird ohne fernere Hülf eines einigen Menschen, der ihme etwan als ein Soldat beistehen möchte: er soll keines Beistands bedörfen. Ein jede große Stadt soll von seiner Gegenwart erzittern, und ein jede Festung, die sonst unüberwindlich ist, wird er in der ersten Viertelstund in seinem Gehorsam haben; zuletzt wird er den größten Potentaten in der Welt befehlen und die Regierung über Meer und Erden so löblich anstellen, daß beides, Götter und Menschen, ein Wohlgefallen darob haben sollen."

Ich sagte: „Wie kann die Niedermachung aller Gottlosen ohne Blutvergießen und das Kommando über die ganze weite Welt ohne sonderbaren großen Gewalt und starken Arm beschehen und zuwegengebracht werden? O Jupiter, ich bekenne dir unverhohlen, daß ich diese Ding weniger als ein sterblicher Mensch begreifen kann!" Jupiter antwortet: „Das gibt mich nicht Wunder, weil du nicht weißt, was meines Helden Schwert vor ein seltene Kraft an sich haben wird. Vulcanus wird's aus denen Materialien verfertigen, daraus er mir meine Donnerkeil macht, und dessen Tugenden dahin richten, daß mein großmütiger teutscher Held, wann er solches entblößet und nur einen Streich damit in die Luft tut, einer ganzen Armada, wenn sie gleich hinter einem Berg eine ganze Schweizer Meil Wegs weit von ihm stünde, auf einmal die Köpf herunterhauen kann, also daß die arme Teufel ohne Köpf daliegen müssen, ehe sie einmal wissen, wie ihnen geschehen! Wenn er denn nun seinem Lauf den Anfang macht und vor eine Stadt oder Festung kommt, so wird er des Tamerlani Manier brauchen und zum Zeichen, daß er Friedens halber und zu Beförderung aller Wohlfahrt vorhanden seie, ein weißes Fähnlein aufstecken. Kommen sie dann zu ihm heraus und bequemen sich, wohl gut; wo nicht, so wird er von Leder ziehen und durch Kraft mehrgedachten Schwerts allen Zauberern und Zauberinnen, so in der ganzen Stadt sein, die Köpf herunterhauen und ein rotes Fähnlein aufstecken; wird sich aber dennoch niemand einstellen, so wird er alle Mörder, Wucherer, Dieb, Schelmen, Ehebrecher, Huren und Buben auf die vorige Manier umbringen und ein schwarzes Fähnlein sehen lassen. Wofern aber nicht so bald diejenige, so noch in der Stadt übrigblieben, zu ihm kommen und sich demütig einstellen, so wird er die ganze Stadt und ihre Inwohner als ein halsstarrig und ungehorsam Volk ausrotten wollen, wird aber nur diejenige hinrichten, die den andern abgewehrt haben und ein Ursach gewesen, daß sich das Volk nicht ehe ergeben. Also wird er von einer Stadt zur andern ziehen, einer jeden Stadt ihr Teil Lands, um sie her gelegen, im Frieden zu regieren übergeben und von jeder Stadt durch ganz Teutschland zween von den klügsten und gelehrtesten Männern zu sich nehmen, aus denselben ein Parlament machen, die Städt miteinander auf ewig vereinigen, die Leibeigenschaften samt allen Zöllen, Akzisen, Zinsen, Gülten und Umgelten durch ganz Teutschland aufheben und solche Anstalten machen, daß man von keinem Fronen, Wachen, Kontribuieren, Geldgeben, Kriegen noch einiger Beschwerung beim Volk mehr wissen, sondern viel seliger als in den Elysischen Feldern leben wird. Alsdann (sagt Jupiter ferner) werde ich oftmals den ganzen Chorum Deorum nehmen und herunter zu den Teutschen steigen, mich unter ihren Weinstöcken und Feigenbäumen zu ergötzen; da werde ich den Helikon mitten in ihre Grenzen setzen und die Musen von neuem darauf pflanzen. Ich werde Teutschland höher segnen mit allem Überfluß als das glückselige Arabia, Mesopotamia und die Gegend um Damasco. Die griechische Sprach werde ich alsdann verschwören und nur Teutsch reden, und mit einem Wort mich so gut teutsch erzeigen, daß ich ihnen auch endlich, wie vor diesem den Römern, die Beherrschung über die ganze Welt werde ankommen lassen." Ich sagte: „Höchster Jupiter, was werden aber Fürsten und Herrn darzu sagen, wenn sich der künftige Held unterstehet, ihnen das Ihrig so unrechtmäßigerweis abzunehmen und den Städten zu unterwerfen? Werden sie sich nicht mit Gewalt widersetzen oder wenigst vor Göttern und Menschen darwider protestieren?" Jupiter antwortet: „Hierum wird sich der Held wenig bekümmern! Er wird alle Große in drei Teile unterscheiden und diejenige, so ohnexemplarisch und verrucht leben, gleich den Gemeinen strafen, weil seinem Schwert kein irdischer Gewalt widerstehen mag; denen übrigen aber wird er die Wahl geben, im Land zu bleiben oder nicht. Was bleibt und sein Vaterland liebet, die werden leben müssen wie andere gemeine Leut; aber das Privatleben der Teutschen wird alsdann viel vergnügsamer und glückseliger sein als jetzund das Leben und der Stand eines Königs, und die Teutsche werden alsdann lauter Fabricii sein, welcher mit dem König Pyrrho sein Königreich nicht teilen wollte, weil er sein Vaterland neben Ehr und Tugend so hoch liebte; und das sein die zweite. Die dritte aber, die ja Herrn bleiben und immerzu herrschen wollen, wird er durch Ungarn und Italia in die Moldau, Walachei, in Macedoniam, Thraciam, Gräciam, ja über den Hellespontum in Asiam hineinführen, ihnen dieselbe Länder gewinnen, alte Kriegsgurgeln in ganz Teutschland mitgeben und sie alldort zu lauter Königen machen. Alsdenn wird er Konstantinopel in einem Tag einnehmen und allen Türken, die sich nicht bekehren oder gehorsamen werden, die Köpf vor den Hintern legen; daselbst wird er das römisch Kaisertum wieder aufrichten und sich wieder in Teutschland begeben und mit seinen Parlamentsherren (welche er, wie ich schon gesagt habe, aus allen teutschen Städten paarweis sammlen und die Vorsteher und Väter seines teutschen Vaterlandes nennen wird) eine Stadt mitten in Teutschland bauen, welche viel größer sein wird als Manoah in Amerika und goldreicher, als Jerusalem zu Salomons Zeiten gewesen, deren Wäll sich dem tirolischen Gebürg und ihre Wassergräben der Breite des Meers zwischen Hispania und Afrika vergleichen soll. Er wird einen Tempel hineinbauen von lauter Diamanten, Rubinen, Smaragden und Saphiren; und in der Kunstkammer, die er aufrichten wird, werden sich alle Raritäten in der ganzen Welt versammlen von den reichen Geschenken, die ihm die Könige in China, in Persia, der große Mogol in den orientalischen Indien, der große Tartar Cham, Priester Johann in Afrika und der große Zar in der Moskau schicken. Der türkische Kaiser würde sich noch fleißiger einstellen, wofern ihm bemeldter Held sein Kaisertum nicht genommen und solches dem römischen Kaiser zu Lehen gegeben hätte."

Ich fragte meinen Jovem, was dann die christlichen Könige bei der Sach tun würden. Er antwortet: „Der in England, Schweden und Dennemark werden, weil sie teutschen Geblüts und Herkommens, der in Hispania, Frankreich und Portugal aber, weil die alte Teutschen selbige Länder hiebevor auch eingenommen und regiert haben, ihre Kronen, Königreich und inkorporierte Länder von der teutschen Nation aus freien Stükken zu Lehen empfahen; und alsdann wird wie zu Augusti Zeiten ein ewiger, beständiger Fried zwischen allen Völkern in der ganzen Welt sein."

Volkslied

Ist es nit ein elend Leben um den armen Bauernstand

Ist es nit ein elend Leben
Um den armen Bauernstand?
Muß nur Steur und Auflag geben,
Hat er's nicht, heißt's: aus dem Land.
Ich kann's wahrlich nit angeben,

Wieviel ich schon Geld 'nein tragen;
Alle Monat, wenn's tut reichen,
Muß ich d' Händ in Beutel stecken.
Ja, mein Pfleger ist dann froh,
Sagt dann: Komm bald öfter so.

Die Steur und Auflag geb ich gern,
Wenn's damit nur ausgerichtet wär.
Aber gibt's mal nichts zu steuern,
Führt der Teufel die Soldaten her.
Da geht's an ein Tribulieren,
Saufen, Fressen und Turnieren,
Da muß er das Best einkaufen,
Tag und Nacht im Feld rumlaufen,
Reißt die Hosen, Strümpf und Schuh,
Kriegt noch tüchtig Schläg dazu.

Wenn ich's nur könnt innewerden,
Wer das Kriegen hat erdacht,
Ich wünscht ihm von Herzen gerne,
Daß er heut noch würd gehängt.
Was ist für ein Freud beim Kriegen,
Saufen, Fressen und Turnieren,
Streiten, Rauben, die Leut ausplündern,
Schänden, Brennen, die Leute stören?
Soll das etwas Christlichs sein?
Scheiß in Krieg hinein und 'nein.

Wenn der Fried nit bald will kommen,
Hab ich schon fest bei mir bestellt,
Hab mir auch schon recht vorgenommen,
Wenn es gleich mei'm Weib nicht gefällt.
Eh ich soll so elend leben,
Will den Haushalt ganz aufgeben
Und gleich mit ins Feld marschieren.
Kann ich doch nicht viel verlieren;
Wenn ich schon im Feld umkomm,
Kümmr mich nit ein Drecklein drum.

GOTTFRIED WILHELM LEIBNIZ

»Also ist hingegen des Vaterlandes Wohlstand unsre Vergnügung«

Es ist gewiss, daß nächst der Ehre Gottes einem jeden tugendhaften Menschen die Wohlfahrt seines Vaterlandes billig am meisten zu Gemüte gehen solle, welches denn sowohl unsre eigne Angelegenheit – nicht allein umb der Erhaltung, sondern auch um der Vergnügung willen – als auch die gemeine Schuldigkeit mit sich bringet. Denn was die Erhaltung betrifft, so ist bekannt, daß eines jeden Sicherheit auf der gemeinen Ruhe sich gründe, deren Verstörung einem großen Erdbeben oder Orkan gleich, darin alles über und über gehet, da keiner mehr mit Rat oder Tat sich helfen kann, sondern wer nicht zu entfliehen vermag, welches denen wenigsten widerfähret, sich mit geschlossenen Armen darein geben und alle Augenblick das Verderbens erwarten muß, wie wir in diesen Kriegsläuften genugsam erfahren. Gleichwie aber das gemeine Unglück unsre Gefahr, also ist hingegen des Vaterlandes Wohlstand unsre Vergnügung. Denn dadurch haben wir Überfluß von allen Dingen, so das Leben angenehm machen ...

Ein Brief, eine Zeitung, so unsre Nation angehet, kann uns kränken oder fröhlich machen. Das können uns Fremde gleich an den Augen ansehen: und dafern sie verständig sein, müssen sie unsre Neigung loben; der aber über seines Vaterlandes Unglück Freude bezeugen würde, den würden auch die, so sich sein gebrauchen, in ihrem Herzen vor einen bösen und unehrlichen Menschen halten. Welche Meinung von sich kein edles Gemüt mit Geduld ertragen kann. Überdies so werden solcher Landesverräter wenig in ihrer Bosheit so gar verhärtet sein, daß sie nicht auch mitten im Glück und Fortgang ihrer bösen Anschläge einen stets nagenden Wurm fühlen sollten. Daher zu schließen, daß die Liebe des Vaterlandes nicht auf einfältiger Leute Einbildung, sondern auf der wahren Klugheit selbst begründet sei. (...)

Was in diesem Krieg vorgangen, daran sind wir selbst am

meisten schuld, und da wir uns annoch wollen warnen lassen, so kann er uns zur Lehre und künftiger Verwahrung dienen. (...)

Wir sperren uns bisweilen aus einer leidigen Halsstarrigkeit, unser Obrigkeit zu rechter Zeit zu Hülfe zu kommen, und müssen hernach von fremdem Volk, so bei uns sich einlagert, uns das Mark aussaugen lassen.

Aus welchem allen ich dann schließe, daß uns nur der Wille mangle, glückselig zu sein, daß die teutsche Freiheit annoch wahrhaftig lebe und nicht nur in der Einbildung bestehe und daß also ein wahrer Patriot das Beste zu hoffen, sein Vaterland zu lieben und zugleich dahin zu trachten habe, wie dessen Glückseligkeit nicht durch ohnmächtige Wünsche oder blinden Eifer, sondern wohlüberlegte Vorschläge und deren getreuliche Vollstreckung befördert werde.

Weil nun nicht zu zweifeln, daß noch mancher ehrlicher Teutscher ein rechtes Herz zu seinem Vaterlande habe, so werden nunmehr, da uns Gott vermittelst des edlen Friedens einige Luft schöpfen und aufs Künftige zu denken Zeit lässet, verhoffentlich unterschiedliche nützliche Vorschläge ans Licht kommen und vielleicht durch Gottes Gnade nicht ohne Frucht abgehen, so dahin zielen möchten, wie die Einigkeit der Gemüter befördert, die gemeine Ruhe versichert, die Kriegswunden geheilet und die erliegende Nahrung aufgerichtet werde. Allein, dieweil solche Beratschlagungspunkte große Änderung erfordern und daher eigentlich vor hohe Häupter gehören, so wollen wir uns allhier solcher Dinge nicht anmaßen, nicht zwar, als ob ich diejenigen tadle, so ihre wohlmeinende Gedanken eröffnen – welches ferne von mir, indem ich vielmehr wie Moses wünsche, daß das ganze Volk prophezeien möchte – sondern dieweil ich allezeit diejenigen Vorschläge hochgehalten, die der Urheber selbst zum Teil vollstrecken kann; denn raten leicht, aber die Hände selbst anlegen jederzeit schwer ist.

Die Freiheit des Vaterlandes und die Ehre der Nation

Die großen Herren, so etwa ihre gegenwärtige Ruhe gemeiner Wohlfahrt vorziehen, haben zu betrachten, daß gleichwohl Ehre und Ruhm das einige sei, so hohe Gemüter auf dieser Welt vergnügen kann; aber nichts Schimpflichers, nichts Schändlichers, nichts Empfindlichers zu ersinnen, als daß einer sich in seinem Gewissen selbst vorwerfen und von andern nachsagen, auch zu ewiger Schmach in den Historien nachschreiben lassen müsse, durch seine Trägheit oder Zagheit und weibisches Faulenzen sei die Freiheit des Vaterlandes, die Ehre seiner Nation, die Würde seines Geschlechts zugrunde gegangen. (...)

Und man muß sich oft verwundern, daß wir in Dingen, daran wenig gelegen, Mut und Verstand zeigen, aber da es auf alle unsre Wohlfahrt ankommt, gleichsam ohne Geist und Seele sein. Kommt mir für, als wenn ein großer König nichts als Tanzen gelernet hätte, oder wie Honorius auf seine Henne gedächte, da Alaric auf Rom losgehet. Hat mancher mit seinem Nachbarn eine Kleinigkeit wegen einiger Grenzsteine oder Jagdgerechtigkeiten, da weiß er alles rege zu machen, jetzt aber, da sein ganzer Staat und Stand, Ehre und Gut Gefahr lauft, da will man sich geduldig dareingeben und mit dem fato entschuldigen, welches man selbst geschmiedet.

Wahr ist's, kommen wir unters Joch, so ist es freilich fatal gewesen, aber unsere Blindheit ist auch fatal. Derowegen, wenn wir wollen, so können wir jetzo noch machen, daß man dermaleins sagen müsse, die fata wären uns günstig gewesen. Man weiß ja noch nicht, was oben beschlossen; das Schauspiel der Welt hat oft auf einmal seine Gestalt verändert. Der Himmel hat noch kein Edikt für Frankreich ausgehen lassen. Gott ist vor die, so sich der von ihm gegebenen Vernunft und Mittel bedienen, vor die besten Regimenter, vor die guten Ratschläge. Dessen hat Frankreich genossen; uns ist's auch noch nicht abgesprochen. Wenn wir nicht selbst denken, was zu unserm Frieden dienet, und wohl erwägen, daß man durch das langsame Leiern sich nur selbst ohnmächtig verzehret und doch nichts verrichtet, da sonst die Macht auf einmal angewendet und nicht etliche Jahre verteilet, sofort durchdringen können; gleichwie hundert, ja tausend Schüsse mit Hagel kein Loch in die Planke machen, so der erste Schuß mit der Kugel unfehlbar durchlöchern würde.

Derowegen ist nötig, daß ein jedweder getreuer Untertan anjetzo seiner hohen Obrigkeit mit Leib und Gut aus allen seinen Kräften beispringe und bedenke, daß dieses besser sei als bei der Näherung des Feindes sein Haus und Hof angestecket, sein Vermögen hingerissen, seine Kinder in den Wildnissen von Frost und Hunger verdorben sehn, wie man das am Rheinstrom erfahren. Die Obrigkeit hingegen hat darauf zu denken, wie sie ihre lieben Untertanen landväterlich beschütze und von diesem Jammer befreie. Denen hohen Häuptern ist zum höchsten nötig, daß sie sich recht brüderlich miteinander verstehn und einer des andern Land wie sein eignes schone. Denn sonst ist gewiß, daß manchem aus Ungeduld erträglicher ist, von der Macht eines großen Königes überwältiget, als von seinem Mitstand nicht nur beschädiget, sondern auch eben dadurch beschimpfet zu werden.

Wenn man sich nun müglichst angegriffen, alles Dienliche in Zeiten aufzubringen, auch die Last gebührend zu verteilen, so ist dann übrig, daß man sich zur Ergreifung und Ausführung guter Anschläge vortrefflicher Leute von bekannter Kriegeswissenschaft und Erfahrung bediene, ihnen die dazu nötige Macht gebe, sie gegen ander Ungehorsam und Mutwill schütze und dabei also begegne, daß sie mehr Nutzen von ihrer Schuldigkeit als von den Nebenwegen zu finden versichert leben können. Das Böse und Unrecht aber und die Unordnungen muß man mit unaussetzlicher Schärfe abstrafen.

Man muß nicht glauben, daß alle Klugheit in Frankreich beschlossen. Der gute Fortgang ihrer Anschläge kommt nicht eben daher, daß sie allezeit klügere Leute haben als wir, sondern, daß wir klügere Leute vonnöten haben als sie; denn wo die Sachen einmal wohl eingerichtet und an der Schnur sein, wie bei ihnen, da kann ein mittelmäßiger Verstand zureichen; wo aber alles so schlecht und verwirret als bei uns, da muß man treffliche Helden und ausbündige Geister haben, das Werk wieder emporzubringen. Ihnen ist ein Fabius Cunctator gut genug, wir aber müssen Scipiones haben. Mit der gemeinen Leier oder blinden Anlauf ist allhier nichts zu richten; der Krieg ist anjetzo eine rechte Wissenschaft trotz der subtilesten Mathematik und mit einem Wort fast aus der Bassette zum Schachspiel worden.

Wenn aber die hohen Häupter recht zusammentreten und alle ihre Kräfte anwenden wollen, wird's auch an vortrefflichen Leuten nicht ermangeln, die habende Kräfte wohl zu gebrauchen.

CHRISTIAN FÜRCHTEGOTT GELLERT

Der Held und der Reutknecht

EIN HELD, der sich durch manche Schlacht,
Durch manch verheertes Land des Lorbeers wert gemacht,
Floh einstens nach verlorner Schlacht
Verwundet in den Wald, den Feinden zu entkommen,
Traf einen Eremiten an
Und ward von diesem frommen Mann
Nebst seinem Reutknecht aufgenommen;
Doch beider Tod war nah.

»Ach«, fing der Reutknecht an,
»Werd ich denn auch in Himmel kommen?
Ich habe leider nichts getan,
Als meines Herrn sein Vieh getreu in acht genommen.
Ich armer und unwürd'ger Mann!
Allein mein Herr, der muß in Himmel kommen;
Denn er, ach, er hat viel getan!

Er hat drei Könige bekrieget,
In sieben Schlachten stets gesieget
Und Sachen ausgeführt, die man kaum glauben kann.«

Der Eremit sah drauf den Helden kläglich an.
»Warum habt Ihr denn alles dies getan?«
»Warum? Zu meines Namens Ehren,
Um meine Länder zu vermehren,
Um, was ich bin, ein Held zu sein.«
»Oh«, fiel der Eremit ihm ein,
»Deswegen mußtet Ihr so vieles Blut vergießen?
Ich bitt Euch, laßt's Euch nicht verdrießen,
Ich sag es Euch auf mein Gewissen,
Der Reutknecht, als ein schlechter Mann,
Hat wirklich mehr als Ihr getan.«

EWALD CHRISTIAN VON KLEIST

Der Frühling

Die Lerche steigt in die Luft, sieht unter sich Klippen und Täler;
Entzückung tönet aus ihr. Der Klang des wirbelnden Liedes
Ergetzt den ackernden Landmann. Er horcht eine Weile; denn lehnt er
Sich auf den gleitenden Pflug, zieht braune Wellen im Erdreich,
Verfolgt von Krähen und Elstern. Der Sämann schreitet gemessen,
Gießt güldne Tropfen ihm nach; die zackichte Egde bewälzt sie
Mit einer ebenen Decke. Oh, daß der mühsame Landwirt
Für sich den Segen nur streute! Daß ihn die Weinstöcke tränkten
Und in den Wiesen für ihn nur bunte Wogen sich wälzten!
Allein der fräßige Krieg, von zähnebleckendem Hunger

Und wilden Scharen begleitet, verheeret oft Arbeit und
Hoffnung;
Gleich Hagelgüssen und Sturm zerbricht er nährende
Halmen,
Reißt Stab und Reben zu Boden, entzündet Dörfer und
Wälder
Für sich zum flammenden Lustspiel. Denn fliegt ein
mördrisch Getöne
Und Tod und Jammer herum. Die Täler blitzen von Waffen;
Es wälzen sich Wolken voll Feu'r aus tiefen Schlünden der
Stücke
Und füllen die Gegend mit Donner, mit Glut und Saaten von
Leichen.
Das Feld voll blutiger Furchen gleicht einem wallenden
Blutmeer;
Ein Heer der furchtbarsten Tiere, durch laufende Flammen
geängstigt,
Stürzt sich mit hohlem Gebrüll in uferfliehende Ströme;
Der Widerhall selber erschrickt und klagt; es zittern für
Grauen
Die wilden Felsen und heulen. Des Himmels leuchtendes
Auge
Schließt sich, die Grausamkeit scheuend; mit blauer Finsternis
füllen
Sich aufwärtsdrehende Dämpfe gleich dickem Nebel den
Luftkreis,
Der oft vom Widerschein blitzt, – wie wann der Rachen des
Ätna
Mit ängstlich wildem Geschrei, daß Meer und Klippen es
hören,
Umlegne Dörfer und Städte, vom untern Donner zerrüttet,
Mit Schrecken und Tod überspeit und einer flammenden
Sündflut.

Ihr, denen zwanglose Völker das Steu'r der Herrschaft
vertrauen,
Führt Ihr durch Flammen und Blut sie zur Glückseligkeit
Hafen?

Was wünscht Ihr, Väter der Menschen, noch mehrere Kinder? Ist's wenig,
Viel Millionen beglücken? Erfordert's wenige Mühe?
O mehrt derjenigen Heil, die Eure Fittiche suchen!
Deckt sie gleich brütenden Adlern, verwandelt die Schwerter in Sicheln,
Belohnt mit Ehren und Gunst die, deren nächtliche Lampe
Den ganzen Erdball erleuchtet, setzt Gärtner zur Baumschul' der Menschen,
Laßt güldne Wogen im Meer, fürs Land, durch Schiffahrt sich türmen,
Erhebt die Weisheit im Kittel und trocknet die Zähren der Tugend!
Wohin verführt mich der Schmerz? Weicht, weicht, Ihr traurigen Bilder! –
Komm, Muse, laß uns die Wohnung und häusliche Wirtschaft des Landmanns
Und Viehzucht und Gärten betrachten! Hier steigt kein Marmor aus Bergen
Und zeuget Kämpfer; kein Taxus spitzt sich vor Schlössern, kein Wasser
Folgt hier dem Zuruf der Kunst. Verschränkte wölkichte Wipfel
Von hohen Linden beschatten ein Haus, von Reben umkrochen,
Durch Dorn und Hecken befestigt. Ein Teich glänzt mitten im Hofe,
Mit grünem Floßkraut bestreut, wodurch aus scheinbarer Tiefe
Des Himmels Ebenbild blinkt. Er wimmelt von zahmen Bewohnern.
Die Henne jammert ums Ufer und ruft die gleitenden Entchen,
Die sie gebrütet; sie fliehn der Stiefmutter Stimme, durchplätschern
Die Flut und nagen am Schilf. Mit vorgebogenen Hälsen
Und zischernd treiben die Gänse fern von der Luftbahn der Jungen

Den schwimmenden Schießhund. Dann spielen die haarichten
Kinder; sie tauchen
Den Kopf ins Wasser und schnattern, sie hängen im
Gleichgewicht abwärts
Und zeigen die rudernden Füße. Hier lockt das Mädchen die
Hühner
Zum Hühnerkorbe; sie eilen, durchschlüpfen die Sprossen des
Tischsaals
Und fordern Nahrung. Die Wirtin sich drüber neigend,
begießt sie
Mit einem Regen von Korn und sieht sie picken und zanken.
Dort lauscht das weiße Kaninchen in dunkler Höhle; es
drehet
Die roten Augen herum, springt endlich furchtsam zum
Zaune
Und reißt an staudichten Pappeln. Aus seines Wohnhauses
Fenster
Sieht sich das Lachtäubchen um, kratzt den rotsilbernen
Nacken
Und fliegt zum Liebling aufs Dach. Er zürnt ob dessen
Verweilen
Und dreht sich um sich und schilt; bald rührt ihn das
Schmeicheln der Schönen;
Viel Küsse werden verschwendet, bis sie mit schnellem
Gefieder
Die Luft durchlispeln und aufwärts sich zu Gespielen
gesellen,
Die blitzend im Sonnenglanz schwärmen. Von blühenden
Fruchtbäumen schimmert
Der Garten, die kreuzende Gänge mit roter Dunkelheit füllen,
Und Zephir gaukelt umher, treibt Wolken von Blüten zur
Höhe,
Die sich ergießen und regnen. Zwar hat hier Wollust und
Hochmut
Nicht Nahrung von Mohren entlehnt und sie gepflanzet;
nicht Myrten,
Nicht Aloen blicken durch Fenster. Das nutzbare Schöne
vergnüget

Den Landmann und etwan ein Kranz. Durch lange Gewölbe von Nußstrauch
Zeigt sich voll laufender Wolken der Himmel und ferne Gefilde
Voll Seen und büschichter Täler, umringt mit blauen Gebirgen.
(...)

O dreimal seliges Volk, das ohne Stürme des Unglücks
Das Meer des Lebens durchschifft, dem einsam in Gründen die Tage
Wie sanfte Weste verfliegen! Laß andre, dem wimmelnden Pöbel,
Der Bäume und Dächer ersteigt, zur Schau, in Siegswägen gleißen,
Von Elefanten gezogen! Laß sie der Wellen Gebirge
Mit Wolken von Segeln bedecken und Japan in Westen versetzen!
Der ist ein Günstling des Himmels, den, fern von Foltern der Laster,
Die Ruh' an Quellen umschlingt. Auf ihn blickt immer die Sonne
Von oben lieblich herab, ihm braust kein Unglück in Wogen;
Er seufzt nicht törichte Wünsche, ihn macht die Höhe nicht schwindelnd;
Die Arbeit würzt ihm die Kost, sein Blut ist leicht wie der Äther;
Sein Schlaf verfliegt mit der Dämmrung, ein Morgenlüftchen verweht ihn.

Ach, wär auch mir es vergönnt, in euch, ihr holden Gefilde,
Bestürmter Tugenden Häfen, ihr stillen Häuser des Friedens,
Gestreckt in wankende Schatten am Ufer schwatzhafter Bäche
Hinfort mir selber zu leben und Leid und niedrige Sorgen
Vorüberrauschender Luft einst zuzustreuen!

JOHANN PETER UZ

An Herrn Kanonikus Gleim

DIE KRIEGE Friederichs, und wie mit güldnen Schwingen
Der Sieg an seiner Seite glänzt,
Wird Kleist, mit Lorbeern selbst bekränzt,
In seine kühnre Leier singen.

Mein schüchtern Saitenspiel sträubt in verwöhnten Händen,
O Gleim, sich wider krieg'risch Lob
Und trau'rt, seit Zwietracht sich erhob
Und Helden edles Blut verschwenden.

Die deutsche Muse soll nicht jauchzen, sondern klagen:
Denn Deutschland fühlt der Waffen Wut.
Mars donnert wild einher, und Blut
Umfließet seinen ehrnen Wagen.

Gewaltige der Welt, ihr führet mit Entzücken
Das rauschende Verderben an?
Und euer lächelnd Auge kann
Die Furien des Kriegs erblicken?

Seht! Eures Volkes Blut raucht strömend von der Erden!
Ach! Dies betrogne Volk ergab
Sich unter euern Hirtenstab,
Geweidet, nicht gewürgt zu werden.

Der Vater seines Lands, und blieb' er auch verborgen,
Ist nicht geringer als der Held.
Die Sorgen um das Glück der Welt
Sind wahre königliche Sorgen.

Macht euer Land beglückt, anstatt es zu vergrößern,
Ermuntert mit verdientem Preis
Die scheue Wissenschaft, den Fleiß,
Und sucht, die Sitten zu verbessern.

Sucht, ungebautes Land in Auen umzuschaffen,
Mit rächender Gerechtigkeit
Wacht für der Unschuld Sicherkeit,
Und schützt sie mit gerechten Waffen:

So wartet einst auf euch der Name guter Fürsten,
So strahlt mit eurem schönern Ruhm
Der Ehre lichtes Heiligtum
Vor denen, die nach Ländern dürsten.

Umsonst! Sie hören nicht der frommen Muse Klagen;
Sie wollen Krieg, und nun bereits
Brüllt weit umher die Wut des Streits,
Und alle Nationen zagen!

GOTTHOLD EPHRAIM LESSING
Briefe, die neueste Literatur betreffend

Die zwei gefährlichen mühsamen Jahre, die Sie der Ehre, dem Könige und dem Vaterlande aufopfern müssen, sind reich genug an Wundern, nur nicht an gelehrten Wundern gewesen. Gegen hundert Namen – und hundert sind noch zu wenig –, die alle erst in diesem Kriege als Namen verdienstvoller Helden bekannt geworden; gegen tausend kühne Taten, die vor Ihren Augen geschahen, an welchen Sie Teil hatten, die zu Quellen der unerwartetsten Veränderungen wurden, – kann ich Ihnen auch nicht ein einziges neues *Genie* nennen, kann ich Ihnen nur sehr wenige Werke schon bekannter Verfasser anführen, die mit jenen Taten der Nachwelt aufbehalten zu werden verdienten.

Es gilt dieses von uns Deutschen vor allen andern. Zwar hat der Krieg seine blutigste Bühne unter uns aufgeschlagen, und es ist eine alte Klage, daß das allzunahe Geräusch der Waffen die Musen verscheucht. Verscheucht es sie nun aus einem

Lande, wo sie nicht recht viele, recht feurige Freunde haben, wo sie ohnedem nicht die beste Aufnahme erhielten, so können sie auf eine sehr lange Zeit verscheucht bleiben. Der Friede wird ohne sie wiederkommen; ein trauriger Friede, von dem einzigen melancholischen Vergnügen begleitet, über verlorene Güter zu weinen.

Ich rufe Ihre Blicke aus dieser finstern Aussicht zurück. Man muß einem Soldaten sein unentbehrliches Geschäft durch die bejammernswürdigen Folgen desselben nicht verleiden.

Lieber will ich Sie und mich mit dem süßen Traume unterhalten, daß in unsern gesittetern Zeiten der Krieg nichts als ein blutiger Prozeß unter unabhängigen Häuptern ist, der alle übrigen Stände ungestöret läßt und auf die Wissenschaften weiter keinen Einfluß hat, als daß er neue Xenophons, neue Polybe erwecket.

Hier ist eine Herzstärkung! Ein Projekt zu einem immerwährenden Frieden! »Aber keine Herzstärkung für mich«, werden Sie sagen. »Der Mann will mir das Handwerk legen!« – Ach nicht doch! Er meint es so böse nicht. Sein Haupteinfall ist dieser: ein allgemeines Parlament oder Tribunal zu errichten, dessen Ausspruch sich alle europäischen Staaten gefallen ließen. – Merken Sie nun, daß der Herr von Palthen ein Rechtsgelehrter ist? Aber, als jener alte Offizier seinen Vorschlag zur Verkürzung der Prozesse tat und die alten gerichtlichen Duelle wieder einzuführen riet, nicht wahr, da verriet sich der Offizier auch? – Doch dieses beiseite! Wenn sich nun unter den europäischen Mächten halsstarrige fänden, die dem Urteile des Tribunals Genüge zu leisten sich weigerten? Wie da? O der Herr von Palthen hat vollstreckende Völker, er hat militarische Exekution. Hat er die? Nun wohl, so hat er Krieg. (…) Das Projekt des Abts von St. Pierre zu einem beständigen Frieden, sagt der Herr v. P., sei ihm nicht zu Gesichte gekommen. Die ganze Welt kennt es. Es ist unendlich sinnreicher als seines, und läuft auf eine proportionierliche Herabsetzung der Kriegsheere aller europäischen Staaten hinaus.

KARL WILHELM RAMLER

An die Könige

Soll wieder eine ganze Welt vergehen?
Bricht wieder eine Sündflut ein?
Und sollen wieder alle Tempel und Trophäen
Berühmte Trümmer sein?

Und alle Künste spät aus Asch' und Moder
Und Totengrüften auferstehn
Und aus der Nacht des regellosen Zufalls oder
Auf ewig untergehn?

Wenn nun die weise Vorwelt ausgestorben,
Das unerzogne Kindeskind
Ein Räuber ist, die nicht zu Räubern angeworben,
Armsel'ge Pflüger sind? – –

O ihr, verderblicher als der entbrannte
Vesuv, als unterirdische
Gewitter! ihr, des magern Hungers Bundsverwandte,
Der Pest Verschworene!

Die ihr den schnellen Tod in alle Meere
Auf Donnergaleonen bringt
Und von Lisbôa bis zum kalten Oby Heere
Zum Wechselmorde dingt!

Und ach, mit Deutschlands Bürgern Deutschlands Bürger
Zerfleischet, einen bessern Held,
Der Brennen weisen König zu betrüben! Würger
Der Welt und Afterwelt!

Wenn eurer Mordsucht einst ein Friede wehret,
Der jedem das geraubte Land
Und seine bangen Festen wiedergibt, verheeret,
Entvölkert, abgebrannt:

Ihr Könige, wie wird es euch nicht reuen
(Wo nicht die fromme Reue fleucht,
Durch Wollust, falsche Weisheit, laute Schmeicheleien
Des Höflings weggescheucht),

Daß euer Stahl unmenschlich Millionen
Urenkelsöhne niederstieß,
Daß keiner, satt des Unglücks, seine Legionen
Das Blutfeld räumen ließ,

Und lieber schuldlos tapfer durch die Wogen
Des stillen Ozeans den Pfad
Gesuchet, eine Welt entdeckt, ein Volk erzogen
Wie Manco Capac tat,

Der neue Schöpfer seiner Vatererde:
Er teilte Feld und Binsenhaus
Und Weib und Kleid und Zucht und Götter einer Herde
Zerstreuter Wilden aus

Und hieß dem frommen Volk ein Sohn der Sonne,
Gleich milde, wachsam so wie sie,
Und so wie sie des neugebornen Landes Wonne
Und ewig jung wie sie.

ANNA LOUISA KARSCHIN

Ein Gebet an den Mars

Du Gott des Krieges, laß die Erde!
Dein Schritt, mit Blut bemerkt, ist fürchterlich, ist schwer,
Verändre doch die schreckliche Gebärde,
Und schüttle länger nicht den Speer.
Dein wartet der Olymp, und Amor mit dem Bogen
Lauscht an der Mutter Fuß. Steig von des Mordens Bahn
Zur Göttin; dann betrüg den schlafenden Vulkan.

Wie er vor Zeiten ward betrogen.
Von Waffenschmieden ist er matt,
Wie Venus, die nach dir sechs Jahr geschmachtet hat.
Wie reizend liegt sie da im Elisäer Lenze!
Die Nymphe windet dir und Venus Myrtenkränze,
Mit Blumen untermengt. Schon gießt sie Nektartrank
In goldne Schaalen ein; und wenn auch Götter krank
Für heißer Sehnsucht sind, so ist's gewiß Cythere!
Horch im Getümmel auf, sie seufzet göttlich, höre!
Begib vom Kampfplatz dich zurück,
Geharnischt wie du bist, an Haupt, an Arm und Fuße.
Cupido zieht dich aus, und deinem ersten Kusse
Dankt unsre ganze Welt ihr Glück.
Der Zorn in einer Frau rief, Mavors, dich hernieder,
Die Sehnsucht einer Frau hol dich den Göttern wieder,
Und ewig komm uns nicht zurück.

FRIEDRICH SCHILLER

Der Eroberer

Dir, Eroberer, dir schwellet mein Busen auf,
Dir zu fluchen den Fluch glühenden Rachedursts,
  Vor dem Auge der Schöpfung,
    Vor des Ewigen Angesicht!

Wenn den horchenden Gang über mir Luna geht,
Wenn die Sterne der Nacht lauschend heruntersehn,
  Träume flattern – umflattern
    Deine Bilder, o Sieger, mich

Und Entsetzen um sie – fahr ich da wütend auf,
Stampfe gegen die Erd', schalle mit Sturmgeheul
  Deinen Namen, Verworfner,
    In die Ohren der Mutternacht.

Und mit offenem Schlund, welcher Gebirge schluckt,
Ihn das Weltmeer mir nach – ihn mir der Orkus nach
Durch die Hallen des Todes –
Deinen Namen, Eroberer!

Ha! dort schreitet er hin – dort, der Abscheuliche,
Durch die Schwerter, er ruft (und du, Erhabner, hörst's),
Ruft, ruft: Tötet und schont nicht,
Und sie töten und schonen nicht.

Steigt hoch auf das Geheul – röcheln die Sterbenden
Unterm Blutgang des Siegs – Väter, aus Wolken her
Schaut zur Schlachtbank der Kinder,
Väter, Väter, und fluchet ihm.

Stolz auf türmt er sich nun, dampfendes Heldenblut
Trieft am Schwert hin, herab schimmert's, wie Meteor,
Das zum Weltgericht winket –
Erde, fleuch! der Eroberer kommt.

Ha! Eroberer, sprich: Was ist dein heißester,
Dein gesehntester Wunsch? – Hoch an des Himmels Saum
Einen Felsen zu bäumen,
Dessen Stirne der Adler scheut.

Dann hernieder vom Berg, trunken von Siegeslust,
Auf die Trümmer der Welt, auf die Erobrungen
Hinzuschwindeln, im Taumel
Dieses Anblicks hinweggeschaut.

O ihr wißt es noch nicht, welch ein Gefühl es ist,
Welch Elysium schon in dem Gedanken blüht,
Bleicher Feinde Entsetzen,
Schrecken zitternder Welt zu sein,

Mit allmächtigem Stoß, hoch aus dem Pole, dann
Auszustoßen die Welt, fliegenden Schiffen gleich
Sternenan sie zu rudern,
Auch der Sterne Monarch zu sein,

Dann vom obersten Thron, dort wo Jehova stand,
Auf der Himmel Ruin, auf die zertrümmerte
  Sphäre niederzutaumeln –
    O das fühlt der Erobrer nur!

Wenn die blühendste Flur, jugendlich Eden gleich,
Überschüttet vom Fall stürzender Felsen trau'rt,
  Wenn am Himmel die Sterne
    Blassen, Flammen der Königsstadt

Aufgegeißelt vom Sturm gegen die Wolken wehn,
Tanzt dein trunkener Blick über die Flammen hin.
  Ruhm nur hast du gedürstet –
    Kauf ihn, Welt! – und Unsterblichkeit.

Ja, Eroberer, ja – du wirst unsterblich sein.
Röchelnd hofft es der Greis, du wirst unsterblich sein,
  Und der Wais' und die Witwe
    Hoffen, du wirst unsterblich sein.

Schau gen Himmel, Tyrann – wo du der Sämann warst,
Dort vom Blutgefild stieg Todeshauch, himmelan
  Hinzuheulen in tausend
    Wettern über dein schauendes

Haupt! wie bebt es in dir! schauert dein Busen! – Ha!
Wär mein Fluch ein Orkan, könnt durch die Nacht einher
  Rauschen, geißeln die tausend
    Wetterwolken zusammen, den

Furchtbar brausenden Sturm auf dich herunterfliehn,
Stürmen machen, im Drang tobender Wolken dich
  Dem Olympus itzt zeigen,
    Itzt begraben zum Erebus.

Schauer, schauer zurück, Würger, bei jedem Staub,
Den dein fliegender Gang wirbelnd gen Himmel weht:
  Es ist Staub deines Bruders,
    Staub, der wider dich Rache ruft.

Wenn die Donnerposaun' Gottes vom Thron itzt her
Auferstehung geböt – aufführ im Morgenglanz
Seiner Feuer der Tote,
Dich dem Dichter entgegenriss',

Ha! in wolkichter Nacht, wenn er herunterfährt,
Wenn des Weltgerichts Waag durch den Olympus schallt,
Dich, Verruchter, zu wägen
Zwischen Himmel und Erebus,

An der furchtbaren Waag aller geopferten
Seelen, Rache hineinnickend, vorübergehn
Und die schauende Sonne
Und der Mond und die horchende

Sphären und der Olymp, Seraphim, Cherubim,
Erd' und Himmel hineinstürzen sich, reißen sie
In die Tiefe der Tiefen,
Wo dein Thron steigt, Eroberer!

Und du da stehst vor Gott, vor dem Olympus da,
Nimmer weinen und nun nimmer Erbarmen flehn,
Reuen nimmer und nimmer
Gnade finden, Erobrer, kannst –

O dann stürze der Fluch, der aus der glühenden
Brust mir schwoll, in die Waag', donnernd wie fallende
Himmel – reiße die Waage
Tiefer, tiefer zur Höll' hinab!

Dann, dann ist auch mein Wunsch, ist mein gefluchtester,
Wärmster, heißester Fluch ganz dann gesättiget,
O dann will ich mit voller
Wonn', mit allen Entzückungen

Am Altare vor dir, Richter, im Staube mich
Wälzen, jauchzend den Tag, wo er gerichtet ward,
Durch die Ewigkeit feiern,
Will ihn nennen den schönen Tag!

FRIEDRICH GOTTLIEB KLOPSTOCK
Die Krieger

Ich sang's in der Öde des Hains und mir allein
Das Bragalied, wenn ihm etwa nicht Stolberg schattenumhüllt
Von dem Moosstein horchte. So klang, da ich
An die Eiche sie lehnte, die Telyn nach:

Des Kriegers Größe? Ja, wenn er für Freiheit kämpft
Oder wider ein Ungeheuer,
Das mordet, mit der Kett' umklirrt, so ist der Held
Edler Mann, verdienet Unsterblichkeit!

Aber, wenn er nichts mehr
Denn Eroberer ist,
Ruhm ihn drommetet, gerechter ihn Schandsäulen
Verewigten: Größe wär auch das?

Und wenn es nun gar mit ihm
Kleinelt und zwergelt, sobald
Hochschreitend einhergetreten kommen
Die Attila und die Tamerlane?

JOHANN KARL WEZEL
Der Krieg dauerte unaufhörlich fort

Der Krieg dauerte unaufhörlich fort; jede Partei verwüstete, wohin sie kam; die Dörfer lagen in der Asche, die Städte waren Steinhaufen, die Äcker wurden nicht gebaut, der Handel stund, die Einwohner starben durch Schwert und Hunger; aus den vielen Leichnamen entstund eine Pest, und die Insel war eine menschenleere Wüste, wie ein tragisches Theater, auf welchem ein barbarischer Dichter gewürgt hat. Nichts blieb übrig als

Spuren der Bevölkerung, Steine mit Aufschriften, verschüttete Pantoffeln, Trinkgefäße und Nachttöpfe, vermoderte Strümpfe, verstreutes Geld, zerbrochene Waffen, umgestürzte Heiligenbilder, damit dereinst ein amerikanischer Antiquar alle diese Altertümer ausgraben und der Akademie der Wissenschaften in Kanada oder der Sozietät der Altertümer unweit Hudsons Bai mit vielen Zitaten aus den alten teutschen, französischen und englischen Schriftstellern beweisen kann, daß hier einmal Europäer wohnten. Wie viele Tätigkeit wird dieser verödete Kothaufen noch einmal nach Jahrtausenden unter dem Menschengeschlechte verbreiten! Die Altertumsforscher in Nordamerika werden sich zanken, ob die Robinsonianer hohe oder niedrige Absätze an den Schuhen trugen; sie werden sehr scharfsinnig die verschiedenen Epochen dieser Höhe festsetzen; sie werden englische und spanische Inschriften auf verfaulten Brotschranktüren nach selbsterfundnen Alphabeten entziffern und alles darinne finden, was sie wollen. Die Eskimos werden alle diese kostbaren Reste sauber in Kupfer stechen lassen und einen Kommentar dazu schreiben; in Novazembla sticht man sie nach, übersetzt den Kommentar mit Anmerkungen und Verbesserungen und schimpft in jeder Zeile auf die verdammten Eskimos, die alle Namen verhunzen und keine Jahrzahl, kein Datum, kein Kapital in ihren Zitaten richtig angeben. Die grönländischen Nachdrucker lassen ein Exemplar kommen, drucken den Text auf Löschpapier nach, bringen so vielen Unsinn hinein, als sich in ihren Köpfen auftreiben läßt, und machen in Island einen starken Absatz damit. Die Rezensenten, die bei der novazemblischen Übersetzung nicht gebraucht worden sind, fangen an launisch zu werden und beweisen mit Schimpfwörtern, daß kein einziger Strumpf dem Originale gemäß abgezeichnet ist, das sie nie gesehen haben; man läßt sie schwatzen, wird des Bilderbuchs überdrüssig und macht daraus ein Elementarwerk für Kinder. Auch die Kinder werden ekel; niemand kauft das Werk mehr, die Buchhändler verschicken große Schiffsladungen von dem Makulatur nach Kamtschatka zu Patronen, weil dort ein blutiger Krieg entstanden ist, worinne man sich mit der Robinsonia illustrata die Köpfe zerschießen will. – Einen andern Teil des Werks erhandeln die Papiermacher in Sibirien, weil die schöne Literatur unter den Samojeden, Tschuwaschen und Buräten so gewaltig eingerissen ist, daß man nicht soviel Papier machen kann als die tschuwaschischen Reimer Verse drucken lassen. – Die dritte Hälfte wird in Küchen, Kellern, Kramläden und an andern Orten zu beliebiger Konsumtion verbraucht, und endlich ist der Name Robinsonia aus allen menschlichen Köpfen und Büchern so gänzlich vertilgt, daß man so wenig von der Insel weiß als wie vom Südpole.

Sic transit gloria mundi.

MATTHIAS CLAUDIUS

Kriegslied

'S IST KRIEG! 's ist Krieg! O Gottes Engel, wehre
Und rede du darein!
's ist leider Krieg – und ich begehre
Nicht schuld daran zu sein!

Was sollt ich machen, wenn im Schlaf mit Grämen
Und blutig, bleich und blaß
Die Geister der Erschlagnen zu mir kämen
Und vor mir weinten, was?

Wenn wackre Männer, die sich Ehre suchten,
Verstümmelt und halb tot
Im Staub sich vor mir wälzten und mir fluchten
In ihrer Todesnot?

Wenn tausend, tausend Väter, Mütter, Bräute,
So glücklich vor dem Krieg,
Nun alle elend, alle arme Leute,
Wehklagten über mich?

Wenn Hunger, böse Seuch' und ihre Nöten
  Freund, Freund und Feind ins Grab
Versammleten und mir zu Ehren krähten
  Von einer Leich' herab?

Was hülf mir Kron' und Land und Gold und Ehre?
  Die könnten mich nicht freun!
's ist leider Krieg – und ich begehre,
  Nicht schuld daran zu sein!

IV

CHRISTIAN FRIEDRICH DANIEL SCHUBART

Also, ihr Herrscher der Erde

Soll wieder unsre Welt im Blute schwimmen,
Weil euer Herrscherstolz gebeut
Und euer Donnerruf die Stimmen
Der Friedenssöhne überschreit?
Ach, schrecklich ist's, der Menschen Mark vergeuden
Und mit der Würgehand
Umwühlen in der Menschen Eingeweiden,
Vom Schlachtendurst entbrannt!
Steckt eure Schwerter in die Scheide,
Laßt eure Donnerschlünde ruhn!
Gibt's größern Ruhm, gibt's reinre Freude,
Als Friede geben, Gutes tun?

GOTTFRIED AUGUST BÜRGER

Die Tode

Für Tugend, Menschenrecht und Menschenfreiheit sterben
Ist höchst erhabner Mut, ist Welterlösertod:
Denn nur die göttlichsten der Heldenmenschen färben
Dafür den Panzerrock mit ihrem Herzblut rot.

Am höchsten ragt an ihm die große Todesweihe
Für sein verwandtes Volk, sein Vaterland hinan.
Dreihundert Sparter ziehn in dieser Heldenreihe
Durchs Tor der Ewigkeit den übrigen voran.

So groß ist auch der Tod für einen guten Fürsten,
Mit Zepter, Waag' und Schwert in tugendhafter Hand.
Wohl mag der Edlen Mut nach solchem Tode dürsten:
Denn es ist Tod zugleich für Volk und Vaterland.

Der Tod für Freund und Kind und für die süße Holde
Ist, wenn nicht immer groß, doch rührend stets und schön.
Denn es ist Todesgang, den, nicht erkauft mit Golde,
Im Drange des Gefühls nur edle Menschen gehn.

Für blanke Majestät und weiter nichts verbluten,
Wer das für groß, für schön und rührend hält, der irrt.
Denn das ist Hundemut, der eingepeitscht mit Ruten
Und eingefuttert mit des Hofmahls Brocken wird.

Sich für Tyrannen gar hinab zur Hölle balgen,
Das ist ein Tod, der nur der Hölle wohlgefällt.
Wo solch ein Held erliegt, da werde Rad und Galgen
Für Straßenräuber und für Mörder aufgestellt!

WILHELM VON HUMBOLDT

»Dann sind die Menschen, und zwar die freien Menschen, friedlich geworden«

Auch müßte ich sehr unglücklich in Auseinandersetzung meiner Ideen gewesen sein, wenn man glauben könnte, der Staat sollte, meiner Meinung nach, von Zeit zu Zeit Krieg erregen. Er gebe Freiheit, und dieselbe Freiheit genieße ein benachbarter Staat. Die Menschen sind in jedem Zeitalter Menschen und verlieren nie ihre ursprünglichen Leidenschaften. Es wird

Krieg von selbst entstehen; und entsteht er nicht, nun so ist man wenigstens gewiß, daß der Friede weder durch Gewalt erzwungen noch durch künstliche Lähmung hervorgebracht ist; und dann wird der Friede den Nationen freilich ein ebenso wohltätigeres Geschenk sein, wie der friedliche Pflüger ein holderes Bild ist als der blutige Krieger. Und gewiß ist es, denkt man sich ein Fortschreiten der ganzen Menschheit von Generation zu Generation, so müßten die folgenden Zeitalter immer die friedlicheren sein. Aber dann ist der Friede aus den inneren Kräften der Wesen hervorgegangen, dann sind die Menschen, und zwar die freien Menschen, friedlich geworden. Jetzt – das beweist ein Jahr europäischer Geschichte – genießen wir die Früchte des Friedens, aber nicht die der Friedlichkeit. Die menschlichen Kräfte, unaufhörlich nach einer gleichsam unendlichen Wirksamkeit strebend, wenn sie einander begegnen, vereinen oder bekämpfen sich. Welche Gestalt der Kampf annehme, ob die des Krieges, oder des Wetteifers, oder welche sonst man nuancieren möge, hängt vorzüglich von ihrer Verfeinerung ab.

Soll ich jetzt auch aus diesem Räsonnement einen zu meinem Endziel dienenden Grundsatz ziehen, so muß der Staat den Krieg auf keinerlei Weise befördern, allein auch ebensowenig, wenn die Notwendigkeit ihn fordert, gewaltsam verhindern; dem Einflusse desselben auf Geist und Charakter sich durch die ganze Nation zu ergießen völlige Freiheit verstatten und vorzüglich doch aller positiven Einrichtungen enthalten, die Nation zum Kriege zu bilden, oder ihnen, wenn sie denn, wie z. B. Waffenübungen der Bürger, schlechterdings notwendig sind, eine solche Richtung geben, daß sie derselben nicht bloß die Tapferkeit, Fertigkeit und Subordination eines Soldaten beibringen, sondern den Geist wahrer Krieger oder vielmehr edler Bürger einhauchen, welche für ihr Vaterland zu fechten immer bereit sind.

HEINRICH VON KLEIST

Der höhere Frieden

Wenn sich auf des Krieges Donnerwagen,
Menschen waffnen, auf der Zwietracht Ruf,
Menschen, die im Busen Herzen tragen,
Herzen, die der Gott der Liebe schuf:

Denk ich, können sie doch mir nichts rauben,
Nicht den Frieden, der sich selbst bewährt,
Nicht die Unschuld, nicht an Gott den Glauben,
Der dem Hasse, wie dem Schrecken, wehrt.

Nicht des Ahorns dunkelm Schatten wehren,
Daß er mich, im Weizenfeld, erquickt,
Und das Lied der Nachtigall nicht stören,
Die den stillen Busen mir entzückt.

GEORG CHRISTIAN GOTTLIEB WEDEKIND

»Führt allenthalben die Volksregierung ein – und denn hat aller Krieg ein Ende«

Die Göttin des Friedens liebt vorzüglich die demokratischen Staaten. Ihr werdet leicht einsehen, warum. Der Krieg ist an sich immer ein großes Übel, wovon der Soldat, der Bürgers- und Bauersmann die Lasten tragen müssen, indessen dem Regenten und dem Adel darum nichts abgeht. Wie wird also das Volk, welches größtenteils aus Bauersleuten und aus Handwerkern besteht, unnötigerweise Krieg anfangen? Das läßt sich nur von solchen Leuten erwarten, welche dabei keinen Schaden leiden, wie die Regenten und die vornehmen Herrschaften. Auch werden die mehresten Kriege aus Hochmut von den Regenten angefangen; denn diese Leute meinen, daß es ihnen Ehre machte, wenn sie viele Schlachten gewönnen und ihr Land vergrößerten. Ist das nicht töricht? Und doch ist es nicht anders. Der vorige König von Preußen nahm Schlesien weg, und das kostete vielen Hunderttausenden in verschiedenen Kriegen das Leben; die Kaiserin von Rußland hat die Krim den Türken weggenommen, und Ihr habt in den Zeitungen gelesen, was für eine entsetzliche Menge Östreicher, Russen, Türken und Schweden deshalb umkommen mußten; ebenfalls mischte sich die russische Kaiserin in die Angelegenheiten der Polacken, die sich eine bessere Staatsverfassung geben wollten; der römische Kaiser, der König von Preußen, die Kurfürsten von Mainz und Trier, der Landgraf von Hessen und viele andere große Herren wollten nicht zugeben, daß die Franzosen sich eine andere Staatsverfassung gaben, weil es ihrem Stolze zuwiderlief, daß man die königliche Macht in Frankreich eingeschränkt und nachher gar den König, weil er ein Betrüger und Meineidiger war, abgesetzt hatte. Wie viele Menschen sind nicht auch darum zugrunde gegangen und zu Krüppeln geschossen worden? Wie vieles Land und wie viele schöne Ortschaften haben die große Herren nicht dieses ihres Hochmuts wegen verwüsten lassen? – Genug, durchgeht die Geschichte aller der Kriege, die ihr erlebt habt, und gesteht mir denn freimütig, daß kein einziger davon ein gerechter und ein vernünftiger Krieg war. Wie glücklich wären die Völker geblieben, wenn keiner von den Kriegen geführt worden wäre? Den vorigen König von Preußen nennt man Friedrich den Großen, und daß er ein schlimmer Gast war, wird niemand in Abrede sein. Aber, ich bitte euch, was haben die guten Brandenburger und die Preußen dadurch gewonnen, daß er Schlesien wegnahm und es durch mehrere blutige Kriege, wovon der letzte sieben Jahre dauerte, behauptete? Sind dadurch die Preußen und die Brandenburger gesünder, froher, glücklicher, tugendhafter, reicher geworden? Haben Ackerbau und Bevölkerung dadurch zugenommen? O nein, um seinen Ehrgeiz zu befriedigen und das beraubte Schlesien unter seiner Botmäßigkeit zu erhalten, mußte er beinah dreimal hunderttausend Menschen zu Sklaven oder Soldaten machen – ich sage nicht zuviel, wenn ich die preußischen Soldaten Sklaven nenne, denn die Christensklaven in der Türkei werden sehr viel besser gehalten wie die preußischen Soldaten, haben mehr Freiheit wie sie und brauchen sich nicht vor ihren Herrn tot oder zum Krüppel schießen zu lassen. Was konnten die gegen Frankreich Krieg führenden Mächte gewinnen? Ihre Völker gewannen wenigstens dabei unmöglich, und wenn sie auch den Krieg noch so glücklich geführt hätten? Was hilft es den armen Hessen, daß der Landgraf ein Seelenverkäufer ist und mit seinen Untertanen wie mit Vieh Handlung treibt. Das Geld kommt nur in seinen Beutel. – Also Hand an die Waffen, meine Brüder! Verjagt die große Herren, für deren Hochmut und Eigennutz bisher die Menschen sich schlachten lassen mußten; führt allenthalben die Volksregierung ein – und denn hat aller Krieg ein Ende!

Freie Völker führen nur denn Krieg, wenn man sie angreift, wenn man ihnen ihre Freiheit nehmen will. Sind aber erst alle Völker frei gemacht, so greift niemand mehr an, und niemand hat also auch Ursache, sich zu wehren. Laßt uns darum Gott bitten, daß dieser Krieg so lange dauern möge, bis alle Völker frei gemacht worden sind und so ein allgemeiner und ewiger Frieden bewürket werde. Es ist doch die allerabscheulichste Sache, daß Menschen einander ermorden sollen, die sich nie etwas zuleide getan haben; – sich ermorden sollen, um den Stolz des gnädigsten Herrn zu befriedigen! Ich kenne nichts Verächtlicheres als den Lohnsoldaten eines Regenten. Worin ist ein solcher Mensch von dem italienischen Banditen, der auch fürs Geld mordet, unterschieden? Ich will es euch sagen: 1. Der Bandit ermordet niemand, den er nicht ermorden will; seinen Freund ermordet er gewiß nicht. Der Soldat des Regenten muß jeden ermorden, den er ermorden soll, wenn es auch sein Vater, Bruder oder Freund wäre; ja er muß losschießen, ohne einmal zu wissen, wem die Kugel treffen wird. 2. Der Bandit ist ganz freiwillig Bandit, der Soldat ist aber meistens zum Dienst gezwungen. 3. Der Bandit wird besser bezahlt. 4. Der Bandit kann sein Handwerk aufgeben, wenn er will, der Soldat aber nicht. 5. Der Soldat bekommt wegen des unbedeutendsten Fehlers Schläge und ist in allem Betracht ein Sklav', Sklav' so gut im Frieden wie im Kriege. Hingegen der Bandit ist übrigens frei, ihm hat niemand zu befehlen, er bekommt keine Schläge, er braucht nicht zum bloßen Prunke zu exerzieren und Schildwache zu stehen, er kenn ohne Konsens heuraten usw. Also, wenn ja eins von beiden sein soll und ich die Wahl habe, so will ich lieber ein Bandit als Soldat eines Regenten werden.

GEORG FORSTER

Die freien Deutschen und die freien Franken sind unzertrennlich

Männer! Vertraute des deutschen Volks! Aufbewahrer seiner besten Hoffnungen! Ich beschwöre euch, blicket über den gegenwärtigen Augenblick hinweg in die Zukunft! Der Haß und Groll der Tyrannen stirbt nur mit ihnen aus. Wenn ihre Wunden geheilt, wenn ihre zerhackten Schwerter neu gewetzt sein werden, sehe ich den Augenblick, wo sie noch einen Versuch wagen, die deutsche Freiheit im Aufsprossen niederzutreten. Plötzlich und unerwartet überfallen sie dann eure ruhigen Wohnorte; eure Beschützer sind fern, sie morden euch und eure schuldlosen Gehilfinnen; die Ungeheuer morden die frohen Geschöpfe eurer seligsten Augenblicke, die um die Knie eurer Greise spielen; sie morden die ehrwürdigen Alten; eure Hütten verzehrt ein allgemeiner Brand; Schutt und Asche bezeichnen den Ort, wo Freiheit und Unschuld, wo Glück und Liebe mit den Menschen einst wohnten!

Schaudert ihr zurück vor diesem grauenvollen Bilde? O rettet, rettet schnell, durch einen weisen Entschluß, das Leben, das Glück, die Freiheit derer, die euch sandten; sichert auf ewig gegen alle Hinterlist und Mordlust der Feinde ein gutes Volk, das sich nicht selbst beschützen kann. Behaltet eure Befreier, eure Beschützer im Lande; schließet euch fest an sie an, entlasset sie nicht aus euren Armen, schwört ihnen den ewigen Bruderbund, und empfanget ihn wieder von ihnen; sprechet das große entscheidende Wort: *Die freien Deutschen und die freien Franken sind hinfüro ein unzertrennliches Volk!*

Flugblatt deutscher Jakobiner

Habt ihr vernommen, ihr deutschen Völker, das neue Aufgebot des Hauses Österreich? Wie? ihr wollet wieder 120000 Mann zur Schlachtbank führen lassen? Ihr wollet eure noch übrigen kraftvollen Jünglinge dem ungerechten Kriege, der gegen die französische Freiheit und gegen die Menschenrechte geführt wird, aufopfern? Schon so viele Tausende eurer blühendsten Jünglinge wurden eine Beute des Kriegs – blieben als unschuldige Opfer auf dem Schlachtfelde, und ihr wollt wieder 120000 Jünglinge töten lassen? Was tut ihr, ihr Völker? Was sagt euch euer Herz? Was sagt euch euer Gewissen? Hat Gott euch eure Söhne dazu gegeben, daß ihr sie zu Menschenmördern macht, daß ihr sie dem Kriege, dem Schwerte, dem Kriegsfeuer, der Verstümmelung, dem jämmerlichen Tode preisgebet? Oder meint ihr, ihr werdet das Frankenvolk überwinden?

Ha! sie sind unüberwindlich – die Franken-Nation, denn sie streitet und kämpft und ringet für die Freiheit – für Menschenrechte. Die Freiheit begeistert sie: die Freiheit flößet ihr Mut ein; die Freiheit stählt ihre Kräfte. Die Menschheit, welche die Franken-Nation verteidigt, steht ihr zur Seite und hilft ihr siegen. Wohin die Franken-Nation sich wandte, begleitete sie das Glück; überall waren siegreich ihre Waffen. – Jedes feindliche Heer, das der Freiheit heiliges Land betreten und entweihen sollte, entfloh vor ihrer starken Hand – entfloh vor ihrem kräftigen Arme.

Schon wieder hat Österreich seine Niederlande – und vielleicht auf immer – verloren. Belgiens Einwohner empfangen die Franken mit Jubel und knüpfen das Band der Freundschaft, das stärker noch ist als das Band der Nachbarschaft; denn es ist geheiligt durch Freiheit, geknüpft durch die anerkannten Rechte der Menschheit. Wie viele 1000 und 1000 Menschen haben, o Deutschland! die Siege der Franken gekostet? Ach! Ströme von Blut ergossen sich über die weiten Gefilde, auf denen die deutschen Krieger gegen die Freiheit und gegen die

Menschenrechte kämpften. Erkennt ihr noch nicht, daß nur da, wo man für Freiheit und Menschenrechte kämpft, der Sieg sein kann?

Die Franken-Nation ist eine freie Nation – wie kannst du es wagen, ihr Widerstand zu leisten? gleich einem reißenden Strome, der, wenn er einmal die Dämme durchbrochen hat, alle sich ihm entgegenstemmenden Hindernisse mit sich unaufhaltsam fortreißt, wird die Franken-Nation alle Heere verschlingen, die das deutsche Volk ihrer Siegerbahn entgegenstellen wird.

Du willst, deutsches Volk, den Feldzug fortsetzen? den Krieg verlängern? zu seiner Unterhaltung wieder 120000 Mann, den Kern der Nation, aufopfern? Ahndest du nicht – befürchtest du nicht, daß die Fortsetzung des Kriegs deinen völligen Untergang nach sich ziehen kann? Ahndest du nicht – befürchtest du nicht, daß dein Land der Schauplatz des Krieges werden kann, der bisher nur an den Grenzen geführt wurde?

Willst du die Franken dadurch, daß du neue Heere gegen sie aufstellst, aufs neue reizen, aufs neue zur Rache auffordern, sie in dein Land herbeirufen? Würde nicht Deutschland alsdann seine junge Mannschaft, allen Handel, alles Gewerbe, alles Geld, alle Lebensmittel etc. verlieren? Wie viele junge Leute werden noch in euren Ländern, ihr Deutschen, übrigbleiben, wenn ihr abermals 120000 Mann ausheben wollt?

Wer wird eure Äcker, wer wird eure Werkstätte besorgen? Teuerung, Hungersnot, Seuchen und Krankheiten – Pest und Tod werden die schrecklichen Folgen eurer Verblendung sein!

Geschieht diese Truppenaushebung freiwillig oder gezwungen? Widersprechen aber Zwangsmittel nicht allen Menschenrechten? oder wollt ihr auf alle Menschenrechte Verzicht tun? Wollt ihr solchen Befehlen, die von der Grausamkeit und Unmenschlichkeit eingegeben und auf die gänzliche Vernichtung aller Freiheit und aller Menschenrechte abzielen, Gehorsam leisten?

Sollten die deutschen Völker nicht die Franken-Nation segnen, weil sie für die Freiheit aller Völker streitet, sollten sie nicht zu ihren außerordentlichen Fortschritten ihr Glück wünschen? sollten sie ihr nicht Beistand und Unterstützung schenken? sollten sie sie nicht als die Wiederherstellerin der Freiheit und der Menschenrechte verehren?

Ha! und ihr höret es kaltblütig und gelassen an, daß die Tyrannen ein neues Blutopfer von 120000 Mann fordern, daß die Tyrannen befehlen, daß Bürger ihre Mitbürger – Menschen ihre Mitmenschen – Brüder ihre Brüder verstümmeln, erwürgen, morden?

Wie lange, o deutsche Nation! wirst du dich noch mißbrauchen lassen? Bedenke doch endlich, welches Verderben du dir selbst dadurch bereitest, daß du an dem Kriege, welchen verbündete Könige mit Frankreich führen, Anteil nimmst.

Wissest du nicht, daß schon vor diesem Kriege deine meisten Fürsten stark verschuldet waren? Wie sehr wird nicht diese Schuldenlast durch diesen ungerechten und schändlichen Krieg angehäuft werden? Und wer wird diese Schulden bezahlen? Die Fürsten, die sie gemacht haben? Womit werden sie diese Schulden bezahlen? Mit ihrem Fleiße, mit ihrer Arbeitsamkeit, mit ihrer Sparsamkeit, mit ihrem Schweiße? Oder vielmehr mit eurem Fleiße, ihr Völker deutscher Nation, mit eurer Arbeitsamkeit, mit eurer Sparsamkeit, mit eurem Schweiße? Und ihr, deutsche Bürger, bestreitet eine Nation, eure Nachbarin, welche für Freiheit, für Menschenrechte, fürs Volksglück kämpft, damit auch ihr von eurem Fürsten in den nämlichen Abgrund hinabgeschleudert werdet, aus welchem sich eure Nachbarn, die Franken, mit so vieler Mühe herauswinden? Wird nicht die ungeheure Menge der besoldeten Soldaten das deutsche Reich zu Boden drücken und umstürzen, weil die Hände nicht mehr zureichen werden, Brot für sie zu gewinnen? Siehe, du Landmann! Siehe, du Handwerksmann! Ihr arbeitet, damit von eurem sauren Schweiße so viele 1000 und 1000 Soldaten, die nicht arbeiten, ernähret und von euren Fürsten blutige Kriege geführt werden können. Du gibst sogar deine Söhne her, die dir im Alter deine Arbeiten erleichtern könnten, damit sie ihre Mitmenschen, die weder euren Söhnen noch euch jemals was zuleide getan haben, morden oder sich von diesen töten lassen sollen! Der Arm, der den Franken tötet, würde dich, o Landmann, o Handwerksmann, in deinem Alter unterstützen, und nun mußt du ihn entbehren; die Hand, welche jetzt das Rohr, um den Franken zu zerschmettern, ergreift, würde dir, o Landmann, o Handwerksmann, einst in deinem Tode das Auge zudrücken, und nun mußt du auch dieses Trostes beraubt dich sehen; der Sohn, welcher jetzt nur einem Franken das Leben nimmt und dadurch einer Mutter ihren Sohn raubt, würde nach deinem Tode, o Landmann, o Handwerksmann, deiner Gattin den Verlust ersetzen, der Witwe Stecken und Stab im Alter sein, die Mutter in Krankheiten pflegen und warten, seine jungen Geschwister, deine übrigen Kinder ernähren, versorgen, erziehen, und nun mußt du dein Weib – ohne Sohn – ohne Stütze – ohne Stecken und Stab im Tode hinter dich zurücklassen! Kannst du – kannst du dieses vor Gott und den Menschen, vor deinem eigenen Gewissen verantworten? Was willst du – was willst du antworten, wenn das Blut der Franken – wenn die Seufzer seiner Mutter, wenn die Seufzer deines eigenen Weibes zu Gott um Rache wider dich schreien, daß du deinen Sohn zum Menschenmörder aufzogst??? und auslieferteest???

Wie lange, deutsche Nation, wirst du dich noch mißbrauchen lassen?

Wisse, daß du dir die Fesseln, welche du schon Jahrhunderte hindurch trägst, weil du sie tragen wolltest, selber noch mehr stählest und drückender machst, indem du den Königen beistehst, welche Frankreich deswegen bekriegen, weil sie die Bewohner Frankreichs nicht in Freiheit sehen können, weil sie wissen, daß die Menschen durch Freiheit glücklich werden, weil sie befürchten, ihre Völker möchten selbst nach Freiheit streben, wenn sie das Frankenvolk durch die Freiheit beglückt sehen würden! Wisse, daß dich deine Könige so mit Fesseln belegen, so mit Ketten belasten, so mit Ketten beschweren werden, daß du nicht einmal die Kraft haben wirst, dich von dem Staube der Sklaverei, in welchem du dich herumwälzen wirst, nur ein wenig emporzuheben.

Bedenke die ungeheure Schuldenlast, welche durch so viele Kriege, die die Könige geführet haben, und besonders durch den gegenwärtigen Krieg aufgehäuft worden ist – welche Anstrengungen, welche Arbeiten, welche Aufopferung wird sie nicht verursachen? Und wer wird sich anstrengen müssen? Ihr oder die Könige? Wer wird Aufopferungen machen? Ihr oder die Könige? Alle diese Fragen werdet ihr euch selbst beantworten können; ihr werdet selbst einsehen, daß die Könige, um ihre Schulden zu bezahlen, die Völker ganz aussaugen werden und daß sie die Völker daher in Dummheit und Sklaverei zu erhalten suchen werden, – damit – sie sich geduldig aussaugen lassen.

Wie furchtbar werden klirren eure Fesseln, deutsche Völker! fürchterlicher, schrecklicher, grausenvoller noch, als sie schon seit vielen Jahrhunderten um die Thronen der Könige herklirrten, werden klirren eure Fesseln, daß der Weise, der Edle darob im Innersten seines Herzens ergrimmen wird. (...)

Wie lange, o deutsche Nation! wirst du dich noch mißhandeln lassen? wahrlich! es ist hohe Zeit, einem Kriege ein Ende zu machen, der schon so vieles Menschenblut gekostet hat, – – einem Kriege, der durch die Herrschsucht übermütiger Tyrannen und unmenschlicher Despoten angefangen worden ist, – einem Kriege, bei welchem die Tyrannen dic Absicht haben, die Völker, welche zu lange schon die Fesseln der Sklaverei getragen haben, noch mehr in Fesseln zu schmieden – einem Kriege, der den Untergang des ganzen Deutschlands zur Folge haben kann!

Zittert, ihr Tyrannen der Erde! Zittert, ihr Despoten der Völker! Das Volk erwacht!! Das Volk hört die Stimme der Vernunft!!! – – Die Sonne der Wahrheit erleuchtet die Augen aller Nationen, – – die Göttin der Freiheit verheißt allen Nationen Glück.

Erbebt, ihr Tyrannen der Erde! Erbebt, ihr Despoten der Völker! das Volk steht auf! furchtbar, schrecklich, grausenvoll ist sein Aufstand, wenn ihr es dazu zwingt, wenn ihr noch länger den Krieg gegen die Franken-Nation, gegen die Freiheit, gegen die Menschenrechte fortsetzen wollt, wenn ihr euch zu einem neuen Feldzuge vorzubereiten waget. Lange genug sind die Nationen ihrer ewigen und unveräußerlichen Menschenrechte beraubt gewesen – lange genug sind sie von Obertyrannen und Untertyrannen, von geistlichen und weltlichen Fürsten, vom Adel und von der Geistlichkeit gemißbraucht, gemißhandelt und herabgewürdigt worden, lange genug haben sie das Joch der Sklaverei getragen, das ihnen Herrschaften gewaltsam und widerrechtlich auflegten, lange genug haben ihre Ohren die Fesseln an den Füßen der Sklaven rasseln hören, lange genug hat der Rücken der Menschen die Geißelhiebe ihrer Treiber und die Fuchtel ihrer militärischen Zuchtmeister gefühlt!! Das Volk hat bereits seine Rechte kennengelernt; es ist nicht mehr unwissend. Das Volk hat bereits die Reize der Freiheit erblickt; seine Denkungsart ist nicht mehr sklavisch – ist frei!

Endigt den Krieg, ihr Tyrannen! macht Friede, ihr Despoten! Das Volk will Friede haben und – wird Friede machen, wenn ihr nicht Friede macht.

Ihr fordert die Völker auf, in Masse aufzustehen? – Wie? Wißt ihr auch, ihr Tyrannen, was ihr verlangt? Ha! die Völker werden in Masse aufstehen, aber – um euch in den Staub niederzudonnern, in welchem eure Völker sich bisher haben umherwälzen müssen!

Der Urheber der Natur hat die Menschen zur Freiheit geschaffen; – lange genug habt ihr, ihr Despoten, die heilige Freiheit ihnen vorenthalten. Eilet! – eilet, sie ihnen wieder zurückzugeben, oder – sie nehmen sie sich selbst. Wehe euch alsdann, ihr Tyrannen! Die Völker werden – weil ihr es wollet – in Masse aufstehen, aber – um das Reich der Sklaverei und des Despotismus zu zermalmen – alle Thronen zu zertrümmern, den übermütigen Adel zu Boden zu treten, den Fanatismus zu brandmarken – der Heuchelei ihre schändliche Larve wegzureißen. Noch einmal, ihr Tyrannen! macht Friede! – – oder das Volk steht auf und macht Friede!!!

IMMANUEL KANT

Präliminarartikel zum ewigen Frieden unter Staaten

1. Es SOLL kein Friedensschluß für einen solchen gelten, der mit dem geheimen Vorbehalt des Stoffs zu einem künftigen Kriege gemacht worden.

Denn alsdenn wäre er ja ein bloßer Waffenstillstand, Aufschub der Feindseligkeiten, nicht Friede, der das Ende aller Hostilitäten bedeutet, und dem das Beiwort ewig anzuhängen ein schon verdächtiger Pleonasm ist. Die vorhandene, obgleich jetzt vielleicht den Paziszierenden selbst noch nicht bekannte Ursachen zum künftigen Kriege sind durch den Friedensschluß insgesamt vernichtet; sie mögen auch aus archivarischen Dokumenten mit noch so scharfsichtiger Ausspähungsgeschicklichkeit ausgeklaubt sein. – Der Vorbehalt (reservatio mentalis) alter allererst künftig auszudenkender Prätensionen, deren kein Teil für jetzt Erwähnung tun mag, weil beide zu sehr erschöpft sind, den Krieg fortzusetzen, bei dem bösen Willen, die erste günstige Gelegenheit zu diesem Zweck zu benutzen, gehört zur Jesuitenkasuistik und ist unter der Würde der Regenten, so wie die Willfährigkeit zu dergleichen Deduktionen unter der Würde eines Ministers desselben, wenn man die Sache, wie sie an sich selbst ist, beurteilt.

Wenn aber, nach aufgeklärten Begriffen der Staatsklugheit, in beständiger Vergrößerung der Macht, durch welche Mittel es auch sei, die wahre Ehre des Staats gesetzt wird, so fällt freilich jenes Urteil als schulmäßig und pedantisch in die Augen.

2. Es SOLL kein für sich bestehender Staat (klein oder groß, das gilt hier gleichviel) von einem andern Staate durch Erbung, Tausch, Kauf oder Schenkung erworben werden können.

Ein Staat ist nämlich nicht (wie etwa der Boden, auf dem er seinen Sitz hat) eine Habe (patrimonium). Er ist eine Gesellschaft von Menschen, über die niemand anders als er selbst zu gebieten und disponieren hat. Ihn aber, der selbst als Stamm seine eigene Wurzel hatte, als Pfropfreis einem andern Staate einzuverleiben, heißt, seine Existenz als einer moralischen Person aufheben und aus der letzteren eine Sache machen und widerspricht also der Idee des ursprünglichen Vertrags, ohne die sich kein Recht über ein Volk denken läßt. In welcher Gefahr das Vorurteil dieser Erwerbungsart Europa, denn die andern Weltteile haben nie davon gewußt, in unsern bis auf die neuesten Zeiten gebracht habe, daß sich nämlich auch Staaten einander heuraten könnten, ist jedermann bekannt, teils als eine neue Art von Industrie, sich auch ohne Aufwand von Kräften durch Familienbündnisse übermächtig zu machen, teils auch auf solche Art den Länderbesitz zu erweitern. – Auch die Verdingung der Truppen eines Staats an einen andern gegen einen nicht gemeinschaftlichen Feind ist dahin zu zählen; denn die Untertanen werden dabei als nach Belieben zu handhabende Sachen gebraucht und verbraucht.

3. Stehende Heere (miles perpetuus) sollen mit der Zeit ganz aufhören.

Denn sie bedrohen andere Staaten unaufhörlich mit Krieg durch die Bereitschaft, immer dazu gerüstet zu erscheinen; reizen diese an, sich einander in Menge der Gerüsteten, die keine Grenzen kennt, zu übertreffen, und, indem durch die darauf verwandten Kosten der Friede endlich noch drückender wird als ein kurzer Krieg, so sind sie selbst Ursache von Angriffskriegen, um diese Last loszuwerden, wozu kommt, daß, zum Töten oder getötet zu werden in Sold genommen zu sein, einen Gebrauch von Menschen als bloßen Maschinen und Werkzeugen in der Hand eines andern (des Staates) zu enthalten scheint, der sich nicht wohl mit dem Rechte der Menschheit in unserer eigenen Person vereinigen läßt. Ganz anders ist es mit der freiwilligen, periodisch vorgenommenen Übung der Staatsbürger in Waffen bewandt, sich und ihr Vaterland dadurch gegen Angriffe von außen zu sichern. – Mit der Anhäufung eines Schatzes würde es ebenso gehen, daß er, von andern Staaten als Bedrohung mit Krieg angesehen, zu zuvorkommenden Angriffen nötigte (weil unter den drei Mächten, der Heeresmacht, der

Bundesmacht und der Geldmacht, die letztere wohl das zuverlässigste Kriegswerkzeug sein dürfte), wenn nicht die Schwierigkeit, die Größe desselben zu erforschen, dem entgegenstände.

4. Es sollen keine Staatsschulden in Beziehung auf äußere Staatshändel gemacht werden.

Zum Behuf der Landesökonomie (der Wegebesserung, neuer Ansiedlung, Anschaffung der Magazine für besorgliche Mißwachsjahre usw.), außerhalb oder innerhalb dem Staate Hülfe zu suchen, ist diese Hülfsquelle unverdächtig. Aber als entgegenwirkende Maschine der Mächte gegeneinander ist ein Kreditsystem ins Unabsehliche anwachsender und doch immer für die gegenwärtige Forderung (weil sie doch nicht von allen Gläubigern auf einmal geschehen wird) gesicherter Schulden – die sinnreiche Erfindung eines handeltreibenden Volks in diesem Jahrhundert – eine gefährliche Geldmacht, nämlich ein Schatz zum Kriegführen, der die Schätze aller andern Staaten zusammengenommen übertrifft und nur durch den einmal bevorstehenden Ausfall der Taxen (der doch auch durch die Belebung des Verkehrs vermittels der Rückwirkung auf Industrie und Erwerb noch lange hingehalten wird) erschöpft werden kann. Diese Leichtigkeit Krieg zu führen, mit der Neigung der Machthabenden dazu, welche der menschlichen Natur eingeartet zu sein scheint, verbunden, ist also ein großes Hindernis des ewigen Friedens, welches zu verbieten um desto mehr ein Präliminarartikel desselben sein müßte, weil der endlich doch unvermeidliche Staatsbankerott manche andere Staaten unverschuldet in den Schaden mit verwickeln muß, welches eine öffentliche Läsion der letzteren sein würde. Mithin sind wenigstens andere Staaten berechtigt, sich gegen einen solchen und dessen Anmaßungen zu verbünden.

5. Kein Staat soll sich in die Verfassung und Regierung eines andern Staats gewalttätig einmischen.

Denn was kann ihn dazu berechtigen? Etwa das Skandal, was er den Untertanen eines andern Staats gibt? Es kann dieser vielmehr durch das Beispiel der großen Übel, die sich ein Volk durch seine Gesetzlosigkeit zugezogen hat, zur Warnung dienen; und überhaupt ist das böse Beispiel, was eine freie Person der andern gibt (als scandalum acceptum), keine Läsion derselben. – Dahin würde zwar nicht zu ziehen sein, wenn ein Staat sich durch innere Verunreinigung in zwei Teile spaltete, deren jeder für sich einen besonderen Staat vorstellt, der auf das Ganze Anspruch macht; wo einem derselben Beistand zu leisten einem äußern Staat nicht für Einmischung in die Verfassung des andern (denn es ist alsdann Anarchie) angerechnet werden könnte. Solange aber dieser innere Streit noch nicht entschieden ist, würde diese Einmischung äußerer Mächte Verletzung der Rechte eines nur mit seiner inneren Krankheit ringenden, von keinem andern abhängigen Volks, selbst also ein gegebenes Skandal sein und die Autonomie aller Staaten unsicher machen.

6. Es SOLL sich kein Staat im Kriege mit einem andern solche Feindseligkeiten erlauben, welche das wechselseitige Zutrauen im künftigen Frieden unmöglich machen müssen, als da sind Anstellung der Meuchelmörder (percussores), Giftmischer (venefici), Brechung der Kapitulation, Anstiftung des Verrats (perduellio) in dem bekriegten Staat etc.

Das sind ehrlose Strategemen. Denn irgendein Vertrauen auf die Denkungsart des Feindes muß mitten im Kriege noch übrigbleiben, weil sonst auch kein Friede abgeschlossen werden könnte, und die Feindseligkeit in einen Ausrottungskrieg (bellum internecinum) ausschlagen würde; da der Krieg doch nur das traurige Notmittel im Naturzustande ist (wo kein Gerichtshof vorhanden ist, der rechtskräftig urteilen könnte), durch Gewalt sein Recht zu behaupten, wo keiner von beiden Teilen für einen ungerechten Feind erklärt werden kann (weil das schon einen Richterausspruch voraussetzt), sondern der Ausschlag desselben (gleich als vor einem sogenannten Gottesgerichte) entscheidet, auf wessen Seite das Recht ist; zwischen Staaten aber sich kein Bestrafungskrieg (bellum punitivum) denken läßt (weil zwischen ihnen kein Verhältnis eines Obern zu einem Untergebenen stattfindet). – Woraus denn folgt: daß ein Ausrottungskrieg, wo die Vertilgung beide Teile zugleich und mit dieser auch alles Rechts treffen kann, den ewigen Frieden nur auf dem großen Kirchhofe der Menschengattung stattfinden lassen würde. Ein solcher Krieg also, mithin auch der Gebrauch der Mittel, die dahin führen, muß schlechterdings unerlaubt sein. – Daß aber die genannten Mittel unvermeidlich dahin führen, erhellet daraus: daß jene höllische Künste, da sie an sich selbst niederträchtig sind, wenn sie in Gebrauch gekommen, sich nicht lange innerhalb der Grenze des Krieges halten, wie etwa der Gebrauch der Spione (uti exploratoribus), wo nur die Ehrlosigkeit anderer (die nun einmal nicht ausgerottet werden kann) benutzt wird, sondern auch in den Friedenszustand übergehen und so die Absicht desselben gänzlich vernichten würden.

JOHANN GOTTFRIED HERDER

Sieben Gesinnungen der großen Friedensfrau

Meine große Friedensfrau hat nur einen Namen: sie heißt allgemeine Billigkeit, Menschlichkeit, tätige Vernunft.

Ich habe ein sehr sinnreiches Manuskript gelesen, in dem der Menschengeschichte folgende Sätze zum Grunde lagen: »1. Menschen sterben, um Menschen Platz zu machen. 2. Und da ihrer weniger sterben, als geboren werden, so macht die Natur durch gewaltsame Mittel Raum. 3. Dahin gehören nicht nur Pest, Mißwachs, Erdbeben, Erdrevolutionen, sondern auch Völkerrevolutionen, Verwüstungen, Kriege. 4. Wie eine Tierart die andere vermindert, so setzt das Menschengeschlecht sich selbst in Proportion und wehrt der Überzahl. 5. Es gibt in ihm also erhaltende und zerstörende Charaktere.« – Schreckliches System, das uns vor unsrem eignen Geschlecht Schauder und Furcht einjagt, indem wir nach ihm jedem ins Angesicht, auf seinen Gang und auf seine Hände sehen müssen, ob er ein fleisch- oder grasfressendes Tier sei, ob er einen erhaltenden oder zerstörenden Charakter an sich trage. Gewiß hat uns die

Natur an Mitteln nicht entblößt, uns vor dieser zerstörenden Gattung unseres eignen Geschlechts zu sichern; nur sie gab uns diese Mittel als Waffen nicht in die Hände, sondern in Kopf und Herz. Die allgemeine Menschenvernunft und Billigkeit ist die Matrone, die Öl und Arznei am Arm, die einen Fruchtstengel in der Hand trägt, nicht etwa nur als Symbole, sondern als die still wirkenden Mittel, wo nicht zu einem ewigen Frieden, so gewiß doch zu einer allmählichen Verminderung der Kriege. Lassen Sie mich, da wir hier auf des ehrlichen St. Pierre Wege geraten, auch seiner Methode uns nicht schämen und die große Friedensfrau (pax sempiterna) mit festen Grundsätzen in ihr Amt weisen. Sie ist dazu da, ihrem Namen und ihrer Natur nach Friedensgesinnungen einzuflößen.

Erste Gesinnung
Abscheu gegen den Krieg

Der Krieg, wo er nicht erzwungene Selbstverteidigung, sondern ein toller Angriff auf eine ruhige, benachbarte Nation ist, ist ein unmenschliches, ärger als tierisches Beginnen, indem er nicht nur der Nation, die er angreift, unschuldigerweise Mord und Verwüstung drohet, sondern auch die Nation, die ihn führet, ebenso unverdient als schrecklich hinopfert. Kann es einen abscheulichern Anblick für ein höheres Wesen geben als zwei einander gegenüberstehende Menschenheere, die unbeleidigt einander morden? Und das Gefolge des Krieges, schrecklicher als er selbst, sind Krankheiten, Lazarette, Hunger, Pest, Raub, Gewalttat, Verödung der Länder, Verwilderung der Gemüter, Zerstörung der Familien, Verderb der Sitten auf lange Geschlechter. Alle edlen Menschen sollten diese Gesinnung mit warmem Menschengefühl ausbreiten, Väter und Mütter ihre Erfahrungen darüber den Kindern einflößen, damit das fürchterliche Wort Krieg, das man so leicht ausspricht, den Menschen nicht nur verhaßt werde, sondern daß man es mit gleichem Schauder als den St. Veitstanz, Pest, Hungersnot, Erdbeben, den schwarzen Tod zu nennen oder zu schreiben kaum wage.

Zweite Gesinnung
Verminderte Achtung gegen den Heldenruhm

Immer mehr muß sich die Gesinnung verbreiten, daß der ländererobernde Heldengeist nicht nur ein Würgengel der Menschheit sei, sondern auch in seinen Talenten lange nicht die Achtung und den Ruhm verdiene, die man ihm aus Tradition von Griechen, Römern und Barbaren her zollet. Soviel Gegenwart des Geistes, soviel zusammenfassende Vorsicht und Voraussicht und schnellen Blick er fordern möge, so wird der edelste Held vor und nach der Schlacht nicht nur das Geschäft beweinen, dem er seine Gaben aufopfert, sondern auch gern gestehen, daß, um Vater eines Volks zu sein, wenn nicht mehr, so doch edlere Gaben in fortgehender Bemühung und ein Charakter erfordert werde, ein Charakter, der seinen Kampfpreis weder einem Tage zu verdanken hat, noch ihn mit dem Zufall oder dem blinden Glück teilet. Alle Verständige sollten sich vereinigen, durch echte Kenntnis alter und neuer Zeiten den falschen Schimmer wegzublasen, der um einen Marius, Sulla, Attila, Gengischan, Tamerlan gaukelt, bis endlich jeder gebildeten Seele Gesänge auf sie und auf Lips Tullian gleich heroisch erscheinen.

Dritte Gesinnung
Abscheu der falschen Staatskunst

Immer mehr muß sich die falsche Staatskunst entlarven, die den Ruhm eines Regenten und das Glück seiner Regierung in Erweiterung der Grenzen, in Erjagung oder Erhaschung fremder Provinzen, in vermehrte Einkünfte, schlaue Unterhandlungen, in willkürliche Macht, List und Betrug setzt. Die Mazarins, Louvois, Du Terrais und ihresgleichen müssen nicht nur im Angesicht des ehrlichen Volks, sondern der Weichlinge selbst, wie sie sind, erscheinen, so daß es wie das Einmaleins klar wird, daß jeder Betrug einer falschen Staatskunst am Ende sich selbst betrüge. Die allgemeine Stimme muß über den Wert des bloßen Staatsranges und seiner Zeichen, selbst über die aufdringendsten Gaukeleien der Eitelkeit, selbst über früh eingesogene Vorurteile siegen. Mich dünkt, man sei im Verachten einiger dieser Dinge jetzt schon weit und vielleicht zu weit fortgeschritten; es kommt darauf an, daß man das Schätzenswerte bei allem, was uns der Staat auflegt, auch redlich und um so höher achte, je mehr es die Menschheit der Menschen fördert.

Vierte Gesinnung
Geläuterter Patriotismus

Der Patriotismus muß sich notwendig immer mehr von Schlakken reinigen und läutern. Jede Nation muß es fühlen lernen, daß sie nicht im Auge andrer, nicht im Munde der Nachwelt, sondern nur in sich, in sich selbst groß, schön, edel, reich, wohlgeordnet, tätig und glücklich werde und daß sodann die fremde wie die späte Achtung ihr wie der Schatte dem Körper folge. Mit diesem Gefühl muß sich notwendig Abscheu und Verachtung gegen jedes leere Auslaufen der Ihrigen in fremde Länder, gegen das nutzlose Einmischen in ausländische Händel, gegen jede leere Nachäffung und Teilnehmung verbinden, die unser Geschäft, unsre Pflicht, unsre Ruhe und Wohlfahrt stören. Lächerlich und verächtlich muß es werden, wenn Einheimische sich über ausländische Angelegenheiten, die sie weder kennen noch verstehen, in denen sie nichts ändern können und die sie gar nichts angehn, sich entzweien, hassen, verfolgen, verschwärzen und verleumden. Wie fremde Banditen und Meuchelmörder müssen die erscheinen, die aus toller Brunst für oder gegen ein fremdes Volk die Ruhe ihrer Mitbrüder untergraben. Man muß lernen, daß man nur auf dem Platz etwas sein kann, auf dem man stehet, wo man etwas sein soll.

Fünfte Gesinnung
Gefühl der Billigkeit gegen andre Nationen

Dagegen muß jede Nation allgemach es unangenehm empfinden, wenn eine andre Nation beschimpft und beleidigt wird; es muß allmählich ein gemeines Gefühl erwachen, daß jede sich an die Stelle jeder andern fühle. Hassen wird man den frechen Übertreter fremder Rechte, den Zerstörer fremder Wohlfahrt, den kecken Beleidiger fremder Sitten und Meinungen, den prahlenden Aufdringer seiner eignen Vorzüge an Völker, die diese nicht begehren. Unter welchem Vorwande jemand über die Grenze tritt, dem Nachbar als einem Sklaven das Haar abzuscheren, ihm seine Götter aufzuzwingen und ihm dafür seine Nationalheiligtümer in Religion, Kunst, Vorstellungsart und Lebensweise zu entwenden, im Herzen jeder Nation wird er einen Feind finden, der in seinen eignen Busen blickt und sagt: »Wie, wenn das mir geschähe?« – Wächst dies Gefühl, so wird unvermerkt eine Allianz aller gebildeten Nationen gegen jede einzelne anmaßende Macht. Auf diesen stillen Bund ist gewiß früher zu rechnen als nach St. Pierre auf ein förmliches Einverständnis der Kabinette und Höfe. Von diesen darf man keine Vorschritte erwarten; aber auch sie müssen endlich ohne Wissen und wider Willen der Stimme der Nationen folgen.

Sechste Gesinnung
Über Handelsanmaßungen

Laut empört sich das menschliche Gefühl gegen freche Anmaßungen im Handel, sobald ihm unschuldige fröhnende Nationen um einen Gewinn, der ihnen nicht einmal zuteil wird, aufgeopfert werden. Handel soll, wenn auch nicht aus den edelsten Trieben, die Menschen vereinigen, nicht trennen; er soll sie, wenngleich nicht im edelsten Gewinn, ihr gemeinschaftliches und eigenes Interesse wenigstens als Kinder kennen lehren. Dazu ist das Weltmeer da, dazu wehen die Winde, dazu fließen die Ströme. Sobald eine Nation allen andern das Meer verschließen, den Wind nehmen will ihrer stolzen Habsucht wegen, so muß, je mehr die Einsicht ins Verhältnis der Völker gegeneinander zunimmt, der Unmut aller Nationen gegen eine Unterjocherin des freiesten Elements, gegen die Räuberin jedes höchsten Gewinnes, die anmaßende Besitzerin aller Schätze und Früchte der Erde erwachen. Ihrem Stolz, ihrer Habsucht zu dienen, wird kein fremder Blutstropfe willig fließen, je mehr der wahre Satz eines vortrefflichen Mannes anerkannt wird, »daß die Vorteile der handelnden Mächte einander nicht durchkreuzen und daß diese Mächte von einem gegenseitigen allgemeinen Wohlstande und von der Erhaltung eines ununterbrochenen Friedens vielmehr den größesten Nutzen haben würden«.

Siebente Gesinnung
Tätigkeit

Endlich der Kornstengel in der Hand der indischen Frau ist selbst eine Waffe gegen das Schwert. Je mehr die Menschen Früchte einer nützlichen Tätigkeit kennen und einsehen lernen, daß durchs Kriegsbeil nichts gewonnen, aber viel verheert wird; je mehr die schmähenden Vorurteile von einer mit göttlichem Beruf zum Kriege gebornen Kaste, in der von Vater Kain, Nimrod und Og zu Basan an Heldenblut fließe, verächtlich und lächerlich werden, desto mehr Ansehen wird der Ährenkranz, der Apfel- und Palmzweig vor dem traurigen Lorbeer erhalten, der neben dunkeln Zypressen wächst und samt Nesseln und Dornen zur Lazerten und Bubonen unter sich liebet.

Die sanfte Verbreitung dieser Grundsätze sind das Öl und die Arznei der großen Friedensgöttin Vernunft, deren Sprache sich endlich niemand entziehen kann. Unvermerkt wirkt die Arznei, sanft fließt das Öl hinunter. Leise tritt sie zu diesem und jenem Volk und spricht in der Sprache der Indianer: »Bruder, Enkel, Vater, hier bringe ich dir ein Bundeszeichen und Öl und Arznei. Damit will ich deine Augen reinigen, daß sie scharf sehen; ich will damit deine Ohren säubern, daß sie recht hören, ich will deinen Hals glätten, daß meine Worte geschmeidig hinuntergehen; denn ich komme nicht umsonst, ich bringe Worte des Friedens.«

Und der Angeredete wird antworten: »Schwester, dieser String of Wampum soll dich willkommen heißen. Ich will die Dornen aus deinen Füßen ziehen, die dir etwa möchten hineingefahren sein. Ich will die Müdigkeit, die dich auf der Reise befallen hat, wegschaffen, daß deine Knie wieder stark und mutig werden. Das rote Kriegsbeil und die Keule sollen in die Erde verscharret sein, und über sie wollen wir einen Baum pflanzen, der bis in den Himmel wachse. Solange Sonne und Mond scheinen und auf- und niedergehen, solange die Sterne am

Himmel stehen und die Flüsse mit Wasser fließen, soll unsre Freundschaft dauren.«

Wenn, wie ich fest glaube, ein ewiger Friede förmlich erst am Jüngsten Tage geschlossen werden wird, so ist dennoch kein Grundsatz, kein Tropfe Öl vergebens, der dazu auch nur in der weitesten Ferne vorbereitet.

GEORG CHRISTOPH LICHTENBERG
»So wünscht ein wahrer Patriot und Menschenfreund zu erfahren ...«

Da jetzt in den Zeitungen soviel von den Spitzen der Armeen und der Ehre der Kronen gesprochen wird, so wünscht ein wahrer Patriot und Menschenfreund zu erfahren: 1. Wo eigentlich die Spitzen der Armeen liegen, vornen oder hinten oder auf den Seiten oder in der Mitte, oder ob die Armeen ihre Spitzen, wenn sie gegen den Feind marschieren, gar nicht einmal bei sich führen, sondern als ein Heiligtum unter einer guten Eskorte zurücklassen. 2. Worin eigentlich die wahre Ehre der Kronen besteht? Darin, daß ihre Untertanen bei einem mäßigen Auskommen und bei geraden Gliedern glücklich sind, oder darin, daß man Hunderttausende schlachten oder zu Krüppeln schießen läßt, um ein paar Krämer zu bereichern und von dem Abfall dieses Überflusses Edelsteine für die Krone zu kaufen?

FRIEDRICH SCHLEGEL
Versuch über den Begriff des Republikanismus

Nur universeller und vollkommener Republikanismus würde ein gültiger, aber auch allein hinlänglicher *Definitivartikel zum ewigen Frieden* sein. Solange die Konstitution und Regierung nicht durchaus vollkommen wäre, würde, selbst in republikanischen Staaten, deren friedliche Tendenz Kant so treffend gezeigt hat, sogar ein ungerechter und überflüssiger Krieg wenigstens *möglich* bleiben. Der erste Kantische Definitivartikel zum ewigen Frieden verlangt zwar Republikanismus *aller Staaten,* allein der *Föderalismus,* dessen Ausführbarkeit S. 35 so bündig bewiesen wird, kann schon seinem *Begriffe* nach *nicht alle* Staaten umfassen, sonst würde er gegen Kants Meinung (S. 36–38) ein universeller Völkerstaat sein. Die Absicht des Friedensbundes, die Freiheit der republikanischen Staaten zu sichern (S. 35), setzt eine Gefahr derselben, also Staaten von kriegerischer Tendenz, d. h. *despotische Staaten* voraus. Die kosmopolitische Hospitalität, deren Ursprung und Veranlagung durch den Handelsgeist Kant (S. 64) so geistreich entwickelt, scheint aber sogar *unpolizierte Nationen* vorauszusetzen. Solange es aber noch despotische Staaten und unpolizierte Nationen gäbe, würde auch noch *Kriegsstoff* übrigbleiben.

1) *Der Republikanismus der kultivierten Nationen,*
2) *der Föderalismus der republikanischen Staaten,*
3) *die kosmopolitische Hospitalität der Föderierten*

würden also nur *gültige Definitivartikel zum ersten echten und permanenten,* wenngleich nur partiellen *Frieden,* statt der bisherigen fälschlich sogenannten Friedensschlüsse, eigentlich Waffenstillstand (S. 104), sein.

Man kann sie auch als *Präliminarartikel zum ewigen Frieden* ansehn, den sie beabsichtigen und an den vor dem ersten echten Frieden gar nicht zu denken ist. – Der universelle und vollkommene Republikanismus und der ewige Friede sind unzertrennliche Wechselbegriffe. Der letzte ist ebenso *politisch notwendig* wie der erste. Aber wie steht es mit seiner *historischen* Notwendigkeit oder Möglichkeit? Welches ist die *Garantie des ewigen Friedens?*

»Das, was diese Gewähr leistet, ist nichts Geringeres als die große Künstlerin *Natur*«, sagt Kant S. 47. So geistreich die Ausführung dieses trefflichen Gedankens ist, so will ich doch freimütig gestehn, was ich daran vermisse. Es ist nicht genug, daß die *Mittel* der Möglichkeit, die *äußern Veranlassungen des Schicksals* zur wirklichen allmählichen Herbeiführung des ewigen Friedens gezeigt werden. Man erwartet eine Antwort auf die Frage: ob die *innere Entwicklung der Menschheit* dahin führe? Die (gedachte) *Zweckmäßigkeit der Natur* (so schön, ja notwendig diese Ansicht in andrer Beziehung sein mag) ist hier völlig gleichgültig: nur die (wirklichen) *notwendigen Gesetze der Erfahrung* können für einen künftigen Erfolg Gewähr leisten. Die *Gesetze der politischen Geschichte* und die *Prinzipien der politischen Bildung* sind die einzigen Data, aus denen sich erweisen läßt, »daß der ewige Friede keine leere Idee sei, sondern eine Aufgabe, die, nach und nach aufgelöst, ihrem Ziel beständig näher kommt« (S. 104), nach denen sich die künftige Wirklichkeit desselben und sogar die Art der Annäherung zwar nicht *weissagen* (S. 65) – thetisch und nach allen Umständen der Zeit und des Orts –, aber doch vielleicht theoretisch (wenngleich nur hypothetisch) mit Sicherheit vorherbestimmen lassen würde. – Kant macht zwar hier sonst (wie sich erwarten läßt) keinen transzendenten Gebrauch von dem teleologischen Prinzip in der Geschichte der Menschheit (welches sogar kritische Philosophen sich erlaubt haben): jedoch in einem Stücke scheint mir der praktische Begriff der unbedingten Willensfreiheit mit Unrecht in das theoretische Gebiet der Geschichte der Menschheit herübergezogen zu sein. – Wenn die Moraltheologie die Frage aufwerfen kann und muß: welches der intelligible Grund der Immoralität sei – ob sie es kann und *muß*, lasse ich hier an seinen Ort gestellt sein –, so weiß ich auch keine andre Antwort als die Erbsünde im Kantischen Sinne. Aber die Geschichte der Menschheit hat es nur mit den *empirischen Ursachen des Phänomens* der Immoralität zu tun; der intelligible Begriff der ursprünglichen Bösartigkeit ist im Gebiete der Erfahrung leer und ohne allen Sinn. – Das behauptete Faktum (S. 80, Anm.), daß es durchaus keinen Glauben an menschliche Tugend gebe, ist unerwiesen; und wie kann die offenbare Bösartigkeit im äußern Verhältnis der Staaten (S. 79, Anm.) – die Immoralität einer kleinen Menschenklasse, welche aus leichtbegreiflichen Ursachen im Durchschnitt aus dem Abschaum des menschlichen Geschlechts besteht – ein Argument wider die menschliche Natur überhaupt sein?

CARL AUGUST JOSEPH HOFHEIM

»So sind es Menschenhände, die das Werk der schaffenden Gottheit verdarben«

Der Mensch ist von Natur nicht des Menschen Feind, er haßt seinen Mitbürger auf diesem Planeten nicht als durch die Einwirkung äußerer Umstände. Näher liegen seinem Herzen allerdings die Gegenstände, mit denen er heranwuchs, mit denen er vertraut geworden und die auf diese Art durch die Gewohnheit sich gleichsam in seine Natur verwebt haben. Aber eine vorzüglichere und ausgezeichnetere Neigung zu einer Sache involviert noch keinen Haß gegen fremdartigere Gegenstände, sie ist nicht ausschließend; das menschliche Herz ist groß genug, eine Welt mit Liebe zu umfassen, und wenn es auf wenige Gegenstände beengt, auf Kleinigkeiten eingeschrumpft ist, wenn der Mensch nur für Ärmlichkeiten fühlt, wo der ganze unbezeichenbare Reichtum der Natur seinem Fühlgenusse sich bietet, so sind es Menschenhände, die das Werk der schaffenden Gottheit verdarben.

Jene Verschiedenheit der Nuancierung, jene Abstufungen und Abweichungen der Menschenrassen, jene Verschiedenheit der Charaktere, Sitten, Gebräuche, der politischen und religiösen Verfassungen, ja der Bildung und des Gehalts der Menschenstämme selbst, geben nur eine entferntere Ursache zu jener Abneigung, die Nationen bisweilen gegen Nationen hegen und bei Gelegenheit blutig geltend machen. Wegen dieser Heterogenität kommen Völker nicht leicht unmittelbar in Kollision, wie sehr dieselbe auch als Stoff hierzu benutzt werden kann, da sie dazu beiträgt oder gar mittelbar dahin führt.

Es ist der Mangel an Aufklärung, die Dummheit mit ihrem Gefolge, welche diese Unleidlichkeit und Bitterkeit bei einem Volke erzeugt und den Dämon Nationalhaß auffüttert, der durch den Zusammenhang der Umstände und die Instigationen jener, die von diesem Vorurteile Nutzen ziehen, genährt und unterhalten wird, und es ist eine sehr alltägliche Bemerkung, daß in dem Maße, als ein Volk oder Völkchen aufgeklärt und gut oder dumm und boshaft ist, es duldsam gegen andere von ihm geschiedene, anderst denkende und handelnde Nationen neben sich oder unleidsam und bitter gegen sie ist.

Von Natur mordet der Mensch den Menschen, solange er sein Auskommen hat, nicht anderst als durch äußre Instigation. Seine Existenz auf Unkosten eines andern nur verbessern zu wollen ist der abscheulichste Egoismus; Schließung des Meers, Sperrung des Handels und alles, was zur Merkantiltyrannei führt, der schändlichste Völkergeiz und gewiß das entehrendste Motiv zum Streite zwischen Nationen. Man brandmarkt im Privatleben den Kaufmann mit bürgerlicher Infamie, der zum Ruine seines Mitkaufmanns sich ein Monopol verschafft, um seine Millionen zu verdoppeln; und über das von den Neukarthagenern in London prätendierte Monopol der ausschließenden Schiffahrt auf dem Meere, über ihre Völkerhandelsmonopole in den beiden Indien, über die Sperrung der Schelde und all den Despotismus, der uns bei jedem Stückchen Zucker und jedem Körnchen Pfeffer, das wir brauchen, fühlbar drückt, haben sogenannte Rechtsgelehrte Folianten geschrieben, ja man hat sogar Justifikationen des Negerhandels!!!

Es ist ewige Wahrheit, eine Merkantilseele ist keiner schönen und großen Empfindung fähig, sie taxiert Menschen, Gedanken und Empfindungen nach der Elle und dem Pfund.

Je unaufgeklärter oder verderbter ein Volk ist, um desto unleidlicher wird es jederzeit gegen andre Völkerschaften um sich beißen und desto verächtlicher, kriechender und schleichender werden die Mittel sein, deren es sich gegen dieselbe bedient. Wechselseitige Gefälligkeiten, Mitteilung der Vorteile, Unterstützung und Aushilfe, innigere Verkettung und Anschmiegung der Bruderstämme sollte der ganze Gehalt der Diplomatik sein, da es jetzt Spionerie und Betrug so genau ist, daß sich von dem diplomatischen Corps unsrer Zeit sowie von der Priesterschaft sagen läßt, daß in Thesi und der Regel nach dessen Individuen entweder sehr unglückliche oder sehr böse Menschen sind, wenn sie keine Dummköpfe sind, welches, wenn der Gesandte anderst nicht irgendeine Regierung von Abdera repräsentiert, in welchem Falle er, weil er caracterem repraesentantium hat, ex rerum natura ein Tölpel sein muß, der Fall nicht wohl sein kann.

HERMANN HEYNICH

Die sogenannten untern Volksklassen kultivieren und fortbilden

Überhaupt scheint mir Kant einen unrichtigen Weg eingeschlagen zu haben bei seiner Schrift zum ewigen Frieden und bei den darin aufgestellten sechs Präliminarartikeln; er will die despotischen Staaten oder, welches ebensoviel ist, die Despoten selbst reformieren und sie etwa zu dem machen, was Friedrich, der wahre Regent, war. Auf diesem Wege kommt man eben nicht fort; wer reformieren und aufklären will, der muß *von oben herunter* nicht an den hartnäckigern Thronbesitzern beginnen, sondern *von unten*; von den Bauern und Bürgern herauf. Die itzt sogenannten untern Volksklassen müssen kultiviert und fortgebildet, auf diese muß alle Aufmerksamkeit und Sorgfalt verwendet werden; von hier aus muß das Licht der Vernunft leuchten, wenn es dauren und nicht wieder verdunkelt werden soll. Wer den sogenannten Adel und die Fürsten reformieren wollte, der würde die vergeblichste Arbeit von der Welt tun und einem Knaben gleichen, der mit einem Löffel das Wasser eines Flusses ausschöpfen wollte. Hier ist alles verkettet und verrammelt, hier findet kein Aufklärer Gehör, und wenn Christus und Sokrates von den Toten wiedererstanden wären und an den Höfen herumwandelten; schon am ersten Hofe würden sie Johannes des Täufers Schicksal erleiden. Hier gelten nur leere Höflinge, eitle Windmenschen, hirnlose Schwätzer, zwitschernde Schmeichler, wertlose Fußlecker, kalte Phlegmatiker, saugende Blutegel, luftige Projektmacher, um den Untertanen mit der besten Manier den Schweiß auszupressen, verstockte Bösewichter, die ihre Fürsten betrügen und von nichts als Volksglückseligkeit schwatzen, während alle Untertanen unter ihrem viehischen Druck schmachten und seufzen. – Und wenn Despoten die dunkle Nachtzeit verflossener Jahrhunderte wieder rückgängig machen und sie mit eisernen Ketten und ehernen Brettern um ihre Länder herumschlingen könnten, so wäre dies ihr höchstes Vergnügen und ihr einziger

Jubeltriumph! Nacht soll es sein, Finsternis soll das Erdreich bedecken und Dunkel die Wälder, Dummheit soll herrschen und täuschende Priesterreligion alles mit Zaum und Gebiß belegen – dies wollen Despoten, dies ist ihre beste Zeit! Je finsterer, desto vorteilhafter! je mehr blinder Glaube an betrügerische gottlose Priester, desto erwünschter! je mehr Dummheit und abergläubische Unbehilflichkeit, desto zuträglicher!

»Herr! beschütze deinen alten, reinen, alleinseligmachenden Glauben, der alle Vernunft unter seinem Gehorsam gefangennimmt, der die Menschen auf dich allein hinreißt und sie blind und dumm und verschlossen an Leib und an der Seele macht!! – Herr des Himmels und der Erden, warum hast du dich unterstanden, deinen Sohn, Jesum Christum, und Erdengöttern zum Schaden und Trotz auf die Erde zu senden, der die Menschen zum Gebrauch ihrer Vernunft dringend aufgefordert, der sie mächtig an ihre Würde und hohen Wert erinnert hat; so daß wir seitdem immer in Furcht und Angst stehen, die Menschen möchten endlich deinen Sohn verstehenlernen und sich ihre Würde nebst ihren Rechten wieder anmaßen, welches uns bisher noch zu verhindern gelang! Hast du uns nicht verheißen, daß, solange wir unser Wesen auf dem Erdboden treiben, alle Vernunft eingekerkert und im Gehirn der Leute vernagelt sein soll, damit kein Nachteil für uns und unsere Herrschaft daraus erwachsen möge?! Hast du uns nicht zugesagt, uns gnädiglich und natürlich zu behüten, vor allem Vernunftgeschmeiß, vor allen Wahrheitsgesindel, vor allen Aufklärerrotten, die das Volk verderben, welches du in unsere Qual gegeben hast und worauf wir mit eisernen Füssen stehen?! Kannst du es ansehen, daß unheilige Philosophen und hetzende, irreligiöse Illuminaten uns in unserer süßen Ruhe stören, unsere Glückseligkeit durch ihre Gottlosigkeiten unterbrechen, die Gemüter aller treuen Untertanen von uns abwendig machen, um uns von unseren Thronen, worauf du uns nach deiner unaussprechlichen Huld und Gnade gesetzt hast, zu verdrängen?! – Warum willst du auf einmal das herrliche Dunkel, das alle deine Kreaturen und Geschöpfe so lieblich beschattet und erquickt, unsern Ländern entziehen? warum willst du uns schwache Wesen, das Werk deiner Hände, auf einmal blenden durch den Glanz deiner Sonne (der Vernunft) und des Mondes (des Verstandes), die zuviel Schein um unsere Thronen herumgießen, so daß fast jedes Tier sieht, was wir auf denselben vornehmen?! Herr! sei uns armen Sündern gnädig und barmherzig, laß den Vorhang nicht von uns genommen werden, hinter welchen wir bisher zu deiner Ehre und zu deinem Ruhm so glücklich lebten; gestatte ja nicht, treuer Vater, daß die Herrschaft, die du uns einmal nach deiner grundlosen Barmherzigkeit anvertraut hast, von uns genommen werde. Laß ferner und bis ans Ende der Tage Glückseligkeit, Ruhe, Ordnung, frohen Lebensgenuß usw. durch uns, deine demütigen Knechte, über die ganze Welt verbreitet werden; laß alle Nationen sanft schlummern und unter dem Schirm deines göttlichen Worts ruhen, und erwecke sie dann am Jüngsten Tage zum neuen Leben! Herr! gedenke aber auch in jener Welt an uns, und laß uns wieder unter deiner Obhut über die Nationen regieren, die wir hier auf Erden so glücklich gemacht haben.« Amen! – – So muß man oft mit den Fürsten beten, wenn man sich bei ihnen beliebt machen, wenn man von ihnen Geschenke erhalten will, wie dies gewisse ekelhafte, gereckte Gruppen von Menschen in Deutschland, die sich in die Zeit zu schicken wissen, wohl einsehen. Schade nur, daß dies keine Menschen tun, die man sonst nachahmen könnte, sondern Affengeschöpfe, die durch den Anblick von Menschen selbst in Menschen metamorphasiert zu sein wähnten! Doch diesen armen, schelmischen Kreaturen verzeiht man es wohl, wenn sie sich zu Menschen träumen; aber wenn sich Menschendinge (der äußern Form nach) in Affen verwandeln, so ist dies niedriger als affisch. Der Affe will doch Mensch sein, aber dergleichen geformte Menschen wollen gar unterwärts sinken und menschheitsleere Affenkrüppel sein! Werft sie mit Steinen, wie ihre Kameraden in Afrika; schafft sie aus Deutschland, damit sie die Menschen nicht verpesten. – – So wie der Mohr niemals weiß wird, so wird der Despot niemals wahrer Mensch und Bürger; hier muß man gar keine Mühe verschwenden und gar keine Verbesserungen und Änderungen zum Glück und Wohl der Menschen vorschlagen, eben weil alles fruchtlos ist. Wenn man in die Sphäre des Adels und des Despotismus eintritt, so glaubt man ins schwarze Gebiet der eisernen Notwendigkeit und des unabänderlichen Schicksals geraten zu sein; denn hier ist alles festgemacht, hier ist alles in ewige Formen gepreßt, hier ist alles felsenfest eingerichtet. Hier kreischt ein ewiger Mechanismus mit schweren Rädern, der durch gar keine gewöhnlichen Mittel und Kräfte aufgehalten werden kann; und von dessen Geknister, wie bei einer Mühle, gar keine Menschenstimme hörbar ist; bis Sturm daherrasselt, bis schmetternder Donner kracht, bis Wut und Tollgeschrei überall fürchterlich verhallt, bis Verzweiflungsschläge rauschen – und das leiernde Machwerk ins Stocken und zum Stillstehen bringen. – – Von unten herauf muß die Aufklärung empor sich drängen; in der ungebildeten Menschheit muß unablässig Vernunfträder und Menschengefühl ausgeschüttet werden; hier, hier muß jeder arbeiten, der Kräfte besitzt und zum Wohl der Menschheit etwas beizutragen Lust hat. In der sogenannten untern Menschheit muß Aufmerksamkeit auf die Menschenrechte, auf die Würde, auf die Zwecke des Menschen, auf die Pflichten aller gegen einen und eines gegen alle gewagt werden; hier muß man säen, hacken, ausjäten, entwurzeln, begießen, propfen usw.; hier muß man kultivieren, wenn die Menschheit wirklich kultiviert werden soll. – Diejenigen Menschenklassen, welche mit ihren kräftigen Armen alles tragen, erhalten, ernähren, müssen wissen, wer und was sie sind und wer und was andere, die sich ihre Obern nennen, sind und sein sollen. – Alle Gelehrte in der Welt sind recht eigentlich dazu da, um der ungebildeten Menschheit fortzuhelfen, um sie immer fester in ihren Lebensmaximen, um sie immer selbständiger und einsichtsvoller bei ihrem Tun und Lassen zu machen. Allein, die meisten Gelehrten verfehlen und verkennen schimpflich ihre wahre, edle Bestimmung; statt daß sie für andere, und namentlich für die andern, flügellahmen Volksklassen sich beschäftigen sollten, haben sie miteinander selber alle Hände voll zu tun und zu streiten, so daß sie freilich an die hilfsbedürftige Menschheit zu denken nicht viele Muße übrig behalten. Statt daß sie sollten Vormünder, Erzieher, Wegweiser, Verteidiger der unerzogenen mißhandelten Menschen sein, sind sie sich nur gegenseitig Vormünder, Verteidiger usw., haben sie unaufhörlich in ihren Schulen zu streiten und zu fechten, müssen sie gesponnene Gedankensysteme in die Luft hinein bauen und andere zertrümmern, damit man das ihrige allein gewahr wird. – Wer an den obern, den herrschenden Ständen sein Aufklärungsgeschäfte versuchen wollte, der wäre einem Manne ähnlich, der bei einer Verdämmung des Stroms durch eine Reihe Eispfähle beständig *oben* hineinhackte und immer *beim Ende* des Eisschutzes herumrüttelte, um ihn los zu machen und fortzubringen. Nein! er helfe *den untern* Eisstücken fort, er mache *unten* Luft; so stürzt das obere Eis von selbst nach, und der Strom wird von seiner drückenden Last befreit. – Die obern Klassen, der Adel und die Fürsten, ob sie gleich alle weitere Aufklärung und Vernunftkultur und Verbesserung des menschlichen Zustandes aufs stärkste verabscheuen und zu hintertreiben suchen, müssen gezwungen und fortgestoßen werden durch den heftigen Andrang der untern Klassen, sie müssen aufgeklärter und besser werden, sie mögen wollen oder nicht. Wenn es nur erst in den untern Stockwerken des despotischen Staatsgebäudes heller wird, wenn es nur da erst vernünftiger, freier, gerechter und vorurteilsloser zugeht; so werden sich wohl die Herren in den obern Zimmern von selbst nach den untern bequemen müssen, wenn sie nicht zu kurz kommen und nicht alle Eingänge zu ihnen versperrt haben wollen. Denn die in den obern Etagen hängen ganz von den untern Bewohnern ab, aber diese nicht von jenen; die obern Hausleute müßten Hungers sterben, wenn von unten hinauf ihnen nichts zugeschafft würde! Das heißt ganz kurz soviel: Die Fürsten könnten nicht Fürsten sein, wenn es keine Bürger und Bauern gäbe; die Fürsten könnten nicht leben, wenigstens nicht fürstlich, oder müßten mit den Händen arbeiten wie andere Leute, um ihr Brot zu verdienen, wenn die untern Stände keine Steuern und Abgaben entrichteten. Ein Fürst kriegt kein Land und kein Volk wieder, wenn er durch schreiende Ungerechtigkeiten sich desselben verlustig gemacht hat; aber Bürger und Bauern bekommen tausend Fürsten wieder statt einen, wenn sie denselben fortgeschickt und abgedankt haben. Die Fürsten sind in jeder Rücksicht von den Nationen abhängig und ohne sie leere Schattenbilder, die sind Diener und Untergeordnete derselben, die den allgemeinen Völkerwillen schlechterdings als gehorsame Untergebene heilig zu respektieren verbunden sind. Wenn z. B. der größte Teil eines Volks begierig nach fester Aufklärung hinstrebt, so darf sich kein Fürst satanisch unterstehen und diesem allgemeinen Streben auf irgendeine Weise entgegenarbeiten. Im Gegenteil wäre er nicht Diener derselben Nation, sondern ein Satan, ein Ungeheuer, das sie anfällt und mißhandelt, ein jeder Fürst, sobald er dem Gesamtwillen einer Nation sich entgegenstemmt, hat seinen Posten verwirkt und ist sogleich als strafbarer Verbrecher anzusehen und zu behandeln. Wenn alles nach Aufklärung, nach Wahrheit, nach Gerechtigkeit, nach Vernunft schreit, so müssen die Fürsten ehrerbietig zuhören und Anstalten treffen, um diesen sehnlichen, edlen Wunsch der Völker möglichst zu befriedigen, so müssen die Fürsten sich, als wahre Volksvormünder, in der Seele freuen, daß ihre Kinder aufgeklärter, besser und männlicher werden wollen. – Doch das sind leere Träumereien; man muß nicht sagen, was die Fürsten als solche für ihre Völker tun *sollten*, sondern man muß unaufhörlich davon sprechen und es immer wiederholen, was die Fürsten *wirklich tun und beginnen*. Denn in jenem Fall hielte man die gutmütigen Leute mit dem Gedanken hin, sie könnten wohl mit der Zeit sich noch bekehren und ihre Pflichten, die sie itzt so kühn und unverantwortlich verabsäumen, erfüllen. Und so was muß man nicht tun; man muß lieber alle möglichen Hoffnungen vertilgen und aus dem Innern der Sterblichen herausgraben, als ihnen eine einzige einflößen. Nichts ist schädlicher und verderbender als Hoffnung, sowie nichts dümmer und einfältiger ist, als wenn eine Nation ihre Kräfte, ihre Rechte, ihr Eigentum einem einzigen Menschen, der ein ebenso gebrechlicher Adamssohn wie alle ist, willkürlich anvertraut!

JOSEPH GÖRRES
Frieden ist Völkerbeglückung

Der Zweck jedes Friedens ist Völkerbeglückung, das erste Requisit, um diesen Zweck zu erreichen, Dauer. Ein Frieden, der seiner Form und seinem Inhalt nach für alle Zeiten gelten kann und den Völkern für ihre ganze unbegrenzte Existenz ihren Wohlstand verbürgt, nur ein solcher kann seinen Namen sich mit Recht anmaßen, jeder andre, der wie alle bisherigen, schon bei seiner Geburt die Keime der Verwesung zeigt, ist eine Mißgeburt, ein MitteldING zwischen Krieg und Frieden, das die Menschheit ärger lastet als der Krieg selbst.

Der ewige Frieden, wie ihn St. Pierre und Rousseau aufstellten und Kant gegen die engbrüstigen Einwürfe kleinmütiger Empiriker in Schutz nahm, ist also das Ideal, dem die Menschheit unaufhörlich nachstreben muß, weil in seiner Erreichung absolutes Glück für sie liegen würde, so wie Vernichtungskrieg das Urbild eines solchen, von dem sie sich immer weiter entfernen muß, weil seine völlige oder auch nur partielle Realisierung ihr unabsehliches Unglück nach sich ziehen würde.

FRIEDRICH HÖLDERLIN
»Um des schönen, neuen, goldenen Friedens willen«

Hyperion an Bellarmin

Wir lebten in den letzten schönen Momenten des Jahrs, nach unserer Rückkunft aus dem attischen Lande.

Ein Bruder des Frühlings war uns der Herbst, voll milden Feuers, eine Festzeit für die Erinnerung an Leiden und vergangne Freuden der Liebe. Die welkenden Blätter trugen die

Farbe des Abendrots, nur die Fichte und der Lorbeer stand in ewigem Grün. In den heitern Lüften zögerten wandernde Vögel, andere schwärmten im Weinberg, und im Garten und ernteten fröhlich, was die Menschen übrig gelassen. Und das himmlische Licht rann lauter vom offenen Himmel, durch alle Zweige lächelte die heilige Sonne, die gütige, die ich niemals nenne ohne Freude und Dank, die oft in tiefem Leide mit einem Blicke mich geheilt und von dem Unmut und den Sorgen meiner Seele gereinigt.

Wir besuchten noch all unsere liebsten Pfade, Diotima und ich, entschwundne selige Stunden begegneten uns überall.

Wir erinnerten uns des vergangenen Mais, wir hätten die Erde noch nie so gesehen wie damals, meinten wir, sie wäre verwandelt gewesen, eine silberne Wolke von Blüten, eine freudige Lebensflamme, entledigt alles gröberen Stoffs.

»Ach! es war alles so voll Lust und Hoffnung«, rief Diotima, »so voll unaufhörlichen Wachstums und doch auch so mühelos, so seligruhig, wie ein Kind, das vor sich hin spielt und nicht weiter denkt.«

»Daran«, rief ich, »erkenn ich sie, die Seele der Natur, an diesem stillen Feuer, an diesem Zögern in ihrer mächtigen Eile.«

»Und es ist den Glücklichen so lieb, dies Zögern«, rief Diotima; »weißt du? wir standen einmal des Abends zusammen auf der Brücke, nach starkem Gewitter, und das rote Berggewässer schoß, wie ein Pfeil, unter uns weg, aber daneben grünt' in Ruhe der Wald, und die hellen Buchenblätter regten sich kaum. Da tat es uns so wohl, daß uns das seelenvolle Grün nicht auch so wegflog, wie der Bach, und der schöne Frühling uns so still hielt, wie ein zahmer Vogel; aber nun ist er dennoch über die Berge.«

Wir lächelten über dem Worte, wiewohl das Trauern uns näher war.

So sollt auch unsre eigne Seligkeit dahingehn, und wir sahen's voraus.

O Bellarmin! wer darf denn sagen, er stehe fest, wenn auch das Schöne seinem Schicksal so entgegenreift, wenn auch das Göttliche sich demütigen muß und die Sterblichkeit mit allem Sterblichen teilen!

Ich hatte mit dem holden Mädchen noch vor ihrem Hause gezögert, bis das Licht der Nacht in die ruhige Dämmerung schien, nun kam ich in Notaras Wohnung zurück, gedankenvoll, voll überwallenden heroischen Lebens, wie immer, wenn ich aus ihren Umarmungen ging. Es war ein Brief von Alabanda gekommen.

Es regt sich, Hyperion, schrieb er mir, Rußland hat der Pforte den Krieg erklärt; man kommt mit einer Flotte in den Archipelagus*; die Griechen sollen frei sein, wenn sie mit aufstehn, den Sultan an den Euphrat zu treiben. Die Griechen werden das Ihre tun, die Griechen werden frei sein, und mir ist herzlich wohl, daß es einmal wieder etwas zu tun gibt. Ich mochte den Tag nicht sehn, solang es noch so weit nicht war.

Bist du noch der Alte, so komm! Du findst mich in dem Dorfe vor Koron, wenn du den Weg von Misistra kömmst. Ich wohne am Hügel, in dem weißen Landhause am Walde.

Die Menschen, die du in Smyrna bei mir kennenlerntest, hab ich verlassen. Du hattest recht mit deinem feinern Sinne, daß du in ihre Sphäre nicht tratest.

Mich verlangt, uns beede in dem neuen Leben wiederzusehn. Dir war bis itzt die Welt zu schlecht, um ihr dich zu erkennen zu geben. Weil du nicht Knechtsdienste tun mochtest, tatest du nichts, und das Nichtstun machte dich grämlich und träumerisch.

Du mochtest im Sumpf nicht schwimmen. Komm nun, komm, und laß uns baden in offener See!

Das soll uns wohltun, einzig Geliebter!

So schrieb er. Ich war betroffen im ersten Moment. Mir brannte das Gesicht vor Scham, mir kochte das Herz, wie heiße Quellen, und ich konnt auf keiner Stelle bleiben, so schmerzt' es mich, überflogen zu sein von Alabanda, überwunden auf immer. Doch nahm ich nun auch um so begieriger die künftige Arbeit ans Herz. –

»Ich bin zu müßig geworden«, rief ich, »zu friedenslustig, zu himmlisch, zu träg! – Alabanda sieht in die Welt, wie ein edler

* Im Jahr 1770.

Pilot, Alabanda ist fleißig und sucht in der Woge nach Beute; und dir schlafen die Hände im Schoß? und mit Worten möchtest du ausreichen, und mit Zauberformeln beschwörst du die Welt? Aber deine Worte sind, wie Schneeflocken, unnütz, und machen die Luft nur trüber und deine Zaubersprüche sind für die Frommen, aber die Unglaubigen hören dich nicht. – Ja! sanft zu sein zu rechter Zeit, das ist wohl schön, doch sanft zu sein zur Unzeit, das ist häßlich, denn es ist feig! – Aber Harmodius! deiner Myrte will ich gleichen, deiner Myrte, worin das Schwert sich verbarg. Ich will umsonst nicht müßig gegangen sein, und mein Schlaf soll werden, wie Öl, wenn die Flamme darein kömmt. Ich will nicht zusehn, wo es gilt, will nicht umhergehn und die Neuigkeit erfragen, wann Alabanda den Lorbeer nimmt.«

Hyperion an Bellarmin

Diotimas Erblassen, da sie Alabandas Brief las, ging mir durch die Seele. Drauf fing sie an, gelassen und ernst, den Schritt mir abzuraten, und wir sprachen manches hin und wider. »O ihr Gewaltsamen!« rief sie endlich, »die ihr so schnell zum Äußersten seid, denkt an die Nemesis!«

»Wer Äußerstes leidet«, sagt ich, »dem ist das Äußerste recht.«

»Wenn's auch recht ist«, sagte sie, »du bist dazu nicht geboren.«

»So scheint es«, sagt ich; »ich hab auch lange genug gesäumt. O ich möchte einen Atlas auf mich laden, um die Schulden meiner Jugend abzutragen. Hab ich ein Bewußtsein? hab ich ein Bleiben in mir? O laß mich, Diotima! Hier, gerad in solcher Arbeit muß ich es erbeuten.«

»Das ist eitel Übermut!« rief Diotima; »neulich warst du bescheidner, neulich, da du sagtest, ich muß noch ausgehn, zu lernen.«

»Liebe Sophistin!« rief ich, »damals war ja auch von ganz was anderem die Rede. In den Olymp des Göttlichschönen, wo aus ewigjungen Quellen das Wahre mit allem Guten entspringt, dahin mein Volk zu führen, bin ich noch jetzt nicht geschickt.

Aber ein Schwert zu brauchen, hab ich gelernt und mehr bedarf es für jetzt nicht. Der neue Geisterbund kann in der Luft nicht leben, die heilige Theokratie des Schönen muß in einem Freistaat wohnen, und der will Platz auf Erden haben und diesen Platz erobern wir gewiß.«

»Du wirst erobern«, rief Diotima, »und vergessen, wofür? wirst, wenn es hoch kommt, einen Freistaat dir erzwingen und dann sagen, wofür hab ich gebaut? ach! es wird verzehrt sein, all das schöne Leben, das daselbst sich regen sollte, wird verbraucht sein selbst in dir! Der wilde Kampf wird dich zerreißen, schöne Seele, du wirst altern, seliger Geist! und lebensmüd am Ende fragen, wo seid ihr nun, ihr Ideale der Jugend?«

»Das ist grausam, Diotima«, rief ich, »so ins Herz zu greifen, so an meiner eignen Todesfurcht, an meiner höchsten Lebenslust mich festzuhalten, aber nein! nein! nein! Der Knechtsdienst tötet, aber gerechter Krieg macht jede Seele lebendig. Das gibt dem Golde die Farbe der Sonne, daß man ins Feuer es wirft! Das, das gibt erst dem Menschen seine ganze Jugend, daß er Fesseln zerreißt! Das rettet ihn allein, daß er sich aufmacht und die Natter zertritt, das kriechende Jahrhundert, das alle schöne Natur im Keime vergiftet! – Altern sollt ich, Diotima! wenn ich Griechenland befreie? Altern, ärmlich werden, ein gemeiner Mensch? O so war er wohl recht schal und leer und gottverlassen, der Athenerjüngling, da er als Siegesbote von Marathon über den Gipfel des Pentele kam und hinabsah in die Täler von Attika!«

»Lieber! Lieber!« rief Diotima, »sei doch still! ich sage dir kein Wort mehr. Du sollst gehn, sollst gehen, stolzer Mensch! Ach! wenn du so bist, hab ich keine Macht, kein Recht auf dich.«

Sie weinte bitter und ich stand, wie ein Verbrecher, vor ihr.

»Vergib mir, göttliches Mädchen!« rief ich, vor ihr niedergesunken, »o vergib mir, wo ich muß! Ich wähle nicht, ich sinne nicht. Eine Macht ist in mir, und ich weiß nicht, ob ich es selbst bin, was zu dem Schritte mich treibt.« – »Deine volle Seele gebietet dir's«, antwortete sie. »Ihr nicht zu folgen, führt oft zum Untergange, doch, ihr zu folgen, wohl auch. Das beste ist, du gehst, denn es ist größer. Handle du; ich will es ertragen.« (…)

Der Vulkan bricht los. In Koron und Modon werden die Türken belagert, und wir rücken mit unserem Bergvolk gegen den Peleponnes hinauf.

Nun hat die Schwermut all ein Ende, Diotima, und mein Geist ist fester und schneller, seit ich in lebendiger Arbeit bin, und sieh! ich habe nun auch eine Tagesordnung.

Mit der Sonne beginn ich. Da geh ich hinaus, wo im Schatten des Walds mein Kriegsvolk liegt und grüße die tausend hellen Augen, die jetzt vor mir mit wilder Freundlichkeit sich auftun. Ein erwachendes Heer! ich kenne nichts Gleiches und alles Leben in Städten und Dörfern ist wie ein Bienenschwarm dagegen.

Der Mensch kann's nicht verleugnen, daß er einst glücklich war, wie die Hirsche des Forsts, und nach unzähligen Jahren klimmt noch in uns ein Sehnen nach den Tagen der Urwelt, wo jeder die Erde durchstreifte, wie ein Gott, eh, ich weiß nicht was? den Menschen zahm gemacht und noch, statt Mauern und totem Holz, die Seele der Welt, die heilige Luft allgegenwärtig ihn umfing.

Diotima! mir geschieht oft wunderbar, wenn ich mein unbekümmert Volk durchgehe und, wie aus der Erde gewachsen, einer um den andern aufsteht und dem Morgenlicht entgegen sich dehnt, und unter den Haufen der Männer die knatternde Flamme emporsteigt, wo die Mutter sitzt mit dem frierenden Kindlein, wo die erquickende Speise kocht, indes die Rosse, den Tag witternd, schnauben und schrein, und der Wald ertönt von allerschütternder Kriegsmusik, und rings von Waffen schimmert und rauscht – aber da sind Worte, und die eigne Lust von solchem Leben erzählt sich nicht.

Dann sammelt mein Haufe sich um mich her, mit Lust, und es ist wunderbar, wie auch die Ältesten und Trotzigsten in aller meiner Jugend mich ehren. Wir werden vertrauter und mancher erzählt, wie's ihm erging im Leben, und mein Herz schwillt oft von mancherlei Schicksal. Dann fang ich an, von besseren Tagen zu reden, und glänzend gehn die Augen ihnen auf, wenn sie des Bundes gedenken, der uns einigen soll, und das stolze Bild des werdenden Freistaats dämmert vor ihnen.

Alles für jeden und jeder für alle! Es ist ein freudiger Geist in den Worten und er ergreift auch immer meine Menschen wie Göttergebot. O Diotima! so zu sehn, wie von Hoffnungen da die starre Natur erweicht und alle ihre Pulse mächtiger schlagen und von Entwürfen die verdüsterte Stirne sich entfaltet und glänzt, so da zu stehn in einer Sphäre von Menschen, umrungen von Glauben und Lust, das ist doch mehr, als Erd und Himmel und Meer in aller ihrer Glorie zu schaun.

Dann üb ich sie in Waffen und Märschen bis zum Mittag. Der frohe Mut macht sie gelehrig, wie er zum Meister mich macht. Bald stehn sie dichtgedrängt in macedonischer Reih und regen den Arm nur, bald fliegen sie, wie Strahlen, auseinander zum gewagteren Streit in einzelnen Haufen, wo die geschmeidige Kraft in jeder Stelle sich ändert und jeder selbst sein Feldherr ist, und sammeln sich wieder in sicherem Punkt – und immer, wo sie gehen und stehn in solchem Waffentanze, schwebt ihnen und mir das Bild der Tyrannenknechte und der ernstere Walplatz vor Augen.

Drauf, wenn die Sonne heißer scheint, wird Rat gehalten im Innern des Walds und es ist Freude, so mit stillen Sinnen über der großen Zukunft zu walten. Wir nehmen dem Zufall die Kraft, wir meistern das Schicksal. Wir lassen Widerstand nach unserem Willen entstehn, wir reizen den Gegner zu dem, worauf wir gerüstet sind. Oder sehen wir zu und scheinen furchtsam und lassen ihn näher kommen, bis er das Haupt zum Schlag uns reicht, auch nehmen wir ihm mit Schnelle die Fassung, und das ist meine Panacee. Doch halten die erfahrneren Ärzte nichts auf solche allesheilende Mittel.

Wie wohl ist dann des Abends mir bei meinem Alabanda, wenn wir zur Lust auf muntern Rossen die sonnenroten Hügel umschweifen, und auf den Gipfeln, wo wir weilen, die Luft in den Mähnen unserer Tiere spielt und das freundliche Säuseln in unsere Gespräche sich mischt, indes wir hinaussehn in die Fernen von Sparta, die unser Kampfpreis sind! und wenn wir nun zurück sind und zusammensitzen in lieblicher Kühle der Nacht, wo uns der Becher duftet und das Mondlicht unser spärlich Mahl bescheint und mitten in unsrer lächelnden Stille die Geschichte der Alten, wie eine Wolke, aufsteigt aus dem heiligen Boden, der uns trägt, wie selig ist's da, in solchem Momente sich die Hände zu reichen!

Dann spricht wohl Alabanda noch von manchem, den die Langeweile des Jahrhunderts peinigt, von so mancher wunderbaren krummen Bahn, die sich das Leben bricht, seitdem sein grader Gang gehemmt ist, dann fällt mir auch mein Adamas ein, mit seinen Reisen, seiner eignen Sehnsucht in das innere Asien hinein – das sind nur Notbehelfe, guter Alter! möcht ich dann ihm rufen, komm! und baue deine Welt! mit uns! denn unsre Welt ist auch die deine.

Auch die deine, Diotima, denn sie ist die Kopie von dir. O du, mit deiner Elysiumsstille, könnten wir das schaffen, was du bist!

Hyperion an Diotima

Wir haben jetzt dreimal in einem fort gesiegt in kleinen Gefechten, wo aber die Kämpfer sich durchkreuzten, wie Blitze, und alles *eine* verzehrende Flamme war. Navarin ist unser, und wir stehen jetzt vor der Feste Misistra, dem Überreste des alten Sparta. Ich hab auch die Fahne, die ich einer albanischen Horde entriß, auf eine Ruine gepflanzt, die vor der Stadt liegt, habe vor Freude meinen türkischen Kopfbund in den Eurotas geworfen und trage seitdem den griechischen Helm.

Und nun möcht ich dich sehen, o Mädchen! sehen möcht ich dich und deine Hände nehmen und an mein Herz sie drücken, dem die Freude nun bald vielleicht zu groß ist! bald! in einer Woche vielleicht ist er befreit, der alte, edle, heilige Peloponnes.

O dann, du Teure! lehre mich fromm sein! dann lehre mein überwallend Herz ein Gebet! Ich sollte schweigen, denn was hab ich getan? und hätt ich etwas getan, wovon ich sprechen möchte, wieviel ist dennoch übrig? Aber was kann ich dafür, daß mein Gedanke schneller ist, wie die Zeit? Ich wollte so gern, es wäre umgekehrt und die Zeit und die Tat überflöge den Gedanken und der geflügelte Sieg übereilte die Hoffnung selbst.

Mein Alabanda blüht, wie ein Bräutigam. Aus jedem seiner

Blicke lacht die kommende Welt mich an, und daran still ich noch die Ungeduld so ziemlich.

Diotima! ich möchte dieses werdende Glück nicht um die schönste Lebenszeit des alten Griechenlands vertauschen, und der kleinste unsrer Siege ist mir lieber, als Marathon und Thermopylä und Platea. Ist's nicht wahr? Ist nicht dem Herzen das genesende Leben mehr wert, als das reine, das die Krankheit noch nicht kennt? Erst wenn die Jugend hin ist, lieben wir sie, und dann erst, wenn die verlorne wiederkehrt, beglückt sie alle Tiefen der Seele.

Am Eurotas stehet mein Zelt, und wenn ich nach Mitternacht erwache, rauscht der alte Flußgott mahnend mir vorüber, und lächelnd nehm ich die Blumen des Ufers, und streue sie in seine glänzende Welle und sag ihm: Nimm es zum Zeichen, du Einsamer! Bald umblüht das alte Leben dich wieder.

Diotima an Hyperion

Ich habe die Briefe erhalten, mein Hyperion, die du unterwegens mir schriebst. Du ergreifst mich gewaltig mit allem, was du mir sagst, und mitten in meiner Liebe schaudert mich oft, den sanften Jüngling, der zu meinen Füßen geweint, in dieses rüstige Wesen verwandelt zu sehn.

Wirst du denn nicht die Liebe verlernen?

Aber wandle nur zu! Ich folge dir. Ich glaube, wenn du mich hassen könntest, würd ich auch da sogar dir nachempfinden, würde mir Mühe geben, dich zu hassen, und so blieben unsre Seelen sich gleich, und das ist kein eitelübertrieben Wort, Hyperion.

Ich bin auch selbst ganz anders, wie sonst. Mir mangelt der heitre Blick in die Welt und die freie Lust an allem Lebendigen. Nur das Feld der Sterne zieht mein Auge noch an. Dagegen denk ich um so lieber an die großen Geister der Vorwelt und wie sie geendet haben auf Erden, und die hohen spartanischen Frauen haben mein Herz gewonnen. Dabei vergeß ich nicht die neuen Kämpfer, die kräftigen, deren Stunde gekommen ist, oft hör ich ihren Siegslärm durch den Peloponnes herauf mir näher brausen und näher, oft seh ich sie, wie eine Katarakte, dort herunterwogen durch die epidaurischen Wälder und ihre Waffen fernher glänzen im Sonnenlichte, das, wie ein Herold, sie geleitet, o mein Hyperion! und du kömmst geschwinde nach Kalaurea herüber und grüßest die stillen Wälder unserer Liebe, grüßest mich, und fliegst nun wieder zu deiner Arbeit zurück; – und denkst du, ich fürchte den Ausgang? Liebster! manchmal will's mich überfallen, aber meine größern Gedanken halten, wie Flammen, den Frost ab. –

Lebe wohl! vollende, wie es der Geist dir gebeut! und laß den Krieg zu lange nicht dauern, um des Friedens willen, Hyperion, um des schönen, neuen, goldenen Friedens willen, wo, wie du sagtest, einst in unser Rechtsbuch eingeschrieben werden die Gesetze der Natur, und wo das Leben selbst, wo sie, die göttliche Natur, die in kein Buch geschrieben werden kann, im Herzen der Gemeinde sein wird. Lebe wohl.

JOHANN WILHELM LUDWIG GLEIM

Der Schafmann und das Schaf

»Mit Wölfen macht ich keinen Frieden!
Sie halten keinen! sie ermüden,
Und neuer Krieg ist da, sobald
Kraft und Gewalt
In ihren Knochen wieder ist. Sie wüten
Dann ärger als zuvor, befehlen und verbieten
Was Unausstehliches! Dann ist der neue Krieg!
Wir müssen einen großen Sieg
Erfechten, müssen sie bezwingen;
In nichts verwandeln müssen wir
All ihre fräßige Begier,
In unsre Herden einzudringen!
Sie müssen Frieden auf den Knien
Erflehn von uns, wir müssen ihn
Nicht geben, bis sie, matt und müde,
Nach dir verlangen, edler Friede,

Du seligmachender, nach dir!
So bieder und so gut wie wir!«
Sprach Hans der Schafmann zu dem Schafe,
Das ihn um Rat zu fragen kam
Und das den Krieg für eine Strafe
Der hocherzürnten Götter nahm!

»Nicht doch!« sprach Hans, »der Wolf ist Knecht
Von Leidenschaft, hat Lust zu kriegen.
Und Furcht vor ihm hilft ihm zu Siegen!«

Hans, dünkt mich, hatte recht!*

NOVALIS

Die Christenheit oder Europa

Wer weiß, ob des Kriegs genug ist, aber er wird nie aufhören, wenn man nicht den Palmenzweig ergreift, den allein eine geistliche Macht darreichen kann. Es wird so lange Blut über Europa strömen, bis die Nationen ihren fürchterlichen Wahnsinn gewahr werden, der sie im Kreise herumtreibt, und von heiliger Musik getroffen und besänftigt zu ehemaligen Altären in bunter Vermischung treten, Werke des Friedens vornehmen und ein großes Liebesmahl als Friedensfest auf den rauchenden Walstätten mit heißen Tränen gefeiert wird. Nur die Religion kann Europa wieder aufwecken und die Völker sichern und die Christenheit mit neuer Herrlichkeit sichtbar auf Erden in ihr altes friedenstiftendes Amt installieren.

Haben die Nationen alles vom Menschen – nur nicht sein Herz? – sein heiliges Organ? Werden sie nicht Freunde, wie diese, an den Särgen ihrer Lieben, vergessen sie nicht alles Feindliche, wenn das göttliche Mitleid zu ihnen spricht – und *ein* Unglück, *ein* Jammer, *ein* Gefühl ihre Augen mit Tränen

* Das dünkt mich auch, so sehr ich den Frieden mit *Menschen* liebe. W.

füllte? Ergreift sie nicht Aufopferung und Hingebung mit Allgewalt, und sehnen sie sich nicht, Freunde und Bundesgenossen zu sein?

Wo ist jener alte, liebe, alleinseligmachende Glaube an die Regierung Gottes auf Erden, wo ist jenes himmlische Zutrauen der Menschen zueinander, jene süße Andacht bei den Ergießungen eines gottbegeisterten Gemüts, jener allesumarmende Geist der Christenheit?

Das Christentum ist dreifacher Gestalt. Eine ist das Zeugungselement der Religion als Freude an aller Religion. Eine das Mittlertum überhaupt als Glaube an die Allfähigkeit alles Irdischen, Wein und Brot des ewigen Lebens zu sein. Eine der Glaube an Christus, seine Mutter und die Heiligen. Wählt, welche ihr wollt, wählt alle drei, es ist gleichviel, ihr werdet damit Christen und Mitglieder einer einzigen, ewigen, unaussprechlich glücklichen Gemeinde.

Angewandtes, lebendig gewordenes Christentum war der alte katholische Glaube, die letzte dieser Gestalten. Seine Allgegenwart im Leben, seine Liebe zur Kunst, seine tiefe Humanität, die Unverbrüchlichkeit seiner Ehen, seine menschenfreundliche Mitteilsamkeit, seine Freude an der Armut, Gehorsam und Treue machen ihn als echte Religion unverkennbar und enthalten die Grundzüge seiner Verfassung.

Er ist gereinigt durch den Strom der Zeiten, in inniger, unteilbarer Verbindung mit den beiden andern Gestalten des Christentums wird er ewig diesen Erdboden beglücken.

Seine zufällige Form ist so gut wie vernichtet, das alte Papsttum liegt im Grabe, und Rom ist zum zweitenmal eine Ruine geworden. Soll der Protestantismus nicht endlich aufhören und einer neuen, dauerhafteren Kirche Platz machen? Die andern Weltteile warten auf Europas Versöhnung und Auferstehung, um sich anzuschließen und Mitbürger des Himmelreichs zu werden. Sollte es nicht in Europa bald eine Menge wahrhaft heiliger Gemüter wieder geben, sollten nicht alle wahrhafte Religionsverwandte voll Sehnsucht werden, den Himmel auf Erden zu erblicken, und gern zusammentreten und heilige Chöre anstimmen?

Die Christenheit muß wieder lebendig und wirksam werden

und sich wieder eine sichtbare Kirche ohne Rücksicht auf Landesgrenzen bilden, die alle nach dem Überirdischen durstige Seelen in ihren Schoß aufnimmt und gern Vermittlerin der alten und neuen Welt wird.

Sie muß das alte Füllhorn des Segens wieder über die Völker ausgießen. Aus dem heiligen Schoße eines ehrwürdigen europäischen Konziliums wird die Christenheit aufstehn und das Geschäft der Religionserweckung nach einem allumfassenden, göttlichen Plane betrieben werden. Keiner wird dann mehr protestieren gegen christlichen und weltlichen Zwang, denn das Wesen der Kirche wird echte Freiheit sein, und alle nötigen Reformen werden unter der Leitung derselben als friedliche und förmliche Staatsprozesse betrieben werden.

Wann und wann eher? darnach ist nicht zu fragen. Nur Geduld, sie wird, sie muß kommen, die heilige Zeit des ewigen Friedens, wo das neue Jerusalem die Hauptstadt der Welt sein wird; und bis dahin seid heiter und mutig in den Gefahren der Zeit, Genossen meines Glaubens, verkündigt mit Wort und Tat das göttliche Evangelium, und bleibt dem wahrhaften, unendlichen Glauben treu bis in den Tod.

JOHANN GOTTLIEB FICHTE

»... und jeder Staat eilt, die Erfindung des andern bei sich einheimisch zu machen«

Es gibt nichts, das allen Unterschied der Lage und der Völker rein aufhebe, und bloß und lediglich dem Menschen als solchem, nicht aber dem Bürger angehöre, außer der Wissenschaft. Durch diese, aber auch nur durch sie, werden und sollen die Menschen fortdauernd zusammenhängen, nachdem für alles übrige ihre Absonderung in Völker vollendet ist. Nur diese bleibt ihr Gemeinbesitz, nachdem sie alles übrige unter sich geteilt haben. Diesen Zusammenhang wird kein geschlossener Staat aufheben; er wird ihn vielmehr begünstigen, da die Bereicherung der Wissenschaft durch die vereinigte Kraft des Menschengeschlechtes sogar seine abgesonderten irdischen Zwecke befördert. Die Schätze der Literatur des Auslandes werden durch besoldete Akademien eingeführt, und gegen die des Inlandes ausgetauscht werden.

Kein Staat des Erdbodens, nachdem nur erst dieses System allgemein geworden, und der ewige Friede zwischen den Völkern begründet ist, hat das mindeste Interesse einem anderen seine Entdeckungen vorzubehalten; indem ja jeder sie nur innerlich für sich selbst, keineswegs aber zur Unterdrückung anderer, und um sich ein Übergewicht über sie zu verschaffen, gebrauchen kann. Nichts sonach verhindert, daß die Gelehrten und Künstler aller Nationen in die freiste Mitteilung miteinander eintreten. Die öffentlichen Blätter enthalten von nun an nicht mehr Erzählungen von Kriegen und Schlachten, Friedensschlüssen oder Bündnissen; denn dieses alles ist aus der Welt verschwunden. Sie enthalten nur noch Nachrichten von den Fortschritten der Wissenschaft, von neuen Entdeckungen, vom Fortgange der Gesetzgebung, der Polizei; und jeder Staat eilt, die Erfindung des andern bei sich einheimisch zu machen.

FRIEDRICH HÖLDERLIN
Friedensfeier

Der himmlischen, still widerklingenden,
Der ruhigwandelnden Töne voll,
Und gelüftet ist der altgebaute,
Seliggewohnte Saal; um grüne Teppiche duftet
Die Freudenwolk und weithinglänzend stehn,
Gereiftester Früchte voll und goldbekränzter Kelche,
Wohlangeordnet, eine prächtige Reihe,
Zur Seite da und dort aufsteigend über dem
Geebneten Boden die Tische.
Denn ferne kommend haben
Hierher, zur Abendstunde,
Sich liebende Gäste beschieden.

Und dämmernden Auges denk ich schon,
Vom ernsten Tagwerk lächelnd,
Ihn selbst zu sehn, den Fürsten des Fests.
Doch wenn du schon dein Ausland gern verleugnest
Und als vom langen Heldenzuge müd,
Dein Auge senkst, vergessen, leichtbeschattet,
Und Freundesgestalt annimmst, du Allbekannter, doch
Beugt fast die Knie das Hohe. Nichts vor dir,
Nur eines weiß ich, Sterbliches bist du nicht.
Ein Weiser mag mir manches erhellen; wo aber
Ein Gott noch auch erscheint,
Da ist doch andere Klarheit.

Von heute aber nicht, nicht unverkündet ist er;
Und einer, der nicht Flut noch Flamme gescheuet,
Erstaunet, da es stille worden, umsonst nicht, jetzt,
Da Herrschaft nirgend ist zu sehn bei Geistern
und Menschen.
Das ist, sie hören das Werk,
Längst vorbereitend, von Morgen nach Abend, jetzt erst,
Denn unermeßlich braust, in der Tiefe verhallend,
Des Donnerers Echo, das tausendjährige Wetter,
Zu schlafen, übertönt von Friedenslauten, hinunter.
Ihr aber, teuergewordne, o ihr Tage der Unschuld,
Ihr bringt auch heute das Fest, ihr Lieben! und es blüht
Rings abendlich der Geist in dieser Stille;
Und raten muß ich, und wäre silbergrau
Die Locke, o ihr Freunde!
Für Kränze zu sorgen und Mahl, jetzt ewigen
Jünglingen ähnlich.

Und manchen möcht ich laden, aber o du,
Der freundlichernst den Menschen zugetan,
Dort unter syrischer Palme,
Wo nahe lag die Stadt, am Brunnen gerne war;
Das Kornfeld rauschte rings, still atmete die Kühlung
Vom Schatten des geweiheten Gebirges,
Und die lieben Freunde, das treue Gewölk,

Umschatteten dich auch, damit der heiligkühne
Durch Wildnis mild dein Strahl zu Menschen kam,
o Jüngling!
Ach! aber dunkler umschattete, mitten im Wort, dich
Furchtbarentscheidend ein tödlich Verhängnis. So ist
schnell
Vergänglich alles Himmlische; aber umsonst nicht;

Denn schonend rührt des Maßes allzeit kundig
Nur einen Augenblick die Wohnungen der Menschen
Ein Gott an, unversehn, und keiner weiß es, wenn?
Auch darf alsdann das Freche drüber gehn,
Und kommen muß zum heil'gen Ort das Wilde
Von Enden fern, übt rauhbetastend den Wahn,
Und trifft daran ein Schicksal, aber Dank,
Nie folgt der gleich hernach dem gottgegebnen
Geschenke;
Tiefprüfend ist es zu fassen.
Auch wär uns, sparte der Gebende nicht,
Schon längst vom Segen des Herds
Uns Gipfel und Boden entzündet.

Das Göttliche aber empfingen wir
Doch viel. Es war die Flamm uns
In die Hände gegeben, und Ufer und Meersflut.
Viel mehr, denn menschlicher Weise
Sind jene mit uns, die fremden Kräfte vertrauet.
Und es lehret Gestirn dich, das
Vor Augen dir ist, doch nimmer kannst du ihm
gleichen.
Vom Allebendigen aber, von dem
Viel Freuden sind und Gesänge,
Ist einer ein Sohn, ein Ruhigmächtiger ist er,
Und nun erkennen wir ihn,
Nun, da wir kennen den Vater
Und Feiertage zu halten
Der hohe, der Geist
Der Welt sich zu Menschen geneigt hat.

Denn längst war der zum Herrn der Zeit zu groß,
Und weit aus reichte sein Feld, wann hat's ihn aber
erschöpfet?
Einmal mag aber ein Gott auch Tagewerk erwählen,
Gleich Sterblichen und teilen alles Schicksal.
Schicksalgesetz ist dies, daß alle sich erfahren,
Daß, wenn die Stille kehrt, auch eine Sprache sei.
Wo aber wirkt der Geist, sind wir auch mit, und streiten,
Was wohl das Beste sei. So dünkt mir jetzt das Beste,
Wenn nun vollendet sein Bild und fertig ist der Meister,
Und selbst verklärt davon aus seiner Werkstatt tritt,
Der stille Gott der Zeit und nur der Liebe Gesetz,
Das schönausgleichende gilt von hier an
bis zum Himmel.

Viel hat von Morgen an,
Seit ein Gespräch wir sind und hören voneinander,
Erfahren der Mensch; bald sind wir aber Gesang.
Und das Zeitbild, das der große Geist entfaltet,
Ein Zeichen liegt's vor uns, daß zwischen ihm
und andern
Ein Bündnis zwischen ihm und andern Mächten ist.
Nicht er allein, die Unerzeugten, Ew'gen
Sind kennbar alle daran, gleichwie auch an den
Pflanzen
Die Mutter Erde sich und Licht und Luft sich kennet.
Zuletzt ist aber doch, ihr heiligen Mächte, für euch
Das Liebeszeichen, das Zeugnis,
Daß ihr's noch seiet, der Festtag.

Der Allversammelnde, wo Himmlische nicht
Im Wunder offenbar, noch ungesehn im Wetter,
Wo aber bei Gesang gastfreundlich untereinander
In Chören gegenwärtig, eine heilige Zahl
Die Seligen in jeglicher Weise
Beisammen sind, und ihr Geliebtestes auch,
An dem sie hängen, nicht fehlt; denn darum rief ich
Zum Gastmahl, das bereitet ist,

Dich, Unvergeßlicher, dich, zum Abend der Zeit,
O Jüngling, dich zum Fürsten des Festes; und eher legt
Sich schlafen unser Geschlecht nicht,
Bis ihr Verheißenen all,
All ihr Unsterblichen, uns
Von eurem Himmel zu sagen,
Da seid in unserem Hause.

Leichtatmende Lüfte
Verkünden euch schon,
Euch kündet das rauschende Tal
Und der Boden, der vom Wetter noch dröhnet,
Doch Hoffnung rötet die Wangen,
Und vor der Türe des Hauses
Sitzt Mutter und Kind
Und schauet den Frieden.
Und wenige scheinen zu sterben,
Es hält ein Ahnen die Seele,
Vom goldnen Lichte gesendet,
Hält ein Versprechen die Ältesten auf.

Wohl sind die Würze des Lebens,
Von oben bereitet und auch
Hinausgeführet, die Mühen.
Denn alles gefällt jetzt,
Einfältiges aber
Am meisten, denn die langgesuchte,
Die goldne Frucht,
Uraltem Stamm
In schütternden Stürmen entfallen,
Dann aber, als liebstes Gut, vom heiligen Schicksal
selbst,
Mit zärtlichen Waffen umschützt,
Die Gestalt der Himmlischen ist es.

Wie die Löwin, hast du geklagt,
O Mutter, da du sie,
Natur, die Kinder verloren.

Denn es stahl sie, Allzuliebende, dir
Dein Feind, da du ihn fast
Wie die eigenen Söhne genommen
Und Satyren die Götter gesellt hast.
So hast du manches gebaut
Und manches begraben,
Denn es haßt dich, was
Du, vor der Zeit,
Allkräftige, zum Lichte gezogen.
Nun kennest, nun lässest du dies;
Denn gerne fühllos ruht,
Bis daß es reift, Furchtsamgeschäftiges drunten.

Volkslied

Süße, liebe Friedenstaube

Süsse, liebe Friedenstaube,
Die du schnell den Ölzweig bringst,
Wenn du vor des Geiers Raube
Frei den kleinen Fittich schwingst!
Ist es wahr, daß du den Klüften
Deines Elends dich entziehst
Und, von Hoffnung aus den Lüften,
Froh auf unsre Fluren siehst?

Komm, verzeuch nicht, laß dich nieder,
Unsre Herzen öffnen sich,
Gieb uns Fried und Eintracht wieder,
Und du findest sie für dich.
Laß das holde Zweiglein fallen!
Denn, sobald es Wurzeln schlägt,
Sehn wir Heil und Wohlgefallen
In den Früchten, die es trägt.

Wo es blüht, tönt durch die Wälder
Kein entheil'gend Beil zum Fall,

Und die saatenreichen Felder
Türmt kein Spat' zu Schanz und Wall.
Süße Frühlingsblümchen sprießen,
Unzertreten, vor uns auf,
Und die Bäche, die hier fließen,
Färbt kein Blut in ihrem Lauf.

Schmachtend seufzt nach seinem Schatten
Das vom Gram versenkte Glück,
Zarten Müttern, treuen Gatten
Bringt er ihrem Wunsch zurück;
Väter vaterlosen Kleinen
Und den Jüngling seiner Braut;
Alle, wo sie ja noch weinen,
Weinen vor Entzücken laut.

Nun, du holde Friedenstaube!
Die du uns den Ölzweig bringst,
Wenn du vor des Geiers Raube
Frei den kleinen Fittich schwingst!
Komm, verzeuch nicht! Laß dich nieder!
Unsre Herzen öffnen sich,
Gib der Welt den Frieden wieder
Und nimm ihn dann auch für dich.

CAROLINE SCHLEGEL-SCHELLING

Brief an Luise Wiedemann vom 30. November 1806

(...) Soviel wußte ich wohl, daß der Würgeengel Euch eben noch vorübergegangen hatte, aber die Zahl der Flüchtigen und die allgemeine Not, fürchtete ich, werde Euch sehr bedrängen. Gott wende wie bisher das Schlimmste von Euch ab! Ich hatte gehofft, Ihr solltet fast so sicher wie wir sein, aber wer ist sicher? Nun sind in Deiner Nähe eben die entsetzlichsten Auftritte vorgefallen, zugleich freilich die ruhmwürdigsten in diesem schmachvollen Kriege. Fast alles, was Du mir meldest, hatte mir Schelling aus den tausend Zeitungen erzählt, die er auf dem Museum liest, zu mir kommt fast keine. Du kannst Dir denken, mit welchem tiefen Gefühl der Zeit, in der wir uns befinden, er mir das vorträgt. Aus Jena und Weimar haben wir Briefe gehabt – Goethe schrieb an meinen Mann wie derjenige, der fest und unerschütterlich auch in solchen Stürmen geblieben – 72 Stunden brachten sie in der Todesangst gleichsam zu; Geld und Geldeswert verschmerzt man, sagt er, wenn man nur das Teuerste und Liebste durchbringt. Öffentliche Blätter sagen, daß er sich am Tage der Schlacht mit der Vulpius trauen ließ – als wenn er Bande noch hätte knüpfen und fester ziehen wollen in einem Augenblick, wo alle Bande gelöst scheinen! – Sein Haus entging der Plünderung, weil sich gleich Marschälle da einquartierten. So sind auch Frommans ohne Plünderung durchgekommen, haben aber fast 8 Tage lang 130 Menschen zu bewirten gehabt. Ich habe einen Brief von ihrem Bruder Wesselhöft gelesen, der in dem ehemaligen Schützeschen Haus wohnt, dem ging es desto übler; er war 3 Tage lang den Anfällen der Marodeurs ausgesetzt, wurde mit Frau und Hausgenossen bis aufs Hemde ausgezogen, gemißhandelt, mehr wie einmal hatten sie die Bajonette auf der Brust – am Morgen der Schlacht brach Feuer aus in der Johannisgasse, niemand konnte löschen, die Straßen waren versperrt durch nachrückende Truppen, ja niemand wollte löschen, es war, als wünsche man nur, daß alles untergehn möchte. – Der Brief gab ein recht treues und detailliertes Bild der Tage, wo die Verheerung so plötzlich über die friedliche Gegend hereinbrach. Nach der Schlacht pflegte er denn noch viele Verwundete in dem geplünderten Hause, und mitten in dem Elend, in dem entsetzlichen Drange, wo der Mensch nur noch wie ein Tier zu würken scheint, gab es denn auch wieder Züge von Edelmut, von Besonnenheit, oder aufheiternde Zufälle. So lief, wie sie gar nichts mehr zu essen hatten, ein Ochs in der Irre hinter ihrem Garten, den sie einfingen und Kriegsrecht an ihm übten und sich wieder erquickten. – Hegel ist geplündert, einem sehr guten Bekannten von uns, Schelver im botanischen Garten, ist es sehr arg ergangen. – Der alte Stark behauptet um 12000 Rh. Wert beraubt zu sein, vermutlich an Pretiosen. Unsre Bekannten in Halle sind auch schlimm daran, Steffens, höre ich, will nach Hamburg gehn. Mir ist für seinen Schwiegervater *besonders* bang gewesen, doch hab ich nichts deshalb gehört (er ist mit dem Minister, bei dem Luise Schr. ist, fortgegangen). Giebichenstein wird in den Berichten nicht genannt. In Jena und Weimar, wo sie nie den Mut verlieren und wie die Ameisen gleich wieder bauen, was eingerissen ist, denken sie nur sich auch hier wieder zu helfen, und alles zusammenzuhalten, in dem Sinn schreibt auch Goethe. Ihre größte Sorge mag sein, ob sie unter der jetzigen Herrschaft bleiben. Gegen den Herzog ist doch noch keine harte Erklärung gefallen, und er hat vorläufig den Geschichtschreiber (Johannes Müller) an den Helden abgeschickt. – Das ist es eben, daß die schuldloseste und ruhigste Existenz jetzt nicht gesichert ist, und nicht bloß, wo sich der Strom des Kriegs hinwälzt, ist die Verheerung, ein jeder, der einem Staat angehört, wird erschüttert, oft mit den Wurzeln aus dem Boden gerissen.

FRIEDRICH LUDWIG JAHN

Eroberungskrieg und vaterländischer Schutzkrieg

SOLDATENHEER auf Soldatenheer losgelassen ist eine Menschenhetze, wo die Kämpfer bei der ersten günstigen Gelegenheit das Weite suchen. Der Sieger von Marengo urteilte gleich nach dieser Schlacht selbst so, über diese und die von Arcole. Der Ehrpunkt ist kein wandelloser Stern erster Größe; er gibt nur einen blassen Ehrenschein, ohne Licht und Wärme: Aber der Gedanke eines vaterländischen Schutzkrieges, wo alles auf dem Spiele steht, alles verloren und alles gewonnen werden kann, leuchtet und entzündet als eine unvergängliche Sonne. Darum bleibt es ein elendes Faustbalgerspiel, bloße Hunderttausende,

Mietlinge, Söldlinge, Gezwungene, Geworbene gegeneinander; es sei das Fünftagelohn ein Gold- oder Kupferstück oder ein Schwelgen in Capua nach der Lauf-, Hunger-, Durst-, Frost- und Blutarbeit. (...)

Nur im vaterländischen Schutzkrieg, in der Landwehr allein kann der Mensch, mit Ehre und Pflicht einstimmig, streiten, siegen und fallen. Nur da ist des Kriegers Herz im Einklange mit dem Verstande, ohne erkältet zu sein; es empört sich nicht wider die Vernunft und hat doch Leben; es brennt fürs Große und glüht fürs Gute und wird nicht von außen her eingegeistert, sondern von innen kommt die Begeisterung. Dagegen sind die Eingeisterungsmittel der Kriegsfürsten bald verraucht und verbraucht. Über die Natur wird nie die Unnatur siegen, das Laster mächtiger sein als die Tugend! Kriegsgurgeln entmenschten ihre Soldaten zu lebendigen, wandelnden Waffen, ließen sie nicht Gatten und Väter werden, sondern vermählten sie mit dem Krieg. Sie sollten aus dem Friedenszwinger ins freie Kriegsfeld hinausgelassene reißende Menschentiere werden. (...) Und gegen einen Eroberer, der durch seinen Krieg das Todesurteil über ein ganzes Volk ausgesprochen hat und es wirklich zu vollziehen strebt, gibt es keine Rücksichten.

JEAN PAUL

Kriegserklärung gegen den Krieg

Ich sagte oft, seitdem ich die seltsame Tatsache gelesen: ich wünschte, niemand trommelte hienieden weiter als in Bamberg der Professor Stephan* aus seinem Ohre mit dem Hammer heraus, gesetzt auch, man hörte das wenigste. Aber leider ist der Bellona kaum das jetztlebende Europa breit genug zur

* Die fast unglaubliche Nachricht, daß dieser Mann willkürlich mit dem Gehörknöchelchen, der Hammer genannt, so an sein Ohrentrommelfell schlagen kann, daß es auch andere vernehmen, steht in Voigts Phys. Magazin, B. 9, St. VI, S. 541.

Sturmtrommel, und sie häutet Weltteil nach Weltteil ab, um die Haut über die Regimentstrommel zu spannen.

Gegen den Krieg schreiben ist allerdings soviel, als im Druck harte Winter scharf rügen oder die Erbsünde. Denn bisher waren die Geschichtskapitel mit Krieg gefüllt, unter welche der Friede einige Noten setzte. Seit der Schöpfungsgeschichte treibt dieses wahre Perpetuum mobile des Teufels die Vernichtungsgeschichte fort. Der Friede war bisher nur eine blühende Vorstadt mit Landhäusern und Gärten vor der Festung des Kriegs, der jene bei jedem Anlaß niederschoß. In der alten Geschichte trifft man wohl 120jährige Kriege an, aber keinen so grauen, lebenssatten Frieden.

Gleichwohl wäre ein Wort *für* den Krieg noch heilloser, als eines *dagegen* fruchtlos ist; in keiner Zeit aber mehr als in der jetzigen, wo die personifizierte Zwietracht, welche in Voltaires »Henriade« die Maschinengöttin ist, im heutigen Epos wieder einhilft und wo (sind anders kleinliche Spielworte dem an sich kleinlichen Kriegsspiele angemessen) vernagelte Köpfe und vernagelte Kanonen einerlei gelten wollen und wo alle Blüten der Völker sich bloß den Sichelwagen der Kriegsminister auf ihren eisernen Gleisen unterstreuen sollen. Allerdings trägt das rednerische, dichtende und geschichtsschreibende Volk einige Schuld an der Fortsetzung der Kriege durch die gemeine Fortsetzung seiner Kriegslobreden. Freilich ist es Rednern leichter – daher junge Schauspieler und veraltete Fürsten dasselbe wollen – Tyrannen darzustellen als Friedensfürsten, so wie Klavieranfänger am liebsten Durtöne spielen. Alles Gute nimmt wie der Himmel nur wenige Farben an; es gehört mehr Kenntnis dazu, einen Friedensfürsten als einen Kriegsfürsten zu malen.

Indessen bliebe auch die Menschheit samt der menschähnlichsten Tierheit – den Hunden, Pferden und Elefanten, diesem an unserer Seite mitfechtenden Tier-Geryon und Zerberus – ewig auf dem Schlachtfeld und Kriegsfuß stehen und hälfe keine Friedenspredigt zum ewigen Frieden, so würd ich sie gleichwohl halten; ist der Wille nicht zu bessern, so doch vielleicht das Urteil.

Allerdings müßte selber Klopstock sein Ja zu den Wunden

und Flammen der wildesten Kriege geben, sobald eine freie Schweiz oder von Tataren das gesittete Europa überfallen würde, wenn er nicht zugeben wollte, daß der Angriffsbarbar gebückt folgende Völker an einer dünnen Sklavenkette, wie gefangene Löwen, hinter sich mitziehe, bloß durch sein Erscheinen siegend.

Freilich wurzelt dann auf dem Anfallskrieg der Abtreibungskrieg fort, und leider so, daß sich jener leicht in diesen verkleidet, weil nicht nur die beste Verteidigung Angriff ist, sondern weil die Politik auch Präservationskriege annimmt, d. h. eine Staatsnotwehr, ähnlich der eines Einzelwesens, das dem Mörder, der ihm auflauern will, früher auflauerte und den Todesstreich vorausführte, welcher dann, sobald er fehlglitte, wieder den Mörder in einen billigen Notwehrstand einsetzte. Wir erbärmliche Menschen! Unsere Laster organisieren einander notwendiger (wie hier Mord den Mord) als unsere Tugenden einander! Hinter einer Brust- und Kopfwehr, wie die eines Kants ist, der den ewigen Frieden verfocht, den er jetzt selber genießt, darf man schon behaupten, daß die Menschheit bei dem letztern, wenn nicht der Gott der Liebe zugleich der Gott des Mordes sein soll, einmal ankommen muß. Der Krieg kommt endlich selber am Kriege um; seine Vervollkommnung wird seine Vernichtung, weil er sich durch seine Verstärkung abkürzt. Wie Schwarz – ein Name, der sein Pulver und dessen Zwecke und Käufer weissagte – jetzt schon die Zeit der Kriege in die Kraft derselben einschmilzt, so wird es künftig noch besser gehen – so daß Schwarz den zweiten Namen, Konstantin Ancklitzen, wieder bekommt –, wenn jene sich, wie in der Mechanik, im umgekehrten Verhältnis der Zeit vermehrt. Es muß zuletzt nicht wie jetzt statt siebenjähriger siebentägige, sondern statt dreißigjähriger dreißigstündige Kriege geben. Der Mechanikus Henri in Paris erfand – approbierte – Flinten, welche nach *einer* Ladung vierzehn Schüsse hintereinander geben; – welche Zeit wird hier dem Morden erspart und dem Leben genommen! – Und wer bürgt unter den unermeßlichen Entwicklungen der Chemie und Physik dagegen, daß nicht endlich eine Mordmaschine erfunden werde, welche wie eine Mine mit *einem* Schusse eine Schlacht liefert und schließt, so daß der

Feind nur den zweiten tut und so gegen Abend der Feldzug abgetan ist? Dadurch wird der Schlüssel des künftigen Himmels – wofür Muhammed das Schwert erklärte – noch mehr der Schlüssel eines hiesigen Himmels, den wir unter dem blauen so nötig haben als unter dem trüben. Das Gift zerfrißt sein Gefäß wie der Magensaft den speiseleeren Magen. Das Gute braucht zum Entstehen Zeit – das Böse braucht sie zum Vergehen. Eine ewige, nicht an der Zeit sich heilende Unmoralität wäre eine Organisation der Menschheit zur Unmenschheit. Mit Frieden muß die Erde schließen; denn mit ihm hob sie an, so wie die gerade Linie eher als die krumme ist*; daher vielleicht deshalb in den Saturnalien, dem Wiegenfeste der goldnen Friedenszeit, kein Krieg durfte angekündigt werden.

Volkslied

Wenn's nur einmal Friede wär!

O du Deutschland, ich muß marschieren,
O du Deutschland, ich muß fort!
Eine Zeitlang muß ich scheiden,
Eine Zeitlang muß ich meiden
Mein geliebtes Vaterland.
Mein geliebtes Vaterland.

Nun ade, herzliebster Vater,
Nun ade, so lebet wohl!
Wollt Ihr mich noch einmal sehen,
Steiget auf des Berges Höhen,
Schaut hinab ins tiefe Tal,
Seht Ihr mich zum letzten Mal!

* Die krumme wird auf die gerade zurückgeführt; diese ist mehr zentral und verborgen, indes jene auf der Oberfläche läuft. S. Stransky, Beleuchtungen physiologischer etc. Gegenstände, S. 154.

Nun ade, herzliebste Mutter,
Nun ade, so lebet wohl!
Habt Ihr mich zum Schmerz geboren,
Für den Feind nur auserkoren?
O du großes Herzeleid!
O du großes Herzeleid!

Nun ade, herzliebste Schwester,
Nun ade, so lebe wohl!
Liebste Schwester, ich muß sagen,
Ich möcht bald vor Gram verzagen;
Weil du mich so sehr geliebt,
Darum bin ich so betrübt!

Nun ade, herzliebstes Mädchen,
Nun ade, so lebe wohl!
Liebster Schatz, tu nicht verzagen,
Helfen wir die Feinde schlagen!
Liebster Schatz, verzage nicht,
Du bleibst doch mein schönstes Licht!

Die Trompeten hört man blasen
Draußen auf der grünen Heid';
O wie lieblich tun sie blasen!
Vater und Mutter zu verlassen
Und zu ziehen in den Streit:
O du grausams Herzeleid!

Große Kugeln hört man sausen,
Aber kleine noch viel mehr.
Ach, so bitt'n wir Gott im Himmel,
Ach, so bitt'n wir Gott im Himmel:
Wenn's nur einmal Friede wär!
Wenn's nur einmal Friede wär!

JOHANN GOTTFRIED SEUME

An das deutsche Volk im Jahre 1810

WARUM traf mich nicht aus einer Wolke
Gottes Feuer, eh in meinem Volke
Ich die Greuel der Verwüstung sah?
Schmerzlich zuckt es mir durch die Gebeine
Bei der heißen Träne, die ich weine,
Auf des Vaterlandes Golgatha!

Rechts und links zieht eine wilde Horde,
Mehr noch mit Zerstörung als mit Morde,
Die mit Spott das Ährenfeld zertritt.
Jedes Rechtes blutige Verächter,
Geben sie zur Antwort Hohngelächter,
Wo sie kommen, kommt das Laster mit.

Städte rauchen unter ihrem Tritte,
Und vor ihnen flieht die gute Sitte,
Und von ihren Fäusten trieft das Blut,
Bleicher Schrecken zittert, wo sie wandeln,
Und die Hölle jubelt, wo sie handeln
Mit der Furien entmenschter Wut.

Der mit blutigen Hyänenklauen
Ließ das Vorrecht seine Grube bauen,
War Verbrecher an der Nation.
Und der erste König, der erlaubte,
Daß man schändlich so das Volk beraubte,
Schwächling, und vergeudete den Thron.

Trennung, Eigennutz und Knechtswut haben
Allen öffentlichen Sinn begraben,
Daß der Deutsche nur in Horden lebt
Und daß dummheitstrunken tiefe Horden
Um die Wette sich für Fremde morden,
Daß die mildre Menschheit weint und bebt.

Unsre Frucht verzehren fremde Rosse,
Unsre Gauen mähen fremde Trosse,
Eine fremde Sprache zügelt uns.
Fremde Schergen treiben unsre Jugend,
Und mit tiefer, stummer Eselstugend
Fördert's links und rechts der edle Duns.

Offen stehn dem Untergang die Türen,
Und wir prunken mit den Krebsgeschwüren,
Die ein Rachegeist uns zürnend schlug.
Unsre Werke sind nur Völkerfronen,
Und wir sind ein Spott der Nationen,
Kaum zu Satelliten gut genug.

Frommen sind dies Gottes Strafgerichte,
Weisen unsers alten Unsinns Früchte,
Wo der Eigennutz das Blutrecht hielt,
Wo zur Schmach und Schande seiner Würde,
Wer nur kann, sich losreißt von der Bürde
Und den allgemeinen Beitrag stiehlt.

Was mit Blödsinn vor nicht vielen Jahren
Unsre Nachbarn, die Sarmaten, waren,
Sind wir selbst nun, und was sie jetzt sind,
Werden wir, gleich wildzerfleischten Herden,
Andern Völkern zum Exempel werden,
Eh ein Viertelsäculum verrinnt.

Haß und Spaltung herrscht in unsern Stämmen,
Einheit nur kann das Verderben hemmen,
Und die Einheit fliehn wir wie die Pest.
Eh man öffentlich, was recht ist, ehret,
Jauchzet man, wenn Gau den Gau verheeret,
Und die Volksschmach wird ein Freudenfest.

Unsre Edlen suchen fremde Ketten,
Wer soll nun das Vaterland erretten?
Jeder teilt sich gierig in den Raub.

Wo der blinde Eigennutz gebietet,
Wo man für Obolen Söldner mietet,
Bleibt man für den Ruf der Ehre taub.

Gleich den Toren, die nach Schande dürsten,
Blicken in die Wette unsre Fürsten,
Stolz auf Knechtschaft, hin ins fremde Land;
Kriechen dort in dem Klientenheere,
Haschen gierig nach Satrapenehre,
Wo man ihnen ihre Fesseln wand.

Halbe Männer, die vor wenig Jahren
Nullen noch in ihrem Volke waren,
Treiben Deutsche mit dem Eisenstock.
Spott ist nun des Vaterlandes Weise,
Und mit Zähneknirschen sinken Greise,
Zeugen beßrer Zeiten, in das Grab.

Werden unsre aufgehäuften Sünden
Nicht vielleicht noch einen Heiland finden?
Oder soll das Glück der Vormund sein?
Wen noch jetzt ein edler Zorn beweget,
Wem noch reines Blut im Herzen schläget,
Halt es flutend, heilig, heiß und rein!

Blicke, Genius des Vaterlandes,
Mit dem Licht gemeineren Verstandes
Auf die Hohen und das Volk herab,
Daß wir Einheit, Freiheit, Recht erwerben
Oder alle die Geschwächten sterben,
Und die Weltgeschichte gräbt das Grab.

ERNST MORITZ ARNDT

»Denn wer Tyrannen bekämpft, ist ein heiliger Mann«

WANN nun die Herzen klein werden zum Dienst und die Hohen nicht hoch und die Stolzen nicht stolz sein wollen – dann kömmt das Elend über die Völker, und Tyrannen wachsen wie die Drachen empor.

Und sie zischen mit Mord und mit Blut und verwüsten die Welt und schreien in ihrem trotzigen Glücke: *Der Herr der Thronen hat uns zu Herrschern gesetzt.*

Und sind doch die Treiber nicht her von Gott, und die Plager gefallen dem Allmächtigen nicht; sondern sind die Brut der Bosheit der Menschen und wachsen wie Unkraut aus der Schande empor; und gleichwie der Schlamm das Gewürm ausbrütet, so brütet die Sünde tyrannische Frevler.

Wann nun die Blutigen Götter heißen wollen und die Ungerechten sprechen: *Betet uns an, denn wir sind von Gott!* – dann erhebe, o Mann, deinen Speer und ziehe das rächende Schwert aus der Scheide; dann verzage nicht, zu sterben im Streit und zu liegen als Leiche im Angesicht des Himmels.

Denn wer Tyrannen bekämpft, ist ein heiliger Mann, und wer Übermut steuert, tut Gottes Dienst.

Das ist der Krieg, welcher dem Herrn gefällt; das ist das Blut, dessen Tropfen Gott im Himmel zählt.

Und wer so mit den Vordersten fällt in der Schlacht und mit den Tapfersten decket die Wege des Siegs, des Mannes spätestes Geschlecht ist gesegnet, und seine Kindeskinder wohnen in Freude und Ruhm.

Und sein Gedächtnis ist heilig bei seinem Volke, und seine Enkel beten an der Stätte, wo er für das Vaterland fiel.

So keimet unsterbliche Tugend aus Tugend, und ein freies Geschlecht erblühet aus redlichem Mut.

Darum ziehet getrost in solchen Krieg und streitet fröhlich unter dem Panier der Gerechtigkeit.

Wer aber unter dem Tyrannen ficht und gegen die Gerechtigkeit das mordische Schwert zieht, des Name ist verflucht bei seinem Volke, und sein Gedächtnis blüht nimmer unter den Menschen.

Sondern wo Raben krächzen, da wird er verflucht, und auf dem Rabenstein, da glänzt seine Ehre.

Und wer die Freiheit zu unterdrücken auszieht, und damit unschuldige Völker als Knechte dienen, der erhebt das Schwert gegen Gott den Herrn, und treffen wird ihn, der die Blitze vom Himmel wirft.

Denn früher oder später findet Gott den Übermut und misset jeglichem seinen gebührenden Lohn.

Und es gilt der alte Fluch gegen die Bösen, wie der Prophet spricht:

Wehe dir, du Verstörer! Meinst du, du werdest nicht verstöret werden? Und du Verächter, meinst du, ich werde dich nicht verachten? Wann du das Verstören vollendet hast, so wirst du auch verstört werden; wann du des Verachtens ein Ende gemacht hast, so wird man dich wieder verachten.

Aber die Redlichen rufen mit dem Könige David:

Gott ist unsere Zuversicht und Stärke, eine Hilfe in den großen Nöten, die uns troffen haben. Darum fürchten wir uns nicht, wenn gleich die Welt unterginge und die Berge mitten in das Meer sänken; wenn gleich das Meer wütete und wallete und von seinem Ungestüm die Berge einfielen. Die Völker müssen verzagen und die Königreiche fallen, das Erdreich muß vergehen, wann er sich hören läßt, der den König *steuert in aller Welt, der Bogen zerbricht, Spieße zerschlägt und Wagen mit Feuer verbrennet. Seid stille und erkennet, daß er Gott ist.*

ERNST THEODOR AMADEUS HOFFMANN

Die Vision auf dem Schlachtfelde bei Dresden

AUF den dampfenden Ruinen des Feldschlößchens stand ich und sah hinab in die mit blutigen Leichen, mit Sterbenden bedeckte Ebene. Das dumpfe Röcheln des Todeskampfes, das Gewinsel des Schmerzes, das entsetzliche Geheul wütender Verzweiflung durchschnitt die Lüfte, und wie ein ferner Orkan brauste der Kanonendonner, die noch nicht gesättigte Rache furchtbar verkündend. Da war es mir, als zöge ein dünner Nebel über die Flur, und in ihm schwamm eine Rauchsäule, die sich allmählich verdickte zu einer finstern Gestalt. Näher und näher schwebend, stand sie hoch über meinem Haupte, da regte und bewegte sich alles auf dem Schlachtfelde; zerrissene Menschen standen auf und streckten ihre blutigen Schädel empor, und wilder wurde das Geheul, entsetzlicher der Jammer! Ein wunderbarer roter Schein blitzte, wie aus der Tiefe der Erde fahrend, durch die Luft, und aus Osten und Westen kamen lange – lange Züge leuchtender Gerippe heran, in den knöchernen Fäusten Schwerter tragend und sie erhebend gegen die Gestalt – Und immer wilder wurde das Geheul – entsetzlicher der Jammer! Aufs neue blitzte der rote Schein aus tiefer Erde, und aus Mittag und Mitternacht zogen zahllos die Gerippe heran mit glühenden Schwertern der Gestalt drohend. Und immer wilder und wilder wurde das Geheul, entsetzlicher der Jammer:

»Rache – Rache – unsere Qual über dich, blutiger Mörder!« Aus den blutigen Augen der Leichname, aus den knöchernen Augenhöhlen der Gerippe schossen Strahlen hinauf, die wie in emporflackernden Flammen die Gestalt erleuchteten. – Es war der Tyrann! – Er streckte seine Rechte aus über die Ebene und sprach:

»Was wollt ihr, Törichte, bin ich nicht selbst die Rache, bin ich nicht selbst das Verhängnis, dem ihr dienend gehorchen müßt?"

Da schrien die Stimmen von der Ebene herauf:

»Verworfener! höhne nicht die Macht, die hoch über dir schwebt – schaue über dich, Verblendeter!«

Aber der Tyrann senkte sein Haupt noch tiefer herab und sprach:

»Erkennt ihr mich? – ich bin der Tod!«

Da heulten noch wütender die Stimmen:

»Verworfener! höhne nicht die Macht, die den Tod sendet. Schaue über dich!«

Doch nicht aufwärts richtete der Tyrann seinen Blick, sondern zur Erde starrend, sprach er:

»Wahnsinnige, was sucht ihr über meinem Haupt? – über mir nichts! öde ist der finstere Raum da droben, denn ich selbst bin die Macht der Rache und des Todes, und wenn ich meine Arme ausstrecke über euch, verstummt euer Jammer, und ihr sinkt vernichtet in den Staub!«

Und als er dies gesprochen, streckte er seine Arme wie im roten Feuer glühende Sicheln weit über die Ebene, und es war, als öffne die Erde den schwarzen bodenlosen Abgrund, die Leichname und Gerippe versanken, und ihr Geheul, ihr schneidender Jammer verhallte in der Tiefe. Da fuhr es herauf im tosenden Ungestüm wie eine Windsbraut, die Erde bebte, und in dem Sturme heulte und winselte die tiefe Klage von tausend Menschenstimmen. Nun quollen Blutstropfen aus der Tiefe, die das Wiesengrün färbten und bald gleich rauschenden Bächen im schäumenden Strom zusammensprudelten, der über die Ebene brauste. Immer stärker, immer höher stürmten seine Wellen, und aus dem zischenden gärenden Blut hob bald ein fürchterlicher riesiger Drache sein entsetzliches Haupt empor. Bald tauchte der glühende schuppige Schlangenleib aus den Blutwellen, und mit den schwarzen Fittichen gewaltig rauschend, daß, wie vor dem mächtigen Orkan, die Wälder sich beugten, flog der Drache auf in die Lüfte, und er faßte den Tyrannen mit den spitzigen Krallen, die er tief in seine Brust eingrub. – Da schrie der Tyrann, von dem gräßlichen Schmerz gepackt, auf im Krampf der Verzweiflung, daß seine Stimme im heulenden Mißton durch des Sturmes Brausen gellte, aber es erscholl wie Posaunen von oben herab:

»Erdenwurm! der du dich erhoben aus dem Staube – wähntest du nicht vermessen, die Macht zu sein, die den Schmerz, die den Tod sendet? – Erdenwurm, die Stunde der Erkenntnis, der Vergeltung ist da! – Aus denen, die du opfertest im frevelnden Hohn, wurde die Qual geboren, die dich zerfleischt im ewigen Jammer!«

Nun umschlang, fester und fester sein Gewinde schnürend, der Drache den Tyrannen, und überall gingen aus seinem Leibe spitze glühende Krallen hervor, die er wie Dolche in das Fleisch des Tyrannen schlug. Da wand der Tyrann, wie durch namenlose Folter verrenkt, das Haupt empor und sah über sich die in blendendem Funkeln strahlende Sonne, den Fokus des ewigen Verhängnisses, und entsetzlicher, schneidender wurde der heulende Jammer:

»Erlösung – Erlösung von dieser Qual – Tod – Ruhe in der tiefsten Tiefe der Erde!«

Da erscholl aus dem Fokus aufs neue die Stimme im Posaunenton:

»Entarteter! Verworfener! – die Erde ist nicht deine Heimat, die dir Ruhe gibt, denn nur dem Menschen, den du frech verhöhntest, ist es vergönnt, in ihrem Schoße zu ruhen, bis er, durchstrahlt vom ewigen Lichte, emporkeimt zum höhern Sein, aber im öden Raum ist *dein* Sein ewige Qual.«

»Ach, nur Linderung, nur Trost in meinem Jammer«, heulte der Tyrann.

»Schau herab«, sprach die Stimme, »ob du in eines Menschen Brust Trost für dich finden magst, und deine Qual soll gelindert sein!«

Da trug das Ungeheuer den Tyrannen tiefer herab zur Erde, und es rauschten im nächtlichen Dunkel finstere gräßliche Gestalten – Nero – Dschingiskhan – Tilly – Alba waren unter ihnen, sie schauten mit tiefem Entsetzen die Marter des Tyrannen, und dumpf murmelten ihre Stimmen: »Was ist unsere Qual gegen seine Marter, denn uns ward noch Trost von der Erde, der wir angehörten.«

Der Tyrann schaute um sich im wahnsinnigen Verlangen, aber öde blieb es auf der Ebene.

»Ist denn in keines Menschen Brust Trost für meine Qual!«

schrie er in gräßlicher Verzweiflung, aber seine Stimme verhallte in den weiten Gründen, und kein menschlicher Ton des Trostes auf der ganzen weiten Erde unterbrach das dumpfe Schweigen der furchtbaren Öde.

Da faßte ihn gewaltiger der Drache und bohrte tiefer die glühenden Krallen in seine Brust, daß schrecklicher das Geheul seines namenslosen Jammers der wütendsten Verzweiflung durch die Lüfte raste, aber aus dem Fokus strahlte die Posaunenstimme:

»Für dich kein Trost auf der Erde, der du im frevelnden Hohn entsagtest. Ewig ist die Vergeltung und deine Qual.« Als ich, wie aus schwerem Traum erwacht, die Ruinen verließ, hatte sich schon tiefe Dämmerung über die Flur gelegt; der Raub schlich gierig spähend dem Morde nach – winselnde Sterbende wurden geplündert. Es hielt schwer, durch den Schlag zu kommen, denn der Tumult herein- und herausziehender Soldaten drückte die Menschen zusammen. – Noch hallte die Stimme der ewigen Macht, die das Urteil über den Verdammten gesprochen, in meiner Brust, als ich schon in friedlicher Wohnung von den Schrecknissen des Tages ausrastete. – Ruhiger wurde es endlich in meiner Seele, und bald war es mir, als sei das glänzende Sternbild der Dioskuren segensreich über der Erde aufgegangen, die erquickt den mütterlichen Schoß öffnete, um die Früchte des Friedens in nie versiegendem Reichtum zu spenden. Ich erkannte die strahlenden Helden, die Söhne der Götter: – *Alexander* und *Friedrich Wilhelm!*

FRIEDRICH SCHLEIERMACHER
Kein Friede ohne Sicherheit

Privatbriefe erneuern die Berichte von einem in Prag zu haltenden Friedenskongreß, der schon am 12. d. soll zusammengetreten sein. Verbürgen wollen wir sie nicht, zumal uns wenigstens Namen russischer, englischer und französischer Bevollmächtigter noch nicht sind genannt worden, sondern nur österreichischer und preußischer, geehrte Namen, die wir noch nicht weiter ausbringen wollen. Diese Gerüchte wollen einige unter uns mit übermäßiger Freude erfüllen und andere mit tiefer Betrübnis. Die Besten unter den ersten – und mit anderen aus dieser Klasse als den Besten möchten wir gar nicht reden – sind unsere kurzatmigen Mitbürger, welche, nachdem sie einen recht guten Ansatz genommen und die kleine Strecke bis hierher recht wacker mit den Stärkeren gleichen Schritt gehalten, nun, von ihrer schwächeren Natur genötigt, gern Erlaubnis haben möchten, stillzustehen, um sich von ihrer Erschöpfung zu erholen. Wenn sie sich nur ihrer Freude nicht zu früh überlassen, daß ihnen hernach der Schreck, wenn sie wieder fort müssen, die Luft nicht noch mehr versetzt, als sie ihnen jetzt fehlt. – Die Besten unter den anderen sind die nach außen und innen Hellsehenden, welche glauben, daß bei den bisherigen Resultaten des Krieges noch kein Friede zu erwarten ist, der Sicherheit gegen einen baldigen neuen Krieg gäbe, und daß, wenn ein solcher auch zwischen den einzelnen Mächten geschlossen werden könnte, dennoch Deutschland im allgemeinen und unser Staat insbesondere, um zu einem würdigen Zustande, aus dem sich nahes Heil und Wohlergehen entwickeln kann, zu gelangen, dieser noch einer ungeheuren Kraftentwicklung bedarf, wie sie nur unter kriegerischen Anstrengungen möglich ist, und jenes großer entscheidender Ereignisse, wie nur der Krieg sie bringen kann, welche den Grund zu einer künftigen Form legen müssen, den man Mühe haben würde, in Frieden zu finden. Denn was sich Deutschland von einer Verfassung versprechen kann, welche durch die Willkür sich durchkreuzender diplomatischer Verhandlungen begründet wäre, das wissen wir seit dem Westfälischen Frieden, der Deutschland zerstörte, indem er es neu zu bilden glaubte. Diese mögen sich dabei beruhigen, daß ihre Ansicht nun nicht mehr das Anteil weniger ist, sondern sich allgemein verbreitet, und daß sie gewiß auch bei den Friedensverhandlungen eine Stimme hat. Sollte also dem unerachtet ein Friede geschlossen werden, den man noch nicht als den wahren Anfang einer neuen Ordnung der Dinge ansehen kann: so wollen wir ihnen im voraus vorschlagen, ihn nur nach den Prinzipien des Waffenstillstandes zu beurteilen, gegen den man ja auch nicht unbedingt kann eingenommen sein, sondern bei dem alles darauf ankommt, ob er zur rechten Zeit und auf die rechte Art geschlossen wird und ob man die Vorteile, die er gewährt, gehörig benutzt.

KARL CHRISTIAN FRIEDRICH KRAUSE

Entwurf eines europäischen Staatenbundes als Basis des allgemeinen Friedens und als rechtliches Mittel gegen jeden Angriff wider die innere und äußere Freiheit Europas

DER Staatenbund umfaßt das ganze Recht, aber auch nur das Recht; er hält sich rein auf dem Gebiete des Rechts und übt auf die andern menschlichen Angelegenheiten keine andere Gewalt und Einfluß, als mittelbar durch das Recht, und in soweit es das Verhältnis aller andern menschlichen Angelegenheiten zum Rechte fordert; und nur so bewirkt er die Harmonie aller andern menschlichen Angelegenheiten mit dem Rechte und untereinander zu einem vollwesentlichen Menschheitleben. – Der Umfang des Rechts aber wird allgemein verständlich so bestimmt und erkannt: *Daß das Recht das Ganze aller wechselseitigen äußern Bedingungen des sittlich-schönen Lebens der einzelnen Menschen ist.* – Hierdurch ist eben so dem Staate, als dem Religionsbunde (Gottbunde, Gottinnigkeitsbunde), und allen geselligen Vereinen für Wissenschaft und Kunst, so wie auch der Familie (dem Ehetume) und der Freundschaft ein selbständiges, eigenes, und eben dadurch auch ein allseitiges harmonisches Leben gesichert. – Wer vom Staate mehr als das Recht verlangt, entzieht dadurch ihm und allen andern menschlichen Instituten Kraft und Harmonie, und fordert zugleich etwas Unmögliches.

Daher kann auch der Staatenbund nicht gegründet werden auf irgendeine kirchliche Verfassung, noch auf irgendein wissenschaftliches System, als solches, noch auf das Dasein irgendeiner Familie, irgendeines Stammes oder Volks.

Da nun mehrere von den Staaten, aus deren freier Vereinigung sich jetzt der erste Staatenbund auf Erden bilden könnte, wirklich in einer solchen Abhängigkeit von kirchlichen Ansichten und Einrichtungen sowie von einzelnen Familien und Stämmen stehen, so folgt nach dem Grundsatze sittlich-freier Entwicklung, daß diese innern Verhältnisse jedem Staate, auch in seiner Vereinigung mit dem Staatenbunde, zu freier Entscheidung überlassen bleiben. Mag in dem einen Staate der katholische, in dem andern der evangelische christliche Religionsbegriff, oder in einem andern ein nichtchristlicher der herrschende sein; mag der eine Staat eine monarchische, der andere eine republikanische oder aristokratische, eine weltliche oder hierarchische Verfassung haben: alle diese Staaten können sich dennoch in den ersten Staatenbund vereinigen, wenn nur jene Verhältnisse, sofern sie dem Wesentlichen des Staatenbundes zuwider sind, oder allgemeine Einstimmung der vereinten Staaten nicht erlangen können, nicht auf diesen selbst übertragen werden; wenn sich nur die Völker, sofern sie den Staatenbund bilden, rein auf dem Gebiete des Rechts halten. Freier, rechtlicher Anlaß, sich im Innern zu vervollkommnen, und aus eignen innern Kräften emporzustreben nach besserer Staatsverfassung, nach reinerer Religion, nach höherer Wissenschaft und Kunst, wird dann gerade im Staatenbunde und durch ihn jedem einzelnen vereinten, ja sogar durch das Beispiel, jedem noch nicht vereinten Volk sicher gegeben werden.

JOSEPH VON EICHENDORFF

Der Friedensbote

Schlaf ein, mein Liebchen, schlaf ein,
Leis durch die Blumen am Gitter
Säuselt des Laubes Gezitter,
Rauschen die Quellen herein;
Gesenkt auf den schneeweißen Arm,
Schlaf ein, mein Liebchen, schlaf ein,
Wie atmest du lieblich und warm!

Aus dem Kriege kommen wir heim;
In stürmischer Nacht und Regen,
Wenn ich auf der Lauer gelegen,
Wie dachte ich dorten dein!
Gott stand in der Not uns bei,
Nun droben bei Mondenschein
Schlaf ruhig, das Land ist ja frei!

AUGUST VON PLATEN

Nach den Freiheitskriegen

Das ist die Blume, die dem Heldenmute,
Dem großen Aufstand unsres Volks entsproß,
Das ist die Frucht von dem entströmten Blute,
Das an der Pleiße, an der Seine floß!

Wo ist das Volk, das einst des Wütrichs Sklaven,
Sein Herzblut opfernd, trieb aus diesem Land?
Wo ist dies Volk? Begann's aufs neu zu schlafen,
Das mächtig kaum dem Schlafe sich entwand?

Wo ist die Eintracht, die wir heilig schwuren?
Wo ist des Friedens teu'r erkaufte Huld?

Das Volk ist gut auf allen deutschen Fluren;
Doch ihr, ihr Fürsten, tragt die große Schuld.

Ihr nährt der Zwietracht alte, böse Keime,
Denn ihr mißbraucht der Völker Lieb und Treu,
Die schönste Hoffnung kehrt ihr uns in Träume,
Führt uns den Fluch entströmter Zeit herbei!

Nicht unsre Unschuld wird die Nachwelt mengen
Mit euern Lastern, euerm ew'gen Streit;
Da oft so viele nur an *einem* hängen,
Sinkt Deutschlands Kraft und Deutschlands Herrlichkeit.

Sonst konnten wir den Korsen noch verklagen,
Daß er die Zwietracht sende übern Rhein:
Doch schlimmer steht's in diesen letzten Tagen,
Denn itzt verklagen wir uns selbst allein!

Umsonst fiel mancher Held, die Hand am Schwerte,
Doch was verschlägt den deutschen Fürsten das?
Wenn sie nur streiten um ein Stücklein Erde,
Wenn sie nur nähren ihren gift'gen Haß.

GEORG WILHELM FRIEDRICH HEGEL

Möglichkeit des Friedens

1. Sowenig der einzelne eine wirkliche Person ist ohne Relation zu anderen Personen, sowenig ist der Staat ein wirkliches Individuum ohne Verhältnis zu anderen Staaten. Die Legitimität eines Staats und näher, insofern er nach außen gekehrt ist, seiner fürstlichen Gewalt, ist einerseits ein Verhältnis, das sich ganz nach innen bezieht (ein Staat soll sich nicht in die inneren Angelegenheiten des anderen mischen) – andererseits muß sie ebenso wesentlich durch die Anerkennung der anderen Staaten vervollständigt werden. Aber diese Anerkennung fordert

eine Garantie, daß er die anderen, die ihn anerkennen sollen, gleichfalls anerkenne, d.i. sie in ihrer Selbständigkeit respektieren werde, und somit kann es ihnen nicht gleichgültig sein, was in seinem Innern vorgeht.

2. Der Grundsatz des Völkerrechts, als des allgemeinen, an und für sich zwischen den Staaten gelten sollenden Rechts, zum Unterschiede von dem besondern Inhalt der positiven Traktate, ist, daß die Traktate, als auf welchen die Verbindlichkeiten der Staaten gegeneinander beruhen, gehalten werden sollen. Weil aber deren Verhältnis ihre Souveränität zum Prinzip hat, so sind sie insofern im Naturzustande gegeneinander, und ihre Rechte haben nicht in einem allgemeinen zur Macht über sie konstituierten, sondern in ihrem besondern Willen ihre Wirklichkeit. Jene allgemeine Bestimmung bleibt daher beim Sollen und der Zustand wird eine Abwechslung von dem den Traktaten gemäßen Verhältnisse, und von der Aufhebung desselben. Es gibt keinen Prätor, höchstens Schiedsrichter und Vermittler zwischen Staaten, und auch diese nur zufälligerweise, d.i. nach besonderem Willen. Die Kantische Vorstellung eines ewigen Friedens durch einen Staatenbund, welcher jeden Streit schlichtete, und als eine von jedem einzelnen Staate anerkannte Macht jede Mißhelligkeit beilegte, und damit die Entscheidung durch Krieg unmöglich machte, setzte die Einstimmigkeit der Staaten voraus, welches auf moralischen, religiösen oder welchen Gründen und Rücksichten, überhaupt immer auf besondern souveränen Willen beruhte, und dadurch mit Zufälligkeit behaftet bliebe.

3. Durch den Zustand des Krieges wird die Selbständigkeit der Staaten auf das Spiel gesetzt und nach *einer* Seite die gegenseitige Anerkennung der freien Völkerindividuen bewirkt und durch Friedens-Vergleiche, die ewig dauern sollen, sowohl diese allgemeine Anerkennung als die besondern Befugnisse der Völker gegeneinander festgesetzt. Das äußere Staatsrecht beruht teils auf diesen positiven Traktaten, enthält aber insofern nur Rechte, denen die wahrhafte Wirklichkeit abgeht; teils auf dem sogenannten Völkerrechte, dessen allgemeines Prinzip

das vorausgesetzte Anerkanntsein der Staaten ist und daher die sonst ungebundenen Handlungen gegeneinander so beschränkt, daß die Möglichkeit des Friedens bleibt; – auch die Individuen als Privatpersonen vom Staate unterscheidet; und überhaupt auf den Sitten beruht.

JOHANN WOLFGANG GOETHE

Aphorismen

Unsre modernen Kriege machen viele unglücklich, indessen sie dauern, und niemand glücklich, wenn sie vorbei sind.

6. September 1787

Der Krieg ist in Wahrheit eine Krankheit, wo die Säfte, die zur Gesundung und Erhaltung dienen, nur verwendet werden, um ein Fremdes, der Natur Ungemäßes zu nähren.

13. Dezember 1806

Manches Herrliche der Welt
Ist in Krieg und Streit zerronnen;
Wer beschützet und erhält,
Hat das schönste Los gewonnen.

10. November 1826

Zu Eckermann

Sonntag, den 14. März 1830

Kriegslieder schreiben und im Zimmer sitzen – das wäre meine Art gewesen! – Aus dem Biwak heraus, wo man nachts die Pferde der feindlichen Vorposten wiehern hört: da hätte ich es mir gefallen lassen! Aber das war nicht *mein* Leben und nicht *meine* Sache, sondern die von Theodor Körner. Ihm kleiden seine Kriegslieder auch ganz vollkommen. Bei mir aber, der ich keine kriegerische Natur bin und keinen kriegerischen Sinn habe, würden Kriegslieder eine Maske gewesen sein, die mir sehr schlecht zu Gesicht gestanden hätte.

Ich habe in meiner Poesie nie affektiert. – Was ich nicht lebte und was mir nicht auf die Nägel brannte und zu schaffen machte, habe ich auch nicht gedichtet und ausgesprochen. Liebesgedichte habe ich nur gemacht, wenn ich liebte. Wie hätte ich nun Lieder des Hasses schreiben können ohne Haß! – Und, unter uns, ich haßte die Franzosen nicht, wiewohl ich Gott dankte, als wir sie los waren. Wie hätte auch ich, dem nur Kultur und Barbarei Dinge von Bedeutung sind, eine Nation hassen können, die zu den kultiviertesten der Erde gehört und der ich einen so großen Teil meiner eigenen Bildung verdankte!

Überhaupt ... ist es mit dem Nationalhaß ein eigenes Ding. – Auf den untersten Stufen der Kultur werden Sie ihn immer am stärksten und heftigsten finden. Es gibt aber eine Stufe, wo er ganz verschwindet und wo man gewissermaßen *über* den Nationen steht und man ein Glück oder ein Wehe seines Nachbarvolkes empfindet, als wäre es dem eigenen begegnet. Diese Kulturstufe war meiner Natur gemäß, und ich hatte mich darin lange befestigt, ehe ich mein sechzigstes Jahr erreicht hatte.

Auf freiem Grund mit freiem Volke stehn

Ein Sumpf zieht am Gebirge hin,
Verpestet alles schon Errungene;
Den faulen Pfuhl auch abzuziehn,
Das letzte wär das Höchsterrungene.
Eröffn' ich Räume vielen Millionen,
Nicht sicher zwar, doch tätig-frei zu wohnen.
Grün das Gefilde, fruchtbar; Mensch und Herde
Sogleich behaglich auf der neusten Erde,
Gleich angesiedelt an des Hügels Kraft,
Den auf gewälzt kühn-emsige Völkerschaft.
Im Innern hier ein paradiesisch Land,
Da rase draußen Flut bis auf zum Rand,
Und wie sie nascht, gewaltsam einzuschießen,

Gemeindrang eilt, die Lücke zu verschließen.
Ja! diesem Sinne bin ich ganz ergeben,
Das ist der Weisheit letzter Schluß:
Nur der verdient sich Freiheit wie das Leben,
Der täglich sie erobern muß.
Und so verbringt, umrungen von Gefahr,
Hier Kindheit, Mann und Greis sein tüchtig Jahr.
Solch ein Gewimmel möcht ich sehn,
Auf freiem Grund mit freiem Volke stehn.
Zum Augenblicke dürft ich sagen:
»Verweile doch, du bist so schön!
Es kann die Spur von meinen Erdetagen
Nicht in Äonen untergehn.« –
Im Vorgefühl von solchem hohen Glück
Genieß ich jetzt den höchsten Augenblick.

HEINRICH HEINE

Das große Völkerbündnis kommt zustande

WENN wir es dahin bringen, daß die große Menge die Gegenwart versteht, so lassen die Völker sich nicht mehr von den Lohnschreibern der Aristokratie zu Haß und Krieg verhetzen, das große Völkerbündnis, die Heilige Allianz der Nationen, kommt zustande, wir brauchen aus wechselseitigem Mißtrauen keine stehenden Heere von vielen hunderttausend Mördern mehr zu füttern, wir benutzen zum Pflug ihre Schwerter und Rosse, und wir erlangen Friede und Wohlstand und Freiheit. Dieser Wirksamkeit bleibt mein Leben gewidmet; es ist mein Amt. Der Haß meiner Feinde darf als Bürgschaft gelten, daß ich dieses Amt bisher recht treu und ehrlich verwaltet. Ich werde mich jenes Hasses immer würdig zeigen. Meine Feinde werden mich nie verkennen, wenn auch die Freunde im Taumel der aufgeregten Leidenschaften meine besonnene Ruhe für Lauheit halten möchten. Jetzt freilich, in dieser Zeit, werden sie mich weniger verkennen als damals, wo sie am Ziel ihrer Wünsche zu stehen glaubten und Siegeshoffnung alle Segel ihrer Gedanken schwellte; an ihrer Torheit nahm ich keinen Teil, aber ich werde immer teilnehmen an ihrem Unglück. Ich werde nicht in die Heimat zurückkehren, solange noch ein einziger jener edlen Flüchtlinge, die vor allzu großer Begeisterung keiner Vernunft Gehör geben konnten, in der Fremde, im Elend, weilen muß. Ich würde lieber bei dem ärmsten Franzosen um eine Kruste Brot betteln, als daß ich Dienst nehmen möchte bei jenen vornehmen Gönnern im deutschen Vaterlande, die jede Mäßigung der Kraft für Feigheit halten oder gar für präludierenden Übergang zum Servilismus und die unsere beste Tugend, den Glauben an die ehrliche Gesinnung des Gegners, für plebejische Erbdummheit ansehen. Ich werde mich nie schämen, betrogen worden zu sein von jenen, die uns so schöne Hoffnungen ins Herz lächelten: »Wie alles aufs friedlichste zugestanden werden sollte, wie wir hübsch gemäßigt bleiben müßten, damit die Zugeständnisse nicht erzwungen und dadurch ungedeihlich würden, wie sie wohl selbst einsähen, daß man die Freiheit uns nicht ohne Gefahr länger vorenthalten könne – – –« (...)

Nie ist ein Volk von seinen Machthabern grausamer verhöhnt worden. Nicht bloß, daß jene Bundestagsordonnanzen voraussetzen, wir ließen uns alles gefallen: man möchte uns dabei noch einreden, es geschehe uns ja eigentlich gar kein Leid oder Unrecht. Wenn ihr aber auch mit Zuversicht auf knechtische Unterwürfigkeit rechnen durftet, so hattet ihr doch kein Recht, uns für Dummköpfe zu halten. Eine Handvoll Junker, die nichts gelernt haben als ein bißchen Roßtäuscherei, Volteschlagen, Becherspiel oder sonstig plumpe Schelmenkünste, womit man höchstens nur Bauern auf Jahrmärkten übertölpeln kann: diese wähnen damit ein ganzes Volk betören zu können, und zwar ein Volk, welches das Pulver erfunden hat und die Buchdruckerei und die »Kritik der reinen Vernunft«. Diese unverdiente Beleidigung, daß ihr uns für noch dümmer gehalten, als ihr selber seid, und euch einbildet, uns täuschen zu können, das ist die schlimmere Beleidigung, die ihr uns zugefügt in Gegenwart der umstehenden Völker.

Ich will nicht die konstitutionellen deutschen Fürsten anklagen; ich kenne ihre Nöten, ich weiß, sie schmachten in den Ketten ihrer kleinen Kamarillen und sind nicht zurechnungsfähig. Dann sind sie auch durch Zwang aller Art von Östreich und Preußen embauchiert worden. Wir wollen sie nicht schmähen, wir wollen sie bedauern. Früh oder spät ernten sie die bitteren Früchte der bösen Saat. Die Toren, sie sind noch eifersüchtig aufeinander, und während jedes klare Auge einsieht, daß sie am Ende von Östreich und Preußen mediatisiert werden, ist all ihr Sinnen und Trachten nur darauf gerichtet, wie man dem Nachbar ein Stück seines Ländchens abgewinnt. Wahrlich, sie gleichen jenen Dieben, die, während man sie nach der Hängstätte führt, sich noch untereinander die Taschen bestehlen.

Wir können ob der Großtaten des Bundestags nur die beiden absoluten Mächte Östreich und Preußen unbedingt anklagen. (...)

Es ist wahr, noch vor kurzem haben viele Freunde des Vaterlandes die Vergrößerung Preußens gewünscht und in seinen Königen die Oberherren eines vereinigten Deutschlands zu sehen gehofft, und man hat die Vaterlandsliebe zu ködern gewußt, und es gab einen preußischen Liberalismus, und die Freunde der Freiheit blickten schon vertrauungsvoll nach den Linden von Berlin. Was mich betrifft, ich habe mich nie zu solchem Vertrauen verstehen wollen. Ich betrachtete vielmehr mit Besorgnis diesen preußischen Adler, und während andere rühmten, wie kühn er in die Sonne schaue, war ich desto aufmerksamer auf seine Krallen. Ich traute nicht diesem Preußen, diesem langen frömmelnden Kamaschenheld mit dem weiten Magen und mit dem großen Maule und mit dem Korporalstock, den er erst in Weihwasser taucht, ehe er damit zuschlägt. Mir mißfiel dieses philosophisch christliche Soldatentum, dieses Gemengsel von Weißbier, Lüge und Sand. Widerwärtig, tief widerwärtig war mir dieses Preußen, dieses steife, heuchlerische, scheinheilige Preußen, dieser Tartuffe unter den Staaten.

(...) Ihr spekuliert immer auf alles, was schlecht im deutschen Volke ist, auf Nationalhaß, religiösen und politischen Aberglauben und Dummheit überhaupt. Aber ihr wißt nicht, daß auch Deutschland nicht mehr durch die alten Kniffe getäuscht werden kann, daß sogar die Deutschen gemerkt, wie der Nationalhaß nur ein Mittel ist, eine Nation durch die andere zu knechten, und wie es überhaupt in Europa keine Nationen mehr gibt, sondern nur zwei Parteien, wovon die eine, Aristokratie genannt, sich durch Geburt bevorrechtet dünkt und alle Herrlichkeiten der bürgerlichen Gesellschaft usurpiert, während die andere, Demokratie genannt, ihre unveräußerlichen Menschenrechte vindiziert und jedes Geburtsprivilegium abgeschafft haben will, im Namen der Vernunft.

ADELBERT VON CHAMISSO

Die Predigt des guten Britten

(Wahre Anekdote)

Als Anno dreiundachtzig sich zum Krieg
  Gerüstet Engeland und Niederland,
  Ward beiderseits gebetet um den Sieg.
Ein ausgeschriebner Buß- und Bettag fand
  In beiden Ländern statt, doch um acht Tage
  Früher in Holland, als in Engeland.
Hier stand ein Prediger vom alten Schlage,
  Nach kräft'ger Predigt betend am Altar,
  Und führte vor dem Höchsten seine Klage:
Du wirst dich noch erinnern, Herr, es war
  Am letzten Sonntag, die Holländer brachten,
  Wie heute wir, dir Bußgebete dar.
Wie Jacob einst den Bruder Esau, dachten
  Sie uns um deinen Segen zu betrügen,
  Wenn sie die ersten an dein Ohr sich machten.
Glaub ihnen nicht! trau nicht den Winkelzügen
  Der falschen Otterbrut; ihr gutes Recht
  Und frommes Tun sind eitel, eitel Lügen!
Glaub uns und mir, ich bin dein treuer Knecht,
  Ich habe mit der Lüge nichts zu schaffen;
  Wir Engeländer sind ein fromm Geschlecht;
Sei du mit uns und segne unsre Waffen!

ADOLF DIESTERWEG

»Der wahre Patriot hält auf die Freiheit seines Landes«

Es gab eine Zeit, und sie ist noch, wo man meinte, Haß des Auslandes, der Fremden usw. sei – Patriotismus. Die schlechten Wörter »Ausland«, »Fremder« usw. bezeichnen, wie die noch schlechteren »Ketzer«, »Ungläubiger« usw., nichtswürdige, entehrende Ansichten. Sie erzeugen den Nationalhaß, und dieser ist der Vater eines blutdürstigen Ungeheuers, des Krieges. Nein, meine Wertesten! Die Liebe zum deutschen Vaterlande besteht nicht in dem Hasse gegen Franzosen und Engländer; das ist ein falscher Patriotismus, der dem Vaterlande selbst nur böse Früchte trägt. Der Patriot soll Christ sein, der Patriotismus sich zur allgemeinen Menschenliebe verklären. Wozu wäre denn das Wort gesprochen: »Seid ihr nicht alle Brüder?« Wie Gott die individuellen Verschiedenheiten gesetzt hat, daß sie einander ergänzen, einander helfen und heben, so hat er die Nationalindividualitäten, die Nationen nebeneinander gestellt, daß sie einander dienen und einander die höchsten Güter erringen helfen. Das erste, was eine Nation der anderen schuldig ist, die Gerechtigkeit, das heißt Achtung ihrer Eigentümlichkeit, ihres Besitztums, ihrer Rechte. Es ist eine negative Tugend, aber schon eine große. In welchem sie sich vorfindet, da kann der Gedanke, ein anderes Volk aus vorgeblichem Patriotismus zu beeinträchtigen oder gar zu unterjochen oder unterjochen zu helfen, gar nicht vorkommen. Was würde es damit auch gewinnen? Kann aus der Ungerechtigkeit Gutes entstehen? Nimmermehr. Die Sünde ist nicht nur der einzelnen Leute, sie ist auch der Völker Verderben. Leider hat man das Christentum oft so verstanden, als regele es wohl das Verhalten der einzelnen Menschen gegeneinander, nicht aber das der Völker. Leider handelt man hier oft nach den Grundsätzen und Eingebungen des schnödesten Eigennutzes, Patriotismus genannt, verletzt in den höchsten und wichtigsten Angelegenheiten die heiligen Pflichten, die man doch von dem einzelnen

Menschen im engsten Leben verlangt. Heillose Inkonsequenz, Heuchelei und Trug, fruchtbare Mutter eines unübersehbaren Meeres von Unglück, von Jammer und von Tränen! Wieviel des wahren Glückes kann Frankreich gewinnen, wenn es Deutschland ganz unterjocht, und was hätten wir gewonnen, wenn wir halb oder ganz Frankreich uns aneigneten? Und solch Dichten und Trachten wollte man unter uns unter dem hohen Namen des Patriotismus einschwärzen. Der wahre Patriot hält auf die Freiheit seines Landes gegen äußere und innere Feinde; aber sicherlich wäre er kein Patriot, wenn er an Handlungen der Ungerechtigkeit gegen andere Nationen Anteil nähme. Er wäre dann ein Knecht der wahren Feinde seines eigenen Landes. Aber er geht weiter, er entwickelt gegen andere Nationen positive Tugenden. Er hilft nicht nur nicht andere Nationen unterjochen, er begünstigt ihr Streben nach Entwicklung und Freiheit, nicht bloß durch heimliche Gedanken (was helfen die?), sondern durch die Zunge, die Hände, die Tat.

FRIEDRICH HEBBEL

Höchstes Gebot

Hab Achtung vor dem Menschenbild
Und denke, daß, wie auch verborgen,
Darin für irgendeinen Morgen
Der Keim zu allem Höchsten schwillt!

Hab Achtung vor dem Menschenbild
Und denke, daß, wie tief er stecke,
Ein Hauch des Lebens, der ihn wecke,
Vielleicht aus deiner Seele quillt!

Hab Achtung vor dem Menschenbild,
Die Ewigkeit hat eine Stunde,
Wo jegliches dir eine Wunde
Und, wenn nicht die, ein Sehnen stillt!

GEORG BÜCHNER

»Wer das Schwert erhebt gegen das Volk, der wird durch das Schwert des Volkes umkommen«

FÜR das Militär wird bezahlt 914820 Gulden. Dafür kriegen eure Söhne einen bunten Rock auf den Leib, ein Gewehr oder eine Trommel auf die Schulter und dürfen jeden Herbst einmal blind schießen und erzählen, wie die Herren vom Hof und die ungeratenen Buben vom Adel allen Kindern ehrlicher Leute vorgehen und mit ihnen in den breiten Straßen der Städte herumziehen mit Trommeln und Trompeten. Für jene 900000 Gulden müssen eure Söhne den Tyrannen schwören und Wache halten an ihren Palästen. Mit ihren Trommeln übertäuben sie eure Seufzer, mit ihren Kolben zerschmettern sie euch den Schädel, wenn ihr zu denken wagt, daß ihr freie Menschen seid. Sie sind die gesetzlichen Mörder, welche die gesetzlichen Räuber schützen ...

Hebt die Augen auf und zählt das Häuflein eurer Presser, die nur stark sind durch das Blut, das sie euch aussaugen, und durch eure Arme, die ihr ihnen willenlos leihet. Ihrer sind vielleicht 10000 im Großherzogtum und eurer sind es 700000, und also verhält sich die Zahl des Volkes zu seinen Pressern auch im übrigen Deutschland. Wohl drohen sie mit dem Rüstzeug und den Reisigen der Könige, aber ich sage euch: Wer das Schwert erhebt gegen das Volk, der wird durch das Schwert des Volkes umkommen.

LUDWIG BÖRNE
Freundschaft, Friede, Gerechtigkeit

Die unwandelbare Freundschaft und der ewige Friede zwischen allen Völkern, sind es denn Träume? Nein, der Haß und der Krieg sind Träume, aus denen man einst erwachen wird. Welchen Jammer hat nicht die Liebe des Vaterlandes schon der Menschheit verursacht! Wieviel hat diese lügnerische Tugend nicht an wilder Wut alle anerkannten Laster übertroffen! Ist der Egoismus eines Landes weniger ein Laster als der eines Menschen? Hört die Gerechtigkeit auf, eine Tugend zu sein, sobald man sie gegen ein fremdes Volk ausübt? Eine schöne Ehre, die uns verbietet, uns gegen unser Vaterland zu erklären, wenn die Gerechtigkeit ihm nicht zur Seite steht.

KARL FOLLEN
Frieden und Freiheit der Völker

Die Hauptquelle aller internationalen Unstimmigkeiten versiegt, sobald das Prinzip der Selbstregierung als die einzig richtige Regierungsform allgemein anerkannt ist. Welche nationalen, oder besser, selbstsüchtigen Interessen ließen sich denn durch Krieg und Eroberung befriedigen, wenn vorausgesetzt wird: Jede eroberte Provinz darf sich selbst regieren, die dort erhobenen Steuern dienen ausschließlich dieser Regierung. Sind die fundamentalen Gesetze des Staates wahrhaft republikanisch, so sind alle seine Mittel und Energien nicht auf die Vergrößerung als Staat gerichtet, sondern auf den Schutz der Rechte der Individuen, aus denen er sich zusammensetzt … Wenn aber diese Rechte, durch Gesetz bestimmt, im wesentlichen überall gleichartig sind und wenn ferner die Macht eines jeden Staates keinen anderen Zweck verfolgt, als diese Rechte zu schützen – was könnte dann die Mehrheit irgendeiner Nation bewegen, mitten im Genuß des unschätzbaren Segens freien Verkehrs mit der gesamten Menschheit, gegen eine andere Nation zu Felde zu ziehen? Sicher ist der Satz berechtigt in bezug auf die Hauptursache des Krieges und auf die Möglichkeit, sie zu beseitigen: »Krieg ist ein Spiel, das, wenn die Nationen weise wären, die Könige nicht zu spielen wagten.«

Sobald also die Nationen der Erde, oder jedenfalls der größere Teil von ihnen, genügend zivilisiert und humanisiert sind, um den Schutz der individuellen Rechte des Menschen als einzig legitime Aufgabe einer Regierung anzuerkennen, wird es für sie ungefährlich und richtig sein, den Krieg, wie überhaupt alle Kriegsvorbereitungen, abzuschaffen. So, und nur so, kann die große Prophezeiung in Erfüllung gehen: »Die Nation soll nicht das Schwert erheben gegen die Brudernation, noch soll sie das Kriegshandwerk erlernen.«

Herrscher, die ihre Macht nicht vom Volke erhalten und die sich vor dem Volke nicht verantwortlich fühlen, können ihre Armeen nicht entlassen. Solange es solche Herrscher gibt, stark genug, um den Frieden derjenigen Nationen zu stören, die durch Gesetz regiert werden, durch Gesetze, die der politischen Existenz dieser Herrscher entgegenstehen und sie gefährden – so lange wäre es Selbstmord für eine freie Nation, die Waffen niederzulegen und der Gerechtigkeit bewaffneter Despoten zu trauen. Kein ergebener und kluger Freund des Friedens – keiner, der fähig ist, zu unterscheiden zwischen einem Frieden, der auf der Freiheit beruht, und einem »Frieden« weltumspannender Unterdrückung, kann einer freien Nation den Rat geben, daß sie das Schwert der Hand des Cherubim entwinde, der den Eingang zum Paradies der Freiheit bewacht.

WILHELM WEITLING

»Und das sollen Landsleute sein?«

So ein Vaterland, das alle seine Glieder und keine Müßiggänger nährt, laß ich mir gefallen, für das ist es wohl der Mühe wert, gegen die Ungerechtigkeit zu kämpfen; für solch ein Vaterland kann man schon Leben, Blut und Freiheit wagen; aber unsers? Großer Gott, haben wir denn wirklich ein Vaterland? Falsche Heuchler, die ihr seid, ihr wißt's recht gut, daß wir keins haben, wollt aber nicht, daß wir es einsehen sollen. Zu fordern hätten wir freilich eins, und das mit großem Rechte. Fremdlinge hätten wir hinauszutreiben, Landsleute hineinzurufen. Wir hätten notwendig, den Besen zu nehmen und damit einmal wieder gehörig reine Bahn zu fegen; doch davon zu seiner Zeit ein Wort.

Leider habt ihr uns vom Vaterland nichts weiter gelassen als den Namen, den aber werden wir euch bald vor die Füße in den Kot werfen und uns unter das Banner der Menschheit flüchten, welches keine Hohe und Niedere, keine Arme und Reiche, keine Herren und Knechte unter seinen Verteidigern zählen wird.

Heute sind wir in unserm eigenen Vaterlande von Feinden umgeben, die so schlimm und tyrannisch sind als die fremden. Die Sklaverei, unter die sie uns geschmiedet, ist die der Armen unter der Geißel des Reichen, die der Arbeit unter der Willkür des Geldsystems.

Der Tod, den sie uns sterben machen, ist der langsame Tod der Erschöpfung und Entbehrung, und das Elend, das wir dulden, ist das Elend der Knechtschaft unter dem Hohngelächter übermutiger Herren.

Und das sollen Landsleute sein? Blutegel sind es, fremde Tyrannen, die unser Land gestohlen haben, ob durch List oder Gewalt, das ist gleich. Das sind keine Landsleute, diese falsche Patrioten, die sind uns fremder als der Kosak und der Franzose.

Fremd sind sie unsern häuslichen Familienzirkeln, fremd unsern Mühen und Arbeiten, die sie nicht teilen.

Fremd sind sie unserm Glauben, den sie heucheln und verspotten, fremd und feindselig unserer Hoffnung und unserer Liebe.

Fremd sind sie unserm Fleiß, denn sie sind Müßiggänger; fremd sind sie unserer Entbehrung, denn sie sind Verschwender.

Fremd sind sie allem, was uns notwendig und nützlich ist, fremder und feindseliger als der Kalmuck und der Franzose.

Fremd sind sie unsern Sitten, fremd werden sie sogar unserer Sprache; fremd sind und werden sie allem, was uns lieb und wert ist. Also, wenn das Vaterland frei werden soll, hinaus mit den Fremden!

Was! – könnten sie uns hier antworten – wer ist Fremder? Doch wohl nicht wir! denn unser gehört das Land, ihr aber seid da, es zu bebauen und zu verteidigen. Eure Ahnen waren gemachte fremde Sklaven, später wurden sie Leibeigene, und noch später ließen wir sie frei, und sie wurden, was sie jetzt sind, Bauern oder Handwerker.

Gut, mag sein, so ist immer der Schluß, daß wir uns einander fremd sind, daß unsere Interessen einander schroff gegenüberstehen und daß wir darum bald an etwas anderes denken werden als an die Verteidigung *eures* Wohlstandes und unseres Elends, welchen Zustand ihr Vaterland nennt.

Damals verteidigten die Völker das Land ihrer Väter selbst und brauchten keine Sklaven dazu, weil sie sich fürchteten, dieselben möchten die Waffen gegen ihre Unterdrücker kehren; heute haben sie es in der Kunst zu zähmen schon so weit gebracht, daß die Großen, Reichen und Mächtigen, wenn sie ein Interesse zu verfechten haben, ihre Herden Sklaven gegeneinander schicken und sich zu Hunderttausenden abwürgen lassen, ohne daß es denselben einficle, cinen nützlichen Gebrauch von den ihnen anvertrauten Waffen zu machen.

Wie man einen jungen Hund abrichten kann, auf ein gewisses, oft ganz unbedeutendes Zeichen in Wut zu geraten, ebenso den Menschen. Eine Nationalfarbe, ein Wappen, ein Fürstenname dienen oft dazu, ganze Völker auszusaugen und blutgierig gegeneinander zu hetzen.

Alle Vorurteile und Leidenschaften des großen Haufens werden aufgeregt, um ihn im Namen der Vaterlandsliebe und der

Nationalität zu einer willenlosen Maschine zu formen, welche die Eitelkeit und Herrschsucht dann mit größerer Leichtigkeit und Sicherheit regieren kann. Da ziehen sie denn hin zu Hunderttausenden gegen den vermeintlichen fremden Feind, welcher auch nichts anderes ist als eine lebendige willenlose Maschine, aus Arbeitern bestehend, die man mit List und Gewalt vom Pflug und aus der Werkstatt gerissen, um mit ihnen ein blutiges Drama zu spielen.

Während der Zeit sitzen die Herren hinter beiden, sich in wilder Leidenschaft feindselig zerstörenden Heeren und raffen alle im Lande aufzutreibenden Jugendkräfte, alle mit so vielem Fleiß aufgespeicherten Schätze zusammen, um das Feuer des Krieges immer wilder anzuschüren und immer mehr Materialien zu seiner Nahrung herbeizuschaffen.

»Das Vaterland ist in Gefahr!« schreien sie. Das wissen wir leider nur zu gut, seitdem ihr es unverschämterweise zu eurem ausschließlichen Eigentum gemacht. »Die Ehre ist in Gefahr!« – Was, die Ehre! Nun, da könnt ihr ja bald abhelfen, wenn es euch damit Ernst ist; die unsere ist schon lange in Gefahr; seit man dieselbe in die Hände des Eigennutzes überlieferte; seitdem man das Eigentum, die Erbschaft und das Geld erfunden; seitdem man die vielen Gesetze machte und die vielen Gefängnisse, Zucht- und Armenhäuser baute. »Die Religion ist in Gefahr!« – Puh! Puh! Wem wollt ihr denn das heute noch weismachen? – »Unser Eigentum ist in Gefahr!« Desto besser, da wißt ihr doch, wie es einem zumute ist, der gar keines hat. Desto besser! dann haben wir wieder Hoffnung, euch zur Einsicht zu bringen und wieder Freunde zu werden.

Nun, seht ihr wohl, ihr mögt nun künftig schreien: »Das Eigentum, die Ehre, die Religion, das Vaterland usw. ist in Gefahr«, dies alles darf uns nicht aus dem Konzept bringen. Dieses alles kann gar nicht fürchterlicher für uns in Gefahr sein, als es jetzt ist. Bei uns ist aber noch viel mehr, und zwar schon jetzt, in Gefahr, von dem ihr keine Silbe sagt. Zum Beispiel:

Unser Lohn ist in Gefahr! denn ihr verwünschten Geldmäkler mäkelt immer daran herum, brecht immer davon ab und steigert dabei die Lebensmittel immer mehr und mehr.

Unsere Gesundheit ist in Gefahr! denn ihr laßt uns zu lange, viel zu lange arbeiten, man wird ja vor lauter Arbeit seines Lebens nicht froh. Das geht von der Arbeit ins Bett und vom Bett an die Arbeit, statt solch ein Sklavenleben lieber gar tot sein, da verlören wir nicht viel.

Das Leben unserer kleinen Kinder, die wir nicht gehörig pflegen können, weil wir die Mittel nicht dazu haben, ist in Gefahr!

Das Leben unserer alten Väter und Mütter, die nicht mehr arbeiten und denen wir nicht hinreichend genug helfen können, ist in Gefahr!

Die Zukunft unserer Jugend, die wir nicht genug aufklären können, weil wir nicht Zeit und Mittel dazu haben, ist in Gefahr!

Alles, mit einem Worte, alles ist in Gefahr, worauf ihr den giftigen Basiliskenblick richtet, wonach ihr die unreine, unersättliche Hand strecket.

Da braucht's keines auswärtigen Feindes, um uns in den Harnisch zu bringen, der innere hat sich frech und fest genug eingenistet. Auf den äußern Feind macht man uns aber jedesmal aufmerksam, wenn wir den innern wittern. Taschenspielerfaxen! Als wenn wir nicht wüßten, daß der ebenso von seinen Herren in den April geschickt wird als wir, während in unserem wie in seinem Rücken die wahren Feinde, die Zeitungen in der Hand, sich über den Erfolg der angestifteten blutigen Hetze freuen.

Solange die Gesellschaft in Ungleichheit lebt, solange ein Volk aus Herren und Knechten besteht, so lange ist es auch völlig gleich, wer die Herrschaft ausübt, ob Hinz oder Kunz, ob Napoleon, Friedrich Wilhelm oder Nikolaus; wir Arbeiter müssen unter dem einen Herrscher ebenso den Esel machen wic unter dem andern. Auf uns packen alle Stände der Gesellschaft, der einheimische Herr wie der fremde, die unerträglichen Lasten. Sie denken, wir haben viel Geduld und Ausdauer und können deshalb auch viel tragen. Ob uns des Nachbars Katzen die Fische fressen oder die eigenen des Nachbars Katze auf die Straße hinaus verfolgen und die eigenen in der Küche lassen, das wäre des Auslachens wert. So haben wir's aber bisher oft gemacht.

Des Nachbars Katzen haben wir hinausgejagt und die Hauskatzen fressen lassen.

Ein fremder Feind ist weniger zu fürchten als wie ein einheimischer; ebenso ein fremder Dieb weniger als ein Hausdieb. Wenn ganz Deutschland von russischen Kosaken und französischen Gendarmen besetzt wäre, dann sollte einer einmal den Jubel sehen, wie schnell wir die los werden würden; weil uns dann in der Bekämpfung derselben die Vorurteile des jetzt noch wirksamen Nationalhasses zu Hilfe kämen. Der jetzige Feind aber, der unsere Sprache spricht, der sich durch unsere Landsleute beschützen läßt und der sich vor den Leuten den Schein der Gerechtigkeit gibt, welcher durch die Gewohnheit geheiligt ist, dieser ist schwerer zu vertreiben.

Jetzt haben wir kein Vaterland; wir werden nur dann eines haben, wenn die Gesellschaft für den Unterhalt aller ihrer Glieder auf gleiche Weise sorgt. So ein Vaterland lobe ich mir, für das stirbt und kämpft sich's gern, nicht aber für unsere großen Zwangsarbeitsanstalten, die man Königreiche nennt, worin der Zuchtmeister Zepter und Krone, die Verwalter und Aufseher Degen, Sporen und Orden und die Zuchtknechte Waffen, Ketten, Ruten und Stricke tragen. Das sind keine Landsleute, das! Das ist kein Vaterland, dieses Zuchthaus; das ist kein Volk, diese geknechteten, verachteten Scharen.

Werft diese Mauern nieder, verbannt diese Auszeichnungen der Herrschsucht und der Unterwürfigkeit, vertilgt diese Werkzeuge der Furcht, der Strafe und des Zwanges; macht, daß man den Glücklichen nicht mehr vom Unglücklichen, den Verbrecher nicht mehr vom Richter und den Henker nicht mehr vom armen Sünder unterscheide.

Die Natur hatte uns alle ein Paradies geschaffen; was habt ihr nötig, für euch einen Himmel, für uns eine Hölle daraus zu machen?

Wozu diese Komödie von hoch und niedrig, von arm und reich, von Arbeit und Müßiggang? Reißt dieses Werk der Torheit und des Unsinns nieder! Es war so schön, das entschwundene Paradies, und hatte Raum für alle, war schöner als euer Himmel und nicht mit dem Fluch der Hölle beladen. Laßt uns versuchen, es wiederherzustellen, damit nicht einige, sondern alle ein Vaterland haben. Ein Vaterland, das keine Hölle und kein Zuchthaus ist, wie das, was ihr so nennt; ein Vaterland, das der Mühe wert ist, für seine Verteidigung Blut und Leben zu wagen.

ARNOLD RUGE

Krieg und Restauration

Die Deutschen können nur frei werden, wenn sie das politische und geistige Elend, in dem sie faulen, begreifen und davor sich entsetzen; die Franzosen werden durch nichts mächtiger werden als durch die Anerkennung und Förderung der Freiheit, deren Prinzip ihre Revolution enthält, bei allen Völkern.

In der Tat ist das Schicksal Frankreichs und Deutschlands so entschieden eins und dasselbe, daß nur der Nationalcharakter den Unterschied macht. Denn was ist ihre neuste Geschichte anders als das Schicksal des neuen Prinzips, welches mit der Französischen Revolution zur Welt kam.

Die Verbreitung dieses Prinzips durch die Revolutionskriege war eine oberflächliche und gewaltsame; und zuletzt unter Napoleon verdrängte sogar das Interesse der Eroberung die Propaganda gänzlich. Wenn Napoleon am Rhein und im Königreich Westfalen aus revolutionärem Instinkt noch überall das Mittelalter zusammenschlug, so ließ er es schon in Sachsen wuchern, wie es wollte; und wer Lust hat, kann sich hier noch heutigestages an seinen Delikatessen erquicken. An die Stelle der Befreiung durch Verbreitung des Prinzips der Humanität und ihrer Rechte trat durch Napoleon das der rein gewaltsamen Beherrschung und seine abgeschmackten Dynastiepläne. Dagegen war denn allerdings selbst das roheste Volkstum und die Unabhängigkeit seiner Brutalität, die in Spanien, Rußland und Deutschland proklamiert wurde, immer noch Freiheit. Wir geben nun zu, daß nur brutale und von allen philosophischen Freiheitsprinzipien entblößte Volksaufstände in den drei Ländern das Kaiserreich gestützt haben; aber es war Frankreich vor allen, welches das Bewußtsein und den Glauben der Freiheit verloren, es war Frankreich, welches der Welt den Schatz der Freiheit nicht bewahrt hatte. Sie erhob sich daher mit dem wüsten Zorn ihres alten Aberglaubens gegen ihre Unterdrücker. Diese Kriege und ihre Folgen waren überall die Bewegung der Restauration des alten Geistes gegen die entartete Revolution. Es entstand der Begriff der Legitimität. Legitim war nun aber nirgends mehr »der Mensch und seine ewigen Rechte«, sondern der »angestammte Herr«, dem Land und Leute gehörten. Für einen solchen Zweck, für den Zweck der unumwundenen Hörigkeit haben wir uns geschlagen; und der Friede setzte das herrliche Werk unermüdlich fort. Die Bewegung ist nun aber in beiden Ländern die nämliche. Mit welchem Bewußtsein wurde überall das Mittelalter und alle seine Herrlichkeiten gepriesen, mit welcher Eilfertigkeit alles, was nur irgend halten wollte, wieder aufgerichtet! (...)

Der Geist der Restauration trägt überall seine Feindin, die Freiheit, im Schoße, wie er selbst vor dreißig Jahren aus dem der Revolution hervorging. Beiden Völkern ist dies Phänomen gemeinsam, und auch von dieser Gemeinschaft durchdringt beide ein untrügliches Gefühl. Wohlan, vereinigen wir uns also, Deutsche und Franzosen, den Geist der Unterdrückung, der den Menschen und sein unverjährbares Recht nicht achtet und anerkennt, mög er sich nun Restauration, Reaktion, Romantik oder geradezu Konterrevolution nennen, für immer aus den Wohnsitzen der gebildeten Völker zu verbannen!

Aber die Franzosen, so offenbar sie auch dasselbe Schicksal mit uns erfahren, müssen dennoch im ganzen immer die Revolution vertreten, es ist einmal so Mode geworden, während uns Deutschen aus keinem andern Grunde, als weil wir die Fragen abstumpfen und uns den wahren Stand der Dinge immer möglichst zu verbergen suchen, die Rolle der Bekämpfung des freien Geistes und der neuen Prinzipien zugeteilt wird. Die Franzosen werden damit übertölpelt, daß man ihnen in den Deutschen immer noch ihre alten Feinde zeigt, was um so glaublicher klingt, wenn man, wie gegenwärtig bei uns, nichts anderes gedruckt sieht als wie offizielle Franzosenfresserei, die von den alten schwachköpfigen Zeitungsredaktionen, der

Augsburger, der Kölner, der Leipziger, der Berliner, und wie sie alle heißen mögen, immer von neuem unter dem Gelächter ihrer Leser zu Markte gebracht werden. Die Deutschen werden damit übertölpelt, daß man unaufhörlich die Unruhe, das Unglück und die Eroberungssucht der Franzosen schildert und nie unterläßt, von ihrer angeblichen Unsittlichkeit ein verleumderisches Geschrei zu erheben. Allerdings ist bei dieser Aufhetzerei ebensoviel Dummheit als Nichtswürdigkeit im Spiele; aber es wäre doch eine große Verblendung, wenn man verkennen wollte, von wem die Dummheit benutzt und wozu die Verworfenheit des schreibenden Gesindels in Tätigkeit gesetzt wird. Der Verleumdung Frankreichs und der Verirrung Deutschlands bedient sich der alte Despotismus, um die politische Freiheit in Europa, wo sie Fuß gefaßt, zu stürzen, wo sie aufkommen will, niederzuhalten. Dieses Lügengewebe der Reaktion muß zerrissen, die Irrtümer von beiden Seiten aufgehoben und eine Allianz geschlossen werden, deren Grund kein geringerer ist als die eine und die gemeinsame Freiheit der beiden gebildetsten Völker des Kontinents.

WILHELM WOLFF

Preußisches Kriegsvolk

So viel Militär und dabei so viel Frieden! Die Franzosen haben ihr Algier, wo sie ihre Soldaten einüben; die Russen den Kaukasus als ihre Kriegsschule, und wenn sie auch häufig dort Wichse bekommen, so schadet's nicht. Was sollen aber die Preußen mit dem ganzen Kriegsvolke – das jährlich an 30 Millionen Taler Preuß. Kurant verschluckt – anfangen, wenn gar nichts zu kriegen, zu sengen, brennen und morden da ist? Bei solcher Verlegenheit könnte es fast als ein Glück erscheinen, wenn es zuweilen eine Anzahl Weber gibt, die wegen allzustarken Dranges nach einem Himmel totgeschossen werden müssen.

Ebenso vorteilhaft ist es für unser Kriegsheer, wenn es gegen die Wilddiebe aufgeboten wird. Das Schießen nach der Scheibe ist doch lange nicht das, als wenn man die Kugel gegen bewegliche, lebendige, gegen Menschengestalten abzufeuern hat. Nun fehlt es in Schlesien an nichts weniger als an Wilddieben und noch weniger, wie oben bemerkt, an Soldaten, die nicht viel zu tun haben. Somit können beide Teile einander nützlich werden. Man kann zugleich voraussetzen, daß der Soldat, wenn er seine eigenen Landsleute gut zu treffen sich gewöhnt und hier eine starke Tapferkeit an den Tag gelegt, er gegen den fremden Feind sich noch mutiger beweisen werde.

Vorerst ist es nur ein Teil der hiesigen Schützen, der zu einer Wilddiebsrazzia nach Oberschlesien ausgegangen ist. Die Wilddiebe in den Hohenloheschen, Renardschen und Strachwitzschen Forsten sind den betreffenden Forstbeamten bereits über den Kopf gewachsen. Die gräflichen etc. Besitzer und Eigentümer des von gottlosen, gemeinen und die noble Passion der Jagd ins Plebejische herabziehenden Wilderern getöteten Wildes haben die Regierung um Schutz angegangen, den ihnen nun die Schützen bringen sollen. Ob die »Schützen« auch den kleinen Ackerbesitzern Schlesiens, deren Felder von Wilde beschädigt und verwüstet werden, später zu Hilfe gehen werden, wenn erst die Beschädiger des Wildes vernichtet sind, läßt sich nicht mit Bestimmtheit melden.

Jedenfalls werden die Schützen eine ziemliche Aufgabe zu lösen haben, wenn sie den Gutsherrschaften überall gegen die Wilddiebe beistehen sollen.

GEORG WEERTH

Der Kanonengießer

Die Hügel hingen rings voll Tau;
Da hat die Lerche gesungen.
Da hat geboren die arme Frau –
Geboren den armen Jungen.

Und als er sechzehn Jahre alt:
Da wurden die Arme strammer;
Da stand er in der Werkstatt bald
Mit Schurzfell und mit Hammer.

Da rannt er den Öfen in den Bauch
Mit schweren Eisenstangen,
Daß hell aus Schlacken und aus Rauch
Metallne Bäche sprangen!

Kanonen goß er – manches Stück!
Die brüllten auf allen Meeren;
Die brachten die Franzen ins Ungelück
Und mußten Indien verheeren.

Die warfen Kugeln, leidlich schwer,
Den Chinesen in die Rippen;
Die jauchzten Britanniens Ruhm daher
Mit eisernen Kehlen und Lippen!

Und immer goß der lust'ge Held
Die blitzenden Geschütze:
Bis ihm das Alter ein Bein gestellt,
Die Fäuste wenig nütze.

Und als sie versagten den Dienst zuletzt,
Da gab es kein Erbarmen:
Da ward er vor die Tür gesetzt
Wohl unter die Krüppel und Armen.

Er ging – die Brust so zornig weh,
Als ob sie der Donner durchgrollte
Von allen Mörsern, die er je
Hervor aus den Formen rollte.

Doch ruhig sprach er: »Nicht fern ist das,
Vermaledeite Sünder!
Da gießen wir uns zu *eignem* Spaß
Die Vierundzwanzigpfünder.«

V

KARL MARX
FRIEDRICH ENGELS

Das Proletariat muß sich zur führenden Klasse der Nation erheben

Indem das Proletariat zunächst sich die politische Herrschaft erobern, sich zur nationalen Klasse erheben, sich selbst als Nation konstituieren muß, ist es selbst noch national, wenn auch keineswegs im Sinne der Bourgeoisie.

Die nationalen Absonderungen und Gegensätze der Völker verschwinden mehr und mehr schon mit der Entwicklung der Bourgeoisie, mit der Handelsfreiheit, dem Weltmarkt, der Gleichförmigkeit der industriellen Produktion und der ihr entsprechenden Lebensverhältnisse.

Die Herrschaft des Proletariats wird sie noch mehr verschwinden machen. Vereinigte Aktion, wenigstens der zivilisierten Länder, ist eine der ersten Bedingungen seiner Befreiung.

In dem Maße, wie die Exploitation des einen Individuums durch das andere aufgehoben wird, wird die Exploitation einer Nation durch die andere aufgehoben.

Mit dem Gegensatz der Klassen im Innern der Nationen fällt die feindliche Stellung der Nationen gegeneinander.

ALEXANDER VON HUMBOLDT
Brief an den Friedenskongreß

Ich bedaure um so mehr, daß ich durch meine persönliche Lage, durch ein hohes Alter und die daraus entspringende Mahnung, angefangene Arbeit bald zu vollenden, gehindert bin, einer Versammlung beizuwohnen, die nach einem edlen Zwecke hinstrebt und dazu mir den Genuß verschafft haben würde, mit vielen durch Talent und Gesinnung ausgezeichneten Männern in näheren Verkehr zu treten. Ich habe dieses Bedauern bereits mündlich ausgedrückt, als ich vor wenigen Wochen die Freude hatte, mich mit den Herren Henry Richard, Elihu Burritt und Vischer über den Einfluß zu unterhalten, den Ihre Gesellschaft auszuüben hoffen darf. Der lange äußere Frieden, den unser Kontinent genossen, und die lobenswerte Bemühung vieler Regierungen, die oft drohende Gefahr eines europäischen Völkerkrieges abzuwenden, zeigen an, daß die Ideen, welche Sie vorzugsweise beschäftigen, den immer allgemeiner verbreiteten und durch den wachsenden Kulturzustand der Menschheit hervorgerufenen Gefühlen entsprechen. Es ist ein nützlicher Versuch, solche Gefühle durch öffentliche Unterhaltungen über das Gemeinwohl zu beleben; zugleich den Weg zu bezeichnen, auf dem, durch weise Leitung und aufrichtigen Willen der Leitenden, die fortschreitende, gesetzmäßige Entwicklung und Vervollkommnung freier Institutionen lang aufgehäufte Elemente des Unfriedens schwächen können. Wie Milderung der Sitte und gebesserte Ordnung in dem Staatsorganismus den wiederholten rohen Ausbruch der Gewalt in engeren Kreisen vermindert haben, bezeugt die Vergleichung des frühesten Mittelalters mit den späteren Zeiten. Die ganze Vergangenheit lehrt, wie unter dem Schutze eines höheren Waltens in dem Leben der Völker eine langgenährte Sehnsucht, auf einen edlen Zweck gerichtet, doch endlich ihre Befriedigung findet. Ist nicht eine schmachvolle, Menschhandel und Sklaverei duldende, ja begünstigende Gesetzgebung wenigstens in unserem Weltteile und dem unabhängig gewordenen spanischen

Amerika den vereinten Bemühungen der Besseren gewichen! Es darf die Hoffnung nicht aufgegeben werden, daß die Bahn sich eröffne, auf welcher feindliche Scheidungsgrenzen und einengende Gliederung allmählich verschwinden. Die ganze Weltgeschichte lehrt, um mich des Ausdrucks eines längst hingeschiedenen Staatsmannes zu bedienen, »wie die Idee der Menschlichkeit durch den Lauf der Jahrhunderte in immer mehr erweiterter Geltung sichtbar wird und ihre belebende Kraft verkündigt«.

Mit diesen Hoffnungen und Wünschen, verehrte Männer, empfiehlt sich Ihrem Andenken

Potsdam, den 20. August 1850.

Alexander v. Humboldt.

An die Herren Richard und Burritt
Schriftführer des Friedenskongresses
zu Frankfurt a. M., Hochstraße No. 4.

THEODOR STORM

Ein Epilog

Ich hab es mir zum Trost ersonnen
In dieser Zeit der schweren Not,
In dieser Blütezeit der Schufte,
In dieser Zeit von Salz und Brot.

Ich zage nicht, es muß sich wenden,
Und heiter wird die Welt erstehn,
Es kann der echte Keim des Lebens
Nicht ohne Frucht verlorengehn.

Der Klang von Frühlingsungewittern,
Von dem wir schaudernd sind erwacht,
Von dem noch alle Wipfel rauschen,
Er kommt noch einmal, über Nacht!

Und durch den ganzen Himmel rollen
Wird dieser letzte Donnerschlag;
Dann wird es wirklich Frühling werden
Und hoher, heller, goldner Tag.

Heil allen Menschen, die es hören!
Und Heil dem Dichter, der dann lebt
Und aus dem offnen Schacht des Lebens
Den Edelstein der Dichtung hebt!

KARL MARX

Adresse an die Nationale Arbeiterunion der Vereinigten Staaten

ARBEITER!

In dem Gründungsprogramm unserer Assoziation erklärten wir: »Nicht die Weisheit der herrschenden Klassen, sondern der heroische Widerstand der englischen Arbeiterklasse gegen ihre verbrecherische Torheit bewahrte den Westen Europas vor einer transatlantischen Kreuzfahrt für die Verewigung und Propaganda der Sklaverei.« Die Reihe ist jetzt an Euch, einem Krieg vorzubeugen, dessen klarstes Resultat sein würde, für eine unbestimmte Zeitperiode die emporsteigende Arbeiterbewegung auf beiden Seiten des Atlantischen Ozeans zurückzuschleudern.

Wir brauchen Euch kaum zu sagen, daß europäische Mächte existieren, die eifrig bemüht sind, einen Krieg zwischen den Vereinigten Staaten und England zu schüren. Ein Blick auf die Handelsstatistik zeigt, daß die russische Ausfuhr von Rohprodukten – und Rußland hat nichts anderes auszuführen – rapide vor der amerikanischen Konkurrenz wich, als der Bürgerkrieg die Waagschalen plötzlich drehte. Die amerikanischen Pflüge in Schwerter verwandeln, hieße gerade jetzt jene despotische Macht, die Eure republikanischen Staatsmänner in ihrer

Weisheit zu ihrem vertrauten Ratgeber erkoren haben, vor dem bevorstehenden Bankerott retten. Aber ganz abgesehen von den Sonderinteressen dieser oder jener Regierung, ist es nicht das allgemeine Interesse unserer Unterdrücker, unser rasch umsichgreifendes internationales Zusammenwirken in einen zerstörenden Krieg zu verwandeln?

In unserer Glückwunschadresse an Herrn Lincoln bei seiner Wiederwahl als Präsident drückten wir unsere Überzeugung aus, daß sich der amerikanische Bürgerkrieg als ebenso wichtig erweisen werde für den Fortschritt der Arbeiterklasse, wie sich der amerikanische Unabhängigkeitskrieg für den Fortschritt der Bourgeoisie erwiesen habe. Und tatsächlich hat die siegreiche Beendigung des Krieges gegen die Sklaverei eine neue Epoche in den Annalen der Arbeiterklasse eröffnet. In den Vereinigten Staaten selbst ist seitdem eine selbständige Arbeiterbewegung ins Leben getreten, die von den alten Parteien und ihren professionellen Politikern mit üblen Augen angesehen wird. Um fruchtbar zu werden, braucht sie Jahre des Friedens. Um sie zu erdrücken, will man einen Krieg zwischen den Vereinigten Staaten und England.

Die nächste handgreifliche Wirkung des Bürgerkrieges war natürlich die, daß sich die Stellung des amerikanischen Arbeiters verschlechterte. In den Vereinigten Staaten wie in Europa wurde der Riesenalp einer Nationalschuld von Hand zu Hand geschoben, um ihn auf die Schultern der Arbeiterklasse niederzulassen. Die Preise der Lebensmittel, sagt einer Eurer Staatsmänner, sind seit 1860 um 78 Prozent gestiegen, während der Lohn des ungelernten Arbeiters nur um 50 Prozent und der des gelernten Arbeiters um 60 Prozent stieg. »Der Pauperismus«, klagt er, »wächst jetzt in Amerika rascher als die Bevölkerung.« Überdies stechen die Leiden der Arbeiterklasse ab gegen den auffallenden Luxus von Finanzaristokraten, Shoddy-Aristokraten und ähnlichem durch Kriege erzeugten Ungeziefers. Dennoch entschädigte der Bürgerkrieg für all dies durch die Befreiung der Sklaven und den daraus entspringenden moralischen Impuls, den sie Eurer eigenen Klassenbewegung gab. Ein zweiter Krieg, der nicht durch einen erhabenen Zweck und eine große soziale Notwendigkeit geheiligt, sondern nach dem Muster der Alten Welt wäre, würde Ketten für den freien Arbeiter schmieden, statt die des Sklaven zu sprengen. Das aufgehäufte Elend, welches in seinen Spuren zurückbliebe, gäbe Euern Kapitalisten zugleich die Motive und die Mittel, die Arbeiterklasse von ihren kühnen und gerechten Bestrebungen zu trennen durch das seelenlose Schwert eines stehenden Heeres.

Euch denn fällt die glorreiche Aufgabe anheim, der Welt zu beweisen, daß jetzt endlich die Arbeiterklasse den Schauplatz der Geschichte nicht länger als servīles Gefolge betritt, sondern als selbständige Macht, die sich ihrer eigenen Verantwortlichkeit bewußt und imstande ist, Frieden zu gebieten, wo diejenigen, die ihre Herren sein wollen, Krieg schreien.

GEORG HERWEGH

Epilog zum Kriege
Februar 1871

Germania, der Sieg ist dein!
Die Fahnen wehn, die Glocken klingen,
Elsaß ist dein und Lotharingen;
Du sprichst: »Jetzt muß der Bau gelingen,
Bald holen wir den letzten Stein.«

Gestützt auf deines Schwertes Knauf,
Lobst du in frommen Telegrammen
Den Herrn, von dem die Herren stammen,
Und aus Zerstörung, Tod und Flammen
Steigt heiß dein Dank zum Himmel auf.

Nach vierundzwanzig Schlachten liegt
Der Feind am Boden, überwunden;
Bis in die Stadt voll Blut und Wunden,
Die keinen Retterarm gefunden,
Brichst du dir Bahn – du hast gesiegt!

Schwarz, weiß und rot! um ein Panier
Vereinigt stehen Süd und Norden;
Du bist im ruhmgekrönten Morden
Das erste Land der Welt geworden:
Germania, mir graut vor dir!

Mir graut vor dir, ich glaube fast,
Daß du, in argen Wahn versunken,
Mit falscher Größe suchst zu prunken
Und daß du, gottesgnadentrunken,
Das Menschenrecht vergessen hast.

Schon lenkt ein Kaiser dich am Zaum,
Ein strammer, strenger Zepterhalter,
Hofbarden singen ihre Psalter
Dem auferstandnen Mittelalter,
Und 89 wird ein Traum.

Ein Traum? Du sahst, wie Frankreich fiel
Durch einen Cäsar, sahst die Sühne
Vollzogen auf der Schreckensbühne –
Deutschland, gedeihe, wachse, grüne
Geläutert durch dies Trauerspiel.

Volkslied

Ich bin Soldat, doch bin ich es nicht gerne

Ich bin Soldat, doch bin ich es nicht gerne,
Als ich es ward, hat man mich nicht gefragt;
Ich mußte fort, hinein in die Kaserne,
Gefangen ward ich, wie ein Wild gejagt!

Ja, von der Heimat und des Liebchens Herzen
Mußt ich hinweg, und von der Freunde Kreis;

Denk ich daran, so fühl ich Wehmutschmerzen,
Fühl in der Brust des Zornes Glut so heiß!

Ich bin Soldat, muß Tag und Nacht marschieren,
Statt bei der Arbeit muß ich Posten stehn,
Statt in der Freiheit muß ich salutieren
Und muß den Hochmut frecher Buben sehn!

Und geht's ins Feld, so muß ich Brüder morden,
Von denen keiner mir zuleid was tat,
Dafür als Krüppel trag ich Band und Orden,
Und hungernd ruf ich dann: »Ich bin Soldat!«

Ihr Brüder all, ob Deutsche, ob Franzosen,
Ob Schweden, Dänen, ob von Niederland,
Ob weiß, ob rot, ob gelb, ob grün die Hosen,
Reicht euch statt Blei zum Gruß die Bruderhand!

Auf, laßt zur Heimat uns zurückmarschieren,
Von den Tyrannen unser Volk befrein!
Denn nur Tyrannen müssen Kriege führen,
Soldat der Freiheit möcht ich gerne sein.

EDUARD MÖRIKE

In Gedanken an unsere deutschen Krieger

Bei euren Taten, euren Siegen
Wortlos, beschämt hat mein Gesang geschwiegen,
Und manche, die mich darum schalten,
Hätten auch besser den Mund gehalten.

ALBERT FRIEDRICH LANGE

Aufruf an die Menschenfreunde aller Nationen

Von dem Glauben geleitet, daß auch in den schrecklichsten Tagen entfesselter Leidenschaft und wilden Völker(krieges)kampfes in tausend und abertausend Herzen die Stimme der Humanität ihr Echo finden wird, wagen wir es, im Namen der Vernunft und der Sittlichkeit Protest zu erheben gegen die Fortdauer des unmenschlichen Krieges, der jetzt in Frankreich wütet, und (alle) die Menschenfreunde aller Nationen aufzufordern, sich in diesem Protest mit uns zu vereinigen.

Was uns den Mut gibt, uns dem immer höher schwellenden Strom der Verwüstung entgegenzustemmen und dem Donner der Schlachten gegenüber unsre schwache Stimme zu erheben, ist die unerschütterliche Zuversicht, daß die Grundsätze des Christentums und der Humanität in ihrer lautern Wahrheit und schlichten Größe mächtiger sind als alle Menschenmacht; daß ihnen der Sieg gebührt über alle irdischen Sieger und der versöhnende Triumph über den Groll der Überwundenen.

Wer sich zu diesen Grundsätzen bekennt, der möge sich auch zu unserer Sache bekennen und sie wird zu einer Macht werden, die ihre Wirkungen bis in die kämpfenden Lager verbreitet und uns in jedem der Wahrheit zugänglichen Herzen einen Bundesgenossen erweckt. Kein Bedenken (nüchtern) kleinmütiger Berechnung, kein Hohn weltkluger Befangenheit, keine törichte Furcht vor einem Mißerfolg soll uns abhalten, der Stimme der Pflicht zu folgen und in einer heiligen und gerechten Sache unerschrocken der Wahrheit die Ehre zu geben. Wissen wir doch, daß nie ein Wort, in diesem Geiste gesprochen, verloren ist und daß sich selbst unter dem Schein äußerer Erfolglosigkeit oft tiefe Wirkungen auf die nahe und ferne Zukunft verbergen. Wenn es einst zur stehenden Sitte geworden sein wird, daß das öffentliche Gewissen sich laut und nachdrücklich gegen jede Schändung der Zivilisation im Großen wie im Kleinen energisch erhebt, dann kann auch die Stunde nicht mehr fern sein, in welcher die Grundsätze der Gerechtigkeit und Sittlichkeit, die Jedermann im Privatleben anerkennt, auch in das öffentliche Leben und den Verkehr der Staaten untereinander eingeführt werden und den fürchterlichen Greueln des Krieges ein mächtiger Damm entgegengesetzt wird.

Noch fehlt uns ein internationales Schiedsgericht und schwer wird es halten, diesen großen Gedanken gegenüber dem Egoismus, dem gemeinen Zweifel an jedem großen und kühnen Unternehmen zum Siege zu führen. Aber das unablässige Trachten der erleuchteten Geister und edlen Gemüter aller Nationen nach diesem Ziele wird sich Geltung verschaffen, wenn es nicht in der Tiefe des Herzens verschlossen bleibt, sondern bei jeder Gelegenheit in Wort und Tat ans Licht tritt. Und wann wäre ein Anlaß zu solchem Vorgehen geboten wie jetzt, wo jeder neue Tag uns neue Schreckensszenen, neuen Jammer von den blutgetränkten Schlachtfeldern, wie aus den Hütten der Verwaisten und Verlassenen berichtet?

Wagen wir deshalb den Versuch, einen Bund freier Männer zu bilden, die eine Vermittlung anstreben, welcher keine andere Autorität beiwohnt, als die Gerechtigkeit selbst, die aus dem Sprüch ihrer Delegierten mit überzeugender Gewalt hervorleuchten muß! Möge niemand diesem Bunde beitreten, der nicht aufrichtig entschlossen ist, seine persönliche Stimmungen und Neigungen, sowie alle fremdartigen Interessen, Wünsche und Befürchtungen vor der einfachen Stimme der Wahrheit zu beugen und eine Lösung zu suchen, welche hüben und drüben verurteilt, was die Gerechtigkeit verurteilen muß und anerkennt, was die Gerechtigkeit anerkennen muß. Wer aber in diesem Sinne (zu) an einer großen Aufgabe des Augenblicks im Interesse der Menschlichkeit und der gesamten Zukunft unserer Zivilisation mitzuwirken gesonnen ist, der verbinde sich aller Orten mit Gleichgesinnten; damit binnen kürzester Frist ein mächtiger, immerfort wachsender Verein entstehe als ein lebendiges Zeugnis für die Macht der Humanität in der modernen Gesellschaft und als Basis eines großen und nachdrücklichen Versuchs, mit rein geistigen Mitteln dem Strom des Unheils und des Verderbens Halt zu gebieten, welcher im ferneren Wachsen unsere gesamte Kultur mit dem Untergang bedroht.

Zwei Wege liegen heute vor Europa offen; der eine führt zu endlosen Appellationen an die Schärfe des Schwertes und zur Verewigung jener Greuel des Krieges, die wir heute mit Entsetzen vor uns sehen; der andre zum Siege der Humanität und zur Begründung höherer Garantien für die Freiheit und Wohlfahrt der Völker, als eine egoistische Staatskunst, gestützt auf Waffengewalt sie je zu leisten vermöchte. Alle Nationen Europas sollten sich laut dafür erheben, daß der bessere Pfad, der allein heilvolle und segenbringende, betreten werde. Aber auch jenseits des Ozeans suchen wir die Bundesgenossen unsrer Bestrebungen. Immer enger wird das Band der Interessen und des Verkehrs, sowie der gemeinsamen geistigen Arbeiten und Kämpfe, welches alle zivilisierten Nationen verbindet, und je mehr die realen Verhältnisse diese Einheit unwiderstehlich herstellen, desto gefährlicher wird die Versäumnis einer großen und planmäßigen Pflege der internationalen Beziehungen.

Für diese ungeheure Aufgabe kann unser heutiges Unternehmen nur eine schwache und im Strudel der Ereignisse vielleicht verschwindende Vorarbeit sein. Das unmittelbare Ziel: zur Hemmung des furchtbaren Krieges und zur Wiedergewinnung des Friedens beizutragen, was jeder an seinem Orte vermag, muß unser erstes, wichtigstes Augenmerk sein und ist der alleinige Zweck des Bundes, zu dessen Begründung unser Aufruf bestimmt ist; allein erst im höheren Lichte einer großen und bleibenden Aufgabe unseres Jahrhunderts gewinnt unser Unternehmen seine wahre Bedeutung und seine volle Rechtfertigung. Nicht eitle Selbstüberhebung veranlaßt uns, ein Richteramt uns anzumaßen, sondern die Not unsres Herzens und der Jammer unsrer Zeit drängen und treiben uns, nach Männern zu suchen, denen wir den Versuch einer Vermittlung auf den Grundlagen voller Gerechtigkeit vertrauensvoll in die Hand geben könnten. Wir wollen nicht eine Organisation schaffen, die bestimmt wäre, den rechtmäßigen Organen der Völker und Staaten bevormundend entgegenzutreten oder ihre Autorität zu untergraben. Indem wir vielmehr nur darauf ausgehn, im Augenblick der Not und der Gefahr durch freie Tätigkeit den geistigen Mittelpunkt für ein edles Unternehmen zu schaffen, lassen wir nicht ab von dem Glauben, daß der Tag kommen werde, wo alle zivilisierten Nationen sich in ihren legitimen Organen in anderem Geiste als bisher die Hand reichen und, die Gerechtigkeit als oberste Richtschnur der Politik anerkennend, gemeinsam für das Wohl der Völker wirken werden.

MAX KEGEL

Kein Völkerhaß

Mögt ihr mit blutbefleckter Hand
Dem Morde eure Opfer weihen,
Mögt ihr mit eurem Opferbrand
Die Völker immer neu entzweien;

Wir wollen, daß der Völkerhaß
Des Volkes Blick nicht länger trübe,
Wir streiten ohne Unterlaß
Für das Prinzip der Menschenliebe.

Die Menschen sind ja Bestien nicht,
Dazu bestimmt, sich zu vernichten,
Nicht durch des Schwertes Vollgewicht
Senkt sich die Waage unsrer Pflichten.

Wir sollen heben, was Natur
An Schätzen auch der Menschheit biete,
Und dieses Werk gedeihet nur,
Wenn uns beglückt der Völkerfriede.

Doch *müßte* einst gefochten sein,
Und müßte einmal Blut noch fließen,
Dann nicht für die Despoten, nein!
Dann, um die Freiheit zu begrüßen!

RUDOLF VIRCHOW

Rüstungsgelder dienen nicht dem Volkswohl

Sie alle wissen, daß die trübseligen Zustände, welche nicht bloß bei uns, sondern in ganz Europa, ja auch in Nordamerika bestehen, und welche so schwer auf der arbeitenden Klasse lasten, wesentlich abhängig sind davon, daß die Geldmittel, welche die Völker besitzen, mehr oder weniger überall absorbiert werden durch Zwecke, welche eigentlich dem Volkswohl sehr wenig dienen. In Europa sind es ja ganz überwiegend die enormen Ausgaben, welche wir fortwährend für kriegerische Zwecke zu Lande und zur See zu tragen haben, welche alle anderen Staaten in gleichem Maße auf sich lasten haben wie wir und welche die Regierungen hindern, in jenen Richtungen fördernd vorzugehen, wo das Interesse des arbeitenden Volkes am meisten hervortritt.

Es ist selbstverständlich, daß von irgendeiner Maßregel, welche eine Entlastung in Beziehung auf die Armeeverhältnisse herbeiführen könnte, nicht die Rede sein kann, solange ein Krieg besteht, der möglicherweise in jedem Augenblick größere Ausdehnungen annehmen und neue Nationen in die kriegerische Verwicklung hineinziehen kann. (...)

Ich habe von jeher, wie Sie wissen, die Meinung gehabt, daß die europäischen Staaten mit weniger Armeen bestehen können; ich muß heutzutage sagen, daß ... ich keinen Augenblick Abstand nehme zu sagen, der Zeitpunkt ist nicht mehr fern, wo an alle europäischen Staaten die Frage herantreten muß, ob sie Maßregeln ergreifen wollen, wodurch sie sich gegenseitig das Leben erleichtern und wodurch sie dahin gelangen können, daß sie die Mittel, welche aus den Steuern des Volkes fließen, in einer zweckmäßigeren Weise verwenden als durch Aufstellung ungeheurer Armeen, die sich einander entgegenstehen, geschieht. Es ist das ein Punkt, meine Herren, den man in einer Volksversammlung freier besprechen kann, als es gegenwärtig in unserem Reichstage der Fall ist. In unserem Reichstage gilt jede Betrachtung dieser Art als eine reichsfeindliche und im höchsten Grade gefährliche Kundgebung. Ich meine aber, wir, die wir nicht im Reichstage sitzen, wir müssen von Zeit zu Zeit unsere Stimme erheben und müssen hinweisen auf diese Verhältnisse, doppelt hinweisen in einem Augenblick, wo die Ergebnisse dieser permanenten Kriegsbereitschaft sich uns in der Tat so darstellen, daß ich sagen muß, ich betrachte es als eine Art von Schmach, daß ein Staat wie Rußland mit der Parole ausziehen kann, er tue, was er jetzt tut, im Namen Europas, und daß wir stillschweigend danebenstehen und uns gefallen lassen, daß man uns mit unter diejenigen rechnet, die dieser Parole zustimmen.

EDUARD SACK

»Was tun die Volksbildner … gegen die aus den schlimmsten Zeiten der Barbarei uns gebliebene Menschenschlächterei …?«

Wenn in unsern Tagen Krieg überhaupt noch möglich ist; wenn wir uns sagen müssen, daß die Menschenschlächterei immer häufiger, grausamer und der Leichtsinn, mit welchem man sie bald hier, bald dort anzettelt, immer größer wird: dann ist wohl die Frage berechtigt, ob wir in den Tagen des Friedens alles getan haben, um dieses größte Übel der Menschheit zu bekämpfen und schließlich unmöglich zu machen.

Diese Frage haben auch alle diejenigen an sich zu stellen, welchen die Erziehung und Bildung des Volkes anvertraut ist. Denn gewiß ist: je ungebildeter, roher ein Volk ist, desto größere Neigung hat es zum Krieg. Die ganze Geschichte beweist es, daß mit der steigenden Bildung, mit der Milderung der Sitten, mit dem allgemeiner werdenden Bewußtsein von dem gleichen Recht aller und von der Freiheit, welche jedem Menschen und jedem Volke zukommt, die Neigung zum Kriege schwindet, Eroberungen und Völkerhandel verachtet und Heldenruhm nur im Kampfe für die Freiheit und das Recht erworben wird ... Hieraus folgt also auch unmittelbar, daß durch Erziehung und Bildung die Neigung für den Krieg vermindert, der Abscheu gegen denselben vielleicht so weit gesteigert werden könne, daß »durch allmähliche Reform nach festen Grundsätzen versucht und durchgeführt würde, in fortgesetzter Annäherung zum höchsten politischen Gut, zum ewigen Frieden« (Kant) zu gelangen.

Haben die Volksbildner mit Bewußtsein, allmählich und nach festen Grundsätzen, dieser hohen Aufgabe zu genügen gesucht?

Haben sie nicht vielmehr jahraus, jahrein die bekannten Massenmordgeschichten aus dem Alten Testament und aus der Kirchengeschichte lernen lassen, »natürliche Lehren« aus denselben entwickelt und sie als Kriege dargestellt, welche Gott selber wohlgefällig gewesen, welche er gewollt?

Haben sie wohl in ihrem Geschichtsunterricht die Völker mit gleichem Maß gemessen: alle gleich empfänglich für Treue und Glauben, für Sittlichkeit und Tugend, für das Wahre, Gute und Schöne geschildert; oder haben sie nicht vielmehr erzählend, predigend, singend und betend den unerfahrenen Kindern die »leichtfertigen, wetterwendischen« Franzosen als den »Erbfeind«, als einen »Auswurf von dem Angesichte Gottes«, die Italiener als »verschmitzt, geld- und rachgierig, zu faulen Betteleien geneigt, ein in allem tiefgesunkenes Volk«, die Engländer als das selbstsüchtige Krämervolk bezeichnet, sich selbst aber, die Deutschen, überschwenglich gerühmt und geprahlt, sich als das jetzt »auserwählte Volk Gottes« dargestellt? Und ist nicht endlich in gleicher Weise geringschätzig und verächtlich von den jenseits des Schlagbaums wohnenden Stammesbrüdern gesprochen und gesungen worden?

Haben sie nicht für *alle* Kriege die Bewunderung der Schüler verlangt, selbst für die, welche gegen die armen Polen geführt worden sind? Haben sie nicht die ganze Geschichte zu einer einzigen Kriegs- und Militärgeschichte umgeschwatzt? Werden nicht immer noch die Kriege Friedrichs des Zweiten als die größten Ereignisse des vorigen Jahrhunderts gerühmt, die erst das wahre Glück für Preußen und Deutschland angebahnt, obwohl nichts von alledem wahr ist?

Werden nicht immer und überall als die größten Männer der Geschichte ein Alexander, Cäsar, Attila, der große und der fünfte Karl, der »große« Kurfürst, der »große« Peter, der »große« Friedrich, der »große« Napoleon ausgegeben und – verherrlicht? Wird in unsern Schulen und in unsern Lesebüchern nicht am ausführlichsten von den Kriegshandwerkern, einem Wallenstein, Prinz Eugen, dem Alten Dessauer, dem Ziethen und sonstigen »Helden« erzählt, während man »die Wohltäter der Menschheit« kaum nennt? Läßt man nicht zum Preise dieser zweifelhaften Größen die abgeschmacktesten Lieder singen, als wäre Menschenschlächterei Religion und hätten wir die »Helden« als die obersten Priester des »allgütigen Vaters der Menschheit« zu verehren? (...)

Mit einem Wort: Was tun die Volksbildner – und nicht allein die, welche in der Schule arbeiten – überhaupt *gegen* die aus den schlimmsten Zeiten der Barbarei uns gebliebene Menschenschlächterei und was tun sie *nicht für* die Neigung zum Kriege? –

Für den ewigen Frieden, das heißt für die Grundsätze der Menschlichkeit und für die Gebote der Liebe, welche nur Brüder und keine der Geringschätzung, der Verachtung, des Hasses, des Schlachtens werte Völker und Rassen kennt: dafür zu wirken sind vorzugsweise diejenigen berufen, welchen die Erziehung und Bildung des Volkes anvertraut ist.

WILHELM RAABE
Aphorismen

Die Viecherei bleibt dieselbe, ob man sich heute mit Zündnadel und Chassepot zu Leibe geht oder, wie vor längeren Jahren und Jahrtausenden, seinen Stein in die Schleuder legt und sich den an die Köpfe wirft.

1874

Was hilft es, wenn die Nation an der Grenze oder über die Grenze hinaus die größesten Schlachten gewinnt und hinter sich währenddessen die verhungern läßt, um die es sich einzig lohnt, daß ein Volk Schlachten schlage und gewinne. Das Fressen, Saufen und Kinderzeugen würde an ihrer Stelle auch der sogenannte Feind besorgen.

1875

Haben Sie sich wohl schon einmal das Wort Kriegsschauplatz genauer überlegt? ... Schauplatz! 's ist wundervoll! ... Soldaten bezahlen die Hälfte ...

1877

Die Taler rollten

Die Wunden der Helden waren noch nicht verharscht, die Tränen der Kinder, der Mütter, der Gattinnen, der Bräute und Schwestern noch nicht getrocknet, die Gräber der Gefallenen noch nicht übergrünt: aber in Deutschland ging's schon – so früh nach dem furchtbaren Kriege und schweren Siege – recht wunderlich her. Wie während oder nach einer großen Feuersbrunst in der Gasse ein Sirupsfaß platzt und der Pöbel und die Buben anfangen zu lecken, so war im deutschen Volke der Geldsack aufgegangen, und die Taler rollten auch in den Gossen, und nur zu viele Hände griffen auch dort danach. Es hatte fast den Anschein, als sollte dieses der größte Gewinn sein, den das geeinigte Vaterland aus seinem großen Erfolge in der Weltgeschichte hervorholen könnte!

DETLEV VON LILIENCRON

Krieg und Frieden

Ich stand an eines Gartens Rand
Und schaute in ein herrlich Land,
Das, weit geländet, vor mir blüht,
Drin heiß die Erntesonne glüht.
Und Arm in Arm, es war kein Traum,
Mein Wirt und ich am Apfelbaum,
Wir lauschten einer Nachtigall,
Und Friede, Friede überall.
Ein Zug auf fernem Schienendamm
Kam angebraust. Wie zaubersam!
Er brachte frohe Menschen her
Und Güterspenden, segenschwer.
Einst sah ich den metallnen Strang
Zerstört, zerrissen meilenlang.
Und wo ich nun in Blumen stund,
War damals wildzerwühlter Grund.
Der Sommermorgen glänzte schön
Wie heute; glitzernd von den Höhn,
»Den ganzen Tag mit Sack und Pack«,
Brach nieder aus Verhau, Verhack
Zum kühnsten Sturm ein weißes Meer,
Des Feindes wundervolles Heer.
Ich stützte, wie aus Erz gezeugt,
Mich auf den Säbel, vorgebeugt,
Mit weiten Augen, offnem Mund,
Als starrt ich in den Höllenschlund.
Nun sind sie da! »Schnellfeuer!« »Steht!«
Wie hoch im Rauch die Fahne weht!
Und Mann an Mann, hinauf, hinab,
Und mancher sinkt in Graus und Grab.
Zu Boden stürz ich, einer sticht
Und zerrt mich, ich erraff mich nicht,
Und um mich, vor mir, unter mir

Ein furchtbar Ringen, Gall und Gier.
Und über unserm wüsten Knaul
Bäumt sich ein scheu gewordner Gaul.
Ich seh der Vorderhufe Blitz,
Blutfestgetrockneten Sporenritz,
Den Gurt, den angespritzten Kot,
Der aufgeblähten Nüstern Rot.
Und zwischen uns mit Klang und Kling
Platzt der Granate Eisenring:
Ein Drache brüllt, die Erde birst,
Ein fällt der Weltenhimmelfirst.
Es ächzt, es stöhnt, und Schutt und Staub
Umhüllen Tod und Lorbeerlaub.

Ich stand an eines Gartens Rand
Und schaute in ein herrlich Land,
Das ausgebreitet vor mir liegt,
Vom Friedensfächer eingewiegt.
Und Arm in Arm, es ist kein Traum,
Mein Wirt und ich am Apfelbaum.
Wir lauschen einer Nachtigall,
Und Rosen, Rosen überall.

ARNO HOLZ

»Weltgeschichte«

Heimlich durchwandert die Nacht den Tann,
Duftend im Vollmond schwanken die Gräser;
Alles schläft! Nur ein steinalter Mann
Putzt sich geschäftig die Brillengläser.
Nimmt sich ein Prischen und sagt: Hätschi!
Ich bin der achte der sieben Weisen!
Ach, und er merkt es nicht einmal, wie
Über ihm leuchtend die Sterne kreisen!

Sehnsüchtig harft durch die Zweige der Wind,
Blüten erschließen sich, Knospen schwellen;
Alles still! Nur der Nachttau rinnt,
Und von den Bergen her rauschen die Quellen.
Raune nur traumhaft, du dunkle Natur,
Raune das Rätsel der Elemente,
Hat doch der alte Graukopf nur
Sinn für Bücher und Pergamente!

Wenn er nur schnüffeln und büffeln kann,
Mag dreist dies Sonnensystem erkalten;
Ihm ist's schon recht, denn was geht es ihn an,
Daß sich die Welten wie Blumen entfalten?
Festgeleimt an den Stuhl das Gesäß,
Fängt er sich Grillen und mästet sich Motten,
Hüstelt und schreibt gelehrte Essays
Über Assyrer und Hottentotten.

Tintenfässer bilden Spalier,
Goldstreusand und Radiermesser blinken,
Ganze Ballen von Schreibpapier
Liegen bekritzelt ihm schon zur Linken.
Säuberlich hat er drin aufnotiert
Jede Schlacht und jedes Gemetzel,
Neben Napoleon figuriert
Kaiser Tiber und der Hunnenkhan Etzel.

Ekelerregend mit jedem Band
Schwillt das Gemengsel von Blut, Fleisch und Knochen;
Leute wie Sokrates, Shakespeare und Kant
Werden nur so nebenbei besprochen.
Weltharmonie und Sphärenmusik
Können ihm vollends gestohlen bleiben;
Interessanter ist schon die Rubrik,
Wie sich die Kaiser von China entleiben!

Also sitzt er und schmiert und schmiert
Tote Zahlen und trockne Berichte,

Bis er dann endlich »Schluß« drunter kliert
Und auf das Titelblatt: »Weltgeschichte«.
Weltgeschichte! O blutiger Hohn!
Uralter Hymnus auf die Borniertheit!
Wann, o wann kommt des Menschen Sohn,
Der dich erlöst aus deiner Vertiertheit?

Immer noch brütet die alte Nacht
Grauenvoll über den Völkern der Erde,
Aber schon seh ich rot lodernd entfacht
Flammen des Geistes auf ewigem Herde.
Freiheit und Gleichheit und Brüderlichkeit
Jubelt die neugeborene Trias!
Freu dich, mein Herz, denn die goldene Zeit
Dämmert, und predigen wird der Messias:

Lebt in Frieden und baut euer Zelt,
Viel, ach, müßt ihr noch lehren und lernen;
Ein Herz schlägt durch die ganze Welt,
Ein Geist flutet von Sternen zu Sternen.
Ruft drum als Losung von Land zu Land:
Eins sei die Menschheit von Zone zu Zone,
Erst wenn sie staunend sich selbst erkannt,
Dann erst ist sie der Schöpfung Krone!

LUDWIG BÜCHNER

Jeder Krieg, den ein Volk seinem Nachbar bereitet, ist ein Krieg gegen sich selbst

Ganz dasselbe Prinzip, welches wir als das im natürlichen Fortschritt begründete für den Verkehr der Einzelwesen untereinander kennengelernt haben, wird auch in Zukunft für den gegenseitigen Verkehr der Völker und Nationen das maßgebende sein müssen. An die Stelle eines gegenseitigen Aufreibungskampfes wird ein Wettbewerb in allen nützlichen Dingen und ein mehr oder weniger gemeinsames Streben nach Besiegung der dem Glücke der Menschheit entgegenstehenden Hindernisse treten. Dieses Prinzip ist bereits unter den gegenwärtigen Verhältnissen so mächtig und bedeutend geworden, daß selbst unsre jetzigen Regierungssysteme, welche doch ihrer Natur nach noch ganz auf den alten Grundsätzen gegenseitiger diplomatischer und militärischer Befehdung und Unterdrückung beruhen, sich dem Einflusse derselben nicht ganz entziehen konnten; und das Streben der einzelnen Staaten in der Neuzeit ist unverkennbar dahin gerichtet, Anlässen zu kriegerischen Verwicklungen soviel als möglich aus dem Wege zu gehen und statt dessen die Werke des Friedens und die Segnungen gegenseitiger Verständigung möglichst zu pflegen. Allerdings ist dieser Zustand nur ein provisorischer und kann jeden Augenblick durch den Ehrgeiz irregeleiteter Mächtigen oder die Rauflust der von ihnen auf den Beinen gehaltenen ungeheuren Armee gestört werden. Sobald jedoch diese Stufe rückständiger Bildung hinter uns liegt, werden Kriege zwischen den einzelnen Völkern kaum mehr möglich sein, da man eingesehen haben wird, daß jeder Krieg, den ein Volk seinem Nachbar bereitet, zugleich ein Krieg gegen sich selbst und gegen sein eigenstes Interesse ist.

WILHELM LIEBKNECHT

Die parlamentarische Friedenskonferenz

Die parlamentarische Friedenskonferenz, welche im letzten Drittel dieses Monats zu London abgehalten werden soll, wird auch von deutschen Abgeordneten besucht sein, und zwar von verschiedenen Abgeordneten der Fortschrittspartei. Die sozialdemokratischen Abgeordneten haben keine Veranlassung, an den Beratungen der Konferenz teilzunehmen, obgleich sie den Zweck derselben selbstverständlich billigen. Und einige der

Abgeordneten werden voraussichtlich auch diese ihre Sympathien sowie die Stellung unserer Partei zu der Frage des ewigen Friedens in Zuschriften an das Büro der Konferenz klarlegen.

Unsere Stellung zur Friedensfrage ist uns durch unser Parteiprogramm vorgeschrieben. Wie wir die Knechtschaft in jeder Gestalt bekämpfen, so auch den Krieg in jeder Gestalt. Allein sowenig wie die Knechtschaft läßt der Krieg sich in der heutigen Gesellschaftsform abschaffen, und zwar aus dem einfachen Grunde, weil sie ihrem innersten Wesen nach die Knechtschaft und den Krieg zur notwendigen Voraussetzung – ja mehr: zur Lebensbedingung hat.

Die moderne bürgerliche Gesellschaft lebt im Kriegszustand: Sie ist in zwei durch Interessengegensatz gespaltene Klassen geteilt, und das ganze Leben der Gesellschaft ist demzufolge ein fortwährender Klassenkampf, der Krieg in Permanenz, der soziale Krieg und aus dem entspringend der politisch-militärische Krieg.

Die Raubzüge der Wilden, die Eroberungskriege halbbarbarischer Völker, die Kabinettskriege der zivilisierten Staaten sind durchweg auf soziale Ursachen zurückzuführen – der Wilde sucht sich Weiden und Jagdgründe, der Halbbarbar Unterkunft für die überschüssige Bevölkerung, der Diplomat Absatzgebiete für die Waren, Häfen für den Welthandel, Ablenkung des im Innern tobenden Klassenkampfes nach außen. Die Kriege der neueren Zeit: die Kriege der Russen gegen die Türken, Napoleons gegen Österreich und Deutschland, die Kriege Englands gegen China und in Indien und Afrika – sie fallen sämtlich unter die eine oder andere dieser letzteren Kategorien.

Und solange die heutige Gesellschaft dauert, kann es auch nicht anders werden. Wohl mag es sehr erbaulich sein, die Greuel des Kriegs auszumalen und den Abscheu der Völker gegen ihn zu erwecken, allein wenn wir auch eine agitatorische Bedeutung solchen Wirkens nicht bestreiten wollen, so läuft es doch auf eine Utopie hinaus. Die Wirklichkeit fügt sich nicht dem Ideal – während umgekehrt das Ideal sich nach der Wirklichkeit zu richten pflegt. Die Staaten der Gegenwart sind Klassenstaaten, in denen ein Teil der Bevölkerung mit dem andern im Klassengegensatz steht, ein Teil mit dem andern den Klassenkampf kämpft – sie sind also ihrer ganzen Natur nach unfriedlich, kriegerisch; und wenn die Vertreter dieser Staaten ihre Friedensliebe beteuern, so sprechen sie damit nur fromme Wünsche aus. Durch ideale Phrasen finden sie sich mit der brutalen Wirklichkeit ab. Keine Konferenz von Parlamentariern kann da helfen, da hilft nur, was die Sozialdemokratie erstrebt: die Abschaffung des Klassenstaats und des Klassenkampfes und die Herstellung des sozialen Friedens durch die Beseitigung des Arbeitsmittelmonopols und durch Einführung der genossenschaftlich-sozialen Produktion.

Ist auf diese Weise der soziale Frieden hergestellt, so ist auch der Krieg in jeder Gestalt unmöglich gemacht – ebenso wie die Knechtschaft in jeder Gestalt.

Ein anderes Heilmittel gibt es nicht. Nur die Herrschaft des Sozialismus kann uns den Weltfrieden geben. Und darum ist die internationale Sozialdemokratie auch der beste und der einzige ernsthafte Friedensbund.

Durch Sozialismus zum Gesellschaftsfrieden und zum Frieden unter den Völkern!

Das ist unsere Losung!

Und das Friedensbedürfnis der Völker wird unseren Sieg beschleunigen, und der Sieg der Sozialdemokratie ist nicht bloß der Sieg über die Knechtschaft, sondern auch der Sieg über den Krieg.

HEINRICH KÄMPCHEN

International

Es ist vollbracht! Der große Ring geschlossen!
Wir haben dran geschmiedet unverdrossen;
Geeinigt stehn die Knappen in der Rund
Zum mächt'gen internationalen Bund.

Ob welsch, ob deutsch, ob von dem Land der Briten,
Wir haben unter gleichem Druck gelitten;

Gemeine Not hat alle uns geeint,
Wir haben alle den gemeinen Feind.

Der Völkerzwist, der uns so lang geschieden,
Er soll verschwinden vor dem Völkerfrieden.
Wir, die Enterbten, reichen uns die Hand
Zum Bruderbunde über Meer und Land.

JOHN HENRY MACKAY

Schießt nicht auf uns, ihr Brüder

Die Arbeiter an die Soldaten

SCHIESST nicht auf eure Brüder! – Wenn einst am großen Tag
Das Volk, dem ihr entsprosssen, sich hebt aus seiner Schmach,
Schießt nicht auf eure Brüder!
Wenn wir die Ketten brechen, wenn wir die taube Welt
Aus ihrem Schlummer rütteln und sich der Tag erhellt –
Schießt nicht auf uns, ihr Brüder!

Schießt nicht auf uns, o Brüder! – Schon spannt von Land zu Land
Um alle Unterdrückten sich fest ein Bruderband –
Schießt nicht auf eure Brüder!
O daß auch euch, Soldaten, der große Tag erscheint,
An dem ihr euch mit uns in *einem* Rufe eint:
Wir schießen nicht auf unsere Brüder!

Schießt nicht auf eure Brüder! – Denn der ist euch nicht Feind,
Der ein verlorenes Leben der Not mit euch beweint –
Schießt nicht auf ihn, ihr Brüder!
Der ist euch Feind, der Freiheit, Ehre und Brot euch stiehlt
Und euch, den Raub zu schützen, mit blutigem Hohn befiehlt:
»Gebt Feuer! – Schießt auf eure Brüder!«

Was tut dein Bruder dir, daß du ihn töten magst? –
Nichts! – Er ist arm, wie du! – Er weiß, daß du's nicht wagst,
Ihn zu erschießen, deinen Bruder!
Auch er hat eine Mutter wie du ... Nun denke dir,
Sie trügen dich zu deiner Mutter und sagten ihr:
»Dein Sohn, sein Bruder schoß ihn nieder!«

Schießt nicht auf uns, o Brüder! – Der Schwur, den die Gewalt
Euch abzwang – null und nichtig wird er, wenn es erschallt:
»Gebt Feuer! – Schießt auf eure Brüder!«
Seht unsere offenen Arme! – Schlagt das Gewehr entzwei!
Blickt uns ins Antlitz! – Brüder! – Stimmt ein mit in den Schrei:
»Wir schießen nicht auf unsere Brüder!«

Schießt nicht auf eure Brüder! – Die Bitte, wie ein Schrei,
Bricht die Kasernenmauer, wie hoch und steil sie sei –
Schießt nicht auf uns, o Brüder!
Tief dringt in euer Herz das Flehen, weich und warm,
Zum Brudermord erhoben, sinkt nieder euer Arm:
»Wir schießen nicht auf unsere Brüder!«

FRIEDRICH ENGELS

Kann Europa abrüsten?

Die hier wieder abgedruckten Artikel wurden veröffentlicht im Berliner »Vorwärts«, März 1893, während der Reichstagsdebatte über die Militärvorlage.

Ich gehe darin von der Voraussetzung aus, die sich mehr und mehr allgemeine Anerkennung erobert: daß das System der stehenden Heere in ganz Europa auf die Spitze getrieben ist in einem Grad, wo es entweder die Völker durch die Militärlast ökonomisch ruinieren oder in einen allgemeinen Vernichtungskrieg ausarten muß, es sei denn, die stehenden Heere werden rechtzeitig umgewandelt in eine auf allgemeiner Volksbewaffnung beruhenden Miliz.

Ich versuche, den Beweis zu führen, daß diese Umwandlung schon jetzt möglich ist, auch für die heutigen Regierungen und unter der heutigen politischen Lage. Ich gehe also von dieser Lage aus und schlage einstweilen nur solche Mittel vor, die jede heutige Regierung ohne Gefahr der Landessicherheit annehmen kann. Ich suche nur festzustellen, daß vom rein militärischen Standpunkt der allmählichen Abschaffung der stehenden Heere absolut nichts im Wege steht; und daß, wenn trotzdem diese Heere aufrechterhalten werden, dies nicht aus militärischen, sondern aus politischen Gründen geschieht, daß also mit einem Wort die Armeen schützen sollen nicht so sehr gegen den äußern wie gegen den innern Feind. (...)

1

Seit fünfundzwanzig Jahren rüstet ganz Europa in bisher unerhörtem Maß. Jeder Großstaat sucht dem andern den Rang abzugewinnen in Kriegsmacht und Kriegsbereitschaft. Deutschland, Frankreich, Rußland erschöpfen sich in Anstrengungen, eins das andre zu überbieten. Gerade in diesem Augenblick mutet die deutsche Regierung dem Volk eine neue, so gewaltsame Kraftanspannung zu, daß selbst der gegenwärtige sanfte Reichstag davor zurückbebt. Ist es da nicht Torheit, von Abrüstung zu reden?

Und doch rufen in allen Ländern die Volksklassen, die fast ausschließlich die Masse der Soldaten zu stellen und die Masse der Steuern zu zahlen haben, nach Abrüstung. Und doch hat überall die Anstrengung den Grad erreicht, wo die Kräfte – hier die Rekruten, dort die Gelder, am dritten Ort beide – zu versagen beginnen. Gibt es denn keinen Ausweg aus dieser Sackgasse außer durch einen Verwüstungskrieg, wie die Welt noch keinen gesehn hat?

Ich behaupte: die Abrüstung, und damit die Garantie des Friedens, ist möglich, sie ist sogar verhältnismäßig leicht durchführbar, und Deutschland, mehr als ein andrer zivilisierter Staat, hat zu ihrer Durchführung die Macht wie den Beruf.

Nach dem Kriege von 1870/71 war die Überlegenheit des Systems der allgemeinen Dienstpflicht mit Reserve und Landwehr – selbst in seiner damaligen verkümmerten preußischen Gestalt – über das System der Konskription mit Stellvertretung endgültig dargetan. Alle kontinentalen Länder nahmen es, mehr oder weniger modifiziert, an. Das wäre an sich kein großer Schaden gewesen. Die Armee, die ihren Hauptrückhalt in den verheirateten Männern mittleren Alters hat, ist von Natur weniger offensiv, als die stark mit Einstehern – geworbenen Berufssoldaten – durchsetzte Konskriptionsarmee Louis Napoleons war. Nun kam aber dazu die Annexion von Elsaß-Lothringen, die den Frankfurter Frieden für Frankreich ebensosehr zu einem bloßen Waffenstillstand machte, wie der Tilsiter Friede dies für Preußen gewesen war. Und nun begann das fieberhafte Wettrüsten zwischen Frankreich und Deutschland, in welches allmählich auch Rußland, Österreich, Italien hineingezogen wurden.

Man begann damit, die Landwehrverpflichtung zu verlängern. In Frankreich erhielt die Territorialarmee eine Reserve von älteren Leuten, in Deutschland wurde das zweite Aufgebot der Landwehr und selbst der Landsturm wiederhergestellt. Und so ging's weiter, Schritt um Schritt, bis die von der Natur gesetzte Altersgrenze erreicht oder gar überschritten war.

Dann wurde die Rekrutenaushebung verstärkt und die dadurch nötig gewordnen neuen Ausbildungscadres errichtet; aber auch hier ist die Grenze fast oder ganz erreicht, in Frankreich sogar schon überschritten. Die letzten Aushebungsjahrgänge der französischen Armee schließen bereits eine ziemliche Anzahl junger Leute ein, die noch nicht oder überhaupt nicht den Strapazen des Dienstes gewachsen sind. Die englischen, hierin unparteiischen Offiziere, die den großen Manövern in der Champagne 1891 beiwohnten und die hohe Tüchtigkeit der heutigen französischen Armee vollauf, und stellenweise bewundernd, anerkannten, berichten einstimmig, daß eine unverhältnismäßig große Zahl junger Soldaten auf den Märschen und in den Gefechtsübungen liegenblieb. Und in Deutschland haben wir zwar unsre Reservebestände dienstfähiger Mannschaft noch nicht ganz erschöpft, aber dem abzuhelfen ist ja gerade die neue Militärvorlage da. Kurz, auch in dieser Beziehung stehn wir vor der Grenze der Leistungsfähigkeit.

Nun besteht gerade die moderne, die *revolutionäre* Seite des preußischen Wehrsystems in der Forderung, die Kraft jedes wehrfähigen Mannes für die ganze Dauer seines wehrfähigen Alters in den Dienst der nationalen Verteidigung zu stellen. Und das einzig Revolutionäre, das in der ganzen militärischen Entwicklung seit 1870 zu entdecken ist, liegt eben darin, daß man – oft genug wider Willen – sich genötigt gesehn hat, diese bisher nur in der chauvinistischen Phantasie erfüllte Forderung mehr und mehr wirklich durchzuführen. Weder an der Länge der Dienstverpflichtung noch an der Einstellung aller wehrfähigen jungen Leute kann heute noch gerüttelt werden, am wenigsten von Deutschland, am allerwenigsten von der Sozialdemokratischen Partei, die im Gegenteil auch diese Forderung vollauf in die Praxis zu übersetzen in Deutschland allein imstande ist.

Es bleibt hiernach nur noch ein Punkt, wo das Bedürfnis nach Abrüstung den Hebel ansetzen kann: die Länge der Dienstzeit bei der Fahne. Und hier liegt in der Tat der Punkt des Archimedes: *Internationale Festsetzung,* zwischen den Großmächten des Kontinents, *des Maximums der aktiven Dienstzeit bei der Fahne* für alle Waffengattungen, meinetwegen zuerst auf zwei Jahre, aber mit dem Vorbehalt sofortiger weiterer Herabsetzung, sobald man sich von der Möglichkeit überzeugt, und *mit dem Milizsystem als Endziel.* Und ich behaupte, daß gerade Deutschland vor allen berufen ist, diesen Antrag zu stellen, und daß Deutschland vor allen Vorteil daraus ziehen wird, daß es ihn stellt, selbst wenn er nicht angenommen wird.

7

Wir haben nun unsre benachbarten friedlichen Feinde hinreichend kritisiert. Wie sieht es aber bei uns zu Hause aus?

Und da müssen wir geradezu sagen: eine stufenweise Herabsetzung der Dienstzeit kann für die Armee nur dann von Vorteil sein, wenn ein für allemal total unmöglich gemacht wird die Soldaten*schinderei*, die in den letzten Jahren eingerissen und in der Armee viel mehr zur Regel geworden ist, als man zugeben will.

Diese Soldatenschinderei ist das Gegenstück des Kamaschendienstes und Paradedrills; beide breiten sich von jeher in der preußischen Armee aus, sobald diese eine Zeitlang Friedensarmee wird, und von den Preußen geht sie über auch zu den Sachsen, Bayern etc. Sie ist ein Erbstück aus der echten »altpreußischen« Zeit, wo der Soldat entweder angeworbener Lumpazius oder leibeigner Bauernsohn war und daher jede Mißhandlung und Entehrung von seinem junkerlichen Offizier ohne Murren hinnehmen mußte. Und namentlich der heruntergekommene Hungerleider- und Schmarotzeradel, der östlich der Elbe gar nicht schwach vertreten, stellt noch heute sein Kontingent der schlimmsten Soldatenschinder und wird in dieser Beziehung nur erreicht von den protzigen Bourgeoissöhnchen, die den Junker spielen möchten.

Ganz ausgestorben ist diese Schurigelei des Soldaten nie in der preußischen Armee. Aber sie war früher seltner, gelinder und stellenweis humoristischer. Seitdem aber einerseits dem Soldaten immer mehr und mehr Dinge beigebracht werden mußten, während man andrerseits nicht daran dachte, den unnützen Plunder überlebter und sinnlos gewordener taktischer Übungen abzuschaffen, seitdem erhielt der Unteroffizier mehr und mehr stillschweigende Vollmacht zu jeder ihm passend erscheinenden Ausbildungsmethode und wurde andrerseits zur Anwendung gewaltsamer Mittel indirekt gezwungen durch das Gebot, in beschränkter Zeit seiner Korporalschaft dies oder jenes genügend einzupauken. Dazu dann das Beschwerderecht des Soldaten, das der reine Hohn ist – kein Wunder, daß die beliebte altpreußische Methode wieder in lustigen Schwang kam, da, wo die Soldaten es sich gefallen ließen. Denn ich bin sicher, daß Regimenter des Westens oder mit starkem Beisatz großstädtischer Leute weit weniger Soldatenschinderei aufweisen, als die, [die] vorzugsweise aus ostelbischen Landleuten zusammengesetzt sind.

Dazu gab es früher ein – wenigstens tatsächliches – Gegengewicht. Mit dem glattläufigen Vorderlader war es ein leichtes, beim Manöver einen Kiesel auf die Platzpatrone in den Lauf rollen zu lassen, und da kam es oft genug vor, daß verhaßte Vorgesetzte beim Manöver aus Versehen erschossen wurden. Manchmal ging's auch fehl; ich kannte einen jungen Kölner, der 1849 auf diese Weise durch ein Geschoß seinen Tod fand, das seinem Hauptmann zugedacht war. Jetzt, mit dem kleinkalibrigen Hinterlader, geht das nicht mehr so leicht und so unbemerkt; dafür gibt uns die Statistik der Selbstmorde in der Armee den Barometerstand der Soldatenschinderei ziemlich genau an. Kommt aber im »Ernstfall« die scharfe Patrone in Verwendung, dann fragt es sich allerdings, ob da die alte Praxis nicht wieder Anhänger findet, wie das in den letzten Kriegen hie und da der Fall gewesen sein soll; zum Sieg würde das allerdings nicht sehr beitragen.

Die Berichte englischer Offiziere stimmen ein im Lob des ausnehmend guten Verhältnisse zwischen Vorgesetzten und Soldaten der 1891 in der Champagne manövrierenden französischen Armee. In dieser Armee wären Dinge, wie sie bei uns so oft aus den Kasernen in die Presse dringen, geradezu unmöglich. Schon vor der großen Revolution scheiterte der Versuch, die preußischen Stockprügel einzuführen. Zur schlimmsten Zeit der algierischen Feldzüge und des zweiten Kaisertums hätte kein Vorgesetzter gewagt, dem französischen Soldaten den zehnten Teil dessen zu bieten, was vor unser aller Augen dem deutschen geboten worden ist. Und heute, nach Einführung der allgemeinen Wehrpflicht, möchte ich den französischen Unteroffizier sehn, der sich unterfinge, den Soldaten zu befehlen, einander zu ohrfeigen oder ins Gesicht zu spucken. Welche Verachtung müssen aber nicht die französischen Soldaten für ihre künftigen Gegner empfinden, wenn sie hören und lesen, was diese sich bieten lassen, ohne zu zucken. Und daß die Leute in jeder französischen Kaserne das lesen und hören, dafür wird gesorgt.

Bei den Franzosen herrscht in der Armee der Geist und das Verhältnis zwischen Offizier, Unteroffizier und Soldat, das in Preußen 1813 bis 1815 herrschte und unsere Soldaten zweimal nach Paris führte. Bei uns dagegen nähert das alles sich mehr und mehr dem Stand von 1806, wo der Soldat auch als kaum ein Mensch angesehn, geprügelt und geschunden wurde und wo zwischen ihm und dem Offizier eine unüberschreitbare Kluft lag – und dieser Zustand führte die Armee nach Jena und in die französische Gefangenschaft.

Es wird soviel geredet vom entscheidenden Wert der moralischen Faktoren im Krieg. Und was anders tut man im Frieden, als sie fast systematisch vernichten?

8

Bisher haben wir vorausgesetzt, der Vorschlag zur allmählichen gleichmäßigen Herabsetzung der Dienstzeit mit schließlichem Übergang zum Milizsystem sei allgemein angenommen worden. Die Frage ist aber vor allem: wird er angenommen?

Nehmen wir an, Deutschland stellt den Vorschlag zunächst an Österreich, Italien und Frankreich. Österreich wird eine Maximaldienstzeit von zwei Jahren mit Freuden annehmen und wahrscheinlich in seiner eignen Praxis noch weiter herabgehn. In der österreichischen Armee spricht man sich, scheint es, weit offener aus als in der deutschen über die günstigen Erfolge mit der kurzen Dienstzeit eines Teils der Truppen. Viele Offiziere dort erklären geradezu die Landwehr, die nur ein paar Monate dient, für eine bessere Truppe als die Linie; sie haben jedenfalls das für sich, daß ein Landwehrbataillon, wie mir versichert wird, in 24 Stunden mobil macht, während ein Linienbataillon mehrere Tage dazu braucht. Natürlich: bei der Linie fürchtet man sich, den altösterreichischen breitspurigen Schlendrian anzutasten, bei der Landwehr, wo alle Einrichtungen neu geschaffen, hat man dagegen den Mut gehabt, ihn nicht einzuführen. Jedenfalls seufzt in Österreich Volk wie Regierung nach Erleichterung der Militärlast, und die ist hier, gerade auf Grund der gemachten eignen Erfahrungen, am ehesten zu haben durch Herabsetzung der Dienstzeit.

Italien wird ebenfalls mit beiden Händen zugreifen. Es erliegt unter dem Druck des Kriegsbudgets, und zwar in solchem Grad, daß hier Abhilfe geschafft werden muß, und das bald. Auch hier ist Verkürzung der Maximaldienstzeit der nächste und einfachste Weg. Man kann also sagen: entweder geht der

Dreibund in die Brüche, oder er muß zu einem Mittel greifen, das mehr oder weniger auf unsern Vorschlag hinausläuft.

Wenn aber Deutschland, gestützt auf die Annahme durch Österreich und Italien, diesen Vorschlag der französischen Regierung unterbreitet, so kommt diese in eine sehr fatale Stellung. Nimmt sie ihn an, so verschlechtert sie ihre relativ militärische Lage absolut nicht. Im Gegenteil, sie erhielte Gelegenheit, diese relative Lage zu verbessern. Es ist in mancher Beziehung ein Nachteil für Frankreich, daß die allgemeine Wehrpflicht dort erst seit 20 Jahren eingeführt ist. Aber dieser Nachteil schließt den Vorteil ein, daß alles noch neu ist, daß der alte Zopf von Anno Tobak erst neuerdings abgeschnitten worden, daß weitere Verbesserungen leicht einzuführen sind, ohne auf den zähen Widerstand eingerosteter Vorurteile zu stoßen. Alle Armeen sind ungemein bildungsfähig nach *großen Niederlagen.* Eine bessere Ausnutzung der vertragsmäßigen Dienstzeit wäre daher in Frankreich weit leichter durchzuführen als anderswo, und da auch das Schulwesen, ganz wie die Armee, sich im Zustand der Revolutionierung befindet, so wird auch die allgemein körperliche und speziell militärische Vorbildung der Jugend sich dort weit rascher und leichter ins Werk setzen lassen als anderswo. Das würde aber bedeuten, daß die militärische Machtstellung Frankreichs gegenüber Deutschlands sich verstärkt. Trotz alledem ist es möglich und selbst wahrscheinlich genug, daß die chauvinistische Strömung – der französische Chauvinismus ist genauso dumm wie der deutsche – stark genug wird, jede Regierung zu stürzen, die so etwas annimmt, namentlich wenn es von Deutschland kommt. Nehmen wir also an: Frankreich lehnt ab. Was dann?

Dann ist Deutschland durch die bloße Tatsache, daß es diesen Vorschlag gemacht, in enormen Vorteil gesetzt. Wir dürfen nicht vergessen: die siebenundzwanzig Jahre Bismarckwirtschaft haben Deutschland – nicht mit Unrecht – im ganzen Ausland verhaßt gemacht. Weder die Annexion der nordschleswigschen Dänen noch die Nichteinhaltung und schließliche Eskamotage des auf sie bezüglichen Prager Friedensartikels, noch die Annexion Elsaß-Lothringens, noch die kleinlichen Maßregeln gegen die preußischen Polen hatten mit der Herstellung der »nationalen Einheit« das geringste zu tun. Bismarck hat es verstanden, Deutschland in den Ruf der Ländergier zu bringen; der deutsche chauvinistische Bürger, der die Deutschösterreicher hinauswarf und dennoch Deutschland noch immer »Von der *Etsch* bis an die Memel« über alles brüderlich zusammenhalten will, der dagegen Holland, Flandern, die Schweiz und die angeblich »deutschen« Ostseeprovinzen Rußlands mit dem Deutschen Reich vereinigen möchte – dieser deutsche Chauvin hat Bismarck redlich geholfen, und mit so herrlichem Erfolg, daß heute den »biedren Deutschen« kein Mensch in Europa mehr traut. Geht, wohin ihr wollt, ihr werdet überall Sympathien mit Frankreich finden, aber Mißtrauen gegen Deutschland, das man für die Ursache der gegenwärtigen Kriegsgefahr hält. Dem allem würde ein Ende gemacht, entschlösse Deutschland sich zur Stellung unsres Antrages. Es träte als Friedensstifter auf in einer Weise, die keinen Zweifel zuläßt. Es erklärte sich bereit, voranzugehn im Werk der Abrüstung, wie dies von Rechts wegen dem Lande zukommt, das das Signal zur Rüstung gegeben hat. Das Mißtrauen müßte sich in Zutrauen, die Abneigung in Sympathie verwandeln. Nicht nur die Redensart, der Dreibund sei ein Friedensbund, würde endlich zur Wahrheit, sondern auch der Dreibund selbst, der jetzt nur ein Schein ist. Die ganze öffentliche Meinung Europas und Amerikas träte auf seiten Deutschlands. Und das wäre eine moralische Eroberung, die selbst alle möglicherweise noch herauszuspintisierenden militärischen Nachteile unseres Vorschlags überreichlich aufwöge.

Frankreich dagegen, das den Abrüstungsvorschlag abgelehnt, käme in dieselbe ungünstige Verdachtsstellung wie Deutschland jetzt. Nun sehn wir alle, würde der europäische Philister sagen – und der ist die größte Großmacht –, nun sehen wir alle, wer den Frieden will und wer den Krieg. Und wenn dann vielleicht einmal eine wirklich kriegslustige Regierung in Frankreich ans Ruder käme, sie stände vor einer Lage, die ihr bei einigem Verstande den Krieg absolut verböte. Wie sie sich auch anstellte, vor ganz Europa stände sie da als der Teil, der den Krieg heraufbeschworen, heraufgezwungen hat. Damit hätte sie nicht nur die Kleinen, nicht nur England gegen sich gestimmt, sie würde nicht einmal der Hülfe Rußlands sicher sein, nicht einmal jener traditionellen Hülfe Rußlands, die darin besteht, daß es seine Bundesgenossen erst hineinreitet und dann im Stiche läßt.

Vergessen wir nicht: *im nächsten Kriege entscheidet England.* Der Dreibund, im Krieg gegen Rußland und Frankreich, ebensowohl wie Frankreich, von Rußland getrennt durch feindliches Gebiet, sie alle sind für die ihnen unentbehrliche starke Korneinfuhr angewiesen auf den Seeweg. Diesen beherrscht England unbedingt. Stellt es seine Flotte dem einen Teil zur Verfügung, so wird der andre einfach ausgehungert, die Kornzufuhr wird abgeschnitten; es ist die Aushungerung von Paris auf kolossal vergrößertem Maßstab, und der ausgehungerte Teil muß kapitulieren, so sicher zweimal zwei vier ist.

Nun gut: in diesem Augenblick hat die liberale Strömung in England Oberwasser, und die englischen Liberalen haben entschieden französische Sympathien. Dazu ist der alte Gladstone persönlich ein Russenfreund. Bricht ein europäischer Krieg aus, so bleibt England so lange wie möglich neutral; aber selbst seine »wohlwollende« Neutralität kann unter den erwähnten Umständen einer der kriegführenden Parteien von entscheidender Hülfe sein. Macht Deutschland unsern Vorschlag und wird er von Frankreich abgelehnt, so hat Deutschland nicht nur alle entgegenstehenden englischen Sympathien überwunden und sich Englands wohlwollende Neutralität gesichert; es hat außerdem der englischen Regierung so gut wie unmöglich gemacht, im Krieg den Gegnern Deutschlands sich anzuschließen.

Also zum Schluß:

Entweder nimmt Frankreich den Vorschlag an. Dann ist die Kriegsgefahr, die aus den stets gesteigerten Rüstungen erwächst, tatsächlich beseitigt, die Völker kommen zur Ruhe, und Deutschland hat den Ruhm, dies eingeleitet zu haben.

Oder Frankreich nimmt nicht an. Dann verschlechtert es seine eigne Stellung in Europa und verbessert Deutschlands Stellung in einem solchen Grad, daß Deutschland einen Krieg absolut nicht mehr zu fürchten braucht und sogar ohne alle Gefahr im Verein mit seinen Bundesgenossen, die dann erst wahrhaft seine Bundesgenossen, auf eigne Faust zu einer allmählichen Herabsetzung der Dienstzeit und Vorbereitung zum Milizsystem schreiten kann.

Wird man den Mut haben, den rettenden Schritt zu tun? Oder will man warten, bis Frankreich, aufgeklärt über die Lage Rußlands, den ersten Schritt tut und den Ruhm für sich einerntet?

AUGUST BEBEL

»Der Militarismus lastet wie ein Alp auf ganz Europa«

Das Volk muß also scharf aufpassen und feste Zusicherungen von seinen Vertretern verlangen, sonst spricht die Mehrheit des Reichstages ein »Ja«, wo es ein entschiedenes »Nein« erwartet.

Insbesondere aber hat das arbeitende Volk das allergrößte Interesse, keinem Kandidaten seine Stimme zu geben, der für die Erhöhung der Militärlasten eintritt. Der Militarismus lastet wie ein Alp auf ganz Europa. Er ist eine politische und soziale Macht geworden, vor der alle anderen Kulturinteressen zurücktreten. Als ein Riesenpolyp durchwuchert er das Volksleben und nimmt die besten Kräfte und Säfte der Nationen für sich in Anspruch. Und seine Ansprüche werden immer größer, ohne daß er die Sicherheit, die er bieten soll, wirklich bietet. Im Gegenteil, die Kriegsgefahr wächst mit der Größe der Heere und der Furchtbarkeit ihrer Ausrüstung, und findet ein Zusammenstoß dieser Riesenheere statt, so erfolgt eine Katastrophe, die alles weit hinter sich läßt, was Europa bisher erlebte.

Überdies haben die arbeitenden Klassen die Opfer dieses Zustandes, die er dauernd erfordert, in erster Linie zu tragen. Sie stellen die große Mehrzahl der Soldaten, und sie haben, durch die Zölle und die indirekten Steuern auf fast alle Lebensbedürfnisse, auch hauptsächlich die materiellen Lasten zu tragen. In welchem Maßstabe dies geschieht, zeigen die Nachweise über die Einnahmen aus den Zöllen und indirekten Steuern, »diese

Abgaben von den Luxusartikeln der großen Masse«, wie Fürst Bismarck diese Lasten in seiner Rede vom 22. November 1875 im Reichstag nannte.

Die reichen und wohlhabenden Klassen, zu deren Schutz und Schirm diese ganze ungeheure Militärmacht in erster Linie geschaffen worden ist, hüten sich, die materiellen Opfer, die dieser Zustand erfordert, auf ihre Schultern zu nehmen. Sie lehnen Einkommenssteuer und Vermögenssteuern für diese Zwecke heftig ab, und ihr Übergewicht im Reichstag gibt ihnen die Macht, die Lasten vorzugsweise auf die Schultern der armen und unbemittelten Klassen zu legen. Daneben haben sie sich die Blutsteuer für ihre Söhne durch die Einführung des Einjährigfreiwilligensystems nach Möglichkeit erleichtert. Eine Klassengesetzgebung, wie sie in einem Staat, in dem die reichen Klassen herrschen, nicht anders zu erwarten ist.

Wollen die arbeitenden Klassen diese Zustände verewigen dadurch, daß sie auch ferner Männer in den Reichstag senden, welche die Interessen der herrschenden Klassen wahrnehmen? Wir denken: »Nein«!

Die Sozialdemokratie hat von jeher gegen dieses auf der Klassenherrschaft und der Klassenausbeutung beruhende System protestiert, indem sie die Mittel zu seiner Erhaltung verweigerte. Die Sozialdemokratie ist der Ansicht, daß die Politik jedes Staates auf die Verständigung und Versöhnung der Völker gerichtet sein muß, daß der Wettstreit zwischen den verschiedenen Nationen nicht darin bestehen darf, wer die besten Mordwerkzeuge und die größten Armeen besitzt, sondern wer für die Kultur und den Fortschritt der Menschheit das größte und meiste leistet. Die Politik jedes Staates soll dahin trachten, daß Streitigkeiten, die zwischen den einzelnen Nationen ausbrechen, in ähnlicher Weise geschlichtet werden, wie das in jedem gesitteten Lande mit den Streitigkeiten zwischen seinen einzelnen Bewohnern geschieht, sie werden schiedsrichterlich beglichen. Also Gründung eines internationalen Schiedsgerichts zur Ausgleichung internationaler Streitigkeiten verlangt die Partei. Die Sozialdemokratie wird fortgesetzt in diesem Sinne ihre Stimme erheben, überzeugt, daß die Völker – belehrt durch den furchtbaren, auf ihnen lastenden Druck und erschreckt durch die unsäglichen Opfer, die eine Kriegskatastrophe ihnen auferlegt – zu der Einsicht kommen, daß ihre Interessen solidarisch und die ungeheuren, ins Maßlose und Unerträgliche sich steigernden Rüstungen eine Schmach für unser Zeitalter sind.

LUDWIG QUIDDE

Die Einwirkung des Militarismus auf die bürgerliche Gesellschaft

DER Militarismus ist nun offenbar, ebenso wie seine heutige Ausdehnung zum Teil als ein Ergebnis der starken nationalen Spannung zu betrachten ist, so auch seinerseits wieder ein Förderer nationaler Vorurteile und ein Hindernis für den Fortschritt der Kultur auch nach dieser Richtung.

Das gefährlichste aber bei seinem Eindringen in die bürgerliche Gesellschaft und in den Volksgeist liegt fast darin, daß mit nationaler Voreingenommenheit zugleich die Auffassung vom Kriege, von seiner Berechtigung und seiner Stellung in der Kulturentwicklung verbreitet wird, die dem Militär eigentümlich ist.

Ist der Krieg im Sinne Moltkes ein Element der von Gott gewollten Ordnung, in dem nicht nur die höchsten sittlichen Kräfte eingesetzt werden, sondern auch die sittliche Entwicklung der Völker gleichsam ein notwendiges Reinigungsbad durchmacht – oder ist er eine entsetzliche Barbarei, die Ursache sittlicher Verwilderung selbst dann, wenn ein Volk den aufgezwungenen Kampf im heiligsten Gefühle seines Rechtes beginnt, eine Barbarei, von der wir zwar nicht wissen, ob sie je ganz wird überwunden werden können, die aber überwinden zu wollen der Leitstern aller Kulturbestrebungen sein muß? In welcher Richtung sich für uns der sittliche Fortschritt bewegt, brauchen wir nicht erst zu sagen.

Wir haben nun darin, seit Kant vor nahezu 100 Jahren seine Schrift »Zum ewigen Frieden« schrieb, entschieden Rückschritte gemacht. Man ergibt sich heute in die Notwendigkeit, nicht nur des Krieges ganz im allgemeinen, sondern in die des uns drohenden Krieges, wie in etwas Unabänderliches, und man belächelt als Phantasten die Männer, welche meinen, die zivilisierten Nationen könnten sich über ihre wirklichen und vermeintlichen Interessen verständigen, ohne daß friedliebende Bürger verwundet und sterbend die Schlachtfelder bedecken. Man stellt sich vielfach den Krieg nur im allgemeinen vor, wie ein Schachspiel mit Figuren, die man indifferent beiseite schiebt, oder wie ein aufregendes Manöver mit glänzend anzusehenden Attacken, Trommelwirbel, Hurra und schmetternden Signalen, und denkt dabei nicht an die gar nicht auszumalenden Greuel im einzelnen.

Auch darin ist die Einwirkung des Militarismus auf die bürgerliche Gesellschaft und das Empfinden des Volkes zu erkennen. Fällt aber der kräftige Widerstand der Volksempfindung gegen den Ausbruch eines Krieges fort, so ist damit eines jener Imponderabilien geschwächt, deren Bedeutung für die Behandlung öffentlicher Angelegenheiten einst Bismarck so treffend hervorgehoben hat, eine jener nicht genau zu erwägenden Kräfte, die im gegebenen Moment doch einmal entscheidend in die Waagschale fallen, einen Krieg verhindern oder ihn herbeiführen können.

KARL HENCKELL

Krieg dem Kriege

Zu Carduccis Ode auf den Krieg

Ein Dichter schrieb: »Der Krieg muß bleiben,
Er ist notwendig, menschlich, schön!«
Mich aber lehrt die Wahrheit schreiben
Zum Trotz dem trügenden Getön:
Der Krieg muß fallen und verderben,
Er ist unmenschlich, häßlich, faul,

An seiner Fäulnis muß er sterben,
Wahnsinnig wie der König Saul.

Ein Erbteil blutbefleckter Ahnen,
Voll räuberischer Mördergier,
Begleitet er der Menschheit Bahnen
Bis in der Gegenwart Revier.
Er pfeift und winselt noch nach Beute,
Verpestend unsrer Erde Flur,
Er hüllt sich schlau in feinere Häute
Und schleicht auf frischen Aases Spur.

Doch ist's kein Traum mehr, ist kein Plunder
Betörter Hoffnungsseligkeit,
Es ist kein Wahnwitz und kein Wunder,
Es ist ein Ziel der Wendezeit!
Die Menschheit ward des Schlachtens müde,
Der Selbstzerfleischung Schwertzahn bricht,
Und Friede! klingt es, Friede, Friede!
Von Angesicht zu Angesicht.

Zwar kein Gebet, kein Lied der Lieder
Beschwört das Scheusal alter Nacht,
Die Menschheit wirft die Waffen nieder,
Und siehe da! Es ist vollbracht.
Wenn unser Wille Macht geworden,
Der Wille, wahrhaft zu befrein,
Wird ewiger Urlaub allem Morden,
Wird Friede, Friede, Friede sein.

Ein Dichter schrieb: »Der Krieg muß bleiben,
Heroisch, wie er immer war«,
Ich aber muß zur Wahrheit schreiben:
Der Dichter ist ein Versbarbar!
Er trügt in seiner schönen Ode,
Weil er nicht horcht, weil er nicht lauscht,
Wie zu der alten Menschheit Tode
Der neuen Menschheit Taufpsalm rauscht.

EDUARD LÖWENTHAL

Der Krieg ist kein reinigendes Gewitter

Die an sich unbegreifliche Gleichgiltigkeit der Völker dieser großen Frage gegenüber kann ihre allenfallsige Erklärung nur in dem alteingewurzelten Vorurteil finden, daß der Krieg ein »notwendiges Übel« sei. Ein notwendiges Übel aber ist überhaupt ein Unding. Der Krieg ist nicht ein notwendig Platz greifendes und beizubehaltendes, sondern ein notwendig und dazu leicht zu beseitigendes Übel, wie wir bald sehen werden. Abgesehen von dem besagten Vorurteil gibt es einzelne Schwärmer, sogenannte Chauvinisten, welche den Krieg überhaupt nicht für ein Übel, sondern sogar für etwas Nützliches erklären, indem sie behaupten, daß er gleich einem Gewitter reinigend auf die Gesellschaftsatmosphäre wirke. Ich denke aber doch, daß eine solche angebliche Reinigung mit dem Tode von Hunderttausenden in blühender Jugend stehender Menschen viel zu teuer erkauft wäre. In Wirklichkeit beruht diese Reinigungstheorie auf einem Irrtum. Ein Massenblutbad, wie es der Krieg uns bringt, wirkt nicht reinigend, sondern im höchsten Grade befleckend für die Menschheit. Es stellt sie den Tieren des Urwaldes gleich und hat nicht Veredelung, sondern Verrohung der Sitten im Gefolge.

Was die angebliche Nützlichkeit des Krieges betrifft, so ziehen wohl einzelne Spekulanten, wie zum Beispiel die Armeelieferanten, Nutzen aus dem Kriege und sind daher dessen Verherrlicher. Der Wert dieser Verherrlichung ist aber kein größerer als der des Frohlockens eines Strandräubers, der ein Schiff untergehen sieht und sich des an das Land gespülten Eigentums der Verunglückten bemächtigt.

An der Gleichgiltigkeit der Menschen gegenüber der Kriegs- und Friedensfrage ist ferner auch der Umstand schuld, daß die besitzenden Klassen das Fortbestehen der stehenden Heere als Bollwerk gegen die sogenannten Umsturzparteien für nötig und nützlich halten. Dieses Dafürhalten ist gleichfalls ein irriges, wie wir daraus ersehen, daß auch in Staaten, die keine oder so gut wie keine stehenden Heere besitzen, die soziale Ordnung nicht mehr gestört wird als in Staaten mit stehenden Heeren. (...)

Ein Einwand, den die Friedensfreunde oft zu hören bekommen, ist auch der, daß man bei dem täglichen schweren Kampf ums Dasein sich nicht auch noch um solche Fragen kümmern könne wie die Kriegs- und Friedensfrage. Es habe schließlich immer Kriege gegeben, und so werde es auch bleiben. Solche Leute sprechen über den Gegenstand wie der Blinde von der Farbe. Sie bedenken vor allem nicht, daß nach Beseitigung der schweren Militärlasten der Kampf ums Dasein ganz von selbst ein weit leichterer werden wird. Denn die Regierungen werden dann die ganze Sorgfalt und einen Teil des Geldes, das sie jetzt dem Militarismus zuwenden, den Werken des Friedens widmen können.

Die Völker haben nach dem bisher Gesagten jedenfalls allen Grund, sich von dem alten Vorurteil und der haltlosen Phrase, daß der Krieg ein sogenanntes notwendiges Übel oder daß er sogar etwas Nützliches sei, so bald und so energisch wie möglich loszusagen.

MORITZ VON EGIDY

Geistlichkeit und Heilsbotschaft

Gelegentlich des Hamburger Friedenskongresses erzählte mir ein dortiger Lehrer, er habe einen Geistlichen gefragt, ob er nicht auch diesen Bestrebungen nähertreten wolle. »Hm«, war die Antwort, »sind da nicht so viel Juden bei?« Die Antwort, die dem Nächsten-feindlichen Priester darauf gebührt hätte, lautet: »Nein, aber zu wenig Geistliche.« In der Tat, es ist verwunderlich, wie geradezu ablehnend, abwehrend sich die Geistlichkeit gegenüber der Verwirklichung der Heilsbotschaft »Friede auf Erden« verhält. Wir wollen mit dem einzelnen dieserhalb nicht rechten; er dient einer Institution, die, namentlich insoweit es sich um die protestantische Kirche handelt, die dienstbare Magd ist nicht etwa Jesu oder gar der Religion, sondern einer anderen Institution: des Staats; »Staat« aber identifiziert sich mit herrschen, Gewalt, friedlose Zeit, Krieg.

THEODOR FONTANE

Bekenntnis zu einer Gesellschaft ohne Militarismus

Die Konquestadorenzeit, wo zwanzig Räuber, weil sie Knallbüchsen hatten, viel gesittetere Leute zu Paaren trieben und die Könige dieser besseren Leute auf den Rost legten – diese brutale Zeit ist vorbei, und gerechtere Tage brechen an. Die ganze Kolonisationspolitik ist ein Blödsinn; »bleibe zu Hause und nähre dich redlich.« Jeder hat sich *da* zu bewähren, wohin ihn Gott gestellt hat, nicht in einem fremden Nest. Mit Schaudern lese ich jetzt täglich von den verzweifelten Anstrengungen, die England machen will, um den alten Zustand à tout prix zu bewahren. Bis jetzt konnte man sich, wenn man auf England sah, daran aufrichten, daß es wenigstens *ein* Volk in Europa gab, das noch an ein anderes Ideal als an eine »Million Soldaten« glaubte. Wenn England sich dieses kolossalen Vorzugs, der gleichbedeutend ist mit gesundem Menschenverstand, freiwillig begibt und nun auch anfängt, jedem Menschen eine Flinte in die Hand zu zwingen, so steigt es von der Höhe herab, die es bis heute innehatte. Außerdem wird nicht mal *das* dadurch erreicht, was damit erreicht werden soll. Die Menschheit hat zu natürlichen Zuständen zurückzukehren; das aber, womit am ehesten (weil unerträglich geworden) gebrochen werden muß, ist der Militarismus.

KURT EISNER

Die deutsche Arbeiterschaft und der Friede von Brest-Litowsk

Die Vorgänge in Brest-Litowsk haben auch für den Blinden und Vertrauensseligen die Absichten der herrschenden deutschen Politik entblößt. Man will fremde Völker erobern, um dadurch die Macht der regierenden Klassen Deutschlands und ihrer Führer zu befestigen und zu erweitern. Nachdem im Osten die deutschen Ziele erreicht scheinen und deutsche Heere frei geworden sind, wird man im Westen die Eroberungspolitik fortsetzen. Hunderttausende sollen wiederum auf den Feldern in Frankreich verbluten.

Weltentscheidungen stehen unmittelbar bevor: Ewiger Krieg der Gewalt und Vergewaltigung oder Friede zwischen versöhnten und vereinten Völkern – das ist die Frage, deren Beantwortung und Verantwortung vor allem dem deutschen Proletariat gestellt sind. Welchen Weg werden wir gehen? Welchen Weg werden wir erzwingen?

Der ewige Krieg der Gewalt und Vergewaltigung bedeutet auch die ewige Niederdrückung des Proletariats. Der demokratische Weltfrieden hingegen gibt allen Unterdrückten die politische Freiheit der Bewegung, die dann allein die Schaffung der vollkommenen Demokratie zur Lösung der großen nationalen und sozialistischen Aufgaben ermöglicht. Niemals werden die Herrschenden Deutschlands in einen Weltfrieden der Demokraten und der Sozialisten einwilligen. Sie kennen und gebrauchen nur die Sprache und die Mittel der Gewalt im Äußeren wie im Inneren. So können die gemarterten Völker niemals zu einem ihrer Opfer würdigen Frieden kommen, ehe denn die heute Verantwortlichen des Krieges durch Vertreter der Klasse ersetzt sind, die allein den demokratischen Weltfrieden schließen will und schließen kann. Wie groß oder klein immer die Unterschiede zwischen den einzelnen Gruppen der Herrschenden und ihren fordernden Meinungen über die Kriegspolitik und die Kriegsziele sein mögen, immer handelt es sich nur um ein Auseinandergehen in Einzel- oder Nebenfragen. In der Forderung der Politik der Gewalt und Niederwerfung sind alle einig und entschlossen. Die Menschheit bricht unter der Militärdiktatur des Wahnsinns zusammen. Will das deutsche Proletariat die ihm gestellte weltgeschichtliche Aufgabe, die Völker, die Demokratie, den Sozialismus zu retten, feige, verblendet und stumpfsinnig verraten? (...)

Wir müssen dem Wüten des Wahnsinns uns entgegenwerfen. Wir brauchen erstens Freiheit und Wahrheit. Dazu fordern wir zunächst vollkommene Wiederkehr und Sicherung der bürgerlichen Freiheiten und Beseitigung der Militärdiktatur. Wir brauchen die Freiheit des Worts, der Schrift, der Versammlung, der Koalition. Die deutschen Arbeiter, die an der Heimatfront bei Überarbeit und Unterernährung seelisch und körperlich verderben, wollen wenigstens das eine Grundrecht wiedergewinnen, daß sie frei ihre Gedanken und Meinungen äußern, daß sie die geistige Kost sich wählen, die für sie genießbar ist. Sie wollen durch Wort und Tat beweisen, daß der Hohn unverdient ist, auch sie seien von der Gier der Kriegsgewinner, von der Angst der Verlierer entnervt und erniedrigt.

Wir fordern die sofortige und dauernde Tagung des Reichstags. Wir verlangen die Freilassung der politischen Gefangenen.

Die deutschen Arbeiter wissen, daß die Herrschenden zwar einzelne maßregeln, bestrafen, versetzen können, aber niemals die Masse, ohne deren Arbeit sie selbst keinen Tag zu leben vermögen. Hundert kann man vielleicht opfern, bei tausend wird es schwierig, gefährlich, bei zehntausend unmöglich. Halten die Proletarier zusammen, beantworten sie jeden Versuch, die Masse durch Verfolgung einzuschüchtern, zu zerschlagen, durch verstärkten Widerstand, verschärften Kampf, üben sie endlich jene unüberwindliche Solidarität, welche die große und heilige Sittlichkeit der Arbeiterklasse ist, dann – nur dann erzwingen wir den Frieden, den nicht die heutige Regierung schließen will und schließen kann, sondern nur das freie Volk selber durch seine Vertreter.

Das ist die ungeheuere Aufgabe, die das deutsche Proletariat ruft.

Darum fordern wir euch auf, als letztes Warnungszeichen für die Besinnungslosen auf der Höhe des Staates und der Gesetzgebung, zunächst für drei Tage überall die Arbeit ruhen zu lassen. Folgt alle diesem Ruf! Durch Freiheit des deutschen Proletariats zum Frieden aller Völker!

BERTHA VON SUTTNER

Der Krieg wird kämpfend überwunden werden

Nicht vom Frieden, wie es sonst meine Gewohnheit ist, will ich heute sprechen, sondern vom Krieg und seiner Bekämpfung.

Hier ist mir schon, als vernähme ich unter meinen Zuhörern den ersten Widerspruch (die landläufigen Gegenargumente sind mir stets geläufig): Der Krieg ist ewig; es ist unnütz, ihn zu bekämpfen – der Krieg ist ein Naturgesetz, ein wohltätiges noch dazu, denn der Kampf ist der Vater aller Dinge.

Sehen Sie, wie da, absichtlich oder unbewußt, eine Art moralischer Taschenspielerei, die Verwechslung zweier Begriffe stattgefunden hat, der Begriffe Krieg und Kampf.

Daß der Kampf ewig ist, müssen ja alle zugeben, nicht aber der Krieg, der nur eine Form – und zwar die roheste Form – des Kampfes ist, eine Form, die von der fortschreitenden Kultur überwunden, *kämpfend* überwunden werden wird. Dieser Kampf lodert schon – nein, das ist zuviel gesagt – er glimmt erst; – davon will ich heute erzählen.

Und ein Naturgesetz sei der Krieg? Diese Behauptung ist einfach falsch. Das Gegenteil ist wahr. Naturgesetz ist die Evolution, ist die Entwicklung aus rohen Gebilden in verfeinerte; und in diesem Gesetz sehen die Kämpfer für die Verfeinerung und Veredlung des sozialen Lebens eine Bürgschaft ihres kommenden Siegs. (...)

Vernunft und Güte sind keine leeren Worte – sie sind wirkende Kräfte.

Schon viele Übel haben diese Kräfte weggefegt: die Sklaverei, das Foltergericht, die Ketzer- und Hexenverbrennungen, das Faustrecht.

Gegen das Übel Krieg, diesem Faustrecht der Staaten, ist die bewußte, organisierte Bekämpfung erst seit verhältnismäßig kurzer Zeit aufgenommen, und die vieltausendjährige, weit verzweigte, mit so vielen Existenzinteressen verquickte Institution kann man nicht von heute auf morgen aus der Welt schaffen, und sie kann nicht nur von *einer* Seite, nicht nur nach einer einzigen Methode attackiert werden. (...)

Die Siegesgewißheit, welche die führenden Friedenskämpfer erfüllt, beruht auf dem Bewußtsein, daß ihre Sache das Leben versus Vernichtung darstellt und daher nach und nach alle vitalen Kräfte an sich ziehen und zur Macht gelangen muß.

KARL LAMPRECHT

Die Nation hat ein Recht auf den internationalen Frieden

Und so gilt es auch für Deutschland, an den Versuchen zur Wahrung und Mehrung internationalen Friedens teilzunehmen. Die Nation hat darauf ein Recht, denn ihre großen Denker vom Schöpfer des kategorischen Imperativs an, haben sich dem Friedensgedanken vielfach geneigt gezeigt. Es wird ihr Vorteil sein, denn es muß für jedes große Volk gewünscht werden, daß es seinen vollen Anteil nehme an den unvermeidlichen Fortschritten im Bereiche des allgemein Menschlichen. Es ist ihr notwendig auch im Interesse aller Völker: denn das Ganze eines neuen Friedensideals der Menschheit verspricht nur dann einmal, in den Grenzen der Unvollkommenheit, die allem Sterblichen gezogen sind, zur Wirklichkeit zu werden, wenn in ihm die Ingredienzien der Auffassung aller großen Nationen in gerechter Weise gemischt und vertreten sind.

GEORG HEYM

Der Krieg

Aufgestanden ist er, welcher lange schlief,
Aufgestanden unten aus Gewölben tief.
In der Dämmrung steht er, groß und unbekannt,
Und den Mond zerdrückt er in der schwarzen Hand.

In den Abendlärm der Städte fällt es weit,
Frost und Schatten einer fremden Dunkelheit.
Und der Märkte runder Wirbel stockt zu Eis.
Es wird still. Sie sehn sich um. Und keiner weiß.

In den Gassen faßt es ihre Schulter leicht.
Eine Frage. Keine Antwort. Ein Gesicht erbleicht.
In der Ferne zittert ein Geläute dünn,
Und die Bärte zittern um ihr spitzes Kinn.

Auf den Bergen hebt er schon zu tanzen an,
Und er schreit: Ihr Krieger alle, auf und an!
Und es schallet, wenn das schwarze Haupt er schwenkt,
Drum von tausend Schädeln laute Kette hängt.

Einem Turm gleich tritt er aus die letzte Glut,
Wo der Tag flieht, sind die Ströme schon voll Blut.
Zahllos sind die Leichen schon im Schilf gestreckt,
Von des Todes starken Vögeln weiß bedeckt.

In die Nacht er jagt das Feuer querfeldein,
Einen roten Hund mit wilder Mäuler Schrein.
Aus dem Dunkel springt der Nächte schwarze Welt,
Von Vulkanen furchtbar ist ihr Rand erhellt.

Und mit tausend hohen Zipfelmützen weit
Sind die finstren Ebnen flackend überstreut.
Und was unten auf den Straßen wimmelnd flieht,
Stößt er in die Feuerwälder, wo die Flamme brausend zieht.

Und die Flammen fressen brennend Wald um Wald,
Gelbe Fledermäuse, zackig in das Laub gekrallt,
Seine Stange haut er wie ein Köhlerknecht
In die Bäume, daß das Feuer brause recht.

Eine große Stadt versank in gelbem Rauch,
Warf sich lautlos in des Abgrunds Bauch.
Aber riesig über glühnden Trümmern steht,
Der in wilde Himmel dreimal seine Fackel dreht.

Über sturmzerfetzter Wolken Widerschein,
In des toten Dunkels kalten Wüstenein,
Daß er mit dem Brande weit die Nacht verdorr,
Pech und Feuer träufet unten auf Gomorrh'.

ALFRED HERMANN FRIED

Militaristischer und pazifistischer Friedensbegriff

Zu dem schwerwiegendsten Irrtum über das Wesen der Friedensbewegung gibt die mehrfache Bedeutung des Wortes *Friede* Anlaß. Mehrere Begriffe werden hier durch ein einziges Wort gedeckt. Es gibt einen militaristischen Friedensbegriff und einen pazifistischen. Die Mehrzahl der Einwände, die gegen die Friedensbewegung geltend gemacht werden, erklären sich einfach dadurch, daß man Schlüsse, die seitens der Friedensbewegung auf Grund des pazifistischen Friedensbegriffes gezogen werden, auf Grund der Voraussetzungen des militaristischen Friedensbegriffes zu widerlegen sucht.

Im *militaristischen Sinne* bedeutet *Friede* einen Zustand der Waffenruhe, die Zwischenzeit zwischen zwei Kriegen, die Ausnahme von der Regel, die der Krieg bildet. Die Friedensbestrebungen im militaristischen Sinne suchen die gewaltsame Entscheidung von Konflikten von Fall zu Fall zu vermeiden, sie nach Möglichkeit hinauszuschieben, wobei jedoch dauernd mit der kriegerischen Macht und der Drohung ihrer Anwendung operiert wird. Der kriegerische Zusammenstoß ist daher immer die Möglichkeit von morgen. Die Staaten werden gezwungen, sich stets auf diesen Zusammenstoß vorzubereiten und dieser Vorbereitung den größten Teil ihrer Kraft zu widmen. Die für die ruhige Entwicklung des wirtschaftlichen und sozialen Lebens notwendige Sicherheit wird aber damit nicht erreicht.

Im *pazifistischen Sinne* bedeutet *Friede* einen Zustand des Kräfteausgleiches und der Ordnung. Eine Anpassung von Teilen an ein höheres Ganzes. Organisation in dem oben kurz skizzierten Sinne. Gewalt wandelt sich in Recht um, und dieses bildet die Norm des Zusammenlebens. Die Konflikte verschwinden nicht; sie ändern jedoch ihren Charakter, so daß sie durch gegenseitiges Entgegenkommen oder nach vorher aufgestellten Regeln beigelegt werden können. Die Anwendung der Gewalt wird zur äußerst seltenen Ausnahme und wird durch das vorwiegende Interesse der organisierten Gemeinschaft an der Ordnung beschränkt. Die Teile werden durch dieses gemeinsame Interesse geschützt, und die Machtentfaltung zum Zwecke kriegerischer Anwendung verliert ihre Bedeutung. Die Kräfte der Staaten werden frei für Kulturarbeiten; die Sicherheit erreicht den denkbar höchsten Grad.

Der Unterschied dieser Begriffe ist klar. Er wird nur verdunkelt durch die gemeinsame Bezeichnung. Die Friedensbewegung erstrebt nicht jenen Frieden, den die Militaristen meinen. Sie will nicht bloß einen Zustand der Waffenruhe verlängern, nicht bloß einen einzelnen Krieg vermeiden oder seine Beendigung beschleunigen. Sie bekämpft überhaupt nicht den Krieg als solchen, sondern die Ursachen, die ihn zeitigen; sie bekämpft also in erster Linie auch jenen *»Frieden«*, der den Krieg zur Voraussetzung hat, ja selbst nur ein latenter Krieg ist. Ihr Streben geht vielmehr nach einer Umgestaltung des internationalen Zusammenlebens in dem oben angedeuteten Sinne und unter ausdrücklicher Betonung, daß diese Umgestaltung auf natürlichem Wege vor sich geht und von der Menschheit nur erkannt und gefördert zu werden braucht. Es ist nicht der pazifistische Friede, den heute die meisten Staatsoberhäupter, alle

Minister und Diplomaten der alten Schule bei festlichen Gelegenheiten preisen, den sie zu »erhalten«, zu »fristen« trachten, und den sie nach einem Krieg durch Vertrag wieder provisorisch festlegen. Sie bezeichnen dabei *das* als *»Friede«*, was im Grunde nur *»kein Krieg«* ist.

GERHART HAUPTMANN
Der Sinn des Nobelpreises

Als Empfänger des diesjährigen Nobelpreises für Literatur danke ich Ihnen für die auch mich betreffenden warmen und freundlichen Worte. Sie dürfen gewiß sein, daß ich, und mit mir meine Nation, die mir widerfahrene Ehre von Grund aus zu würdigen weiß. Der Nobeltag ist eine Kulturangelegenheit des ganzen Erdballs geworden, und der großartige Stifter hat seinen Namen für unabsehbare Zeiten mit dem Geistesleben aller Nationen verknüpft. Bedeutende Menschen aller Zonen werden so wie heute noch in fernen Zeiten den Namen Nobel mit ähnlichen Empfindungen aussprechen wie Menschen früherer Zeit den eines Schutzpatrons, des hilfreiche Kraft nicht zu bezweifeln ist, und seine Denkmünze wird in Familien aller Völker von Geschlecht zu Geschlecht fortgeerbt und in Ehren gehalten werden. Es kann nicht anders sein, als daß ich hier dem großen Donator den sich immer erneuernden Tribut des Respekts darbringe. Und nach ihm der ganzen schwedischen Nation, die diesen Mann hervorgebracht und die sein humanitäres Vermächtnis so treu verwaltet. Und hierbei gedenke ich jener Männer, deren aufopfernde Lynkeusarbeit über den Kulturländereien der Erde zu wachen berufen ist, damit gute Keime genährt, das Unkraut gemindert werde. Ich danke Ihnen und wünsche, daß Sie in der segensreichsten aller Tätigkeiten nie erlahmen und nie wahrhaft reicher Ernte ermangeln mögen. Und nun trinke ich darauf, daß das der Stiftung zugrunde liegende Ideal seiner Verwirklichung immer näher geführt werde: ich meine das Ideal des Weltfriedens, das ja die letzten Ideale der Wissenschaft und der Kunst in sich schließt. Die dem Kriege dienende Kunst und Wissenschaft ist nicht die letzte und echte, die echte und letzte ist die, die der Friede gebiert und die den Frieden gebiert. Und ich trinke auf den großen, letzten und rein ideellen Nobelpreis, den die Menschheit sich dann zusprechen wird, wenn die rohe Gewalt unter den Völkern eine ebenso verfemte Sache geworden sein wird, als es die rohe Gewalt unter den menschlichen Individuen der zivilisierten Gesellschaft bereits geworden ist.

ROSA LUXEMBURG
Verteidigungsrede

Der Herr Staatsanwalt leitet seinen Hauptangriff, die Behauptung, als hätte ich in der inkriminierten Äußerung die Soldaten aufgefordert, im Kriegsfalle, entgegen dem Befehl, nicht auf den Feind zu schießen, von einer Deduktion ab, die ihm offenbar von unwiderleglicher Beweiskraft und von zwingender Logik zu sein scheint. Er deduziert folgendermaßen: Da ich gegen den Militarismus agitierte, da ich den Krieg verhindern wollte, so konnte ich offenbar keinen anderen Weg, kein anderes wirksames Mittel im Auge haben, als die Aufforderung direkt an die Soldaten: Wenn euch befohlen wird zu schießen – schießt nicht! Nicht wahr, meine Herren Richter, welcher knappe, überzeugende Schluß, welche unwiderstehliche Logik! Und doch erlauben Sie mir, Ihnen zu erklären: Diese Logik und dieser Schluß ergeben sich aus der Auffassung des Herrn Staatsanwalts, nicht aus der meinen, nicht aus der der Sozialdemokratie. Hier bitte ich Sie um besondere Aufmerksamkeit. Ich sage: Der Schluß, daß das einzige wirksame Mittel, um Kriege zu verhindern, darin bestehe, sich direkt an die Soldaten zu wenden und sie aufzufordern, nicht zu schießen – dieser Schluß ist nur die andere Seite jener Auffassung, wonach, solange der Soldat den Befehlen seiner Vorgesetzten folgt, alles im Staate wohl bestellt sei, wonach – um es kurz zu sagen –

das Fundament der Staatsmacht und des Militarismus der Kadavergehorsam des Soldaten ist. Diese Auffassung des Herrn Staatsanwalts findet auch eine harmonische Ergänzung zum Beispiel in jener amtlich veröffentlichten Äußerung des obersten Kriegsherrn, wonach der Kaiser beim Empfang des Königs der Hellenen in Potsdam am 6. November vorigen Jahres gesagt hat, der Erfolg der griechischen Heere beweise, »daß die von unserem Generalstab und unseren Truppen gepflegten Prinzipien bei richtiger Anwendung stets den Sieg verbürgen«. Der Generalstab mit seinen »Prinzipien« und der Soldat im Kadavergehorsam – das sind die Grundlagen der Kriegführung und die Bürgschaft der Siege.

Nun, dieser Auffassung sind wir Sozialdemokraten eben nicht. Wir denken vielmehr, daß über das Zustandekommen und den Ausgang der Kriege nicht bloß die Armee, die »Befehle« von oben und der blinde »Gehorsam« von unten entscheiden, sondern daß darüber die große Masse des werktätigen Volkes entscheidet und zu entscheiden hat. Wir sind der Auffassung, daß Kriege nur dann und nur so lange geführt werden können, als die arbeitende Masse sie entweder begeistert mitmacht, weil sie sie für eine gerechte und notwendige Sache hält, oder wenigstens duldend erträgt. Wenn hingegen die große Mehrheit des werktätigen Volkes zu der Überzeugung gelangt – und in ihr diese Überzeugung, dieses Bewußtsein zu wecken, ist gerade die Aufgabe, die wir Sozialdemokraten uns stellen –, wenn, sage ich, die Mehrheit des Volkes zu der Überzeugung gelangt, daß Kriege eine barbarische, tief unsittliche, reaktionäre und volksfeindliche Erscheinung sind, dann sind die Kriege unmöglich geworden – und mag zunächst der Soldat noch den Befehlen der Obrigkeit Gehorsam leisten! Nach der Auffassung des Staatsanwalts ist die Armee die kriegführende Partei, nach unserer Auffassung ist es das gesamte Volk. Dieses hat zu entscheiden, ob Kriege zustande kommen oder nicht; bei der Masse der arbeitenden Männer und Frauen, alten und jungen, liegt die Entscheidung über das Sein oder Nichtsein des heutigen Militarismus – nicht bei dem kleinen Teilchen dieses Volkes, der im sogenannten Rock des Königs steckt.

WERNER MÖLLER

An die Kriegshetzer

Ihr sehnt des Krieges blut'ge Greuel herbei?
Ihr ruft nach Graun und Schrecken; nach Schwert
und Blei?
Ihr wollt entfesselt sehen der Hölle grimm'ge Wut,
Wollt Feld und Fluren tränken mit rotem Menschenblut?
Die Saaten, die der Fleiß des Landmanns schuf,
Soll rauh zertreten wilder Rosse Huf?
Wo blühnde Dörfer jetzt im Sonnenschein,
Da soll Verderben und Vernichtung sein,
Soll blutrot glühn des Mörders Krieg Fanale?
Verruchte, hört, es ruft ein donnernd »Nein«
Die Internationale!

Krieg! Krieg! Das Wort klingt fürchterlich;
Schon sieht im Geist man endlos dehnen sich
Verbrannte Stätten, wo die Sorgen brüten,
Und Leichenfelder, wo Bestien wüten,
Wo sich zerfleischen, wild, mit Tigerkrallen
Des Volkes Söhne, wo sie sterbend fallen;
Wo grausig mischt sich Fluch und Wehgeschrei
Von jenen, die zerriß das Todesblei;
In Strömen rinnt das Menschenblut zu Tale –
Der Mord soll herrschen? Donnernd klingt das Nein
Der Internationale.

Krieg! Krieg! Auf seinen Fährten schleicht die Not;
Durch Schlachtendonner gellt der Schrei nach Brot;
Gellt schrill der Schrei der Weiber und der Kleinen,
Der Kinder, die nach ihrem Vater weinen.
Gar unbarmherzig würgt der Tod die Beute,
Kanonendonner ist das Grabgeläute.
Ein Meer von Tränen rings, von Blut und Leid,
Als wär die Welt dem Untergang geweiht. –

O Krieg, hebst du das Haupt, das blutig fahle?
Hört, Frevler, hört, wie Sturmwind braust das Nein
Der Internationale.

Um euren Golddurst, eure Gier zu stillen,
Um eurer Raubsucht, eures Wahnsinns willen
Soll nimmermehr das Blut in Strömen fließen,
Soll nicht der Bruder Bruderblut vergießen.
Das Werk der Arbeit soll der Frieden krönen,
Bis daß die Freiheit, alles zu versöhnen,
Aus Wolkenhöhen auf die Erde steigt;
Und aller Haß und alles Niedre schweigt,
Und golden liegt die Welt im Sonnenstrahle. –
O hüt den Frieden bis an jenen Tag,
Du Internationale.

HERMANN HESSE

O Freunde, nicht diese Töne!

Die Völker liegen einander in den Haaren, und jeden Tag leiden und sterben Ungezählte in furchtbaren Kämpfen. Mitten zwischen den aufregenden Nachrichten vom Kriegsschauplatz fiel mir, wie das so geht, ein längst vergessener Augenblick aus meinen Knabenjahren ein. Da saß ich, vierzehnjährig, an einem heißen Sommertag in Stuttgart in dem berühmten schwäbischen Landexamen, und als Aufsatzthema wurde uns diktiert: »Welche guten und welche schlechten Seiten der menschlichen Natur werden durch einen Krieg geweckt und entwickelt?« Meine Arbeit für dies Thema beruhte auf keinerlei Erfahrung und fiel entsprechend traurig aus, und was ich damals, als Knabe, unter Krieg sowohl wie unter Kriegstugenden und Kriegslastern verstand, stimmt nicht mehr mit dem zusammen, was ich heute so nennen würde. Aber im Anschluß an die täglichen Ereignisse und an jene kleine Erinnerung habe ich dem Krieg in dieser Zeit viel nachgedacht, und da jetzt doch einmal der Brauch eingerissen ist, daß Männer der Studierstube und des Ateliers ihre Meinungen hierüber kundgeben, scheue ich mich nicht länger, auch die meine auszusprechen. Ich bin Deutscher, und meine Sympathien und Wünsche gehören Deutschland, aber was ich sagen möchte, bezieht sich nicht auf Krieg und Politik, sondern auf die Stellung und Aufgaben der Neutralen. Damit meine ich nicht die politisch neutralen Völker, sondern alle diejenigen, die als Forscher, Lehrer, Künstler, Literaten am Werk des Friedens und der Menschheit arbeiten.

Da sind uns in letzter Zeit betrübende Zeichen einer unheilvollen Verwirrung des Denkens aufgefallen. Wir hören von Aufhebung der deutschen Patente in Rußland, von einem Boykott deutscher Musik in Frankreich, von einem ebensolchen Boykott gegen geistige Werke feindlicher Völker in Deutschland. Es sollen in sehr vielen deutschen Blättern künftig Werke von Engländern, Franzosen, Russen, Japanern nicht mehr übersetzt, nicht mehr anerkannt, nicht mehr kritisiert werden. Das ist kein Gerücht, sondern Tatsache und schon in die Praxis getreten.

Also ein schönes japanisches Märchen, ein guter französischer Roman, von einem Deutschen noch vor Kriegsbeginn treu und liebevoll übersetzt, muß jetzt totgeschwiegen werden. Eine schöne, gute Gabe, mit Liebe unserm Volk dargebracht, wird zurückgestoßen, weil einige japanische Schiffe Tsingtau bekriegen. Und wenn ich heute das Werk eines Italieners, eines Türken, eines Rumänen lobe, so darf das nur mit dem Vorbehalt gelten, daß nicht vor Beendigung des Abdrucks in diesen Völkern ein Diplomat oder Journalist die politische Lage ändert!

Anderseits sehen wir Künstler und Gelehrte mit Protesten gegen kriegführende Mächte auf den Plan treten. Als ob jetzt, wo die Welt in Brand steht, solche Worte vom Schreibtisch irgendeinen Wert hätten. Als ob ein Künstler oder Literat, und sei er der beste und berühmteste, in den Dingen des Krieges irgend etwas zu sagen hätte.

Andere nehmen am großen Geschehen teil, indem sie den Krieg ins Studierzimmer tragen und am Schreibtisch blutige

Schlachtgesänge verfassen oder Artikel, in denen der Haß zwischen den Völkern genährt und ingrimmig geschürt wird. Das ist vielleicht das Schlimmste. Jeder, der im Felde steht und täglich sein Leben wagt, habe das volle Recht zu Erbitterung und momentanem Zorn und Haß, und jeder aktive Politiker ebenso. Aber wir anderen, wir Dichter, Künstler, Journalisten – kann es unsere Aufgabe sein, das Schlimme zu verschlimmern, das Häßliche und Beweinenswerte zu vermehren?

Gewinnt Frankreich etwas, wenn alle Künstler der Welt gegen die Gefährdung eines schönen Bauwerkes protestieren? Gewinnt Deutschland etwas, wenn es keine englischen und französischen Bücher mehr liest? Wird irgend etwas in der Welt besser, gesünder, richtiger, wenn ein französischer Schriftsteller den Feind mit gemeinen Schimpfworten bewirft und das Heer zu tierischer Wut aufzustacheln sucht?

Alle diese Äußerungen, vom frech erfundenen »Gerücht« bis zum Hetzartikel, vom Boykott »feindlicher« Kunst bis zum Schmähwort gegen ganze Völker beruhen auf einem Mangel des Denkens, auf einer geistigen Bequemlichkeit, die man jedem kämpfenden Soldaten ohne weiteres zugute hält, die aber einem besonnenen Arbeiter oder Künstler schlecht ansteht. Ich nehme von vornherein alle diejenigen von meinem Vorwurf aus, denen schon vorher die Welt bei den Grenzpfählen aufhörte. Die Leute, denen jedes der französischen Malerei erteilte Lob ein Greuel war und denen bei jedem Fremdwort der Zornschweiß ausbrach, die sind es nicht, von denen hier die Rede ist, die tun weiter, was sie vorher taten. Aber die anderen alle, die sonst mit mehr oder weniger Bewußtsein am übernationalen Bau der menschlichen Kultur tätig gewesen sind und jetzt plötzlich den Krieg ins Reich des Geistes hinübertragen wollen, die begehen ein Unrecht und einen groben Denkfehler. Sie haben so lange der Menschheit gedient und an das Vorhandensein einer übernationalen Menschheitsidee geglaubt, als dieser Idee kein grobes Geschehen widersprach, als es bequem und selbstverständlich war, so zu denken und zu tun. Jetzt, wo es zur Arbeit, zur Gefahr, zum Sein oder Nichtsein wird, an jener größten aller Ideen festzuhalten, jetzt kneifen sie aus und singen den Ton, den der Nachbar gerne hört.

Wohlverstanden, dies geht nicht gegen die vaterländische Gesinnung und die Liebe zum eigenen Volkstum. Ich bin der letzte, der in dieser Zeit sein Vaterland verleugnen möchte, und es würde mir nicht einfallen, einen Soldaten vom Erfüllen seiner Pflicht abzuhalten. Da man jetzt einmal am Schießen ist, soll geschossen werden – aber nicht des Schießens und der verabscheuungswürdigen Feinde wegen, sondern um so bald wie möglich eine höhere und bessere Arbeit wieder aufzunehmen! Es wird jetzt jeden Tag viel von dem vernichtet, wofür alle Gutgesinnten unter den Künstlern, Gelehrten, Reisenden, Übersetzern, Journalisten aller Länder sich ihr Leben lang bemühten. Das ist nicht zu ändern. Töricht und falsch aber ist es von jedem, der je eine einzige helle Stunde lang an die Idee der Menschheit, an eine internationale Wissenschaft, eine nicht national beschränkte Schönheit in der Kunst geglaubt hat, wenn er jetzt, über das Ungeheure erschrocken, die Fahne wegwirft und sein Bestes mit in den allgemeinen Ruin schmeißt. Ich glaube, es sind sehr wenige, es ist vielleicht nicht einer unter unseren Dichtern und Literaten, in dessen Gesamtwerke später einmal das Beste sein wird, was er heute im Zorn der Stunde gesagt und geschrieben hat. Es ist auch unter ihnen, soweit sie überhaupt ernst zu nehmen sind, nicht einer, dem Körners Vaterlandslieder im Herzen lieber wären als die Gedichte jenes Goethe, der sich vom großen Befreiungskrieg seines Volkes so merkwürdig fernhielt.

Ja eben, rufen jetzt die Nurpatrioten, dieser Goethe ist uns immer verdächtig gewesen, er war nie ein Patriot, und er hat den deutschen Geist mit jener milden, kühlen Internationalität verseucht, an der wir lang gelitten haben und die unser deutsches Bewußtsein merklich geschwächt hat.

Da sitzt der Kern der Frage. Goethe war nie ein schlechter Patriot, obwohl er Anno 1813 keine Nationallieder gedichtet hat. Aber über die Freude am Deutschtum, das er kannte und liebte wie nur einer, ging ihm die Freude am Menschentum. Er war ein Bürger und Patriot in der internationalen Welt des Gedankens, der inneren Freiheit, des intellektuellen Gewissens, und er stand in den Augenblicken seines besten Denkens so hoch, daß ihm die Geschicke der Völker nicht mehr in ihrer

Einzelwichtigkeit, sondern nur noch als untergeordnete Bewegungen des Ganzen erschienen.

Mag man das einen kühlen Intellektualismus schelten, der im Augenblick ernster Gefahr zu schweigen habe – es ist dennoch der Geist, in dem die besten deutschen Denker und Dichter gelebt haben. An ihn zu erinnern und an die Mahnung zu Gerechtigkeit, Mäßigung, Anstand, Menschenliebe, die er enthält, dazu ist es jetzt mehr Zeit als je. Soll es denn dazu kommen, daß Mut dazu gehört für einen Deutschen, ein gutes englisches Buch besser zu finden als ein schlechtes deutsches? Soll der Geist unsrer Kriegführenden selber, der den feindlichen Gefangenen schont und erhält, den Geist unsrer Denker beschämen, der den Feind auch da, wo er friedlich ist und Gutes bringt, nicht mehr anerkennen und schätzen will? Was sollte da nach dem Kriege werden, in jener Zeit, vor der wir alle schon ein wenig bangen, wo Reisen und geistiger Austausch zwischen den Völkern daniederliegen werden? Und wer soll dazu beitragen und daran arbeiten, daß es wieder anders wird, daß man sich wieder versteht, wieder anerkennt, wieder voneinander lernt – wer soll das tun, wenn nicht wir, die wir am Schreibtisch sitzen und unsere Brüder im Felde stehen wissen? Ehre jedem, der mitkämpft, mit Blut und Leben, auf dem Schlachtfeld unter den Granaten! Uns andern, die es mit der Heimat gut meinen und an der Zukunft nicht verzweifeln wollen, uns ist die Aufgabe geworden, ein Stück Frieden zu erhalten, Brücken zu schlagen, Wege zu suchen, aber nicht mit dreinzuhauen (mit der Feder!) und die Fundamente für die Zukunft Europas noch mehr zu erschüttern.

Noch ein Wort für jene vielen, die man unter diesem Krieg verzweifelnd leiden sieht und denen jede Kultur, jede Menschlichkeit dadurch vernichtet scheint, daß jetzt Krieg ist. Krieg war immer, seit wir von Menschengeschicken wissen, und es waren keine Gründe für den Glauben da, er sei nun abgeschafft. Es war lediglich die Gewohnheit langen Friedens, die uns das vortäuschte. Krieg wird so lange sein, als die Mehrzahl der Menschen noch nicht in jenem Goetheschen Reich des Geistes mitleben kann. Krieg wird noch lange sein, er wird vielleicht immer sein. Dennoch ist die Überwindung des Krieges nach wie vor unser edelstes Ziel und die letzte Konsequenz abendländisch-christlicher Gesittung. Der Forscher, der das Mittel gegen eine Seuche sucht, wird seine Arbeit nicht wegwerfen, wenn eine neue Epidemie ihn überrascht. Noch viel weniger wird »Friede auf Erden« und Freundschaft unter den Menschen, die eines guten Willens sind, jemals aufhören, unser höchstes Ideal zu sein. Menschliche Kultur entsteht durch Veredlung tierischer Triebe in geistigere, durch Scham, durch Phantasie, durch Erkenntnis. Daß das Leben wert sei, gelebt zu werden, ist der letzte Inhalt und Trost jeder Kunst, obgleich alle Lobpreiser des Lebens noch haben sterben müssen. Daß Liebe höher sei als Haß, Verständnis höher als Zorn, Friede edler als Krieg, das muß ja eben dieser unselige Weltkrieg uns tiefer einbrennen, als wir es je gefühlt. Wo wäre sonst sein Nutzen?

Aufruf an die Europäer

Während Technik und Verkehr uns offensichtlich zur faktischen Anerkennung internationaler Beziehungen und damit zu einer allgemeinen Weltkultur drängen, hat noch nie ein Krieg die kulturelle Gemeinschaftlichkeit des Zusammenarbeitens so intensiv unterbrochen wie der gegenwärtige. Vielleicht kommt es uns allerdings auch nur deshalb so auffällig zum Bewußtsein, weil ebenso zahlreiche gemeinschaftliche Bande vorhanden waren, deren Unterbrechung wir schmerzlich verspüren.

Darf uns also dieser Zustand auch nicht wundernehmen, so wären doch diejenigen, denen jene gemeinsame Weltkultur auch nur im geringsten am Herzen liegt, doppelt verpflichtet, für die Aufrechterhaltung dieser Prinzipien zu kämpfen. Diejenigen aber, bei denen man solche Gesinnung vermuten sollte – also vornehmlich Wissenschaftler und Künstler –, haben bis jetzt fast ausschließlich Dinge gesagt, die vermuten lassen, als ob mit der Unterbrechung der tatsächlichen Beziehungen auch selbst der Wunsch zu deren Fortsetzung geschwunden sei, sie haben aus einer erklärlichen Kampfstimmung heraus gesprochen – zum mindesten nicht zum Frieden geredet.

Solche Stimmung ist durch keine nationale Leidenschaft zu entschuldigen, sie ist unwürdig dessen, was bisher alle Welt unter dem Namen der Kultur verstanden hat, und sollte sie Allgemeingut der Gebildeten werden, so wäre das ein Unglück.

Aber nicht nur ein Unglück für die Kultur, sondern – davon sind wir fest überzeugt – ein Unglück dafür, wofür letzten Endes all diese Barbarei entfesselt ist; nämlich für den nationalen Bestand der einzelnen Staaten.

Die Welt ist durch die Technik kleiner geworden, die Staaten der großen Halbinsel Europa erscheinen heute einander so nahegerückt, wie in alter Zeit die Städte jeder einzelnen kleineren Mittelmeerhalbinsel, und Europa – ja man könnte fast sagen die Welt – stellt bereits durch die mannigfaltigsten Beziehungen eine in den Bedürfnissen und Erlebnissen jedes einzelnen begründete Einheit dar.

Da wäre es doch wohl Pflicht der gebildeten und wohlwollenden Europäer, wenigstens den Versuch zu machen, um zu verhindern, daß Europa infolge seiner mangelhaften Gesamtorganisation dasselbe tragische Geschick erleidet wie einst Griechenland. Soll auch Europa sich durch Bruderkrieg allmählich erschöpfen und zugrunde gehen?

Denn der heute tobende Kampf wird kaum einen Sieger, sondern wahrscheinlich nur Besiegte zurücklassen. Darum scheint es nicht nur gut, sondern bitter nötig, daß gebildete Männer aller Staaten ihren Einfluß dahin aufbieten, daß – wie auch der heute noch ungewisse Ausgang des Krieges sein mag – die Bedingungen des Friedens nicht die Quelle künftiger Kriege werden, daß vielmehr die Tatsache, daß durch diesen Krieg alle europäischen Verhältnisse in einen gleichsam labilen und plastischen Zustand geraten sind, dazu benutzt werde, um aus Europa eine organische Einheit zu schaffen. – Die technischen und intellektuellen Bedingungen dafür sind gegeben.

In welcher Weise diese Ordnung Europas möglich ist, soll hier nicht erörtert werden. Wir wollen nur grundsätzlich betonen, daß wir fest davon überzeugt sind, daß die Zeit da ist, in der Europa als Einheit auftreten muß, um seinen Boden, seine Bewohner und seine Kultur zu schützen.

Wir glauben, daß dieser Wille latent in vielen vorhanden ist, und wir wollen durch gemeinsames Aussprechen dieses Willens bewirken, daß er eine Macht werde.

Zu diesem Zwecke erscheint es vorerst notwendig, daß sich alle diejenigen zusammentun, die ein Herz haben für die europäische Kultur, die also das sind, was Goethe einmal vorahnend »gute Europäer« genannt hat, denn man darf die Hoffnung nicht aufgeben, daß ihr gesammeltes Wort – auch unter dem Klange der Waffen – nicht ganz ungehört verhalle, vor allem, wenn unter diesen »guten Europäern von morgen« alle jene zu finden sind, die heute schon bei ihren gebildeten Standesgenossen Ansehen und Autorität genießen.

Aber es ist notwendig, daß die Europäer erst einmal zusammenkommen, und wenn – was wir hoffen – sich genügend Europäer in Europa finden, das heißt Menschen, denen Europa nicht nur ein geographischer Begriff, sondern eine wichtige Herzenssache ist, so wollen wir versuchen, einen solchen Europäerbund zusammenzurufen. – Der soll dann sprechen und entscheiden.

Wir selber wollen hierzu nur anregen und auffordern, und so bitten wir Sie, falls Sie uns Gesinnungsgenosse und gleich uns entschlossen sind, dem europäischen Willen einen möglichst weitreichenden Widerhall zu verschaffen, Ihre Unterschrift zu senden.

Georg Friedrich Nicolai
Otto Buek
Albert Einstein
Wilhelm Förster

KARL LIEBKNECHT

Ich lehne die geforderten Kriegskredite ab!

Meine Abstimmung zur heutigen Vorlage begründe ich wie folgt: Dieser Krieg, den keines der beteiligten Völker selbst gewollt hat, ist nicht für die Wohlfahrt des deutschen oder eines anderen Volkes entbrannt. Es handelt sich um einen imperialistischen Krieg, einen Krieg um die kapitalistische Beherrschung des Weltmarktes, um die politische Beherrschung wichtiger Siedlungsgebiete für das Industrie- und Bankkapital. Es handelt sich vom Gesichtspunkt des Wettrüstens um einen von der deutschen und österreichischen Kriegspartei gemeinsam im Dunkel des Halbabsolutismus und der Geheimdiplomatie hervorgerufenen Präventivkrieg. Es handelt sich auch um ein bonapartistisches Unternehmen zur Demoralisation und Zertrümmerung der anschwellenden Arbeiterbewegung. Das haben die verflossenen Monate trotz einer rücksichtslosen Verwirrungsregie mit steigender Deutlichkeit gelehrt.

Die deutsche Parole »Gegen den Zarismus« diente – ähnlich der jetzigen englischen und französischen Parole »Gegen den Militarismus« – dem Zweck, die edelsten Instinkte, die revolutionären Überlieferungen und Hoffnungen des Volkes für den Völkerhaß zu mobilisieren. Deutschland, der Mitschuldige des Zarismus, das Muster politischer Rückständigkeit bis zum heutigen Tage, hat keinen Beruf zum Völkerbefreier. Die Befreiung des russischen wie des deutschen Volkes muß deren eigenes Werk sein.

Der Krieg ist kein deutscher Verteidigungskrieg. Sein geschichtlicher Charakter und bisheriger Verlauf verbieten, einer kapitalistischen Regierung zu vertrauen, daß der Zweck, für den sie die Kredite fordert die Verteidigung des Vaterlandes ist.

Ein schleuniger, für keinen Teil demütigender Friede, ein Friede ohne Eroberungen, ist zu fordern; alle Bemühungen dafür sind zu begrüßen. Nur die gleichzeitige dauernde Stärkung der auf einen solchen Frieden gerichteten Strömungen in allen kriegführenden Staaten kann dem blutigen Gemetzel vor der völligen Erschöpfung aller beteiligten Völker Einhalt gebieten. Nur ein auf dem Boden der internationalen Solidarität der Arbeiterklasse und der Freiheit aller Völker erwachsener Friede kann ein gesicherter sein. So gilt es für das Proletariat aller Länder, auch heute im Kriege gemeinsame sozialistische Arbeit für den Frieden zu leisten.

Die Notstandskredite bewillige ich in der verlangten Höhe, die mir bei weitem nicht genügt. Nicht minder stimme ich allem zu, was das harte Los unserer Brüder im Felde, der Verwundeten und Kranken, denen mein unbegrenztes Mitleid gehört, irgend lindern kann; auch hier geht mir keine Forderung weit genug. Unter Protest jedoch gegen den Krieg, seine Verantwortlichen und Regisseure, gegen die kapitalistische Politik, die ihn heraufbeschwor, gegen die kapitalistischen Ziele, die er verfolgt, gegen die Annexionspläne, gegen den Bruch der belgischen und luxemburgischen Neutralität, gegen die Militärdiktatur, gegen die soziale und politische Pflichtvergessenheit, deren sich die Regierung und die herrschenden Klassen auch heute noch schuldig machen, lehne ich die geforderten Kriegskredite ab.

Der Krieg

1. Der Krieg ist nicht nur das Ergebnis einer von uns stets bekämpften Politik, des Wettrüstens, der Geheimdiplomatie, nicht nur ein unmittelbar gegen die Arbeiterbewegung gerichtetes bonapartistisches Unternehmen. Er ist seinem geschichtlichen Wesen nach imperialistisch. Er ist imperialistisch nach seiner Entstehung. Er ist imperialistisch nach seinen Zielen, das heißt, er verfolgt kapitalistische Ausdehnungs- und Eroberungszwecke. Alles dies gilt in höchstem Maße gerade von Deutschland, dessen Kriegspartei ihn im Einvernehmen mit der österreichischen Kriegspartei unter einer rücksichtslosen Verwirrungsregie auch unmittelbar veranlaßt hat. Durch feindliche Einbrüche in den einen imperialistischen Raubkrieg führenden Staat wird der Krieg nicht zu einem Krieg für die Verteidigung

der staatlichen und nationalen Unversehrtheit. Solche Einbrüche sind das Risiko jedes Eroberungskrieges. Der imperialistische Krieg wird geführt von einer kapitalistischen Regierung, die von den imperialistischen Mächten beherrscht wird. Es ist ein Widersinn, anzunehmen, der seinem Wesen nach imperialistische Krieg werde von ihr als ein Krieg der nationalen Verteidigung geführt. Die Kriegskredite dienen also imperialistischen Zwecken.

2. Das Wohlergehen der Völker ist bei der heutigen wirtschaftlichen und sozialen Entwicklung untrennbar verbunden. Der Klassenkampf des Proletariats kann nur international geführt werden, nur international erfolgreich sein. Jede Schädigung der Arbeiterklasse eines Landes zieht das Proletariat auch aller anderen Länder in Mitleidenschaft. Das sozialistische Proletariat keines Landes darf dazu beitragen, daß das Proletariat irgendeines anderen Landes die aus einer Niederlage etwa erwachsenden Schädigungen erfährt. Die Aufgabe der Sozialisten in jedem Lande muß sein, alle solche Schädigungen jedes Landes zu verhindern.

Die Aufgabe der Sozialisten ist, einen Frieden ohne Eroberungen, ohne Demütigung irgendeines Landes zu erkämpfen, alles zu tun, um in allen beteiligten Ländern eine wachsende Bewegung für einen solchen sozialistischen Frieden zu erwekken. Jede Förderung des Krieges in jedem Lande erschwert die Erreichung dieses Zieles. Die Sozialisten haben ihre Haltung zum Kriege von diesem internationalen Standpunkt aus einzunehmen, und zwar auch im Interesse jedes einzelnen Volkes.

Die Bewilligung der Kredite ist eine Unterstützung des Krieges, eines imperialistischen Krieges. Sie verstößt gegen das Wesen der Sozialdemokratie, gegen ihr Programm und die Beschlüsse der internationalen Kongresse.

EUGEN LEVINÉ

»Immer werden die Völker gegen das Blutvergießen protestieren«

Während auf allen Völkern das Grauen des Weltkrieges lastet, während in den Schützengräben und auf den Schlachtfeldern Millionen von Menschen zugrunde gehen, wird behauptet, immer sei es so gewesen und es werde auch immer so sein. Es heißt, der Krieg entspreche der menschlichen Natur und sei daher unvermeidlich. Es wird behauptet, daß nicht nur die Wilden blutige Kämpfe und Schlachten liebten, sondern daß auch den zivilisierten Völkern das Bedürfnis, Kriege zu führen, tief innewohne. Entspricht dies nun wirklich den Tatsachen?

Die Lösung dieser Frage hat eine ungeheure Bedeutung für jeden, der an die Möglichkeit einer lichteren Zukunft, ohne Krieg und Blutvergießen, glaubt. Wenn die Ursachen des Krieges ausschließlich in den wirtschaftlichen, sozialen und politischen Bedingungen des gesellschaftlichen Lebens wurzeln, so müßte man, um den Krieg abzuschaffen, diese Bedingungen ändern. Wie schwer, wie dornenvoll der Weg auch sein mag – es besteht die Hoffnung, dies Ziel zu erreichen. (...)

Wenn auf der einen Seite die Geschichte der Völker eine ununterbrochene Kette von Kriegen und blutigen Kämpfen aufweist, so zeigt sie uns auf der anderen Seite eine ebenso ununterbrochene Reihe von heldenmütigen Protesten gegen die Sinnlosigkeit und das Grauen des Krieges.

Wenn wir jene Stimmen der Völker vernehmen, die sich zu allen Zeiten gegen den Krieg erhoben haben, schöpfen wir Kraft und Mut, nicht den Weg zu verlassen, der jahrtausendelang von den Kämpfern für die Idee des Friedens beschritten worden ist.

»So war es, und so wird es ewig bleiben!« sagt man uns in der Annahme, der Krieg sei unabwendbar.

»So war es, und so wird es ewig bleiben!« wiederholen wir und denken nicht an den Krieg, sondern an den Kampf gegen ihn.

»So war es, und so wird es ewig bleiben«: Immer wird sich die menschliche Seele gegen den sinnlosen Mord empören. Immer werden die Völker gegen das Blutvergießen protestieren, bis der Tag kommen wird, wo nach den Worten des Propheten Jesaja »kein Volk wider das andere ein Schwert aufheben wird und sie ihre Schwerter zu Pflugscharen machen werden«.

FRANZ MÜLLER-LYER

Im Kriege triumphiert der Kriegsstaat

Eine Nation, die sich vom Scheitel bis zur Zehe in eiserne Panzer einhüllt, kann nimmermehr eine Kulturnation werden. Denn alle Kräfte, die sie in die Kriegsrüstungen steckt, gehen für die Kulturaufgaben verloren, und je mehr sie sich dem Kriegshandwerk widmet und anpaßt, umso ungeschickter wird sie für die Arbeit und die Werke des Friedens. Und während die Starken und Gesunden zur Fahne eingezogen oder im Krieg niedergemacht werden, vermehren sich unterdessen zu Hause umso mehr die Kränklichen und Schwachen, die nicht »diensttauglich« sind. In unserer Zeit führt also der Krieg nicht mehr zur »Auslese der Tauglichen«. Denn im Kriege triumphiert der Kriegsstaat über den Arbeitsstaat; nicht die höhere Form siegt im Kriege, sondern die Rückständigkeit. (...)

Wenn man das alte System beibehalten wird, so wird Europa und die ganze Welt nur eine einzige große Kaserne und die Selbstzerfleischung wird in Permanenz erklärt. Die Staaten werden ruiniert, die Individuen leiden unter einem unerträglichen Steuerdruck (Orthogenese), zu dem die enorme Schuldenlast des Krieges noch hinzukommt.

Es ist dann zu erwarten, daß unter diesen Skorpionspeitschenhieben die Völker aus ihrem Stumpfsinn endlich aufwachen werden. Daß dann der Ruf nach einer Organisierung der europäischen Staaten, die nun das dringendste Lebensbedürfnis geworden ist, so stark wird, daß die (plutokratischen) Regierungen nicht mehr widerstehen können und daß endlich nach ungeheurem Elend das geschieht, was vor dem Krieg von erleuchteten Gelehrten schon lange angebahnt war.

Aber auch im andern Fall wird der Rückfall natürlich nicht ewig dauern. Wenn die europäischen Staaten zu einer Organisation unfähig sind, so werden andere größere Staaten die Welt organisieren, und die Kultur wird dann an der Stelle wieder weitermarschieren, wo sie 1914 in den Abgrund gestürzt ist, während das kleine Europa in den Hintergrund tritt – etwa so wie Hellas nach dem Peloponnesischen Krieg.

LION FEUCHTWANGER

Lied der Gefallenen

Es DORRT die Haut von unsrer Stirn.
Es nagt der Wurm in unserm Hirn.
Das Fleisch verwest zu Ackergrund.
Stein stopft und Erde unsern Mund.
Wir warten.

Das Fleisch verwest, es dorrt das Bein.
Doch eine Frage schläft nicht ein.
Doch eine Frage wird nicht stumm
Und wird nicht satt: Warum? Warum?
Wir warten.

Staub stopft und Erde uns den Mund.
Doch unsre Frage sprengt den Grund
Und sprengt die Scholle, die uns deckt,
Und ruht nicht, bis sie Antwort weckt.
Wir warten.

Wir warten, denn wir sind nur Saat.
Die Ernte reift. Die Antwort naht.
Weh, wen sie trifft! Heil, wem sie frommt!
Die Antwort zögert, doch sie kommt.
Wir warten.

Unbekannter Verfasser

Schwur

Du, den ich erschlagen,
Bruder mein, verzeih,
Mußte Waffen tragen,
Denn ich bin nicht frei.

Wie mich seltsam mahnet
Jetzt dein still Gesicht,
Was ich längst geahnet,
Ernst es zu mir spricht:

»Warum kamst zum Bösen
Du als Feind ins Land?
Besser wär's gewesen,
Wenn wir uns gekannt.

Wenn wir uns gesuchet
Nach der Lieb Gebot,
Wären nicht verfluchet
Wir zur Kampfesnot.

Wenn wir uns geschlossen
Fest zu einem Bund,
Wär mein Blut geflossen
Nicht zu dieser Stund.«

Du, den ich erschlagen,
Bruder mein, verzeih.
Mußte Waffen tragen,
Denn ich war nicht frei.

Jetzt aus deinem Blute
Wachsen soll die Saat
Zu dem heil'gen Mute
Der Befreiungstat.

Unsre Kinder sollen,
Toter Bruder, hör,
Sich nicht fürder grollen
Und nicht töten mehr.

Sollen nicht mehr morden
Sich mit Wutgeschrei
Hier und allerorten:
Denn sie werden frei.

JULIAN MARCHLEWSKI

Rafft euch auf!

DIESEM Kriege muß ein Ende bereitet werden durch den Willen der proletarischen Massen.

Gegen den Willen des arbeitenden Volkes können die Regierungen nicht Krieg führen.

Nur weil die verbrecherische Haltung der sozialdemokratischen Fraktion am 4. August 1914 Verwirrung in die Reihen gebracht und das Proletariat zum willenlosen Werkzeug der Regierung gemacht hat, wurden alle Dämme eingerissen, wurde der Blutrausch in die Massen getragen.

Wohlan, es gilt ein Ende zu machen.

Es gilt, den verbrecherischen Urhebern des Völkermordes die alte Losung der internationalen Sozialdemokratie entgegenzuschreien:

Krieg dem Kriege!

Brüderlichkeit der Proletarier!

Kampf den Ausbeutern und den Regierungen!

(...) Rafft euch auf! Macht dem Völkermord ein Ende durch revolutionären Klassenkampf unter der Fahne des internationalen Sozialismus.

ERICH MÜHSAM

Soldatenlied

Wir lernten, in der Schlacht zu stehn
Bei Sturm und Höllenglut.
Wir lernten, in den Tod zu gehn,
Nicht achtend unser Blut.
Und wenn sich einst die Waffe kehrt
Auf die, die uns den Kampf gelehrt,
Sie werden uns nicht feige sehn.
Ihr Unterricht war gut.

Wir töten, wie man uns befahl,
Mit Blei und Dynamit,
Für Vaterland und Kapital,
Für Kaiser und Profit.
Doch wenn erfüllt die Tage sind,
Dann stehn wir auf für Weib und Kind
Und kämpfen, bis durch Dunst und Qual
Die lichte Sonne sieht.

Soldaten! Ruft's von Front zu Front:
Es ruhe das Gewehr!
Wer für die Reichen bluten konnt,
Kann für die Seinen mehr.
Ihr drüben! Auf zur gleichen Pflicht!
Vergeßt den Freund im Feinde nicht!
In Flammen ruft der Horizont
Nach Hause jedes Heer.

Lebt wohl, ihr Brüder! Unsre Hand,
Daß ferner Friede sei!
Nie wieder reiß das Völkerband
In rohem Krieg entzwei.
Sieg allen in der Heimatschlacht!
Dann sinken Grenzen, stürzt die Macht,

Und alle Welt ist Vaterland,
Und alle Welt ist frei!

EMIL GINKEL

Skagerrak

Gedenket der Kulis vom Skagerrak!
Sie erstickten im Blut, erstickten im Dreck;
Sie soffen ab mit ihrem Wrack,
Und das Meer, das Meer rollte über sie weg.
Wofür?

Zehntausend Tote auf Meeresgrund,
Zehntausend heben den bleichen Mund!
Wofür, wofür sind wir gefallen?
Es war nicht viel, es war nicht viel!
Die Herren trieben nur ihr Spiel
In weiten Börsenhallen!
Dafür!

Der Sturm heult auf am Skagerrak,
Peitscht hoch die Meereswellen.
Die Kulis, die Kulis im nassen Grab,
Die wollen uns Botschaft bestellen:
Die fordern ein Kreuz!
Sie fordern es ein:
Sie wollen uns alle Warner sein:
Die Kulis!

Es schäumt das Meer am Skagerrak:
Der Kuli kriecht aus Schlick und Kot.
Er steigt aus seinem lecken Wrack
Und zeigt uns seines Kindes Not.
Am Skagerrak, am Skagerrak.
Die Kulis ziehen auf!

Die Kulis ziehen auf!
Vom Skagerrak, vom Skagerrak
Zieht Sturm, zieht Sturm herauf:
Baut keine Kreuzer! Nein, sät Brot!
Zerbrecht den Krieg und so die Not!
Gedenkt der Kulis vom Skagerrak:
Sie erstickten im Blut und ersoffen!
Und bauet ihr wieder ein Panzerwrack,
Dann werdet ihr auch noch getroffen!
Gedenket der Kulis vom Skagerrak!
Sie erstickten im Blut, sie erstickten im Dreck;
Sie soffen ab mit ihrem Wrack,
Und das Meer, das Meer grollte darüber hinweg ...

FRANZ MEHRING

Arbeiter und Arbeiterinnen!

Der imperialistische Weltkrieg, den die verblendete Profitgier der herrschenden Klassen aller Länder heraufbeschworen hat, nimmt immer entsetzlichere Formen an.

Draußen ein grauenvoller Völkermord, der jeden Schimmer menschlicher Gesittung abgestreift hat und Millionen blühender Menschenleben dahinrafft, ohne daß ihnen ein tröstender Gedanke die Sterbestunde erhellt!

Drinnen ein System von Unterdrückung, wie es Deutschland seit den Tagen jener Karlsbader Beschlüsse nicht gekannt hat, auf denen seit 100 Jahren der Fluch der Nation lastet!

Eine Zensur, die an launenhafter Willkür die vormärzliche Zensur weitaus überbietet, knebelt jedes freie Wort. Die Vereins- und Versammlungsfreiheit ist selbst in der kümmerlichen Gestalt, die sie in Deutschland gewonnen hatte, zum Kinderspott geworden. Hunderte von deutschen Staatsbürgern liegen gefangen, ohne daß sie wochen- und monatelang auch nur erfahren, wessen sie angeklagt sind. Die Spitzel haben goldenere Tage als selbst in den Zeiten des Sozialistengesetzes.

Und während so die dunkelsten Erinnerungen der deutschen Vergangenheit heraufbeschworen werden, feiert dieselbe moderne Profitgier, die den Weltkrieg entzündet hat, auch im Innern Deutschlands ihre unheimlichen Feste. Ein schamloser Lebensmittelwucher macht das bleiche Gespenst des Hungers zum täglichen Gast in jeder Arbeiterfamilie. Die vielberühmte Bürokratie, die sich vor dem Kriege anmaßte, den »beschränkten Untertanenverstand« am Gängelband zu führen, erweist sich unfähig, dem Treiben der Wucherer zu steuern. Wenn aber je einmal einer dieser Schufte vor die gerichtlichen Schranken gerät, so kommt er mit Strafen davon, die die Volksmassen nur als Hohn auf ihre bittere Not empfinden.

Wehe aber denen, die sich gegen die empörenden Zustände, die der Weltkrieg geschaffen hat, in Schrift und Wort aufzulehnen wagen. Sie werden in »Schutzhaft« genommen, wie sich die russische Methode in Deutschland nennt, und verschwinden ohne Urteil und Recht hinter den schwedischen Gardinen. Oder sie verfallen einer drakonischen Justiz, wie Karl Liebknecht, der sich in wenigen Tagen vor dem Militärgericht wegen seiner eifrigen und uneigennützigen Propaganda für den Völkerfrieden zu verantworten haben wird.

Was ihm bevorsteht, verrät hinlänglich die amtliche, durch das Wolffsche Telegraphenbüro am 9. Juni verbreitete Notiz, wonach Liebknecht auf Grund des § 89 des Strafgesetzbuches wegen versuchten Kriegsverrats angeklagt sein sollte. Nach diesem Paragraphen könnte im günstigsten Falle auf einen Tag Festungshaft, also eine sehr gelinde Strafe, erkannt werden. Tatsächlich enthält die amtliche Notiz eine wissentliche Unwahrheit, um das öffentliche Urteil zu betören. Karl Liebknecht ist auf Grund des § 57 des Militärstrafgesetzes angeklagt, der eine Mindeststrafe von zehn Jahren Zuchthaus androht und im günstigsten Falle, wenn nur auf den versuchten Kriegsverrat erkannt wird, immer noch den vierten Teil dieser Strafe vorsieht, also zweieinhalb Jahre Zuchthaus!

Als im Jahre 1805 der deutsche Buchhändler Palm eine Schrift gegen die französische Fremdherrschaft herausgab, ließ ihn der Eroberer Napoleon vor ein Kriegsgericht stellen und erschießen. Die brutale Tat empörte selbst die verschrumpftesten

Philisterherzen. Aber was will der Fall Palm gegenüber dem Fall Liebknecht sagen? Heute will die deutsche Regierung einen deutschen Reichstagsabgeordneten wegen seiner Propaganda für den Völkerfrieden, deren lautere Beweggründe auch die gehässigsten Gegner Liebknechts nicht zu bestreiten wagen, in das graue Kleid des Zuchthäuslers stecken, ihn einer geistig und körperlich zerrüttenden Strafe mit all ihren entehrenden Folgen unterwerfen, ihn unfähig machen, seinen Beruf zu versehen und die Ehrenämter, die ihm das Vertrauen des Volkes verliehen hat. Aber was gilt das alles in den Tagen des imperialistischen Weltkrieges? Die Massen beginnen zu murren, und so muß ein Exempel statuiert werden.

Wohlan denn, Arbeiter und Arbeiterinnen, erhebt eure Stimme gegen den drohenden Justizmord! Vergeßt nicht, daß der Fall Liebknecht euer eigener Fall ist, daß der Schlag, der ihn trifft, auch euch treffen soll. Erinnert euch des Wortes, das euch euer Dichter zugerufen hat:

»Deiner Dränger Schar erblaßt,
Wenn du, müde deiner Last,
In die Ecke lehnst den Pflug,
Wenn du rufst: es ist genug!«

Dieser Ruf ist heute euer Programm, und wenn ihr danach handelt, kann euch auf die Dauer keine Macht der Welt widerstehen.

Nieder mit dem Belagerungszustand!

Nieder mit dem Kriege!

LEONHARD FRANK

Der Kellner

> Ihr Otterngezüchte, wer hat denn euch gewiesen, daß ihr dem künftigen Zorn entrinnen werdet? Es ist schon die Axt an die Wurzel gelegt. Darum, welcher Baum nicht gute Frucht bringt, wird abgehauen und ins Feuer geworfen.
>
> Ev. Matth. Kap. III

Robert war Servierkellner in einem Hotelrestaurant. Gewöhnlich. Blond. Und wenn er, in devoter Verbeugung erstarrt, vor dem Gaste stand und eine Bestellung entgegennahm, kroch der Gedanke durch sein Gehirn: ›Jeder andere Beruf verträgt sich eher mit der Menschenwürde.‹ Er war Kellner in einem deutschen Hotelrestaurant.

Auf ihn wirkte das hingeschobene Trinkgeld wie eine Ohrfeige, für die man sich bedanken mußte. Und wenn das Trinkgeld von einem Gaste kam, der ärmer als der Empfangende war, stieg aus Roberts verletzter Menschenwürde sichtbar die Verachtung empor und steigerte sich manchmal zu Rachsucht und Frechheit. Es kam vor, daß Robert solch einem Gast das Trinkgeld zurückschob. Vornehmen Gästen Kredit zu gewähren war ihm eine Erlösung.

Im Jahre 1894 bekam seine Frau den lange vergeblich erwarteten Sohn. Und Roberts Liebe stürzte sich auf dieses Kind. Das bekam alles: Kinderzimmer, sterilisierte Kindermilch, einen federnden Kinderwagen, einen weißlackierten Stall, Hampelmänner. Später Dampfmaschinen, Eisenbahnen, Luftballons, Trommeln, Säbel, Schießgewehrchen, Bleisoldaten. Später ein Spazierstöckchen, einen Matrosenanzug mit einer Mütze, auf der stand »S. M. S. Hohenzollern«, einen rindsledernen Bücherranzen, eine Rechenmaschine mit roten und weißen Kugeln, einen polierten Griffelkasten.

Der Sohn bekam Geigenstunden, mußte Klavierspielen lernen. Und durfte das Gymnasium besuchen. Er sollte studieren. Nicht Kellner werden. Schon mit zehn Jahren besaß der Sohn ein Fahrrad. Und gehörte mit zwölf Jahren der patriotischen Jugendvereinigung an.

Roberts Leben erschöpfte sich im Dasein des Sohnes. Und der Satz »Jeder Arbeiter ist seines Lohnes wert« war ihm zur Weltanschauung geworden. Robert flog, die Bestellungen auszuführen, verbeugte sich, dankte fürs Trinkgeld, verbeugte sich, dankte, sparte, scharrte zusammen, rechnete, strebte, wurde Zimmerkellner, dann Oberkellner, wies heimlichen Liebespärchen stille Zimmer an für ein paar Stunden, drückte Augen zu, sank in einen Abgrund der Liebe für seinen Sohn, schickte ihn auf die Universität, bekam graue Haare, war selig im Dienen, selig in seinem Sohne, besaß hundert Photographien von ihm, hatte die Kinderkleidchen aufgehoben, das Spielzeug: die Säbelchen, die Gewehrchen, die Bleisoldaten. Das Mützchen, auf dem stand »S. M. S. Hohenzollern«.

Der Sohn war zwanzig Jahre alt. Er bekam die Einberufung an einem Dienstag, bekam ein halbes Jahr später das Eiserne Kreuz.

Und im Sommer 1916 bekam Robert die Nachricht, daß sein Sohn gefallen war. »Auf dem Felde der Ehre.«

Eine Welt war erschlagen.

Der Erschlagene las immer wieder: »Gefallen auf dem Felde der Ehre.« Den Zettel trug er bei sich in der Brieftasche, zwischen den Banknoten. Er las ihn, wenn ein Fremder kam und ein Zimmer verlangte, wenn er an der Billardecke stand und Bestellungen erwartete, wenn er, von der Glocke gerufen, den langen Gang hinter lief, las ihn, bevor er das Zimmer betrat und nachdem er, die bezahlte Rechnung und das Trinkgeld in der Hand, das Zimmer wieder verlassen hatte. Er las ihn in der Küche, im Weinkeller, auf dem Klosett. »Gefallen auf dem Felde der Ehre.« – Ehre. Das war ein Wort und bestand aus vier Buchstaben. Vier Buchstaben, die zusammen eine Lüge bildeten von solch höllischer Macht, daß ein ganzes Volk an diese vier Buchstaben angespannt und von sich selbst in ungeheuerlichstes Leid hineingezogen hatte werden können.

Das Feld der Ehre war nicht sichtbar, nicht vorstellbar, war

Robert nicht begreifbar. Das war kein Feld, kein Acker, war keine Fläche, war nicht Nebel und nicht Luft. Es war das absolute Nichts. Und daran sollte er sich halten. Sein ganzes Leben lang. Hinter ihm lag nichts und vor ihm lag nichts. Robert stand in der Mitte auf dem Nichts.

Seine Hände servierten, quittierten, empfingen Trinkgelder. Wofür? Es gab keine Banknoten mehr. Und sein Sparkassenbuch war für ihn das Feld der Ehre. Und das Feld der Ehre war nicht begreifbar.

Robert gab die besten Zimmer auf Wunsch um die Hälfte des festgesetzten Preises ab, gab noch einen Salon dazu, ein Badezimmer. Wurde zum Servierkellner degradiert. Gab im Restaurant ohne Widerstreben die teueren Speisen und Weine billiger ab, wenn den Gästen die Rechnung zu hoch erschien. Wurde daraufhin nur noch zur Mithilfe herangezogen, wenn im großen Hotelsaal ein Fest, eine Versammlung war.

Gab es etwas Gleichgültigeres, als aus der Lebensstellung verdrängt worden zu sein? Das alles war nur das Feld der Ehre. War ein vollkommenes Nichts.

Oft fand er sich in seines Sohnes Zimmer, wohin er während des Krieges die Photographien, Kinderkleidchen, Säbelchen, Trommelchen, Gewehrchen, Bleisoldaten zusammengetragen hatte, und empfand nichts beim Betrachten dieser vergilbten und verkratzten Überbleibsel, ging, automatisch wie er eingetreten war, wieder hinaus.

Dieser Zustand, in dem Robert sich nur noch wie eine Maschine bewegte, dauerte wochenlang, bis eines Tages der Mensch in ihm Kraft fand, sich dem Schmerze zu stellen. Seiner Hand entfiel die Photographie des Söhnchens – in Infanterieuniform, mit präsentiertem Gewehrchen –, und Robert sauste, von einem Dampfhammerschlag getroffen, hinunter in den Abgrund, das Herz bloßgelegt dem Schmerze und der Liebe. Robert schrie. Nur einmal. Und ganz kurz.

Von etwas Unnennbarem berührt, wich er der Erlösung, die im Schmerz liegt, aus.

Und als seine Frau ihn trösten wollte mit den Worten, die sie von dem unter dem gleichen Leide stehenden Kolonialwarenhändler, Bäcker, von der Nachbarin übernommen hatte, jetzt müsse man sich halt damit abfinden, schrak sie zurück vor Roberts gefährlich blickenden Augen und schwieg fernerhin.

Auch Robert schwieg, tat die Arbeit, die man ihm zuwies. Und da man ihn, der wiederholt Gäste fortlaufen ließ, ohne daß sie bezahlt hatten, nur noch als Wasserträger im Hotelcafé verwenden wollte, erklärte er sich auch hierzu bereit.

Robert wußte, daß etwas geschehen werde. Deshalb ertrug er weiter diese gefährliche Ruhe. Denn wie konnte es möglich sein, daß nichts geschah durch ihn, der nichts mehr verlieren konnte, da er alles schon verloren hatte? Der von einer dünnen Kellnerhaut überzogen war, unter welcher der Mensch schrie, entsetzlich lautlos der Schmerz, die Liebe schrien? Durch den geringsten Anlaß konnte die dünne Haut zerspringen. Dann stieg der Schrei.

Die Kindergewehrchen und Säbelchen hatte er sich aus den Augen hinüber ins Hotel getragen und hinter das Klavier gesteckt. Denn wenn er dieses Spielzeug nur anblickte, brannte ihn die Schuld. Aber wenn er einen mit dem Kriegsorden verzierten Leutnant bediente, zitterten seine Hände nicht.

Und als eines Tages ein patriotischer Jugendverein – halbwüchsige Jungen unter Gewehr – die Straße herauf und am Hotel vorbei das Lied trugen: »Kann dir die Hand nicht geben, dieweil ich eben lad …«, fraß sich das Schuldbewußtsein glühend in Robert hinein. Denn auch er hatte seinem Sohne solche Lieder gelehrt und lehren lassen und voller Vaterstolz ihm zugehört.

In wilder Spannung stand er unterm Hotelportal und fühlte, daß sein Sprung auf die vorbeimarschierenden, schlecht beratenen Jünglinge ein Sprung in die Luft sein würde. Denn hinter den Jünglingen und hinter dem Kampfliede stand etwas, das nicht zu greifen war: ein unsichtbarer, unkörperlicher Gegner. Gott hielt ihn zurück von dem Sprunge. Gott hob ihn auf für die Minute, da der Feind greifbar werden würde, fühlte Robert.

Und eines Tages hatte er den Feind, der im Menschen selbst und nicht außer ihm ist, so scharf erkannt, daß seine Augen die eines schuldbewußten Mörders wurden. Da geschah es, daß Tränen wilden Zornes ihm hinter die Augen traten, wenn er ein Mädchen sah, das ihren Bräutigam, eine Frau, die ihren Mann, ein Elternpaar, das seinen Sohn verloren hatte und doch lächeln und wie immer das Glas Bier bestellen konnte.

Einer Mutter, der ihre Stütze fürs Alter, ihre Hoffnung, der Zentralpunkt all ihrer Liebe – ihr einziger Sohn zerstampft worden war auf dem Felde der Ehre und die zu Robert sagte: »Jetzt muß man sich halt damit abfinden«, griff er wild an den Hals. Gott strich über des Kellners Hände und legte seine plötzlich von Liebe durchbebten Finger der Mutter sanft auf die Schulter. Denn nicht die Frau war schuld, nicht sie war der Feind und nicht ihre Worte, sondern das, was hinter den Worten stand. Und das war etwas, das nicht da war. Es war das Nichtvorhandensein der Liebe.

Das mörderische Schuldbewußtsein brannte die kleine Vaterliebe weg, so daß das Urgefühl der großen Liebe aufstehen konnte in ihm.

In tiefster Demut, in deren Mittelpunkt die unversiegbare Kraft der Liebe stand, verrichtete er die Arbeit des Pikkolos, trug den Gästen Wasser zu, spülte Gläser aus, ging, als die Glocke ihn rief, in den großen Hotelsaal.

Schlosser, Maurer, Schreiner, Spengler, Tapezierer, Glaser, zerarbeitete Männer, die haarigen, abschreckend häßlichen Tieren mit Menschenaugen glichen, füllten den großen Hotelsaal: Die Bauarbeitervereinigung hielt ihre Jahreshauptversammlung ab.

Robert brachte dem Redner, der auf dem Podium stand, eine Flasche voll Wasser und hörte, ans Klavier gelehnt, hinter dem die Säbelchen und Schießgewehrchen steckten, dem Redner zu.

Der erklärte, daß Unterstützungsgelder an arbeitslose und kranke Mitglieder dieses Jahr nicht ausbezahlt werden könnten. Denn es seien so gut wie keine Beiträge eingelaufen. Zudem habe man den Mitgliedern, die im Felde standen – und die gingen allen andern vor –, fortlaufend Unterstützungsgelder geschickt. »Die Reserven sind aufgebraucht. Die Kasse ist leer.« Es frage sich nun, ob die Mitglieder, die noch gesund seien und Verdienst hätten, über ihren Beitrag hinaus zusammensteuern wollten für die kranken und arbeitslosen Mitglieder. Wenn nicht, dann bleibe nur noch übrig, die seit fünfzig Jahren bestehende Bauarbeitervereinigung samt der Krankenunterstützungskasse aufzulösen. »Sozusagen den Konkurs anzumelden.«

Siebenhundert Augenpaare von siebenhundert dumpf schweigenden Menschen blickten ratlos auf den Redner. Die Frauen, deren Küchentöpfe leer waren, und die Frauen, deren Männer im Felde standen oder schon gefallen waren, hatten rotgefleckte Wangen bekommen. Die Eisenplatte, die seit zwei Jahren über ganz Europa lag, lag sichtbar auch über diesen siebenhundert in Leid und Not verkrampften Lasttieren.

Ein kleiner Junge hatte das Kinderschießgewehr hinterm Klavier, das auf dem Podium stand, hervorgezogen und zielte, den Schaft an der grauen Backe, hinunter auf die siebenhundert reglosen Männer und Frauen. Alle blickten auf das Loch des Rohrlaufes aus Weißblech.

Und draußen standen, den Gewehrschaft an der Backe, in Schuld und Sünde Millionen Menschen gegenüber Millionen Menschen, die in Schuld und Sünde standen.

Da tat Robert den Sprung. Es war ein ganz langsamer Sprung. Er ging traumwandlerisch sicher auf den Jungen zu, nahm ihm das Spielzeug von der Backe weg und trat vor, bis an den Rand des Podiums.

Und während der Redner Wasser trank und seine Abrechnungslisten zurechtlegte, sagte Robert:

»Das hier ist ein Schießgewehr. Das habe ich … ich selbst habe das meinem Jungen gekauft. Damit hat er gespielt. Damit hat er sich unmerklich die Liebe aus seinem Herzen hinausgespielt. Damit hat er schießen gelernt. Ich habe ihm das Schießen, habe ihm das Morden gelehrt. Mein Sohn ist gefallen. Er ist tot. Ich bin sein Mörder … Vaterstolz, Ruhmsucht, Gedankenlosigkeit und Gewohnheit haben mich zum Mörder werden lassen. Und doch habe ich nur getan, was auch ihr getan habt. Auch von euch hat mancher seinen Sohn … verloren.«

Robert hieb das Gewehrchen gegen die Knie und legte die zwei Stücke ruhig zu seinen Füßen nieder. »Das hätte ich vor fünfzehn Jahren tun müssen … Habt ihr es getan …? Also seid auch ihr Mörder.

Unsere Männer und unsere Söhne erschießen Männer und Söhne. Und jene Männer und Söhne erschießen unsere Männer und Söhne. Und jeder Daheimgebliebene hofft: Mein Mann, mein Sohn kommt zurück. Mögen die anderen fallen und sterben.

Solches kann nur ein Wahnsinniger wünschen ... Ich frage euch: Ist der kein Mörder, der ein unschuldiges Kind so erzieht, daß es erst zum Mörder werden muß, bevor es selbst ermordet wird? Wird der so erzogene Unschuldige, wenn er einen gleichfalls schlechtberatenen Unschuldigen erschießt, nicht zum Mörder? Es gibt heute in Europa keinen Menschen mehr, der nicht ein Mörder ist! ... Wir sind verblendet und Mörder, weil wir den Gegner außer uns suchen und zu finden glaubten. Nicht der Engländer, Franzose, Russe und für diese nicht der Deutsche, sondern in uns selbst ist der Feind. Und wir stempeln deshalb andere Menschen zum Feind, weil der tatsächliche Feind in uns etwas ist, das nicht da ist. Das Nichtvorhandensein der Liebe ist der Feind und die Ursache aller Kriege. Ganz Europa weint, weil ganz Europa nicht mehr lieben kann. Ganz Europa ist wahnsinnig, weil es nicht lieben kann.

Oder ist es nicht Wahnsinn, wenn ihr euch freut über die Notiz: Zweitausend französische Leichen lagen vor unserer Linie? Ist die Einwohnerschaft von Paris nicht wahnsinnig, wenn sie sich freut über die Notiz: Zweitausend deutsche Leichen lagen vor unserer Linie?

Wir schreien vor Schmerz, oder die Augen bleiben trocken vor Schmerz, wenn unser Sohn fällt. Solange wir nicht ebenso vor Schmerz schreien, wenn ein Franzose fällt, lieben wir nicht. Solange wir nicht fühlen: Ein Mensch, der uns nichts getan hat, fiel und starb, hatte eine Mutter, einen Vater, eine Frau, die vor Schmerz schreien. Ist ein Mensch. Wollte so gerne leben. Und mußte sterben. Wofür? Warum? Er mußte sterben, weil er nicht liebte. Und wir, seine Mörder, ließen ihn sterben, weil wir nicht liebten.«

Robert machte während des Sprechens ganz kleine Bewegungen mit der Hand, daß die weiße Serviette baumelte. Es war so schwer, auch den anderen mitzuteilen, was man selbst fühlte und erkannt hatte. Und dabei war das Ganze doch so einfach, so selbstverständlich. Aber die Menschen hatten sich von der Selbstverständlichkeit weggestellt. Sie hatten die Liebe einfach vergessen, wie man seinen Schirm stehenläßt.

»Man braucht ja nur zu lieben, dann fällt kein Schuß mehr. Dann ist der Friede da. Kinder sind wir dann auf unserer Erde ... Der ganze Erdteil weint. Daran merkt man doch, daß der Erdteil fähig ist zur Liebe. Ganz hoffnungslos wäre erst dann alles, wenn Europa lachen würde, weil ganz Europa blutet. Aber es gibt kein Haus in Europa, in dem nicht die Tränen fließen. Das ist die Liebe, die aus den Menschenaugen heraus weint, weil sie vertrieben worden ist aus den Herzen der Menschen.

Was tut ihr, wenn jetzt im Augenblick ein euch fremder Mensch in den Saal hereintritt und einem von euch, den er nie gesehen hat, das Bajonett in den Leib stößt? Ihr würdet den Wahnsinnigen nicht begreifen. Genau dasselbe tun eure Männer und Söhne; auch sie stoßen Männern und Söhnen, die sie nie gesehen haben, das Bajonett in den Leib, daß der Durchstoßene aufschreit, sich krümmt und fällt. Was hat er eurem Sohne getan? Und was hat euer Sohn dem getan, der ihm das Bajonett in den Leib stieß? ... Habt ihr euch schon einmal vorgestellt, auf welche Weise euer junger Sohn, der so gerne, ach, so gerne noch hätte leben mögen, sterben mußte? ... Mädchen, vergegenwärtige dir den letzten Blick deines Bräutigams, der verwundet und dürstend sechs Stunden lang in der Sommerhitze im Stacheldraht hing. Stelle dir seinen letzten, furchtbaren Blick vor.

Frau«, sagte Robert zu einer Erbleichenden, leise, daß es alle siebenhundert hörten, »was hat dein Mann, den du liebtest, der dir Brot und Kinder gab, dem getan, der ihm das Bajonett in den Leib stieß?«

Die Frau wimmerte, ihr Kopf sank dem neben ihr Sitzenden auf die Schulter.

»Die Menschen sind wahnsinnig, wirklich und wahrhaftig wahnsinnig, weil sie die Liebe vergessen haben. Und weil sie die Liebe vergessen haben, glauben sie, es müsse alles so sein, wie es ist. Unser Volk, wie wir es sehen, besteht nur noch aus Krüppeln und elend aussehenden Kindern und Greisen. Wenn man jetzt noch die amputierten Arme und Beine, die losgetrennten Menschenköpfe, die Millionen zerrissenen Leichen, unter denen auch eure Söhne und Männer sind, von den Schlachtfeldern holen und auf eure Straßen werfen würde, euch vor die Augen, würdet ihr auch dann noch sagen: Man muß sich halt damit abfinden? Oder würdet ihr endlich hinknien, bereit zum Lieben, was auch dabei herauskomme? Würdet ihr dann endlich sagen: Ich will nicht leben, wenn ich nicht lieben darf? Würdet ihr einsehen, daß diejenigen, die euch das Lieben verbieten, Feinde sind? Feinde des Menschen! Volksfeinde! Seht ihr nicht die Berge von zerrissenen Menschenleibern? Sie liegen auf euren Straßen, daß kein Wagen mehr fahren kann und ihr keinen Schritt mehr gehen könnt. Eure Söhne! Eure Söhne! Eure Männer! Väter! Blutig! Zerrissen! Unkenntlich!«

Ein Schrei stieg aus der Saalmitte empor. Hinten, beim Saaleingang erklang ein tierisches Stöhnen. Einem alten Manne fiel die Stirn in die Hand. Ein Mädchen verließ die Stuhlreihen; sie hatte große Augen bekommen und stürzte in die Knie.

»Wir dürfen uns nicht länger belügen und sagen: Der Zar, der Kaiser, der Engländer ist schuld.« Robert legte langsam die Hand mit der Serviette an die Brust. »Ich bin schuld. Und du bist schuld. Und du und du ... nicht mehr und nicht weniger als der Zar, der Engländer, der Kaiser und der Milliardär. Denn auch die nur hatten, ebenso wie wir, die Liebe vergessen. Nehmt die Schuld auf euch, damit ihr der Liebe wieder teilhaftig werden könnt. Denn nur, wer hier sich schuldig fühlt, kann entsündigt werden und wieder lieben. Und jetzt wisset: Die Liebe trägt in sich ein hartes Gebot. Die Liebe sagt: Wer nicht liebt, ist schuldig und böse und soll weichen, damit der Liebe auf Erden keine Schranken mehr gesetzt werden können. Wir wollen fallen und sterben dafür, daß der Liebe die Regierung Europas übergeben werde.«

Die Menschengesichter unten im Saal waren aufgelöst.

Weitersprechend stieg Robert vom Podium herunter. Alle waren aufgestanden, drängten ihm nach.

»Das Gebot der Liebe ist: Wer sich nicht schuldig fühlt, die Schuld nicht auf sich nimmt, liebt nicht, ist unser Feind und muß weichen. Das ist Gesetz. Neues Gesetz! Ihr, die ihr nichts mehr verlieren könnt, da ihr alles schon verloren habt ...«

Roberts Worte gingen unter in den hundertstimmig wiederholten Worten: »Alles verloren! Wir haben nichts mehr zu verlieren! Wir, die wir nichts mehr zu verlieren haben ... Nichts! Nichts!«

Die Nachricht hatte sich schon verbreitet, als sie durch die Straßen zogen. Voran der Kellner, ohne Hut, im schmierigen Smoking, die Serviette in der Hand. »Die wollen Frieden machen. Die wollen Frieden machen.«

Verkäuferinnen – verwaiste Bräute – verließen den Ladentisch und schlossen sich an. Zwei Schaufensterreiniger – alte Männer – ließen die Leiter stehen und schlossen sich an. Der Wagenführer der Elektrischen hörte das Wort »Friede«, erstarrte und sprang vom Wagen herunter, schloß sich an. Die Fahrgäste schlossen sich an. In wenigen Minuten hatte sich die Menge verdreifacht. Und verzehnfachte sich, als Robert, auf dem Platze angelangt, auf der Brunnenschale stand und sprach. Sein Mund zeichnete den letzten Satz in meterhohen Buchstaben an den Himmel: »Es ist schon die Axt an die Wurzel gelegt. Darum, welcher Baum nicht gute Frucht bringt, wird abgehauen und ins Feuer geworfen.«

Eine junge Frau stand da und tat nichts als lächeln und »Friede« sagen. Reisende, die vom Bahnhof kamen, vergaßen alles und schlossen sich an, als die Menge weiterzog. Flammend. Schnell. Entzündet vom Glauben. Eine Schar Urlauber, feldmarschmäßig ausgerüstet, das Gewehr quer über dem Rükken und das Grauen des Schlachtfeldes in den Augen, schloß sich an. Alte Mütterchen kamen kaum mit. Kinder bekamen schmale Gesichter vor Staunen und ahnten das Große. Ein alter Polizeiwachtmeister mit grauem Spitzbart, das Trauerband am rechten Arm, bekam fanatische Augen und schloß sich an. Menschen, die dem Zug entgegenkamen, machten kehrt, vom Feuer ergriffen. Radfahrer sausten durch die Straßen. »Die wollen Friede machen!« Die Wirtshäuser entleerten sich. Werkstätten, Baustellen entleerten sich. Transmissionen standen still. Eine Abteilung Soldaten unter Gewehr wurde mitgerissen. Gesänge der Liebe ertönten im Marschtempo. Kranke stiegen aus den Betten, schleppten sich ans Fenster. Kilometerlange Linien von Frauen, schräg bewegt, trieben aufeinander zu, stießen zum Zuge.

Ein Zwanzigjähriger – Fanatismus und Geist auf der Stirn – sprang aus einer menschengefüllten Seitengasse heraus, auf den Kellner zu, küßte ihn. Und sein heißer Blick öffnete die Herzen.

Die ganze Stadt war aufgestanden und schrie ein Wort: Friede. Das so gesprochene Wort wurde zu vieltausendstimmigem, gewaltigem Gesange. Alle Kirchenglocken läuteten.

HEINRICH MANN

An das Volk der Zwanzigjährigen

Ihr, Volk der Zwanzigjährigen, werdet im Menschlichen höhere Stufen erreichen, und euer Staat selbst erbaut sie euch. Er dient euch nicht weniger als ihr ihm. Um zu wachen über ihn, wacht über euch selbst. Hütet jeder in euch das Bewußtsein der Gleichberechtigung und der eigenen Verantwortung. Demokratien schaffen die Eigennaturen nicht ab, sie wollen, daß jeder eine sei. Verlaßt euch nicht auf große Männer, so entgeht ihr den Katastrophen. Verehrt niemand, verachtet niemand. Kennet den Menschen und pflegt ihn, dann habt ihr in einem Zivilisation und Kultur. Euer Volk betrachtet durchdringend und mit Güte. Fürchtet nicht den Kampf mit ihm. Gewiß, nichts werdet ihr weniger fürchten als den inneren Kampf, diese Selbsteinkehr der Nationen. Ihn fürchten nur die, die sich überheben. Für sie ist immer irgendein »innerer Feind« da, den sie hassen. Ihr aber, gleichberechtigt und verantwortlich, werdet lieben, auch wenn ihr kämpft.

Euer Volk liebend, könnt ihr die Menschheit nicht hassen. Seinem eigenen Volk in wahrer Liebe zugeneigt ist der allein, der auch zwischen den Völkern von Güte weiß. Ein Volk, das alle seine Rechte hat, verletzt in unserem Erdteil nicht die der anderen. Zu Unterdrückern machen sich nur Unterdrückte; ihr aber seid frei. Das Mehr an Freiheit entspricht überall einem zunehmenden Gefühl normalen Menschentumes. Wer von euch wird sich einen Patrioten nennen, weil seine Gedanken in bezwungenen, für ihn auszunutzenden Ländern sind, anstatt daß er sein Bestes in dem Glück seines Volkes sucht und das Glück seines Volkes in dem Glück aller Völker?

Eure Grundempfindung des Lebens, Zwanzigjährige, wird die Gewißheit des Glückes sein. Ihr werdet euch nicht scheuen, es für erreichbar zu halten. Niemand wird euch vortäuschen, es widerstreite dem inneren Gesetz, das nicht Glück von uns wolle, sondern Pflicht. Denn eure Pflicht ist der Geist, die Durchdringung der Welt mit Geist, der Staat als Gebilde der Erkenntnis, das Volk angeschaut mit dem Wissen um die Seele, und das Leben selbst erfüllt mit jener leichten Luft, die durch die schönen Werke des Geistes weht. Dies aber ist Glück. Eure Pflicht, Zwanzigjährige, wird das Glück sein.

WALTER HASENCLEVER

Die Mörder sitzen in der Oper

Der Zug entgleist. Zwanzig Kinder krepieren.
Die Fliegerbomben töten Mensch und Tier.
Darüber ist kein Wort zu verlieren.
Die Mörder sitzen im »Rosenkavalier«.

Soldaten verachtet durch die Straßen ziehen.
Generäle prangen im Ordensstern.
Deserteure, die vor dem Angriff fliehen,
Erschießt man im Namen des obersten Herrn.

Auf, Dirigent, von deinem Orchesterstuhle!
Du hast Menschen getötet. Wie war dir zumut?
Waren es viel? Die Mörder machen Schule.
Was dachtest du beim ersten spritzenden Blut?

Der Mensch ist billig, und das Brot wird teuer.
Die Offiziere schreiten auf und ab.
Zwei große Städte sind verkohlt im Feuer.
Ich werde langsam wach im Massengrab.

Ein gelber Leutnant brüllt an meiner Seite:
»Sei still, du Schwein!« Ich gehe stramm vorbei:
Im Schein der ungeheuren Todesweite
Vor Kälte grau in alter Leichen Brei.

Das Feld der Ehre hat mich aufgespieen;
Ich trete in die Königsloge ein.
Schreiende Schwärme schwarzer Vögel ziehen
Durch goldene Tore ins Foyer hinein.

Sie halten blutige Därme in den Krallen,
Entrissen einem armen Grenadier.
Zweitausend sind in dieser Nacht gefallen!
Die Mörder sitzen im »Rosenkavalier«.

Verlauste Krüppel sehen aus den Fenstern.
Der Mob schreit: »Sieg!« Die Betten sind verwaist.
Stabsärzte halten Musterung bei Gespenstern;
Der dicke König ist zur Front gereist.

»Hier, Majestät, fand statt das große Ringen!«
Es naht der Feldmarschall mit Eichenlaub.
Die Tafel klirrt, Champagnergläser klingen.
Ein silbernes Tablett ist Kirchenraub.

Noch strafen Kriegsgerichte das Verbrechen
Und hängen den Gerechten in der Welt.
Geh hin, mein Freund, du kannst dich an mir rächen!
Ich bin der Feind. Wer mich verrät, kriegt Geld.

Der Unteroffizier mit Herrscherfratze
Steigt aus geschundenem Fleisch ins Morgenrot.
Noch immer ruft Karl Liebknecht auf dem Platze:
»Nieder der Krieg!« Sie hungern ihn zu Tod.

Wir alle hungern hinter Zuchthaussteinen,
Indes die Oper tönt im Kriegsgewinn.
Mißhandelte Gefangene stehn und weinen
Am Gittertor der ewigen Knechtschaft hin.

Die Länder sind verteilt. Die Knochen bleichen.
Der Geist spinnt Hanf und leistet Zwangsarbeit.
Ein Denkmal steht im Meilenfeld der Leichen
Und macht Reklame für die Ewigkeit.

Man rührt die Trommel. Sie zerspringt im Klange.
Brot wird Ersatz und Blut wird Bier.
Mein Vaterland, mir ist nicht bange!
Die Mörder sitzen im »Rosenkavalier«.

GUSTAV RADBRUCH

Die Perspektive des Friedens in einem deutschen Bündnis mit Rußland

Für mich eröffnet sich mit einem Male eine breite goldene Straße in die Zukunft, wenn die russische Revolution im Verein mit der deutschen Sozialdemokratie uns den Frieden bringen sollte – innenpolitisch wie außenpolitisch. Ich sehe in der weiteren Perspektive eines solchen Friedens ein deutsches Bündnis – mit Rußland – ganz entsprechend Bismarcks außenpolitischem Grunddogma, das nun, nach der freiheitlichen Wendung in Rußland, sich auch der Demokrat zu eigen machen kann. Dies Bündnis würde uns von der Schicksalsgemeinschaft mit Österreich und seinen innen- und balkanpolitischen Schwierigkeiten, von dem ganzen gekünstelten Theorem »Mitteleuropa« freimachen. Es würde unsere ältere Nationalkultur an der noch auf Jahrhunderte unabgeschlossenen Entwicklung des jüngeren russischen Volkes teilnehmen lassen und ihr dadurch noch eine lange entwicklungsreiche Zukunft verbürgen.

Deutschland und Rußland würden in Gemeinschaft neben die westliche Demokratie einen neuen demokratischen Staatstyp setzen: die Demokratie der Brüderlichkeit neben die Demokratie bloßer Freiheit und Gleichheit. Deutschland würde dazu die intellektuellen Formeln seiner sozialistischen Theorie, die organisatorischen Formen seiner Gewerkschaftsbewegung und seines Staatssozialismus beitragen, Rußland den Sozialismus, der im Westen und auch bei uns wohl die Köpfe, aber noch nicht die Herzen und Gewissen erobert hat, erst zu einem Lebensgefühl erheben, wie es heute schon ganz naturwüchsig im russischen Bauern steckt, und vor allem erst religiös beseelen (Tolstoi!). Die entgötterte und entseelte Realpolitik, das dürre nationale Ideal, deren Bankrott dieser Krieg war, ist jetzt vorüber; wie blaß sehen alle Ereignisse dieser schicksalsvollen Jahre angesichts der russischen Revolution jetzt plötzlich aus, deren Geburtswehen gewesen zu sein vielleicht dem Urteil der Geschichte einmal als ihre Hauptbedeutung erscheinen wird. Ich war während des ganzen Krieges noch niemals in einer solchen Vorabendstimmung wie jetzt. Ich mußte neidvoll denken, wie beseligend dieser Triumpf ihrer historischen Ideen einmal für die sein wird, die ihren unerschütterlichen Glauben durch sie bestätigt finden werden. Ich selbst fürchte dagegen auch jetzt noch, daß diese Zeilen von mir einmal als eine allzu schnellgläubige Schwarmgeisterei belächelt werden müssen; daß sie Ihnen vielleicht heute schon so erscheinen.

ERNST TOLLER

Den Müttern

Mütter,
Eure Hoffnung, eure frohe Bürde
Liegt in aufgewühlter Erde,
Röchelt zwischen Drahtverhauen,
Irret blind durch gelbes Korn.

Die auf Feldern jubelnd stürmten,
Torkeln eingekerkert, wahnsinnschwärend,
Blinde Tiere durch die Welt.
Mütter!
Eure Söhne taten das einander.

Grabt euch tiefer in den Schmerz,
Laßt ihn zerren, ätzen, wühlen,
Recket gramverkrampfte Arme,
Seid Vulkane, glutend Meer:
Schmerz gebäre Tat!

Euer Leid, Millionen Mütter,
Dien als Saat durchpflügter Erde,
Lasse keimen
Menschlichkeit.

VI

JOHANNES R. BECHER

Gruß des deutschen Dichters an die Russische Föderative Sowjetrepublik

Im Osten wächst das Licht. Der Dichter streue
Sich schwellend dir entgegen. Weiche Nacht!
Bewinkte Finsternis von Morgenbläuen.
Ja: Liebe dehnt sich unbeschränkter Macht.

Die goldene Sichel und der goldene Hammer!
O Ozeanröte! Morgen! Ährenkranz.
Der feiste Bürger schrumpft in sich zusammen.
Nun windet er sich, euere Knie umklammernd,
Geblendet von zu unerhörtem Glanz.

Ihr werdet hart sein. Und sehr unerbittlich.
Und nicht vergessen. Wahret euer Recht.
Wälzt um! Befreit! Und dann erst: wahrhaft friedlich
Erhöbe sich ein göttliches Geschlecht.

Dann –: welche Söhne! Solche Frauen! Massen …
Freiheit und Gleichheit! Edles Brudertum.
O Symphonie der fernsten Völkerrassen.
In Frucht und Glanz schmölz jeder Mörder um.

Seid hart! Paßt auf! Sie kriechen: Schleim und
Schemen.
Verfälscher jeder heiligen Idee.
Sie sprengten euere Phalanx, Leiber strömen
Von neuem Blut. Tod stinkt im Leichenschnee.

Der Dichter ruft euch: *Hart!* Noch triefen Wunden.
Und nicht vergessen. Nie –: Vergebung weich.
An dir, mein Volk, kann nur die Welt gesunden.
Nur euer Brot kann den Millionen munden.
In euerem Staat kommt uns das heilige Reich.

Das heilige Reich. Das Paradies. Die freie
Erhobenheit an Gottes einzig Herz.
Vermächtnis Tolstois. Unsere Heere feiern.
Zu End' gebettet unser Höllenschmerz.

Es triumphieren nicht die Henker!
Und nicht die grausen Schlachtenlenker ...
Euch alle stürzt der Zeit Gericht.
Um nun die Herrschaft der Barbaren.
Schon steigen an die Sklavenscharen,
Und ihre alte Fessel bricht.

O ewiger Ruhm der Unbeirrten!
Wie blitzt aus trübesten Gevierten,
Wie aus Fabrik, Asyl jetzt Früh'.
Der Engel steht auf Barrikaden.
Aus dem Tumult der Kanonaden
Schwingt ewigen Friedens Melodie.

ERNST KLAAR

Morgendämmern

Im Osten dämmert ein Morgenrot,
Das leuchtet hell über Not und Tod
Wie Purpurschein über Nacht und Graun,
Das flammt über blutdurchtränkte Aun.

Und die da schlummern im kühlen Grund,
Die greifen nach ihrer Todeswund'.
Die aber, die noch wandeln im Licht,
Die heben verzaubert ihr Angesicht.

Die starren Augen öffnen sich weit,
Es lauscht ihr Ohr in die Ewigkeit.
Ist's möglich? Kommt er, der große Tag,
Wo dic Welt erzittert vom Stundenschlag?

Wo neu sich hebt über Tränen und Blut
Der Menschheitssonne heilige Glut?
Wo Friede wieder die Völker eint
Und in die dunkelsten Hütten scheint?

Wir stehn und schauen unverwandt
Nach Osten in der Verheißung Land –
Von dorten hebt sich der Sonne Lauf,
Geht dort auch die Sonne des *Friedens* auf?

PAUL ZECH

Eine Passion wider den Krieg

Auf der langen vielfach gekrümmten Chaussee, die nach G. führt, bewegten wir uns schon vier Stunden. Der Wind blies feingestäubten Schnee von den Bäumen herab. Die Luft aber war klar und von der Sonne durchwärmt.

Wir sangen eine ganze Strecke lang.

Da überholten wir einen mit Hausgerät und einigen Säcken schwer bepackten Wagen. Einen klappernden morschen Handkarrn. Ein Weib in dünnem Kattunrock und mit nackten Füßen in Holzschuhen drückte ihren Oberkörper keuchend in die Hinterwand des Gefährts. Vorn ächzte ein Mädchen von zehn oder elf Jahren in den Zugstricken. Sein Gesicht hatte die Röte von Erdbeeren. Blauschwarzes Haar klebte in rauchenden Bündeln auf der Stirn.

Unser Zugführer herrschte die Frau an. Schimpfte, daß es eine Schande sei, ein Kind so zu quälen. Das Kind hauchte paarmal: »Maman!« Sehr müde und zerschlagen. Das Weib fegte den Zipfel der Schürze durch das Gesicht, stellte sich vor den jungen Offizier und riß mit einem Ruck das Wolltuch von der nackten Schulter. Zwei tiefrote Rillen standen da auf der gelben Haut und Streifen verkrusteten Blutes bis auf die welken Brüste hinab.

Das Kind hatte sich bis an den Rand des Karrns vorgeschoben, ließ die mageren Ärmchen hängen und weinte mit offenen Augen wieder dieses tiefe, müde »Maman ... Maman ...«

Der Zugführer wandte sich ab, senkte die Brauen und kniff den Mund fest ein.

Es tanzte vor unser aller Augen: Wagen ... Menschen ... Wunden und Weinen.

Landschaft tanzte vor unseren Augen in Blut und Rauch.

Da bückte sich die Frau nieder. Ihre Silhouette klumpte zusammen.

Die Räder knirschten.

»Maman«, schluchzte es alle Minuten vor uns im Wind.

Zwei von unseren Leuten sprangen vor, einer hob das Kind auf den Karrn und spannte sich selber hinein. Der andere drängte die Frau fort und stemmte die Fäuste in die Kastenwand.

Wie eine Trommel schlugen jetzt die Räder. Sah man sich um, hockte das Kind wie ein aufgeplusterter Vogel auf den Weidenkörben. Die Frau hielt sich mit beiden Händen an der hinteren Runge.

Mir schien, als ließe sie sich schleifen, so, wie ein Skifahrer sich zuweilen von Pferden einen Berg hinaufziehen läßt. Um ihre Holzschuhe wirbelten Schnee und Staub.

Dann wurden wir einen Augenblick von dem jäh gewechselten Bild der Landschaft hinbezwungen. Ruinen eines Dorfes standen zu beiden Seiten der Chaussee. Hinter breiten Gürteln schwarzgesengter Stoppeln lagen Flächen, gepanzert mit pechtriefenden Stacheln –: Stümpfe von Obstbäumen und der furchtbare kalte Geruch von verkohltem Korn.

Ich dachte mir, daß da drinnen in dem Öden die unbegrabenen Toten jeden Abend wandern mußten, eine schwarzwogende Prozession von Schatten, hüpfend und tanzwirbelnd um das Geröll von Stein und Knochen, durch aschengefüllte Schluchten – in diesem Inferno die Schatten derer, deren Seelen zu heiß gebrannt hatten, ehe sie selbst Kohle wurden.

Schauerlich hallte das Gekreisch der Räder, das hohle Stampfen minutenlang.

Es war eine sichtbare Erleichterung für alle, daß bald ein paar wirkliche Häuser kamen. Ragende und lustig rote Mauern, die den Rauch warmer Lebendigkeit aus den Schornsteinen in die Dämmerung atmeten.

Da die Frau mit dem Karrn gleichfalls nach Gent wollte, nötigten wir sie, mit uns in das Wirtshaus zu gehen.

Sie winkte barsch und breitete sich mit dem Rücken gegen das Gefährt.

Der Offizier bat noch einmal.

Sie sah auf seinen knabenhaft bettelnden Mund. Sie sah in seine offenen Augen, in denen ein verängstetes Mitleid schimmerte.

Und sagte dreimal dieses harte »No!«

Daß wir aber das Kind mit hineinnahmen, mochte sie doch nicht verhindern.

Der Zugführer ließ dem Mädchen etwas Warmes vorsetzen. Es saß mit nach innen gerichteten Augen vor der Schüssel, wie in tiefer Einsamkeit, und die Männerstimmen umher, bittende, fragende, scheltende, hatten kein Echo darin. Die stille Angst wich nicht aus den blanken Kohlenaugen.

Wir brachen wieder auf.

Das Kind hatte schnell einen Laib Brot vom Tisch gegriffen und brachte ihn Maman.

Das Weib drehte sich duckend um, mit verwischten, wirren Blicken. Lauerte. Riß dem Kind das Brot unter dem Schürzchen fort.

Die beiden Männer stemmten sich wieder in den Karrn. Mit qualmenden Zigarren. Der Wind fegte Funken aus den glühenden Stengeln. Der junge Offizier wollte das Kind partout auf das Pferd nehmen.

Fragte: »Willst du?«

Das Kind zeigte nur die seltsame Angst in dem Gesichtchen. Die Frau aber blickte aus dem fast blöden Lauern scheel auf den Offizier und plärrte: »No ... Bazélle soll wieder den Karren ziehen.«

Da hoben die Männer an dem Wägelchen die Alte hinauf, und das Kind saß, noch ehe sie sich aus dem verrückten Wehren und Schimpfen gelöst hatte, bei dem Zugführer und klammerte die Hände in das Mähnenhaar des Pferdes.

Schrecklich kreischten die Räder aus den schnelleren Drehungen heraus.

Die Kühle strich härter über unsere Gesichter. Am Himmel zerriß die Wolkendecke. Ein Loch, rund und groß wie an einem eingestoßenen Kathedralenfenster, entstand, füllte sich silberglänzend.

Der Karrn blieb immer weiter hinter uns zurück. Wir sahen nur die roten Glühköpfe der Zigarren und eine Flucht von vielen kleinen Sternen daraus. Das Kind auf dem Gaul weinte leise: »Maman ... Maman ...« Der Offizier sang ihm irgendein Liedchen. Vielleicht war es »Morgenrot ... Morgenrot ...«

Da wurde es stiller. Spitzte das Mündchen, wie wenn es mitsingen wollte.

Der Offizier drehte das Kind herum, so daß es ihm Auge in Auge saß. Fragte ganz leise: »Warum weinst du immer?«

»Weil du mich töten willst«, platzte es ganz ernst heraus.

»Wer sagt dir das?«

»Maman!«

Pause. Der Offizier zerbiß sich die Lippen.

Nach einer Weile: »Hast du denn keinen Vater?«

Das Kind schluchzte.

Der Offizier fragte noch einmal.

Das Kind: »Getötet!«

»Wer?«

»Vater!«

»Wer hat ihn getötet?«

»Du!«

Der Offizier setzte dem Pferd die Sporen ein, daß es hoch aufbäumte.

Es war ein paar Minuten lang still, dann sagte das Kind wieder mit verweinter Stimme: »Warum willst du mich töten?«

Im selben Augenblick dröhnte ein wahnsinniger Knall. Aus der Chaussee schoß es heraus wie eine gewaltige Leuchtfontäne. Dann dichter weißer Rauch ... eine Jagd von Funken und das Echo des Knalls von den Feldern her.

Als wir an der Stelle standen, wo die Bombe eines englischen Fliegers explodiert war, lagen nur glimmende Fetzen Tuch, Holz und Eisenteile –: die armseligen Flüchtlingsstücke einer Witwe, die ihr Dorf brennen gesehen hatte, die Balken der Stube, wo das Soldatenbild eines Mannes umflort an der Wand hing, die traurigen Reste einer Frau, die heimatlos durch die Ruinen ihrer Heimat geirrt war, irgendeinem unsicheren Asyl entgegen.

Das völlig verfinsterte, irre Kind schafften wir in ein Spital.

Das tiefe schluchzende »Maman ... Maman ...« verfolgte uns wochenlang wie ein tausendfaches Gespenst.

GERRIT ENGELKE

An die Soldaten des großen Krieges

In memoriam August Deppe

HERAUF! aus Gräben, Lehmhöhlen, Betonkellern, Steinbrüchen!
Heraus aus Schlamm und Glut, Kalkstaub und Aasgerüchen!
Herbei! Kameraden! Denn von Front zu Front, von Feld zu Feld
Komme euch allen der neue Feiertag der Welt!
Stahlhelme ab, Mützen, Käppis! Und fort die Gewehre!
Genug der blutbadenden Feindschaft und Mordehre!

Euch alle beschwör ich bei eurer Heimat Weilern und Städten,
Den fruchtbaren Samen des Hasses auszutreten, zu jäten,
Beschwöre euch bei eurer Liebe zur Schwester, zur Mutter, zum Kind,
Die allein euer narbiges Herz noch zum Singen stimmt.
Bei eurer Liebe zur Gattin – auch ich liebe ein Weib!
Bei eurer Liebe zur Mutter – auch mich trug ein Mutterleib!
Bei eurer Liebe zum Kinde – denn ich liebe die kleinen!
Und die Häuser sind voll von Fluchen, Beten, Weinen!

Lagst du bei Ypern, dem zertrümmerten? Auch ich lag dort.
Bei Mihiel, dem verkümmerten? Ich war in diesem Ort.
Dixmude, dem umschwemmten? Ich lag vor deiner Stirn
In Höllenschluchten Verduns, wie du in Rauch und Klirrn.
Mit dir im Schnee von Dünaburg, frierend, immer trüber,
An der leichenfressenden Somme lag ich dir gegenüber.
Ich lag dir gegenüber überall, doch wußtest du es nicht!
Feind an Feind, Mensch an Mensch und Leib an Leib, warm und dicht.

Ich war Soldat und Mann und Pflichterfüller, so wie du,
Dürstend, schlaflos, krank – auf Marsch und Posten immerzu.
Stündlich vom Tode umstürzt, umschrien, umdampft,
Stündlich an Heimat, Geliebte, Geburtsstadt gekrampft

Wie du und du und ihr alle. –
Reiß auf deinen Rock! Entblöße die Wölbung der Brust!
Ich sehe den Streifschuß von fünfzehn, die schorfige Krust'
Und den an der Stirn vernähten Schlitz vom Sturm
bei Tahure –
Doch daß du nicht denkst, ich heuchle, vergelt ich
mit gleicher Gebühr:
Ich öffne mein Hemd: hier ist noch die vielfarbige Narbe
am Arm!
Der Brandstempel der Schlacht! von Sprung und Alarm,
Ein zärtliches Andenken lang nach dem Kriege.
Wie sind wir doch stolz unsrer Wunden! Stolz du der deinigen,

Doch nicht stolzer als ich auch der meinigen.
Du gabst nicht besseres Blut und nicht rötere Kraft,
Und der gleiche zerhackte Sand trank unsern Saft! –
Zerschlug deinen Bruder der gräßliche Krach der Granate?
Fiel nicht dein Onkel, dein Vetter, dein Pate?
Liegt nicht der bärtige Vater verscharrt in der Kuhle?
Und dein Freund, dein lustiger Freund aus der Schule? –
Hermann und Fritz, meine Vettern, verströmten im Blute,
Und der hilfreiche Freund, der Jüngling, der blonde und gute.
Und zu Hause wartet sein Bett, und im ärmlichen Zimmer
Seit sechzehn, seit siebzehn die gramgraue Mutter noch immer.
Wo ist uns sein Kreuz und sein Grab! –

Franzose du, von Brest, Bordeaux, Garonne,
Ukrainer du, Kosak vom Ural, Dnjestr und Don,
Österreicher, Bulgaren, Osmanen und Serben,
Ihr alle im rasenden Strudel von Tat und von Sterben –
Du Brite aus London, York, Manchester,
Soldat, Kamerad, in Wahrheit Mitmensch und Bester –
Amerikaner, aus den volkreichen Staaten der Freiheit:
Wirf ab: Sonderinteresse, Nationaldünkel und Zweiheit!
Warst du ein ehrlicher Feind, wirst du ein ehrlicher Freund.
Hier meine Hand, daß sich nun Hand in Hand
zum Kreise binde
Und unser neuer Tag uns echt und menschlich finde.

Die Welt ist für uns alle groß und schön und schön!
Seht her! Staunt auf! Nach Schlacht und Blutgestöhn:
Wie grüne Meere frei im Horizonte fluten,
Wie Morgen, Abende in reiner Klarheit gluten,
Wie aus den Tälern sich Gebirge heben,
Wie Milliarden Wesen uns umbeben!
Oh, unser allerhöchstes Glück heißt: Leben! –
O daß sich Bruder wirklich Bruder wieder nenne!
Daß Ost und West den gleichen Wert erkenne:
Daß wieder Freude in die Völker blitzt:
Und Mensch an Mensch zur Güte sich erhitzt!

Von Front zu Front und Feld zu Feld
Laßt singen uns den Feiertag der neuen Welt!
Aus allen Brüsten dröhne *eine* Bebung:
Der Psalm des Friedens, der Versöhnung, der Erhebung!
Und das meerrauschende, dampfende Lied,
Das hinreißende, brüderumarmende,
Das wilde und heilig erbarmende
Der tausendfachen Liebe laut um alle Erden!

KÄTHE KOLLWITZ

Es ist genug gestorben!

Richard Dehmel veröffentlicht im »Vorwärts« vom 22. Oktober einen Aufruf: »Einzige Rettung.« Er appelliert an die Freiwilligkeit aller kriegstauglichen Männer. Einem Aufruf der obersten Verteidigungsinstanz, meint er, würde nach Ausscheidung der »Memmen« eine kleine, desto auserwähltere Schar todbereiter Männer sich stellen, und Deutschlands Ehre würde durch diese gerettet werden.

Ich wende mich hiermit gegen Richard Dehmel. Ich vermute, daß er, daß einem solchen Appell an die Ehre eine auserlesene Schar Folge leisten würde. Und zwar wieder wie im Herbst 1914 in der Hauptsache aus Deutschlands Jugend bestehend, soweit dieselbe noch in Frage kommt. Das Resultat würde höchstwahrscheinlich sein, daß diese Opferbereiten tatsächlich hingeopfert würden und daß dann – nach dem täglichen Blutverlust dieser vier Jahre – Deutschland eben verblutet ist. Was dann im Lande bliebe, wäre nach Dehmels eigener Schlußfolgerung nicht mehr die Kernkraft Deutschlands. Diese läge eben auf den Schlachtfeldern. Meiner Meinung nach aber wäre ein solcher Verlust für Deutschland viel schlimmer und unersetzlicher als der Verlust ganzer Provinzen.

Man hat tief umgelernt in diesen vier Jahren. Mir will scheinen, auch in bezug auf den Ehrbegriff. Wir empfanden Rußland nicht als ehrlos, als es in den unerhört harten Brester Frieden willigte. Es tat es aus dem verpflichtenden Gefühl heraus, die ihm noch verbleibenden Kräfte für den inneren Wideraufbau sparen zu müssen. Ebensowenig darf Deutschland, wenn ein Rechtsfrieden an der Entente scheitern sollte, sich als entehrt empfinden, wenn es einen Gewaltfrieden eingehen muß. Gefaßt und stolz muß es sich bewußt bleiben, daß seine Ehre ebensowenig damit verloren ist wie die Ehre eines einzelnen Menschen, der sich überstarken Mächten beugt. Seine Ehre soll Deutschland daran setzen, das harte Geschick sich dienstbar zu machen, innere Kraft aus der Niederlage zu ziehen, entschlossen der ungeheuren Arbeit, die vor ihm liegt, sich zuzuwenden.

Die Tat Richard Dehmels, daß er sich jetzt wieder zur Front meldet, achte ich, so wie ich seine freiwillige Stellung im Herbst 1914 achtete. Aber man darf nicht vergessen, daß Dehmel den wertvollsten Teil seines Lebens hinter sich hat. Was er zu geben hatte – Wunderschönes und Wertvolles –, hat er ausgegeben. Ihn hat nicht mit zwanzig Jahren ein Weltkrieg verbluten lassen.

Aber die ungezählten Tausende, die auch zu geben hatten – anderes noch als ihr junges nacktes Leben –, ist es wirklich zu verantworten, daß, als diese eben anfangen sollten, sich zu entfalten, sie in den Krieg gerissen wurden und legionenweise starben?

Es ist genug gestorben! Keiner darf mehr fallen! Ich berufe mich gegen Richard Dehmel auf einen Größeren, welcher sagte: »Saatfrüchte sollen nicht vermahlen werden.«

IVAN GOLL
Der Panamakanal

1

NOCH lagen die Jahrhunderte des Urwalds mitten zwischen den Meeren. Mit goldenen Zacken ausgeschnitten die Golfe und Buchten. Mit zähem Hammer zerschlug der Wasserfall die gestemmten Felsen.

Die Bäume schwollen in den sinnlichen Mittag hinein. Sie hatten die roten Blumenflecken der Lust. Schierling schäumte und zischte auf hohem Stengel. Und die schlanken Lianen tanzten mit weitoffenem Haar.

Wie grüne und blaue Laternen huschten die Papageien durch die Nacht des Gebüschs. Tief im fetten Gestrüpp rodete das Nashorn. Tiger kam ihm bruderhaft entgegen vom Flußlauf.

Feurig kreiste die Sonne am goldenen Himmel wie ein Karussell. Tausendfältig und ewig war das Leben. Und wo Tod zu faulen schien: neues Leben sproßte mit doppeltem Leuchten.

Noch lag das alte Jahrhundert zwischen den Menschen der Erde.

2

DA kamen die langen, langsamen Arbeitertrupps. Die Auswanderer und die Verbannten. Sie kamen mit Kampf und mit der Not.

Mit keuchenden Qualen kamen die Menschen und schlugen die dröhnenden Glocken des Metalls.

Sie hoben die Arme wie zum Fluch und rissen den Himmel zürnend um ihre nackten Schultern.

Ihr Blut schwitzte in die Scholle. Wieviel magere Kinder, wieviel Nächte, angstvolle, wurden an solchem Tag vergeudet!

Die Fäuste wie Fackeln aufgereckt. Zerschrieene Häupter. Aufgestemmte Rümpfe. Es war Arbeit. Es war Elend. Es war Haß.

So wanden sich die Spanier einst am Marterpfahl. So krümmten sich die Neger einst in verschnürtem Kniefall.

Das aber waren die modernen Arbeitertrupps. Das waren die heiligen, leidenden Proletarier.

Sie hausten in Baracken und in Lattenhütten stumpf. Geruch des Bratfischs und der Ekel des Branntweins schwälten. Die hölzernen Betten stießen sich an wie Särge im Friedhof.

Am Sonntag sehnte sich eine Ziehharmonika nach Italien oder nach Kapland. Irgendein krankes Herz schluchzte sich aus für die tausend andern.

Sie tanzten zusammen mit schwerem, schüchternem Fuß. Sie wollten die Erde streicheln, die morgen aufschreien mußte unter der Axt. Dann schlürften sie für fünf Cents Himbeereis.

Und wieder kam das Taghundert der Arbeit.

3

In ein Siechbett verwandelten sie die Erde. Die roten Fieber schwollen aus den Schlüften. Und die Wolken der Moskitos wirbelten um die Sonne.

Kein Baum mehr rauschte. Kein Blumenstern blühte mehr in dieser Lehmhölle. Kein Vogel schwang sich in den verlorenen Himmel.

Alles war Schmerz. Alles war Schutt und Schwefel. Alles war Schrei und Schimpf.

Diese Hügel rissen sich die Brust auf im Dynamitkrampf. Aus den triefenden Schluchten heulten die Wölfe der Sirenen. Bagger und Kranen kratzten die Seen auf.

Die Menschen starben in diesem unendlichen Friedhof. Sie starben überall an der gleichen Qual.

Den Männern entfuhr der tolle Ruf nach Gott, und sie bäumten sich wie goldene Säulen auf. Den Weibern entstürzten erbärmliche, bleiche Kinder, als ob sie die Erde strafen wollten mit soviel Elend.

Von der ganzen Erde waren sie zum knechtischen Dienst gekommen. Alle die Träumer von goldenen Flüssen. Alle Verzweifler am Hungerleben.

Die Aufrechten und die Wahrhaftigen waren da, die noch an

ein Mitleid des Schicksals glaubten. Und die dunklen Tölpel und die Verbrecher, die tief ins Unglück ihre Schmach verwühlten.

Die Arbeit aber war nur Ausrede. Jener hatte zwanzig verbitterte Generationen in seinem Herzen zu rächen. Dieser hatte die Syphilismutter in seinem Blut zu erdrosseln.

Sie alle schrien im Kampf mit der Erde.

4

Sie wußten aber nichts vom Panamakanal. Nichts von der unendlichen Verbrüderung. Nichts von dem großen Tor der Liebe.

Sie wußten nichts von der Befreiung der Ozeane und der Menschheit. Nichts vom strahlenden Aufruhr des Geistes.

Jeder einzelne sah einen Sumpf austrocknen. Einen Wald hinbrennen. Einen See plötzlich aufkochen. Ein Gebirge zu Staub hinknien.

Aber wie sollte er an die Größe der Menschentat glauben! Er merkte nicht, wie die Wiege eines neuen Meers entstand.

Eines Tages aber öffneten sich die Schleusen wie Flügel eines Engels. Da stöhnte die Erde nicht mehr.

Sie lag mit offener Brust wie sonst die Mütter. Sie lag gefesselt in den Willen des Menschen.

Auf der Wellentreppe des Ozeans stiegen die weißen Schiffe herab. Die tausend Bruderschiffe aus den tausend Häfen.

Die mit singenden Segeln. Die mit rauchendem Schlot. Es zirpten die Wimpel wie gefangene Vögel.

Ein neuer Urwald von Masten rauschte. Von Seilen und Tauen schlang sich ein Netz Lianen.

Am heiligen Kusse aber standen der Stille Ozean und der Atlantische Aufruhr. O Hochzeit des blonden Ostens und des westlichen Abendsterns. Friede, Friede war zwischen den Geschwistern.

Da stand die Menschheit staunend am Mittelpunkt der Erde. Von den brodelnden Städten, von den verschütteten Wüsten, von den glühenden Gletschern stieg der Salut.

Das Weltgeschwader rollte sich auf. Es spielten die blauen

Matrosenkapellen. Von allen Ländern wehten freudige Fahnen.

Vergessen war die dumpfe Arbeit. Die Schippe des Proletariers verscharrt. Die Ziegelbaracken abgerissen.

Über den schwarzen Arbeitertrupps schlugen die Wellen der Freiheit zusammen. Einen Tag lang waren auch sie Menschheit.

Aber am nächsten schon drohte neue Not. Die Handelsschiffe mit schwerem Korn und Öl ließen ihre Armut am Ufer stehn.

Am nächsten Tag war wieder Elend und Haß. Neue Chefs schrien zu neuer Arbeit an. Neue Sklaven verdammten ihr tiefes Schicksal.

Am andern Tag rang die Menschheit mit der alten Erde wieder.

Aufruf zur Gründung der Deutschen Demokratischen Partei

16. November 1918

Nach einem entsetzensreichen Krieg gehen wir durch die Wirren einer gewaltigen Revolution. Ein Staatssystem, das unbezwingbar schien, ist fast widerstandslos zusammengebrochen, die Dynastien sind beseitigt, die Säulen der alten Macht sind gestürzt. Das alles ist unrettbar tot. Niemand weckt es wieder auf. Arbeiter und Soldaten haben durch die Kraft, die aus dem engen Zusammenhalten der Massen sich ergibt, diese Umwälzungen herbeigeführt …

Die lange pietätvoll gehüteten Parteiprogramme sind bedeutungslos geworden, und auch viele, die als Führer des geistigen Lebens galten, sind hinter dem Geschwindschritt der Geschichte zurückgeblieben und stehen seit langem dem Denken und Wollen der tatkräftig vordringenden Generation fern …

Die Zeit erfordert die Gestaltung einer neuen sozialen und wirtschaftlichen Politik.

Sie erfordert, für monopolistisch entwickelte Wirtschaftsgebiete die Idee der Sozialisierung aufzunehmen, die Staatsdomänen aufzuteilen und zur Einschränkung des Großgrundbesitzes zu schreiten …

Prof. Albert Einstein, Hellmut v. Gerlach, Otto Nuschke,
Prof. Hugo Preuß, Dr. Otto Schott, Jena (u. a.)

KURT TUCHOLSKY

Krieg dem Kriege

Sie lagen vier Jahre im Schützengraben.
Zeit, große Zeit!
Sie froren und waren verlaust und haben
Daheim eine Frau und zwei kleine Knaben,
Weit, weit –!

Und keiner, der ihnen die Wahrheit sagt.
Und keiner, der aufzubegehren wagt.
Monat um Monat, Jahr um Jahr …

Und wenn mal einer auf Urlaub war,
Sah er zu Haus die dicken Bäuche.
Und es fraßen dort um sich wie eine Seuche
Der Tanz, die Gier, das Schiebergeschäft.
Und die Horde alldeutscher Skribenten kläfft:
»Krieg! Krieg!
Großer Sieg!
Sieg in Albanien und Sieg in Flandern!«
Und es starben die andern, die andern, die andern …

Sie sahen die Kameraden fallen.
Das war das Schicksal bei fast allen:
Verwundung, Qual wie ein Tier, und Tod.

Ein kleiner Fleck, schmutzigrot –
Und man trug sie fort und scharrte sie ein
Wer wird wohl der nächste sein?

Und ein Schrei von Millionen stieg auf zu den Sternen.
Werden die Menschen es niemals lernen?
Gibt es ein Ding, um das es sich lohnt?
Wer ist das, der da oben thront,
Von oben bis unten bespickt mit Orden,
Und nur immer befiehlt: Morden! Morden!
Blut und zermalmte Knochen und Dreck …

Und dann hieß es plötzlich, das Schiff sei leck.
Der Kapitän hat den Abschied genommen
Und ist etwas plötzlich von dannen geschwommen.
Ratlos stehen die Feldgrauen da.
Für wen das alles? Pro patria?

Brüder! Brüder! Schließt die Reihn!
Brüder! das darf nicht wieder sein!
Geben sie uns den Vernichtungsfrieden,
Ist das gleiche Los beschieden
Unsern Söhnen und euern Enkeln.
Sollen die wieder blutrot besprenkeln
Die Ackergräben, das grüne Gras?
Brüder! Pfeift den Burschen was!
Es darf und soll so nicht weitergehn,
Wir haben alle, alle gesehn,
Wohin ein solcher Wahnsinn führt –

Das Feuer brannte, das sie geschürt.
Löscht es aus! Die Imperialisten,
Die da drüben bei jenen nisten,
Schenken uns wieder Nationalisten.
Und nach abermals zwanzig Jahren
Kommen neue Kanonen gefahren. –
Das wäre kein Friede.
  Das wäre Wahn.

Der alte Tanz auf dem alten Vulkan.
Du sollst nicht töten! hat einer gesagt.
Und die Menschheit hört's, und die Menschheit klagt.
Krieg dem Kriege!
  Und Friede auf Erden.

MAGNUS HIRSCHFELD

Die Einordnung aller in einen einheitlichen Gesellschaftskörper

NICHT mehr ganz so trennend wie ehedem sind die *Glaubensbekenntnisse*. Wir können es heute kaum noch begreifen, daß noch vor wenigen Jahrhunderten verschiedene Konzessionen, wie die protestantische und katholische, um ihres Glaubens willen lange erbitterte Vernichtungskriege, wie den Dreizigjährigen Krieg, geführt haben. Im letzten Weltkrieg bekämpfte das protestantische England das protestantische Deutschland und das katholische Italien das katholische Österreich, unbekümmert um die gemeinsame Konzession. Stiften der Haß und Hader der Religionen demnach nicht mehr so viel Unfrieden und Uneinigkeit unter Menschen wie in vergangenen Zeiten, so ist doch ein interkonfessionelles Esperanto gleichwohl mit Freuden zu begrüßen, das nicht nur die Freiheit und Toleranz aller religiösen Richtungen einschließlich der atheistischen anstrebt, sondern das allen gemeinsame Edle und Hohe heraushebt, würdigt und als Brücke der Verständigung benutzt.

Viel stärker aber als der sprachliche und religiöse trennt der *soziale* Unterschied, der Besitz, und die damit verknüpfte Einteilung in Klassen, Kasten und Gesellschaftsschichten die Menschen innerhalb einer Nation und unter den verschiedenen Nationen. Das betonte sehr zutreffend Friedrich Adler, als er in seiner Verteidigungsrede meinte, für ihn zerfalle die Welt nicht in Ost und West, sondern in Oben und Unten. Das war auch der Gedanke von Karl Marx, als er sein »Kommunistisches Manifest« mit dem berühmten Satze schloß: »Proletarier aller Länder, vereinigt Euch!« Sicherlich war in den alten Obrigkeitsstaaten die Kluft zwischen den Obrigkeiten, beispielsweise den Herrschern der verschiedenen Staaten, bei weitem nicht so groß als zwischen den Obrigkeiten und den Untertanen ein und desselben Staates. Diese sozialen Ungleichheiten können nur durch eine größere soziale Gleichheit überwunden werden und diese kann nur durch den Genossenschaftsgeist, wie ihn der Sozialismus anstrebt, herbeigeführt werden, dessen Wesen nicht Unterordnung, sondern *Einordnung aller* ist als notwendig zusammengehörige Teile und Glieder eines einheitlichen Gesellschaftskörpers.

Mit dieser Forderung des biologischen Sozialismus wird man sich um so leichter einverstanden erklären können, je mehr man sich immer wieder als Naturforscher die Tatsache vor Augen hält, wie einfach das ist, was das Leben lebenswert macht, das Wichtige und Nötige, in dessen Erstreben alle einander vollkommen gleich sind. Wie geringfügig erscheint, verglichen mit den *allen gemeinsamen* Lebensbedürfnissen nach Speise und Trank, nach Gesundheit und Liebe, nach Arbeit und Erholung, ob jemand englisch oder deutsch spricht, ob er an einen einzigen oder dreieinigen Gott glaubt.

Der Lebensforscher und Arzt, der Leib und Seele des Menschen durchbringt, muß ihn Erwägung und Würdigung dieser Tatsachen sagen, daß die Menschen alles in allem genommen trotz individueller Verschiedenheiten *zu 99% einander gleich, höchstens zu 1% voneinander verschieden sind.* Um dieses eines Prozentes wegen verlohnt es sich wirklich nicht, einander zu beschimpfen und zu vernichten. Hinzu kommt, daß Leid und Freude bei allen Menschen die gleichen Wirkungen auslösen. In nichts unterscheidet sich eine trauernde Franzosenmutter von einer deutschen, die ihren Sohn beweint, die gleiche Heimatssehnsucht wühlt in den Herzen gefangener Russen und Deutschen, dieselbe Freude erfüllt sie beim Wiedersehen ihrer Frauen und Freunde.

EMIL JULIUS GUMBEL

Die Erschießung des 16jährigen Kurt Friedrich und seiner beiden Freunde

Am 10. März kamen zu dem jungen Kurt Friedrich (16 Jahre) seine beiden Freunde Hans Galuska (16 Jahre) und Otto Werner (18 Jahre) in die Wohnung der Mutter des Friedrich, am Schlesischen Bahnhof 3, zu Besuch. Alle drei Jungen hatten sich nie mit Politik beschäftigt. Sie waren kaum beisammen, als 8 Regierungssoldaten auf Grund einer Denunziation ankamen. Sie durchsuchten die Wohnung, ohne daß ihnen auch nur ein einziges belastendes Stück in die Hände gefallen wäre. Darauf erklärten sie die drei Jungen für verhaftet und führten sie ab. Die letzten Worte, die Kurt Friedrich sagen konnte, waren: »Mutter, meine Papiere sind in Ordnung, ich habe nichts auf dem Gewissen.«

Die Mutter begab sich in die Schule in der Andreasstraße, wo Reinhardttruppen lagen, und sah, wie die drei Jungen abgeführt wurden und schrecklich heulten. Der befehlshabende Offizier ließ die Frau nicht zu Worte kommen. Am 12. März, nach zwei schrecklichen Tagen des Wartens, erhielt Frau Friedrich von Bekannten die Nachricht, Hans Galuska läge im Leichenschauhaus. Sie fand dort die drei jungen Freunde als Tote wieder. Sie waren am 11. März als »unbekannt« eingeliefert worden. Kurt Friedrich hatte einen Kopf- und Hüftschuß. Die neuen Stiefel waren ihm gestohlen. Hans Galuska hatte ebenfalls zwei Schußwunden, darunter eine an der Stirn, und mehrere Verletzungen durch Schläge. Es fehlten ihm: Hut, Kragen, Krawatte, Ulster, Jackett und Stiefel. Otto Werners Gesicht war beinahe unkenntlich, außerdem war der eine Arm völlig zerschossen, so daß anzunehmen, daß er ihn vors Gesicht gehalten. Die Sache wurde der Staatsanwaltschaft mitgeteilt. Es erfolgte jedoch *weder gegen die beteiligten Mannschaften noch gegen die verantwortlichen Offiziere ein Verfahren.*

Dagegen haben nach einem Schreiben des Heeresabwicklungsamtes Preußen an den Anwalt der Frau Friedrich, »die umfangreichen Ermittlungen ergeben, daß Friedrich wegen Verdachts der Beteiligung an spartakistischen Umtrieben verhaftet und aus Anlaß eines Fluchtversuches erschossen wurde«. Zeugenaussagen für diese Behauptungen sind nicht aufgeführt.

HEINRICH VOGELER

Frieden zwischen Mensch und Mensch, zwischen Volk und Volk

Wie die Könige und Hirten in dunkler Nacht den Stern des Glaubens, der Liebe und der Hoffnung über sich erstrahlen sahen, so erkennt ihr in der Revolution das Licht der Welt: die Menschenliebe, den Völkerfrieden. Ihr habt euch erhoben, um eure Erkenntnis in die Herzen aller Menschen zu tragen. Ihr wollt eine neue Ordnung, das Gegenseitigkeitsverhältnis, den wirklichen Frieden von Mensch zu Mensch, von Volk zu Volk, das höchste Ziel der Menschheit überhaupt.

In allen vergangenen Jahrhunderten sind ähnliche Versuche gemacht, stets wurden sie vernichtet durch die kapitalistisch orientierte Weltordnung.

Das höchste Ziel der Menschheit, den unzerstörbaren, dauernden Frieden zwischen Mensch und Mensch, zwischen Volk und Volk, wollt ihr errichten, den sozialistischen Staat, die kommunistische Völkergemeinschaft.

Ihr wollt euch befreien von der Sklaverei des Besitzes, des Kapitals, den freien Weg der Selbstbestimmung beschreiten, an Stelle der kriegerischen Wehrfrage die friedliche Nährfrage setzen. Angstvoll schaut der Bürger auf euer Tun, auf eure Waffen, die er euch nur gab, um die kapitalistische Welt auszudehnen und zu verteidigen. Millionen starben für diese vergänglichen wirtschaftlichen Ziele einer geringen Oberschicht von Menschen (1580000 in Deutschland allein). In der bürgerlichen Gesellschaft verkörpert das Kapital die Macht über die Menschheit. In der Kommune verkörpert jeder einzelne die Macht über das Kapital.

HANS WEHBERG
Die kleine Schar einsamer Pazifisten sah das Unheil voraus

Wie konnte es nur kommen, daß die pazifistische Idee bei uns so verkannt wurde und es erst des Blutbades dieses Krieges bedurfte, um ihr zum Siege zu verhelfen?

Ich glaube, die Kraft der Suggestion, der unheilvollen Massensuggestion der Blut- und Eisenpolitik, hat hier verheerend gewirkt. Sie war eine Krankheit, die das deutsche Volk zu einer Zeit befiel, als andere Nationen schon auf dem besten Wege waren, sich höheren Bahnen der Politik zuzuwenden. Eine falsche Weltanschauung hatte die Geister in Deutschland verwirrt und sie taub werden lassen gegenüber der großartigen Idee des Pazifismus, der sich in anderen Ländern bereits weiteste Kreise zugewandt hatten.

Wir, die wir als kleine Schar einsamer Pazifisten das Unheil voraussahen, die wir nie müde wurden, die Wohltaten eines dauerhaften Friedens zu verkünden, uns hat man vor und während des Krieges nicht zu Worte kommen lassen. Das falsche Geschwätz der Männer des alldeutschen Verbandes, des Wehr- und Flottenvereins, der Vaterlandspartei und wie sich alle diese Unheilbringer des Deutschen Reiches nannten, die den Boden für einen Krieg innerhalb des deutschen Volkes so glänzend durch ihre Propaganda vorbereitet hatten, hatte die Geister gefangengenommen und sie unheilbar verblendet.

HERMANN KANTOROWICZ
Verteidigung des Völkerbundes

Selbst im innerstaatlichen Leben gibt es, wie alle politischen Prozesse beweisen, Unparteilichkeit nur in beschränktem Maße und auch dies nur deshalb, weil die gemeinsamen Vaterlandsinteressen die Einzelinteressen bedeutend überwiegen. Erst wenn jedes Volk dazu erzogen worden ist, die Menschheit als das gemeinsame Vaterland anzusehen, wird das bescheidene Maß von Unparteilichkeit, auf das wir überhaupt hoffen können, sich erreichen lassen. Um diesem Ziele sich zu nähern, ist aber der verkehrteste Weg der, den Völkerbund, also das vornehmste Organ der Menschheit, zu verketzern. Gewiß hat der Rat in seinen bisherigen Entscheidungen, namentlich in den Fragen, die Eupen-Malmédy und das Saargebiet betreffen, beide Male unter französischem Einfluß, selbst jenes Mindestmaß an Unparteilichkeit vermissen lassen. Das muß sich aber ändern, sobald vier wahrhaft neutrale Staaten hineingewählt sein werden, und dies wird die Versammlung schon in ihrem eigenen Interesse das nächste Mal bewirken. Der Deutsche nimmt sich viel zu wichtig, wenn er glaubt, daß noch heute alle internationalen Entscheidungen durch die Abneigung gegen ihn bestimmt werden.

CLARA ZETKIN

Die Proletarier von pazifistischer Selbsttäuschung befreien

Der Pazifismus ist seinem Wesen nach bürgerliche Sozialreform, ist eine spezifische Form der bürgerlichen Sozialreform und ebenso ohnmächtig wie diese, die Widersprüche, Gegensätze und Übel des Kapitalismus zu überwinden.

Die Kommunisten müssen pazifistische Anläufe in der bürgerlichen Gesellschaft zum Anlaß nehmen, um die Proletarier in den Kampf zu führen, dessen wichtigstes Ergebnis sein wird, sie von jeder pazifistischen Selbsttäuschung zu befreien. Je bestechender pazifistische Ziele großen Massen nach den Furchtbarkeiten und Verbrechen des letzten Krieges erscheinen können, um so dringlicher ist es, daß diese durch den Anschauungsunterricht des Kampfes über den Pazifismus belehrt werden. Seine Propaganda birgt die schwere Gefahr in sich, die revolutionäre Kampfenergie des Proletariats durch Illusionen zu entnerven und zu lähmen. Ihr gilt es zu begegnen.

Das Proletariat darf deshalb nun und nimmer unter dem Einfluß gefühlsseliger pazifistischer Gedankengänge abrüsten, umgekehrt, es muß mit höchster Energie weiterrüsten, es muß mit opferbereiter Entschlossenheit weiterkämpfen. Es muß sich der Tatsache bewußt bleiben, daß die Bourgeoisie herrscht und ausbeutet, weil ihr die Verfügungsgewalt über die Produktionsmittel des Lebens und über die Produktionsmittel des Todes eignet. Ihre Herrschaft über die Produktionsmittel des Lebens hält sie aufrecht, weil sie auch Herrin ist über die Produktionsmittel des Todes. Wenn die Ausgebeuteten und Enterbten ihre Hand ausstrecken nach den Produktionsmitteln des Lebens, ja auch wenn sie nur einen größeren Anteil von deren Früchten fordern, so wirft die Bourgeoisie ihr Begehren nieder, indem sie die Produktionsmittel des Todes spielen läßt.

Aber vergessen wir nicht, daß die Bourgeoisie die Produktionsmittel des Lebens und die Produktionsmittel des Todes nur ausnutzen kann, wenn Proletarierhände sie bedienen. Die Proletarierköpfe, die die Proletarierhände lenken, müssen richtig denken lernen.

Um sich von der Ausbeutung und Unterdrückung zu befreien, muß die Arbeiterklasse der Bourgeoisie nicht bloß die Produktionsmittel des Lebens entreißen, sondern auch die Produktionsmittel des Todes. Gewalt läßt sich nicht wegdisputieren und nicht wegbeten. Gewalt kann nur durch Gewalt gebrochen werden. Das sprechen wir Kommunisten offen aus, nicht weil wir »Anbeter der Gewalt« sind, wie sanfte bürgerliche und sozialdemokratische pazifistische Gemüter uns beschuldigen. Nein, wir beten die Gewalt nicht an, jedoch wir rechnen mit ihr, weil wir mit ihr rechnen müssen. Sie ist da und spielt ihre geschichtliche Rolle, ob wir wollen oder nicht. Es fragt sich nur, ob wir sie widerstandslos erdulden oder ob wir sie kämpfend überwinden wollen.

Die Geschichte der russischen Revolution erweist schlagend das Illusionäre, die Haltlosigkeit jener bürgerlich-pazifistischen Auffassung, die auf proletarische Kreise übergegriffen hat, daß bürgerlich-antimilitaristische Gesinnung Massen über Nacht in geschlossene, gerüstete, schlagkräftige, revolutionäre Kämpferheere verwandeln könne. Bei pazifistischer Einstellung hätte das Proletariat von Petrograd und Moskau nie unter Führung der Bolschewiki zu siegen und die Sowjetordnung zu gründen vermocht. Die russische Revolution geht jedoch noch über diese Lehre hinaus. Sie widerlegt den Pazifismus überhaupt.

Frieden war das erste Wort der Sowjetrepublik, ihre erste Tat war Demobilisation. Was hat das kapitalistische Europa darauf geantwortet? Deutschland ließ seine Truppen – darunter viele Tausende klassenbewußter Proletarier – das sozialdemokratische Programm oder auch Kautskys Verherrlichung des »Völkerbundes« im Tornister – gegen Petrograd marschieren; ließ sie zur Verteidigung der Versklavungs- und Auswucherungsmacht von Junkern, Fabrikanten und Bankiers in den Ostseegebieten, in Finnland und der Ukraine friedens- und freiheitssehnsüchtige Arbeiter niederschlagen. Der Ententeimperialismus zahlte dafür, daß weißgardistische Heere und Banden Sowjetrußland verwüsteten. Mit der Schärfe des Schwertes mußte der Arbeiter- und Bauernstaat seine Existenz verteidigen. Nicht pazifistische Deklamation – die Rote Armee wird auch künftig Sowjetrußland schützen.

JOSEF WIRTH

Der Rapallovertrag – ein ehrliches, aufrichtiges Friedenswerk

Es ist eine große Aufregung über den Vertrag von Rapallo durch die Welt gegangen. Wellen sind hervorgerufen worden, die auch nach Deutschland hinübergespielt haben. Ich habe so den Eindruck, daß diejenigen, die am lautesten drüben, jenseits unserer Grenze, sich über den Rapallovertrag aufgeregt haben, den Rapallovertrag nicht einmal gelesen haben, sondern daß allein das selbständige Handeln Deutschlands bereits auf der Gegenseite in einzelnen Kreisen Bestürzung hervorgerufen hat.

Wer den Rapallovertrag sorgfältig und ohne Voreingenommenheit durchliest, muß gestehen, daß der Vertrag von Rapallo ein ehrliches, aufrichtiges Friedenswerk ist. Es ist im gewissen Sinne ein vorbildlicher Friedensvertrag.

In diesem Friedensvertrag gibt es weder Besiegte, noch gibt es Sieger. Es ist die vollkommene Liquidierung der aus dem Kriegszustand herrührenden gegenseitigen Forderungen. Unverständlich ist deshalb die Aufregung, die sich gerade an diesen Vertrag geknüpft hat, und noch unverständlicher ist die Deutung dieses Vertrages als eines kriegerischen Faktors in Europa. (...)

Ich kann nur wiederholen, was ich in Genua und was ich vorhin schon gesagt habe, daß der Rapallovertrag keinerlei diesbezügliche Absichten enthält, sondern nur den Willen zweier großer Nachbarreiche realisiert, in Frieden und verständnisvoller Zusammenarbeit, und zwar in der Arbeit gegenseitigen Wiederaufbaus, zusammen zu leben und dann zu diesem Zweck einen Strich unter die Vergangenheit zu machen. Er bedeutet nicht nur einen Frieden zwischen zwei Völkern, denen es immer gut gegangen ist, solange sie sich verstanden haben, er bedeutet auch einen Ausgleich, eine Brücke zwischen Ost und West in wirtschaftlicher und sozialer Hinsicht zum Wohle beider Völker.

Es ist interessant, daß dieser Rapallovertrag bei den Arbeitern der ganzen Welt als erstes wahres Friedenswerk nach der großen Katastrophe erkannt und gewürdigt worden ist. Der Vertrag bedeutet aber auch – und darauf dürfen wir hier nochmals hinweisen – ein Nichteinmischen in die inneren parteipolitischen und sozialen Verhältnisse eines anderen Landes.

ROBERT RENÉ KUCZYNSKI

Klassensolidarität statt Völkerhaß

Es wäre vermessen von mir, wollte ich deutschen Arbeitern die Notwendigkeit einer Solidarität des internationalen Proletariats predigen. Denn dieser Überzeugung hat der deutsche Arbeiter schon vor dem Kriege Opfer gebracht wie kein anderer Arbeiter der Welt. Aber ich darf vielleicht hier doch aussprechen, daß es mich mit wachsender Besorgnis erfüllt, wenn ich sehe, mit welchem Erfolge die deutschen Kapitalisten bestrebt sind, die natürliche Gegnerschaft der deutschen Arbeiter von sich abzuwenden und gegen das französische Volk lenken. Diese Aufgabe wird den deutschen Kapitalisten durch das Verhalten der französischen Regierung sicherlich erleichtert. Aber der deutsche Arbeiter sollte nie aus dem Auge verlieren, daß alle materiellen Opfer, die er nach Kriegsende der Entente hat bringen müssen, ein Kinderspiel sind gegenüber der Ausbeutung, die er durch deutsche Landwirte, deutsche Industrielle, deutsche Kaufleute erlitten hat.

Die französischen und die deutschen Kapitalisten sind sich ihres gemeinsamen Klasseninteresses voll bewußt. Die Harmonie zwischen ihnen erleichtert nicht, sondern sie erschwert eine vernünftige Lösung der Reparationsfrage, eine Lösung, die in Wirklichkeit die gar nicht so sehr widerstreitenden Interessen des deutschen und des französischen Volkes miteinander versöhnen könnte. Die Parole darf also nicht lauten: eine Einheitsfront von Deutschland gegen Frankreich, von Frankreich gegen Deutschland, sondern: der deutsche Arbeiter mit dem französischen Arbeiter gegen den deutschen und den französischen Kapitalisten!

MARTIN RADE

»Wie soll der Christ heute … sich zum Friedensgedanken stellen?«

Im ganzen kann man nicht sagen, daß die Kirchen, die Kanzeln, die Katheder in Europa und so auch bei uns in Deutschland dem Friedensgedanken heute erschlossen seien. Das Wort »Pazifist« ist eine Art Schimpfwort in kirchlichen Kreisen. Das beweist die kirchliche Presse. Man kann dawider predigen hören, von dem Unterricht in den (höheren) Schulen zu schweigen. Der Pazifist ist verdächtig, daß er kein Patriot sei, sein Volk und Vaterland nicht lieb habe, das internationale Interesse über das nationale stelle. Man hat Sorge, es könnte der Friedensgedanke die Wehrfähigkeit und Wehrbereitschaft Deutschlands untergraben und so uns vollends zu der Ohnmacht herunterbringen, zu der wir durch die Entwaffnung anscheinend schon ohnedies verurteilt sind.

Fragen wir nach alledem: Wie soll der Christ heute, zumal in Deutschland, sich zum Friedensgedanken stellen?

Denken wir noch einmal an Jesus zurück. Er hat den Krieg weder geboten noch verboten. Er hat überhaupt kein Gesetz gegeben, keine Gebote oder Verbote für allerhand Fälle (casus), keine Kasuistik. Er hat allen seinen Einfluß darauf gerichtet, eine bestimmte *Gesinnung* in den Jüngern zu wecken, aus der heraus, als aus ihrem Eigensten, sie dann handeln sollten. Gesinnung gibt es aber nur in der Freiheit. So ist es nicht verwunderlich, daß bis auf den heutigen Tag in dieser wie in andren ethischen Fragen ernste Christen verschiedene Wege gehen. Wohl wird nur ein Weg der rechte sein. Vielleicht aber sind doch auch unter verschiedenen Bedingungen verschiedene Wege geboten. Jedenfalls ist Freiheit ohne solche Möglichkeit der Entscheidung nicht vorhanden.

Will nun der Christ in seiner Gesinnung sich nach der Gesinnung Jesu richten, so wird ihm das in unserem Falle dadurch erschwert, daß sich Jesus mit dem, was er über Staatswesen und Völkerverkehr dachte, kaum offenbart hat. Jedenfalls kann davon nicht die Rede sein, daß er das Christentum als eine pazifistische Organisation, sondern eine Mission. Es war Geist, eine Geistesschöpfung, Geistesströmung. In welches Bett wird sie sich ergießen? – Nun, so viel ist doch deutlich, daß ihr wesentlich eigen war die Friedfertigkeit und die Feindesliebe. Zunächst eine Gesinnung für den kleinen Kreis: für Familie, Freundschaft, Nachbarschaft, Berufsgemeinschaft usw., kurz für den täglichen Verkehr der Menschen. Da hieß es: nicht zürnen, schelten, vergelten, sondern das Böse mit Gutem überwinden. Aber es greift doch schon stark in das Politische hinein, wenn wir Jesu Haltung zu den Pharisäern betrachten: das war die Kriegspartei, die Vaterlandspartei im jüdischen Volke, das waren die Vorkämpfer des Nationalismus, wirkliche Patrioten, leidenschaftliche Hasser der römischen Fremdherrschaft und Förderer jedes Revanchekrieges. Macht man sich das klar, so wird es einem schwer möglich sein, zwischen der Gesinnung Jesu und irgendwelchem heutigen Revanche-Christentum eine Verbindung herzustellen.

WALTHER RATHENAU

Frieden und Freundschaft mit Sowjetrußland

Die Wiederverbindung des Ostens und Westens ist eine der großen Aufgaben der künftigen europäischen Politik. Es ist nötig, daß ein Kontinent wie Rußland, ein Land von solchem Umfang, solcher Menschenzahl, solchen ungehobenen Schätzen wieder erschlossen wird. Es ist nötig, daß es dem wirtschaftlichen Komplex des Westens wieder angegliedert wird. Den Mächten der Entente ist das bisher nicht gelungen. Die Arbeit ist verschoben auf Den Haag … Wir haben unsererseits einen eigenen Weg beschritten, den Weg des reinen, freien, vergebenden Friedens. Wir haben diesen Weg beschritten zum Zweck des Aufbaues einer neuen Zukunft mit einem Lande, das ebenso schwere Schicksalsschläge erlitten hat wie wir. Mit einem solchen Land kann man nicht abrechnen wie mit einem schlechten Schuldner. Man kann und soll mit ihm zusammenwirken. Man hat uns den Vorwurf gemacht, wir hätten Rapallo im unrichtigen Moment abgeschlossen. Ja gewiß, wenn an einer Tatsache nicht zu mäkeln ist, so bleibt wenigstens die Kritik: An sich gut, aber es hätte nicht am Montag, sondern es hätte am Dienstag oder Mittwoch sein sollen. Wir mußten den Vertrag abschließen in dem Augenblick, wo wir erkannten, daß die Westmächte unseren berechtigten Wünschen nicht gerecht wurden, wo andererseits die vertraglichen Bestimmungen für uns sich fügten. Wir rechnen nicht in der Politik mit Dankbarkeit. Frühere Politik, die sich vielfach auf Dankbarkeit gegründet hat, ist stets enttäuscht worden. Aber mit Realitäten und Tatsachen der Vergangenheit zu rechnen, ist kein Fehler, und es ist eine Realität, wenn eine Verbindung abgeschlossen wird von Völkern, die sich die Hände reichen, um in Frieden und Freundschaft zu leben.

Rußland lebt unter einem Wirtschaftssystem, das sich von dem unseren unterscheidet. Wir haben dieses Wirtschaftssystem nicht zu kritisieren. Vielleicht wird Rußland es allmählich umgestalten. Wir glauben, daß es heute in voller Umgestaltung begriffen ist. Wir haben unseren Frieden geschlossen nicht mit einem System, sondern mit einem Volk, und wir haben ihn geschlossen durch die Menschen, die in diesem Augenblick dieses Volk vertreten. Welche Wirtschaft sie betreiben, bekümmert uns nicht. Wir werden ihnen, soweit wir können und soweit sie es wünschen, wirtschaftlich zur Seite stehen mit wirtschaftlicher Initiative, mit Erfahrung und Kenntnis des Landes, mit den organisatorischen Fähigkeiten des deutschen Wirtschaftlers, mit den Einsichten des deutschen Gelehrten. Wir werden uns ihnen weder verschließen noch aufdrängen, sondern wir werden sie nach ihrer Fasson selig werden lassen. Wir hoffen aufrichtig, daß sie sich zu einem Wirtschaftssystem fügen, das sich mit dem europäischen Wirtschaftssystem ergänzt. Wir selbst nehmen darauf einen Einfluß nicht.

F. C. WEISKOPF

Trommlerliedchen

Trommler,
Kleiner Trommler,
Was bist du so starr, so still?
Vergißt die Schlägel zu rühren,
Weißt doch, daß ich's nicht will!

Hauptmann,
O Herr Hauptmann,
Ich hatt eine Blume schön.
Die Blume ist verwelket,
Weiß nicht, wie es geschehn.

Trommler,
Kleiner Trommler,
Jetzt trägst du Litze und Band,
Hast nicht an Blumen zu denken.
Denk an ein Ordensband!

Hauptmann,
O Herr Hauptmann,
Als ich sie einst erhielt,
Da hab ich was versprochen,
Das hab ich nicht erfüllt.

Trommler,
Kleiner Trommler,
Was bist du so dumm, so dumm!
Findst viele andre Mädchen,
Ist deine Dienstzeit um.

Hauptmann,
O Herr Hauptmann,
Irrt Euch in der Blume nicht,

Es war eine rote Nelke
Und kein Vergißmeinnicht.

Muß an die Nelke denken,
Bei Tag und auch bei Nacht,
Und was ich ihr geschworen,
Eh Ihr mich zum Trommler gemacht.
Ich will noch eins trommeln,
Mit starkem Wirbelschlag,
Dran sollt Ihr, o Herr Hauptmann,
Noch denken manchen Tag:
Rudibum, rudibum, rudirataplan,
Herunter die alten Zeichen!
Die Nelke, die steckt an!
Vorwärts, rote Soldaten!

Rudibum, rudibum, rudirataplan,
Wer hungert, geht mit,
Wir trommeln voran
Zum letzten Gefecht die Signale!

THOMAS MANN

Ich bin kein Pazifist

Ich bin kein Pazifist, weder von der geifernden noch von der öligen Observanz. Der Pazifismus als Weltanschauung, als seelisches Vegetariertum und bürgerlich-rationale Glücksphilanthrophie ist nicht meine Sache. Aber er war auch eines Goethe Sache nicht, oder wäre es nicht gewesen, und dennoch war er ein Mann des Friedens. Ich bin kein Goethe; aber ein wenig, irgendwie, von weither, bin ich, mit Adalbert Stifter zu reden, »von seiner Familie«, und auch mein Teil ist der Friede, denn er ist das Reich der Kultur, der Kunst und des Gedankens, während im Kriege die Roheit triumphiert … nicht sie allein, seid still, ich weiß es, aber wie der Mensch ist, wie es heute um unsere Welt steht, fast nur noch sie. Die Welt, die Völker sind alt und klug heute, die episch-heroische Lebensstufe liegt für jedes von ihnen weit dahinten, der Versuch, auf sie zurückzutreten, bedeutet wüste Auflehnung gegen das Gesetz der Zeit, eine seelische Unwahrheit, der Krieg ist Lüge, selbst seine Ergebnisse sind Lügen, er ist, wieviel Ehre der einzelne in ihn hineinzutragen willens sein möge, selbst heute aller Ehre bloß, und darum stellt er dem Auge, das nicht sich selbst betrügt, als Triumph aller brutalen und gemeinen, der Kultur und dem Gedanken erzfeindlich gesinnten Volkselemente, als eine Blutorgie von Egoismus, Verderbnis und Schlechtigkeit fast restlos sich dar.

ERNST TOLLER

Was tatest du wider den Krieg?

Genossen! Genossinnen!
Revolutionäre Jugend!
In diesen Tagen ward schrecklich mir Erlebnis, das aufriß zum Gleichnis das Antlitz dieser Zeiten. Ich stand auf einem abendlichen Feld im Palmengarten. In den Lüften, knatternd und prasselnd, im Farbenspiel kreisender Lichtgestalten, zerstoben flirrend Raketen. Eine Stimme neben mir, selig verzückt, sprach vor sich hin: Wie an der Front! Und einer Frau Echo, träumerisch: Wie an der Front!

Da krampften sich meine Hände zusammen, da wollte ich schreien: Ihr lügt! Ihr lügt! Erinnert euch! Erinnert euch! Von Blendlichtern seid ihr berauscht, wieder berauscht. Erinnert euch doch! Erinnert euch!

Schon war ich fortgerissen im Strudel der Menge, und es wölbte sich in unendlicher Stille der Himmel.

Sei nicht stolz, Mann, daß du hier stehst und deine Fäuste ballst wider den Krieg. Was tatest du vor zehn Jahren? Was tatest du wider den Krieg? Ob du Deutscher oder Franzose, Engländer oder Amerikaner, was tatest du wider den Krieg? Hurra! schriest du, Hussa! Eljen! Evviva la guerra! Das tatest du.

Sei nicht stolz, Frau, daß du hier stehst, wissender als deine blinden Schwestern, und den Krieg anklagst, der dir Mann nahm und Bruder und Sohn. Ob du Deutsche, Französin, Engländerin oder Amerikanerin, was tatest du wider den Krieg? Mit sommerlichen Blumen schmücktest du Mann und Geliebten, Sohn und Bruder, beschwingt aufleuchteten deine Augen, und schwer von schmerzlich süßer Trunkenheit ließest du ihn ziehen!

Du warfst dich nicht vor die Züge, du ließest ihn ziehen!

Was tatest du, Jugend? Dein Wort war Jubel, dein Schritt Trommelklang und: Auf in den Krieg!

Ihr alle werdet mir antworten, man hat uns gezwungen.

Wer kann den Menschen zwingen?

Niemand!

Verblendete waren wir, Knechte! Wir waren es, die Granaten schmiedeten und brauten die giftigen Gase des Mordes! Wir waren es, die Bomben warfen auf wehrlose Städte!

Kameraden! Denkt zurück! Hört ihr im Drahtverhau schreien den hilflos Sterbenden? Fühlt ihr die klagende Stille gemordeter Wälder? Hört ihr das dumpfe Gebrüll verlassener Tiere?

Menschen, Tiere, Wälder gemordet!

Ihr Millionen des Weltkrieges? Euch rufe ich an in dieser Stunde. Feinde? Arme geopferte Menschen! O Umarmung geschändeter Leiber im Massengrab Europas, Asiens, Afrikas!

Genossen, die Stunde fand eine Generation, die versagte. Ja, alle haben wir versagt. Das Proletariat der Welt, es hat versagt. Möge dieses Wort eure Herzen krallen mit den Millionen Händen der auf allen Schlachtfeldern der Welt sinnlos Geopferten. Wir haben versagt!

Eine Generation versagte, in der der Geist der Internationale hätte glühen sollen! Genosse kämpfte gegen den Genossen, Genossin verfluchte die Genossin. Und nicht verfinsterte sich der Himmel in uns. Und nicht stockte der Herzschlag unsres Blutes.

Da stand ein Mann auf: Karl Liebknecht. Da standen auf die namenlosen Rebellen, erschossen, füsiliert an Gräben und Mauern.

Sie blieben allein.

Der Krieg starb. An sich selbst starb er, nicht am Willen der Völker. Nur Rußland gab uns ein anderes Beispiel.

Und das, ihr werktätigen Völker, war euer zweites Verbrechen wider den Geist der Internationale. Ihr hättet den Krieg töten können nach dem Rausch der ersten Monate. Ihr tatet es nicht. Ihr ließet ihn leben, fünf Jahre lang, bis er an sich selbst starb.

Nun lasten fünf Jahre des Friedens auf uns. Friede? Gigantisches Drahtverhau, gespannt über die Felder der Welt. Darin krümmen sich die Völker, darin stöhnen sie, darin ächzen sie, suchend den Traum des Friedens, der sie beglückte.

Friede?

Gelächter – woher?

Aus Gefängnissen, Zuchthäusern, Gelächter geketteter Revolutionäre.

Friede?

Führen die Mächtigen nicht Tag um Tag Krieg gegen die proletarischen Völker? Einen zähen, unendlichen Krieg!

Wacht auf, ihr Völker, wacht auf!

Es gibt einen Weg!

Werktätige Völker der Erde, bündet euch!

Zerreißt die Toga vaterländischer Prunkworte:

Das Fundament, das euch trägt, baut sich auf den Leibern, die geopfert wurden nacktem Profit.

Völker der Erde: Schafft ein neues Fundament!

Ihr könnet es schaffen! Ihr könnet es schaffen!

Nieder der Krieg!

Es lebe der revolutionäre Bund freier, befreiter Völker!

Es lebe die künftige, geeinigte Internationale.

ERNST FRIEDRICH

»Kämpft gegen den Kapitalismus – und Ihr kämpft gegen jeden Krieg!«

WENN sich das internationale Kapital durch gegenseitige Konkurrenz bedroht fühlt und wenn die Schlotbarone und Fabrikbesitzer unter sich in Streit geraten, dann rasseln sie mit Säbeln und mit Sporen, dann rufen sie: »Das Vaterland ist in Gefahr!« (Gemeint ist mit dem Vaterlande stets der Geldsack!)

Und sonderbar:

Die Arbeitssklaven aller Länder lassen Pflug und Amboß stehen, eilen zu den Waffen und schützen Gut und Leben ihrer Herren, mit ihrem eignen Blut und Leben.

Was sag ich? »Sonderbar sei dies?«

Es ist natürlich! – Ist natürliche Unnatur!

Denn nicht nur Staatsmacht und Gewalt zwingt alle »Untertanen«, Thron und Geldsack stets zu schützen und dafür zu verrecken, das Kapital hat nicht nur wirtschaftliche Macht in Händen, es hat in gleichem Maße und mit gleicher Kraft auch geistig die Proleten unterjocht!

Das wird leicht übersehen und darum steckt noch so viel bürgerliche Ideologie im Proletariat.

Drum sag ich's immer wieder meinen Brüdern, den Proleten, sag's den Klassenkämpfern:

»Macht Euch frei von bürgerlichem Vorurteil!

Kämpft gegen den Kapitalismus in Euch! Aus Eurem Denken und aus Eurem Tun spricht noch unendlich viel von Spießer- und Soldatentum, und fast in jedem steckt noch so ein eingedrillter Unteroffizier, der herrschen und befehlen will, sei's auch nur über eigne Kameraden, und über Frau und Kind in der Familie!«

Doch ich sag auch zu jenen bürgerlichen Pazifisten, die nur mit Händestreicheln, mit Teegebäck und frommem Augenaufschlag Kriege zu bekämpfen suchen:

»Kämpft gegen den Kapitalismus – und Ihr kämpft gegen jeden Krieg! Das Schlachtfeld in Fabriken und in Gruben, den

Heldentod in Siechenhäusern, das Massengrab in Mietskasernen, kurzum: den Krieg, den scheinbar ewigen Krieg der Ausgebeuteten gegen die Ausbeuter! Seht Ihr das alles nicht?

Also heißt Krieg dem Kriege:
Krieg der Geschobenen gegen die Schieber!
Krieg der Betrogenen gegen die Betrüger!
Krieg der Bedrückten gegen die Bedrücker!
Krieg der Gepeinigten gegen die Peiniger!
Krieg der Hungernden gegen die Satten!

WALTER SCHÜCKING

Soziale Frage und Pazifismus

Zwei Ideen haben die Menschheit von jeher beschäftigt. Wie ist das Elend in die Welt gekommen, und was könnte man tun, um das Elend zu beseitigen. Vergangene Jahrtausende, die im Zeichen einer gebundenen Weltanschauung standen, haben sich freilich mehr mit der ersten als mit der zweiten Frage beschäftigt. Ich brauche nur an die Geschichte vom Sündenfall und die Erzählungen der Antike vom Goldenen Zeitalter zu erinnern. Unsere Zeit, ausgehend von dem Entwicklungsgedanken, weiß, daß jene Anschauung unrichtig ist, nach der die Menschheit immer tiefer gesunken. Wir wissen heute oder glauben zu wissen, daß wir von tierischen Formen des Daseins aufgestiegen sind zur Menschlichkeit ... Seit Jahrzehnten betrachtet man die soziale Frage als das Problem der Zeit. Leider sind wir Pazifisten die einzigen gewesen, die vor dem Weltkrieg begriffen hatten, daß von einer Lösung der sozialen Frage erst gesprochen werden kann, wenn zuvor die internationale Frage gelöst ist; denn es liegt im Wesen des Krieges, daß er auf der einen Seite das soziale Elend ins Ungeheure vermehrt, auf der anderen Seite aber die Mittel des Staates zur Lösung der sozialen Aufgaben auf einen elenden Bruchteil dessen herabführt, was in den Zeiten friedlichen Wohlstandes dafür zur

Verwendung stand. Heute aber sind die Völker durch die Erfahrungen des Weltkrieges für diese Erkenntnis reif geworden.

BRUNO VOGEL
Der Schrei

Wie ein Mysterium war es.

Keiner von uns wußte mehr, wie lange wir schon in diesem Trichterfeld uns vor dem Tode duckten.

Keiner mehr fühlte, wie Stunde nach Stunde, Tag um Tag seines – doch nur so einmaligen – Lebens mitleidlos an ihm vorüberglitt ins Gewesen.

Ununterbrochen, wie die Zeit selbst, raste die gewaltige Musik des Mords über jede Sekunde unseres verlorenen Seins hin, aber wir hörten sie nicht mehr.

So stumpf waren wir geworden.

Plötzlich, in einer Nacht, grauenhaft plötzlich, war alles still.

Schmerzend schrak unser Bewußtsein wach, begriff dann: Die Front schwieg?

Eine Leuchtkugel zischte hoch, tastete mit gespenstischer Blässe durch das Dunkel der Nacht.

Es stand ein Mensch zwischen den Stellungen, ein Soldat.

Er hob die Hände empor und schrie: »Mu – tter!«

Dann brach er zusammen.

Die Leuchtkugel verlosch zuckend in einem Trichter und die Front begann wieder ihr gewohntes Werk.

Mutter!

KLABUND

Die Ballade des Vergessens

In den Lüften schreien die Geier schon,
Lüstern nach neuem Aase.
Es hebt so mancher die Leier schon
Beim freibiergefüllten Glase,
Zu schlagen siegreich den alt bösen Feind,
Tät er den Humpen pressen ...
Habt ihr die Tränen, die ihr geweint,
Vergessen, vergessen, vergessen?

Habt ihr vergessen, was man euch tat,
Des Mordes Dengeln und Mähen?
Es läßt sich bei Gott der Geschichte Rad
Beim Teufel nicht rückwärts drehen.
Der Feldherr, der Krieg und Nerven verlor,
Er trägt noch immer die Tressen.
Seine Niederlage erstrahlt in Glor
Und Glanz: Ihr habt sie vergessen.

Vergaßt ihr die gute alte Zeit,
Die schlechteste je im Lande?
Euer Herrscher hieß Narr, seine Tochter Leid,
Die Hofherren Feigheit und Schande.
Er führte euch in den Untergang
Mit heitern Mienen, mit kessen.
Längst habt ihr's bei Wein, Weib und Gesang
Vergessen, vergessen, vergessen.

Wir haben Gott und Vaterland
Mit geifernden Mäulern geschändet,
Wir haben mit unserer dreckigen Hand
Hemd und Meinung gewendet.
Es galt kein Wort mehr ehrlich und klar,
Nur Lügen unermessen ...

Wir hatten die Wahrheit so ganz und gar
Vergessen, vergessen, vergessen.

Millionen krepierten in diesem Krieg,
Den nur ein paar Dutzend gewannen.
Sie schlichen nach ihrem teuflischen Sieg
Mit vollen Säcken von dannen.
Im Hauptquartier bei Wein und Sekt
Tat mancher sein Liebchen pressen.
An der Front lag der Kerl, verlaust und verdreckt
Und vergessen, vergessen, vergessen.

Es blühte noch nach dem Kriege der Mord,
Es war eine Lust zu knallen.
Es zeigte in diesem traurigen Sport
Sich Deutschland über allen.
Ein jeder Schurke hielt Gericht,
Die Erde mit Blut zu nässen.
Deutschland, du sollst die Ermordeten nicht
Und nicht die Mörder vergessen!

O Mutter, du opferst deinen Sohn
Armeebefehlen und Ordern.
Er wird dich einst an Gottes Thron
Stürmisch zur Rechenschaft fordern.
Dein Sohn, der im Graben, im Grabe schrie
Nach dir, von Würmern zerfressen ...
Mutter, Mutter, du solltest es nie
Vergessen, vergessen, vergessen!

Ihr heult von Kriegs- und Friedensschluß – hei:
Der andern – Ihr wollt euch rächen:
Habt ihr den frechen Mut, euch frei
Von Schuld und Sühne zu sprechen?
Sieh deine Fratze im Spiegel hier
Von Haß und Raffgier besessen:
Du hast, war je eine Seele in dir,
Sie vergessen, vergessen, vergessen.

Einst war der Krieg noch ritterlich,
Als Friedrich die Seinen führte,
In der Faust die Fahne – nach Schweden nicht schlich
Und nicht nach Holland 'chappierte.
Einst galt noch im Kampfe Kopf gegen Kopf
Und Mann gegen Mann – indessen
Heut drückt der Chemiker auf den Knopf,
Und der Held ist vergessen, vergessen.

Der neue Krieg kommt anders daher,
Als ihr ihn euch geträumt noch.
Er kommt nicht mit Säbel und Gewehr,
Zu heldischer Geste gebäumt noch:
Er kommt mit Gift und Gasen geballt,
Gebraut in des Teufels Essen.
Ihr werdet, ihr werdet ihn nicht so bald
Vergessen, vergessen, vergessen.

Ihr Trommler, trommelt, Trompeter, blast:
Keine Parteien gibt's mehr, nur noch Leichen!
Berlin, Paris und München vergast,
Darüber die Geier streichen.
Und wer die Lanze zum Himmel streckt,
Sich mit wehenden Winden zu messen –
Der ist in einer Stunde verreckt
Und vergessen, vergessen, vergessen.

Es fiel kein Schuß. Steif sitzen und tot
Kanoniere auf der Lafette.
Es liegen die Weiber im Morgenrot,
Die Kinder krepiert im Bette.
Am Potsdamer Platz Gesang und Applaus:
Freiwillige Bayern und Hessen ...
Ein gelber Wind – das Lied ist aus
Und auf ewige Zeiten vergessen.

Ihr kämpft mit Dämonen, die keiner sieht,
Vor Bazillen gelten nicht Helden,

Es wird kein Nibelungenlied
Von eurem Untergang melden.
Zu spät ist's dann, von der Erde zu fliehn
Mit etwa himmlischen Pässen.
Gott hat euch aus seinem Munde gespien
Und vergessen, vergessen, vergessen.

Ihr hetzt zum Krieg, zum frischfröhlichen Krieg,
Und treibt die Toren zu Paaren.
Ihr werdet nur einen einzigen Sieg,
Den Sieg des Todes gewahren.
Die euch gerufen zur Vernunft,
Sie schmachten in den Verlässen:
Christ wird sie bei seiner Wiederkunft
Nicht vergessen, vergessen, vergessen.

ERICH WEINERT

Bauer, steh auf!

Bauer, es zieht ein Gewitter ins Land!
Bauer, sie rüsten, sie rüsten!
Am Himmel steigt eine schwarze Wand.
Bauer, sie stecken die Welt in Brand,
Die Kapitalisten,
Die Militaristen!

Sie wollen die Grenzen mit Völkerhaß
Nach allen Seiten vermauern.
Sie brauchen Soldaten mit Stahl und Gas,
Sie brauchen wieder euch Bauern.
Sie brauchen zum Kriege
Auch eure Pflüge.
Sie holen euch wieder das Korn aus der Scheune.
Und tobt die Schlacht über euer Land,

Dann brechen die Horden durch Tore und Zäune
Und setzen eure Dörfer in Brand!

Bauer, für wen hat der Krieg einen Sinn?
Wer handelt mit Granaten?
Wer spekuliert auf den Kriegsgewinn?
Bauer, gibst du deine Saaten hin
Für die Soldaten
Und für die Magnaten? –
Sie stecken dich wieder ins graue Gewand.
Deine Kinder lassen sie schmachten.
Dann wird dir wieder, fürs Vaterland,
Befohlen, die Brüder zu schlachten.
Schon stehen die Heere
Unter Gewehre.
Bauer, hast du die Jahre vergessen,
Hast du vergessen die Hölle von Blut?
Die euch Millionen Brüder gefressen
Und Frau und Kinder und Hab und Gut?

Bauer, der Großagrarier grinst.
Er greift ja nicht zu den Waffen.
Du stirbst! Und sein Gut hat sich verzinst.
Er wird dein Haus und Hof und Gewinst
Und, was du geschaffen,
Für sich erraffen!
Du schufest für Kinder und Kindeskinder
Ein gesegnetes Feld und ein sicheres Haus.
Bald treibt sie der großagrarische Schinder
Mit Sack und Pack auf die Straße hinaus. –
Bauer, sie rüsten,
Die Kapitalisten!
Bauer und Arbeiter! Tausendhänder!
Der Mächtigen Krieg ist euer Tod!
Bauern und Arbeiter aller Länder,
Vereinigt euch gegen Krieg und Not!

HELLMUT VON GERLACH

Der Geist von 1914

MITTE August 1914 war fast jedermann überzeugt, daß der Krieg Weihnachten zu Ende sein werde. Überall hörte ich die Leute davon reden, Graf Haeseler sei mit zwei deutschen Armeecorps in Frankreich »verschwunden« und werde am Sedantage in Paris einziehen. Der uralte Herr – übrigens ein vegetarischer Sonderling, der aus Prinzip auf seinem Gut keinen Hammel schlachten, sondern sie alle eines natürlichen Todes sterben ließ – genoß abergläubisches Vertrauen in den Volksmassen. Wie jemand es fertig bringen könne, und sei er selbst ein militärischer Übermensch, in einem feindlichen Lande mit zwei ganzen Corps spurlos zu verschwinden, um dann in der feindlichen Hauptstadt wieder aufzutauchen, darüber gab man sich keinen Gedanken hin. Denken war nicht zeitgemäß.

Nach dem Kriege traf ich einen Arzt in einer großen sächsischen Stadt. Er war Jude und Sozialdemokrat, also eigentlich doppelt zur Kritik prädisponiert. Aber er bekannte: »Bis Kriegsende habe ich geglaubt, daß unsre Heeresberichte die Wahrheit, die der Feinde die Unwahrheit enthielten. Ich war deshalb wie vom Donner gerührt, als der militärische Zusammenbruch kam.«

Zu Beginn des Krieges gab ein linksstehender Journalist die Parole aus: Lügen ist jetzt patriotische Pflicht!

In der Erfüllung dieser Pflicht hat man getreulich durchgehalten. Sowie dem Volk eine Illusion verflogen war, mußte seine Phantasie mit einer neuen angeregt werden. Sonst hätte es am Ende doch die Kohlrüben und den anderen Ersatz nicht länger als vier Jahre ausgehalten.

Das System der Lüge, das untrennbar vom Kriege selbst erscheint, ist bei uns zwar nicht an Qualität, wohl aber an Quantität bis zum Extrem ausgebaut worden.

Dabei lechzten, je länger der Krieg dauerte, immer mehr Menschen nach Wahrheit. Und darum flogen immer mehr Sympathien dem Manne zu, der allein den Mut der Wahrheit zu besitzen schien: Karl Liebknecht. Zwar seine Anwaltskollegen waren so rasend über seine «unpatriotische» Haltung, daß man im Berliner Anwaltszimmer immer wieder sagen hörte: »Wenn wir ihn jetzt hier hätten, würden wir ihn verhauen.« Zwar ist er im Reichstag im Frühjahr 1916 mit Mühe und Not einem Überfall freisinniger Abgeordneter entgangen. Herr Hubrich riß ihm damals sein Manuskript weg, Herr Kerschensteiner rief: »Haut ihm doch eine runter!«, und Müller-Meiningen wollte ihn mit Gewalt von der Tribüne herunterstoßen. Herr Heckscher begnügte sich damit, in Scherls »Tag« für eine Verschärfung der Geschäftsordnung zu plädieren, um ihn aus dem Reichstag zu entfernen.

Aber unzählige Leute aus dem Volk sahen in ihm den Mann, der sie von dem Fluch der Lüge und des Krieges zugleich erlösen könne.

HELENE STÖCKER

Sowjet-Rußland – Weltperspektive für das Proletariat

Überall, wo man für eine bessere Gesellschaftsordnung kämpft, feiert man die zehnjährige Wiederkehr des Sieges der Revolution in Sowjet-Rußland. Was beschränkte Gegner von rechts – denen jede Änderung des Bestehenden, erst recht aber der bestehenden kapitalistischen Gesellschaftsordnung, ein Frevel und Greuel ist – gegenüber diesem Versuch eines Neuaufbaues an Mißverstehen, an böswilligem Mißdeuten geleistet, wie sie den Gegner zum Teufel umphantasiert haben, das braucht uns an dieser Stelle nicht weiter zu beschäftigen. Aber den Gegnern von links, der anarchistischen Kritik gegenüber z. B., sie daran erinnert, daß dieser Neuaufbau – freilich nicht ohne Blut und Gewalt – doch zumindest den noch umfassenderen Greueln des vier Jahre *vorher* entbrannten Weltkrieges ein Ende machen sollte. Wir dürfen nicht vergessen, daß es leider bisher überhaupt noch keine größere menschliche Gemeinschaft auf diesem noch sehr unvollkommenen Stern, der nun einmal unsere Heimat ist, gegeben hat, in der sich große Umwälzungen *ohne* heftige Gegenwirkungen, ohne starke Reaktionen vollzogen. So aufrichtig wir jeden Verlust menschlichen Lebens und Lebensglückes beklagen, so können wir uns der unerbittlichen Erkenntnis nicht verschließen: bis heute hat kein Staat, keine menschliche Gemeinschaft, keine siegende Idee sich anders behaupten können – auch das siegreiche Christentum nicht –, als es leider auch in Sowjet-Rußland der Fall war. Daher darf nicht mißverstanden werden, warum wir, trotz unseres grundsätzlichen Kampfes gegen blutige Gewalt, im Gegensatz zu vielen anarchistischen Freunden, dennoch glauben, die Tatsache dieses grandiosen Versuches in Rußland, eine neue Gesellschaftsordnung zu verwirklichen, bedeute ein großes und neues, hoffnungsvolles Ereignis in der menschlichen Entwicklung. Über weite Zeiträume gesehen – sub specie aeternitatis – ist hier tatsächlich etwas geschehen, das sich so während der bewußten Geschichte der Menschheit bisher noch nicht vollzogen hat: daß die Anhänger einer Idee, einer Weltanschauung, sich an die Spitze eines mehr als hundert Millionen umfassenden Staatswesens zu stellen vermochten, den Millionen Bauern Land und Kultur, den bisher Ausgebeuteten in vielen Beziehungen höhere Rechte gaben als denjenigen, die von der Arbeit der anderen leben. Auch wenn die schwere Zeit des Bürgerkrieges und der ihr nachfolgenden Gefahrenzeit noch manche Einschränkung der persönlichen Freiheit mit sich gebracht hat, so ist das Geschaffene – gemessen an dem, was es vor dem Kriege in Rußland gab, trotz all seiner Unzulänglichkeiten und Unvollkommenheiten – *dennoch* ein Großes in der menschlichen Geschichte, das Millionen Herzen mit Trost und Freude füllt.

Wir wollen gar nicht davon reden, ob alle anderen Völker in jenen kritischen Jahren um das Kriegsende es hätten ebenso machen müssen. Aber wir wollen fragen: wie würde heute die Weltperspektive für das Proletariat, für die Leidenden und Unterdrückten aller Länder aussehen, wenn es Rußland nicht mehr gäbe, das Land, in dem immerhin große *Teile* dessen verwirklicht sind, nach dem die Sehnsucht der Unterdrückten geht? Sind die wirtschaftlichen und politischen Machtverhältnisse in den anderen Ländern, in denen man klug auf die Revolution verzichtet hat, aber etwa so erfreulich beschaffen, daß man Ursache hätte, sich der eigenen Vernunft, des eigenen Verzichtes restlos zu rühmen?

WILHELM PIECK

Volksbegehren gegen den Panzerkreuzerbau

Die große politische Bedeutung des von der Kommunistischen Partei eingeleiteten Volksbegehrens gegen den Panzerkreuzerbau liegt in der Aufrüttelung der werktätigen Massen gegen die imperialistische Rüstungs- und Kriegsgefahr. Wohl versucht die sozialdemokratische Führerschaft, die werktätigen Massen über diese Gefahr unter Hinweis auf die angeblichen Friedenssicherungen durch den Völkerbund hinwegzutäuschen, aber die Imperialisten rüsten mit aller Kraft für den neuen Weltkrieg. In jedem Lande versucht die Bourgeoisie, die werktätigen Massen für ihre imperialistischen Zwecke einzufangen, sie nationalistisch zu verhetzen, um sie wieder wie 1914 als williges Kanonenfutter gebrauchen zu können. Auch der gegenwärtige Zeppelinrummel wird von der deutschen Bourgeoisie zu diesem Zwecke benutzt.

Die Bewilligung des Panzerkreuzers durch die sozialdemokratischen Minister hat in den werktätigen Massen eine tiefgehende Empörung ausgelöst, von der sogar die sozialdemokratischen Mitgliedermassen derartig erfaßt wurden, daß der »Vorwärts« zugeben mußte, es habe noch nie eine so ernste Krise in der SPD gegeben wie gerade jetzt. Diese Empörung der werktätigen Massen beruht natürlich nicht nur auf dieser Bewilligung des Panzerkreuzers A, sondern findet ihre Erklärung nur dadurch, daß die werktätigen Massen mit Recht in dieser Zustimmung zum Bau des Panzerkreuzers A den Willen der sozialdemokratischen Führerschaft auf bedingungslose Unterstützung der Rüstungspolitik der deutschen Bourgeoisie sehen. Wie durch den mit Zustimmung der sozialdemokratischen Führer eingeführten Schlichtungszwang die werktätigen Massen gegenüber dem Unternehmertum noch mehr geknebelt werden, so sollen auch durch diese Zustimmung der SPD-Führer zur imperialistischen Rüstungs- und Kriegspolitik die werktätigen Massen erneut in den Völkermord hineingetrieben werden. (...)

Es muß jedem Werktätigen klarwerden, welche hohe politische Bedeutung unter diesen Umständen das Volksbegehren gegen den Panzerkreuzerbau und die Erreichung der erforderlichen 4,2 Millionen Einzeichnungen hat. (...)

Sollte es nicht gelingen, diese 4,2 Millionen Einzeichnungen zu erreichen, was wird dann sein? Dann werden die sozialdemokratischen Führer und die Bourgeoisie nicht nur frohlocken, daß sie um die Entscheidung im Reichstage und den Volksentscheid herumkommen, sondern dann werden sie das zum Anlaß einer gesteigerten Propaganda für die Rüstungs- und Kriegspolitik benutzen. Dann werden sie mit noch gesteigerter Hetze und Verleumdung den Kampf gegen die Kommunisten führen, um deren wachsenden Einfluß auf die werktätigen Massen zu brechen. Dann wird man von einer angeblichen Niederlage der Kommunisten schreien, um wenigstens vorübergehend die Massen zu verwirren.

Selbst wenn es bis zum 16. Oktober nicht gelingt, die erforderlichen 4,2 Millionen Einzeichnungen aufzubringen, dann ist das keine Niederlage der Kommunisten. Dann steht zwar fest, daß es der Propaganda der Kommunisten und der mit ihr sympathisierenden Organisationen nicht gelungen ist, tief genug in die Massen einzudringen, um sie zu veranlassen, aus ihrer Empörung über den Panzerkreuzerbau auch die Bedeutung des Volksbegehrens und die Notwendigkeit der Einzeichnung zu erkennen; dann steht fest, daß die angewandte Kraft nicht ausreichte, um den Sabotage- und Terrorakten, der Totschweigetaktik und der Kommunistenhetze genügend zu begegnen. Aber das ist keine Niederlage der Kommunisten, sondern kann nur der Ansporn zu weiterer, gesteigerter Agitation sein, kann nur den Werktätigen mehr noch als bisher begreiflich machen, daß es nur die Kommunisten sind, die den Kampf gegen den imperialistischen Krieg führen.

HANS LORBEER

Erde, wir singen dein Lied!

Erde, wir singen dein Lied!
Singen mit Hämmern, Sicheln und Hacken,
Singen mit lastgebeugten Nacken.
Singen in Gruben, Fabriken und Feldern,
Singen in Städten, Bergen und Wäldern.
Erde, wir singen dein Lied!
Singen im Hungern, singen im Leiden,
Singen im Fluchen, Marschieren und Streiten.
Singen das rauschende Lied der Gerechten,
Die für die Freiheit der Völker fechten.
Erde, wir singen dein Lied!
Singen vom Mut und vom heiligen Hasse,
Singen vom Siege der Arbeiterklasse!
Singen dem Dorfe, der Stadt, dem Betriebe
Das herrliche Lied von Frieden und Liebe!
Erde, wir singen dein Lied!

ALBERT EINSTEIN

Außenpolitische Wünsche für 1929

Ich wünsche:

1. daß es in diesem Jahre zu weitestgehenden internationalen Abmachungen komme bezüglich der weitgehendsten Abrüstungen zu Wasser und zu Lande.

2. daß eine Lösung des Problems der internationalen Kriegsverschuldung gefunden werde, welche alle Staaten Europas zu existieren erlaubt, ohne ihre Habe sukzessive ans Ausland verkaufen zu müssen.

3. daß ein ehrlicher Modus vivendi gegenüber der Sowjetregierung gefunden werde, der dieses Land von dem äußeren Druck befreit, so daß seine innere Entwicklung sich ungestört vollziehen kann.

SLANG

Der große Verbrecher

»Die 700 Gefangenen von Pentonville (England) wurden kürzlich durch ein Konzert erfreut, wobei das Potpourri ›Ein Soldatenleben‹ zum Vortrag gebracht wurde. Den Hintergrund zu diesem musikalischen Gemälde bildeten Granatexplosionen, das Knattern von Maschinengewehren und das täuschend imitierte Pfeifen von Fliegerbomben.« (Zeitungsnotiz über den »humanen Strafvollzug«.)

Das ist das Große am großen Krieg:
Er kennt kein Oben und Unten.
Das Universalmittel »Heil und Sieg!«
Hilft für alle sozialen Wunden.

Hat einer fünf oder zehn Jahre »Ehrverlust«
Für einen Griff in gefüllte Taschen –
Der Zuchthausstempel auf seiner Brust
Wird vorm Feind mit Blut abgewaschen.

Das Vaterland ruft und gibt Pardon
Für große und kleine Sünder.
Der Kleine kommt mit dem Pappkarton,
Der Große im Achtzylinder.

Entsprechend sieht auch die Belohnung aus
Für das gesetzlich geschützte Morden:
Der Kleine bringt ein Holzbein nach Haus,
Der Große viel Geld und Orden.

Bis dann alles wieder das Alte ist:
Ihr hungert und kommt ins Gefängnis,
Und der Räuber und Mörder Kapitalist
Rüstet zum nächsten Verhängnis.

Nur eine Macht hemmt seinen Lauf:
Die Faust der proletarischen Rächer.
Dann stehen die Unterdrückten auf
Und erschlagen den großen Verbrecher!

WALTER BENJAMIN

Theorien des deutschen Faschismus

Ohne im mindesten der Bedeutung der wirtschaftlichen Kriegsursachen zu nahe zu treten, darf man behaupten: der imperialistische Krieg ist gerade in seinem Härtesten, seinem Verhängnisvollsten mitbestimmt durch die klaffende Diskrepanz zwischen den riesenhaften Mitteln der Technik auf der einen, ihrer winzigen moralischen Erhellung auf der anderen Seite. In der Tat, ihrer wirtschaftlichen Natur nach kann die bürgerliche Gesellschaft nicht anders, als alles Technische so sehr wie möglich vom sogenannten Geistigen abdichten, nicht anders, als den technischen Gedanken vom Mitbestimmungsrecht an der sozialen Ordnung so entschieden wie möglich ausschließen. Jeder kommende Krieg ist zugleich ein Sklavenaufstand der

Technik. Daß aus diesen und verwandten Befunden alle den Krieg betreffenden Fragen ihre heutige Prägung erhalten, daß sie Fragen des imperialistischen Krieges sind, meint man den Verfassern der vorliegenden Schrift um so weniger ins Gedächtnis rufen zu müssen, als sie Soldaten des Weltkriegs gewesen sind und, was immer man ihnen auch sonst mag bestreiten müssen, unstreitig von der Erfahrung des Weltkriegs ausgehen. Man erstaunt also sehr, schon auf der ersten Seite die Behauptung zu finden, daß es »eine nebensächliche Rolle spielt, in welchem Jahrhundert, für welche Ideen und mit welchen Waffen gefochten wird«. Und das Erstaunlichste, daß Ernst Jünger mit dieser Behauptung sich einen Grundsatz des Pazifismus zu eigen macht, unter allen den anfechtbarsten und den abstraktesten. Allerdings nicht sowohl doktrinäre Schablone als ein eingewurzelter und, an allen Maßstäben männlichen Denkens gemessen, recht eigentlich lasterhafter Mystizismus steht bei ihm und seinen Freunden dahinter. Aber sein Mystizismus des Krieges und das klischierte Friedensideal des Pazifismus, sie haben einander nichts vorzuwerfen. Vielmehr hat für den Augenblick selbst der schwindsüchtigste Pazifismus vor seinem epileptisch schäumenden Bruder eins voraus, nämlich gewisse Anhaltspunkte am Wirklichen, nicht zuletzt einige Begriffe vom nächsten Krieg.

Gern und mit Nachdruck sprechen die Verfasser vom »ersten Weltkrieg«. Wie wenig es aber ihrer Erfahrung gelungen ist, seiner Realitäten sich zu bemächtigen, von denen sie mit den befremdlichen Steigerungen als von dem »Welthaft-Wirklichen« zu reden pflegen, beweist die Stumpfheit, mit der sie den Begriff kommender Kriege fixieren, ohne Vorstellungen mit ihm zu verbinden. Beinahe könnten diese Wegbereiter der Wehrmacht einen auf den Gedanken bringen, die Uniform sei ihnen ein höchstes, mit allen Fibern ihres Herzens ersehntes Ziel, gegen welches die Umstände, unter denen sie später zur Geltung kommt, sehr zurücktreten. Verständlicher wird diese Haltung, wenn man sich klarmacht, wie sehr die hier vertretene Ideologie des Krieges, gemessen am Stande der europäischen Rüstungen, jetzt schon veraltet ist. Die Verfasser haben sich an keiner Stelle gesagt, daß die Materialschlacht, in der einige von ihnen die höchste Offenbarung des Daseins erblikken, die kümmerlichen Embleme des Heroismus, die hier und dort den Weltkrieg überdauerten, außer Kurs setzt. Der Gaskampf, für den die Mitarbeiter dieses Buches auffallend wenig Interesse haben, verspricht dem Zukunftskrieg ein Gesicht zu geben, das die soldatischen Kategorien endgültig zugunsten der sportlichen verabschiedet, den Aktionen alles Militärische nimmt und sie sämtlich unter das Gesicht des Rekords stellt. Denn seine schärfste strategische Eigenart besteht darin, bloßer und radikalster Angriffskrieg zu sein. Gegen Gasangriffe aus der Luft gibt es bekanntlich keine zulängliche Gegenwehr. Selbst die privaten Schutzmaßregeln, die Gasmasken, versagen bei Senfgas und Levisit. Ab und zu erfährt man »Beruhigendes«, wie die Erfindung eines empfindlichen Fernhörers, der das Surren der Propeller auf große Entfernungen hin registriert. Und einige Monate später dann die Erfindung eines lautlosen Flugzeugs. Der Gaskrieg wird auf Vernichtungsrekorden beruhen und mit einem ins Absurde gesteigerten Hasardieren verbunden sein. Ob sein Ausbruch innerhalb der völkerrechtlichen Normen – nach vorhergehender Kriegserklärung – erfolgt, ist fraglich; sein Ende wird mit dergleichen Schranken nicht mehr zu rechnen haben. Mit der Unterscheidung zwischen ziviler und kampftätiger Bevölkerung, welche der Gaskrieg bekanntlich aufhebt, fällt die wichtigste Basis des Völkerrechts. Daß und wie die Desorganisation, die der imperialistische Krieg mit sich führt, ihn unabschließbar zu machen droht, hat schon der letzte gezeigt.

Es ist mehr als ein Kuriosum, es ist ein Symptom, daß eine Schrift von 1930, die es mit »Krieg und Kriegern« zu tun hat, an all dem vorbeigeht. Symptom derselben knabenhaften Verschwärmtheit, die in einen Kultus, eine Apotheose des Krieges mündet, als deren Verkünder hier vor allem von Schramm und Günther auftreten. Diese neue Kriegstheorie, der ihre Herkunft aus der rabiatesten Dekadenz an der Stirne geschrieben steht, ist nichts anderes als eine hemmungslose Übertragung der Thesen des L'art pour l'art auf den Krieg. Wenn aber diese Lehre schon auf ihrem ursprünglichen Boden die Neigung hat, im Munde mittelmäßiger Adepten ein Gespött zu werden, so sind ihre Perspektiven in dieser neuen Phase beschämend. Wer möchte sich einen Kämpfer der Marneschlacht oder einen von denen, die vor Verdun lagen, als Leser von Sätzen, wie sie hier folgen, vorstellen: »Wir haben den Krieg nach sehr unreinen Prinzipien geführt.« »Wirklich gekämpft von Mann zu Mann und von Truppe zu Truppe wurde immer seltener mehr.« »Selbstverständlich haben die Frontoffiziere den Krieg oft recht stillos gemacht.« »Denn durch die Einbeziehung der Massen, des schlechteren Blutes, der praktischen bürgerlichen Gesinnung, kurz des gemeinen Mannes, vor allem in Offizierskorps und Unteroffizierskorps, sind mehr und mehr die ewig aristokratischen Elemente des soldatischen Handwerks vernichtet worden.« Falschere Töne kann man nicht anschlagen, ungeschicktere Gedanken nicht zu Papier bringen, taktlosere Worte nicht aussprechen. Daß es aber gerade hier den Verfassern so gänzlich mißglücken mußte, darin ist – all ihren Reden vom Ewigen, Urtümlichen zum Trotz – die unvornehme, ganz und gar journalistische Hast schuld, mit der sie des Aktuellen sich zu bemächtigen suchen, ohne Gewesenes erfaßt zu haben. Kultische Elemente des Krieges – ja, es hat sie gegeben. Theokratisch verfaßte Gemeinschaften kannten sie. Und so hirnverbrannt es wäre, diese versunkenen Elemente am Zipfel des Krieges wieder heraufziehen zu wollen, so peinlich mag es für diese Krieger auf der Ideenflucht sein, zu erfahren, wieweit in der von ihnen verfehlten Richtung ein jüdischer Philosoph, Erich Unger, gegangen ist, wieweit die Feststellung, die bei ihm an Hand konkreter Daten aus der jüdischen Geschichte, gewiß zum Teil mit problematischem Recht, gemacht sind, die hier beschworenen blutigen Schemen in nichts sich verflüchtigen lassen. Aber etwas ins klare zu stellen, die Dinge wirklich beim Namen zu nennen, dazu reicht es bei den Verfassern nicht aus. Der Krieg »entzieht sich jener Ökonomie, die den Verstand übt, in seiner Vernunft ist etwas Unmenschliches, Maßloses, Gigantisches, etwas, was an einen vulkanischen Prozeß, eine elementare Eruption erinnert, … eine ungeheure Woge des Lebens durch eine schmerzhaft tiefe, zwingende einheitliche Kraft gerichtet, geführt auf Schlachtfelder, die heute schon mythisch werden, verbraucht für Aufgaben, die den Bezirk des gegenwärtig Faßlichen weithin überschreiten«. So redselig ist ein Freier, der schlecht umarmt. In der Tat umarmen sie den Gedanken schlecht. Man muß ihn zu wiederholten Malen ihnen zuführen, und das tun wir hiermit.

Dies ist er: Der Krieg – der »ewige« Krieg, von dem hier soviel gesprochen wird, so gut wie der letzte – sei der höchste Ausdruck der deutschen Nation. Daß sich hinter dem ewigen Kriege der Gedanke des kultischen, hinter dem letzten der des technischen verbirgt und wie wenig es den Verfassern gelungen ist, deren Verhältnis zueinander ins reine zu bringen, wird deutlich geworden sein. Aber mit diesem letzten Krieg hat es noch eine besondere Bewandtnis. Er ist nicht nur der Krieg der Materialschlachten, sondern auch der verlorene. Damit freilich in ganz besonderem Sinne der deutsche. Den Krieg aus ihrem Innersten heraus geführt zu haben, könnten auch andere Völker von sich behaupten. Ihn aus dem Innersten verloren zu haben, nicht. Das Besondere an der gegenwärtigen letzten Phase jener Auseinandersetzung mit dem verlorenen Krieg, die Deutschland seit 1919 so schwer erschüttert, ist nun, daß gerade sein Verlust für die Deutschheit in Anspruch genommen wird. Die letzte Phase, so darf man sagen, weil diese Versuche, den Verlust des Krieges zu bewältigen, eine deutliche Gliederung zeigen. Sie begannen mit dem Unternehmen, die Niederlage durch ein hysterisch ins Allmenschliche gesteigertes Schuldbekenntnis in einen inneren Sieg zu pervertieren. Diese Politik, die dem untergehenden Abendlande ihre Manifeste mit auf den Weg gab, war die getreue Widerspiegelung der deutschen »Revolution« durch die expressionistische Avantgarde. Dann kam der Versuch, den verlorenen Krieg zu vergessen. Das Bürgertum legte sich schnaufend aufs andere Ohr, und welches Kissen war da weicher als der Roman? Die Schrecken der erlebten Jahre wurden zur Daunenfülle, in der jede Schlafmütze ihren Abdruck leicht hinterlassen konnte. Was nun das letzte Unternehmen, mit dem wir es hier zu tun haben, von den früheren abhebt, das ist die Neigung, den Verlust des Krieges ernster zu nehmen als diesen Krieg selbst. – Was heißt, einen Krieg gewinnen oder verlieren? Wie auffallend in beiden Worten der Doppelsinn. Der erste, manifeste meint gewiß den Ausgang, der zweite aber, der den eigentümlichen Hohlraum, Resonanzboden in ihnen schafft, meint ihn ganz, spricht aus, wie sein Ausgang für uns seinen Bestand für uns ändert. Er sagt: der Sieger behält den Krieg, dem Geschlagenen kommt er abhanden; er sagt: der Sieger schlägt ihn zum Seinigen, macht ihn zu seiner Habe, der Geschlagene besitzt ihn nicht mehr, muß ohne ihn leben. Und nicht nur den Krieg so schlechthin und im allgemeinen, sondern jeden geringsten seiner Wechselfälle, jeden subtilsten seiner Schachzüge, jede entlegenste seiner Aktionen. Einen Krieg gewinnen oder verlieren, das greift, wenn wir der Sprache folgen, so tief in das Gefüge unseres Daseins ein, daß wir damit auf Lebenszeit an Malen, Bildern, Funden reicher oder ärmer geworden sind. Und da wir einen der größten der Weltgeschichte, einen Krieg verloren, in dem die ganze stoffliche und geistige Substanz des Volks gebunden war, so mag man ermessen, was dieser Verlust bedeutet.

Gewiß kann man denen um Jünger nicht vorwerfen, sie hätten es nicht ermessen. Wie traten sie aber dem Ungeheuren entgegen? Sie haben nicht aufgehört, sich zu schlagen. Sie haben den Kultus des Krieges noch zelebriert, wo kein wirklicher Feind mehr stand. Sie waren den Gelüsten des Bürgertums, das den Untergang des Abendlandes herbeisehnte wie ein Schüler an die Stelle einer falsch gerechneten Aufgabe einen Klecks, gefügig. Untergang verbreitend, Untergang predigend, wohin sie kamen. Das Verlorene auch nur einen Augenblick sich gegenwärtig – anstatt verbissen es fest – halten zu wollen, war ihnen nicht gegeben. Sie haben immer zuerst und immer am bittersten gegen die Besinnung gestanden. Sie haben die große Chance des Besiegten, die russische, den Kampf in eine andere Sphäre zu verlegen, versäumt, bis der Augenblick verpaßt war und in Europa die Völker wieder zu Partnern von Handelsverträgen gesunken waren. »Der Krieg wird verwaltet, nicht mehr geführt«, meldet beschwerdeführend einer der Verfasser. Das sollte durch den deutschen Nachkrieg korrigiert werden. Dieser Nachkrieg war im gleichen Maße Protest gegen den ihm vorangegangenen wie gegen das Zivil, dessen Siegel man auf jenem erblickte. Vor allem sollte das verhaßte rationale Element dem Kriege genommen werden. Und gewiß, diese Mannschaft badete in den Dämpfen, die dem Rachen des Fenriswolfes entstiegen. Aber sie konnten den Vergleich mit den Gasen der Gelbkreuzgranaten nicht aufnehmen. Vor dem Hintergrund des Kommißdienstes in Militär-, der ausgepowerten Familien in Mietkasernen bekam dieser urgermanische Schicksalszauber einen fauligen Schimmer. Und ohne ihn materialistisch zu analysieren, konnte auch damals das unverdorbene Gefühl eines freien, wissenden, wahrhaft dialektischen Geistes, wie jener Florens Christian Rang es war, dessen Lebenslauf mehr Deutschheit ausprägt als ganze Heerhaufen dieser Verzweifelten, sich mit bleibenden Sätzen ihnen entgegenstellen. »Die Dämonie des Schicksal-Glaubens, daß Menschen-Tugend umsonst ist, die finstere Nacht des Trotzes, der den Sieg der Lichtmächte im Götterweltbrand zerlodert ..., die scheinbare Willens-Herrlichkeit dieses Schlachtentod-Glaubens, der das Leben nicht achtend hinwirft für die Idee, diese wolkenschwangere Nacht, die uns schon Jahrtausende überlagert und statt Sternen nur Blitze zu Wegkündern gibt, betäubende, verwirrende, nach denen Nacht nur um so dunkler uns stickt: diese grauenvolle Weltansicht des Welt-Tods statt Welt-Lebens, die sich in der deutschen Idealismus-Philosophie das Grauen mit dem Gedanken erleichtert, daß hinter den Wolken ja Sternenhimmel sei, diese deutsche Geistes-Grundrichtung ist zu tiefst willenlos, meint nicht, was sie sagt, ist ein Verkriechen, eine Feigheit, ein Nichtwissenwollen, Nichtleben-, aber auch nicht Sterbenwollen... Denn das ist die deutsche Halbstellung zum Leben: es wegwerfen zu können, wenn es nichts kostet, in einem Augenblick des Rausches, die Hinterbliebenen versorgt und dies kurzlebige Opfer mit ewiger Gloriole umstrahlt.« Wenn es aber dann im gleichen Zusammenhange heißt: »Zweihundert sterbensbereite Offiziere hätten genügt, in Berlin die Revolution niederzuwerfen – entsprechend an allen Orten –, aber es fand sich nicht einer. Eigentlich hätten ja wohl viele gerne gerettet, aber uneigentlich, das ist wirklich, wollte keiner so sehr, daß er den Anfang machte, sich zum Führer aufwarf, oder als einzelner vorging. Lieber ließen sie sich auf der Straße die Achselstücke abreißen« – wenn so zu lesen steht, wird denen um Jünger die Sprache vielleicht verwandt klingen. Soviel ist sicher, wer das geschrieben hat, der kennt aus eigenster Erfahrung Haltung und Überlieferung derer, die sich hier zusammengefunden haben. Und vielleicht teilte er so lange ihre Freundschaft gegen den Materialismus, bis sie sich die Sprache der Materialschlacht schuf.

Wenn zu Anfang des Krieges der Idealismus von Staats und Regierungs wegen geliefert wurde, so war die Truppe je länger je mehr auf Requisition angewiesen. Immer finsterer, tödlicher, stahlgrauer wurde ihr Heroismus, immer entlegener und nebelhafter die Sphäre, aus denen noch Glorie und Ideal winkten, immer starrer die Haltung derer, die sich weniger als Truppen des Weltkriegs denn als Vollstrecker des Nachkriegs fühlten. »Haltung« – in all ihren Reden das dritte Wort. Wer würde leugnen, daß die soldatische eine ist. Sprache aber ist der Prüfstein für eine jede und ganz und gar nicht nur, wie man gern annimmt, für die des Schreibenden. Bei denen, die sich hier verschworen haben, besteht sie die Probe nicht. Mag Jünger es den adligen Dilettanten des siebzehnten Jahrhunderts nachsprechen, die deutsche Sprache sei eine Ursprache – wie das gemeint ist, verrät der Zusatz, als solche flöße sie der Zivilisation, der Welt der Gesittung, ein unüberwindliches Mißtrauen ein. Wie aber kann deren Mißtrauen sich mit dem seiner Landsleute messen, wenn man ihnen den Krieg als einen »mächtigen Revisor« vorstellt, der der Zeit ihren »Puls fühlt«, ihnen verwehrt, einen »geprüften Schluß« »auszuräumen«, ihnen zumutet, ihren Blick für »Ruinen« »hinter leuchtendem Firnis« zu schärfen. Aber beschämender als solche Vorstöße ist in diesen so zyklopisch gemeinten Gedankenbauten eine Glätte der Fügung, die jeden Leitartikel zieren würde, und peinlicher als die Glätte der Fügung ist die Mittelmäßigkeit der Substanz. »Die Gefallenen«, erzählt man uns, »gingen, indem sie fielen, aus einer unvollkommenen Wirklichkeit in eine vollkommene Wirklichkeit, aus dem Deutschland der zeitlichen Erscheinung in das ewige Deutschland ein.« Das der zeitlichen Erscheinung ist ja notorisch, um das ewige stünde es aber schlecht, wären wir für sein Bild auf das Zeugnis derer, die es so zungenfertig ablegen, angewiesen. Wie billig haben sie das »feste Gefühl der Unsterblichkeit«, die Gewißheit, man habe »die Schrecken des letzten Krieges ins Fürchterliche gesteigert«, die Symbolik des »nach innen siedenden Bluts« erstanden. Sie haben, bestenfalls, den Krieg geschlagen, den sie hier feiern. Wir werden aber einen nicht gelten lassen, der vom Kriege spricht und nichts kennt als Krieg. Wir werden, radikal auf unsere Weise, fragen: Wo kommt ihr her? Und was wißt ihr vom Frieden? Seid ihr in einem Kinde, einem Baum, einem Tier je auf den Frieden so gestoßen wie im Felde auf einen Vorposten? Und, ohne ihre Antwort abzuwarten: Nein! Nicht, daß ihr dann nicht fähig wärt, den Krieg zu feiern, leidenschaftlicher sogar, als ihr tut. Aber ihn zu feiern, *wie* ihr es tut, wäret ihr nicht fähig. Wie hätte Fortinbras für den Krieg gezeugt? Man kann aus Shakespeares Technik darauf schließen. Wie er die Liebe Romeos zu Julien dadurch im Feuerglanze ihrer Leidenschaft enthüllt, daß er den Romeo von vornherein verliebt, verliebt in Rosalinde, darstellt, so hätte Fortinbras mit einem Lob des Friedens, einem so betörend, schmelzend süßen eingesetzt, daß dann, wenn er am Ende seine Stimme für den Krieg erhebt, sich jeder schaudernd eingestehen müßte: Was sind das für gewaltige, namenlose Kräfte, die diesen von dem Glück des Friedens ganz Erfüllten mit Leib und Seele sich dem Kriege angeloben lassen? – Hier nichts davon. Freibeuter von Fach haben das Wort. Ihr Horizont ist flammend, aber sehr eng.

Was sehen sie in seinen Flammen? Sie sehen – hier können wir uns F. G. Jünger anvertrauen – eine Wandlung. »Es gehen Linien seelischer Entscheidung quer durch den Krieg; der Wandlung des Kampfes entspricht die Wandlung der Kämpfenden. Sie wird sichtbar, wenn man die geschwungenen, schwerelosen, begeisterten Gesichter der Soldaten des August 1914 mit den tödlich ermatteten, hageren, unerbittlich gespannten Gesichtern der Materialschlachtkämpfer des Jahres 1918 vergleicht. Hinter dem Bogen dieses Kampfes, der, steiler gespannt, endlich zerspringt, erscheint, unvergeßlich, ihr Gesicht, geformt und bewegt von einer gewaltigen geistigen Erschütterung, Station um Station eines Leidensweges. Schlacht um Schlacht, deren jede das hieroglyphische Zeichen einer angestrengt fortarbeitenden Vernichtungsarbeit ist. Hier erscheint jener soldatische Typus, den die hart, nüchtern, blutig und pausenlos abrollenden Materialschlachten durchbildeten. Ihn kennzeichnet die nervige Härte des geborenen Kämpfers, ihn der Ausdruck der einsameren Verantwortung, der seelischen Verlassenheit. In diesem Ringen, das in einer immer tieferen Schicht sich fortsetzte, bewährte sich sein Rang. Der Weg, den er ging, war schmal und gefährlich, aber es war ein Weg, der in die Zukunft führt.« Wo immer man in diesen Blättern auf genaue Formulierungen, echte Akzente, stichhaltige Begründungen stößt, ist es die Wirklichkeit, die hier getroffen, die von Ernst Jünger als total mobilgemachte angesprochen, von Ernst von Salomon als die Landschaft der Front gefaßt ist. Ein liberaler Publizist, der vor kurzem diesem neuen Nationalismus unter dem Stichwort »Heroismus aus langer Weile« beizukommen suchte, hat, das sieht man hier, etwas zu kurz gegriffen. Jener Soldatentypus ist Wirklichkeit, ist ein überlebender Zeuge des Weltkriegs, und es war eigentlich die Landschaft der Front, seine wahre Heimat, die im Nachkrieg verteidigt wurde. Diese Landschaft zwingt zum Verweilen.

Man soll es mit aller Bitternis aussprechen: Im Angesichte der total mobilgemachten Landschaft hat das deutsche Naturgefühl einen ungeahnten Aufschwung genommen. Die Friedensgenien, die sie so sinnlich besiedeln, sind evakuiert worden, und so weit man über den Grabenrand blicken konnte, war alles Umliegende zum Gelände des deutschen Idealismus selbst geworden, jeder Granattrichter ein Problem, jeder Drahtverhau eine Antinomie, jeder Stachel eine Definition, jede Explosion eine Satzung und der Himmel darüber bei Tag die kosmische Innenseite des Stahlhelms, bei Nacht das sittliche Gesetz über ihr. Mit Feuerbändern und Laufgräben hat die Technik die heroischen Züge im Antlitz des deutschen Idealismus nachziehen wollen. Sie hat geirrt. Denn was sie für die heroischen hielt, das waren die hippokratischen, die Züge des Todes. So prägte sie, tief durchdrungen von ihrer eigenen Verworfenheit, das apokalyptische Antlitz der Natur, brachte sie zum Verstummen und war doch die Kraft, die ihr die Sprache hätte geben können. Der Krieg in der metaphysischen Abstraktion, in der der neue Nationalismus sich zu ihm bekennt, ist nichts anderes als der Versuch, das Geheimnis einer idealistisch verstandenen

Natur in der Technik mystisch und unmittelbar zu lösen, statt auf dem Umweg über die Einrichtung menschlicher Dinge es zu nutzen und zu erhellen. »Schicksal« und »Heros« stehen wie Gog und Magog in diesen Köpfen, ihre Opfer sind nicht allein Menschen-, sondern auch Gedankenkinder. Alles Nüchterne, Unbescholtene, Naive, was über die Verbesserung des Zusammenlebens der Menschen erdacht wird, wandert in den abgenutzten Schlund dieser Maulgötzen, die mit dem Rülpsen der 42-cm-Mörser darauf erwidern. Manchmal kommt die Verspannung des Heroentums mit der Materialschlacht die Verfasser ein wenig hart an. Aber durchaus nicht alle, und nichts ist kompromittierender als die weinerlichen Exkurse, mit denen hier die Enttäuschung über die »Form des Krieges«, den »sinnlosen mechanischen Materialkrieg« laut wird, dessen die Edlen »offenbar müde geworden« waren. Wo aber einzelne es versuchen, den Dingen ins Auge zu sehen, wird am deutlichsten, wie sehr für sie der Begriff des Heroischen unter der Hand sich verwandelt hat, wie sehr die Tugenden der Härte, der Verschlossenheit, der Unerbittlichkeit, die sie feiern, in Wahrheit weniger solche des Soldaten als des bewährten Klassenkämpfers sind. Was sich hier unter der Maske erst des Freiwilligen im Weltkrieg, dann des Söldners im Nachkrieg heranbildete, ist in Wahrheit der zuverlässige faschistische Klassenkrieger, und was die Verfasser unter Nation verstehen, eine auf diesen Stand gestützte Herrscherklasse, die niemanden und am wenigsten sich selber Rechenschaft schuldend, auf steiler Höhe thronend, die Sphinxzüge des Produzenten trägt, der sehr bald der einzige Konsument seiner Waren zu sein verspricht. Mit diesem Sphinxantlitz steht die Nation der Faschisten als neues ökonomisches Naturgeheimnis neben dem alten, das in ihrer Technik – weit entfernt, sich zu lichten – seine drohendsten Züge herauskehrt. Im Parallelogramm der Kräfte, welches beide – Natur, Nation – hier bilden, ist die Diagonale der Krieg. (…)

Nicht ehe Deutschland das medusische Gefüge der Züge, die ihm hier entgegentreten, gesprengt hat, kann es eine Zukunft erhoffen. Gesprengt – besser vielleicht gelockert. Das soll nicht heißen, mit gütigem Zuspruch oder mit Liebe, die hier nicht am

Ort sind; es soll auch nicht der Argumentation, dem überredungsgeilen Debattieren den Weg bereiten. Wohl aber hat man alles Licht, das Sprache und Vernunft noch immer geben, auf jenes »Urerlebnis« zu richten, aus dessen tauber Finsternis diese Mystik des Weltentods mit ihren tausend unansehnlichen Begriffsfüßchen hervorkrabbelt. Der Krieg, der sich in diesem Licht enthüllt, ist der »ewige«, zu welchem diese neuen Deutschen beten, sowenig wie der »letzte«, von welchem die Pazifisten schwärmen. Er ist in Wirklichkeit nur dies: Die eine, fürchterliche, letzte Chance, die Unfähigkeit der Völker zu korrigieren, ihre Verhältnisse untereinander demjenigen entsprechend zu ordnen, das sie durch ihre Technik zur Natur besitzen. Mißglückt die Korrektur, so werden zwar Millionen Menschenkörper von Gas und Eisen zerstückt und zerfressen werden – sie werden es unumgänglich –, aber selbst die Habitués chthonischer Schreckensmächte, die ihren Klages im Tornister führen, werden nicht ein Zehntel von dem erfahren, was die Natur ihren weniger neugierigen, nüchterneren Kindern verspricht, die an der Technik nicht einen Fetisch des Untergangs, sondern einen Schlüssel zum Glück besitzen. Von dieser ihrer Nüchternheit werden sie den Beweis im Augenblick geben, da sie sich weigern werden, den nächsten Krieg als einen magischen Einschnitt anzuerkennen, vielmehr in ihm das Bild des Alltags entdecken und mit eben dieser Entdeckung seine Verwandlung in den Bürgerkrieg vollziehen werden in Ausführung des marxistischen Tricks, der allein diesem finsteren Runenzauber gewachsen ist.

ERICH KÄSTNER

Die andre Möglichkeit

Wenn wir den Krieg gewonnen hätten,
Mit Wogenprall und Sturmgebraus,
Dann wäre Deutschland nicht zu retten
Und gliche einem Irrenhaus.

Man würde uns nach Noten zähmen
Wie einen wilden Völkerstamm.
Wir sprängen, wenn Sergeanten kämen,
Vom Trottoir und stünden stramm.

Wenn wir den Krieg gewonnen hätten,
Dann wären wir ein stolzer Staat
Und preßten noch in unsern Betten
Die Hände an die Hosennaht.

Die Frauen müßten Kinder werfen.
Ein Kind im Jahre. Oder Haft.
Der Staat braucht Kinder als Konserven.
Und Blut schmeckt ihm wie Himbeersaft.

Wenn wir den Krieg gewonnen hätten,
Dann wär der Himmel national,
Die Pfarrer trügen Epauletten
Und Gott wär deutscher General.

Die Grenze wär ein Schützengraben,
Der Mond wär ein Gefreitenknopf.
Wir würden einen Kaiser haben
Mit einem Helm statt einem Kopf.

Wenn wir den Krieg gewonnen hätten,
Dann wäre jedermann Soldat.
Ein Volk der Laffen und Lafetten!
Und ringsherum wär Stacheldraht!

Dann würde auf Befehl geboren,
Weil Menschen ziemlich billig sind
Und weil man mit Kanonenrohren
Allein die Kriege nicht gewinnt.

Dann läge die Vernunft in Ketten
Und stünde stündlich vor Gericht.
Und Kriege gäb's wie Operetten.
Wenn wir den Krieg gewonnen hätten –
Zum Glück gewannen wir ihn nicht!

ERNST THÄLMANN

Formen und Möglichkeiten einer großen antifaschistischen Aktion

Der Vormarsch und Aufstieg einer revolutionären Partei und damit einer revolutionären Bewegung ist nicht immer gradlinig. In der Geschichte aller revolutionären Parteien, die ein wirkliches Klassenfundament im Proletariat, große historische Erfahrungen und einen Kern bolschewistischer Klarheit in der Durchführung ihrer Arbeiten und Aufgaben besaßen, sind solche Vorgänge zu verzeichnen, daß – bei einer solchen Entwicklung, wie wir sie in Deutschland haben – eine Wellenbewegung in der Entwicklung der Wechselbeziehungen einer Partei mit den ihr nahestehenden Massen nicht nur denkbar, sondern politisch erklärlich und bald selbstverständlich ist. Das war so im Leben der bolschewistischen Partei, und das wird im Leben anderer Parteien nicht anders sein, wenn nicht besondere Ausnahmen von dieser Regel auf irgendeinem Gebiete vorkommen ...

Heute müssen wir unsere Fehler und Schwächen deutlicher sehen und kühner aufdecken, um nicht nur in der Problemstellung, der notwendigen inneren Erkenntnis vorwärtszukommen, sondern um der Partei bei der qualitativen Verbesserung der Arbeit auf allen Gebieten zu helfen. Nehmen wir ein Beispiel. Wir haben manchmal in der Frage des Kampfes gegen den Faschismus eine bestimmte Gleichstellung gesehen von Faschismus und Sozialfaschismus, Hitlerpartei und Sozialdemokratie in der Hinsicht, daß wir sagen, daß sie Zwillingsbrüder sind ...

Das Wichtigste, was wir zu schaffen haben, wenn wir Kämpfe auslösen wollen, ist, die schon vorhandene Mauer, die zwischen sozialdemokratischen und kommunistischen Arbeitern steht, zu beseitigen. Es gab bereits einmal eine Periode, wo dieses Problem von der Partei gegen den Willen verschiedener Genossen in der Führung genauso revolutionär gestellt wurde – in der Ruth-Fischer-Periode. Heute ist unsere Partei gewachsen, reifer geworden, stellt die Fragen viel klarer und gründlicher. Aber daß während und vor den Wahlen zwischen den sozialdemokratischen und kommunistischen Arbeitern eine gewisse Mauer bestanden hat, das zu leugnen wäre meiner Auffassung nach eine Schmeichelei für die Partei und keine richtige Einschätzung der Tatsachen, die vorhanden sind.

Andererseits müssen wir sehen, daß die Methoden der Bourgeoisie, wie sie ihre feindlichen Angriffe gegen das Proletariat durchführt, es ermöglichen, daß heute leider große Teile der Arbeiterklasse sich in den Krallen dieser volksfeindlichen führenden Personen und Parteien befinden, die wir aus diesen Krallen so schnell wie möglich herauszuziehen versuchen müssen. Und diese Taktik erfordert die größte prinzipielle Festigkeit in der Durchführung der Politik der Partei; sie erfordert die prinzipielle Reinheit jener großen richtigen Generallinie unserer Partei, die wir viel konkreter, elastischer überall zur Durchführung bringen müssen ...

Und die Frage steht heute, wie weit es uns gelingt, neben den Methoden, die dem ZK bekannt sind, mit einer großen, in Deutschland neuen, besonderen Aktion in Erscheinung zu treten. Wir konnten diese Frage noch nicht ausführlich behandeln, aber ich deute an, daß wir eine große antifaschistische Aktion in Deutschland durch unsere Partei und die RGO in die Wege zu leiten haben. Welche Formen und Möglichkeiten soll sie enthalten? Alle Genossen des ZK sollen darüber nachdenken, und wenn sie glauben, in zwei oder drei Tagen uns besonders zweckmäßige Vorschläge unterbreiten zu können, sollen sie es in Form eines Briefes tun, weil wir – neben der Frage des Aufrufes an die deutschen Arbeiter überhaupt – diese Frage einer großen antifaschistischen Aktion stellen müssen.

CARL VON OSSIETZKY
Rede vor Gericht

Ich betrachte die in Aussicht stehende Amnestie nicht als eine Hintertür, durch die ich entschlüpfen möchte. Aber es findet in diesen Tagen eine Konferenz in Genf statt, in der die deutsche Regierung sich über die Abrüstung zu entscheiden hat. Es kann dies ein Wendepunkt des deutschen Schicksals sein. Und während die deutschen Vertreter in Genf erklären, daß ihnen der Abrüstungsvorschlag von Hoover nicht weit genug geht, wird in der Heimat ein Prozeß geführt, in dem der Vertreter der Anklage den Soldatenstand nur verherrlichen kann. Ich fürchte von diesem Prozeß schlimme außenpolitische Folgen; ebenso wie sie durch das Urteil des Reichsgerichts im »Weltbühnen«-Prozeß eingetreten sind. Der Prozeß kann zu größeren Schädigungen des deutschen Ansehens führen, als die ganze Sache wert ist.

Seit 1912 habe ich den Krieg bekämpft. Ich gehörte schon vor dem Krieg einer pazifistischen Organisation an. Ich bin kein Novembersozialist oder -pazifist. Was ich im Krieg gesehen, hat meine Meinung über ihn und das Kriegshandwerk durchaus bestätigt. Den Artikel in der »Weltbühne«, der ja nicht von mir selbst stammt und wegen dessen ich hier angeklagt bin, vertrete ich vollständig. Ich habe niemals lieber vor dem Gericht gestanden als gerade wegen dieses Artikels, der ganz meiner Auffassung entspricht. Doktor Tucholsky, den Verfasser, habe ich 1919 in Berlin in einem Kreise kennengelernt, aus dem die alljährlich im August stattfindenden »Nie-wieder-Krieg«-Demonstrationen entstanden sind.

1919 erschienen auch in der »Weltbühne« die ersten pazifistischen Glossen von Tucholsky. Aus jener Zeit stammt die Abneigung des Reichswehrministeriums gegen die »Weltbühne«. Später waren wir geradezu der Gegenpol der Politik des Reichswehrministeriums.

Wir Anhänger des Friedens haben die Pflicht, immer wieder darauf hinzuweisen, daß der Krieg nichts Heroisches bedeutet, sondern daß er nur Schrecken und Verzweiflung über die Menschheit bringt. Gerade weil wir wissen, daß die machtpolitische Situation für uns im Augenblick nicht günstig ist, gerade deshalb müssen wir eine lapidare Sprache führen. Aber diese lapidare Sprache geht von Laotse über die Bibel und Kant durch die ganze Literatur. Alle haben den Krieg als Mord und das Soldatenhandwerk als Mörderhandwerk gekennzeichnet. Das Wort Mörder wird hier nicht in einem juristischen, sondern in einem sittlichen Sinne gebraucht. Seit zweitausend Jahren streitet man sich um diese Dinge herum. Es scheint sich hier um eine Frage der Qualität zu handeln. Das ist der ewige Zwiespalt zwischen der Staatsmoral und dem Individuum. Man kann das auf die Formel bringen: dem kleinen Mörder schlägt man den Kopf ab, dem großen setzt man einen Lorbeerkranz auf.

Wir sind keine Fanatiker und keine Bilderstürmer, aber wir halten es für nötig, daß eine deutliche Sprache geführt wird. Wenn die Anhänger des Krieges gegen uns aufmarschieren, dann heißt es auch Verräter, Feigling, und der Pazifist gilt als zuchthauswürdig. Wir aber, die wir in einem ständigen Angriff gegen den Krieg stehen, müssen uns der Terminologie bedienen, die dafür seit zweitausend Jahren vorliegt.

Wir vertreten heute keine isolierten Gedanken mehr. Seit einigen Jahren besteht der Kelloggpakt, durch den die Reihe der Mittel, die die Staaten gegeneinander anwenden dürfen, beschränkt worden sind und der den Krieg out of law stellt.

Ich fasse den Prozeß als ein Kesseltreiben des Reichswehrministeriums gegen Pazifisten auf. Es ist auch kein Zufall, daß keine der großen Frontsoldatenorganisationen mit ihren Hunderttausenden von Mitgliedern sich beleidigt fühlt; jeder Frontsoldat würde den Vorwurf ruhig einstecken. Höchstens die Offiziere können sich beleidigt fühlen, die in den Krieg einen Ehrbegriff hineingetragen haben, der nicht hineingehört.

Ich habe eben einen der merkwürdigsten Augenblicke meines Lebens gehabt, als in das Plädoyer meines Verteidigers von der Straße die Klänge der Militärmusik hereintönten. Ich weiß nicht, ob man darin ein bedenkliches Symbol sehen soll oder einen belanglosen Zufall. Aber vielleicht ist durch diesen Klang der Staatsanwaltschaft von heute die Stimme ihres Herrn mitgeteilt worden.

Ich bin vielleicht der einzige hier im Saal gewesen, der über den Strafantrag auf sechs Monate Gefängnis nicht erstaunt gewesen ist. Denn es bleibt für mich bestehen, daß eine bestimmte Denkrichtung verfolgt werden soll. Es ist aber falsch, wenn man annimmt, daß es sich in dem »Weltbühnen«-Artikel um die Diffamierung eines Standes handelt, es handelt sich um die Diffamierung des Krieges. Wir greifen aber hier nicht nur an, sondern wir verteidigen das Recht auf Leben. Was nützt den Toten des Weltkrieges die Ehre, die hier angeblich geschützt werden soll? Was nützen Denkmäler des Unbekannten Soldaten den Gefallenen? Erst muß der Mensch leben, dann kann seine Ehre geschützt werden!

Der Antrag des Staatsanwalts beweist, wie sehr die Staatsanwaltschaft unter den Einfluß des Nationalismus geraten ist, der sich einbildet, die wahre deutsche Nation zu verkörpern.

Ich wende mich an das Gericht mit der Beteuerung, daß ich durch zwanzig Jahre eine gute und anständige Sache vertreten habe. Eine Gesinnung kann man nicht unter Beweis stellen. Hier muß geglaubt werden. Ganz gleich, wie das Urteil ausfällt, ich werde mit allen mir zur Verfügung stehenden Mitteln für die Idee weiterkämpfen, die ich für Recht erkannt habe.

OTTO LEHMANN-RUSSBÜLDT

Sozialismus und Friedensfront

WELCHE Aussichten hat (...) der organisierte Sozialismus, wenn er wie in der Vorkriegszeit den Kampf gegen den Krieg in den Mittelpunkt seiner Aufgaben stellt und wenn er diesen Kampf mit erfolgreicher Tatkraft führt?

Alle, denn die gesamte Bevölkerung kommt ihm sowohl im Ziel der Abschaffung des Krieges als in der Abweisung des militärischen Bürgerkrieges entgegen.

Angesichts der drohenden Riesengefahr sollten die beiden aktivsten Abschnitte der Friedensfront, also Gewerkschaften und Friedenskämpfer, ihren Streit bis nach der Entscheidung vertagen und sich aus der Situation klarmachen, was zunächst zu tun ist ...

Mag die Friedensfront noch so viel Interessengegensätze haben – in der Forderung der Verwirklichung der Grundsätze des Völkerbundes und des Kelloggpaktes ist sie vollkommen einheitlich und aufrichtig, während die Kriegsfront nur notgedrungen dieselben Grundsätze proklamiert. Es kommt darauf an, diese einheitliche Stimmung zu festigen. Die Gewerkschaften, die organisierte Friedensbewegung und die kleinen Staaten der Friedensfront sind die gegebenen Gruppen, um die Verwirklichung dieser allgemeinen Ziele mit dynamischer Gewalt national und international durchzusetzen.

FRITZ HECKERT

Nach dem Antikriegskongreß: Der Kampf geht weiter

DER in Amsterdam am 27./28./29. August abgehaltene Antikriegskongreß hat bewiesen, daß die Einberufer desselben recht hatten, als sie annahmen, daß in den breiten Massen des werktätigen Volkes ein wirklicher Wille zum Kampfe gegen den Krieg vorhanden ist und daß darum die Zeit gekommen sei, diese Antikriegskräfte durch einen Kongreß fester zusammenzuschließen. Aus 29 Ländern waren 2195 Delegierte erschienen: 249 Intellektuelle, 72 Bauern und *1867 Arbeiter.* Mit Ausnahme der Intellektuellendelegierten, unter denen sich eine größere Anzahl weltbekannter Persönlichkeiten befanden, waren alle Delegierten Delegierte von Organisationen, Körperschaften und Gruppen und von ihren Wählern mit Mandaten ausgestattet. Die Zahl der zum Kongreß gewählten Delegierten war eine viel größere. Doch die großen materiellen Kosten für die Teilnahme am Kongreß, mehr aber noch die den Delegierten gemachten Paß- und polizeilichen Schwierigkeiten verhinderten einen großen Teil der Gewählten, in Amsterdam zu erscheinen. Tausende an dem Kongreß von Betrieben, Gewerkschaften, Gemeinden usw. gesandte Telegramme zeigten aber die große Verbundenheit der werktätigen Massen mit der Idee des Kongresses.

Es ist selbstverständlich, daß der Kongreß in den Kreisen der Bourgeoisie, bei ihren Regierungen, kein Wohlwollen gefunden hat. Besonders wurde der Kongreß bei seiner Vorbereitung von dem wütenden Haß der Führer der II. Internationale und des Amsterdamer Gewerkschaftsbundes verfolgt. Die Führer dieser Organisationen versuchten, den Kongreß als eine »kommunistische Mache« zu denunzieren. Durch ihre Kampagne verschafften sie dem Bürgertum und den kapitalistischen Regierungen die Argumente und die Grundlage für eine wilde Verleumdungs- und Hetzkampagne gegen den Kongreß. Die holländische Regierung hatte sichtbar nicht den Mut, mit Polizeigewalt den Kongreß zu verhindern, aber sie hielt es für angebracht, öffentlich zu erklären, daß sie dem Kongreß ohne Sympathie gegenüberstehe. Die holländischen Faschisten verlangten mehrere Male von der Regierung das Verbot des Kongresses und die Verjagung der zum Kongreß gekommenen Delegierten. Ganz besonders bemühte sich das Zentralorgan der holländischen Sozialdemokratie, »Het Volk«, den Kongreß verächtlich zu machen.

Die große Zahl der Teilnehmer am Kongreß und die Aufmerksamkeit, mit der die Amsterdamer Arbeiterschaft die Verhandlungen des Kongresses verfolgte, stand in einem schroffen Widerspruch zu der von den Feinden des Kongresses geschaffenen Atmosphäre. Die Wucht seiner Willensdemonstration zum Kampf gegen den Krieg, die Begeisterung seiner Teilnehmer, zwang auch die bürgerliche Presse, ihr Schweigen über die Verhandlungen des Kongresses aufzugeben. Selbst »Het Volk« sah sich veranlaßt, spaltenlange Berichte und Artikel über den Kongreß zu schreiben, indessen der Hohn über die Veranstaltung unterdrückt werden mußte und ersetzt wurde durch ein albernes Gegeifer an einer Reihe von Äußerlichkeiten, wie: im

Kongreß herrschte Unruhe, die Delegierten können sich untereinander nicht verstehen, durch Singen von Liedern vermehrten sie die Unruhe, die Delegierten seien anonyme Leute, der Kongreß beweise selber, daß er ein kommunistisches Manöver wäre, bei dem die bürgerlichen Intellektuellen nur Staffage bildeten und was dergleichen dumme Bemerkungen mehr sind. Ja, es ist wahr, ein solcher großer Kongreß, abgehalten noch in einem Saal mit schlechter Akustik, mußte notwendigerweise eine Reihe von äußerlichen Unzulänglichkeiten bringen. Doch die Versuche, die ein kleines Häuflein anarchistischer und trotzkistischer Elemente (wobei sich besonders die Führer des NAS. – Nationales Arbeitersekretariat, Trotzkisten – hervortaten) unter Ausnützung der Unzulänglichkeiten des Kongresses unternahmen, um Sprengungselemente in die Verhandlungen zu tragen, mißlangen vollständig.

Es wäre natürlich falsch, zu verschweigen, daß zwischen den Delegierten des Kongresses über die verschiedensten Fragen Differenzen bestehen. Es war aber nicht Aufgabe des Kongresses, diese Differenzen zwischen den Delegierten über die verschiedensten Fragen zuzuspitzen, sondern das Gemeinsame zu betonen und einen Nenner zu finden, auf dem sich alle Kräfte, die ernst gegen den imperialistischen Krieg ankämpfen wollen, zu einem gemeinsamen Handeln vereinigen konnten. Das ist in dem Manifest, welches der Kongreß gegen sieben Stimmen beschloß und unter das jeder Delegierte seine Unterschrift gab, geschehen. In dem Manifest aber selbst wird hervorgehoben, daß trotzdem auf den verschiedenen Gebieten Differenzen zwischen den Delegierten bestehen, es ihr Wille ist, über diese Differenzen hinweg ihre Kraft zu vereinigen zum Kampfe gegen den imperialistischen Krieg, gegen die Organisatoren dieses imperialistischen Krieges, gegen die mehr oder minder versteckten Helfer der imperialistischen Kriegsmacher und gegen die Feigen und Lauen, die durch ihre Passivität sich mitschuldig machen, daß der Kapitalismus Ausbeutung, Elend und Kriegsgefahr ständig vermehren kann.

So wurde der Kongreß, obwohl auf ihm vertreten waren Pazifisten, christliche, sozialistische, syndikalistische, parteilose Delegierte neben Kommunisten, ein gewaltiges Bekenntnis zum entschlossenen Kampf gegen den imperialistischen Krieg, aber gleichzeitig auch ein lebendiges Bekenntnis zur Sowjetunion, der größten Friedensmacht der Welt. Es ist wahr, die Delegierten der Arbeiterklasse haben viele Male auf dem Kongreß ihre revolutionären Lieder, besonders die »Internationale«, gesungen, und viele Redner wurden mit dem »Rot-Front«-Gruß, der ein internationaler Gruß der Klassenkämpfer des Proletariats geworden ist, begrüßt.

Aber welcher Intellektuelle, der es ernst meint mit dem Kampf gegen den Krieg, hätte wegen diesen Manifestationen der Arbeiterdelegierten zurückschrecken sollen? Jedem wahren Kämpfer gegen den imperialistischen Krieg ist es längst offenbar geworden, daß das revolutionäre Proletariat die einzige entscheidende Kraft ist im Kampf gegen die Kriegsmacher und gegen die Ursachen, aus denen die Kriege wachsen: das kapitalistische System, die kapitalistische Ausbeutung und Unterdrükkung der Menschen.

MAX HERRMANN-NEISSE

Der Friedenstörer

WIEDER steigt aus dunklen Schluchten.
Der sich lang verborgen hielt;
Seine schweren Schritte wuchten
In die Welt, die kindlich spielt.
Seine Eisenschuhe treten
Zart Erblühtes in den Kot,
Und mißtönende Trompeten
Lärmen sanfte Lieder tot.

Mit geschlossenem Visiere
Führt er seine wilde Jagd
Zu dem Paradies der Tiere,
Wo sich nichts zu wehren wagt,

Daß nach leicht errungnen Siegen,
Wüst von Blutgeruch umdampft,
Wimmelnd vom Geschmeiß der Fliegen,
Schlächterhaft er weiter stampft.

Wird ihm niemand Halt gebieten?
Schon drängt er sich in den Hain,
Wo mit tausendjährigen Riten
Fromme sich der Gottheit weihn.
Lästernd raubt er den Altären
Das gesegnete Gerät.
Plötzlich schweigt der Sang der Sphären
In verletzter Majestät.

Triumphierend hetzt der Schänder,
Der die heiligen Eide brach,
Durch die ungeschützten Länder
Seines Beutezuges Schmach,
Immer weiter, immer wilder,
Ohne Scheu vor Menschenrecht,
Bücher roh zerstörend, Bilder,
Sanfter Seelen Folterknecht.

Jede Siedlung steht in Flammen,
Die der Feindliche betrat.
Gellend durch die Nacht, verdammen
Glocken seine Freveltat,
Und des Himmels Zornesröte
Ruft zur großen Rache auf,
Weltverneinend tönt das »Töte!«
Störend in der Sterne Lauf.

Mütter, die ihr Kind verloren,
Witwen, Waisen, schattenhaft,
Vorwurfsvoll in Trauerfloren,
Sammeln ihre letzte Kraft,
Auf des Quälers Spur zu bleiben,
Bis ihn sein Geschick zerbricht;

Treiber und Getriebne treiben
In des Jüngsten Tags Gericht.

Schon sind schwer zu unterscheiden
In der immer dichteren Schar,
Die das Böse tun und leiden,
Was man ist und was man war,
Krallt sich eins ans andre, fluchend
In des Weltenbrandes Rauch,
Hilfe und Vergeltung suchend
Mit dem letzten Lebenshauch.

Bis ein Schrei das All erschüttert,
Dem kein Laut auf Erden gleicht,
Und die Bestie, satt gefüttert,
Endlich träg beiseite schleicht.
Stumm verdauen dann die Stunden,
Lauschend fernem Zukunftslied,
Und in dunkler Schlucht gebunden
Wieder liegt der Störenfried.

DIETRICH BONHOEFFER

Christliches Friedensgebot und die Völkerwelt

ALS Glied der Ökumene hat der Weltbund für Freundschaftsarbeit der Kirchen Gottes Ruf zum Frieden vernommen und richtet diesen Befehl an die Völkerwelt aus. Unsere theologische Aufgabe besteht darum hier allein darin, dieses Gebot als bindendes Gebot zu vernehmen und nicht als offene Frage zu diskutieren. »Friede auf Erden«, das ist kein Problem, sondern ein mit der Erscheinung Christi selbst gegebenes Gebot. Zum Gebot gibt es ein doppeltes Verhalten: den unbedingten, blinden Gehorsam der Tat oder die scheinheilige Frage der Schlange:

sollte Gott gesagt haben? Diese Frage ist der Todfeind des Gehorsams, ist darum der Todfeind jeden echten Friedens. Sollte Gott nicht die menschliche Natur besser gekannt haben und wissen, daß Kriege in dieser Welt kommen müssen wie Naturgesetze? Sollte Gott nicht gemeint haben, wir sollten wohl von Frieden reden, aber so wörtlich sei das nicht in die Tat umzusetzen? Sollte Gott nicht doch gesagt haben, wir sollten wohl für den Frieden arbeiten, aber zur Sicherung sollten wir doch Tanks und Giftgase bereitstellen? Und dann das scheinbar Ernsteste: Sollte Gott gesagt haben, du sollst dein Volk nicht schützen? Sollte Gott gesagt haben, du sollst deinen Nächsten dem Feind preisgeben?

Nein, das alles hat Gott nicht gesagt, sondern gesagt hat er, daß Friede sein soll unter den Menschen, daß wir ihm vor allen weiteren Fragen gehorchen sollen, das hat er gemeint. Wer Gottes Gebot in Frage zieht, bevor er gehorcht, der hat ihn schon verleugnet.

ANNA SEGHERS

Vaterlandsliebe

Mit aller Wucht und Intensität, die der historische Augenblick von uns erfordert, versucht eine jede einzelne Sprachgruppe in diesem Saal, die chinesische Mauer der Sprache zu rammen, die sie umgibt. Unsere Zusammenkunft in diesen vier Wänden wird Sinn bekommen, wenn jede unserer Gruppen ihr Eigentümlichstes einbezieht in eine geschlossene, uns allen gemeinsame Handlung. Unter den Delegierten sehe ich manche von früher vertraute Gesichter, vertraut, doch ebenso fremd wie brüderlich. In einem scheinbaren Widerspruch erscheinen ihre Gesichter unter uns vollkommen ausgelöscht und gleichzeitig machtvoll gesteigert in ihrer *nationalen Bedeutung.* Wir haben in dieser Zeitwende, die wir, wie kaum eine Nation die ihre, mit qualvoller Bewußtheit erleben, Menschen um Ideen wie um Fahnen bis zum Zerfetzen kämpfen sehen. Vielleicht ist um keine Idee raffinierter und trivialer geschriftstellert worden als um die: Vaterland. Um keine wurde mehr Schultinte von Knaben verkleckst, mehr Blut von Männern vergossen. Ideen, mit denen viel gehochstapelt wird, sind verdächtig. Da nennen Schriftsteller »Vaterland« den gültigsten aller immanenten Werte, den gültigsten aller Stoffe. Andere entlarven ihn als einen Betrug oder als eine Fiktion. Ein deutscher Schriftsteller nennt das Vaterland »unentrinnbaren Lebensraum, mittleren der drei Daseinsräume, von denen der engste unser Körper, der weiteste unsere Erde sein soll«. Vergißt dieser Schriftsteller, daß auch diese Erde in unserem Bewußtsein nicht immer die gleiche war, sie ist erst die unsere geworden durch Kepler und Kopernikus, unter Kämpfen und Opfern.

Es ist noch nicht allzulange her, seit Menschen für die Idee »Vaterland« ein schweres Leben erleiden oder einen schweren Tod. Am Anfang der bürgerlichen Epoche, da wurde der Nationalstaat die neue und weite und gemäße Form für neue gesellschaftliche Inhalte, ein Tiegel, in dem die Reste des Feudalismus vertilgt wurden. Damals war es ein und dasselbe, Patriot und Revolutionär zu sein. Heute hämmern Schriftsteller vieler Länder der Jugend ein, nach leeren und ratlosen Zeitabläufen sei eine Epoche nationaler Besinnung, nationaler Verwirklichung angebrochen. Ist ihre Vaterlandserfüllung die gleiche wie am Anfang der bürgerlichen Epoche? Die historische notwendige Form eines neuen gesellschaftlichen Inhalts, die Vaterlandserfüllung Manzonis und der Marseillaise, »Liberté, liberté chérie«? Oder dient sie als Klammer, um eine aus den Fugen gehende Gesellschaft mit Zwang zusammenzuhalten. Täuschen wir uns aber nicht, wir kommen mit der Verneinung dieser Frage keinen Schritt weiter. Auf jeden Irrtum in der Einschätzung der nationalen Frage reagieren die Massen unerbittlich.

Wenn im Bewußtsein der heutigen Menschen der Vaterlandsbegriff längst entlarvt schien, er regenerierte sich trotzdem täglich und minütlich aus dem Sein heraus. Jeder Zuruf in der Muttersprache, jeder Erdkrümel zwischen den Fingern, jeder Handgriff an der Maschine, jeder Waldgeruch bestätigte ihnen von neuem die Realität ihrer Gemeinschaft. Die heutigen

Nutznießer dieser Gemeinschaft nennen sie gottgewollt. Bewußt oder unbewußt dichten in ihrem Auftrag Schriftsteller den Mythos von Blut und Boden. Es nützt nämlich dem Schriftsteller nichts, wenn er sein Handwerk auch so gut gelernt hat, wie es einmal Flaubert gefordert hat, daß sich der von ihm geschilderte Baum von allen anderen je gesehenen Bäumen unterscheidet. Der Schriftsteller unserer Tage muß etwas anderes vom Wesen des Baumes begriffen haben. Es gibt keine Heimaterde schlechthin, es gibt keinen Apfelbaum schlechthin, es ist ein anderer Apfelbaum auf dem Feld des Feudalbesitzers, ein anderer auf dem vom Fiskus gepfändeten Feld, und wieder ein anderer im Kolchos.

Wenn einer unserer Schriftsteller quer durch Deutschland fuhr, etwa von Nordosten nach Südwesten, und er erblickte die grandiose, höllische, schwefelgelbe Leuna-Fabriklandschaft, die Herzpumpe seines Vaterlandes, in der Zehntausende von Arbeitern dem kargen Land eigentümliche Erfindungen verwirklichen, ist er dann stolz auf diesen Anblick? Ist er stolz auf das Nationalgut Leuna? Er ist nicht stolz auf das Nationalgut, doch ist er stolz auf die Arbeitskraft von fünfzigtausend Arbeitern, stolz auf die Erringung dieser vom mitteldeutschen Aufstand durchbluteten Landschaft, stolz auf die Zukunft von Leuna. Fragt erst bei dem gewichtigen Wort »Vaterlandsliebe«, was an eurem Land geliebt wird. Trösten die heiligen Güter der Nation die Besitzlosen? ... Tröstet die »heilige Heimaterde« die Landlosen? Doch wer in unseren Fabriken gearbeitet, auf unseren Straßen demonstriert, in unserer Sprache gekämpft hat, der wäre kein Mensch, wenn er sein Land nicht liebte. Schriftsteller, denen dies Doppelwesen entgeht, schildern das Trugbild einer scheinbar einheitlichen Gemeinschaft und den Krieg als ihre höchste Erfüllung. Die Dichter der nationalen Befreiungskriege am Anfang der Epoche, die konnten noch den wahren Sachverhalt dichten, die wahren Ziele ausrufen. Den heutigen Verherrlichern des Krieges ist es genommen, die wahren Ziele zu verkünden. Sie dürfen weder dichten »Freiheit, geliebte!«, sie können auch nicht dichten »Profitrate, geliebte!«. Bei ihnen wird der Krieg ein ungeheures Elementarereignis über der friedlichen oder rauhen Landschaft des gesellschaftlichen Lebens, wird zum dunklen, unentrinnbaren Ausbruch aller Naturgewalten.

Was dürfen wir bei unseren eigenen Aufgaben nicht übersehen? Es ist nicht mehr, daß der Krieg nur droht, er verlockt auch. Der Mensch an der Stempelstelle, am laufenden Band, im Arbeitsdienstlager ist ein Niemand. Der dem Tod konfrontierte Mensch scheint wieder alles. In gewissem Sinne ist die Lüge wahr und deshalb furchtbar verlockend: »Das Vaterland braucht dich.« Bis jetzt war derselbe Mensch mit all seinen reichen Werten, mit all seiner Begabung unverwertbar, ungebraucht, lästig, in jedem Vaterland Millionen seiner Art zuviel. Auf einmal ist er verwertbar. Das Vaterland hat keine Handbewegung von ihm gebraucht, keinen seiner Gedanken, keine seiner Erfindungen, keine seiner Mühen. Auf einmal braucht es den ganzen Menschen, den letzten Einsatz. Das, wonach er seine Jugend lang dürstete, tritt scheinbar ein, er kann sich bewähren. Der Krieg wird zur Verwertung der Unverwertbaren, zum Ausweg der ausweglosen Welt. Da regeneriert sich abermals eine scheinbare Gemeinschaft: im Frieden gab es keine Gleichheit, jetzt gibt es, mächtige betrügerische Verlockung, die Gleichheit vor dem Tod. Kämpfen doch zwei nebeneinander erbittert um den gleichen Quadratmeter Boden. Sie kämpfen aber gar nicht um das gleiche: der eine kämpft um die Rente dieses Bodens, um sein Erbe, der andere kämpft um die Flüche und die Mühe, die er diesem Boden abgegeben hat.

Selten entstand in unserer Sprache ein dichterisches Gesamtbild der Gesellschaft. Große, oft erschreckende, oft für den Fremden unverständliche Einzelleistungen, immer war es, als zerschlüge sich die Sprache selbst an der gesellschaftlichen Mauer. Erinnern wir uns, was Maxim Gorki auf dem Sowjet-Schriftstellerkongreß über die eminente gesellschaftliche Bedeutung von Geisteskrankheit gesagt hat. Bedenkt die erstaunliche Reihe der jungen, nach wenigen übermäßigen Anstrengungen ausgeschiedenen deutschen Schriftsteller. Keine Außenseiter und keine schwächlichen Klügler gehören in diese Reihe, sondern die Besten: Hölderlin, gestorben im Wahnsinn, Georg Büchner, gestorben durch Gehirnkrankheit im Exil, Karoline Günderode, gestorben durch Selbstmord, Kleist durch

Selbstmord, Lenz und Bürger im Wahnsinn. Das war hier in Frankreich die Zeit Stendhals und später Balzacs. Diese deutschen Dichter schrieben Hymnen auf ihr Land, an dessen gesellschaftlicher Mauer sie ihre Stirnen wund rieben. Sie liebten gleichwohl ihr Land. Sie wußten nicht, daß das, was an ihrem Land geliebt wird, ihre unaufhörlichen, einsamen, von den Zeitgenossen kaum gehörten Schläge gegen die Mauer waren. Durch diese Schläge sind sie für immer die Repräsentanten ihres Vaterlandes geworden.

Entziehen wir die wirklichen nationalen Kulturgüter ihren vorgeblichen Sachwaltern. Helfen wir Schriftsteller am Aufbau neuer Vaterländer, dann wird erstaunlicherweise wieder das alte Pathos wirklicher nationaler Freiheitsdichter aufs neue gültig werden, das echte Pathos Manzonis:

> Wehe dem, der die Fahne verkannte,
> Der, wenn Schlachten und Kämpfe vorbei,
> Und die Fackel des Sieges entbrannte,
> Sich verhüllt: Ich war nicht dabei.

HEINRICH MANN

Wir wollen den Frieden retten

Es ist möglich, den Frieden zu erhalten und Millionen Menschen das unermeßliche Leid des Krieges zu ersparen. Das große einigende Kampfziel aller Freunde des Friedens und der Freiheit in Deutschland ist die demokratische Volksrepublik. In dieser demokratischen Volksrepublik wird das deutsche Volk selbst frei über seine Geschicke entscheiden. Es wird den Faschismus mit der Wurzel ausrotten. Es wird nicht die folgenschweren Fehler und Schwächen von 1918 wiederholen, sondern eine starke Volksmacht gegen die Feinde der Volksfreiheit schaffen.

Deutsches Volk! Kämpfe mit uns für Frieden, Freiheit und Wohlstand, für die demokratische Freiheit, die Freiheit sein muß, die für sich einzustehen weiß, und eine Humanität, die gegen ihre Mörder keine Schwäche kennt.

Man muß immerfort aufpassen und handeln. Wer bloß zusieht, wartet vergebens, daß Frieden wird: es wird nur Krieg. Der Krieg kommt schon, wenn man einfach nichts gegen ihn tut. Nicht angreifen beweist nichts. Krieg ist eigentlich, sobald eine rücksichtlos nationalistische Herrschaft sich irgendwo einrichtet.

Wir wollen den Frieden retten.

LUDWIG RENN

Mit Feder und Gewehr gegen den Krieg

Ich begrüße den Kongreß im Namen der deutschen Schriftsteller, die in Spanien an der Front gegen den Faschismus stehen. Ich begrüße ihn auch im Namen der 11. Internationalen Brigade und bin überzeugt, daß sich auch die anderen Internationalen Brigaden, mit denen ich nicht sprechen konnte, diesem Gruß von ganzem Herzen anschließen.

Wir Schriftsteller an der Front haben die Feder aus der Hand gelegt, denn wir wollten nicht mehr Geschichte schreiben, sondern Geschichte machen. Wer von euch hier im Saal wünscht meine Feder zu nehmen, der Bruder meiner Gedanken zu sein für die Zeit, wo ich das Gewehr genommen habe? Seht, hier biete ich die Feder als ein Geschenk, das kein Vergnügen ist, sondern eine große Pflicht. Und der Name dieser Pflicht: alles gegen den Faschismus! Alles für die Volksfront! Alles für die Front der Völker! Alles für die Ideen, die dem Kriege feindlich sind! Kriegsfeindlich – das sagen wir, Männer des Krieges, wir Soldaten! Denn der Krieg, in dem wir mithelfen, ist uns keine Freude, kein Selbstzweck, sondern etwas, das überwunden werden muß!

Kämpft, darum bitten wir euch, für diese Ideen, kämpft mit der Feder und mit dem Wort, wie es jedem liegt! Aber kämpft!

»Für Frieden, Freiheit und Brot!«

Aufruf für die Deutsche Volksfront

In Nürnberg haben die Führer der Nationalsozialisten den Kreuzzug gegen die Sowjetunion und gleichzeitig gegen die demokratischen Staaten gepredigt. Der Ausrottungskampf gegen alle freiheitlichen Bewegungen in der Welt wurde verkündet. Er hat in Spanien begonnen. Deutsche Bomben legen Madrid und andere spanische Städte in Trümmer, deutsche Divisionen, ausgerüstet mit allen Mitteln der Mordtechnik, stürzen sich auf das heroisch um seine Freiheit kämpfende spanische Volk.

Das deutsche Volk aber will den Frieden. Es will Deutschlands Existenz nicht aufs Spiel setzen, um die oberen Zehntausend in ihrem Besitz und ihren Vorrechten zu schützen. Der Friede der Welt und das Glück unserer Heimat sind nur durch den Sturz des Naziregimes zu sichern. (...)

Hitler braucht den Krieg um die Erhaltung seiner Herrschaft und um die Erreichung der imperialistischen Ziele seiner Auftraggeber willen. Das neue Deutschland braucht den Frieden zur Befestigung seiner jungen Freiheit und für seinen sozialen und wirtschaftlichen Aufbau. (...)

Schlagen wir in einer Front den, der unser aller Feind ist.

Unser nächstes Ziel ist der Sturz Hitlers und aller Peiniger des deutschen Volkes!

Für Freiheit, Frieden und Brot!

Der Aufruf trägt folgende Unterschriften:

Rudolf Breitscheid, Dr. Hans Hirschfeld, Max Braun, Bruno Süß, Toni Sender, Siegfried Aufhäuser, Professor Siegfried Marck, Karl Böchel, Dr. E. Drucker, Alexander Schifrin, Professor Alfred Meusel, Bernhard Menne, Professor Julius Lips und andere für die Sozialdemokraten;

Wilhelm Pieck, Franz Dahlem, Walter Ulbricht, Anton Ackermann, Wilhelm Florin, Philipp Daub, Philipp Dengel, Hugo Gräf, Wilhelm Koenen u. a. für die Kommunisten;

Willy Brandt, Dr. Fried, H. Diesel, J. Ewas, K. Franz, M. Koch, R. Frey und andere für die Sozialistische Arbeiterpartei;

Lion Feuchtwanger, Balder Olden, Arnold Zweig, Egon Erwin Kisch, Heinrich Mann, Rudolf Leonhard, Professor Georg Bernhard, Professor Alfons Goldschmid, Ernst Toller, Kurt Rosenfeld, Professor E. J. Gumbel, Professor D. J. Schaxel, Professor Anna Siemsen, Professor Fritz Lieb, Otto Lehmann-Rußbüldt, Klaus Mann, Dr. Wolfgang Hallgarten, Kurt Kersten, Bodo Uhse, Ernst Bloch, Dr. Felix Boenheim, Wieland Herzfelde, Johannes R. Becher, Max Seydewitz, Rudolf Olden und andere als Vertreter der Intelligenz.

THOMAS MANN

Für die heilige Sache des Friedens

»Die Kunst beschäftigt sich mit dem Schweren und Guten.« Nun denn, das Schwere und Gute, um was es heute geht in der Welt, das ist der *Friede*. Er ist es, der heute der Menschheit ihre Aufgaben stellt, und nur in ihm sind sie zu erfüllen. Der Krieg ist zu einem schändlichen und allem Schöpferischen entgegengesetzten Müßiggang geworden, den der Künstler, nebst allem, was ihm dient und auf ihn abzielt, verabscheuen muß aus der Tiefe seines produktiven Instinkts. An das unnatürliche und selbstzerstörerische Gebaren eines Künstlers, der etwa dem Kriege zugunsten spräche, die gräßliche Verantwortung, die er auf sich nähme, mag ich nicht denken. Er wahrlich überschritte seine Grenzen. Aber einzustehen mit seiner Person, derselben Person, die es ernst nahm mit der Kunst, für die menschlich ebenso heilige Sache des Friedens, das scheint mir des Künstlers Recht und des Menschen Pflicht.

Frieden und Sozialismus

Dass das Wort »Sozialismus«, trotz aller anti-individualistischer Wirtschaftsgebarung, im Mund des Fascismus eine Lüge ist, zeigt schon der Name seiner deutschen Spielart: Nationalsozialismus. Diese Wortverbindung ist eine Bauernfängerei wie das ganze »Gedankengut«, dessen Etikette sie ist. Nationalismus und Sozialismus sind Gegensätze. Ein Parteiprogramm aus beiden zu machen, ist geistiger Unfug. Sozialismus ist ein durchaus moralischer, das heißt: nach innen gerichteter Impuls, ein Impuls des Gewissens. Wie man als bürgerlicher Individualist über ihn auch denken möge, – man muß zugeben, daß er friedlich ist, pazifistisch bis zur Selbstgefährdung. Er hat von Natur wenig Machtsinn, – sollte er zugrunde gehen, so wird es an diesem Mangel liegen. Wir haben ja gesehen, daß die sozialistisch beeinflußte deutsche Republik aus pazifistischer Scheu vor dem Blutvergießen, dem Bürgerkrieg, die Waffen vor ihren Mördern streckte. Wir haben auch gesehen, welches Druckes von seiten der aggressiv-kriegerischen Mächte es bedurfte, bis der französische und englische sozialistische Pazifismus sich notgedrungen mit der defensiven Aufrüstung ihrer Länder befreundeten. Ich nenne den Sozialismus darum einen moralischen Impuls, weil er wesentlich innenpolitisch, nicht außenpolitisch interessiert ist: seine Passion ist Gerechtigkeit, nicht Macht. Die sozialistische Reform Léon Blums in Frankreich geschah unter fast sträflicher Vernachlässigung der außenpolitischen Dinge, in dem idealistischen Glauben, daß die Herstellung einer höheren und gerechteren Ordnung im Innern ein Land eo ipso in jeder Beziehung stärke, also im Glauben an die Moral. Möge dieser Glaube, trotz seines Idealismus, auf die Dauer sogar richtig sein, – unmittelbar kann er zu großer Schwächung und Gefahr im Lebenskampfe führen, gleich wie ein Mensch, der ganz nach innen gerichtet lebte, allein sein Seelenheil im Auge hätte und auf die Umwelt und wie er mit ihr fertig werde, gar nicht Bedacht nähme, auf Erden wohl schlecht bestünde. – Und Rußland? – Man kann das innenpolitische Beispiel, das es gibt, böse finden und dieses Beispiel fürchten. Aber man muß einräumen, daß die moralische Natur alles wirklichen Sozialismus sich auch im Falle Rußlands bewährt: man muß es als Friedensmacht anerkennen und feststellen, daß es als solche eine Verstärkung der Demokratie bedeutet. Es ist kein Zufall und keine bloße Sache der Politik, sondern der Moral, wenn Rußland sich als Friedensmacht an die Seite der großen und kleinen Demokratien: Englands, Frankreichs, Amerikas, der Tschechoslowakei etc. stellt. Soweit der Friede in Frage kommt, gehören Sozialismus und bürgerliche Demokratie zusammen, denn der Sinn des Friedens ist die innere Aufgabe, die Arbeit in der weitesten und sittlichsten Bedeutung des Wortes, die Arbeit der Völker an sich selbst. Der Krieg dagegen ist moralischer Müßiggang, das liederliche Abenteuer, ein Hinter-die-Schule-Laufen vor den großen und dringenden Verbesserungsaufgaben der Zeit, die der Friede stellt und die nur im Frieden gelöst werden können. Ich habe vielleicht nicht genug Sinn für die von Rußland ausgehende Bedrohung der kapitalistisch-bürgerlichen Lebensordnung; denn ich bin kein Kapitalist. So viel aber sehe ich, daß von Rußland keine Bedrohung dessen ausgeht, worauf alles ankommt, nämlich des Friedens. Nicht Rußland ist es, das zwanzig Jahre nach dem Weltkrieg Europa zwingt, ungeheure Mittel den Friedenszwecken zu entziehen und der Rüstung zuzuwenden; es ist der Fascismus und seine sogenannte Dynamik. Daß die Welt nicht zur Ruhe und zum Gedeihen kommt, ist sein Werk, nicht das des Sozialismus.

In geradem Gegensatz nun zu diesem ist der Nationalismus ein durchaus aggressiver, nach außen gerichteter Impuls; seine Sache ist nicht das Gewissen, sondern die Macht, nicht die Arbeit, sondern der Krieg. Der Vorbereitung des Krieges und seiner Verherrlichung ist selbst das an propagandistischen Gehalten reiche Wort »Sozialismus« gut genug. In der Tat, zu Hause schlägt man den Sozialismus tot; nach außen aber, international, gibt man sich plötzlich sozialistisch; die Begriffe »proletarisch«, »Armut«, »Besitz«, »Gerechtigkeit« spielen da auf einmal eine hervorragende Rolle, und der Klassenkampf, im Inneren geleugnet, perhorresziert und durch eine zweifelhafte »Volksgemeinschaft« ersetzt, wird nach außen zum dynamischen Motor aller Geschichte gemacht. Man teilt die Welt ein in proletarische Staaten, have-nots, die nichts zu verlieren und alles zu gewinnen haben, die durch Armut dynamisch und heroisch gemacht werden, sehnsüchtig nach Raum, Sonne, Glück, Teilhaberschaft an den Gütern der Erde, – und in kapitalistische Staaten, satt und statisch, welche auf ihrem Besitz wie der schatzbehütende Lindwurm ruhen und die armen Teufel vom Glück und Reichtum der Erde ausschließen wollen. Ein sozialistisches Recht und Pathos der Dynamiker gegen die Statiker wird da in Anspruch genommen, der Umsturz der bestehenden Besitzverhältnisse zugunsten der »Armen« aufwieglerisch propagiert und mit einem proletarischen Krieg gegen die Kapitalwelt gedroht, wenn die Forderung nicht erfüllt wird.

Nun kommt es im Leben darauf an, wer eine Wahrheit ausspricht. In gewissem Munde wird auch die Wahrheit zur Lüge. Es ist kein Zweifel: unter den Erscheinungsformen und begrifflich-gefühlsmäßigen Abwandlungen der Idee: Wahrheit, Freiheit, Gerechtigkeit, ist es diese, die Gerechtigkeit, die als Gewissensforderung heute dem Herzen der Menschheit am nächsten liegt. Jeder lebendige Geist, das ist eine Tatsache, erkennt in einem gerechteren sozialen und ökonomischen Ausgleich die Forderung der Weltstunde, und es ist ebenfalls gar keine Frage, daß diese moralisch lebenswichtige Forderung sich nicht nur auf die innere Struktur der Staaten, sondern auch auf die Staatengesellschaft selbst und ihr Zusammenleben zu erstrecken hat. Europa, die Welt sind reif für den Gedanken einer umfassenden Reform der Besitzordnung und der Güterverteilung, einer Sozialisierung der Rohstoffe, die natürlich im Geiste und im Rahmen einer Gesamtverständigung und vernünftigen Generalbereinigung der Konflikte, kurzum im Geiste des Friedens, der Arbeit und der allgemeinen Wohlfahrt in Angriff zu nehmen wäre. Leider liegt es nun aber so, daß gerade die Staaten, die heute nach außen Gerechtigkeit propagieren, für diesen Gedanken am allerwenigsten reif, ihm moralisch tatsächlich nicht gewachsen sind. Einzig im Sinne des nackten und puren nationalen Egoismus stoßen sie den Schrei nach Gerechtigkeit aus, weit entfernt von dem Gedanken, auch ihnen könnte es zukommen, zum Wohle des Ganzen irgend etwas beizutragen. Legt man ihnen dergleichen nahe, schlägt man ihnen irgendein Zugeständnis an die kollektive Verständigung und Befriedigung vor, so sprechen sie verächtlich von einem »politischen Tauschgeschäft«, zu dem sie sich keineswegs hergäben. Sie wollen nur nehmen, nicht geben. Nicht um des Friedens und der gemeinsamen Arbeit willen fordern sie die Neuordnung des Besitzes, sondern zur Erhöhung ihrer Macht, um ihre Kriegsdrohung besser stützen und den Krieg gegebenenfalls erfolgreich führen zu können.

Man sieht, der »äußere Sozialismus« der fascistischen Diktaturen ist nicht ganz der richtige; er ist notwendigerweise so wenig richtig wie der innere. Er ist eine Lüge, denn er will nichts weiter als ablenken von den inneren, moralischen und sozialen Aufgaben, denen eine anständige, wirklich auf das Wohl, die Ehre und das Glück ihres Volkes bedachte Regierung, welche nicht nur an die Erhaltung ihrer Gewalt und an die Einschüchterung dächte, vor allem ihr Augenmerk zuwenden müßte. Der Pazifismus der Völker, die heute den Frieden wollen und ein Recht haben, dieses Wort auszusprechen, beruht auf der Einsicht, daß der Krieg nicht mehr statthaft ist, daß der Menschengeist auf eine Stufe der sozialen Gesittung gelangt ist, auf der der Krieg als politisches Mittel unmöglich geworden; daß es der Friede ist, der den Menschen heute ihre Aufgaben stellt, und daß diese Aufgaben groß und dringend genug sind, daß alle Energie, Intelligenz, Opferbereitschaft, aller Heldenmut des Menschen vollauf davon beansprucht werden und Gelegenheit finden, sich daran zu bewähren. Krieg ist nichts als Drückebergerei vor den Aufgaben des Friedens. Er ist, als Ersatz der inneren Arbeit und Verbesserung durch das äußere Abenteuer, so tief in moralischen Verruf gekommen, daß man zu sehen glaubt, er sei nie etwas anderes gewesen als ein Mittel zur inneren Unterdrückung und Niederhaltung der Völker, das große und betrügerische Mittel, sie zum Hurra-Schreien zu bringen ob ihrer eigenen Niederlage vor der siegreichen Regierung. Der Gegensatz von Nationalismus und Sozialismus ist beschlossen in dem Gegensatz von Krieg und Frieden. Ein »ruhmreiches«, nach außen erfolgreiches Regime braucht sich um innere Verbesserungen nicht mehr zu kümmern. Der Probleme der Kultur und des Fortschritts ist es ledig, wenn es im Glanz des kriegerischen Erfolges dasteht und das Volk, geblendet und verdummt von diesem Glanze, hurra schreit. Glaubt irgendein Mensch, daß Abessinien zum größeren Glück des italienischen Volkes erobert – oder besetzt – worden sei und nicht vielmehr, um die wankende Macht des fascistischen Regimes aufs neue zu fristen? Dazu mußten in größter Eile die abessinischen Dörfer mit Giftgas ausgeräuchert werden. Umgekehrt scheut eine freiheits- und friedensfeindliche Regierung den Krieg nicht aus Sorge vor dem Unheil, das sie damit über ihr Volk heraufbeschwören könnte, sondern ausschließlich aus Furcht vor der Schwächung oder Vernichtung ihrer Autorität als Folge der Niederlage. Sie erwägt ihre Siegeschancen, nicht diejenigen des Volkes. Dies ist der falsche Pazifismus freiheitsfeindlicher Staaten. Solche halten weder Frieden, noch führen sie den Krieg zur Vermehrung des Glückes und der Ehre ihres Volkes, sondern beides wägen sie ab, je nachdem es der Erhaltung ihrer Schreckensmacht über das eigene Volk günstig scheint. Auch ihre sozialistisch-proletarische Grimasse nach außen hat nur diesen Sinn. Sie ist eine alberne Lüge. Wenn ihr Volk keinen Raum hat, warum treiben diese Machthaber dann mit allen Mitteln zur Erhöhung der Geburtenzahl, zu einem den Raum immer noch verengenden Anschwellen des Volkskörpers? Es ist freche Unmoral, das Verlangen nach Expansion sozialistisch zu nennen, bevor man sich durch innere Kolonisation, durch eine anständige Agrarreform das Recht auf solche Forderungen erworben hat. Statt des Entschlusses zu einer wirklichen und aufrichtigen, nicht nur von der Furcht vor dem eigenen Sturz bestimmten Friedenspolitik; statt sozialer Einfügung in eine kollektive Ordnung, deren Ergebnis Weltwirtschaftsblüte, Austausch der Kräfte und Leistungen, wechselseitige Hilfe, kurz, aller Segen der Vernunft wäre, treiben sie Autarkie, Abschließung, Kriegswirtschaft, Scheinbeseitigung der Arbeitslosigkeit durch Aufrüstung, zwingen damit die übrige Welt, sich ebenfalls in ein Kriegslager zu verwandeln, hindern jedermann, sich den Aufgaben des Friedens zu widmen, und wagen es bei alldem, sich auch noch als die großen Sozialisten zu gebärden …

CARLO MIERENDORFF
Programm der Sozialistischen Aktion

Die Sozialistische Aktion ist eine überparteiliche Volksbewegung zur Rettung Deutschlands.

Sie kämpft für die Befreiung des deutschen Volkes von der Hitlerdiktatur, für die Wiederherstellung seiner durch die Verbrechen des Nazismus niedergetretenen Ehre und für seine Freiheit in der sozialistischen Ordnung.

Den Aktionsausschuß bilden Vertreter der christlichen Kräfte, der sozialistischen Bewegung, der Kommunistischen Bewegung und der liberalen Kräfte als Ausdruck der Geschlossenheit und Einheit.

Der Kampf wird geführt unter dem Banner der Sozialistischen Aktion, der roten Fahne mit dem Symbol der Freiheit: dem mit dem Kreuz vereinten sozialistischen Ring als Zeichen der unverbrüchlichen Einigkeit des arbeitenden Volkes.

Die Sozialistische Aktion ruft in dieser schweren Stunde das arbeitende Volk in Stadt und Land und unsere tapferen Soldaten zum Kampf auf in der Überzeugung, daß die Rettung des gemeinsamen Vaterlandes vor politischem, moralischem und wirtschaftlichem Verfall nur möglich ist durch:

1. Wiederherstellung von Recht und Gerechtigkeit.
2. Beseitigung des Gewissenszwanges und unbedingte Toleranz in Glaubens-, Rassen- und Nationalitätenfragen.
3. Achtung vor den Grundlagen unserer Kultur, die ohne das Christentum nicht denkbar ist.
4. Sozialistische Ordnung der Wirtschaft, um Menschenwürde und politische Freiheit zu verwirklichen und die Existenzsicherheit der Angestellten und Arbeiter in Industrie und Landwirtschaft sowie des Bauern auf seiner Scholle zu schaffen, die die Voraussetzung von sozialer Gerechtigkeit und Freiheit ist.
5. Enteignung der Schlüsselbetriebe der Schwerindustrie zu Gunsten des deutschen Volkes als Grundlage der sozialisti-

schen Ordnung der Wirtschaft, um mit dem verderblichen Mißbrauch der politischen Macht des Großkapitals Schluß zu machen.
6. Selbstverwaltung der Wirtschaft unter gleichberechtigter Mitwirkung des arbeitenden Volkes als Grundelement der sozialistischen Ordnung.
7. Sicherung der Landwirtschaft vor der Gefahr, zum Spielball kapitalistischer Interessen zu werden.
8. Abbau des bürokratischen Zentralismus und organischer Aufbau des Reiches aus den Ländern.
9. Aufrichtige Zusammenarbeit mit allen Völkern, insbesondere in Europa mit Großbritannien und Sowjetrußland.

Noch hat das deutsche Volk keine Möglichkeit, seine Stimme zu erheben. Um so lauter rufen die Ruinen und Gräber zur Sammlung, zur Aktion! Es gilt zu handeln, ehe unsere Heimat ganz zerstört und der Zusammenbruch vollständig ist. Nur die Einheitsfront aller Feinde des Nationalsozialismus kann diese Tat vollbringen.

Im Gedenken an die Toten des Krieges und die Märtyrer der Freiheit, die vom Machtwahn des Faschismus hingemordet wurden, und an die Leiden unserer Soldaten geloben wir:

Nie wieder soll das deutsche Volk sich im Parteienstreit verirren! Nie wieder darf die Arbeiterschaft sich im Bruderkampf zerfleischen! Nie wieder Diktatur und Sklaverei!

Ein neues Deutschland muß entstehen, worin sich das schaffende Volk sein Leben im Geist wahrer Freiheit selbst ordnet.

Der Nationalsozialismus und seine Lügen müssen mit Stumpf und Stiel ausgerottet werden, damit wir die Achtung vor uns selbst zurückgewinnen und der deutsche Name wieder ehrlich wird in der Welt. Das Gebot der Stunde lautet: Fort mit Hitler! Kampf für Gerechtigkeit und Frieden!

Schwere Jahre stehen uns bevor. Fast übersteigt es Menschenkraft, das wieder aufzurichten, was Hitlers Machtwahn und der Krieg vernichtet haben.

Dennoch! Die Sozialistische Aktion geht entschlossen an die Aufgabe heran. Sie ruft alle aufrechten Deutschen zu ehrlicher Mitarbeit. Wir werden unsere ganze Kraft einsetzen, unser ganzes Können, unser ganzes Selbstvertrauen; und werden dadurch schließlich vor der Geschichte den Beweis erbringen, daß wir doch stärker sind als unser Schicksal, indem wir es meistern.

WILLI BREDEL

Meine deutschen Hörer!

Rundfunkrede

Das Jahr 1941 geht nun zu Ende. Der Endsieg, den Hitler Ihnen für dieses Jahr versprochen hat, ist bis auf unbestimmte Zeit vertagt worden. Viele unter Ihnen wissen freilich heute bereits, daß Hitlerdeutschland nicht mehr siegen kann. Daher ist die Frage: »Wer ist schuld an diesem ungeheuerlichen und wahnwitzigen Krieg?« heute in Deutschland die meistgestellte. Keine andere Frage bewegt so die Gemüter.

Erinnern Sie sich noch an das letzte legale Wahlplakat der Hitlergegner aus dem Jahre 1932? Es war ein Stahlhelm, der auf einem Totenkopf saß, und darunter stand: »Hitler heißt Krieg«.

Ja, Hitler heißt Krieg. Hat nicht der Nazi-Faschismus seit 1933 unentwegt gerüstet? Haben nicht die Führer des Nazi-Faschismus in jeder Proklamation, jeder Schrift, jeder Rede das Soldatentum und den Krieg verherrlicht? Wurde nicht in Nazi-Deutschland jeder junge Mann zum Wehrdienst gezwungen? Gab es nicht schon Jahre vor Ausbruch dieses Krieges in Deutschland »Kanonen statt Butter«? Hat nicht Göring im Jahre 1937 in einer Rede in Essen erklärt, die »neue deutsche Wehrmacht« sei die Sparkasse des deutschen Volkes, die Zinsen würden später eingeholt? Hat nicht Goebbels in einer seiner letzten Reden stolz darauf hingewiesen, daß von einundfünfzig Millionen in Deutschland erschienenen Büchern dreiunddreißig Millionen Kriegsbücher sind? So ist in all den Jahren der Naziherrschaft materiell und ideologisch dieser imperialistische Raubkrieg gegen die Völker Europas vorbereitet worden. Und die blutigste und verruchteste Kriegsvorbereitung, das war die barbarische Verfolgung und die Massenermordung der Hitlergegner und Friedensfreunde in Deutschland.

Sie, meine deutschen Hörer, lesen doch faschistische Zeitungen, Sie hören den deutschen Rundfunk, wie oft haben Sie da lesen und hören können, wie wunderbar Hitler für den Krieg vorbereitet war und wie die ahnungslosen Gegner Deutschlands im Handumdrehen bezwungen worden sind. Wer war denn da auf den Krieg vorbereitet und wer nicht? Wieso konnte der Faschismus denn bisher in allen Feldzügen Erfolge erringen und auch im Krieg gegen Sowjetrußland zuerst Erfolge für sich buchen? Weil er überraschend seinen unvorbereiteten Gegner überfiel, und dieser Tatsache rühmen sich doch auch die Nazis laut. Aber wer ist denn der, der immer auf den nächsten Überfall vorbereitet war und wer nicht? Überlegen Sie doch mal, die Nazi-Lobhudelei entlarvt sie als die Kriegstreiber, als die Angreifer. Wie billig und dumm, stets hinterher zu erklären, ja, wenn wir nicht angegriffen hätten, dann hätten die andern uns angegriffen. Und das Geschwätz von einem »neuen Europa« dient doch nur als armseliges Feigenblatt, das die imperialistischen Raubziele des Faschismus verdecken soll.

Stolz hat Hitler verkündet, das deutsche Volk habe neunzig Milliarden Mark in die faschistische Wehrmacht investiert – in seine »Sparkasse«, nicht wahr? Meine deutschen Hörer, werfen Sie einen Blick in Ihre Tageszeitung und lesen Sie die Todesanzeigen der im Osten Gefallenen. Überlegen Sie, wer in diesem Kriege in Ihrer Familie bereits sein Leben lassen mußte. Die neunzig Milliarden deutschen Volksvermögens sind in keiner Sparkasse, wohl aber in einem gigantischen Beerdigungsinstitut angelegt worden.

Und wer ist schuld daran? *Hitler heißt Krieg!*

HANS SCHOLL

»Ich möchte eine Utopie schaffen«

Seit mehreren Tagen treibt mich eine seltsame Idee zum dauernden Grübeln. Ich möchte eine Utopie schaffen, aber keine, wie wir sie so oft in übermütigen Stunden aus dem gehetzten Herzen leichtsinnig herausströmen ließen – wie die Welt aussehen würde nach diesem Kriege, wenn die usw. –, nein, dies wäre zu einfach; man mußte ja nur alle unsere gegenwärtigen Zustände ins Groteske übertreiben – und dahinter steckte stets der Gedanke und jeder würde ihn spüren, daß es so nie kommen wird, weil die ganze Utopie an eine Bedingung geknüpft wäre, die nie erfüllt wird, sondern mich quält der merkwürdige Gedanke, daß eine Zeit kommen könnte, da der Krieg völlig vergessen, da durch ein gütiges Schicksal die Erinnerung an ihn aus allen Büchern getilgt sein wird. Ein wahrhaft goldenes Zeitalter wird anbrechen, wie es sich heute keiner auch in der übermütigsten Phantasie vorstellen kann. Friede auf Erden und den Menschen ein Wohlgefallen überall in allen Ländern unter dem Himmel. Wie dann eines Tages ein spielendes Kind den Bruchteil eines Gegenstandes aus dem Sande zieht, dieses Fundstück seinem innig geliebten Freunde zeigt, diese beiden dann weitersuchen, bis sie alle Teile beisammen haben. Schließlich entdecken, daß es sich um eine Waffe handelt, darüber in Streit geraten, der eine den andern mit der entdeckten Waffe tötet, usw., usw.

Endlich ist der Krieg wieder da. Die ganze Welt steht in Flammen. Es ist schon dieser Krieg ein Abklatsch des gegenwärtigen – alles ist auf die Spitze getrieben, vor allem die Dummheit und Feigheit der Menschen einerseits, die Hybris und Superbia andererseits.

SOPHIE SCHOLL
»Wann endlich wird die Zeit kommen?«

HEUTE abend kommt Hans aus Rußland zurück. Nun sollte ich mich wohl freuen, daß er wieder bei uns ist, und ich tue es auch und male mir schon die Tage aus, die wir gemeinsam in München verbringen werden, in unserer kleinen Wohnung, und die wohl fruchtbar sein könnten.

Und doch kann ich mich nicht ungetrübt freuen. Die Unsicherheit, in der wir heute dauernd leben, die uns ein fröhliches Planen für den morgigen Tag verbietet und auf alle die nächsten kommenden Tage ihren Schatten wirft, bedrückt mich Tag und Nacht und verläßt mich eigentlich keine Minute. Wann endlich wird die Zeit kommen, wo man nicht seine Kräfte und all seine Aufmerksamkeit immer nur angespannt halten muß für Dinge, die es nicht wert sind, daß man den kleinen Finger ihretwegen krümmt. Jedes Wort wird, bevor es gesprochen wird, von allen Seiten betrachtet, ob kein Schimmer der Zweideutigkeit an ihm haftet. Das Vertrauen zu anderen Menschen muß dem Mißtrauen und der Vorsicht weichen. O es ist ermüdend und manchmal entmutigend. Doch nein, ich will mir meinen Mut durch nichts nehmen lassen, diese Nichtigkeiten werden doch nicht Herr über mich werden können, wo ich ganz andere unantastbare Freuden besitze. Wenn ich daran denke, fließt mir Kraft zu, und ich möchte allen, die ähnlich niedergedrückt sind, ein aufrichtendes Wort zurufen.

KURT SCHUMACHER
»Wir konnten nicht feige sein.«

WARUM führte ich nicht ein zurückgezogenes Künstlerleben, abseits aller Politik? Weil dann eben diese Kunst nur eine kleine

Geltung gehabt hätte und nicht unsterblich lebendig gewesen wäre.

So sterbe ich lieber, als daß ich das belanglose Leben der vielen, allzu vielen gelebt hätte. Es war wenigstens ein großes Ziel. Da außerdem das Dritte Reich nur seiner Kunst den Weg freigab, der Kunst einer politisch zum Untergang verurteilten Sache, war es zwangsläufig für mich, meine künstlerische Freiheit im politischen Kampf gegen ein nicht lebensfähiges chaotisches System zu erkämpfen, getreu den mittelalterlichen Vorgängern.

Kann je ein Mensch das Maß an Schmerzen, Kummer, Not, Elend und Verzweiflung ermessen, das all die Armen zu erdulden haben, weil sie an eine friedliche Gemeinschaft der Völker glauben, die mit ihrer Hände Arbeit ein menschenwürdiges Dasein schaffen können, jenseits der Barbarei des Krieges, mit den ungeheuren technischen und organisatorischen Mitteln der Neuzeit großen Wohlstand erreichen, der Friede bedeutet. Ich war nicht genügend stumpfsinnig und hatte ein zu fühlendes Herz, um nicht auch mitbestrebt zu sein, das zu erringen. Deshalb bin ich hier.

Der Mensch unterscheidet sich vom Tier dadurch, daß er denken und danach handeln kann mit eigenem Wollen. Furchtbar das Los einer menschlichen Hammelherde, die zur Schlachtbank gejagt wird, und weiß nicht wofür.

Gefesselt, unter fast ständiger Beobachtung geschrieben. Ich weiß, daß meine, unsere Weltanschauung siegt, wenn auch wir, die kleine Vorhut, fallen. Wir hätten gern dem deutschen Volk das Härteste erspart. Unsere kleine Schar hat aufrecht und tapfer gekämpft. Wir konnten nicht feige sein.

RICARDA HUCH
Kriegswinter

Lasst uns ein wenig von dem holden Frühling träumen,
Jetzt in des Winters Graun;

Wenn die Knospen wieder schwellen an den kahlen Bäumen,
Wie Honig braun.

Die Erde bebt von der Schlacht und die Luft von Kanonen.
Laßt uns dicht am Kamin
Von einem Walde reden, so Anemonen
Aus dürren Blättern blühn.

Es klebt noch ein grauer Schnee unterm welken Strauche
Und in schattiger Kluft,
Doch war es eben, als ob vorüberhauche
Ein süßer Duft.

Es raschelt von den erwachenden kleinen Tieren;
Bald hört man schon
Hoch oben im Gewölk eine Lerche jubilieren –
O seliger Ton!

Wir hörten lange nichts als der Sterbenden Stöhnen –
So jung dahin!
Und Mütter jammern nach den verlornen Söhnen,
Nach des Lebens Sinn.

Was man von Gott spricht, dem Vater in himmlischen Räumen,
Ist das nur Rauch?
Laßt uns ein wenig von dem holden Frühling träumen
Und von Frieden auch.

ALBRECHT GOES

Gelöbnis

(Nachtwache, Fleckfieberlazarett, Frühling 1943)

WELCHEM Ziel wir sterben?
Nicht dem Vaterland.
Nicht, daß die Enkel und Erben

Von neuem Länder erwerben,
Mit des Hasses grüngiftigen Schwaden
Von neuem die Seele beladen,
Von neuem die Seele beladen
Mit patriotischem Tand.

Welchem Glauben wir leben?
Uns ward dies Land zu klein.
Die in Panzern verbrannt und in Gräben
Verschüttet, die uns umschweben,
Die Toten, hüben und drüben,
Was wolln sie, als daß wir begrüben
Den bewaffneten Wahn und endlich,
Endlich Brüder sein.

ERNST THÄLMANN

Für den siegreichen sozialistischen Freiheitskampf im neuen Völkerfrühling der deutschen Nation

Ich bin kein weltflüchtiger Mensch, ich bin ein Deutscher mit großen nationalen, aber auch internationalen Erfahrungen. Mein Volk, dem ich angehöre und das ich liebe, ist das deutsche Volk, und meine Nation, die ich mit großem Stolz verehre, ist die deutsche Nation, eine ritterliche, stolze und harte Nation. Ich bin Blut vom Blute und Fleisch vom Fleische der deutschen Arbeiter und bin deshalb als ihr revolutionäres Kind später ihr revolutionärer Führer geworden. Mein Leben und Wirken kannte und kennt nur eines: Für das schaffende deutsche Volk meinen Geist und mein Wissen, meine Erfahrungen und meine Tatkraft, ja mein Ganzes, die Persönlichkeit, zum Besten der deutschen Zukunft, für den siegreichen sozialistischen Freiheitskampf im neuen Völkerfrühling der deutschen Nation einzusetzen.

STEFAN HEYM

Wann wird der Krieg enden?

Frontpost Show, 1. Februar 1945

Colonel Thompson Eine große Frage liegt in den Herzen und auf den Lippen der meisten Männer und Frauen in der ganzen Welt. Und diese Frage ist: Wann wird der Krieg enden! Natürlich kann man darauf keine bestimmte Antwort geben? Aber ich kann meinen Hörern darüber Auskunft geben, was die Militärwissenschaft zu diesem Problem zu sagen hat.

Vom militärwissenschaftlichen und kriegspolitischen Standpunkt gesehen, ist der Krieg vorbei. Es gibt im Krieg gewisse Regeln, die der Soldat aus Tausenden von Jahren menschlicher Kriegsführung gelernt hat. Diese Regeln beziehen sich auf das Ende eines Krieges wie auf einen Anfang und seinen Verlauf. Jeder General kennt diese Regeln. Er weiß, daß, wenn es keine Siegesmöglichkeit mehr gibt, die Zeit gekommen ist, einen Verhandlungsfrieden einzuleiten. Er weiß ebenso, daß, wenn keine Möglichkeit mehr besteht, ein »Unentschieden« zu erzwingen, die Zeit gekommen ist, sich zu ergeben. Im Jahre 1918 wußte General Ludendorff genau, daß diese Zeit gekommen war. Am 8. August 1918, dem »Schwarzen Tag des deutschen Heeres«, schrieb er dem Kaiser und riet ihm, jede Gelegenheit zum Friedensschluß zu ergreifen. Der »Schwarze Tag der Wehrmacht« in diesem Kriege gehört schon lange der Vergangenheit an.

Ich erinnere mich, daß ich vor einigen Wochen die Worte des Reichspressechefs, Dr. Dietrich, las – Worte der Schadenfreude, mit denen er die versammelten Vertreter der neutralen Presse daran erinnerte, daß die alliierten Generale Eisenhower, Patton und Montgomery das Ende des Krieges in Europa angeblich für das Ende des Jahres 1944 vorausgesagt hätten. Wie dem auch sei, mir scheint, daß die alliierten Generale, wenn sie sich auf dieses Datum festgelegt hätten, vom Standpunkt des Militärfachmanns recht behalten hätten. Ende 1944 hatte Deutschland schon keine Möglichkeit mehr, ein »Unentschieden« zu erzwingen oder gar den Krieg zu gewinnen. Militärisch war der Krieg vorbei. Und die meisten höheren deutschen Offiziere wußten und wissen es genau. Aber jene Offiziere, die, im Interesse Deutschlands, den einzig vernünftigen Schluß aus der militärischen Gegebenheit ziehen wollten, wurden im Juli und August des vorigen Jahres ermordet – ermordet von den Nazi-Führern, die glauben, daß man eine Tatsache dadurch aus der Welt schaffen kann, daß man den, der sie ausspricht, tötet.

Militärisch gesehen, sagte ich, ist der Krieg zu Ende. Aber es wäre nicht das erste Mal, daß ein Krieg aus politischen Gründen über sein logisches militärisches Ende hinaus verlängert wurde. Wenn dieser Fall eintritt, sind die Ergebnisse für das betroffene Volk höchst unglücklich. Erlauben Sie mir, Ihnen ein höchst interessantes Beispiel anzuführen – nämlich den Krieg, den Paraguay in den Jahren 1864 bis 1870 gegen die drei südamerikanischen Verbündeten Brasilien, Argentinien und Uruguay führte. Der Diktator von Paraguay, Francisco Solano Lopez, weigerte sich damals, ebenso wie heute die Nazi-Führung, einzugestehen, daß sein Land geschlagen war. Alle erwachsenen Männer waren in der Armee, und es gab sogar paraguayanische Regimenter, die in ihrer Gänze aus 15jährigen und jüngeren Knaben bestanden. Frauen waren eingezogen worden, um Munition und Nachschub auf ihren Rücken zu tragen. Und als am Ende Paraguay sich doch gezwungen sah, den Kampf aufzugeben, war seine Bevölkerung von einer Million Menschen auf 220000 zusammengeschrumpft, von denen 28000 Männer, 106000 Frauen und 86000 Kinder waren. Paraguay hat sich nie von den Folgen des Wahnsinns seines Diktators Francisco Solano Lopez erholt.

Dieser Krieg des Diktators Lopez hat übrigens noch andere interessante Parallelen zur Gegenwart. Der Diktator von Paraguay, oder wie er sich gerne nennen ließ, »El Supremo«, der Allerhöchste, der Führer, hatte ursprünglich den Krieg nur gegen Brasilien begonnen. Aber er brachte Argentinien und Uruguay gegen sich in den Kampf, indem er ihre Neutralität verletzte. In der Mitte des Krieges, im Jahre 1868, wurde Lopez von solcher

Furcht vor seinen eigenen Untertanen ergriffen, daß er eine große sogenannte »Säuberungsaktion« durchführen ließ, in deren Verlauf mehrere Hundert der führenden Bürger des Landes hingerichtet wurden. Zum Schluß wurde er in die Gebirge im Norden von Paraguay getrieben, zusammen mit dem Rest seiner Elitetruppen, die durch ihre Mitverantwortlichkeit an seinen Grausamkeiten an ihn gebunden waren. Dort wurde er schließlich Anfang April 1870, an der Schlacht am Aquidaban-Flusse, getötet. Dann endlich war der Krieg vorbei. Er hatte fünf Jahre und fünf Monate gedauert ... Fünf Jahre und fünf Monate ...

Auf Wiederhören.

KÄTHE KOLLWITZ

Brief an Ottilie Kollwitz vom 21. Februar 1944

(...) Die Kraft, die Gerhard Marcks aufbringt, bleibt mir fast unbegreiflich. Nicht nur, daß sein Sohn gefallen, seine ganze Arbeit ist vernichtet, alles ist hin, und doch fängt der Mensch ein neues Leben an. Wo kommt alle diese Kraft her? Es ist mir fast unverständlich, zu welchem Maß von Ertragen Menschen kommen können. Später wird man diese Zeit kaum mehr verstehen. So muß es nach dem Dreißigjährigen Krieg gewesen sein. Welcher Unterschied schon, als mich im Jahr 1914 der schwerste Schlag meines Lebens traf. Damals nahm ich mir die Freiheit und hielt mich für berechtigt, durch die Arbeit für Roggevelde mich zu retten, gewissermaßen. Es war wirklich ein mir berechtigt erscheinender Versuch. So entstand die Arbeit von Vater und Mutter. Jetzt, nur so wenige Jahrzehnte später, steht das alles wieder in einem anderen Licht. Die Menschen sind bis zur Möglichkeit ihres Ertragenkönnens verwandelt. Aus Deutschlands Städten sind Trümmerhaufen gemacht, und das Schlimmste von allem ist, daß ein *jeder Krieg seinen Ant-*

wortkrieg schon in der Tasche hat. Ein jeder Krieg wird mit einem neuen Krieg beantwortet, bis alles, alles kaputt ist. Wie dann die Welt aussehen mag, wie Deutschland aussehen mag, weiß der Teufel. Darum bin ich mit ganzem Herzen für einen radikalen Schluß dieses Irrsinns und erwarte nur von dem Weltsozialismus etwas. Wie der in meinem Kopf aussieht, wißt Ihr. Und auch welche Voraussetzungen mir dazu die einzig möglichen erscheinen. Der Pazifismus ist eben kein gelassenes Zusehen, sondern Arbeit, harte Arbeit. Es ist sehr bruchstückweise und ungenügend, was mein alter Kopf mir entwickelt.

MAX JOSEF METZGER

Planmäßige Organisierung des Friedens

WAS man heute Krieg nennt, ist ein infernalisches System von Lüge und Vergewaltigung, durch das alle waffenfähigen Menschen eines Volkes mit planmäßiger Betörung und mit der rohen Gewalt unmittelbarer Lebensbedrohung gezwungen werden, für Ziele und Interessen, die ihnen meist fremd sind, jedenfalls bei voller Einsicht in die Sachlage fremd wären, ihr Gut und Blut einzusetzen, ihre Nachbarn unterschiedslos als Feinde anzusehen und erbarmungslos hinzumorden und das mit Vaterlandsliebe und Pflichterfüllung zu maskieren ... Was not tut, das ist eine planmäßige Organisierung des Friedens statt des Krieges. Darum, Menschen aller Völker und Staaten, vereinigt euch gegen das Unmenschentum des Krieges, indem ihr von vornherein erklärt: Wir lehnen jede Mitwirkung am Kriege radikal ab.

WERNER BERGENGRUEN
Die letzte Epiphanie

Ich hatte dies Land in mein Herz genommen.
Ich habe ihm Boten um Boten gesandt.
In vielen Gestalten bin ich gekommen.
Ich aber habt mich in keiner erkannt.

Ich klopfte bei Nacht, ein bleicher Hebräer,
ein Flüchtling, gejagt, mit zerrissenen Schuhn.
Ihr riefet dem Schergen, ihr winktet dem Späher
und meintet noch Gott einen Dienst zu tun.

Ich kam als zitternde geistgeschwächte
Greisin mit stummem Angstgeschrei.
Ihr aber scheutet ein künftiges Rächen,
ihr zucktet die Achseln und gabt mir den Tod.

Ich kam als Gefangener, als Tagelöhner,
verschleppt und verkauft, von der Peitsche zerfetzt.
Ihr wandtet den Blick von dem struppigen Fröner.
Nun komm ich als Richter. Erkennt ihr mich jetzt?

ALFRED DELP
Die Ordnung Gottes verkünden – den Menschen in Ordnung bringen

Es sind zwei Entwicklungen eingeleitet worden, deren Ergebnis wir heute sind: die innere Entwicklung der menschlichen Schwerpunktverlagerungen, die einmal begonnen ihre eigene Logik und Konsequenz hat, und die äußere Entwicklung der technischen, sozialen, wissenschaftlichen und wirtschaftlichen Welt. Diese Entwicklungen haben sich gegenseitig bedingt und gefördert. Der Mensch ist heute weithin der Gefangene und das Ergebnis der Welt, in der er lebt. Diese Welt ist aber zum großen Teil so geworden, weil diese äußeren Entwicklungsreihen den Menschen der inneren Schwerpunktverlagerung und Strukturauflösung antrafen und seiner Entscheidung und Meisterung anvertraut waren.

Was ist zu tun? Drei Möglichkeiten: Die Ordnung Gottes verkünden und von ihrer Wiederanerkennung alles erwarten, den Menschen in Ordnung bringen und von seiner Gesundheit die Gesundung erwarten, den Lebensraum in Ordnung bringen und von da einen Erfolg der Menschen erwarten. – Man muß alle drei tun:

Ich kann predigen, so viel ich will, und Menschen geschickt oder ungeschickt behandeln und wieder aufrichten, solange ich will: solange der Mensch menschenunwürdig und unmenschlich leben muß, solange wird der Durchschnitt den Verhältnissen erliegen und weder beten noch denken. Es braucht die gründliche Änderung der Zustände des Lebens. Die Revolution des 20. Jahrhunderts braucht endlich ihr endgültiges Thema und die Möglichkeit der Schaffung erneuter beständiger Räume des Menschen.

Ich mag aber – die derzeitige Verfassung der Mehrzahl der Menschen vorausgesetzt – die Dinge ändern wie immer und sie diesem Menschen überlassen, so werden sie über kurz oder lang aufs neue vermurkst sein. Dieser Mensch ist krankhaft lebensunkundig geworden. Es muß ein eigenes, intensives Bemühen aufgewendet werden, den Menschen wieder seelisch und geistig bodenständig zu machen. Dazu gehören: Erziehung der Selbständigkeit, Verantwortung, Urteilsfähigkeit, Gewissenfähigkeit; Erziehung zur Gesellung und echter Geselligkeit; Überwindung all der unzähligen Vermassungserscheinungen; Erziehung zur Transzendenz genauso wie zur Immanenz; Bildung zur Sache, zum Menschen, zu Gott hin. Dies alles hängt nämlich ineinander und das eine geht ohne das andre nicht. Nur der Mensch eines Minimum an geistiger Wachheit, persönlicher Lebendigkeit und sachhafter Lebenskundigkeit wird überhaupt fähig sein, den Namen und das Wort Gottes noch einmal zu vernehmen und die Ordnung Gottes noch einmal anzuerkennen und zu vollziehen.

FRIEDRICH VON PAULUS

An die kriegsgefangenen deutschen Offiziere und Soldaten in der U.d.S.S.R. und an das deutsche Volk

Bei Stalingrad hat die 6. Armee unter meiner Führung, dem Befehl Adolf Hitlers folgend, bis zum äußersten gekämpft in der Hoffnung, durch ihr Opfer der Obersten Führung die Möglichkeit zu schaffen, den Krieg zu einem für Deutschland nicht allzu ungünstigen Ende zu führen. Diese Hoffnung hat sich nicht erfüllt.

Die Ereignisse der letzten Zeit haben die Fortsetzung des Krieges für Deutschland zu einem sinnlosen Opfer gemacht. Die Rote Armee geht auf breiter Front vor und hat die Reichsgrenze in Ostpreußen erreicht. Im Westen haben Amerikaner und Engländer die deutsche Abwehr am Westflügel durchbrochen und gehen in den offenen französischen Raum vor. Weder im Osten noch im Westen verfügt Deutschland über Reserven, die die Lage wieder herstellen könnten. Die feindliche Überlegenheit in der Luft und zur See ist so erdrückend, daß die Lage dadurch noch aussichtsloser wird.

Der Krieg ist für Deutschland verloren.

In diese Lage ist Deutschland trotz des Heldentums seiner Wehrmacht und des ganzen Volkes durch die Staats- und Kriegführung Adolf Hitlers geraten.

Dazu kommt, daß die Art, wie ein Teil seiner Beauftragten im besetzten Gebiet gegen die Bevölkerung vorgegangen ist, jeden wirklichen Soldaten und jeden wirklichen Deutschen mit Abscheu erfüllt und uns in der ganzen Welt schwerste Vorwürfe zuziehen muß.

Wenn sich das deutsche Volk nicht selbst von diesen Handlungen lossagt, wird es die volle Verantwortung für sie tragen müssen.

Unter diesen Umständen halte ich es für meine Pflicht, vor meinen kriegsgefangenen Kameraden und vor dem ganzen deutschen Volk zu erklären:

Deutschland muß sich von Adolf Hitler lossagen und sich eine neue Staatsführung geben, die den Krieg beendet und Verhältnisse herbeiführt, die es unserem Volke ermöglichen, weiterzuleben und mit unseren jetzigen Gegnern in friedliche, ja freundschaftliche Beziehungen zu treten.

Moskau, 8. August 1944 *Paulus*
Generalfeldmarschall

BERNHARD BÄSTLEIN

Was meine illegale Arbeit bestimmt

Meine illegale Arbeit während des letzten Jahres wurde vorwiegend von zwei Faktoren bestimmt, die meiner Bereitschaft, gegen die bestehenden Gesetze zu handeln, den entscheidenden Anstoß gaben. Der erste Faktor war meine siebenjährige Haft von 1933 bis 1940 – davon vier Jahre Konzentrationslager –, während der ich entsetzliche Dinge erlebt, gesehen und gehört habe. Diese Zeit hat mir jede Möglichkeit des Zweifels in bezug auf meine weltanschauliche Grundeinstellung genommen, denn meine Überzeugung, daß eine Gesellschaftsordnung, in der solche Dinge möglich sind, wie ich sie erlebte, beseitigt werden muß, wurde dadurch grundfest gemacht, soweit das bisher noch nicht der Fall war.

Der zweite Faktor war der 1939 begonnene zweite Weltkrieg, der in mir alle Erinnerungen an den Krieg 1914 bis 1918 weckte, den ich zwei Jahre als Frontsoldat vor Ypern, an der Somme, vor Verdun und an anderen Frontabschnitten der Westfront mitmachte. Er verstärkte in mir die Überzeugung, daß, solange die kapitalistische Gesellschaftsordnung besteht, es immer wieder zu solchen alle humanitären Regungen der menschlichen Gesellschaft und ungeheure materielle Güter zerstörenden Kriegen kommen wird. Ich dachte an jene Millionen Menschen, die wie damals ihr Leben auf den Schlachtfeldern verlieren würden. Als Kommunist bin ich der Überzeugung, daß die Wirtschaft, die industrielle Entwicklung der Staaten, neben ihren menschlichen Reserven, den entscheidenden Anteil an der Stärke und Kriegskraft eines Volkes ausmachen. Die Verteilung der kriegswichtigen Rohstoffe, die Beherrschung der strategisch wichtigsten Land- und Seeverkehrswege sowie der geographische Raum und die geographische Lage eines Landes bilden für den Ausgang eines Krieges die entscheidenden Faktoren. Diese Sieg oder Niederlage in einem Krieg bedingenden Faktoren sind wie im Kriege 1914 bis 1918 auch im gegenwärtigen Kriege fast restlos auf der Seite der Gegner Deutschlands, so daß ich schon bei Beginn dieses Krieges eine Niederlage Deutschlands für unabwendbar hielt. Dazu kam meine Überzeugung, daß dieser Krieg trotz des zwischen Deutschland und der Sowjetunion vor Kriegsbeginn abgeschlossenen Paktes vor den Grenzen der UdSSR nicht haltmachen würde. Ich betrachte die Sowjetunion als den in Wirtschafts- und Gesellschaftsform gegenüber den kapitalistischen Staaten höchstentwickelten Staat, der in schweren, vom Zarismus als Erbe übernommenen Kultur-, Wirtschafts- und sozialen Zuständen den ersten Versuch in der Geschichte der Menschheit unternahm, eine wahre sozialistische Gemeinschaft zu schaffen. Dieser Krieg hat auch diesen Staat in den kriegsbedingten Strudel der Vernichtung materieller, kultureller und ideeller Güter gezogen und legt auch ihm die ungeheuerlichsten Opfer an Menschen auf.

Da für mich der Ausgang dieses Krieges unzweifelhaft feststeht, kam es darauf an, den die Niederlage Deutschlands besiegelnden Frieden so schnell als möglich herbeizuführen, damit an die Stelle der revolutionär durch Kriegsgewalt vorwärtsgetriebenen Entwicklung wieder die Evolution tritt, die auf der Grundlage des Friedens sich aufbauende Entwicklung nach den Gesetzen der Dialektik, wie sie die modernen philosophischen Systeme seit Hegel vertreten. So war meine Arbeit dazu bestimmt, so schnell wie möglich den Frieden und die Beendigung des meiner Meinung nach sinnlosen Blutvergießens herbeizuführen.

PETER HUCHEL

Des Krieges Ruhm

Ich sah des Krieges Ruhm.
Als wär's des Todes Säbelkorb,
Durchklirrt von Schnee, am Straßenrand
Lag eines Pferds Gerippe.
Nur eine Krähe scharrte dort im Schnee nach Aas.
Wo Wind die Knochen nagte, Rost das Eisen fraß.

GÜNTHER WEISENBORN

Lied vom Frieden

Wer trug die schwarze Rose an der Schläfe?
Vom Sinai die Tafeln sind zerschellt.
Wo ist der Mutter Hand, die ich gehalten,
Wo ist ein wenig Frieden in der Welt?

Und wo ist all der Schnee vom nächsten Jahre?
Wo ist der Samen, der im Sommer fällt,
Wo wachsen meines Kindes Wimperhaare,
Wo ist ein wenig Frieden in der Welt?

Wo sind die Spaten, die am Grab uns blinken,
Die Schlangen, wo, die in den Spaten beißen?
Wo ist die Milch, die einst die Kinder trinken,
Die Traube, die sie von der Rebe reißen?

Im Dornbusch stehn wir still wie viele Blinde,
Auf die der graue Tau der Schwermut fällt,
Und flüstern eine Frage in vier Winde:
Wo ist ein wenig Frieden in der Welt?

BRUNO APITZ
Letzter Appell

Sie haben uns durch Schlamm und Tod getrieben,
Sie haben uns zertreten und bespien!
Sie haben uns zermahlen und zerrieben,
Im Eis des Winters, in der Sonne Glühn.

Sie haben maßlos sich an uns vergangen,
Uns ausgeraubt, beleidigt und geschändet,
Gepeitscht, gejagt, zerfetzt, gehangen!
Wie viele sind es, die durch sie verendet? …

Und dennoch, Brüder, ist die Front geworden!
Dort, wo die Peitsche über uns geknallt,
Hat sie aus tausend Toten, tausend Morden,
Aus Blut und Schweiß und Tränen sich geballt.

Die Zähne haben grimmig wir verbissen:
Was eben in Verzweiflung noch entglitt,
Das haben kraftgeeint wir hochgerissen
Zu einem Willen und zu einem Schritt.

Was einst gestöhnt, geblutet hat in Fronen,
Was einst zerrissen war … das ist nicht mehr!
Denn jetzt, im Gleichklang der Nationen
Marschiert der Konzentrationäre freies Heer.

Hinaus in alle Länder, Dörfer, Städte
Streun wir die Saat, die hier gedieh,
Und unsrer Hände festgeeinte Kette
Zwingt auch den letzten Feind noch in die Knie.

Er ist noch nicht zutiefst ins Herz getroffen! …
Doch wir sind stärker als der Tod! …
Hinaus, Genossen! Unser Tor ist offen,
Rot glüht der Morgen und die Sonne … rot!

ZWEITER TEIL

I

HERMANN HESSE

Dem Frieden entgegen

Für die Waffenstillstandsfeier des Radio Basel

Aus Haßtraum und Blutrausch
Erwachend, blind noch und taub
Vom Blitz und tödlichen Lärm des Krieges,
Alles Grauenhaften gewohnt,
Lassen von ihren Waffen,
Von ihrem furchtbaren Tagwerk
Die ermüdeten Krieger.

»Friede!« tönt es
Wie aus Märchen, aus Kinderträumen her.
»Friede!« Und kaum zu freuen
Wagt sich das Herz, ihm sind näher die Tränen.

Arme Menschen wir,
So des Guten wie Bösen fähig,
Tiere und Götter! Wie drückt das Weh,
Drückt die Scham uns heute zu Boden!

Aber wir hoffen. Und in der Brust
Lebt uns glühende Ahnung
Von den Wundern der Liebe.

Brüder! Uns steht zum Geiste,
Steht zur Liebe die Heimkehr
Und zu allen verlornen
Paradiesen die Pforte offen.

Wollet! Hoffet! Liebet!
Und die Erde gehört euch wieder.

WILHELM PIECK

Einheit und Aktionsprogramm

Das Zentralkomitee der Kommunistischen Partei Deutschlands hat in seinem Aufruf an das schaffende deutsche Volk ein Aktionsprogramm der dringendsten nächsten Aufgaben vorgeschlagen, das unserer Meinung nach als Grundlage der Verständigung aller antifaschistischen und demokratischen Volkskräfte dienen kann. Wir schlagen vor, überall über die zehn Punkte dieses Aktionsprogramms Aussprachen unter den Kommunisten, Sozialdemokraten, Katholiken und Protestanten, Demokraten und Parteilosen zu veranstalten, erklären aber gleichzeitig, daß wir uns anderweitigen Vorschlägen gegenüber keinesfalls verschließen werden, sondern solche Vorschläge ernst und sachlich prüfen und sie billigen werden, sofern sie nur den Interessen des schaffenden Volkes, der Sache der Einheit dienen.

Das Zentralkomitee der Kommunistischen Partei Deutschlands schlägt die Schaffung eines

Blocks der antifaschistischen, demokratischen Parteien vor.

Dieser Vorschlag richtet sich sowohl an die Sozialdemokratische Partei wie an das Zentrum und andere möglicherweise entstehende antifaschistische Parteien. Dabei betonen wir ausdrücklich, daß wir keinerlei Forderungen erheben, die die selbständige Organisation dieser Parteien beeinträchtigen oder das

Ansehen einer in ihren Entschlüssen freien Partei schädigen können.

Der von uns Kommunisten geforderte Block der demokratischen Parteien setzt ein Verhältnis voraus, in dem die einzelnen Partner einander als gleichberechtigt gegenübertreten. Einen Wettstreit soll es nur geben im Eifer und in der Tatkraft zur Erfüllung der übernommenen gemeinsamen Verpflichtungen, in der Ehrlichkeit, mit der an dem Ausbau und der Festigung der antifaschistischen Einheit gearbeitet wird.

Wenn ein solcher Geist von Anfang an vorherrscht, dann wird es möglich sein, sich über alle schädigenden Sonderinteressen hinwegzusetzen und – nur das Wohl aller Schichten der Werktätigen vor Augen – den gemeinsamen, wahrhaft nationalen Interessen des Landes zum raschen, siegreichen Durchbruch zu verhelfen.

Unser Appell zur Einheit, zur Schaffung des Blocks der antifaschistischen, demokratischen Einheit des Volkes richtet sich vor allem an die gesamte deutsche Arbeiterschaft, die sowohl durch ihre Zahl als durch ihre Rolle im gesellschaftlichen Leben berufen ist, in fester Einheitsfront das Rückgrat der nationalen Einheit des ganzen schaffenden Volkes zu bilden.

Wir erstreben die enge Zusammenarbeit zwischen den schaffenden Menschen der Stadt und des Dorfes, zwischen den Arbeitern, Bauern, Angestellten, Handwerkern und Händlern, nicht zuletzt aber mit der schaffenden Intelligenz, den Wissenschaftlern, Forschern, Ingenieuren, Ärzten und Lehrern wie auch den Künstlern, die ihr schöpferisches Werk dem Volke widmen wollen.

Laßt uns alle ans Werk gehen mit gleichem Willen und mit gleichem Schritt! Dann können wir über die Trümmer hinweg mit Vertrauen in die Zukunft blicken. Mit gemeinsamer Kraft wird uns das Werk gelingen.

Die Einheit, der Block der antifaschistischen, demokratischen Parteien – das ist die wichtigste Garantie des Wiederaufstiegs des schaffenden deutschen Volkes zu einem neuen Leben, zur Rückkehr in die Gemeinschaft der freien und friedliebenden Völker.

HEINRICH MANN

Ein Wort an Berlin

Betrachtet eure Befreier, Berliner. Sie haben es alle die Zeit nicht leichter gehabt als ihr; im Gegenteil, ihnen war von euren Gebietern, die schon glaubten, sie geböten über das ganze Europa, viel Schlimmeres zugedacht, als ihr jemals zu fürchten hattet. Nur mit äußerster Kraft konnten sie die Drohung – die ihr waret! – von sich abwenden.

Was das fertige Unglück betrifft, ist es merkwürdig ähnlich ausgefallen, bei ihnen und bei euch. Auch dort zertrümmerte Städte, hungernde, frierende Menschen, Krankheiten und ganze Generationen so gut wie ausgetilgt. Wir vergessen keinen Augenblick, Berliner, zu wem wir sprechen. Wenn ihr, schrecklich wie es euch jetzt geht, uns dennoch anhört, haben wir euch zu danken, euch zu rühmen. Bedenkt nur, eure Sieger, ihre Angehörigen zu Hause, mehrere ihrer Nationen sind durch ganz dasselbe Elend gegangen. Manches Volk steckt tief darin, wie ihr. Und der Toten sind überall die schauerlichen Legionen.

Wie heißt das? Ihr und sie tragen, ob Sieger oder Besiegte, viel von dem gleichen Schicksal: wie hätte man das sonst genannt? Wenn alles geschehene Unrecht zu streichen ginge? Brüderlichkeit würde es heißen. Das Wort hat recht, trotz allem. Vergeßt es nicht, vergeßt es nie wieder! Ein Fehler ohnegleichen war es immer, das eine Volk für das überlegene auszugeben, als wären nur ihm die Macht und das Glück bestimmt.

Eure Eroberer haben euch befreit von den Urhebern, den vorsätzlichen, durchaus bösen Veranstaltern eures Leidens: das rechnet ihnen an. Sie taten es nicht um euretwillen, euch meinten sie zu bestrafen für das angerichtete Elend der Welt, ihr eigenes Elend. Tatsächlich aber geben sie euch die Gelegenheit, die ihr allein nicht befunden oder nicht ergriffen hattet: euch selbst zu befreien. Nur von einem Eroberer befreit sein heißt noch gar nichts. Ihr müßt es selbst tun. Andere haben eure Unterdrücker besiegt. An euch, zu verhüten, daß sie wiederkehren.

Ihr habt, kurz gesagt, eure Revolution zu machen. Jede moderne Nation, die groß wurde und Achtung errang, hat ihre Revolution gehabt – die eine vor hundert und mehr Jahren, die andere kürzlich. Die deutsche Revolution ist versäumt: daher die beiden deutschen Kriege, die vergeblich geblieben sind, wie der dritte fehlschlagen würde. Ein Volk, das sein eigenes Land erobert und befreit hat, braucht keine fremden Kriege. Ein freies Volk will andere nicht knechten.

Die abgetretenen Lügner haben euch, mit oder ohne Erfolg, weisgemacht, ihre Machterschleichung, ihr Terror, ihre Schandgesetze, Betrügereien und Morde seien eine Revolution gewesen. Ihr könnt jetzt wissen, was es wirklich war: die gewaltsame Verhinderung eurer Revolution.

Sie hielten eure soziale Befreiung auf, dafür sind sie gemietet worden von den Ausbeutern in Deutschland und außerhalb. Zwölf Jahre lang durften sie prassen, stehlen, töten, ihre Unzucht mit der Macht treiben und sie ausbreiten, bis die Erde unter Blut und Trümmern versank – alles, weil einige Trustmagnaten sie gegen die Völker benutzten. Sonst hätten Hitler und Genossen nicht ihr erstes Schafott aufgestellt, nicht ihre erste Schlacht geliefert.

Berliner Arbeiter und ihr Intellektuellen, ihr waret meistens gewohnt, die öffentlichen Vorgänge auf das Wirtschaftliche zurückzuführen. Wenn die lügnerische Rassenlehre euch nicht dumm gemacht hat, dann wißt ihr, daß weniger blonde Bestien und Herrenmenschen euch gegen die Welt, gegen euer Land und Volk mißbraucht haben. Vielmehr waren es gewöhnliche Geldmacher, geschäftlich überall verfilzt, an Deutschland nicht, nur an ihrem Weltgeschäft interessiert.

Ihr Beauftragter Hitler war undeutsch wie sie. Womit verabschiedet sich der abgehauste Lump von euch zum Schluß, wie heißt sein Wort? Er werde nichts hinterlassen als Trümmer, Ratten und die Pest. Recht freundlich, der Führer, dem Deutschland sich einst »bedingungslos ergeben« hatte. Er hat es verdient, wie man sieht. Dankt ihm!

Vor allem bedankt euch bei seinen Geldgebern, die ihn und

seinen entsetzlichen Unfug über euch gebracht haben! Ruht nicht, bis der letzte von ihnen verschwunden und unschädlich ist, wenigstens soweit sie in Deutschland sitzen. Den großen Generalstab abschaffen? Richtig, aber damit allein wären neue Katastrophen nicht abgewendet. Die Junker entmachten? Richtig, aber der Adel ist ohnedies im Untergang. Die Industriellen und Finanzleute sind der Feind, den ihr schlagen sollt. Das könnt nur ihr selbst. Versagt ihr, kann auch kein fremder Sieger helfen.

Ruht nicht, bis alle lebenswichtigen Unternehmungen übergegangen sind aus der Privathand in die öffentliche! Solange noch eine der großen Industrien individualistisch betrieben wird, drohen euch Rechtlosigkeit und Gewalt wie je. Der nächste Krieg wäre euch sicher, wie der vorige euch gewiß war. Was ihr endlich wagen müßt, oder alles wäre für immer verloren, das ist nicht nur die versäumte Revolution; sie nachzuholen schuldet ihr einfach euch selbst, euren Kindern, eurer Ehre. Verlangt wird mehr als eine einmalige revolutionäre Handlung.

Eine revolutionäre Gesinnung, die standhaft bleibt, eine Revolution, die sich vererbt und verewigt: das wird verlangt. Hättet ihr Opfer zu bringen wie im Krieg, laßt dennoch nicht nach! Man sagt euch, die schwere Industrie solle künftig kontrolliert werden. Gewiß, kontrolliert. Fragt sich nur, wer der allein vertrauenswürdige Kontrolleur ist. Ihr selbst! Euer Staat, gesetzt, daß es wirklich eurer ist!

Kämpft unerbittlich für einen Staat, der dem Volk nicht nur verantwortlich, der verkörpert ist in ihm! Verantwortung bleibt ein hohles Wort für einen Staat, wo es Mächtige und Schwache, Überreiche und ganz Arme gibt. Ihr wißt es aus eurer Weimarer Republik. Sie hat nichts aufgehalten und konnte es nicht; was hättet ihr von einer Klassenrepublik das nächste Mal zu erwarten? Duldet nicht noch einmal eine Weimarer Verfassung! Sie hat Handhaben enthalten für alles, was kam, einbegriffen der Hitler. Sie war voll der Stricke und Fallen, die Unterlegenheit der Arbeitenden war in ihr festgelegt auf listige Art, die Diktatur gegen das Volk wurde sogar offen in ihr bekannt …

Berliner, ihr nüchternen und entschlossenen Arbeiter, ihr

Jungen, die ihr hart beharrt auf euren Idealen, und ihr Köpfe, denen euer Wissen gebietet, das Rechte durchzusetzen, ermüdet nie! Haltet aus – nicht nur bis zum Sieg. Er soll immer neu verteidigt werden, mit Wachsamkeit, mit festem Sinn. Was könnte euch schrecken? Ihr habt den Krieg bestanden. In euren Straßen, unter euren Füßen liegen eure Toten eingegraben, wo sie fielen. Ihr, die Freiheit vorübergehen lassen, in der Stunde, da ihr sie empfangen könnt? Das wird nicht sein. Ihr werdet sie erobern und halten.

Begreift es ganz, nur ein revolutionäres Deutschland wird geachtet sein bei den Fremden, die es von seinen bisherigen Unterdrückern befreit haben. Vor allen künftigen müßt ihr selbst es bewahren. Die Energie der Freiheitsliebe allein macht wahrhaft selbstbewußt, sie macht gleichberechtigt allen Völkern der Welt. Wir kennen euch, Berliner, als die wachsamsten, klarsten Deutschen. Gebt wohl acht auf euer Land! Nicht im Krieg, erst in der deutschen Revolution geht es um Sein und Nichtsein. Ist dann das Leben gewonnen, werdet ihr die geliebte Hauptstadt des freien Deutschland sein!

ALBRECHT HAUSHOFER

Maschinensklaven

RAVENNA, Salzburg, München, Genua,
Westminster, Köln, Antwerpen, Lübeck, Tours –
es waren Städte – doch nicht Städte nur
wie Krasnojarsk vielleicht und Omaha.

In allem Werk, das formend eine Hand
mit Liebe schuf, ist andres noch gebunden,
als in Maschinenstampf Ihr je gefunden!
Maschinensklaven, werft Ihr es in Brand!

Begreift Ihr, was Ihr tut mit Euren Spielen,
atomzertrümmende Raketenzünder,
totaler Kriege schäumende Verkünder!

Was bleibt am Schluß von allen Euren Zielen?
Ist alles Überlieferte zerstört,
fehlt Euch sogar ein Erbe, der Euch hört!

NELLY SACHS

Chor der Waisen

Wir Waisen
Wir klagen der Welt:
Herabgehauen hat man unseren Ast
Und ins Feuer geworfen –
Brennholz hat man aus unseren Beschützern gemacht –
Wir Waisen liegen auf den Feldern der Einsamkeit.
Wir Waisen
Wir klagen der Welt:
In der Nacht spielen unsere Eltern Verstecken mit uns –
Hinter den schwarzen Falten der Nacht
Schauen uns ihre Gesichter an,
Sprechen ihre Münder:
Dürrholz waren wir in eines Holzhauers Hand –
Aber unsere Augen sind Engelaugen geworden
Und sehen euch an,
Durch die schwarzen Falten der Nacht
Blicken sie hindurch –
Wir Waisen
Wir klagen der Welt:
Steine sind unser Spielzeug geworden,
Steine haben Gesichter, Vater- und Muttergesichter
Sie verwelken nicht wie Blumen, sie beißen nicht
wie Tiere –

Und sie brennen nicht wie Dürrholz, wenn man sie
in den Ofen wirft –

Welt warum hast du uns die weichen Mütter
genommen
Und die Väter, die sagen: Mein Kind du gleichst mir!
Wir Waisen gleichen niemand mehr auf der Welt!
O Welt
Wir klagen dich an!

HANS MARCHWITZA

Frieden

Auf die kahlen Trümmer
Fällt ein Morgenrot,
Viele sehn es nimmer,
Sie liegen tot.

Könnt's ein Mund erzählen,
Wär's nur Gram und Blut,
Ihre Brände schwelen
Noch im Schutt.

Könnt's die Erde sagen,
Warum sie so leer,
Wär's ein einzig Klagen.
Ihr Kreuz war schwer.

Glocken hallen wieder,
Läuten Frieden ein.
Tränen tropfen nieder,
Solln die letzten sein.

ELISABETH LANGGÄSSER

Frühling 1946

HOLDE Anemone,
Bist du wieder da
Und erscheinst mit heller Krone
Mir Geschundenem zum Lohne
Wie Nausikaa?

Windbewegtes Bücken,
Woge, Schaum und Licht!
Ach, welch sphärisches Entzücken
Nahm dem staubgebeugten Rücken
Endlich sein Gewicht?

Aus dem Reich der Kröte
Steige ich empor,
Unterm Lid noch Plutons Röte
Und des Totenführers Flöte
Gräßlich noch im Ohr.

Sah in Gorgos Auge
Eisenharten Glanz,
Ausgesprühte Lügenlauge
Hört ich flüstern, daß sie tauge,
Mich zu töten ganz.

Anemone, küssen
Laß mich dein Gesicht:
Ungespiegelt von den Flüssen
Styx und Lethe, ohne Wissen
Um das Nein und Nicht.

Ohne zu verführen,
Lebst und bist du da,
Still mein Herz zu rühren,
Ohne es zu schüren –
Kind Nausikaa!

ALFRED DÖBLIN

Geleitwort zur Zeitschrift »Das Goldene Tor«

GOLDEN strahlt das Tor, durch das die Dichtung, die Kunst, der freie Gedanke schreiten.

Das Tor ist herrlich. Aber was sich jetzt unter seinem weiten Bogen aufhält, sieht nicht nach Friede, Freude, Besinnlichkeit aus. Das schimmernde Gold des Tores und die heiteren und stolzen Reliefs passen schlecht zu den schlaffen, abgerissenen Figuren, die hier herumstehen, am Boden kauern und kaum ein Wort miteinander wechseln.

Das war anders nach dem ersten Kriege.

Damals flutete eine Welle von Spannung und Erregung in den Frieden hinein. Das Kriegsende entband Kräfte, Menschen taten sich zusammen und befehdeten sich. Man sprach und warb um den andern. Man ließ Fahnen wehen, verschiedene Fahnen. Man fühlte, es wollte sich etwas erneuern.

Jetzt sieht und fühlt man: eine Feuersbrunst hat sich ausgerast und hat einen schwarzen verbrannten Boden, Ruinen und Krater hinterlassen. Schutt ist über die Städte und über die Menschen geworfen. Nicht wunderbar, daß die Menschen matt und unsicher herumstehen und versuchen, zu sich zu kommen.

Sie sind in eine sonderbare Pause der Isolierung eingetreten. Die hat ihre Pein und ihre Schrecken, aber auch ihre Vorzüge, ihr Gutes. Denn jetzt kann sich keiner hinter einer »Bewegung« verstecken. Keine Fahne nimmt dem einzelnen das Nachdenken und die Entscheidung ab und erspart ihm das Gegenüber mit sich selbst – kein Urzustand, sondern ein Restzustand, ein Folgezustand, der aber Heilsames in sich trägt. Was soll man tun? Wie soll man sich retten?

Wir stellen hier an die Spitze das Bild eines Mannes, der es schwer hatte. Wir könnten viele Namen wählen, denn es gibt wenig Große, die nicht in Kämpfen und im Elend beweisen mußten, was sie waren. Wir wählen einen deutschen Schreiber, Gotthold Ephraim Lessing, den Mann, der es schwer hatte.

Ihm blieb wenig erspart. Kein aufgeklärter oder unaufgeklärter Despot zog ihn an seinen Hof. Er mußte kämpfen, kämpfen und abermals kämpfen und blieb fest. Er kämpfte für Humanität und für Wahrheit und kannte keinen Gotthold Ephraim Lessing außerhalb der Humanität und Wahrheit. Und mit dem Kämpfen und Ringen identifizierte er sich so, daß er einmal erklärte, er wolle die Wahrheit, wenn man sie ihm als Geschenk anböte, nicht einmal aus der Hand des himmlischen Gottes entgegennehmen. Der scharfe, nüchterne, ganz helle Geist, der Kritiker, der Feind der Phrasen und undeutlichen Unterscheidungen, der Rhetoriker blieb er bis zuletzt. Er war mit einem grenzenlosen Mut ausgestattet. Er zog bewußt die Konsequenzen seiner Handlungen und lernte unaufhörlich. Als er hinsank, war zwar einem einzelnen die Waffe entfallen, aber er hatte sein Beispiel für den Kampf gegen die Finsternis und gegen den Willen zur Verfinsterung, gegen die Trägheit und den verbreiteten faulen Mystizismus den Lebenden hinterlassen.

Zur Realität hinziehen, die Wirklichkeit mit offenen Augen ansehen und menschlich vor ihr stehen, frei, aufrecht und tapfer im Handeln, Konsequenzen ziehen und lernen, das Gewissen schärfen, um sich und in sich blicken – das hat Lessing den Lebenden hinterlassen, damit sie nicht wie jetzt trüb und versunken herumstehen, ohne auch nur zu klaren Fragen und Antworten zu gelangen.

Ein toter Soldat liegt in Paris unter einem Tor.

Vom Platz der Eintracht mit seinen Marmorschalen und Bildsäulen zieht eine Prachtstraße, rechts und links von Bäumen flankiert, nach Westen. Wo sie endet, öffnet sich ein weiter freier Ring, in den sich strahlenförmig andere Straßen, menschen- und wagenflutend wie jene, einsenken. In seiner Mitte steht das Tor mit dem toten Mann, dem unbekannten Soldaten.

Tag um Tag ziehen Scharen, große und kleine Gruppen, in Zivil und in Uniform, Einheimische und Fremde, mit Fahnen und ohne Fahnen, die prächtige Straße hinauf, um Kränze an dem Grab niederzulegen.

Denn er ist für die Freiheit gestorben, und darum liegt er hier.

Eine Flamme lodert über seinem Grab. Und einmal kam von weit her, von der Ostgrenze, von Verdun, die Fackel herüber, um die Flamme zu erneuern, von dem riesigen Friedhof dort an der furchtbaren Festung, wo in unabsehbaren Reihen die Soldaten aller Völker nebeneinanderliegen, eine stille, wartende Bruderschaft – und schickten ihrem Bruder unter dem Tor von Paris das Zeichen.

Traumhaft liegt vor dem, der in San Francisco von einem Hügel auf das Meer herabblickt, die Bucht und das wellige Land. Eine Brücke, fein wie Filigran, schwingt sich in einem unvorstellbar leichten Bogen von einer Seite der Bucht zur andern. Dies ist die Einfahrt zur Neuen Welt vom alten Asien her. Und siehe, ihr Name ist:

Das Goldene Tor

Unvergesslich der Anblick. Er ist anders und nicht mit solcher erschütternden Wucht beladen wie der Anblick drüben auf der Ostflanke des Kontinents, wo sich wie eine Riesenschildwache die Wolkenkratzer aufgestellt haben, eine undurchdringliche Mauer. Mit ihren steinernen, grauen Kronen durchbrechen sie den Horizont. Und abends liegen sie auf der Lauer und schauen aus zehntausend hellen flimmernden Äuglein auf das Meer hinaus – gegen Osten, um die Freiheit zu bewachen, deren Statue das alte Europa, Frankreich, herübergeschickt hat im Gefolge Lafayettes, des Kämpfers gegen Tyrannei.

Im Westen, an dem dunstumwobenen Goldenen Tor, läßt man ein.

Da weht über der Bucht der zarte, schmerzlich weiche Hauch, der unsere Seelen rührt und an Ferne, Weite und Zukunft denken läßt. Hier liegt San Francisco, genannt nach dem heiligen Mann, dem Freund aller Menschen, dem Bruder der Armen, des Feuers, der Sonne, des Wassers und sogar des Todes – die Stadt San Francisco, wo sich vor einem Jahr die Lebenden, die großen und kleinen Nationen, gedenkend ihrer Toten, vereinten, um die Freiheit zu schützen und die Völker zusammenzuschließen. Denn nicht nur die Toten, die tapferen, wissen, wofür sie gefallen sind. Man hört sie. Sie zwingen zu Handlungen. Sie zwingen die Lebenden.

Die Zyniker lächeln. Sie meinen, man hätte seine Erfahrungen, man sähe auch schon wieder –. Sie sehen schief und halb. Die ganze Realität ist anders.

Und was ist das für eine große Realität, welche die Menschen zwingt, eben noch Krieger, sich hinzusetzen und sich ernsthaft das Versprechen zu geben, zusammenzuhalten und über den Frieden zu wachen, nun dennoch wieder. Sie sind nicht über Nacht Engel geworden, aber sie können nicht umhin zu zeigen, daß sie mehr als ein Stück Natur sind.

Nach diesem beispiellosen, die ganze Erde umlaufenden Wald- und Präriebrand, wo der Boden noch in Schwaden den schweren erstickenden Qualm ausatmet, regt sich wieder im Grunde das Leben, das gute Leben in den Wurzeln der verbrannten Pflanzen. Und sie sind nicht bis in die Tiefe verbrannt, und das wilde Element ist doch nicht ihrer Herr geworden.

Das »Goldene Tor«, durch das Dichtung, Kunst und die freien Gedanken ziehen, zugleich Symbol für die menschliche Freiheit und die Solidarität der Völker.

Wir werden in diesen Blättern alles tun, was wir vermögen, einmal um den Realitätssinn im Lande zu stärken, auch die Gewissen aufzurufen und Mut einzuflößen, und das andere Mal auf die eine große Realität, die uns als nächste Aufgabe zugefallen ist, hinzuweisen: für die menschliche Freiheit und die Solidarität der Völker zu kämpfen, eine beglückende Realität, zu der uns unsere Menschennatur verpflichtet, von der man nicht nur in Hymnen singt und die den Menschen tapfer werden läßt wie den Mann, dessen Bild wir an die Spitze gestellt haben.

Wie werden wir es anstellen?

Wer wird uns helfen?

Für die Enttrümmerung und das Abräumen im Geistigen haben wir die Instrumente des Urteils und der Kritik. Wir wollen die guten Dinge, für die wir einstehen und die entstellt und aus dem Gesichtskreis gerückt waren, wieder an ihren Platz stellen und sind gewiß, damit Spalten schließen zu helfen und zu stärken.

WOLFGANG BORCHERT
Lesebuchgeschichten

»Alle Leute haben eine Nähmaschine, ein Radio, einen Eisschrank und ein Telefon. Was machen wir nun?« fragte der Fabrikbesitzer.

»Bomben«, sagte der Erfinder.

»Krieg«, sagte der General.

»Wenn es denn gar nicht anders geht«, sagte der Fabrikbesitzer.

Zwei Männer sprachen miteinander.

»Kostenanschlag?«

»Mit Kacheln?«

»Mit grünen Kacheln natürlich.«

»Vierzigtausend.«

»Vierzigtausend? Gut. Ja, mein Lieber, hätte ich mich nicht rechtzeitig von Schokolade auf Schießpulver umgestellt, dann könnte ich Ihnen diese vierzigtausend nicht geben.

»Und ich Ihnen keinen Duschraum.«

»Mit grünen Kacheln.«

»Mit grünen Kacheln.«

Die beiden Männer gingen auseinander.

Es waren ein Fabrikbesitzer und ein Bauunternehmer.

Es war Krieg.

Zwei Männer sprachen miteinander.

»Na, wie ist es?«

»Ziemlich schief.«

»Wieviel haben Sie noch?«

»Wenn es gut geht: viertausend.«

»Wieviel können Sie mir geben?«

»Höchstens achthundert.«

»Die gehen drauf.«

»Also tausend.«

»Danke.«
Die beiden Männer gingen auseinander.
Sie sprachen von Menschen.
Es waren Generale.
Es war Krieg.

OTTO GROTEWOHL

»Überzeugen wir die Welt von dem wirklich friedlichen Charakter unseres Wollens«

Der Verlauf der Geschichte hat überzeugend sichtbar gemacht, wie schändlich die Monopolisten die nationalen Empfindungen des deutschen Volkes mißbraucht haben. Sowohl der wilhelminische Staat als auch das Zwangsregime Hitlers steigerten die Bereitschaft des deutschen Volkes, andere Völker mit Krieg zu überziehen und an die Stelle friedlichen Interessenausgleiches das Mittel der Gewalt zu setzen. Der Kampf des imperialistischen Deutschlands um den »Platz an der Sonne« hatte die Erweiterung des »Lebensraumes« zum Ziele, bewirkte die Teilnahme Deutschlands an der kolonialen Unterwerfung und Ausbeutung anderer Völker und führte zu den uferlosen Annexionsgelüsten gegenüber benachbarten Nationen, zum Streben zur deutschen Vorherrschaft in Europa und der Welt. Durch das verbrecherische Wort »Am deutschen Wesen soll die Welt genesen« ließen sich schließlich große Teile des deutschen Volkes von der überheblichen und verderblichen Lehre vom deutschen Herrenmenschentum betören. Das Ende vom Lied war die Verachtung und Feindschaft aller fortschrittlichen Völker. (...)

Deutschland muß, wenn es leben will, den Weg in den Kreis der friedliebenden Völker finden ... Überzeugen wir die Welt von dem wirklich friedlichen Charakter unseres Wollens, und knüpfen wir mit allen Völkern Fäden, die einmal zu wirtschaftlichen und politischen Verbindungen führen. Je eher wir die durch den Hitlerkrieg und die SS-Schreckensherrschaft hervorgerufene Verachtung und den Haß gegen das Deutschland der Vergangenheit in der Welt beseitigen helfen, um so schneller wird der Aufbau eines freien, friedlichen und demokratischen Deutschlands der Zukunft Erfolge bringen.

ALBERT EINSTEIN

Offener Brief an die Plenarversammlung der Vereinten Nationen

Die Bürger aller Länder, ihre Kinder und ihr Lebenswerk werden von der fürchterlichen Unsicherheit bedroht, die unsere Welt heute beherrscht. Der technologische Fortschritt hat die Stabilität und Wohlfahrt der Menschheit nicht erhöht. Infolge unserer Unfähigkeit, eine internationale Friedensorganisation zu schaffen, hat er sogar die Gefährdung des Friedens und der Existenz der Menschheit erhöht.

Die Delegierten der 55 Staaten, die jetzt zur zweiten Plenarversammlung der Vereinten Nationen zusammentreten, sind sich zweifellos der Tatsache bewußt, daß während der letzten beiden Jahre – seit dem Sieg über die Achsenmächte – kein wesentlicher Fortschritt erzielt worden ist. Das gilt sowohl für die Sicherung des Friedens im allgemeinen wie für konkrete Einzelprobleme – die Kontrolle der Atomenergie und die Zusammenarbeit beim Wiederaufbau der kriegsverwüsteten Gebiete.

Die Vereinten Nationen können für dieses Fiasko nicht verantwortlich gemacht werden. Keine internationale Organisation ist stärker als ihr verfassungsmäßiges Mandat oder der zielgehende Wille ihrer Einzelmitglieder. Selbstverständlich sind die Vereinten Nationen eine äußerst wichtige und nützliche Institution, solange sich die Völker und Regierungen darüber klar sind, daß sie nur eine Station auf dem Weg zum Endziel darstellen: der Schaffung einer übernationalen Behörde mit ausreichenden legislativen und exekutiven Vollmachten zur Wahrung des Friedens.

Gegenwärtig befinden wir uns in einer Sackgasse, weil es keine hinreichend mächtige und zuverlässige übernationale Autorität gibt. Darum müssen die verantwortlichen Spitzen aller Regierungen von der Voraussetzung ausgehen, daß ein Krieg unvermeidlich ist. Und jeder von dieser Annahme motivierte Schritt trägt zu der Atmosphäre der Furcht und des Mißtrauens bei und beschleunigt das Kommen der Katastrophe. Wie stark die Rüstungen der Nationen auch sein mögen, sie können weder die militärische Sicherheit der einzelnen Nationen noch den Frieden verbürgen.

Ohne die Beschränkung der traditionellen und nationalen Souveränität der einzelnen Länder wird es nie ein umfassendes Abkommen über die internationale Kontrolle und Verwaltung der Atomenergie oder über eine allgemeine Abrüstung geben. Denn solange Atomenergie und Rüstungen als wesentliche Teile der nationalen Sicherheit gelten, werden alle Nationen den internationalen Verträgen nur Lippenbekenntnisse zollen. Die Sicherheit ist unteilbar. Sie ist nur dann zu erreichen, wenn die notwendigen Gesetze und ihre Durchführung überall garantiert sein werden, so daß die militärische Sicherheit nicht mehr Sache der einzelnen Staaten ist. Es kann keinen Kompromiß zwischen der Vorbereitung für den Krieg und der Vorbereitung einer auf Gesetz und Ordnung gegründeten Weltgesellschaft geben.

Jeder Bürger muß sich entscheiden. Geht er von der Möglichkeit des Krieges aus, so muß er sich mit vielen Dingen abfinden: mit der Aufrechterhaltung von Truppen in strategisch wichtigen Gebieten wie Österreich und Korea, mit der Entsendung von Truppen nach Griechenland und Bulgarien, mit der auf jede erdenkliche Weise erzielten Ansammlung von Uranlagern, wie mit der allgemeinen Militärdienstpflicht und dem fortschreitenden Abbau der Bürgerrechte. Vor allem aber muß er die Folgen der Militärgeheimnisse hinnehmen, eine der schlimmsten Geißeln unserer Zeit und eines der größten Hindernisse auf dem Weg des kulturellen Aufstiegs.

Wer dagegen erkennt, daß in unserem Atomzeitalter die planmäßige Entwicklung einer supranationalen Regierung die einzige Garantie der Sicherheit und des Friedens darstellt, wird nach besten Kräften für die Stärkung der Vereinten Nationen arbeiten. Keinem vernünftigen und verantwortungsvollen Bürger der ganzen Welt sollte die Entscheidung schwerfallen.

Aber die Welt im Ganzen befindet sich in einem gefährlichen Labyrinth. Es fehlt den Mitgliedstaaten der Vereinten Nationen an der nötigen Entschlußkraft. Die östlichen und westlichen Blöcke sind fieberhaft um die Stärkung ihrer eigenen Machtpositionen bemüht. Allgemeine Militärdienstpflicht; russische Truppen in Osteuropa; amerikanische Kontrolle über die pazifischen Inseln; Versteifung der Kolonialpolitik der Niederlande, Großbritanniens und Frankreichs; Atom- und Militärgeheimnisse; all das gehört zu dem alten Mächtespiel.

Es ist höchste Zeit für die Vereinten Nationen, ihre moralische Autorität durch kühne Entscheidungen zu festigen.

Erstens wären die Befugnisse der Plenarversammlung zu erweitern; ihr müßten sowohl der Sicherheitsrat als auch alle anderen Organe der Vereinten Nationen untergeordnet werden. Solange ein Kompetenzkonflikt zwischen der Plenarversammlung und dem Sicherheitsrat besteht, wird die Wirksamkeit der gesamten Organisation notwendigerweise beeinträchtigt sein.

Zweitens sollten die Methoden der Repräsentanz entscheidend geändert werden. Der gegenwärtige Weg der Ernennung der Delegierten durch die Regierungen gewährt ihnen keine wahre Handlungsfreiheit. Außerdem gibt er den Völkern der Welt nicht das Gefühl, auf faire und paritätische Weise vertreten zu sein. Der Weg der direkten Wahl der Delegierten durch die Völker der Mitgliedstaaten würde die moralische Autorität der Vereinten Nationen beträchtlich erhöhen. Wären die Delegierten einer Wählerschaft verantwortlich, so hätten sie viel mehr Freiheit, dem Diktat ihres Gewissens zu folgen; wir könnten dann bei den Vereinten Nationen mehr Staatsmänner und weniger Diplomaten erwarten.

Drittens: Die Plenarversammlung sollte während dieser kritischen Übergangsperiode ununterbrochen tagen. Dadurch könnte die Versammlung zwei Hauptaufgaben erfüllen: sie könnte die Initiative zur Schaffung einer übernationalen Ordnung ergreifen; und in Gefahrenzonen, wo der Friede akut bedroht ist (wie etwa gegenwärtig an der griechischen Grenze), könnte sie rasch und wirksam einschreiten.

Im Hinblick auf diese wichtigen Aufgaben sollte die Plenarversammlung nicht ihre eigenen Befugnisse an den Sicherheitsrat übertragen, zumal dieser durch den Hemmschuh der Vetobestimmungen gelähmt ist. Die Vereinten Nationen müssen – als einziges Organ, das einer kühnen und entschlossenen Initiative auf diesem Gebiet fähig ist – mit äußerster Beschleunigung die Fundamente einer wahren Weltregierung errichten und dadurch die für die internationale Sicherheit notwendigen Bedingungen schaffen.

Natürlich wird es dagegen starke Opposition geben. Aber es ist keineswegs sicher, daß die oft als Hauptgegner der Weltregierungsidee bezeichnete Sowjetunion auf ihrer Opposition verharren würde, wenn ihr ein faires Programm für wirkliche Sicherheit in der Welt vorgelegt würde. Aber auch wenn Rußland gegenwärtig den Gedanken einer Weltregierung verwirft: in dem Augenblick, da die Idee einer Weltregierung in der Verwirklichung begriffen ist, mag die Sowjetunion ihre Haltung ändern. Vielleicht wird Rußland dann nur auf den notwendigen Garantien der Gleichheit vor dem Gesetz bestehen. Dadurch würde die jetzt bestehende Situation im Sicherheitsrat vermieden, in der Rußland sich ständig in der Minderheit befindet.

Dennoch muß man damit rechnen, daß Rußland und seine Verbündeten es als ratsam betrachten könnten, einer solchen Weltregierung fernzubleiben. In diesem und nur in diesem Falle – nach dem Scheitern aller noch so ehrlichen Versuche, die Mitwirkung Rußlands und seiner Verbündeten zu gewinnen – müßten die anderen Länder allein vorgehen. Diese nur partielle Weltregierung müßte aber auf alle Fälle sehr stark sein und mindestens zwei Drittel der großen Industrie- und Wirtschaftsgebiete der Welt umfassen. Eine solche Stärke würde es der partiellen Weltregierung erlauben, das Militärgeheimnis und alle anderen Maßnahmen, die von dem Mangel an Sicherheit bedingt werden, abzuschaffen.

Eine partielle Weltregierung sollte von vornherein bekanntmachen, daß die Tore für jeden Nichtmitgliedstaat – und ganz besonders Rußland – weit geöffnet bleiben, und zwar auf der Basis völliger Gleichberechtigung für alle. Nach meiner Meinung sollte eine partielle Weltregierung Beobachter der Nichtmitgliedstaaten bei allen Tagungen und Verhandlungen zulassen.

Um das Endziel – die *eine* Welt, anstelle zweier einander feindlich gegenüberstehender Welten – zu erreichen, dürfte eine partielle Weltregierung nie den Eindruck einer Allianz gegen die übrigen Teile der Welt erwecken. Der einzige, wirkliche Schritt zur Weltregierung ist – die Weltregierung.

In einer Weltregierung werden ideologische Unterschiede zwischen den einzelnen Mitgliedstaaten keine große Rolle spielen. Die gegenwärtigen Schwierigkeiten zwischen den Vereinigten Staaten und der Sowjetunion sind, davon bin ich überzeugt, nicht in erster Linie auf ideologische Differenzen zurückzuführen. Natürlich tragen diese zu den bereits bestehenden Spannungen bei. Aber selbst wenn Rußland und die Vereinigten Staaten beide kapitalistisch (oder kommunistisch oder monarchisch) wären, so würden sich nach meiner Überzeugung Rivalitäten, Interessenkonflikte und Eifersüchteleien genau so wie heute zwischen den beiden Ländern ergeben.

Die Vereinten Nationen müssen jetzt – wie es später die Weltregierung tun wird – einem einzigen Ziel dienen: der Garantie der Sicherheit, des Friedens und der Wohlfahrt der ganzen Menschheit.

WILHELM KÜLZ

Blockpolitik ist eine unbedingte Notwendigkeit

Wir stehen auf dem Standpunkt, daß die Blockpolitik eine unbedingte Notwendigkeit ist. Sie ist uns keine Gesinnungsgemeinschaft im einzelnen, aber eine Bekenntnisgemeinschaft in der kompromißlosen Ablehnung aller nazistischen Gedankengänge. Eine Bekenntnisgemeinschaft zu einer wahren Demokratie, zur kompromißlosen Anerkennung einer Friedenspolitik und weiter eine kompromißlose Bejahung einer auf das Wohl der Menschheit und auf das wahre Menschentum ausgerichteten Politik.

JOHANNES R. BECHER
Vom Willen zum Frieden

Wir Deutschen, von der Allgegenwart der Ruinenfelder bedroht; von der Wucht all dessen noch niedergedrückt, was die Schuttlawinen an Erinnerung in uns wachrufen; wir deutschen Menschen, noch immer in Angstträumen vom Bombenhagel erfaßt – und oft verwischt sich der Unterschied zwischen dem Vergangenen und dem Kommenden –; wir, durch die Wahnsinnstaten von Kriegsverbrechern zu einem armen, zerschlagenen Volk geworden, das in seiner Armut und Verzweiflung doch noch nicht ganz die Sehnsucht verloren hat und einen Halt sucht im Haltlosen und einen festen Glaubensgrund und Gedanken, mit denen sich weiterleben läßt; wir Dichter dieses unseres deutschen Volkes; wir, in der Mitte stehend des zwanzigsten Jahrhunderts, Zeugen zweier Weltkriege, Zeugen eines zweiten Dreißigjährigen Krieges, uns wiederfindend über drei Jahrhunderte hinweg in den leidgefurchten, von Todesangst geprägten Sonettzügen des Andreas Gryphius oder in den von einem maskenhaften Gelächter begleiteten Abenteuerfahrten eines Grimmelhausen: nur eines läßt uns noch hoffen allesamt: Friede; wo solch eine Gefahr ist, kann nur eines als Rettendes uns erwachsen: Friede; eine allgewaltige Vision ist es, die aus den Trümmerstätten und Schutthaufen, die aus den Brandnebeln und über den Leichenbergen aufsteigt, die über dem unendlichen, unmenschlichen Niemandsland der Nichtigkeit und der Vernichtung zum schöpferischen Menschheitstraum unseres Jahrhunderts wird: Friede.

Wir gehn und rufen: Friede, Friede, Friede!

So gut es ist, diesen Traum vom Frieden zu träumen, so gut es ist, diesen Ruf »Friede auf Erden« zu erheben, so wäre dieser Traum ins Leere geträumt und würde dieser Ruf wirkungslos verhallen, wenn Traum und Ruf nicht eine wirkliche, alltägliche Gestalt annehmen und nicht unser Leben und Schaffen konkret bestimmen würden.

Wir fragen also: was heißt dies heute, für den Frieden sein?

1. Für den Frieden sein heißt, den Krieg seines geheimnisvollen, mythischen Charakters entkleiden, der ihn als Schicksal und als im Dienste der Vorsehung stehend erscheinen läßt, und den Krieg erkennen als das, was er ist: als eine gesellschaftliche Erscheinung, als Menschenwerk, von Menschen hervorgerufen und bezweckt, von Menschen geführt, und darum auch von Menschen zu vermeiden und zu verhindern.

2. Damit im Zusammenhang heißt für den Frieden sein: denjenigen als einen Feind des Friedens und damit der Menschheit betrachten, der von der Unvermeidbarkeit des Krieges spricht, und vor allem darauf hinweisen, daß Deutschland von einem dritten Weltkrieg nicht nur nichts gewinnen kann, sondern nur den Rest dessen zu verlieren hat, der ihm noch verblieben ist.

3. Für den Frieden sein heißt, daß wir Deutsche jeder Art von Spekulation auf die Uneinigkeit der großen Nationen entsagen und eine selbständige deutsche Haltung anstreben, die in einer nationalen Einheit Deutschlands ihren Ausdruck findet. Wenn in der ausländischen Presse die Meinung verbreitet wird, daß wir Deutsche eine dauernde Teilung Deutschlands als unvermeidlich und als nahe bevorstehend betrachten würden, so erlaube ich mir, in aller Sachlichkeit, diese Irreführung der öffentlichen Meinung des Auslands dahingehend zu berichtigen, daß ich hier versichere: die überwiegende Mehrheit des deutschen Volkes betrachtet eine Teilung Deutschlands nicht nur als unvermeidlich, sondern erwartet auf das bestimmteste von den großen Nationen, daß sie das für den Weltfrieden lebensgefährliche Experiment einer Teilung Deutschlands unter allen Umständen vermeiden und die in einer jahrhundertelangen, an Leiden so überreichen Geschichte begründete Einheit

Deutschlands wiederherstellen und bewahren. Auch dem Besiegten, selbst wenn er wie wir in einem Kriege besiegt wurde, wo das Prinzip der Menschlichkeit so offensichtlich auf der Seite der Sieger war, selbst dem in einem solchen Kriege Unterlegenen steht das Recht zu, Einspruch zu erheben gegen Maßnahmen, die das Prinzip der Menschlichkeit verletzen, und dieser Einspruch darf und muß zur Forderung werden, wenn Maßnahmen ergriffen werden, die, wie im Falle einer Teilung Deutschlands, einzig und allein nur verheerende Folgen für die gesamte Menschheitsentwicklung haben können. Wir haben also das Recht und die Pflicht, die Einheit Deutschlands zu *fordern.* Geteiltes Deutschland ist friedloses Deutschland. Der Unfrieden und Konfliktstoff vielerlei Art, den eine solche Teilung hervorruft, würde die Unruhe der Welt immer wieder von neuem erregen, und wie die Teilungen Polens Europa nicht in Frieden ließen, so würde erst recht nicht die Teilung Deutschlands zur Befriedung der Welt beitragen. Ein zerstückeltes, ein gevierteiltes oder zweigeteiltes Deutschland: es wäre ein krampfhaftes Zucken, worin das Auseinandergerissene der Teile nur immer wieder das Ganze zu erreichen strebt – wer kann solch ein unruhvolles Deutschland wollen – nur wer die Unruhe der Welt verewigen will. Nur ein einheitliches, freiheitliches Deutschland kann einen Beitrag zum Weltfrieden leisten. Darum sind wir auch für eine Einheit Deutschlands – der Ordnung der Welt wegen und im Namen des Friedens.

KARL KROLOW

An den Frieden

Ich möchte dich in meiner hohlen Hand
Wie einen armen Vogel angstvoll bergen,
Indes Lemuren schweifen überm Land,
Im Kreise hocken auf den Häusersärgen

Und auf die leer gebliebne Erde spein
Geköpfte Disteln und die zähe Quecke.
Wie halt ich dich, wenn rauh die Krähen schrein
Ich Leichenwind auf schräger Unkrautstrecke?

Du tiefer Schwindel, Glück, das meiner Brust
So süß ist, daß ich hilflos steh und weine,
Von dem ich nur in Träumen noch gewußt:
Wie nenn ich dich dem Grame, beim Gegreine

Der blinden Flederwische, höllenzu,
Dem Leichengräberzug, der rastlos karrt?
Die Tage sind voll Jammer: Schlucker, du,
Und Kaspar Hauser, den das Grauen narrt!

Wie er Gespött und unerkannt im Qualm
Der Straßenschluchten, die verloren sind,
Den Stätten wilder Hunde, wo der Halm
Der alten Gräser treibt als grüner Grind.

Du im Gelächter, wenn das Blut mir stockt,
Des Lebens Rest in giftger Luft zerfällt,
Die Ratte mich zum Markt der Toten lockt,
Zu feuchten Schädeln, die mich bleich umstellt.

Du über Schatten, die im Abgrund fliegen,
Darinnen wir die Glieder drehn und schrein,
Du Trost, du Engel, dem sich Knie biegen
Im Knochenanger: setz den Menschen ein!

BODO UHSE
Tagebuchnotiz

22. Oktober 1948

WELCH ein arg vernachlässigter Freund ist mir doch dieses Buch. So selten nehme ich notierend Notiz von ihm. Dabei weiß ich, wie wichtig es für mich wäre, mehr von ihm Gebrauch zu machen. So selten ich mich auch zur Niederschrift von Erlebnissen, Eindrücken und Gedanken hinsetze – wie gut hat es mir doch jedesmal getan. Immer hat es Klärung bedeutet, Selbstverständigung. Es war Atemschöpfen und Sichbesinnen. Und das tut mir jetzt mehr not als je. Ich bin kaum vier Wochen in Berlin, und schon droht mich die Trümmerstadt mit Betrieb und Betriebsamkeit zu verschlingen.

Um so nötiger ist es, zwischendurch – nicht auszuruhen, aber sich zu sammeln, sein eigenes Tun und Denken nachzuprüfen, ob es auch dem Maßstabe entspricht, den die Zeit uns vorlegt. Wie betroffen stehe ich vor der Aufgabe der kurzen Friedensansprache, zu der ich neben Brecht, Becher, Arnold Zweig am Sonntag in der Staatsoper das Wort nehmen soll.

Das Ringen um den Frieden – seit langem, schon in der mexikanischen Ferne als die dringlichste Aufgabe gespürt – ist (oder sollte es doch sein) der Grundakkord unseres Lebens hier. Jeder sollte das als seine persönlichste Sache empfinden. Denn was wird aus uns – mein Gott, aus unseren Kindern –, wenn es jetzt zum Kriege kommen sollte. Es ist nicht vorzustellen. Und dabei braucht man ja nicht nur an Deutschland zu denken, das ganze Europa würde bis in seine letzte Faser zu leiden haben. Und Kräfte verlieren, die es nie wiedergewinnen kann.

Doch wenn ich mir nun, betroffen von der großen Verpflichtung – es sind ja nur wenige Worte, die ich reden soll, aber ich bilde mir doch ein, daß sie zählen, daß sie gewogen werden auf der Waagschale irgendeines Gerichtes –, darüber klarwerden will, was zu sagen ist – dann fällt mir ein, wie oft wir doch schon gegen den Krieg gesprochen haben. Und es gibt da ein zweites Ich in mir, das meint: Statt ihn mit euren Worten zu bannen, habt ihr ihn mit heraufbeschworen.

Natürlich ist das Unsinn. Als wir sprachen und schrieben, hatten sich die Tore schon geöffnet. Die Gewalt trat ein. Unsere Worte kamen zu spät.

Ich frage mich: Hätte das Wort – früher gesprochen – den Gang der Dinge, wenn nicht aufhalten, doch vielleicht verändern können?

Schärfer noch: Hat es denn überhaupt Sinn, zu reden? Macht das irgend etwas aus? Hilft es?

Ja, ich glaube, man kann mit Worten etwas ausrichten. Man hat es immer gekonnt und kann es auch jetzt – auch jetzt noch.

Nicht mit dem Wort allein – aber mit dem Wort, das wahr und richtig die Wirklichkeit erkennt und schon genug wiegt, um Teil der Wirklichkeit zu werden, und als solches die Menschen beeinflußt.

Ich fühle, daß ich nun wieder da bin, wo ich angefangen habe, nämlich bei der beklemmenden Schwere meiner Aufgabe. Aber wie sie zu lösen ist, darüber bin ich mir nicht klargeworden.

EDUARD CLAUDIUS
Notizen nebenbei

DAS Antlitz des Menschen unserer Zeit wurde oft geschändet, von Qual und Leid zu steinerner Maske geformt. Da, wo es uns in den Ghettos, in den Lagern und Gefängnissen, im standhaften Widerstehen bei Mord und Krieg begegnete, gab es uns wohl Mut, der Würde des Menschen, aus dem Blutmeer in die Zukunft sich rettend, zu vertrauen. Kaum jedoch hoben sich diese fernen Tage aus den fahlen Nebeln. Immer noch war es der Mensch einer untergehenden Zeit, der Mensch des bittersten Kampfes um das Primitivste unseres Lebens, des Kampfes um die Lebensberechtigung des Menschen überhaupt. Zu oft aber auch er der passiv erleidende Mensch. Seine Würde war nicht die, die wie in nachdenklichen Stunden erträumt. Wir Kinder der Zeit des Betrugs und der Unfreiheit träumten von dem Menschen der Freiheit und der Ehrlichkeit. Wir, von dem Kampf aller gegen alle in Fesseln geschlagen, hofften auf eine Zeit, da einer des anderen Bruder sei. Wir, geboren unter Kanonengebrüll und gelebt unter Bombenkrachen, von den Gespenstern unserer Träume – die da hießen: Bazillenkrieg und Atombombe – selbst zu Gespenstern geworden, trugen jedoch unverlierbar das Bildnis einer schaffenden Fabrik, das Bildnis einer Blume, eines Getreidefeldes im Wind in den Zeiten unserer nie versiegenden Hoffnung im Herzen. Mensch, das sollte nicht heißen: zerfleischen, sich betrügen, nicht: einer des andern Wolf. Wie ein Wind in den Ähren sollte es sein, das Fließen eines Baches. Es sollte Frieden sein: der Mensch.

GERTRUD VON LE FORT

Und wenn er einst erscheinet …

Und wenn er einst erscheinet,
Den jede Sehnsucht meinet,
Des heilgen Friedens Tag:
Wer wird die Hände binden,
Daß sich die Herzen finden,
Wer hört noch ihren ein'gen Schlag?

Ich, ich, das edle Leiden,
Ich will die Völker kleiden,
Daß sie wie Schwestern gehn,
In meines Mantels Falten
Will ich sie liebreich halten
Wenn sie einander wiedersehn.

Da gibt es kein Verkennen,
Auf jedem Mund wird brennen
Desselben Trankes Glut:

Ich fülle alle Scherben
Im großen Weltverderben
Mit tiefer, reiner Schmerzensflut.

Blüh auf, zertretnes Leben,
Mir ist anheimgegeben
Der Abend dieser Zeit:
Was dich zu Tod getroffen,
Das wird dein letztes Hoffen:
Ich bin die große Einigkeit!

Mein ist die Königskrone,
Mein ist der Thron der Throne,
Sonst wird kein Herrscher sein,
Kein Herz wird mehr versteinen –
Es werden *alle* weinen
Unsäglich gleich – unsäglich mein!

II

HANS HENNY JAHNN
Für den totalen Frieden

Im November oder Dezember des Jahres 1932 sagte ich anläßlich einer Kundgebung im Curio-Haus: »Wer Hitler wählt, wählt den Krieg!« – Es bedurfte keiner großen Weisheit, um eine solche Prophezeiung auszusprechen. Ich habe meine Überzeugung mit dem Verlust alles dessen bezahlen müssen, was damals meine bürgerliche Existenz umfaßte. Aber der Krieg kam mit allen seinen Folgen.

Die Situation des Jahres 1951 unterscheidet sich nicht erheblich von der des Jahres 1932. Es geht hier in Deutschland zwar nicht um eine entscheidende Wahl, wohl aber um eine entscheidende Tendenz: um die Tendenz der Wiederaufrüstung. Ich kann meinen Ausruf von einst ohne viel Zaudern variieren: »Wer in Deutschland die Wiederaufrüstung begünstigt – mögen die Gründe und Absichten sein, welche sie wollen –, wirkt am Zustandekommen des nächsten Krieges mit.« Und welchen Krieges! Eines totalen Krieges, der nur noch den Namen Terror verdient. Alle Beschwichtigungen, daß es nicht so schlimm kommen werde, entbehren des Grundes. Spätestens in dem Augenblick, wo eine Entscheidung auf den Kriegsschauplätzen der verbrannten Erde herangereift ist, wird der Terror der Atomenergie oder anderer bestialischer »Fortschritte« einsetzen.

Ich bin nicht berufen, es ist nicht mein Platz, daß ich gegen die Dummheit öffentlich rede. Ich möchte meinen Freunden und Kollegen von der Feder nur meine Überzeugung sagen: Es gibt keinen bewaffneten Frieden; es hat ihn niemals gegeben. So kann man den totalen Krieg, den Untergang, nur vermeiden, wenn man den *Frieden* total will, bedingungslos, ohne Hintergedanken, daß man etwas zu verteidigen hätte.

Geschichte, die von alten Staatsleuten nach altem Rezept gemacht wird, leitet das Unvorstellbare an Leid und Zerstörung ein. Die Literatur, die Dichtkunst haben wieder eine Aufgabe aus erster Hand wie am Anfang der Zeiten: die Verständigung zu begünstigen und alle kriegerischen Worte aus ihrem Text zu streichen.

REINHOLD SCHNEIDER

In Freiheit und Verantwortung

I

DAS Verhältnis zu Krieg und Waffe ist für den Christen zum unabweisbaren Problem geworden. Es steht vor ihm wie der Fels, aus dem er Wasser schlagen soll. Die Lösung ist der Sinn der Zeit; sie kann nur von einer umfassenden Theologie geleistet werden, schwerlich aber in den bisherigen Denkformen. Der einzelne muß sich entscheiden vor Christus.

Wir haben in dieser Stunde sehr viel zu befürchten, nichts aber mehr als die Sünde und die Mitschuld an den Wirkungen einer Kriegstechnik, die einen jeden Krieg zum ungerechten macht. Schuld sehe ich nicht allein in der Anwendung, sondern in der Bereitschaft dazu, im Erdenken, Herstellen, Rechtfertigen der Waffe, kurz darin, daß der Christ geschehen läßt, was geschieht. Für den Christen gibt es keinen Sieg im irdischen Sinne. Der Sieger auf Erden ist der Antichrist. Er kann uns alles nehmen, nur das eine nicht, was wir von Christus bekommen haben, den Auftrag: »Seine Zeugen zu sein«, nach den Worten Newmans. Der Christ soll sein der gläubige Zeuge Jesu Christi.

Er wird es in dem Maße, in dem er lebt, was Christus geboten hat, in lebendiger Verantwortung sich an Ihn verliert. Dadurch wird der Christ zur entscheidenden geschichtlichen Person in einer vom Unglauben überschatteten Welt.

II

NIRGENDWO ist es weniger möglich, sich der öffentlichen Verantwortung vor diesem Problem zu entziehen, als in Deutschland, einem geteilten Lande. Daß die Mehrzahl der Geistigen diese Verantwortung nicht wagt, ist ein Unglück. Gegen die Aufrüstung Westdeutschlands sprechen die folgenden politischen Erwägungen:

Der das Land zerklüftende Riß muß durch sie zum Bruch werden. Wir zerfallen dann in zwei Völker, zwei Vaterländer. Zwei einander befehdende Ideologien werden zwei Sprachen ausbilden, in denen wir einander nicht mehr verstehen können. Für den geistigen Menschen, der auf das Ganze verwiesen ist, wird es kaum mehr möglich sein zu leben.

Die Erklärung Rußlands, daß es die Aufrüstung nicht dulden werde, will sehr ernst genommen werden; schwerlich werden die von der Aufrüstung erhofften Vorteile diese Gefahr aufwiegen.

Die Wiederkehr eines gewissen Militarismus, den uns die Welt mit Recht zum Vorwurf machte, ist fast unvermeidlich. Es soll kein Soldat als solcher gekränkt, ein jeder, der sich geopfert hat, in Ehren gehalten werden. Aber die Erneuerung militaristischer Ideologien in irgendeiner Form ist für das deutsche Volk, das zum ersten Male bereit gewesen wäre, einen anderen Weg zu gehen, verhängnisvoll, der Umschlag erfolgt zu rasch; eine von innen her umbildende Arbeit ist noch gar nicht getan. Man kann nicht militärisch aufrüsten, ohne geistig aufzurüsten.

Kommt es zum Kriege, so werden unsere Brüder im Osten nach aller Voraussicht die ersten sein, auf die das Feuer niederstürzt. Ein Volk in Gefahr des Bruderkrieges kann die Waffe nicht ergreifen.

Die Bestimmung Deutschlands ist es, die Spannungen zwischen West und Ost fruchtbar zu machen, nicht aber anschwellen zu lassen, bis sie die Welt zerreißen. Diese Bestimmung kann nur in Einheit und Freiheit erfüllt werden, als deren Treuhänder sich allein eine deutsche Regierung legitimieren kann.

Freiheit läßt sich nur festigen auf Armut, auf der Macht der Persönlichkeit und des Geistes, auf radikaler sozialer Gerechtigkeit.

III

Man hätte erwarten sollen, daß die von der geschichtlichen Entwicklung aufgeworfenen Probleme mit dem gebührenden Ernst, in Freiheit und Sachlichkeit erörtert würden, zumal in einem Staate, dessen Grundgesetz die Freiheit der Äußerung in Wort und Schrift zusichert, den Zwang zum Kriegsdienst verbietet und Handlungen, die geeignet sind, das friedliche Zusammenleben der Völker zu stören, als verfassungswidrig bezeichnet. Aber die öffentliche Erörterung ist nie in hinreichendem Maße geschehen, seit Ende vorigen Jahres ist sie in Presse und Sender unmöglich geworden. Darum habe ich Anfang 1951 zwei Aufsätze für den Osten geschrieben, in denen ich sagte, was hier nicht mehr gesagt werden konnte: daß das deutsche Volk in der Mehrheit die Aufrüstung ablehne; und daß ein anderes Verhältnis des Westens zum Osten gesucht werden müsse als das militärisch-feindliche. Im April dieses Jahres, als keine Aussicht mehr war, daß eine christliche Gruppe sich mit dem entsprechenden organisatorischen Ernst der Volksbefragung annehme, habe ich den Antrag unterschrieben; ich wollte damit zum Ausdruck bringen, daß es um eine Angelegenheit des Volkes, nicht einer Partei und zugleich des christlichen Gewissens geht; zugleich aber hatte der Antrag für mich den Wert eines nachdrücklichen Protestes gegen eine Entwicklung, die ich ablehnen muß.

Unter den bestehenden Verhältnissen kann man im Westen nicht protestieren, ohne daß eine gewisse Propaganda sich dieses Protestes bedient. Ich habe in meinen Aufsätzen ein klares christliches Bekenntnis abgelegt und war froh, daß sie im Osten so gedruckt wurden, wie ich sie geschrieben habe; ich habe die

Freiheit des Geistes und des Gewissens in beiden gefordert. Nur von dieser Freiheit ist eine Umwandlung uns bedrückender Verhältnisse zu erwarten; mit Vorwürfen kann man kein Gespräch beginnen, kein Vertrauen anbahnen, vom eigenen Glauben, auf dessen Glaubwürdigkeit es doch ankommt, schwerlich überzeugen.

Es wäre aber nicht schwer gewesen, der Propaganda des Ostens zu zeigen, daß sie Äußerungen verbreitet, die jeder Totalität widersprechen. Hätte die westdeutsche Presse zur Klärung der Vorkommnisse, die sie im Bedürfnis nach Sensationen meinen »Fall« zu nennen pflegt, wirklich beitragen und ihre Freiheit dokumentieren wollen, so hätte sie die im Osten erschienenen Aufsätze abdrucken können (wie es nun endlich geschieht, nachdem die meisten über Texte geschrieben und voneinander abgeschrieben haben, von denen sie so wenig wußten wie von meiner Lebensarbeit überhaupt).

IV

Im Mai dieses Jahres setzten die Angriffe gegen mich ein, deren einzige Methode es ist, mit journalistisch-persönlicher Polemik die Probleme zu verdecken. Die Argumente meint man mit *einem* Schlage abgetan zu haben, indem man den Sprecher des Kommunismus verdächtigt. Nun halte ich es allerdings nicht für recht, aus dem Wort »Kommunist« ein Schimpfwort zu machen; von Millionen, die in den Heeren des Westens stehen und sich zum Kommunismus bekennen, erwartet man denselben Dienst und Tod wie von jedem andern. Der Kommunismus kann nur von Geist, Glauben, Gerechtigkeit überwunden werden. Die Methoden, mit denen heute der Westen dem Kommunismus begegnet, halte ich weder für christlich noch für hinreichend wirksam. Einer Diesseitslehre gegenüber bin ich immun. Da man mir kein Wort und keine Zeile nachweisen konnte, die sich für sie erklärten, war man auf Erfindungen angewiesen. Mit dem Bitteren verband sich das Kleinbürgerlich-Lächerliche. Ein evangelisches Blatt mußte als Gewährsmänner einer Erdichtung zwei katholische Ärzte nennen, die auf diese Weise ein stattliches Scheit zu dem Holzstoß beitrugen, auf dem ein katholischer Schriftsteller – und Patient – unter der Ketzermütze als Kommunist verbrannt werden sollte.

V

Aber in welche Enge und Kleinheit sind wir geraten, während es doch um große Dinge geht: um das Zeugnis und um die Verantwortung, die nur in vollkommener Freiheit vollzogen werden kann. Der Ort dieser Freiheit ist im technischen Zeitalter schwerlich noch der Staat. Aber die Kirche ist nicht untertan dem Geist der Zeiten noch irgendeiner Macht. Der Ort der vollkommenen Freiheit ist und soll sein nach dem Willen des göttlichen Stifters die Kirche Jesu Christi.

GUSTAV W. HEINEMANN

Wenn wir den Frieden sichern wollen

Wir müssen erkennen, daß die antisowjetische Hetze den Vorspann für die westliche Rüstungspolitik darstellt. Wenn wir den Frieden sichern wollen, müssen wir der antisowjetischen Hetze ebenso wehren wie der Hetze gegen irgendein westliches Volk, muß eine Bresche geschlagen werden in den blinden und pauschalen Antikommunismus, diese kriegsträchtige Mentalität bürgerlich-pharisäischer Selbstgerechtigkeit. Wir können mit den östlichen Nachbarn nicht im Frieden leben, wenn wir ihr politisches System aushöhlen und zum Zusammenbruch zu führen trachten. Wir haben gegen die Propaganda, welche die psychologische Bereitschaft zum Krieg schaffen soll, ebenso Widerstand zu leisten wie gegen die militärische Kriegsvorbereitung.

HANS BENDER

Der junge Soldat

Als er vom Begräbnis seiner sieben Kameraden zur Front zurückging

In die Blumen ihrer Haare
rieselte die listge Erde.
Auf die Särge ihrer Brust
klopften unsre stummen Würfe.
Sieben gelbe, warme Gräber
trocken in der Julisonne.

Wiesenweg durch heißen Mohn.
Wälderweg durch kalte Tannen.
Weg, der blind im Sumpf ertrinkt.
Ungewisser Minenweg –
Dann vorbei an hellen Hütten.
Vorhangfalten, Fensterglas.

Beerentrauben in den Gärten.
Rosen, Gladiolengarbe.
Brunnen, dran der Eimer schwappt.
Vor den Zäunen steife Mädchen.
In die Löcher der Pupillen
Haß, vom Schreck hineingebohrt.

Trauer durch den Sommer tragen,
Schultergurt und rauhes Tuch.
Handgranate, Spaten, Helm,
das Gewehr und die Geschosse.
Messer, eingekerbt die Rille
für das Blut der stumpfe Rücken.

Sieben fette Krähen wehen
aus den Ästen roter Föhren.
Sieben schwarze Federn fallen
in die Raupenspur des Tanks.

WOLFGANG WEYRAUCH

Die Wiederholung

Die Bäuerin Raymonde Cortot,
ein Mädchen, brav, allein im Moor,
zwei Ziegen, bei St. Pierre-des-Corps,
vorm Militärgericht Bordeaux,

ist angeklagt, im Februar,
nach Aschermittwoch, früh am Tag,
der Zug hielt an, Raymonde lag
davor, zerschnitten um ein Haar,

kein Selbstmord wars, es war viel mehr,
der Zug, lang angehalten, kam
zu spät, das Schiff für Vietnam,
ein Waffenschiff, fuhr beinah leer.

Die Närrin, nach dem Grund gefragt:
ich hab den Zug zum Stehn gebracht,
sagt sie, ich habe nachgedacht.
Des Mords an Frankreich angeklagt,

meint das Gericht. Wie ungerecht,
erwidert sie, seht Ihr den Krug,
und holt ihn aus dem Umschlagtuch,
der Krieg in Vietnam ist schlecht,

horcht, bitte, in den Krug hinein,
der Krug ist alt, das Lied ist alt,
vom Tränenteich, worin es lallt,
wo Eltern und Geschwister schrein,

Herr Staatsanwalt, ich bin bereit,
ich wiederhole, was ich tat,
ich gebe Euch den guten Rat,
macht mit, bevor es Tränen schneit.

Die Bäuerin Raymonde Cortot,
ein Mädchen, irr, allein im Moor,
zwei Ziegen, bei St. Pierre-des-Corps,
vorm Militärgericht Bordeaux,

verurteilt, kommt ins Irrenhaus,
Raymondes Schrei, der Krug ist voll,
Gelächter: armes Kind, ist toll,
die Irre küßt die Zellenlaus.

MARIE LUISE KASCHNITZ

Hiroshima

Der den Tod auf Hiroshima warf
Ging ins Kloster, läutet dort die Glocken.
Der den Tod auf Hiroshima warf
Sprang vom Stuhl in die Schlinge, erwürgte sich.
Der den Tod auf Hiroshima warf
Fiel in Wahnsinn, wehrt Gespenster ab
Hunderttausend, die ihn angehen nächtlich
Auferstandene aus Staub für ihn.

Nichts von alledem ist wahr.
Erst vor kurzem sah ich ihn
Im Garten seines Hauses vor der Stadt.
Die Hecken waren noch jung und die Rosenbüsche zierlich.
Das wächst nicht so schnell, daß sich einer verbergen könnte
Im Wald des Vergessens. Gut zu sehen war
Das nackte Vorstadthaus, die junge Frau
Die neben ihm stand im Blumenkleid
Das kleine Mädchen an ihrer Hand
Der Knabe, der auf seinem Rücken saß
Und über seinem Kopf die Peitsche schwang.
Sehr gut erkennbar war er selbst

Vierbeinig auf dem Grasplatz, das Gesicht
Verzerrt von Lachen, weil der Photograph
Hinter der Hecke stand, das Auge der Welt.

HANS MAGNUS ENZENSBERGER

Sozialpartner in der Rüstungsindustrie

EIN anblick zum zähneknirschen sind
die fetten eber auf den terrassen
teurer hotels, auf den golfplätzen
sich erholend von mast und diebstahl,
die lieblinge gottes.

schwerer
bist du zu ertragen, niemand
im windigen trenchcoat, bohrer,
kleinbürger, büttel, assessor, stift,
trister dein gelbes gesicht:

verdorben, jeder nasführung aus-
geliefert, ein hut voll mutlosen winds,
eigener handschellen schmied,
geburtshelfer eigenen tods,
konditor des gifts, das dir selbst
wird gelegt werden.

freilich
versprechen dir viele, abzuschaffen
den mord. gegen ihn zu feld zu ziehn
fordern dich auf die mörder.
nicht die untat wird die partie
verlieren: du: sie wechselt nur
die farben im schminktopf:
das blut der opfer bleibt schwarz.

KARL JASPERS

Die Atombombe und die Zukunft des Menschen

1. Der neue Tatbestand

Seit jeher hat man neue Zerstörungswaffen zunächst für verbrecherisch erklärt, einst die Kanonen, zuletzt die U-Boote im ersten Weltkrieg. Doch bald gewöhnte man sich an ihr Dasein. Heute aber ist die Atombombe (Wasserstoffbombe, Kobaltbombe) ein grundsätzlich neues Ereignis. Denn sie führt die Menschheit an die Möglichkeit ihrer eigenen totalen Vernichtung.

Die Technik verstehen nur die Fachleute, jeder von uns aber kann die Tatsache verstehen, daß Amerika und Rußland (und im Abstand England) unter Aufwendung ungeheurer Mittel ständig ihren Vorrat an solchen Bomben vermehren und deren Zerstörungskraft steigern. Die Bombe auf Hiroshima 6. 8. 1945 war die erste (160 000 Tote, drei Tage später auf Nagasaki die zweite). Vor solcher Zerstörungsgewalt kapitulierte Japan. Aber diese ersten schon so erschreckenden Bomben waren geringfügig gegen die inzwischen in menschenleeren Gebieten versuchsweise abgeworfenen, deren Energieentfaltung die der Bombe auf Hiroshima um das 600fache übertrifft. Trotz des Entsetzens konnte die Welt sich auch jetzt noch beruhigen, bis es klar wurde, daß das Ausmaß und die Art der nachfolgenden Lebenszerstörungen der sicheren Berechnung entglitten war. Wir hören, daß zunächst Überlebende, aber von der radioaktiven Luft Getroffene durch Jahre hindurch dahinsiechen und sterben. Wir hören von den Sachkundigen mit völliger Bestimmtheit, daß es heute möglich ist, durch die Tat von Menschen die totale Zerstörung des Lebens auf der Erde herbeizuführen. Ob die vorhandenen Bomben, wenn sie in kurzer Zeitspanne abgeworfen würden, schon ausreichen, um die Erdatmosphäre in solchem Maße radioaktiv zu verseuchen, daß alles Leben aufhört, ist öffentlich nicht bekannt.

Die großen Physiker, die mit ihren Köpfen den neuen Tatbestand selber in die Welt gesetzt hatten, haben uns gesagt, was ist. Einstein unterschrieb 1955 kurz vor seinem Tode mit anderen eine beschwörende Erklärung, in der es heißt: »Für den Fall einer massenhaften Verwendung von Hydrogenwaffen ist mit dem plötzlichen Tod eines kleineren Teils der Menschheit und mit qualvollen Krankheiten und schließlichem Absterben aller Lebewesen zu rechnen.«

Dies ist heute der erregendste Tatbestand für die Zukunft der Menschheit, drohender als alles sonst. Bisher gab es wohl irreale Vorstellungen des Weltendes. Die Naherwartung dieses Endes noch für die damals lebende Generation war der sittlich-religiös wirksame Irrtum Johannes' des Täufers, Jesu, und der ersten Christen. Jetzt aber stehen wir vor der realen Möglichkeit eines solchen Endes, zwar nicht der Welt, nicht einmal des Planeten Erde, sondern des menschlichen Lebens.

(...)

12. *Wo bleibt noch Vertrauen?*

Hier an der Grenze ist wieder die Frage nach jenem Etwas, das der Grund von Politik und Moral ist, wenn beide gehaltvoll sind. Bleibt in der Unlösbarkeit der Frage für endliches Denken noch ein Vertrauen möglich, aus dem gehandelt wird?

Jedes falsche Vertrauen ist zu vernichten. Wir haben es immer wieder gehabt. Wir haben es in Deutschland erlebt, daß der rechtliche Zustand eines freien Lebens über Nacht umgeworfen werden konnte, weil die Widerstandskräfte viel zu gering waren. Wir haben gesehen, daß in der plötzlich eintretenden Situation die führenden Staatsmänner kopflos handelten. Sie wußten nicht, was eigentlich geschah, erblickten nicht das Wesentliche. Abgelenkt von aufgebauschten Nebensachen, ließen sie sich treiben von einem dunklen Geschehen, dem sie sich ergaben. Unsere Ruhe, die wir jeweils für Jahre – vor 1914, vor 1933 – hatten, war trügerisch. Setzt diese Reihe sich fort?

Sehen wir gar die Notwendigkeit eines unaufhaltsamen Treibens in den Abgrund? Solche Aspekte eines hoffnungslosen Hinabgleitens hat man uns längst gezeigt, ebenso die gegenteiligen einer großartigen, zu reicherem Leben führenden Aufwärtsentwicklung.

Ein vernünftiger Mensch weigert sich, solche Aspekte als notwendig anzuerkennen. Sie sind bedrohende oder beruhigende Entwürfe, die, statt uns in Fesseln schlagen zu dürfen, nur um so mehr den Anspruch zur Geltung bringen: auch an uns selbst liegt es noch, was aus uns wird, wenn wir auch nicht wissen können, wie unser Tun im Gang der Ereignisse im ganzen wirkt.

Der Anspruch richtet sich an unsere Vernunft, aber an die Vernunft in ihrem ganzen Umfang und ihrer Tiefe, die den guten Willen einschließt. Sie ist in der Welt das Einzige und Letzte, worauf wir uns gründen können.

Wir verbieten uns darum jede Weise eines uns von diesem entscheidenden Punkt ablenkenden Vertrauens:

Gibt es etwa ein begründetes Vertrauen auf technische Auswege aus dem technischen Unheil nach dem Satze, daß mit jeder Gefahr auch die Rettungsmittel wachsen? Etwa in der Phantasie eines Ausweichens in den Weltraum? Könnten wir Fuß fassen auf einem neuen Boden bewohnbarer Körper? Nein, diese Phantasien gehören zu dem Übermut des technischen Alleskönnens. Wenn solche Möglichkeit (extrem unwahrscheinlich) einmal wirklich werden sollte, dann liegt sie doch unendlich viel ferner als die Drohung möglicher Atomvernichtung.

Können wir etwa vertrauen auf spontane, von niemandem geahnte, uns magisch erscheinende Wendungen im Geschehen der Menschheit, des Erdlebens, des Alls? auf eine von der Transzendenz geschickte Rettung im Augenblick der Katastrophe? Nein, selbst wenn so etwas möglich wäre, kann es nicht als Erwartung zum Motiv unseres Handelns werden, ohne sogleich ein Wahn zu sein.

Hat es etwa Sinn, neue Propheten und Offenbarungen Gottes zu erwarten, die die sittliche Energie des Menschen auf eine höhere Ebene brächten? Nein, auch wenn ein solches Ereignis im abstrakten Denken nach Analogie möglich wäre, ist es uns doch unvorstellbar. Seine Scheinvorstellung ist gefährlich. Denn in der Erwartung von etwas Unbegreiflichem können wir nicht sinnvoll tätig sein. Diese Erwartung würde uns in einen selbstgemachten Trug bannen und uns versäumen lassen, was wir können.

Heute kommt es für die Abwehr des totalen Unheils allein auf unser reales Tun, auf unsere gegenwärtige Vernunft an. Denn verantwortlich handeln und planen können wir nur auf Grund des Gegebenen unter Führung vernünftiger Ideen. Vernünftig sein fordert Vertrauen auf die Vernunft im Menschen. Dürfen wir ihr vertrauen? Wenn dies Vertrauen in Frage gestellt wird durch die Erfahrung so vieler unvernünftiger Augenblicke in jedem von uns und durch die Herrschaft von Unvernunft und Widervernunft in der Mehrzahl der Menschen, so lehrt doch Erfahrung auch, wie Vernunft erweckt wurde und wachsen kann. Wenn mit der in der Menschheit entgegenkommenden Vernunft nicht mit Sicherheit zu rechnen ist, geschieht doch alles Gute im Vertrauen, auf vernünftige Menschen zu treffen.

Aber sollte auch dieses Vertrauen nicht standhalten? Es kann doch nicht mehr das letzte Wort sein, wenn die Vernunft an der Übermacht der Widervernunft scheitert. Zwar wird Menschendasein wahrscheinlich, wenn auch in sehr fernen Zeiten, durch kosmische Vorgänge ein Ende haben. Dieses Ende aber können jetzt Menschen selber in Kürze durch ihre Unvernunft herbeiführen. Das bringt vor die Frage: Mit welchen Vorstellungen denken wir an diese Möglichkeit? Welche Gestalt nimmt das Vertrauen an, wenn auch das Vertrauen in die Vernunft wankend werden muß?

Vom totalen Untergang sprachen die alten Propheten. Der »Tag Jahves« wird kommen, an dem alles vernichtet wird. Vom Weltende sprachen die ersten Christen als unmittelbar bevorstehend. Heute ist das Denken in solchen Perspektiven wieder unumgänglich, aber nun durch die Realität unserer technischen Situation. Sie wird der Angelpunkt unseres Lebens werden, außer bei denen, die gedankenlos von Tag zu Tage leben.

Wenn auch auf die Vernunft im Menschen nicht gewiß zu rechnen ist, bleibt dann noch ein Grund des Vertrauens? Wenn die Verzweiflung sagt: es hilft ja doch alles nichts – lassen wir das Gerede – denken wir nicht daran – leben wir heute – was kommt, ist auf alle Fälle der Untergang –, ist das etwa das letzte Wort und bleibt dann wirklich nichts? Nein, Jeremias antwortete seinem verzweifelten Jünger Baruch, als Staat und Volk und sogar der Gottesglaube der letzten Juden, die nun der Isis opferten, zugrunde ging: »So spricht Jahve: Fürwahr, was ich aufgebaut habe, reiße ich nieder, und was ich eingepflanzt habe, reiße ich aus, und da verlangst du für dich Großes? Verlange nicht! Denn ich bringe nunmehr Unheil über alles Fleisch.« Jeremias will sagen: daß Gott ist, ist genug.

Dies erst ist der letzte Horizont, von dem her alles in die rechten Verhältnisse gerückt wird. In diesem Horizont wächst der Mut durch das Vertrauen im Grunde, das durch kein Scheitern in der Welt, auch nicht durch Scheitern der Vernunft getilgt werden kann. Dann wird der Wille beschwingt, solange Menschendasein ist, in ihm zu verwirklichen, zu wagen und den Sinn im Bauen zu sehen, auch wenn wir nicht wissen, wie lange stehen wird, was wir hervorbringen.

Vernunft lehrt uns: Es ist nicht mutig, Urteile über Ende und unausweichlichen Untergang zu fällen. Mutig ist es, im Wissen und Nichtwissen zu tun, was möglich ist, und die Hoffnung nicht aufzugeben, solange man lebt.

Es ist auch keine tapfere, sondern erstarrende Philosophie, dem vermeintlich erkannten Untergang unerschüttert zuzusehen, bis er einen begräbt. Tapfer ist, sich bis in den Grund erschüttern zu lassen und zu erfahren, was in der Grenzsituation sich offenbart.

Es bleibt, die Herrlichkeit der Welt zu sehen und Menschen liebend verbunden zu sein, mit Gegenwärtigkeit, solange es vergönnt ist. Es bleibt, in welcher Liebe wir uns des Ursprungs und der Ewigkeit vergewissern. Auf diesem Grunde bleibt der Sinn: in unserer Welt aus der Vernunft zu leben, nicht nur aus dem endlichen Verstande, sondern aus der großen allaufschließenden Vernunft, und mit ihr unsere Gedanken, Impulse, Anstrengungen, beginnend beim eigenen alltäglichen Tun, auf die Überwindung der drohenden Endkatastrophe zu richten.

Dann, wenn wir, wenn jeder, wenn einige, nicht nur hier und da, sondern mit dem ganzen Leben zur Vernunft kommen, wenn diese Vernunft, zwischen mehreren einmal zündet, sich ausbreitet wie eine reinigende Flamme, dann erst dürfen wir auf die Überwindung der drohenden totalen Katastrophe hoffen.

Daß das utopisch Scheinende möglich ist, sagt uns ein Vertrauen, das nicht in dieser Welt gegründet ist, das aber auch nur dem geschenkt wird, der tut, was er kann.

GÜNTER EICH

Versuch eines Requiems

Die Augen zu schließen.
Nein.

Vom Bahnhof eine halbe Stunde zu Fuß.
Der alte Schulweg. Non scholae
sed vitae discimus. Abgangszeugnis,
Wehrpaß und Pappkarton.
Davongekommen. Dulce et decorum est.

Nach Hause:
Straßen nach großen Männern benannt
und ein Geruch von Schutt.

Welche Halde von Ziegeln
soll ich mir wählen?
Ein Kreuz aus zwei Ästen,
verdorrte Sträuße unter der Bleistiftschrift.

Hier lebten wir.
Ich stelle dazu, was ich fand,
Astern und Asparagus.

Ich schäme mich, daß ich's ertrage
zu leben.

Auch ich hätte es sein können.
Auch hinter mir
konnte die Tür verschlossen werden.
Auch für meine Lungen
war das Gift bestimmt.
Auch ich war ausersehen,
die Henker zu ergötzen
mit den Zuckungen meiner Glieder.

Es war ein Zufall.
Aber du hättest es nicht ertragen.
Verdächtig ist mir, daß ich lebe.

Um einen trauern, heißt ihn vergessen.
Und dann,
wenn auch die Trauernden hingingen,
wer gedenkt noch derer,
die unter den Trümmern starben in Dresden?
Wer gedenkt der Vergasten von Auschwitz?
Und die unter der Erde Rußlands –
vergessen, vergessen.

Vergessen, vergessen,
und die Toten sterben zum zweiten Mal.

Ich habe um niemand zu trauern,
deshalb fällt es mir schwer zu vergessen.
Auch weiß ich, daß es mehr als zwei Kriege gab.

Und mir sind teuer
auch die Toten von Waterloo,
vom Lechfeld, von Salamis,
die Toten ohne Ruhm,
ohne Jahreszahl, ohne Schlachtfeld,
die Urahnen,
um die keiner mehr trauert.

Füge die Schöpfung hinzu,
Halali und Schlachtfest,
die Maus in den Zähnen der Katze,

Eier der Schlupfwespe
im gelähmten Körper der Raupe,
die Harmonie des Grauens,
die Eiskälte der Weisheit –
o billige Trauer,
die sich selber genügt,
Entschuldigung der Schuld,
und Vorwand,
um schweigen zu können
vor den Untaten der Macht.

Ihr ratet mir an, zu vergessen.

Vergessen geschieht oder geschieht nicht.

Die Wunden tragen, sind noch am Leben.
So laßt ohne Ewigkeit
den Atemzug uns bedenken,
den wir eben tun.

Wir wollen nicht,
daß die Gräber eingeebnet werden,
die Mahnungen der Kreuze in den Wind verweht,
weggespült vom Regen die Last des Schmerzes.

Wir wollen,
daß nicht um Helden,
sondern um Söhne getrauert wird,
daß nicht die tönenden Vokabeln
aufbewahrt werden für den nächsten Gebrauch,
daß nicht das Vergessen eingesetzt wird
in eine neue Rechnung des Grauens.

Sonst müßten wir trauern
um die Ungeborenen,
an denen wir schuldig werden.

Bleibt bei uns, ihr Toten,
helft uns
vor neuer Schuld!

MARTIN NIEMÖLLER

Wehrt euch gegen den Atomtod!

Es bleibt das geschichtliche Verdienst deutscher Wissenschaftler – nämlich jener 18 Professoren –, mit ihrer Erklärung vom 12. April 1957 den künstlichen Nebel erstmalig zerrissen zu haben, und es bleibt – trotz des Paters Leppich und der sieben Moraltheologen – das Verdienst eines Albert Schweitzer, erstmalig im vergangenen Jahre dem »Mann auf der Straße« den Ernst dieser Lage deutlich gemacht zu haben. Seitdem kann und muß ein jeder wissen, daß der Kampf gegen den Atomtod eine gemeinsame Angelegenheit aller Völker und Staaten, aller Nationen und Rassen ist; denn hier handelt es sich nicht darum, ob sich noch der eine auf Kosten des andern retten kann, sondern darum, ob wir alle miteinander untergehen oder miteinander weiterleben werden. Ein Drittes gibt es nicht mehr; denn die Atomwolken mit ihrer tödlichen Ladung fragen nicht nach Freund oder Feind, nicht nach Reich oder Arm, nicht nach Weiß oder Schwarz, nicht nach westlicher oder östlicher Weltanschauung, sie wenden sich gegen alles, was lebt, und sie bedrohen alles mit dem Tode. – Dies geht uns alle, und dies geht einen jeden einzelnen von uns an. –

Es gibt heute – verständlicherweise – resignierende Stimmen, die meinen: das Schicksal ist nicht aufzuhalten. Das ist eine Lüge; denn hinter all diesen Gefährdungen stehen Menschen als Urheber, und für alle diese Mordanschläge sind Menschen verantwortlich – verantwortlich ihren Mitmenschen gegenüber. Wenn ein Mord geschieht – und hier geht es um Mord –, so haben wir alles zu tun, um ihn zu verhindern; wenn die Menschheit vom Massenmord bedroht ist, so haben wir alles zu tun, um es nicht dahin kommen zu lassen.

Die törichte Haltung, die heute propagiert wird, die aber gleichwohl viel Zustimmung findet, vor allem bei uns in der westlichen Welt, ist die, die jetzt anfängt, Schiller zu zitieren: »Das Leben ist der Güter höchstes nicht!« und die damit die zugkräftige Parole verbindet: »Lieber tot als rot!« – Ich für meine Person könnte wohl so sprechen; aber aus einer Wahrheit wird Lüge, wenn man ihren Sinn umkehrt oder so verhüllt, daß er nicht mehr erkannt wird. Heute und in Zusammenhang mit dem Atomtod muß einer schon die Stirn haben, es auszusprechen: »Lieber alles tot – nicht nur ich, sondern jeder Mensch auf dem Erdboden – als rot!« Wer so denkt, der soll es auch offen sagen; dann muß er aber den andern die Entscheidung überlassen, ob sie das auch sagen wollen; sonst bedeutet diese Parole – ein Hitler hat so gedacht, aber kein Schiller – die Leugnung und Verleugnung aller Menschlichkeit. Hier wäre es besser, Schiller auch ganz zu zitieren: »Der Übel größtes aber ist die Schuld!« (...)

Heute ist der Atomtod in einigen wenigen Händen, und wehe uns allen, wenn einer, der ihn loslassen könnte, es aus Verzweiflung oder im Wahnsinn täte!

Soll unser Volk seine Hand auch danach ausstrecken? Die Gefahr des Atomtods wird dadurch nicht gebannt; sie wird höchstens dadurch vergrößert. Denn wir haben einen Verteidigungsminister, der vor seiner Amerikareise unwidersprochen auf die Frage nach einem möglichen Kriege erklärt hat: »Der erste Gewehrschuß wird mit einer nuklearen Explosion beantwortet werden.« – Der Atomtod ist kein Kinderschreck, sondern eine sehr reale Gefahr. Darauf haben uns gerade die Leute hingewiesen, die etwas von der Sache verstehen, und der Chor ihrer Stimme ist sehr einmütig. Wir können diese Gefahren nicht bannen; aber wir können das tun, was in unseren Kräften steht, um sie nicht zu vergrößern. Und selbst wenn das gar nichts wäre, so hätten wir doch ein klares Nein dazu zu sprechen, wenn wir zu Mitschuldigen gemacht werden sollen; keine Macht der Welt darf uns dahin bringen, daß wir Menschlichkeit und Recht verleugnen und uns zu einem nihilistischen Verzweiflungsakt hergeben; denn die Hoffnung der Menschheit beruht zur Zeit ganz und gar darauf, daß Menschlichkeit und Recht wieder anerkannt werden, weil wir – und zwar wir Menschen alle – sonst nicht weiterleben können! – Und das ist nun auch das tiefe, innere Recht der Forderung nach einer Volksbefragung, ein Recht, das durch formale Rechtsgründe nicht aufgehoben werden kann. Wo es – wie jetzt – wirklich um die Frage Sein oder Nichtsein geht, da hat jeder einzelne seine eigene, verantwortliche Antwort zu geben; und er hat ein Recht darauf, von den andern mit dieser Antwort gehört zu werden. (...)

Wir protestieren im Namen Gottes, der seine Menschenkinder zur Freiheit eigener Verantwortung geschaffen und berufen hat, und wir verlangen, daß dieser unserer Freiheit Raum gegeben wird. Weil wir Menschen, weil wir Gottes Geschöpfe sind, darum wollen wir – um Gottes willen – keine atomare Rüstung, keine Atomkanonen, keine Abschußrampen. Wir wollen eine Abrüstung, die es uns erlaubt, zu leben, in Frieden zu leben, der Bruderschaft der Menschen zu dienen und selber Menschen, freie Menschen zu sein.

SIEGFRIED LENZ

Schwierige Trauer

Eine Grabrede auf Henry Smolka

VIELLEICHT, Vater, hast du gesehen, daß wir weniger erschraken als uns weigerten, zu glauben, was uns die Leitung des Obdachlosenasyls schrieb; denn in all den Jahren – und was sollten wir anderes tun? – hatten wir uns damit abgefunden, daß du verschwunden warst und deine Spur für immer unauffindbar bleiben würde: irgendwo zwischen Luknow, wo du aufbrachst, und dem Ziel, das nur du allein kanntest, als ihr in jener eisigen Februarnacht auf den letzten Lastwagen stiegt, der euch zur Flucht verhelfen sollte. Wir hatten uns an deine Verschollenheit gewöhnt und waren auf dem besten Wege, dich und deine Aufgabe zu vergessen, die du damals übernommen hattest und von der wir immer wieder in Gerüchten hörten, und es war keine Hoffnung im Spiel, als wir dich zuerst für vermißt, zehn Jahre später für tot erklären ließen. Wir taten dies deinetwegen und unsretwegen; deinetwegen: weil wir dir die letzte Ehre, vergessen zu werden, verschaffen wollten; und unsretwegen: weil wir uns insgeheim davor schützen wollten, daß du mit deinem absurden Besitz aus der Verschollenheit auftauchst, um uns die Ruhe zu nehmen. Alles, Vater, was wir für dich empfanden, empfanden wir für den Vermißten.

Doch nun bist du aufgetaucht: Der einstige Bürgermeister von Luknow, unserer alten Grenzstadt im Osten, starb in einem Obdachlosenasyl, wo er unter falschem Namen einen Strohsack besetzt gehalten und eifrig verteidigt hatte gegen die zänkischen Ansprüche alter Schlawiner, starb und begrub bis zuletzt mit seinem Körper den wasserdichten Beutel, in dem, nach deiner Meinung, die Geschichte und das Schicksal unserer Stadt ruhten oder vielmehr nur das, was von ihrer Geschichte und ihrem Schicksal übriggeblieben war, seitdem du dich in jener Februarnacht davongemacht hattest. Deine Spur ist wieder zum Vorschein gekommen wie eine Spur im Tal der Dünen, die der Wind noch einmal freigefegt hat, bevor er sie endgültig löscht, und du zwingst uns, Vater, uns noch einmal mit dir zu beschäftigen, in deiner Spur zu lesen und uns an die Stunde zu erinnern, in der du die Aufgabe übernahmst, die dich für immer von uns trennte und mit der du uns bis heute nichts hinterlassen hast als Scham, Verlegenheit und eine schwierige Trauer. Wir können dir keine mildernden Umstände zugute halten, denn wir wissen, daß du bis zuletzt nicht ein einziges Mal an deiner Aufgabe gezweifelt hast.

Du warst überzeugt, gleich damals in jener klaren Februarnacht, als dich der Auftrag des Landrats erreichte, das Archiv der Stadt, die Dokumente von Luknows 600jähriger Geschichte vor der Roten Armee in Sicherheit zu bringen. Unsere Soldaten hatten die Stadt bereits verlassen, nur Verwundete waren noch da und Zivilisten, die an den Ausfallstraßen lagen und warteten, warteten auf ein Gefährt, das sie aufnehmen sollte; doch es kam nichts, kein knirschendes Geräusch von Schlittenkufen, kein Holpern eines Wagenrades auf unserem schäbigen Pflaster, nur das Springen der Eisdecke auf dem See, in die der Frost lange Risse brach. Doch dann, um Mitternacht, näherte sich ein einzelnes Motorengeräusch, bei dem die Wartenden an der Ausfallstraße die Köpfe hoben, sich aus ihren Vermummungen befreiten; es gelang ihnen nicht, den Lastwagen zum Halten zu bringen, und so verfolgten sie ihn bis zum Stadthaus, immer dem schleifenden Motorengeräusch folgend, stellten ihn und bewegten sich nun von allen Seiten auf ihn zu wie Rinnsale, die schwollen und größer wurden durch immer neue Ankömmlinge, an Druck und Strömung gewannen, so daß sie schließlich vorrückten und den Wagen festkeilten, der mit der Ladefläche gegen die Treppe des Stadthauses stand. Du, Vater, standest oben auf der Treppe, neben dir das bewaffnete Begleitkommando, das die wogende Mauer der Körper zurückhielt, und während ihr dort standet, luden andere das Archiv der Stadt auf die Ladefläche: Kisten mit Dokumenten, Urkunden, Briefen, Bündel von Manifesten, Aufrufen, von gehaltenen und gebrochenen Verträgen – der letzte Bürgermeister von Luknow ließ die Geschichte seiner Stadt verladen, ließ ihre weder ruhmvolle noch ruhmlose Vergangenheit in Sicherheit bringen, weil ihr glaubtet, über die Stadt verfügen zu können, solange ihr über ihre Geschichte verfügtet. Dabei hattet ihr nur übersehen, daß die Geschichte alles enthält außer jener blinden Gerechtigkeit, die ihr – ohne selbst allzu gerecht zu sein – in eurer Überheblichkeit voraussetztet. Und als die ganze verbürgte Vergangenheit von Luknow verstaut war, fuhrt ihr davon, mit Drohungen und Gewalt durch die Mauer der Leiber, die den Lastwagen bis zuletzt umschloß; du sahst, wie einige sich festhielten wie an einem Floß, mitliefen, bettelten und euch schließlich verfluchten: War Greta nicht unter ihnen? Habt ihr mit den Kolben eurer Gewehre auch auf ihre Hände geschlagen, bis sie sich lösten? Greta war sechzehn damals, sehr blaß, von dieser träumerischen Traurigkeit, die euch mißtrauisch machte, so daß ihr es nicht allzu gern saht, wenn ich mit ihr zusammen war – weißt du noch, Vater, ja? Hast du auch sie zurückgestoßen in die Dunkelheit, hast du sie mit den anderen aufgegeben, weil dir die Vergangenheit Luknows kostbarer erschien als das Leben der Wartenden? Bedeutete dir die Urkunde über den abgewiesenen Tatareneinfall mehr als Greta? Ihr wart die letzten, die Luknow verließen, verlassen konnten in jener Nacht, und ihr fuhrt durch unsere Wälder nach Norden zur Küste, mit eurem absurden Fluchtgepäck, das euch dereinst einen absurden Anspruch erleichtern sollte, und wo ihr euch befandet, da war auch die Stadt, die ihr entleert hattet von ihrer Geschichte. Vielleicht glaubtet ihr damals, den anderen Soldaten nicht mehr überlassen zu haben als kaltes Gestein, zeugenlose Wände, eine leere Stadt, in die erst wieder Leben käme, sobald die Stimmen der Vergangenheit zurückkehrten – ihr täuschtet euch.

Mit der fliehenden Front zogt ihr nach Norden, und noch vor dem Haff, in einem verschneiten Tal, erwischte euch ein Flugzeug, flog euch zweimal an und schoß den Lastwagen in Brand, wonach ihr nur eine Kiste und mehrere Bündel mit Dokumenten retten konntet. Ihr habt den Chauffeur nicht begraben, ihr ließt ihn im ausgebrannten Führerhaus stecken, verschafftet euch einen Schlitten, ludet die verringerte, angekohlte Vergangenheit Luknows auf und zogt weiter am Haff entlang zu den vereisten Piers von Pillau. In einem Güterwagen, Vater, mußtet ihr vier Tage und vier Nächte auf ein Schiff warten, und während dieser Zeit gingst du daran, den verbliebenen Bestand an Geschichte zu sichten, den Verlust zu notieren. Was war verlorengegangen? Die Zeugnisse der Pest von Luknow, oder das gesiegelte Dokument, mit dem einer der schwammigen Herzöge von Kolsk das damalige Dorf Luknow seiner zwölfjährigen Mätresse überschrieb? Oder hatte unsere Stadt die Urkunden über ihren großen Sohn Fittko eingebüßt, jenen General während der Grenzkriege, der alle Gefangenen eigenhändig tötete? Hatte Fittko nun nie mehr gelebt? Du führtest Buch über den Verlust an Vergangenheit, Vater, du bilanziertest das Kapitel an Geschichte, das euch verblieben war, dir und deinem letzten Helfer, Sbrisny, dem Invaliden, der dich begleitete. Und ihr bekamt ein Schiff; obwohl die Pier voll von Verwundeten war, gelang es dir, einen Dringlichkeitsschein zu erhalten, der euch erlaubte, mit der Kiste und den Bündeln an Bord zu gehen: Vier Verwundete blieben zurück, wurden für die Zeugnisse von Luknows Tradition geopfert. Es war ein alter Holzschoner, der euch rausbrachte und westwärts über die Danziger Bucht bis zur Reede von Swinemünde, wo ihr Anker warft und im Morgengrauen, beim Schwojen an der Kette, Berührung mit einer Mine fandet, endgültige Berührung, die das Schiff in Höhe des Maschinenraums auseinanderriß, so daß es in zwei Teilen wegsackte. Niemand hatte Gelegenheit, etwas zu retten, niemand außer dir: Du warst in dem Floß, das du schweigend ausersehn hattest für solch einen Fall, mit all deiner umständlichen und manchmal unerträglichen Sorgfalt, und zur größeren Ehre Luknows verzichtetest du auf Sbrisny und nahmst einige Bündel von Urkunden ins Floß, wahllos, denn die Katastrophe ließ dir keine Zeit. Die Kiste versank. Der träge Zug des Wassers schwemmte die Papiere hinaus, trieb sie lautlos über den Grund wie tote Fische – Luknows verflossene Schicksale. Das Salzwasser tilgte die Schrift: Der große Brand unserer Stadt hatte nicht stattgefunden, eine Hungersnot hatte es nie gegeben, kein Zeugnis sprach mehr davon, welche namentlich erwähnten Herren einst das Recht gehabt hatten, jeden Unbekannten zu töten, der ihr Land betrat. Und ihr hättet nie mehr belegen können, daß Luknow einst die Spielschulden des mächtigen Wranka übernahm, denn auch seine Quittungen waren in der Kiste.

Du aber, Vater, glaubtest, noch genug im Floß zu haben, so daß du Sbrisny zurückließest, wie du Greta zurückgelassen hattest, du gelangtest an den Strand, schlepptest die dezimierte Geschichte in die Dünen, blicktest nicht auf die Reede hinaus, sondern zogst weiter, als du deiner Kraft wieder vertrauen zu können glaubtest. Du hattest dem Landrat versprochen, die Aufgabe zu übernehmen, und du hieltest dich an dies Versprechen, erkanntest nichts anderes an. Du hattest dich gegen jeden Zweifel durch deine Überzeugung geschützt, für Luknow zu handeln, und du zogst weiter nach Westen, gelangtest durch deine List, die du so kunstgerecht tarnen konntest, auf die Puffer des letzten Zuges, der Swinemünde verließ. Und du überstandest die Fahrt, auch wenn du wieder einen Teil unserer Geschichte einbüßen mußtest: Bei einer unvorsichtigen Bewegung rutschte ein Bündel aus deinen klammen Fingern, fiel in den Schnee zwischen den Schienen, wurde vom Wind erfaßt, über den Damm gewirbelt und wie riesige Schneeflocken über das flache Land. Verloren war auch dies: das Zeugnis eines frühen Bürgermeisters, der einst die Stadt retten wollte, indem er sich in einen Zweikampf mit dem Führer der Angreifer einließ und verlor; die Beurkundung einer öffentlichen Blendung von aufsässigen Knechten und all die anderen gegebenen, beglaubigten und gezeichneten Dokumente, die vom Glück und Unglück, vom Triumph und der Schande unserer Stadt Kunde gaben. Bis dahin, bis auf die Puffer des Zuges, hatten wir deine Spur verfolgt, und zwar weniger aus Anteilnahme – denn dazu gabst du uns keinen Anlaß –, als um die letzte Bestätigung für unseren Glauben zu erhalten, daß der verhängnisvolle Irrtum deines Lebens die Überzeugung war, die Geschichte einer Stadt wöge das Leben eines einzigen Menschen auf.

Dann bliebst du verschollen, zogst durch das Land auf der verzweifelten Suche nach deinem Auftraggeber, Stück um Stück der Geschichte Luknows ging verloren: die Zeit der Besetzung, der Aufstände, der drohenden Erscheinungen am Himmel, und zuletzt blieb nur der wasserdichte Beutel, den du in deinem Argwohn an der Haut fühlen mußtest Tag und Nacht. Auch wenn du das Gegenteil erreichen wolltest: Durch dich erst wurde die Vergangenheit unserer Stadt in alle Winde gestreut, ihre mittelmäßige Geschichte, die ihr so hoch schätztet, weil ihr die Gegenwart insgeheim verachtetet. Wir wissen nicht, Vater, wohin dich dein Weg führte, nachdem du den Zug verlassen hattest; wir haben auch nicht den Wunsch, es zu erfahren. Das Obdachlosenasyl, in dem du starbst, schickte uns deinen Napf und dein Besteck, eine Blechdose mit Kleingeld und Kippen und den Beutel, in dem die Reste von Luknows vergangener Zeit steckten. Wir legen keinen Wert darauf. Wir verachten sie nicht, aber wir fühlen auch keinen Grund, ihr das Geringste zu opfern oder gar für sie einzutreten, wie du für sie eingetreten bist. Hier, nimm deinen Beutel und fahr wohl.

STEFAN ANDRES

Rede zum Ostermarsch 1960

Warum begreifen wir nicht, daß unsere bürgerlichen Rechte wahrzunehmen und auszuüben unter gewissen Umständen staatsbürgerliche Pflicht bedeutet? Warum sehen wir nicht ein, daß jeder, der diese Pflicht nicht ausübt, übel handelt, durch

Unterlassung sündigt? Man könnte mir hier widersprechen und den Durchschnittsbürger in ganz Europa damit entschuldigen, daß er nicht Bescheid weiß, nicht einmal weiß, worin seine bürgerlichen Rechte und Pflichten bestehen, und erst recht nicht weiß, was in der großen Politik vorgeht. Dafür weiß er, welche Mannschaft im Fußballtreffen gewonnen hat, zum wievielten Male diese oder jene öffentliche Frau heiratet, ah, unser Durchschnittsbürger weiß wirklich eine ganze Menge, sogar dem Quizmaster kann er Rede und Antwort stehen. Nur das eine weiß er nicht: daß er mitverantwortlich ist an unserer Zukunft, verantwortlich dafür, ob seine Kinder oder Enkel in einigen Jahren wie die Fliegen abgeflittet oder auf Lebzeiten zu Atomleprosen deformiert werden. Es hat sogar den Anschein, als ob es Leute gäbe, die daran interessiert sind, daß der Durchschnittsbürger solche in der Tat häßlichen Dinge nicht weiß, ja daß er, wenn er sie erfährt, sie nicht glaubt. Presse, Schule, Kirche und die übrigen Institutionen, die dafür da sind, nicht nur die Autorität der Macht, sondern ebenso und noch mehr die Autorität der Wahrheit in den Völkern unerschüttert zu erhalten, sie haben sich zum großen Teil politisiert, sie haben Position bezogen innerhalb des kalten Krieges. Sie bejahen die atomare Aufrüstung, verniedlichen die Gefahren der Bombe und verteidigen sie als nationale Notwendigkeit, sanktionieren sie sogar als ethisch einwandfreie Waffe, ja sie erfüllen sie freventlich mit einem religiösen Sinn und mogeln die Bombe in die Hände Gottes, nicht anders als spielten sie mit dem Schöpfer dieser Welt Schwarzer Peter …

Es gibt heute Stimmen, die es als ein Zeichen höchster moralischer Kraft werten, wenn wir, um unsere politische Freiheit zu verteidigen, den unbegrenzten Atomkrieg bejahen, selbst wenn er den Untergang der Welt nach sich zöge. »Wir könnten dann sagen«, so meint eine dieser Stimmen, »daß Gott, der Herr, der uns durch seine Vorsehung in eine solche Situation hineinkommen ließ, wo wir dies Treuebekenntnis zu seiner Ordnung ablegen müßten, dann auch die Verantwortung übernimmt.« Das sind Worte des Jesuiten Grundlach. Ein Christ, ein Priester, ein Moraltheologe nennt also den Atomkrieg, den Christen gegen Nichtchristen eines Tages führen könnten: ein

Treuebekenntnis zur göttlichen Weltordnung! Wir können hier nur schlicht feststellen: eine Theologie ohne Moral!

(...) Dem Gegner mit Gerechtigkeit zu begegnen und ebenso mit Vertrauen bringt allerdings manches Risiko mit sich, wer wüßte das nicht. Aber ist das Risiko des kalten Krieges nicht tausendmal größer? Damals, als es galt, Hitler niederzuzwingen, fanden die Westmächte sogar in dem furchtbaren Diktator Stalin einen Partner, der als Onkel Joe Amerika bezauberte. In der Sowjetunion spricht man heute über den Stalinismus fast wie in Deutschland über den Nazismus. Und die Westmächte hätten heute Rußland als Partner nun nach zwanzig Jahren unendlich nötiger als 1940. Und ebenso Rußland die Westmächte! Denn der Gegner heißt nicht mehr Hitler – sondern: ewige Aufrüstung, immer schlimmere Abschreckung, Verarmung der Völker. Und über allem das Gespenst eines Weltunterganges innerhalb weniger Stunden!

Warum sollte der Westen und Osten heute, da der gemeinsame Gegner viel schlimmer und die Partnerschaft viel natürlicher ist, sich nicht zur großen weltgeschichtlichen Tat einer allgemeinen Abrüstung zusammenfinden? Die Abrüstung aber muß in Deutschland beginnen. Weder Tyrannei noch Krieg! Dafür arbeiten, dafür kämpfen wir, darauf hoffen wir!

WOLFGANG KOEPPEN

Wahn

Ich kann nach bayerischer Überlieferung, aber ich kann auch nach italienischer, balkanesischer, chinesischer Manier essen, und heute abend denke ich an ein Menü nach französischem Geschmack. Ich habe die Wahl. Die Austern sind von der Air France hergeflogen. Gestern schwammen sie noch im grünen Meer vor Arcachon oder wohnten auf bretonischen Klippen, heute werden sie mir von einem liebenswürdigen Franzosen, der deutsche Philosophie studiert, auf Eis zu einem herben Landwein von den Schlössern der Loire serviert. Das Lokal ist burgundischer als Burgund. Ich habe, während ich die Austern esse und auf die Straße blicke, kein schlechtes soziales Gewissen. Der Taxichauffeur rechts könnte sich, wie ich, die Muscheln und den Wein gelegentlich leisten, wenn er wollte. Er will nicht, er zieht eine Schweinshaxe vor; es ist eine Frage der Beschränkung oder des Geschmacks. Die Trecks sind angekommen, die Vertriebenen sind untergebracht, sie leben wie die Verschonten – eine bewundernswerte Leistung unserer Gemeinschaft. Die Apotheke links blinkt in Chrom und Kristall. Die Neonschriften versprechen verlorene Schlankheit. Die hübsche Apothekerin löscht gerade, wie eine Danae der Bühne, den goldenen Regen werbenden Lichts. Ihr Freund wartet vor der von einem Schüler Picassos entworfenen Tür. Der Freund fährt einen weißen Sportwagen. Das Verdeck ist zurückgeklappt. Der Abend ist mild. Das Radio spielt eine amerikanische Weise von der Schönheit Virginias. Die Mädchen sind angezogen wie in New York oder Paris, sie sind frisiert und geschminkt wie in London oder in Rom. Es sind keine BDM-Mädchen. Sie sind nicht spießig. Wir alle sind nicht spießig. Niemand scheint zu hungern; doch auch niemand scheint sich zu erinnern, warum er aus seiner Heimat vertrieben wurde. Ich lebe in der Bundesrepublik. Lebe ich im Paradies?

Ich bin dick geworden. Ich habe das nicht erwartet. Wenn ich in den Spiegel blicke, bin ich mir unheimlich. Ich sehe Caliban, das Ungeheuer, oder ich sehe den Braten, der für Caliban gemästet wird. Ich beklage mich nicht. Ich schaue die anderen Gäste an, ich betrachte wieder die draußen Promenierenden, und ich fühle, daß wir alle schlachtreif sind. Nun gut. Nach den Austern esse ich eine Ente à la ronennaise. Der Vogel ist zart und fett. Aber wer hatte Mitleid mit dem armen Tier? Haben sich nicht alle Erwartungen erfüllt? Wenn es in der Frühe klingelt, sollte es der Milchmann sein. Es ist nicht der Milchmann, der ist ein König und kommt nicht ins Haus, aber es ist auch nicht in biederem Loden der Mann vom Verfassungsschutz. Es ist der Telegrafenbote, und er bringt die Frage: wie leben Sie in der Bundesrepublik, antworten Sie gegen Honorar. Der Schriftsteller gehört in Deutschland nicht zu den Idolen der Nation, aber er trägt zu ihrem geistigen Stoffwechsel bei.

Ich lebe also gut. Bin ich Hans im Glück oder das beste Persil, das es je gab? Selbst die Verleger und Redaktionen honorieren mir meinen öffentlich anerkannten Nonkonformismus. Warum also noch Unbehagen? Ein Kritiker meinte, ich leide an einem Überschuß an Magensäure. Aber ganz und gar nicht! Meine Krankheit ist zuviel fröhliches Dem-Tag-Vertrauen. Selbst diesen Kritiker schließe ich noch in meine Sanftmut ein.

Ich habe einen guten Paß, und die Reisegesellschaften meiner Landsleute überschwemmen die Erde. Sehen sie etwas, erleben sie was, lernen sie? Der Markusplatz ist ein deutsches Kaffeehaus, das Mittelmeer ein wahres mare germanicum, und zu Pfingsten gehört uns endlich Paris. Kraft durch Freude noch zu Füßen der Akropolis, Wochenendausflüge nach Madrid und bald nach Florida, keine Legion Condor, die Lufthansa breitet die Schwingen, und der Chef jagt auf der Safari das Rhinozeros. Ich freue mich, wenn ich von einer Reise in die Heimat zurückkehre. Ich freue mich, weil ich keine Angst habe. Die SS-Leute tragen nicht mehr den Totenkopf am Hut. Die Beamten sind höflich. Aber da sind die Stimmen! Auf dem Flughafen in Frankfurt, einer Kreuzung der Zauberteppiche, wird die Muttersprache penetrant. Hinter jedem Schalter läßt man die Welt am deutschen Wesen genesen. Es sind nicht die Worte, es ist der Klang. Man steht sehr klein im Universum und sieht es nicht ein. Man hätte die gute Chance, David zu sein, aber man mimt unentwegt den Goliath. Auf allen Reisen kauft man gegen feste deutsche Mark die alte Lüge, der Nabel der Welt zu sein. Man lebt verzweifelt irreal. Ein Wunder ist geschehen, das allzu oft zitierte Wirtschaftsglück. Nun hüllt man den Kopf in teure Tücher. Man leugnet, was war, man ahnt nicht, was sein wird. Vergessen sind die Toten, vergeben ist den Mördern, unsere Städte sind, versprachs nicht der Unhold, schöner denn je wiedererstanden: die Trümmer, die Ausstoßung, sie sind ein böser Traum, sie sind nicht wahr. Auch Fakten sind nicht wahr: Polen wurde viermal und für Jahrhunderte geteilt, Deutschland ist als Folge des Krieges und der Vermessenheit seit fünfzehn Jahren zerrissen; die große Hoffnung, die wir pflegen sollten, könnte Europa oder gar die Vereinigte Welt sein, aber unsere Redner fordern am Sonntag die Grenzen von 1938 und blicken gelassen und phantasielos auf eine tote Menschheit. Niemand bewegt ernstlich die Frage. Der Minister mag reden, was er will. Wir essen Austern oder Schweinshaxen. Wir sind nicht gerade begeistert, wir sind nüchtern geworden, aber unsere jungen Leute, unsere verschrieenen Trotzköpfe gehen brav in die Kasernen. Ein Notstandsgesetz mit allen Schrecklichkeiten der Diktatur wird erwogen. Für welchen Notstand? Der Verteidigungsminister erklärt, Rußland fürchte den Krieg. Gegen wen also will er uns verteidigen? Warum rüstet er? Der rote Führer fordert Abrüstung bis zum letzten Soldaten. Wir lachen hämisch und schreien: Utopie! Erregt uns solche Zukunft nicht? Glauben wir nur an das Schlechte? Warum nehmen wir den Kommunisten nicht beim Wort? Das Gesicht des roten Führers ist ernst. Seine Augen scheinen das große Leichenfeld zu sehen, zu dem uns Verwirrung machen kann. Vielleicht lügt der Russe. Ich weiß es nicht. Aber wenn er nicht lügt, bietet er den Frieden, und unser Lachen ist auf jeden Fall nur dämlich.

»Aber wollen Sie nicht Ihre Austern verteidigen, die schöne Apothekerin, den Sportwagen, den guten Paß, mit dem Sie überall hinreisen können, die das freie Wort nicht scheuenden Verleger und Redaktionen, das Recht, Ihren Beitrag zu veröffentlichen?« Gewiß will ich das, ich werde all diese Rechte bis zum letzten Atemzug verteidigen, aber ich halte nichts davon, als Volk wieder den Tiger zu spielen. Die Waffen haben uns zweimal geschlagen, die Generäle haben uns zweimal ruhmvoll in den Tod geführt. Sie haben nachher ihre Pensionen gefordert, in ihren Memoiren ihr Unterliegen in eine Gloire verwandelt, und in der »Soldatenzeitung« rufen sie zu neuem Sterben auf und schmähen den schlappen Staat, der ihren Altersschwachsinn bezahlt. Sollten wir es nicht einmal mit Freundlichkeit versuchen? Und sollte man nicht auch zu seinen Nachbarn hilfreich sein? Eine Doktrin, die nach einem Herrn Hallstein heißt, leugnet mit Morgenstern, daß nicht sein kann, was nicht sein darf.

Ich lebe in der Bundesrepublik, ein stiller Bürger, eine schon überholte Spezies. Ich glaube nicht, daß ich noch lange so leben werde. Wunder sind nicht beständig. Schonfristen enden nach dem Kalender. Es schreckte nicht, wäre es nur Zukunft und

Notwendigkeit. Aber ich entsetze mich, an anderer Leute Einsichtslosigkeit zu sterben. Ich mag bei uns manche Gesichter nicht, vom Teufel geholte, von der Zeit zerbrochene Masken des Todes, wie man hoffte, und wenn ich an 1945 denke, meine ich, daß von dort und damals eine Bewegung der Geschlagenen hätte ausgehen können, ein Glaube der Gewaltabsager, der Reumütigen, der Fahnenlosen, der Übernationalen, endlich der brüderlichen Menschen guten Willens schlechthin. Unser reproduziertes Biedermeier, wie es sich in Filmen, Illustriertenromanen, Heiratsanzeigen, Couleurbändern, rheinischen Narrenkappen und wieder eingeknickten Leutnantsmützen zeigt, ist so absurd wie widerlich. Manchmal möchte ich über die zarte Pflanze unserer Demokratie weinen; und in den stolzen An- und Abflügen, den hehren Begrüßungen und siegverkündenden Ansprachen von Wahn scheint mir doch Nomen Omen zu sein.

Ich bin Schriftsteller. Ein deutscher Schriftsteller. Ich möchte nichts anderes sein. Doch Hermann Kesten vergleicht unser bundesdeutsches schriftstellerisches Treiben mit einer Abendröte. Kündet sie die Nacht an? Bringt sie heitern Tag? Ich wage nicht, Kesten zu widersprechen; ich glaube nicht an den heiteren Tag.

KLARA-MARIA FASSBINDER
Weltfriedensbewegung

Unter besonders günstigen Umständen bin ich im Juni 1952 zur Weltfriedensbewegung gestoßen.

Ich hatt viel von ihr gehört. Eine meiner Bonner Mitarbeiterinnen im MMM, schon achtzigjährig, noch aus der früheren Generation der Frauenbewegung stammend, hatte mir den Stockholmer Appell gebracht. Gewöhnt an Entscheidungen, bei denen man mit Ja oder Nein antworten konnte, stieß ich mich an der Form, daß man nur eine Frage stellte und daß man die Zustimmung durch Unterschrift erwartete. Er war also keine

Möglichkeit, die Zahl der Gegner oder der Unentschiedenen festzustellen.

So blieb ich skeptisch gegen diese Bewegung. Auf der anderen Seite wuchs in mir der Wunsch, sie aus der Nähe kennenzulernen und mir selbst ein Urteil zu bilden. Sie hatte leider die Eigenschaft, die sie auch heute nicht verloren hat, ihre Veranstaltungen in eine Zeit zu legen, in der normalerweise kein Schulmeister irgendwelcher Art abkömmlich ist. So war es auch mit einer Einladung zu einer außerordentlichen Tagung nach Berlin, Juni 1952. Schon hatte ich, diesmal aufrichtig bedauernd, abgeschrieben, als sich in meinem Kollegium durch die Einberufung eines Kollegen zu einer fachkundlichen Tagung die Möglichkeit ergab, durch Tausch mich für eine Woche freizumachen. Mein Direktor, Professor Heinrich Lentz, gab mir die Genehmigung, der Einladung des Präsidenten der Akademie der Wissenschaften in Berlin, Professor Friedrich, zu folgen. So fuhr ich los. Voller Neugierde auch auf zwei Sonderunterredungen, nicht ahnend, welche Wendung diese Tagung und die daraus erwachsenden weiteren Begegnungen mit der sowjetischen Welt für mich bringen sollten!

Man versetze sich in die damalige Lage: Die Regierung der DDR hatte an die Bundesregierung im November 1950 den Vorschlag allgemeiner, direkter, gleicher und geheimer Wahlen gerichtet. Er war mit Hohn und Spott aufgenommen worden, obgleich wir uns als Nachfolgerin der Weimarer Republik betrachteten und uns deren Wahlgesetz doch etwas hätte sein sollen. Aber nein: Die Marionetten! Lohnte sich doch gar nicht, mit denen zu reden, die tanzten ja nur nach Moskaus Pfeife. Wenn so ein Vorschlag noch von Moskau gekommen wäre! – Wir Frauen aus dem MMM dachten anders. Ich erinnere mich sehr deutlich, wie wir im Haus eines angesehenen Arztes uns trafen und mit Hilfe der Schreibmaschine seiner Frau, unseres Mitgliedes, einen Brief aufsetzten, der noch vor 18 Uhr im Bundeshaus sein sollte. Am folgenden Tag würde im Bundeshaus darüber gesprochen, wie unsere erste Vorsitzende, die CDU-Abgeordnete Maria Dietz aus Mainz, gesagt hatte! Darin beschworen wir den Bundestag, den Vorschlag anzunehmen, eine kleine Kommission zu ernennen, die mit Vertretern der DDR darüber beraten und natürlich unseren westdeutschen Standpunkt ausgiebig vertreten sollte. Man würde dann ja sehen, ob die andere Version der ablehnenden Stimmen, das Ganze sei ja nur Bluff, nicht ernst gemeint, recht hätte. Aufrufe, Resolutionen und ähnliche Dinge könne man unaufrichtig verfassen, aber ein Wahlgesetz mit allem Drum und Dran nicht als Bluff aufziehen. Soviel Grütze trauten wir unseren Abgeordneten zu, daß sie das bald merken würden und dann eben allem Volk kundtun könnten. Und was die Sowjets anginge, so würde sich doch auch feststellen lassen, ob das Angebot ernst gemeint sei oder nicht!

Unser Brief nützte nichts. Man fand es nicht einmal für notwendig, der Regierung der DDR eine offizielle Antwort zu geben. Ablehnung durch den Rundfunk, beleidigende Presseartikel genügten vollständig!

Ein persönlicher Brief von Wilhelm Pieck an Heuss, den Bundespräsidenten, wurde ebenfalls nicht beantwortet.

MAX REIMANN

Friedliche Koexistenz der beiden deutschen Staaten

In Deutschland ist nach 1945 eine solche Lage entstanden, daß sich zwei deutsche Staaten mit unterschiedlicher Gesellschaftsordnung entwickelt haben. Die aggressiven deutschen Imperialisten und Militaristen sowie ihre Adenauer-Regierung wollen die Deutsche Demokratische Republik erobern, um so die NATO bis an die Oder vorzutreiben. Der 13. August hat durch die Maßnahmen der Regierung der Deutschen Demokratischen Republik offenkundig gemacht, daß diese Politik zum Scheitern verurteilt ist. Es gibt heute nur einen Weg zur Sicherung des Friedens für das deutsche Volk, zur Verhinderung eines Bruderkrieges. Das ist der Weg der Anerkennung bestehender Realitäten, der Weg der Anerkennung der Existenz zweier deutscher Staaten und der daraus unabänderlich erwachsenden

Notwendigkeit, die Beziehungen zwischen ihnen auf normalen, friedlichen Grundlagen zu gestalten, sie auf den Prinzipien der friedlichen Koexistenz aufzubauen, damit der Konfliktstoff zwischen ihnen beseitigt und ihre Annäherung ermöglicht wird. Viele realistische Politiker und Publizisten in westlichen Ländern haben erkannt, daß es an der Zeit ist, die Realität der DDR anzuerkennen. Es ist höchste Zeit, daß die friedliebenden Kräfte der Bundesrepublik mit der gefährlichen These von der sogenannten Nichtexistenz der Deutschen Demokratischen Republik, wie sie die Bonner Regierung und die sozialdemokratischen Führer vertreten, Schluß machen. Es ist lebensnotwendig für alle anständigen Deutschen, diesem aggressiven Grundsatz ein Ende zu setzen und zu verstehen, daß die Herstellung normaler friedlicher Beziehungen zwischen beiden deutschen Staaten eine Frage unserer Existenz ist, eine der ernstesten Fragen zur Rettung des Friedens für das ganze deutsche Volk. (...)

Um ihre kriegerischen Absichten zu tarnen, behaupten die Feinde der friedlichen Koexistenz, die Sowjetunion wolle den Kommunismus mit Gewalt auf andere Staaten erweitern. Der Sozialismus ist keine Exportware. Die Arbeiterklasse, die Werktätigen eines jeden Landes – die einen früher, die anderen später – werden das Joch des Kapitalismus, die Ausbeutung des Menschen durch den Menschen abschütteln und unter ihren Bedingungen den Sozialismus errichten. Ebenso wie der Sozialismus keine Exportware ist, kann der Export der Konterrevolution in die sozialistischen Länder wie auch in die Nationalstaaten nicht geduldet werden. Die friedliche Koexistenz ist keine Heirat zwischen Sozialismus und Kapitalismus. Die Auseinandersetzung zwischen dem Marxismus-Leninismus und dem Kapitalismus ist eine ständige nationale wie internationale Aufgabe aller Kräfte des Sozialismus. Sie ist ein eherner Bestandteil der Arbeiterklasse und der Werktätigen im Kampf um Frieden, um friedliche Koexistenz. Der Sozialismus ist im Frieden stark und wird im friedlichen Wettbewerb der Sieger sein.

CARL FRIEDRICH VON WEIZSÄCKER

Ethik der technischen Welt

(...)

3. DER Weltfriede fordert von uns eine außerordentliche moralische Anstrengung, denn wir müssen überhaupt eine Ethik des Lebens in der technischen Welt entwickeln.

Was bedeutet Ethik der technischen Welt?

Ihre Grundlage ist nicht neu. Die alte Ethik der Nächstenliebe reicht aus, wenn wir sie auf die Realitäten der neuen technischen Welt anwenden; und wenn wir sie hier nicht anwenden, so ist es uns mit ihr nicht ernst. Das revolutionärste Buch, das wir besitzen, das Neue Testament, ist nicht erschöpft. Viele Strukturen der modernen Welt stammen aus ihm, nur sind sie hier einseitig aufs Konkrete, Diesseitige angewandt; sie sind, wie man sagt, säkularisiert. Ich nenne diesen Hintergrund hier, aber ich analysiere ihn nicht. Ich will versuchen, das wenige, was ich noch zu sagen habe, aus der inneren Gesetzmäßigkeit der technischen Welt selbst zu entwickeln. Damit versuche ich, nicht von ethischen Postulaten auszugehen, sondern von der Vernunft. Der Zusammenhang zwischen beiden ist eng. Wahre Vernunft, auf die Praxis angewandt, setzt sich notwendigerweise auch in ethische Postulate um. Was aber unserer Vernunft die Augen geöffnet hat und, wo wir sie nicht zu gebrauchen wissen, immer wieder öffnet, ist die Stimme der Nächstenliebe, die wir einmal gehört haben.

Es gibt eine eigentümliche Faszination der Technik, eine Verzauberung der Gemüter, die uns dazu bringt, zu meinen, es sei ein fortschrittliches und ein technisches Verhalten, daß man alles, was technisch möglich ist, auch ausführt. Mir scheint das nicht fortschrittlich, sondern kindisch. Es ist das typische Verhalten einer ersten Generation, die alle Möglichkeiten ausprobiert, nur weil sie neu sind, wie ein spielendes Kind oder ein junger Affe. Wahrscheinlich ist diese Haltung vorübergehend notwendig, damit Technik überhaupt entsteht. Reifes technisches Handeln aber ist anders. Es benutzt technische Geräte als

Mittel zu einem Zweck. Den Raum der Freiheit planen kann nur der Mensch, der Herr der Technik bleibt.

Mir liegt daran, klarzumachen, daß diese reife Haltung nicht der Technik fremd, sondern erst die eigentlich technische Haltung ist. Jedes einzelne technische Gerät ist von einem Zweck bestimmt; es ist so konstruiert, daß das Zusammenwirken aller seiner Teile eben diesem Zweck dient. Kein Gerät ist Selbstzweck. Eine technische Zivilisation, deren Glieder sich gegenseitig hindern, gefährden und zerstören, ist technisch unreif. Eine Technik, die sich als Selbstzweck gebärdet, ist als ganze auf einer niedrigeren Entwicklungsstufe als ihre einzelnen Apparate; sie ist als ganze noch untechnisch.

Wir müssen also ein Bewußtsein für den richtigen, den technischen Gebrauch der Technik gewinnen, wenn wir in der technischen Welt menschenwürdig überleben wollen. Das verlangt eine moralische Anstrengung, die sich in einer positiven Moral, einer gefestigten Sitte niederschlagen muß. Wir sollen, nach Kant, so handeln, daß wir die Menschheit – wir würden heute sagen das Menschsein – in jedem Menschen nicht nur als Mittel, sondern als Zweck verstehen. Als leitende Regel muß gelten: Kein Mensch ist ein Gerät, und Geräte dürfen nur zum Nutzen, nicht zum Schaden der Menschen gebraucht werden. Das wachsende Bewußtsein von dieser Regel wird sich manifestieren in der Herausbildung fester verbindlicher Formen des Umgangs mit der Technik. Die Medizin, die seit Jahrtausenden eine auf Wissen beruhende Technik und die aus ihr fließende Macht kennt, kennt auch diese bindende Regel seit Jahrtausenden. In der Technik des Alltags, wie etwa im Straßenverkehr, lernen wir alle sie heute nach und nach respektieren. Im großen wirtschaftlichen Zusammenhang ist sie gegen das scheinbare Einzelinteresse durchgesetzt worden oder muß noch durchgesetzt werden, wie in Fragen der Slums und der Abholzung oder heute der Abgase und Abwässer. Die technischen Waffen schließlich haben eine Perfektion erreicht, die die Ausschaltung des Krieges zu einer vordringlichen Forderung der technischen Ethik macht.

Diese Forderung ist dem heutigen Menschen bewußt; er verzagt nur oft gegenüber ihrer Realisierbarkeit. Wir befinden uns in einer Übergangszeit, in der der große Krieg schon schlechthin verwerflich, aber doch noch möglich ist. So ist auch unser ethisches Verhalten zur Möglichkeit des Krieges ein unsicheres Verhalten des Übergangs. Einige versuchen heute schon streng nach derjenigen Ethik zu leben, die eines Tages wird die herrschende sein müssen, und verweigern jede Beteiligung an der Vorbereitung auf den möglichen Krieg. Andere, die die Forderung nicht minder deutlich verstehen, versuchen inmitten der heute noch geltenden Normen für die Festigung einer rechtlichen und freiheitlichen Friedensordnung zu wirken. Beide tun etwas Notwendiges; etwas, das zu tun sich jemand bereitfinden muß.

Am klarsten sollte das Bewußtsein von der Notwendigkeit, den Frieden zu sichern, bei den Menschen entwickelt sein, die den technischen Waffen am nächsten stehen: den Wissenschaftlern, deren Forschung sie ermöglicht; den Soldaten, die sie anwenden müßten; und den Politikern, die noch am ehesten Mittel haben, ihre Anwendung zu vermeiden. Aber jede dieser Stände bleibt noch hinter seiner Aufgabe zurück. Der Wissenschaftler zieht sich oft in den elfenbeinernen Turm der reinen Forschung zurück; und wo er sich den politischen Folgen seiner eigenen Forschung stellt, muß er erst lernen, die verwickelte politische Realität gedanklich zu durchdringen. Dem Soldaten fällt es heute noch schwer, an eine so tiefgreifende Verwandlung der Welt zu glauben. Der Politiker schließlich ist gezwungen, mehrere Eisen im Feuer zu haben; er vertritt, so ernst es ihm mit dem Frieden sein mag, stets zugleich das Interesse seiner Partei, seiner Nation. Alle brauchen den Antrieb und den Rückhalt oder Widerstand eines Bewußtseins aller Menschen, auch derer, die unter ihrem Kommando stehen oder ihnen ihre politische Stimme geben; des klar herausgearbeiteten und zu Opfern bereiten Bewußtseins, daß Krieg nicht mehr sein darf.

CHRISTIAN GEISSLER
Generale

Die Generale Keitel und Jodl sind tot.

Man hat sie bei Mord und Totschlag, bei Befehl und Gehorsam in Sachen Mord und Totschlag ertappt und gehenkt.

Inzwischen sind zwanzig Jahre vergangen. Die Berufskollegen von Keitel und Jodl, ihre Befehls- und Gehorsamskollegen erhalten heute in unserem Land, von unserem Geld, entweder hohe Pension, oder, was schlimmer ist, sie erhalten, von der Dummheit unserer Wahlentscheidung jedesmal wieder gestützt, militärische und das ist politische Macht. Wie kommt das?

Es taucht aber noch eine zweite Frage auf. Einer der vier Haupt-Anklagevertreter damals vor dem Internationalen Gerichtshof führte seine Klagen im Namen der Vereinigten Staaten von Amerika. Und das hieß für uns naive Leute in jener Zeit, er führte seine Klagen im Namen von Gerechtigkeit, Freiheit und Humanität.

Gewiß, heute klingt das wie pure Ironie. Aber zumindest wir jungen Leute damals haben diesen sehr hohen Maßstäben des Gerichtes geglaubt. Die Unmoral der Nazis hatten wir durchschaut, wollten wir abschaffen. Am exakten moralischen Ernst der amerikanischen Anklagen wollten wir vernünftig politisch denken lernen.

Und wir haben gelernt.

Und wir erlauben uns, dieses Denken auch heute noch anzuwenden. Beispielsweise auch, um mit Hilfe dieses Denkens die Moral der damaligen Ankläger *heute* beim Wort zu nehmen.

Oradour und Lidice – das sind heute Städte in Süd-Vietnam …

Ich möchte in dieser wichtigen Sache nicht falsch verstanden werden. Ich betone ausdrücklich, daß es kein Vergnügen ist, diejenigen, die uns damals von den Nazis befreit haben, heute anzuklagen. Aber eben gerade *weil* das damals *Befreiung* war und auch *Befreiung* bleiben soll, protestiere ich dagegen, daß das Urteil von Nürnberg von denen, die es gesprochen haben, zur Farce gemacht wird. Das heißt, ich protestiere im Namen der Befreiung von 1945 und also auch im Namen der vielen Toten, die diese Befreiung damals gekostet hat, dagegen, daß wir 1965 schon wieder gemeinsame Sache machen sollen mit Kriegsverbrechern ...

Der verdorbene, wahnsinnige Heinrich Himmler hatte vollkommen recht, als er 1945 in Flensburg zum damaligen deutschen Außenminister Krosigk sagte: »Die Zuspitzung der Gegensätze Ost-West wird rasch erfolgen. Die SS wird unentbehrlich werden. Ich fühle mich absolut sicher. Ich werde die Entwicklung im Verborgenen abwarten. Die Entwicklung wird schnell für mich arbeiten.«

Wer will leugnen, daß es sehr schnell gegangen ist? Und Amerika - das muß, so schauerlich es auch klingen mag, deutlich gesagt werden -, Amerika wird auf seinem jetzigen Weg, auf seinem fanatisch antikommunistischen Kreuzzug gar keinen besseren Verbündeten finden können als die alte deutsche SS, sofern man nämlich den Begriff SS endlich entmagisiert und ihn sachlich richtig versteht als die Bezeichnung für die erste fanatisch antikommunistische europäische Truppe. Gehe ich zu weit?

Ich gehe vorläufig nur bis Süd-Vietnam. Demnächst allerdings, falls die Amerikaner ihren Leuten im Pentagon nicht doch noch das Heft aus der Hand schlagen, demnächst wird man bei der Abschilderung der kriegspolitischen Situation noch in viele andere Länder gehen müssen.

HEINRICH BÖLL

You enter Germany

ZWANZIG Luftkilometer bis Nörvenich, ebenso viele bis Jülich. Jülich arbeitet lautlos, die Nörvenicher Starfighter zerhacken und zersägen den unschuldigen Himmel über dem Hürtgenwald; diese Lufthaie erfüllen nicht nur ihre »Mission« (welche wohl?), auch eine Funktion: Sie sorgen dafür, daß einer nicht anfängt, dem Frieden zu trauen, sorgen dafür, daß er nicht vergißt, zwischen friedlicher und unheimlicher Stille zu unterscheiden. Es ist die unheimliche Stille eines riesigen Friedhofes. Im Umkreis von zwanzig Kilometern um das Dorf Vossenack herum sind viel mehr Menschen getötet worden, als die Stadt Aachen heute Einwohner hat; der riesige Friedhof links und rechts der Linie Gey–Großhau–Kleinhau–Hürtgen–Vossenack–Kommerscheidt–Schmidt ist mit jungem Wald bepflanzt: jeder Nachkriegsjahrgang, das ganze »junge Deutschland« ist hier vertreten, bis zu den Säuglingen des Jahres 1967. Schöne Wege um jedes der Dörfer herum, Stille, immer noch wirkt die Landschaft des Kahlschlags eingeschüchtert, rötliche Äcker südlich der großen Straße, dunkle nördlich, wo die rote und die weiße Wehe den Namen schon bereit hatten für das, was kommen sollte. Der dichte junge Wald besorgt das Geschäft der Tarnung besser, als alter Wald es könnte. Es muß einer schon vom Weg abgehen, weit in den dichten jungen Wald hineinkriechen, um die alten, verbrannten, nun verfaulten Baumstümpfe des Winters 1944/1945 zu entdecken, die Schützenlöcher, die Grabensysteme, Stellungen, die gekippten, überwucherten Bunker der »Siegfried-Linie«. Nicht selten, eher schon häufig tritt auf diesen ordentlichen Wegen ein Fuß gegen etwas Rötlich-Bräunliches, das als Baumrinde durchgegangen wäre, wäre es nicht vom Fuß getroffen worden und gäbe beim Zusammenstoß seinen metallischen Charakter preis, nach zweiundzwanzig Jahren immer noch nicht bröckelig gewordener Granatsplitter. Eine Patrone, ein Stahlhelm, ein Kanister mit amerikanischer Aufschrift: »Careful«. Stunden-, stundenlang um jedes der Dörfer herum der friedliche aufgeforstete Kahlschlag, still – mit dem zersägten, zerhackten Himmel darüber, dem lautlos arbeitenden Jülich im Hintergrund. Gut, zu wissen, daß nur wenige Kilometer westlich vor zweiundzwanzig Jahren die Vorläufer der Sektorengrenzschilder standen mit der denkwürdigen Aufschrift: YOU ENTER GERMANY! BE ON YOUR GUARD.

Oh, ihr toten und lebenden Freunde, vergeßt nicht: Be on your guard, you are in Germany! Der junge Wald gedeiht gut, und er hat so viele Vorzüge: Er gewährt weiten Blick, Wildreichtum, im Frühjahr und im Sommer eine Blumenfülle, wie ihn der klassische dunkle Hänsel-und-Gretel-Wald nicht gewährte; im Sommer ganze Hänge, die noch immer kahlgeschlagenen, voller Fingerhut, ein feierliches Violett, von weitem wie ein ausgebreitetes Riesentrauertuch. Es ist doch schnöd, Soldat zu sein! Vergeßt es nicht, ihr jungen Helden da oben, die ihr über den Gräbern eurer Väter und Brüder so kühn hinwegfliegt, und so rasch, so rasch! Natürlich denkt einer (er kann's nicht lassen!), wenn er hier spazierengeht, wandert, unwillkürlich an Wehrdebatten, an peinliches Ministergeschwätz, und er meidet die überaus geschmackvollen offiziellen »Helden«friedhöfe. (Warum nur, so denkt er, tun die Deutschen so viel für ihre Toten und so wenig für ihre Lebenden.) Es wäre wohl richtig, wäre das einzig Wahre gewesen, hier nicht auf geschmackvollen Soldatenfriedhöfen individuelle Totenbehandlung zu betreiben wie auf einem braven bürgerlichen Friedhof und dazu noch Platz und Gelegenheit für bramarbasierende Überlebende irgendwelcher Divisionen zu geben. Wenn schon, dann ein riesiges dunkles Mahnmal mit einem zynischen, besser noch einem schmutzigen Soldatenwort drauf; warum sollten die Toten nicht einmal das letzte Wort haben, das nie, nie Vaterland oder Volk oder gar Führer hieß? Je ein deutsches und ein amerikanisches Soldatenwort, einen Mädchen- oder einen Hurennamen, umrahmt von so zutreffendem letzten Wort wie »focken war«, »verdammter Scheißkrieg«; wozu diese erikareiche Täuschung einer bürgerlichen »Ruhestätte«, wo doch wenige Kilometer westlich diese hübschen Schilder standen mit den zutreffenden Worten: BE ON YOUR GUARD! YOU ENTER GERMANY! Mehr als achtundzwanzigmal wechselten die Dörfer Vossenack, Schmidt, Simonskall und Kommerscheidt und Schmidt ihre militärischen Herren; in Vossenack verlief die »Front« quer durch die Pfarrkirche; die amerikanischen Soldaten schossen von der Orgelbühne herunter, die deutschen aus der Sakristei heraus. In Monschau schoß die *deutsche* Armee auf Frauen, die in ihren Gärten Gemüse holten; es durfte nicht wahr sein, was wahr war: der Krieg war endgültig verloren und ging zu Ende; und es durfte nicht wahr sein, daß eine Deutsche in einem von Amerikanern besetzten Städtchen tatsächlich entschlossen war, zu *leben.* (Und natürlich denkt einer unwillkürlich, durch friedliche Wälder unter unfriedlichem Himmel spazierend daran, daß dieses Denkmodell bis auf den heutigen Tag die deutsche Politik bestimmt: Es darf nicht wahr sein, was wahr ist: ein Krieg – und was für einer – ist verloren worden vor zweiundzwanzig Jahren.)

Hin und wieder im Wald ein Überständer: riesige Eiche, riesige Buche; irgendwo in einem der Dörfer zwischen Gey und Vossenack, an einer Wegkreuzung oder im Wald schrieb Hemingway ein Liebesgedicht für seine Frau, in dem die fast prophetischen Verse erscheinen:

Im nächsten Krieg werden wir die Toten in Cellophan verpackt begraben.
Die Hostie wird mit der eisernen Ration gleich mitgeliefert,
und jeder Soldat wird ausgestattet mit einem kleinen,
aber naturgetreuen Erzbischof Spellman, der sich von selbst aufbläst.

Es wäre gut, wenn die jungen Herren dort oben diesen kleinen Spruch überm Schaltbrett anheften würden; sie könnten statt Erzbischof Spellman ja – je nach Konfession – Bischof Hengsbach oder Bischof Kunst einsetzen. Es ist so schnöd, Soldat zu sein!

Merkwürdiger Gedanke beim Gang über diese schönen, friedlichen Höhen, durch diese stillen Täler: In dieser Landschaft hat es nachweislich die wenigsten Nazis in Deutschland gegeben, und sie wurde von den deutschen Divisionen am härtesten bestraft, bestraft bis ins »zweite Geschlecht«: Wie viele Kinder sind hier, noch lange nachdem der Krieg zu Ende war, auf Minen gelaufen, von Granaten verletzt und getötet worden; kaum ein Haus blieb stehen, kaum ein Baum erhalten, kein Akker, kein Weg ohne Minen, kein Bach harmlos. Diese eingeschüchterte Landschaft weiß, daß es wahr ist: Ein Krieg – und was für einer – wurde verloren, sie, immer noch eingeschüchtert, nach zweiundzwanzig Jahren noch, durch den sinnlosen martialischen Lärm des »es darf nicht wahr sein«-Heroismus, sie weiß, was die Politiker noch nicht wahrhaben wollen.

WOLFGANG ABENDROTH

Politische Funktion des KPD-Verbotes

Das KPD-Verbotsurteil des Bundesverfassungsgerichts entstand im Zeichen des kalten Krieges. Die Bundesregierung hatte das Verbotsverfahren eingeleitet, als es ihr für ihr damaliges Vorhaben, die Vorbereitung der deutschen Wiederbewaffnung im Rahmen des EVG-Projektes, darauf ankam, einerseits außenpolitisch den Gegensatz zur UdSSR durch einen weiteren Schritt gegen die Resultate der Potsdamer Konferenz und die dort erzielte Einigung der drei Großen zu verschärfen und andererseits innenpolitisch die zunächst relativ starke Volksstimmung zu brechen, die eindeutig gegen die Remilitarisierung gerichtet war. Da die KPD – damals (abgesehen von der nur kurzlebigen Gesamtdeutschen Volkspartei) die einzige politische Partei, die ohne jede politische Schwankung Konzessionen an die Wiederbewaffnung ablehnte – als verlängerter Arm des Verfassungssystems der DDR verketzert werden konnte, war deren Verbot und die Beschäftigung der Öffentlichkeit mit dem Verbotsverfahren unter beiden Gesichtspunkten für die Politik des Kabinetts Adenauer zweckmäßig. Hinzu kam, daß gleichzeitig das Verbot einer Partei mit radikaler sozialistischer Tendenz helfen konnte, sozialistische Zielsetzungen allgemein nicht nur zurückzudrängen, sondern in den Verdacht der Kriminalität zu bringen und auf diese Weise die beginnenden psychologischen Wirkungen des wirtschaftlichen Aufschwungs innerhalb einer spätkapitalistischen Wirtschaftsordnung zu dauerhafter Verdrängung von Sozialisierungsbestrebungen und marxistischen Denkformen aus der Gedankenwelt der gewerkschaftlichen Arbeiterbewegung und der SPD auszunützen und die kritische Auseinandersetzung mit der rasch voranschreitenden Konzentration und Zentralisierung des Kapitals zu behindern. Die Kriminalisierung einer Partei, die vom ersten bis zum letzten Tage des Dritten Reiches eine führende Rolle im Widerstandskampf gespielt hatte, war endlich geeignet, die faktische Liquidation der Entnazifizierung und die sich in der gleichen Zeit vollziehende Eingliederung von früheren Mitgliedern der NSDAP in den Staatsapparat und bald auch in Führungsstäbe der politischen Parteien der Beobachtung durch die Öffentlichkeit zu entziehen.

Die Urteilsgründe des KPD-Verbotsurteils des Bundesverfassungsgerichts sind leider – vor allem in ihren ideologiegeschichtlichen Darlegungen – so unscharf und teilweise widersprüchlich formuliert worden, daß das KPD-Verbotsurteil im Widerspruch zum ursprünglichen Sinn von Art. 21 Abs. 2 des Grundgesetzes diesen Intentionen der damaligen Politik der Bundesregierung dienen konnte. Erstens stellt die Fortführung einer verbotenen politischen Partei nach dem geltenden Recht der Bundesrepublik Deutschland eine strafbare Handlung dar. Zweitens haben die unklaren Formulierungen der Gründe für das Verbotsurteil die Möglichkeit eröffnet, andere bestehende oder neu entstehende Organisationen, sei es juristisch, sei es auch nur in der öffentlichen Meinung an diesen historisch wie theoretisch verfehlten ideologiegeschichtlichen Thesen des Verbotsurteils zu messen. Dadurch wurde der rechtliche Tatbestand der Fortführung der KPD so verschwommen, daß er (wenn auch nur häufig, aber nicht immer in den praktischen Maßnahmen der Strafverfolgungsbehörden, so doch stets im allgemeinen Bewußtsein) auf jede links von der jeweiligen Politik der SPD stehende Gruppierung ausgedehnt werden konnte. Die weitgehenden Urteile des politischen Strafsenats des Bundesgerichtshofs und vieler anderer Gerichte haben zu dieser Veränderung der Mentalität in der Bundesrepublik Deutschland erheblich beigetragen. Dadurch ist der politische Diskussionsspielraum hierzulande in einer Weise eingeschränkt worden, die für die anderen demokratisch organisierten europäischen Staaten kaum vorstellbar ist. Das Scheinargument, eine politische Meinung sei kommunistisch, wenn sie nur in irgendeiner konkreten Frage mit Auffassungen übereinstimmt, die auch von Kommunisten vertreten werden, hat im politischen Tageskampf, aber auch in der Debatte über sozialtheoretische, außenpolitische und programmatische Fragen seit 1956 die Möglichkeit zu freier Willensbildung in einem demokratisch-parlamentarischen System immer wieder in Frage gestellt. Früheren Mitgliedern der bis zum Tage des Verbots legalen KPD wurde und wird bei jedem Versuch, aktiv am politischen Leben teilzunehmen, immer wieder in eindeutiger Verletzung von Art. 18 des Grundgesetzes vorgehalten, ihre erneute politische Betätigung sei Fortsetzung ihrer inzwischen verbotenen früheren Partei.

RENATE RIEMECK

Rückwärtsgewandte Prophetie

Ebenso wie die gesamte Politik der USA nach 1945 darauf abzielte, bestimmte Ergebnisse des gemeinsamen Sieges mit der UdSSR im zweiten Weltkrieg – nämlich den Machtzuwachs und die unerwartet große Ausdehnung des sozialistischen Lagers – zu revidieren, ebenso möchte die Bonner »Ost«- und »Deutschland«-Politik die Folgen des zweiten Weltkrieges in Mitteleuropa rückgängig machen. Sie möchte es ungeschehen machen, daß das von Hitler geführte Deutsche Reich den Krieg vom Zaun gebrochen und verloren hat, daß dieses Deutsche Reich endgültig zusammengebrochen ist und der Vergangenheit angehört, daß an seine Stelle zwei Staaten grundverschiedener Strukturen getreten sind.

Die Nichtanerkennung der DDR liegt auf der gleichen Linie wie die Nichtanerkennung der polnischen Westgrenze von 1945 und die Weigerung, das Münchener Abkommen von 1938 als von Anfang an ungültig zu erklären. Es geht dabei immer um das »größere Deutschland«, das, unter Zugrundelegung des staatlichen Modells von Bonn, wiedererstehen soll. Deshalb hält die BRD an der juristischen Fiktion fest, die »Rechtsnachfolgerin des Deutschen Reiches« zu sein. In dieser Fiktion vom »Deutschen Reich« liegt die Kampfansage gegen das Prinzip der friedlichen Koexistenz mit dem Sozialismus in Deutschland und in der Welt.

Dabei muß man sich klarmachen, daß das Deutsche Reich, diese obrigkeitsstaatliche Schöpfung Bismarcks, historisch betrachtet eine sehr kurzfristige Angelegenheit war. Es bestand nicht länger als zwei Menschenalter und hat jeder der beiden Generationen einen entsetzlichen Krieg beschert, weil es sich im Zeitalter des Imperialismus als imperialistische Macht am Kampf um die Eroberung wirtschaftlicher und politischer Einflußsphären beteiligte und ausgesprochenermaßen eine Vorrangstellung anstrebte.

WILLY BRANDT

Fünf Thesen zur Friedenspolitik in unserer Zeit

I

KRIEG ist nicht mehr die ultima ratio, sondern die ultima irratio. Auch wenn das noch nicht allgemeine Einsicht ist: Ich begreife eine Politik für den Frieden als wahre Realpolitik dieser Epoche.

II

UNTER der Drohung einer Selbstvernichtung der Menschheit ist die Koexistenz zur Frage der Existenz überhaupt geworden. Koexistenz wurde nicht zu einer unter mehreren akzeptablen Möglichkeiten, sondern zur einzigen Chance zu überleben.

III

DER Einsicht in die Abgründe eines globalen Krieges folgte die Erkenntnis, daß Probleme globalen Ausmaßes uns bedrängen: Hunger, Bevölkerungsexplosion, Umweltgefahren, Abnahme der natürlichen Vorräte. Diese Dimensionen kann nur ignorieren, wer den Untergang dieser Welt akzeptiert oder gar mit Wollust erwartet.

IV

Wir bedürfen des Friedens nicht nur im Sinn eines gewaltlosen Zustandes. Wir bedürfen seiner als Voraussetzung für jene rettende Zusammenarbeit, die ich meine. So wie sie den Frieden voraussetzt, so kann sie auch Frieden schaffen helfen. Denn da, wo rettende Zusammenarbeit ist, da ist Friede, da stellt auch Vertrauen mit der Zeit sich ein.

V

Niemand sollte übersehen: Die westeuropäische Einigung, an der wir aktiven Anteil haben, behält für uns Priorität. Das Atlantische Bündnis ist für uns unverzichtbar. Aber nicht nur die allgemeine weltpolitische Entwicklung, sondern auch die besondere Realität der Westverträge erfordern deren Ergänzung durch gute, normale, nach Möglichkeit freundliche Beziehungen zur Sowjetunion und ihren Partnern im Warschauer Pakt.

NICOLAS BORN

Gedicht

Es ist doch viel los an einem Tag wie heute
wieder schwere Verluste auf beiden Seiten
mein Kopf der träumt wird nicht abgeschlagen
das ist der Vorteil dieser Gegend
  hier in diesem Zimmer nur Seitenstiche
und von draußen ungefährliche Geräusche
  (wenn ich aufspringe ist nichts gewesen)
für jeden Atemzug von Mr. Nixon muß einer dran glauben
für jeden Schritt von Mr. Nixon muß einer dran glauben
während ich mich rasiere beseitigt er schon
seine frischen Fingerabdrücke und liest
die Kriegslyrik vom Tage

Es ist eine Lust jeden Tag zu sterben
und am Morgen wieder an seinem Platz zu stehen
ich bin zugleich mit Strauß in New York gewesen
(das war keine Verabredung)
wie in Manhattan bringt er überall
die Wienerwald-Hennen zu Fall und macht sie fett
fix und fertig für den Verzehr
so vergeht ein großes Gefühl nach dem andern
und die Natur bleibt gleichgültig
Einige Leute verschwinden nicht einfach
andere machen sich auch noch stark
meine Freunde legen sich mit politischem Gesocks an
in kritischem Dialog womöglich
meine Tochter ist vier Monate alt und wichtig
für die weitere Entwicklung der Welt
sie hat erst wenig Haar und ich mag sie sehr
ich zeige ihr die Vögel am Himmel sie sieht sie nicht
es ist schön daß wir uns so ähnlich sind
die Taube auf dem Baum könnte ein Geier sein
du und ich ganz braun
tagsüber müßten wir uns verstecken
nachts käme Nachschub an Waffen und Verpflegung
Sie weiß nicht daß sie das Kind
eines deutschen Prospektors ist
ich hoffe sie ist einverstanden daß in diesem Gedicht
nicht geschossen wird

HELMUT GOLLWITZER

Wenn Sicherheitspolitik zum Sicherheitsrisiko wird

Ich werfe einen Blick auf die besondere Lage *Europas* und dann auf das *Ost-West-Verhältnis,* und ich spreche vor allem von der Situation der Bundesrepublik Deutschland aus; denn hier, bei der BRD, wird das militärpolitische Dilemma besonders eklatant, und aus Anlaß der *Neutronenbombe* und der *Vorne-Verteidigung* wird darüber zur Zeit viel Papier beschrieben. Unter Vorne-Verteidigung versteht man die offizielle Strategie der NATO, daß bei einem militärischen Konflikt die Truppen der NATO das Gebiet der Bundesrepublik an der Grenze zum Warschauer Pakt nach vorne verteidigen, wogegen im engsten Kreis um Carter jetzt die Neigung besteht, so zu planen, daß man etwa ein Drittel der Bundesrepublik preisgibt. Als dies in der Bundesrepublik bekannt wurde, erregte es große Bestürzung, und Carter mußte sich beeilen, dies zu dementieren, wer aber die Sache selbst sich überlegt, weiß, daß von diesem Dementi nichts zu halten ist. Denn an den beiden Stichworten Neutronenbombe und Vorne-Verteidigung zeigen sich die inneren Interessendifferenzen innerhalb der NATO; wahrscheinlich bestehen sie in den beiden großen Militärblöcken, die in Europa einander gegenüberliegen. Es ist die Interessendifferenz zwischen der jeweiligen Supermacht und den kleineren Partnern, vor allem denjenigen, die an der Frontlinie liegen. Die beiden, auch von der kirchlichen Kriegsethik legitimierten und von der offiziellen Propaganda immer angegebenen Zwecke der Rüstung, nämlich Verteidigung und Abschreckung, geraten in die Fragwürdigkeit. Das Interesse der Supermacht USA besteht darin, die Verteidigung im Kriegsfall wieder realisierbar zu machen, ohne damit sofort zum großen Atomschlag gezwungen zu sein und damit die eigene mindestens teilweise Vernichtung zu riskieren, sondern die Verteidigung im Vorfeld, also in Europa, also in der Bundesrepublik zu führen. Darum 1. flexible Verteidigung, nicht gebunden, wie bei der Vorne-Verteidigung, an die Grenzen der Bundesrepublik, sondern *in* der Bundesrepublik. 2. Mit Waffen unterhalb der großen Vernichtungswaffen, auch unterhalb der taktischen Atomwaffen von Hiroshima-Größe. Oppenheimer, der Konstrukteur der Hiroshima-Bombe, hat schon 1951 gesagt: »Nur wenn die Atombombe insofern brauchbar gemacht werden kann, daß sie ein normaler Bestandteil militärischer Operationen ist, wird sie wirklich von großer Hilfe im Auskämpfen von Kriegen sein und nicht nur eine Warnung an die Menschheit, sie zu vermeiden.« Das ist nun endlich erreicht durch die Neutronenbombe. Sie ist eine gefechtsfähige Waffe. Darum ist sie für die USA unverzichtbar. Zu ihrer Entschuldigung sagen die amerikanischen Militärpolitiker, die Sowjetunion würde bald die gleiche oder ähnliche Waffen haben. Damit wird der Krieg wieder führbar. Bis jetzt ist das Atompatt – das Gleichgewicht des Schreckens – nur dadurch gewahrt worden, daß keine Seite die garantierte Wahrscheinlichkeit zum second strike – zum zweiten Schlag im Schlagabtausch hat. Jetzt braucht bei der Führung von Kriegen auch in Europa darauf nicht mehr Rücksicht genommen zu werden. Das Gefechtsfeld für die Neutronenbombe ist aber die BRD. (Ich rede jetzt gar nicht von der Heuchelei unserer westdeutschen Wiedervereinigungsreden, nämlich davon, daß bei der Vorne-Verteidigung das Gefechtsfeld der Neutronenbombe die DDR, unsere Brüder und Schwestern da drüben sind! Ich rede nur ganz egoistisch von der BRD) – darum ist für die BRD die Neutronenbombe unerträglich, ganz abgesehen von den moralischen Bedenken gegen sie, und abgesehen von der Frage, ob damit der große Nuklearkrieg näher rückt oder verhindert wird. Denn für die BRD ist schon ein konventioneller Krieg mit oder ohne Neutronenbombe nicht mehr führbar. Die BRD ist, wie Helmut Schmidt, der Bundeskanzler, sagt, »nur um den Preis ihrer totalen Zerstörung zu verteidigen«. Deshalb fällt für uns der erste Rüstungszweck, die Verteidigung, weg. Es bleibt nur der zweite Rüstungszweck, die Abschreckung. Dies aber heute mit dem inneren Widerspruch: Abschreckung funktioniert nur, wenn sie die Drohung bedeutet, im Ernstfall zu kämpfen. Und eben dies kommt für die Bundesrepublik nicht in Frage. Im Ernstfall, wenn also die Abschreckung nicht funktioniert hat, wenn der Gegner sich nicht abschrecken ließ, sondern angreift, dann können wir nur kapitulieren und nur durch Kapitulation überleben, weil die Verteidigung alles zerstören würde, was sie verteidigen soll. Darum ist die Bundesregierung bemüht, die USA und die anderen westlichen Verbündeten so in die deutsche Verteidigungsstrategie hineinzubinden, daß mit der Existenz der Bundesrepublik auch die Existenz der Verbündeten auf dem Spiel steht. Die Gegenseite – also der Osten – soll abgeschreckt werden, indem er von Anfang an mit dem atomaren

Gegenschlag rechnen muß. Dagegen haben natürlich die USA und die anderen westlichen Verbündeten kein Interesse, ihre Existenz auf Gedeih und Verderb mit der Exisenz der Bundesrepublik zu verbinden. Darum das Interesse, den Einsatz von Atomwaffen so lange wie möglich hinauszuschieben, damit sie im Ernstfall auf dem Leichnam der Bundesrepublik noch zu einem Arrangement mit dem Gegner kommen, das den großen Atomkrieg verhindert. Es ist nicht bekannt, ob innerhalb des Warschauer Pakts ähnliche Interessendifferenzen zwischen der östlichen Supermacht und ihren europäischen Verbündeten, also besonders der DDR und der ČSSR, als Randstaaten zur NATO, diskutiert werden. Deshalb führe ich hier nur die westliche Diskussion vor, die in aller Öffentlichkeit geschieht.

Der nicht-militärische – der normale Mensch wird sich natürlich fragen, ob dieses Bemühen, den Krieg wieder führbar zu machen, nicht eine Illusion aus den Scheuklappen des militärischen Denkens ist. Denn realistisch ist nicht vorstellbar, daß ein militärischer Konflikt, wenn er aus Zusammenstößen am Rande, an der Grenze, zu veritablen konventionellen Kriegshandlungen gedeiht, in diesem für den ganzen Globus so wichtigen Gebiet Europa nicht in den Atomkrieg hineinrutscht und also nicht die gesamte weiße Zivilisation der Industriestaaten zerstört. Rational durchgedacht bleibt auch für die beiden Supermächte nur noch der Rüstungszweck der Abschreckung, nicht aber der Rüstungszweck der Verteidigung, übrig. Darum sagt Georg Leber, der Verteidigungsminister der Bundesrepublik, dem das bewußt ist und der sich darum nur noch an den Abschreckungszweck klammert: »Die Abschreckung muß lükkenlos sein«, um als Abschreckung zu funktionieren. Sie kann aber nicht mehr lückenlos sein, weil die BRD nicht mehr zu verteidigen ist im Ernstfall (und das ist sie jetzt natürlich auch deswegen nicht mehr, weil sie schon eine Menge von Atomkraftwerken besitzt, aber keinen wirklichen Zivilschutz). Und die Abschreckung ist nicht lückenlos, weil jene Differenzen zwischen den Bündnispartnern für den Ernstfall bestehen. So gilt für die Abschreckung: *Noch* funktioniert sie, weil die Rüstung für die Gegenseite immer noch ein unkalkulierbares Risiko bringt, und *schon* ist sie nicht mehr so lückenlos, daß sie garantiert funktionieren könnte. Sie ist keine Illusion und doch schon eine Illusion. Außerdem macht sie ein Wettrüsten nötig, dessen Lasten immer weniger tragbar sind. Um es mit den Worten eines deutschen Friedensforschers, Dieter Senghaas, zu sagen: »Die Sicherheitspolitik wird selbst zum Sicherheitsrisiko.«

Bei der Abschreckungspropaganda ist eine doppelte Heuchelei wirksam: 1. Die Angriffsabsicht wird immer nur der Gegenseite zugeschoben, die Gegenseite wird von vornherein als angriffslüstern hingestellt. Die Manöver der Bundeswehr gehen immer von der Annahme eines östlichen Angriffs aus, wogegen die Hitlerarmee einseitig auf Angriff gedrillt wurde. Der Faschismus war in dieser Hinsicht sehr viel ehrlicher als die heutige Militärpolitik. 2. Jeder Debatte um Erhöhungen des Rüstungshaushalts gehen Meldungen über schon bestehende oder bald drohende Überlegenheit der gegnerischen Rüstung voraus, um die Bevölkerung willig zu machen zur Zustimmung für die neuen Rüstungslasten. Das macht die Frage notwendig, ob sich das westliche und das östliche Lager in der gleichen Lage befinden. Ich versuche, das möglichst unparteiisch zu prüfen:

1. Die NATO plus USA sind dem Warschauer Pakt in der Gesamtrüstung weit überlegen, trotz einer gewissen Überlegenheit des Ostens in der konventionellen Rüstung innerhalb Europas. Die Gründe für diese Schwäche des Warschauer Pakts kann ich hier nicht erörtern, aber diese Schwäche macht ihn interessierter an der Abrüstung und das bedeutet für uns im Westen, daß es sinnvoll ist, Forderungen an den Westen zu einseitigen Vorleistungen in den Abrüstungsverhandlungen zu stellen, auch wenn vorerst keine Aussicht dafür besteht, gehört zu werden.

2. Umstellung von Rüstungsindustrie auf Friedensindustrie ist im östlichen Wirtschaftssystem leichter zu bewerkstelligen als im westlichen Privatkapitalismus. Es mag auch in den östlichen Staaten eine Lobby bestehen, die aus eigenem Interesse auf Hochrüstung drängt und gegen Abrüstung arbeitet, zum Beispiel vielleicht eine Generalslobby im Interesse des Sozialstatus von Tausenden von Offizieren. Chruschtschow hat man

es schon sehr übel genommen, daß er Tausende von Offizieren in die Kolchosen geschickt hat, was für diese nicht angenehm war. Aber die Oststaaten würden, von den ungeheuren Rüstungslasten befreit, den Lebensstandard der Bevölkerung heben und damit größere Chancen im friedlichen Wettstreit der Systeme gewinnen können. Deshalb sind die außermilitärischen Argumente für die Abrüstung und gegen das Wettrüsten im Osten ungleich stärker als im Westen. Die privatkapitalistische Industrie hat an den Staatsausgaben für die unproduktive und sich rasch verschleißende Rüstung ein ungleich größeres Interesse als an Staatsausgaben für die soziale Infrastruktur. Die Rüstungsausgaben sind in den westlichen Ländern, in denen die Gemeininteressen gleichgesetzt sind mit den Interessen der Wirtschaft, und das heißt, den Interessen der Privatbesitzer an den Produktionsmitteln, systemkonform; dagegen sind die Staatsausgaben für soziale Zwecke, wenn sie über den Zweck der sozialen Beruhigung der breiten Massen hinausgehen, in den westlichen Ländern systemverändernd. In den östlichen Staaten dagegen ist eine Entlastung der Wirtschaft von den Rüstungsausgaben systemkonform, weil der Zweck der Wirtschaft dort unmittelbar auf die Interessen der Gesamtbevölkerung gerichtet ist. Es mag also, wie ich erwähnt habe, auch im Bereich des Warschauer Paktes eine Rüstungslobby geben – ich füge an Rüstungsinteressen für die Sowjetunion das außenpolitische Interesse an Waffenhilfe für Staaten der Dritten Welt zur Vergrößerung ihres Einflusses hinzu, und ich lasse weg, daß der Sowjetunion von den Chinesen unterstellt wird, daß sie interessiert an der Ausdehnung ihres Machtbereichs mit dem Mittel eines militärischen Angriffs sei.

Diese möglichen Rüstungsinteressen auf der Sowjetseite können dort Konflikte in der Führung hervorrufen, die aber ungleich geringer sind als die Interessenkonflikte, die in den westlichen Staaten, besonders in den USA, bei einer realen Abrüstung durch die Einbuße von Profiten und durch die Arbeitslosigkeit entstehen.

GÜNTER GRASS

Das Treffen in Telgte

21

Nein! rief er mehrmals. Nein, bevor wir die Große Diele wieder bezogen hatten, nein, als alle um Dach und die Distel versammelt saßen. Und als Rist und Moscherosch mit der Verlesung der Manifestentwürfe fertig waren, rief Logau immer noch: Nein! Vorweg und hernach. Grundsätzlich: Nein!

Alles nannte er jämmerlich: Rists tönende Donnerworte, den bürgerlichen Kleinkram der Straßburger, die jeden Konflikt umschreibenden Floskeln aus Hoffmannswaldaus Feder, Harsdörffers reichsstädterisches Taktieren und den Gebrauch von »teutsch« und »Teutschland« als Flickwörter für jeden Halbsatz. Jämmerlich dumm verlogen! rief Logau, der sich nicht mehr kurzfassen wollte, sondern bar aller verknappenden Ironie für längere Rede zornig genug war, um Satz nach Satz die Manifeste von ihrem Wortplunder zu entkleiden.

Der eher schmächtige Mann stand im Hintergrund deutlich für sich und sprach schneidend über die Köpfe der sitzenden Versammlung hinweg: Man habe mit Kleinmut großgetan und dabei jeder Partei zum Maule geredet. Hier wünsche man den Schwed weit weg, dort bitte man ihn flehentlich, hilfreich zu bleiben. Im einen Satz solle die Pfalz wiederhergestellt, im nächsten Bayern, um es günstig zu stimmen, mit der Kurwürde bedacht werden. Mit rechter Hand beschwöre man die alte ständische Ordnung, mit linker Hand schwöre man dem überlieferten Unrecht ab. Nur eine gespaltene Zunge könne in einem Satz jeder Konfession Freiheit zusprechen und gleichwohl allen Sekten strenge Austreibung androhen. Zwar werde Deutschland so häufig wie von den Pfäffischen die Jungfrau Maria berufen, doch immer sei nur ein Stücklein des Ganzen gemeint. Als deutsche Tugenden nenne man Treue Fleiß Biedersinn, doch wer in Wahrheit deutsch, das heiße, viehisch gehalten werde, der Bauer landauf landab, komme nirgends zu

Wort. Zänkisch sei vom Frieden, unduldsam von der Toleranz, pfennigfuchsend von Gott die Rede. Und wo, nach sattsamer Deutschrederei, das Vaterland gelobpreist werde, schmecke übel mit kleinem Interesse der Eigennutz Nürnbergs, die Vorsicht Sachsens, die schlesische Angst, der Dünkel Straßburgs vor. Jämmerlich lese sich das und dumm, weil nicht gedacht.

Keinen Tumult, eher Beklemmung hatte Logaus Rede zur Folge. Die beiden stilistisch unterschiedlichen Manifestentwürfe gingen, kaum angelesen, von Hand zu Hand. Wieder einmal war den Poeten nichts gewisser als ihre Ohnmacht und ihre mangelnde Kenntnis der politischen Kräfte. Denn als nun (wider Erwarten) der alte Weckherlin zur Rede bereit stand, sprach jemand zu ihnen, der sich als einziger ihrer Versammlung politisch in Kenntnis gesetzt, am Kräftespiel beteiligt, Macht gekostet, die Gewichte ein wenig verschoben und sich dabei verbraucht hatte.

Nicht etwa belehrend, eher heiter und seiner dreißigjährigen Erfahrungen spottend, sprach der Alte vor sich hin. Dabei ging er, als wollte er sich von Jahrzehnt zu Jahrzehnt die Beine vertreten, auf und ab. Hier plauderte er Dach zugewendet, dort, als sei einzig die Distel sein Publikum. Er sprach zum Fenster hinaus, auf daß ihm die beiden angepflockten Maulesel zuhörten, und machte, mal abschweifend, mal bündig werdend, den großen Sack auf. Der war eigentlich leer. Oder er war voller Müll. Sein fleißiges Umsonst. Seine gesammelten Niederlagen. Wie er, ähnlich dem seligen Opitz, zum Diplomaten allmöglicher Parteien geworden. Wie er als Schwabe zum englischen, im englischen Dienst zum pfälzischen Agenten und, weil ohne den Schwed nichts laufe, zum Doppelagenten aufgestiegen. Und wie er mit seiner Zwischenträgerei doch nicht habe erreichen können, was allzeit Ziel seiner wendigen Kunst gewesen: die militärische Parteinahme Englands für die protestantische Sache. Mit annähernd zahnlosem Lachen verfluchte Weckherlin den englischen Bürgerkrieg und den immer lustigen pfälzischen Hofstaat, die kalte Härte Oxenstiernas und den sächsischen Verrat, die Deutschen allesamt, doch immer wieder besonders die Schwaben: ihren Geiz, ihre Enge, ihre Saubersucht, ihr gottvernutzendes Falschreden. Erschreckend, wie dem Alten der Haß auf alles Schwäbische jung geblieben war, wie bitter ihm im Schwabentum das Deutsche und in der zunehmenden Deutschtümelei der schwäbische Eifer aufstieß.

Sich selbst sprach er in seiner Anklage nicht frei, sondern nannte alle Ireniker vernünftelnde Narren, die immer, um das Schlimmste zu verhüten, dem landläufigen Unheil Dauer gesichert hätten. Wie er, wenn auch vergeblich, bemüht geblieben sei, englische Regimenter dem deutschen Glaubenskrieg zuzuführen, habe der allseits verehrte Opitz bis an den Rand seines Pestlagers versucht, das katholische Polen in das deutsche Gemetzel zu verstricken. Als seien, rief Weckherlin, mit Schwed und Franzos, Hispaniern und Wallonen nicht schon genug fremde Metzger an der deutschen Schlachtbank fleißig geworden. Nur verschlimmbessert habe man alles!

Am Ende mußte der Alte sich setzen. Das Lachen war ihm ausgegangen. Entleert konnte er nicht mehr teilnehmen, als nun die anderen, Rist und Moscherosch voran, ihren Haß auf alles Fremde und Welsche in deutschen Selbsthaß verkehrten. Jeder goß seinen Kübel aus. Naturgewaltig erbrachen sie ihren Zorn. Sich selbst nährende Erregung riß die Versammlung von den Stühlen, Schemeln und Fässern. Sie schlugen sich die Brust. Sie verwarfen die Hände. Sie riefen einander die Frage zu, wo das so oft berufene Vaterland denn sei? Wohin es sich verkrochen habe? Ob es ein solches und in welcher Gestalt überhaupt gebe?

Als Gerhardt, wie um den Fragenden Trost zu sprechen, sicher war: Ihnen allen sei kein irdisches, einzig das himmlische Vaterland gewiß! – hatte sich Andreas Gryphius schon aus dem Knäuel gelöst und andernorts auf Suche gemacht. Vorne, neben dem leeren Schemel, im aufgelösten Halbrund stand er, hatte den Topf mit der verpflanzten Distel gefaßt und das Emblem und »Sinnebild« ihrer Zeitweil gegen die Balkendecke gestemmt. So, von bedrohlicher Gestalt, wuchs er sich gewalttätig aus. Ein Gigant, der Wilde Mann, ein vorerst stöhnender Moses, dem die Zunge noch querlag, bis sich der Wortschub löste: Taub, stechend, vom Wind versät, des Esels Fraß, des Bauern Fluch, des strafenden Gottes Zorngewächs und Wucherplage, das hier, die Distel, sei ihrer Blum und Vaterland! – Worauf

Gryphius das distelwüchsige Deutschland fallen und zwischen uns zerscherben ließ.

Schöner hätte das keiner gekonnt. Das war unserer Stimmung gefällig. Sinnfälliger war uns das Vaterland nie bewiesen worden. Fast sah es aus, als seien wir nun zufrieden und auf deutsche Art froh über die Bildkräftigkeit unseres Jammers. Zudem war die Distel inmitten Scherben und verstreutem Erdreich heil geblieben. Man sehe, rief Zesen, wie unbeschadet das Vaterland den tiefsten Sturz überstehe!

Alle sahen das Wunder. Und jetzt erst, nachdem sich kindliche Freude über die heilgebliebene Distel verbreitete, der junge Birken Erde um die entblößte Wurzel häufte und Lauremberg lief, Wasser zu holen, erst jetzt, angesichts der wieder harmlosen Versammlung und bevor sie dem üblichen Geplauder verfallen konnte, sprach Simon Dach, neben den sich Daniel Czepko gestellt hatte. Schon während der umsichgreifenden, in heftige Bewegung mündenden Suche nach dem verlorenen oder nicht mehr kenntlichen oder ganz und gar zu Unkraut gewordenen Vaterland waren die beiden, hier streichend, dort ergänzend, mit einem Papier beschäftigt gewesen, das nun von Dach, während Czepko die Reinschrift niederschrieb, als letzte Fassung des Manifestes verlesen wurde.

Ganz ohne Rists Donnerworte kam der neue Text aus. Reine letzte Wahrheit wurde verkündet. Schlicht las sich die Bitte der versammelten Poeten, gerichtet an alle den Frieden suchenden Parteien, aber doch der Unsterblichkeit verdingten Poeten nicht geringzuachten. Ohne den Schwed, den Franzos als Landräuber haftbar zu machen, ohne den bayrischen Landschacher zu verklagen und ohne Nennung auch nur einer der zerstrittenen Konfessionen wurden mögliche Gefahren und Friedenslasten mit Blick in die Zukunft kundgegeben: Es könnten sich in das ersehnte Friedenspapier Anlässe für künftige Kriege schleichen; es werde, bei fehlender Toleranz, der so heiß ersehnte Religionsfrieden nur weiteren Glaubenszwist zur Folge haben; es solle doch, bitte, mit der Erneuerung der alten Ordnung, so sehr deren Segen erwünscht sei, das altgewohnte Unrecht nicht miterneuert werden; und schließlich die Sorge der versammelten Dichter als Patrioten: Es drohe dem Reich Zerstückelung dergestalt, daß niemand mehr in ihm sein Vaterland, das einstmals deutsch geheißen, erkennen werde.

Dieser Friedensaufruf von letzter Hand schloß mit der Bitte um Gottes Segen und wurde – kaum lag die Reinschrift vor – ohne weiteren Disput zuerst von Dach und Czepko, dann von den anderen, schließlich von Logau namentlich gezeichnet; worauf sich die Herren, als hätte ihr Bitten schon Gehör gefunden, hier freudig, dort ergriffen umarmten. Endlich waren wir sicher, etwas getan zu haben. Weil dem Aufruf die große Geste fehlte, sprach sich Rist ersatzweise aus: Er nannte Ort, Tag und Stunde der Handlung bedeutend.

Es war zum Glockenläuten. Doch jenes Handglöckchen, das in der Tür zur Großen Diele angeschlagen wurde, hatte minderen Anlaß. Diesmal rief nicht die Wirtin zum Mittagstisch. Unter Greflingers Aufsicht, der nun als letzter das Manifest unterschrieb, war die Beute des nächtlichen Fischfangs gebraten worden.

Als die versammelten Dichter aus der Großen Diele in die Kleine Wirtsstube drängten, achtete niemand mehr der zwischen Scherben heilgebliebenen Distel. Alle waren nur noch auf Fisch aus. Sein Geruch zog, und wir folgten.

Simon Dach, der das bedeutende Papier mit sich trug, mußte seine auf Abschied gestimmten Schlußworte dem Fischgericht nachordnen.

GERT BASTIAN

Warum ich die Nachrüstung ablehne

Die Modernisierung des sowjetischen nuklearen Mittelstreckenpotentials in der westlichen UdSSR beunruhigt die NATO. Doch reagieren die Mitgliedstaaten verschieden auf ein und denselben Sachverhalt.

Während die USA und Großbritannien, die Nuklearmächte der militärischen Allianz, verständlicherweise von Anfang an für eine Erweiterung der nuklearen Fähigkeiten des Bündnisses in Europa eintreten, plädiert die Mehrzahl der kontinentaleuropäischen Verbündeten zunächst für Zurückhaltung. Lediglich in der Bundesrepublik setzten sich die Befürworter einer »Nachrüstung« rasch durch. Ihre Haltung trägt entscheidend dazu bei, dem Vorhaben schließlich den Weg zu ebnen.

Trotzdem spiegelt der nach monatelangen Debatten am 12.12.1979 in Brüssel verabschiedete NATO-Beschluß zur Stationierung eines amerikanischen nuklearen Mittelstreckenpotentials in Europa im Zögern der Skandinavier und in den Vorbehalten der Belgier und Niederländer fortbestehende Unterschiede in den Bedrohungsanalysen wider.

Tatsächlich gibt es Gründe, das sowjetische Modernisierungsprogramm nicht als grundsätzlich neue Bedrohung mit einem daraus resultierenden Zwang zu eigenen Aktivitäten anzusehen. Um so mehr muß daher erstaunen, wie nahezu widerspruchslos die dem NATO-Beschluß vorausgegangene sicherheitspolitische Debatte in der Bundesrepublik Deutschland von den Wortführern auf die glatte, scheinbar einleuchtende Formel »Vorrüstung – Nachrüstung« hat verengt werden können und wie vordergründig sie – von besorgten Stimmen einzelner abgesehen – zumeist mit Argumenten geführt worden ist, die nicht mehr erkennen ließen, welch entscheidende Weichenstellung tatsächlich vollzogen werden soll. Eine Weichenstellung nämlich, die mit dem Schließen einer befürchteten Abschreckungslücke, über deren Vorhandensein selbst Experten unterschiedlicher Meinung sind, auch eine viel bedeutsamere Neuverteilung der Fähigkeiten und Risiken im nuklearen Spektrum sowohl innerhalb des Bündnisses als auch zwischen den Supermächten zur Folge haben würde. Da muß die Frage schon erlaubt sein, ob diese Entwicklung wirklich im Interesse der Europäer, vor allem aber im Interesse der Deutschen liegen kann.

Schließlich wird Europa ja nicht erst heute von den sowjetischen Mittelstreckenraketen mit nuklearen Gefechtsköpfen bedroht. Seit fast zwanzig Jahren schon liegt es bis zu den Pyrenäen im Wirkungsbereich sowjetischer SS 5-Raketen, die nach Anzahl und nuklearer Bestückung immer schon geeignet waren, Ziele im bestrichenen Raum vernichtend zu treffen. Trotzdem wurde die Stationierung eines gleichartigen amerikanischen Mittelstreckenpotentials in Europa nicht für erforderlich gehalten, weil niemand die Entschlossenheit der USA bezweifelte, auch der SS 5-Drohung ihr strategisches nukleares Potential entgegenzusetzen und jede Zerstörung in Europa mit einer gleichwertigen Schädigung der UdSSR zu vergelten.

Die Glaubwürdigkeit der Abschreckung setzt eben stets nur die Gleichwertigkeit der erzielbaren Wirkungen, nicht aber eine Gleichartigkeit der verfügbaren Kriegsmittel voraus.

Es ist deshalb nicht einzusehen, weshalb die Modernisierung des sowjetischen Mittelstreckenpotentials hinsichtlich Reichweite, Zielgenauigkeit, Mehrfachwirkung und Mobilität der Systeme hieran etwas ändern sollte. Weshalb die neu hinzugekommene Fähigkeit der UdSSR, nun auch noch Spanien und Portugal zu treffen und die Zielgebiete mit gesteigerter Präzision zu verwüsten, als eine Drohung empfunden werden müßte, die durch das technisch gleichfalls perfektionierte strategische Potential der USA nicht mehr wie bisher in Schach zu halten wäre.

Alle nuklearen Potentiale der Sowjetunion, ganz gleich wie beschaffen, wo stationiert und gegen wen gerichtet, können auch in Zukunft vom land-, luft- und seegestützten strategischen Nuklearpotential der USA neutralisiert werden, ohne daß damit eine gewiß nicht wünschenswerte Rückkehr zur Strategie der massiven Vergeltung verbunden wäre. Weder die Doktrin der NATO noch die technische Auslegung der Systeme dieses Potentials stehen ja einer flexiblen, in Zielauswahl und Wirkungsbegrenzung der jeweiligen Drohung angepaßten Verwendung entgegen.

Auch die für den Weltfrieden derzeit noch unerläßliche Gleichwertigkeit der beiderseitigen Zerstörungsgewalt ist nicht bezweifelbar, sofern man die Addition unterm Strich der gesamten Potentiale beider Seiten betrachtet und nicht lediglich Einzelposten gegeneinanderhält, was zwar alle gewünschten Schlußfolgerungen ermöglicht, aber kein zutreffendes Gesamtbild ergeben kann.

Zu solcher Gleichwertigkeit leisten die jeweiligen Verbündeten nur im Bereich der konventionellen Rüstung wichtige Beiträge. Auf nuklearem Feld hingegen spielen weder ihre auf Briten und Franzosen beschränkten Fähigkeiten noch die Risiken, denen sie sich ausgesetzt sehen, eine auch nur halbwegs entscheidende Rolle. Hier zählt einzig und allein die Chancengleichheit der Supermächte im Verhältnis zueinander und sonst nichts!

Mit dieser inzwischen durch SALT I und II zusätzlich befestigten Chancengleichheit sind die Supermächte deshalb stets vorsichtig umgegangen. Wie gut sie daran taten, bewies eindringlich die Entschlossenheit, mit der Präsident Kennedy 1962 auf die bisher einzige Ausnahme reagiert hat, nämlich auf die Absicht der Sowjets, auf Cuba die USA bedrohende Mittelstreckenraketen zu stationieren.

Durch das Aufgeben dieser Absicht, die von den USA verständlicherweise als nicht akzeptable Provokation empfunden worden war, hat die Sowjetunion der Welt damals vermutlich den Schritt vom kalten zum heißen Krieg erspart.

Heute nun soll dieselbe Sowjetunion die Stationierung nuklearer Mittelstreckenwaffen der USA gegenüber ihren lebenswichtigen Zentren nicht ebenfalls als Herausforderung empfinden? Soll vielmehr mit Gelassenheit auf eine sich abzeichnende Fähigkeit der USA reagieren, mit diesem nuklearen Potential – bei Reduzierung der Vorwarnzeit auf etwa ein Fünftel – in der westlichen UdSSR Zerstörungen von strategischer Bedeutung herbeizuführen? Soll den Stationierungsbeschluß der NATO gar als Ansporn zur Reduzierung der eigenen Rüstung verstehen?

Genau dieser Unlogik wird mit der unzutreffenden, weil Fähigkeiten und Drohungen unterschiedlicher Qualität gegeneinander aufrechnenden Formel »Vorrüstung – Nachrüstung« das Wort geredet. Wird auch mit der irreführenden Behauptung Vorschub geleistet, ein Verzicht auf amerikanische Raketen in Europa käme einem Schritt zur Kapitulation gleich, wie sie unlängst vom ehedem ranghöchsten Soldaten der Bundeswehr zu vernehmen war.

Schlimmer hätte die Wahrheit kaum verfälscht werden können. Denn es liegt doch im Gegenteil auf der Hand, daß ein so beachtliches Nuklearpotential auf niederländischem, belgischem oder gar deutschem Boden in der Sowjetunion ungleich nachdrücklicher als jede andere Bedrohung die Frage aufwerfen muß, ob man im Fall einer friedensgefährdenden Lageentwicklung nicht geradezu gezwungen ist, sich dieses neuen Risikos durch einen nuklearen Präventivschlag zu entledigen, was bei der Enge seines Stationierungsraumes kaum unmöglich sein dürfte. Eine Überlegung, die von einer Mutmaßung, das strategische Potential der USA würde nicht mehr mit der bisherigen Selbstverständlichkeit für den Schutz außeramerikanischer Interessen zur Verfügung stehen, noch gefördert werden müßte.

Die Wirksamkeit der Abschreckung darf sich daher auch in Zukunft nicht auf eine erweiterte nukleare Rolle der Europäer stützen. Sie muß vielmehr weiterhin durch die glaubwürdige Entschlossenheit der USA gewährleistet werden, ihr vorhandenes strategisches Arsenal wann und wie immer erforderlich auch zum Schutz der Verbündeten einzusetzen. Damit wird den Vereinigten Staaten keineswegs Unbilliges zugemutet. Ihre Entschlossenheit ist ja kein die Europäer beschämendes Geschenk! Sie ist die für den Zusammenhalt der Allianz unerläßliche Kompensation einer naturgemäß größeren Gefährdung jener Völker Europas, auf deren Boden sich seit Jahrzehnten die größten jemals im Frieden erlebten Truppenkonzentrationen gegenüberstehen.

Bei allem Respekt vor den gewaltigen Leistungen der USA für das Bündnis muß auch hierauf hingewiesen werden und von den Amerikanern Verständnis dafür erwartet werden, daß ihre mitteleuropäischen Freunde – weil bei jeder Art von großem Krieg in der mißlicheren Lage – auf eine für unnötig gehaltene Risikoerhöhung äußerst sensibel reagieren.

Solches Verständnis zu beweisen, würde dem amerikanischen Volk sicher leichter fallen, wenn es sich ansonsten wirkungsvoller von seinen Verbündeten unterstützt fühlen könnte, als es nach aller Regel der Fall zu sein pflegt. So hätte z. B. schon ein Bruchteil der mancherorts in der Nachrüstungsfrage gezeigten Risikofreude in der Teheran-Krise Besseres und Dauerhafteres für den Zusammenhalt des Bündnisses bewirken können. Amerikanischem Verständnis für die besondere Gefährdung der Europäer abträglich muß es hingegen sein, wenn ausgerechnet vom Außenminister der exponierten Bundesrepublik Deutschland mit der Feststellung »die USA sind keine Wach- und Schließgesellschaft, deren Leistungen die Europäer kaufen können«, die falsche Vorstellung genährt wird, es bestünde hierzulande eine Art Risiko-Defizit, dessen alsbaldiger Ausgleich durch Stationierung eines amerikanischen Mittelstreckenpotentials – vorwiegend auf deutschem Boden – nicht mehr als recht und billig wäre.

Dabei ist das Gegenteil richtig. Denn bei einem Versagen der Abschreckung würden zunächst einmal die Deutschen vom ersten Schuß an den Krieg im eigenen Land erleiden. Selbst ohne Einsatz von Nuklearwaffen müßten die Auswirkungen verheerend sein. Auch ein nicht auszuschließender Einsatz nuklearer Gefechtsfeldwaffen würde in erster Linie Mitteleuropa verwüsten. Und erst wenn dieser Krieg auf einer höheren Stufe der Eskalation auf das Territorium der Supermächte übergriffe, müßten dort vergleichbare Schäden befürchtet werden. Schon bei der gegenwärtigen Verteilung der Kriegsmittel würde Mitteleuropa deshalb freilich nicht von weiteren nuklearen Schlägen verschont bleiben.

Bei einer Neuverteilung der nuklearen Kapazitäten, wie sie am 12. 12. 1979 in Brüssel beschlossen worden ist, wären die Überlebenschancen der Mitteleuropäer bei einem Versagen der Abschreckung noch geringer, nämlich gleich Null! Es ist darum weder egoistisch noch kurzsichtig, wenn europäische Verbündete eine Änderung der Aufgabenverteilung innerhalb der NATO, die den USA von Anfang an die Rolle der westlichen Nuklearmacht zugewiesen hat, für unnötig, ja gefährlich halten und die nukleare Abschreckung weiterhin vor allem durch das strategische Potential der Vereinigten Staaten gewährleistet sehen wollen.

Die Einseitigkeit, mit der die Nachrüstung hierzulande propagiert und die NATO-Entschließung für sie als unerläßliche Voraussetzung für den Fortbestand des Kräftegleichgewichts begrüßt worden ist, erscheint daher schwer verständlich.

Es mag zwar sein, daß sich die Sowjets – entgegen ihrer Ankündigung – auch jetzt noch zu Abrüstungsverhandlungen im Mittelstreckenbereich bereitfinden und damit scheinbar diejenigen bestätigen, die für eine Demonstration westlicher Entschlossenheit eingetreten sind. Aber eben nur scheinbar, denn der Preis für solche Verhandlungen wird hoch sein. Vor allem für die Deutschen hüben und drüben, deren langfristigen Zielen die unvermeidbar höheren Barrieren aus Mißtrauen und Groll am meisten im Wege stehen werden.

Aber auch eine fortdauernde Verhärtung der Positionen, Provokationen einer für überwunden gehaltenen Art, und zusätzliche Anstrengungen im Rüstungswettlauf können Folgen des Nachrüstungsbeschlusses sein. Dann würde nicht der Friede sicherer werden, sondern die Kurzschlußgefahr steigen und die Verständigung zwischen West und Ost weiter erschweren.

Im einen wie – erst recht – im anderen Fall ist deshalb zu bedauern, daß die Bundesrepublik Deutschland sich nicht veranlaßt gesehen hat, in Übereinstimmung mit der Mehrzahl der europäischen Verbündeten, die zu solcher Gemeinsamkeit offensichtlich bereit gewesen sind, einer Stationierung amerikanischer Mittelstreckenwaffen in Europa zu widersprechen. Von keinem anderen Land hätte die Welt solchen Widerspruch mit mehr Berechtigung erwarten, ja verlangen können.

Die sowjetische Intervention in Afghanistan ändert daran nichts. Stößt sie doch in ein Land an der Grenze zur UdSSR, das schon ein Vierteljahrhundert lang sowjetisches Einflußgebiet gewesen und allgemein als solches respektiert worden ist. Auch von den USA, die der schrittweisen Umwandlung dieser Region vom Königreich zur kommunistischen Volksrepublik auch dann noch widerspruchslos zugesehen haben, als ihre Entschlossenheit nicht mehr durch die Verstrickung in den Vietnam-Krieg gelähmt war. Selbstverständlich darf den Sowjets ein Vorstoß über Afghanistan hinaus nicht erlaubt werden, sollte er jemals unternommen werden. Doch weder mit dieser Befürchtung noch mit sowjetischen Panzern in Afghanistan lassen sich die Brüsseler Beschlüsse nachträglich rechtfertigen. Eher noch wäre zu vermuten, daß die NATO am 12.12.1979 unnötig hoch gereizt und damit dem Kreml den letzten Entschluß erleichtert hat, angesichts einer als Herausforderung empfundenen Absichtserklärung des Westens die eigene

Macht hemmungsloser einzusetzen, als es sonst vielleicht für zweckmäßig gehalten worden wäre.

Der beinahe triumphierenden Feststellung des Bundesaußenministers, »wer bei der Nachrüstung zögert, muß seine Auffassung ändern«, fehlt deshalb die Berechtigung.

Nicht die Gegner der Nachrüstung müssen umdenken, sondern allein die Verfechter der realitätsfernen Vorstellung, Entspannung sei nur weltweit oder gar nicht möglich. Mit dem Viermächteabkommen über Berlin und dem Grundlagenvertrag zur Regelung der deutsch-deutschen Beziehungen haben die zähen Bemühungen, den Ost-West-Konflikt an seiner gefährlichsten Schnittstelle zu entschärfen, noch während des militärischen Engagements der USA in Vietnam unbestreitbar Früchte getragen. Allein das widerlegt die These vom »alles oder nichts« in der Friedenspolitik.

Auch heute gibt es keinen Grund, einen für Europa, vor allem für die Deutschen lebenserhaltenden Normalisierungsprozeß, der trotz Vietnam seinen Anfang nehmen konnte, wegen Afghanistan für tot zu erklären. Geradezu aberwitzig ist es jedoch, mit der Forderung, Auftrag und Zuständigkeit der NATO zu erweitern, neuen Zündstoff zu liefern und die Bundesrepublik Deutschland dem Verdacht auszusetzen, auf dem Weg über das Bündnis in eine Weltmachtrolle zurückkehren zu wollen, die der zweite Weltkrieg beendet hat.

Die Realisierung der Nachrüstung könnte solche Befürchtungen verstärken. Der Entschluß für sie sollte überdacht werden.

PETER HÄRTLING

Der Friedensbote

(Zwettl 1945)

Ich hab den Frieden gesehn.
Er kam, sich neigend,
auf einem Panjewagen,
jung,

den Leib voller Gelächter,
einen roten Stern
an der Mütze
und warf uns
einen Laib Brot
zu.
Der war warm
von ihm.
Kein Krieg mehr,
rief er,
Frieden,
rief er.
Die Pferdchen rieben sich
aneinander, als
er sie antrieb.

Schon war er wieder
fremd
und
unsere Furcht
hat er nicht
mitgenommen.

GÜNTER HERBURGER

»... wir bekamen den Frieden geschenkt«

Die Bundesrepublik Deutschland ist ein kleines, dicht besiedeltes und reiches Land. Auf seinen Straßen drängen sich die Autos, seine Fabriken produzieren unablässig Warengebirge, von seinen ertragreichen Feldern werden hohe Überschüsse erzielt. Insofern könnten wir bequem leben, was wir auch tun, aber ich kenne keinen westlichen Staat, in dem soviel Furcht und Anpassung herrschen, als stünde bereits die nächste Katastrophe vor der Tür.

In dieser Verzagtheit steckt Konsequenz, auch wenn wir sie nicht wahrhaben wollen. Nach dem zweiten Weltkrieg, der für immer der allerletzte bleiben muß, haben sich die meisten von uns geschworen, daß es nie mehr ein Heer geben soll, höchstens Polizeitruppen, daß auch Macht, Arbeit, Güter und Boden nie mehr einseitig verteilt werden dürften und daß das Wohl aller unveräußerlich sei im Gegensatz zum Anspruch einzelner. Ein schönes und selbstverständliches Programm im Anblick der Zerstörungen, als der Faschismus endlich besiegt worden war. Dazu hatten wir am wenigsten beigetragen, wir bekamen den Frieden geschenkt.

Doch wir wurden freiwillig zu einer amerikanischen Kolonie, die wir heute noch sind, und wandten den alten Kapitalismus an. Wir stiegen zu dessen Meisterschülern auf und gebärdeten uns geradezu geschichtslos, das heißt, wir simulierten, als kämen wir von nirgendwo und sahen nur die Gegenwart, in der wir uns einseitig im Recht glaubten. Blind und fleißig wurden wir zu den besten Materialisten, ohne die einst bei uns entdeckten Maße der Gegensätze zu beachten, die besagen, daß Handlungen widersprochen werden kann, damit daraus gültigere Formen entstehen. Diese Erkenntnis hätte, besonders in unserem Fall, einige Verzichte abverlangt.

Inzwischen sind wir zu Exporteuren mächtiger Ideologie und süchtiger Produktion geworden, ohne die wir nicht mehr zu überleben glauben. Und wir besitzen die größte und bestausgerüstete Armee Europas. In unserer Erde sind, wie sonst nirgends in einem Land mit so wenig Platz, die meisten Atomgranaten, Atombomben, Atomsprengköpfe, Raketen und Flugprojektile in Bunkern versenkt, drohend auf Anwendung wartend, als hänge davon unser Heil ab.

Überall waren wir einst einmarschiert, Teppiche von Leichen hinter uns lassend, doch dann zogen wir uns eine Decke aus Beton über die Ohren, genannt Wiederaufbau. Es ist, als fürchteten wir, die Toten würden wieder auferstehen, um uns zur Rechenschaft zu ziehen.

Es gibt bei uns Kriegerdenkmäler aus dem ersten Weltkrieg, es fehlen jedoch die vielen Gedenkstätten für die Millionen Toten des zweiten, besonders für die von anderswo. Wir haben es auch nicht zustandegebracht, wenigstens den einheimischen Konzentrationslagern dauernde Mahnung zu verleihen, als hätten wir unsere Sinne amputiert.

Aber das Vergessen als gräßliche Kraft holt uns wieder ein. Die Älteren verschanzen sich in Erlebnisberichten, ihre Söhne und Töchter beginnen, indem sie nachfragen, ihre Eltern zu verdammen. Die Kette der Versäumnisse wird nicht unterbrochen, wie es zum Beispiel, hierzulande nicht als wunderbare Tat geschildert, in Italien geschah, als selbst der Generalstab sich dort gegen die Vernichtung entschied, was sein gelerntes Handwerk war, und auf die alliierte Seite übertrat, um gegen den eigenen und den noch weit gräßlicheren germanischen Faschismus zu kämpfen.

Wo wäre hier kompanie-, gar divisionsweise dafür Bereitschaft gewesen? Unbeirrt eroberten deutsche Truppen ferne Länder, rotteten, zusammen mit der SS, wie inzwischen auch bei uns bekannt, ganze Bevölkerungsteile aus, und die heimgekehrten Krieger sind an Stammtischen stolz auf ihre Entbehrungen und Überlebensverstümmlungen, nachdem sie endlich zurückgeworfen worden waren, vor allem dank der sowjetischen Armee. Das nachträgliche Komplott, Erinnerungen als psychische Balance zu verklären, mutet tolldreist an.

Nicht so sehr, wenn man an die Verbündeten denkt, nämlich die eigenen. Die Justiz hatte im Dritten Reich ohne merklichen Widerstand verheerend tödlich Recht gesprochen, danach war sie plötzlich eine andere gewesen, doch mit fast denselben Amtspersonen, als gebe es weder Empörung noch Vernunft, nur das Raunen des Fortkommens.

Auf der Gegenseite schwenkte ähnlich behend der Gesundheitsdienst ein, die akademische Ärzteschaft, die vorher der erfundenen Rassentheorie zugejubelt und Todkranke wie Verrücktgewordene der Ausmerzungsindustrie überantwortet hatte. Nach dem Schlachten besann sie sich wieder auf die Ethik des Bewahrens und verschanzte sich in Geld und konservativem Gestrüpp. Sie wäre durchlässiger geworden, wenn in ihr Frauen den Tod bestimmten, was nicht der Fall ist.

Meine Generation, die der Vierzig- und Fünfzigjährigen, erlebte den Krieg mitunter als ein grausiges Indianerspiel. Erzogen wurden wir von alleingelassenen Müttern, die Trümmer beiseiteräumten und wie Arbeitsbienen uns manchmal nur noch mit ihrem Speichel fütterten. Ihre Männer, unsere Väter, kamen nicht wieder oder zu spät.

Und so ich Zeitungen lese oder im Fernsehen meine ungefähr Gleichaltrigen betrachte, die an die Macht geraten sind, ich habe nichts mit ihnen zu tun. Ich frage mich immer, weshalb sie den Traum, die Verwendbarkeit eines anderen Staats, nicht verwirklichen wollten? Der Dunst ihrer Sprache, die vielen Glieder ihrer Hauptwörter weist sie als vehemente Verdränger aus. Sie sind inzwischen dicker und grauhaariger, ein Zeichen äußerst angestrebten Stoffwechsels.

Die letzte Verödung geschah kulturell. Obgleich machtlos, trotzdem zählbar, wurde sie erst nach Jahrzehnten sichtlich, dringt durch alle Mauern, nistet sich überall gähnend ein. Es fehlen die Juden, die wir davongetrieben oder umgebracht haben. Ihre vereinzelten Kinder kehren nicht zurück.

Jüdischer Geist, sein trauernder Glaubensglanz und Zwiespalt, ein Ferment der Diaspora, nicht nur des Häuserbaus, der Mathematik und Chemie, auch der Malweisen, Eßsitten, Haartrachten und Verkündigungen, zum Beispiel jene der verwikkelten Rabulistik der Chassidium, nur noch ein paar alte Fabulierer erzählen davon.

Die Angst, viel vergessen zu haben, nimmt zu. Einst waren wir Einwanderungsgebiet für Arme aus dem Osten gewesen. Sie benutzten Deutschland als Drehscheibe inmitten Europas und wurden hinausgeschleudert. Ich glaube nicht, daß wir uns von diesem Verlust in diesem Jahrhundert noch erholen können, es sei denn, wir lernten von den neuen Einwanderern, den Türken, Griechen, Italienern, Jugoslawen und Tunesiern, die unseren Müll wegräumen, unsere Wege asphaltieren, Autokarosserien zusammennieten und den zerstörerischen Dampf unserer Schmerzmittel beim Verpacken einatmen. Ihre Kinder wachsen stotternd zweisprachig auf, wissen nicht, wohin sie gehören, eines Tages uns Mores lehrend, als verstünden sie ein anderes Gelehrtenlatein.

In der Kristallnacht, bald zwei Generationen her, während die Scheiben jüdischer Ladengeschäfte eingeschlagen wurden, waren viele unserer Mittelerdbewohner mit ihren verwachsenen Füßen und zu kurzen Hälsen bereit, nichts zu hören, nichts zu sehen, eher gutzuheißen. Später brannten sie mit ab.

Eine dieser Selbststrafen gebären wir fortwährend: Lieben wir unsere Kinder? Mitnichten!

Wir vertrauen nicht, weil wir es kaum gelernt haben. Anstrengungen sind wichtig. Disziplin, das Leisesein, Nachbarn könnten im Schlaf gestört werden. Hemmungslosigkeit küssender Eltern, die einseitig Partei nehmen, ist verpönt, ihr Schlekken und Ergreifen.

Als ich mit meiner noch begriffsstutzigen Tochter, einem neugierig hin- und herwankenden Wesen wie alle Kinder, über ein Trottoir ging, fuhr eine Limousine auf den Gehsteig, einen Parkplatz suchend, und stieß beinahe mein Kind um. Aus dem Auto sprang wütend eine Frau und schrie, ich vernachlässige meine Aufsichtspflicht!

In keinem anderen Land müßte ich so viel Kraft aufwenden, die eigene Brut zu bewahren. Und ich denke daran, wie todessüchtig wir uns darstellen.

Geschichte gibt mir Kraft, ihre Furten durch Bäche und Flüsse, ihre weichen Lehmränder. Schwalben nisten in ihnen, Bachstelzen und Eulen, deren Gefieder einzigartig für die Nacht ausgestattet ist, den geräuschlosen Flug gemäß einzeln hochgereckten Federn gleich einem stummen Kamm.

Im Sommer wird alles leichter, bei Frost rücken wir zusammen, aber die Schädelstätten, auf denen wir wohnen, bleiben vorhanden. Die Wachmannschaften der Lager und Todesfabriken hatten Blumenkästen vor den Fenstern, die Kommandanten liebten Hausmusik, die Orgie wurde zur Banalität. Heute heißt es: Ach, laßt uns endlich vergessen!

Klinisch ausgedrückt, verkehrt sich der infantile Narzismus zur Selbstverleugnung und endet in mörderischer Depression, die wieder nach Waffen schreit.

Russland

Ich war weder als Soldat dort, noch als Tourist. Trotzdem dieses riesige Reich, die Sowjetunion, sie ist stets gegenwärtig, in unseren Zeitungen als Bedrohung, in der offiziellen Politik als undurchschaubare Macht, kulturell als Panjeschlitten, treuherziger Bär, kulleräugige Puppe in der Puppe oder gewaltiges Chorsingen. Dazu kommen noch kyrillische Buchstaben, die Marmorpracht der Moskauer U-Bahn und »im Kreml geht das Licht nicht aus«.

Auch Fahrlässigkeiten bedeuten Urteile, mit denen operiert wird. Zum Beispiel höre ich in Frankreich oder Italien, deutsch klinge wie russisch, viele von uns sähen russisch aus, außerdem seien wir ähnlich leidensfähig und sehnsuchtstoll. Was für rationale Romane einen Makel beinhalten mag, vertieft eher mein Gefühl für Ergänzung. Manchmal träume ich nachts auf Russisch, ich kann es begreifen, doch nicht sprechen, irgendwo in den unendlichen Weiten bis zum Beringmeer.

Aus fürchterlicher Vergangenheit sind bei uns Worte vorrätig geblieben wie: dawaj (vorwärts), njet (nein), chleb (Brot), spasiba (danke), doswidanje (auf Wiedersehen), nastrowje (zum Wohl), auch sol (Salz) und kartoffel (Kartoffel).

Letztere erinnern, daß russische Gefangene vielleicht, bevor sie elend starben, rohe Kartoffeln erhielten, bestreut mit Viehsalz, das im Winter zum Auftauen der Straßen diente. Das Wort druschba (Freundschaft) habe ich erst in der DDR kennengelernt.

Notwendig einseitig geworden, weil das Aufrechnen von Toten und Qualen nur gefällige Lücken reißt, schaue ich auf einer entfalteten Karte die Landmassen Rußlands an, im Maßstab millionenfach zusammengedrängt.

Europäische Teile kleben verzerrt am Rand, bevor die Fahrt überhaupt beginnt. Kiew, ein Punkt; Sotschi, ein verblaßtes Palais; das Beinhaus Stalingrad, völlig neu; der Ural, äußere und innere Wende.

Vor zwei-, dreihundert Jahren wanderten Zimmerleute und Bauern von uns nach Rußland aus; es kamen Händler, Ärzte, Heeresfachleute und Katasterbeamte dazu, nachzulesen in der Literatur. Zwischen den beiden letzten Kriegen retteten sich Kommunisten und Sozialdemokraten nach Moskau und Leningrad; viele kehrten zurück, nicht nur als Renegaten, sonst gäbe es den Staat der Deutschen Demokratischen Republik nicht.

Und wenn wir ein wenig Wehmut pflegen, dann reisen wir auf der alten Strecke tagelang von Berlin nach Wladiwostok, als sei's ein Geschenk für Wohlhabende mit stündlich Tee aus legendären Samowaren. Doch neue Geleise werden gelegt, die der BAM (Baikal-Amur-Magistrale), ein abenteuerliches Unternehmen sibirischer Indianer und Squaws: Sommers Trauben von Mücken in Augenwinkeln und schwimmende Böden, im Winter müssen die Motoren der Lastwagen auch im Stand weiterlaufen, sonst platzen sie.

Ein Märchen behauptet, wer Kreide esse, könne besser sprechen. Solche Dialektik der Romantik lindert. Der Sinn, die Lebensnähe ruht in uns, nicht auf einem anderen Planeten oder in einem wiedererweckten Teufelskreis.

Insofern schweife ich nun mit der Lupe, dem Vergrößerungsglas über die nördliche Halbkugel, entdecke zum Beispiel die Stadt Saskylach, die am Fluß Anabar liegt, welcher in die Laptewsche See mündet. Geheimnisvolle Namen, in denen sich lange Erzählungen verbergen, als seien wir mit einer Wunderlampe unterwegs.

Was könnte der Ort Tschimtschémmel auf der Tschuktschen-Halbinsel sein? Eine Nomadensiedlung oder bereits ein Städtchen vorgefertigter Plattenbauweise mit Fernheizung, Öltürmen und gut abgedichteten Gewächshäusern, wo Gurken und Tomaten gedeihen? Alles ist möglich, auch, wenn gewaltige Rentierherden wieder einmal hysterisch auf Grund ihres Wandertriebs werden, Jäger und Züchter wütend die Ski abschnallen und per Sprechfunk den nächsten Hubschrauber zu Hilfe rufen, der dann im Niedrigflug mit zusammentreibt.

Gegenüber Núnjamo lagert im ewigen Eis Alaska. Wahrscheinlich wurde einst trotz Kälte und Stürme hin- und hergewandert, heute stehen dort Radartürme und die Schirme von Horchsensoren.

Die Insel Sachalin dehnt sich wie eine Sichel vor dem nördlichen Japan in einem Meer gleichen Namens plus der Bezeichnung Oblast, autonomer Bezirk im vielvölkrigen Staat Sowjetunion. Auch wir kennen dieses Wort, uns immer mehr in den Verstecken des Lexikons verlierend.

Ich denke an Schicksale, Glück, Entschiedenheit, und leichtfertig geschwind auf der einen Tisch breiten Landkarte zurückkehrend an meinen Platz, in meine Heimat, die ich liebe, habe ich nur einen Wunsch, den des Friedens. Amerikanische Raketen und Befehle haben bei uns nichts zu suchen, diese Art von Geschichte wäre endgültig vernichtend.

DIETER LATTMANN

Lied vom Krefelder Appell

Europa hatte zweimal Krieg,
der dritte wird der letzte sein.
Gib bloß nicht auf,
gib nicht klein bei,
das weiche Wasser bricht den Stein.

Die Bombe, die kein Leben schont,
Maschinen noch und Stahl betont,
hat uns zu einem Lied vereint.
Das weiche Wasser bricht den Stein,

es reißt die stärksten Mauern ein,
und sind wir schwach,
und sind wir klein,
wir wollen wie das Wasser sein.

Raketen stehen vor unserer Tür,
die soll'n zu unserem Schutz hier sein.
Auf solchen Schutz verzichten wir,
das weiche Wasser bricht den Stein.

Die Rüstung sitzt am Tisch der Welt,
und Kinder, die vor Hunger schrein,
für Waffen fließt das große Geld,
doch weiches Wasser bricht den Stein.

Kommt, feiern wir ein Friedensfest,
und zeigen, wie's sich leben läßt,
mensch, Menschen können Menschen sein.
Das weiche Wasser bricht den Stein,

es reißt die stärksten Mauern ein,
und sind wir schwach,
und sind wir klein,
wir wollen wie das Wasser sein.
Das weiche Wasser bricht den Stein.

BERNT ENGELMANN

Berliner Begegnung zur Friedensförderung

Wir sind zusammengekommen, um gemeinsam nach Möglichkeiten zu suchen, wie dem Wettrüsten und der Anhäufung von Vernichtungswaffen speziell in unserm höchst empfindlichen und zugleich höchst gefährdeten Mitteleuropa ein Ende gemacht werden kann. Die meisten der Anwesenden haben den Appell der Schriftsteller Europas mit unterzeichnet. Ich darf daran erinnern, daß dieser Appell von den Autorenverbänden der beiden deutschen Staaten initiiert wurde, und zwar nicht zuletzt wegen der von uns so empfundenen besonderen Verpflichtung der Deutschen, sich nach zwei von Deutschland ausgegangenen Weltkriegen endlich einmal nicht für Gewalt und Zerstörung, sondern über alles sie sonst Trennende hinweg gemeinsam für die Erhaltung des Friedens einzusetzen. Der Appell hat inzwischen die Unterschriften fast aller großen Schriftstellerverbände Europas gefunden. Es liegen mehr als 3000 individuelle Unterschriften vor. Täglich kommen neue aus fast allen Ländern unseres Kontinents und dazu nun auch Solidaritätserklärungen aus Japan, aus Kanada, mehr als 100 aus den USA, aus Australien und Indien, Lateinamerika und Afrika. Knapp 300 Parlamentarier der Bundesrepublik und des Europaparlaments, unter ihnen Willy Brandt, unterstützten unseren Appell.

Das ist – so meine ich – alles in allem nicht nur ein Erfolg, der uns den Rücken stärkt, sondern auch ein Grund mehr für uns, nicht zu verzagen angesichts der gigantischen Probleme, um deren zumindest gedankliche Lösung wir uns bemühen sollten. Dabei scheint mir das Wichtigste als Voraussetzung bereits gegeben, nämlich ein hohes Maß an gutem Willen auf beiden Seiten. Das zeigt schon die freundliche und dankenswerte Einladung zu dieser ungewöhnlichen Begegnung, der ersten dieser Art seit Jahrzehnten. Das zeigt aber – so hoffe ich – auch die Tatsache, daß wir dieser Einladung Folge geleistet haben, ohne uns lange zu zieren und ohne Vorbedingungen zu stellen. Das ist alles schon sehr ungewöhnlich, und da es so ungewöhnlich ist, erlauben Sie mir, noch etwas Ungewöhnliches zu tun, nämlich jetzt schon, zu Beginn dieser Veranstaltung, die Gegeneinladung auszusprechen. Dies darf nichts Einmaliges sein. Über Ort und Zeit ist noch zu reden. Eines möchte ich nur schon erwähnen: Wir werden möglicherweise nicht in die Bundesrepublik einladen, sondern gemeinsam mit einem unserer westlichen Nachbarn in eine besonders stark vom Krieg zerstörte Stadt. Das hat verschiedene Gründe, und ich werde gleich noch darauf zurückkommen. Ich glaube im übrigen auch: Eine zweite Voraussetzung ist erfüllt, nämlich durch die beiderseitige Bereitschaft zum Verzicht auf Schuldzuweisung, auf Vorwürfe, auf Betonung der Gegensätze. Das soll und darf nun aber beileibe nicht so verstanden werden, als müßte hier à tout prix nach deutsch-deutschen Gemeinsamkeiten gesucht werden, deren gibt es erstens – so finde ich – oftmals leider genug, und zweitens meine ich, daß wir uns endgültig trennen sollten von allem, was auf den Wunsch nach Wiederherstellung eines deutschen Nationalstaates hinauslaufen könnte. Ein solcher Abschied vom nationalstaatlichen Denken scheint mir nicht nur realistisch, sondern auch allein dem Zweck unserer Zusammenkunft entsprechend, nämlich dem Frieden dienlich zu sein. Es gibt andere erstrebenswertere Modelle des friedlichen Neben- und Miteinanders unter Respektierung der unterschiedlichen Gegebenheiten und Zuordnungen. Aber es wäre vermessen, darüber jetzt schon zu reden, noch ehe wir der Sicherung des Friedens und dem Abbau der Konfrontation näher sind. Eines nur sei klargestellt, und zwar auch im Hinblick darauf, welche Befürchtungen in West- und vielleicht auch in Osteuropa ein deutscher Nationalstaat erwecken könnte: Niemand braucht nach meiner Überzeugung zu befürchten, daß der Kampf der westdeutschen Friedensbewegung und unsere Bemühungen letztlich auf die Wiedererstehung eines Bismarckschen Reiches oder einer Weimarer Republik gerichtet sein könnten. Im Gegenteil. Was wir uns zum ersten Ziel nehmen sollen, ist die Festschreibung aller gegenwärtigen Grenzen in Europa und die allseitige Garantie ihrer absoluten Unverletzlichkeit. Beides sind Voraussetzungen für das Hauptziel, das Hauptziel, eine wirkliche Null-Lösung, keine Reagansche, eine wirkliche Null-Lösung, nämlich die restlose Beseitigung und Ächtung aller Angriffs- und Massenvernichtungswaffen, nicht allein der atomaren, nicht allein der ABC-Waffen, sondern auch der bedauerlicherweise als konventionell bezeichneten Instrumente des Massenmords. Ich möchte sogar noch einen Schritt weitergehen. Mir scheint – und ich sage das auch im Hinblick auf die Entwicklung in Polen –: Es muß im Interesse aller Europäer liegen, unbeschadet ihrer Zugehörigkeit zu dem einen oder anderen Lager, daß diesseits oder jenseits der Trennungslinie Wohlstand und Stabilität nicht schwinden, sondern wachsen, daß sie dementsprechend gegenseitig nach Möglichkeit zu fördern sind, und zwar ohne Hintergedanken an eine Vereinnahmung auf sanftem Wege.

Unter diesen Voraussetzungen sollten wir erörtern, wie die beiden deutschen Staaten samt allen Nachbarländern, die entweder nach den Gesetzen der Logik dazugehören oder die es wünschen, von jeder militärischen Bedrohung befreit werden. Wie sie sich selbst nicht nur aller Abschußrampen, Sprengkopflager oder Fernbomberstartbahnen zu entledigen hätten, wie alle fremden Truppen zurückgezogen werden könnten, sondern auch, wie sie sich aller Angriffswaffen überhaupt, eigener und fremder, entledigen können, womit – nur am Rande sei es vermerkt – für die Bundesrepublik lediglich der Forderung des Artikels 26 des Grundgesetzes entsprochen würde.

Zu alledem bedürfte es meiner Ansicht nach keineswegs der Bündnisfreiheit, keineswegs der Neutralisierung, schon gar nicht des Verzichts auf die Zugehörigkeit zu dem einen oder anderen Gesellschaftssystem oder gar auf wirtschaftliche und politische Bindungen, natürlich auch nicht des Verzichts auf Verteidigungsfähigkeit. Wenngleich offensteht, daß mit wachsendem Vertrauen in die Solidität des allmählich geschaffenen Zustandes auch die echten Verteidigungsaufwendungen verringert werden können und werden. Das ist nicht nur nötig, um den Frieden wirklich zu erhalten, das ist auch nötig für den sozialen Frieden und nicht zuletzt für die Hungernden in der dritten Welt.

Dies alles scheint gegenwärtig noch utopisch. Ich sage dazu: Glücklicherweise gibt es noch Utopien, und für Utopien fühlen wir uns zuständig. Wir dürfen und müssen sie gedanklich konkretisieren und sie der Verwirklichung näher zu bringen uns bemühen, zumal ihre Realisierung der Sehnsucht der Menschheit, unseres Kontinents und dem Willen der Mehrheit aller Europäer in Ost und West wirklich entspricht, wie ein gesamteuropäisches Referendum – um nur ein Beispiel zu nennen – sicherlich zeigen würde.

Lassen Sie mich zum Abschluß Elias Canetti, den jüngsten Literatur-Nobelpreisträger, zitieren, der zum zweiten Weltkrieg bitter bemerkt hat: »Wäre ich wirklich ein Dichter, hätte ich den Krieg verhindern müssen.« Lassen Sie uns weniger bescheiden sein und sagen: Wir sind Schriftsteller. Wir müssen und werden dazu beitragen, den nächsten Krieg zu verhindern. Vielen Dank.

PETER RÖMER
Die Friedenspflicht im Grundgesetz

DER politische Kampf um Abrüstung und Frieden muß auf dem Boden des Grundgesetzes geführt werden; er kann auch auf dem Boden des Grundgesetzes geführt werden, denn das Grundgesetz bietet eine solide Plattform für alle, die sich für den Frieden einsetzen. Gefährlich ist es aber, dieses Grundgesetz in ein Floß zu verwandeln, das man den Wellen der herrschenden Lehre und Rechtssprechung anvertraut. Denn woher der Wind der Herrschenden in diesem Lande weht, das weiß man und kann also auch wissen, an welchen Gestaden dann dieses Floß stranden wird. Es ist, wie gleich in einem abschließenden Hinweis gezeigt werden soll, gerade die herrschende Lehre, die, indem sie das Recht mit politischen Inhalten auflädt, diejenigen in die Verfassungswidrigkeit abzudrängen versucht, die das Grundgesetz ernst nehmen. Das Stichwort Berufsverbote möge in diesem Zusammenhang genügen sowie der Hinweis, daß diese Praxis in den frühen fünfziger Jahren in erster Linie die Funktion hatte, die Opposition gegen die geplante Wiederaufrüstung auszuschalten.

Obwohl Art. 26 GG die ausdrückliche Vorschrift enthält, daß Handlungen, die geeignet sind oder in der Absicht vorgenommen werden, das friedliche Zusammenleben der Völker zu stören, insbesondere die Führung eines Angriffskrieges vorzubereiten, nicht nur verfassungswidrig, sondern auch unter Strafe zu stellen sind, ist eine entsprechende Änderung des Strafgesetzbuches erst 1968, also 19 Jahre nach Inkrafttreten des Grundgesetzes erlassen worden. Darin zeigt sich sehr deutlich, wie gering von Bundestag, Bundesregierung und Bundesrat die zwingende Vorschrift des Art. 26 Abs. 1 GG eingeschätzt worden ist. (...)

Es gibt im Grundgesetz nur eine Bestimmung, die von ihrem Wortlaut her überhaupt in Frage kommen könnte, die These zu begründen, es bestünde eine Pflicht zur militärischen Verteidigungsbereitschaft. Gemäß Art. 87a Abs. 1 GG stellt der Bund

Streitkräfte zur Verteidigung auf. Die indikative Form dieser Aussage darf nicht dazu verleiten, darin einen Auftrag an den Bund zu sehen. Die systematische Stellung dieser Vorschrift sowie die Entstehungsgeschichte belegen eindeutig, daß es sich hier lediglich um eine Kompetenzvorschrift handelt, die das Bund-Länder-Verhältnis betrifft.

Dem Frieden in der Welt durch die eigene Abrüstung zu dienen: Das Grundgesetz schreibt das nicht vor und ich füge hinzu: leider. Dem Frieden in der Welt durch erhöhte militärische Bereitschaft zu dienen: Dies schreibt das Grundgesetz indes gewiß auch nicht vor. Die politische Diskussion, die politische Auseinandersetzung für eine Friedenssicherung durch totale Abrüstung einschließlich der Abschaffung der Bundeswehr wird durch die Normen des Grundgesetzes nicht beschränkt; im Gegenteil sind totale Hochrüstung und dadurch bewirkte Friedensgefährdung durch das Grundgesetz verboten. Die Auseinandersetzung um diese Lebensfragen sind nicht primär – wenngleich auch – juristische Auslegungsfragen, sondern politische Fragen, die politisch entschieden werden müssen.

EGON BAHR
Gemeinsame Sicherheit

Mir scheint die Idee der Abschreckung eine Übergangstheorie zu sein. Sie will Kriegsverhinderung mit der Führbarkeit von Kriegen verbinden, falls doch Krieg nicht zu verhindern wäre. In diesem inneren Widerspruch liegt auch eine Gefahr. Man könnte überspitzt sagen: Nicht die Idee der Abschreckung, sondern der Schrecken der Waffen selbst hat den nuklearen Krieg verhindert. Wenn die Waffen durch die Begrenzbarkeit ihrer Zerstörungskraft den Schrecken vor sich mindern, wird auch die Wirksamkeit der Abschreckung gemindert werden.

Im Zeitalter der gegenseitig gesicherten Zerstörung ist Sicherheit nicht mehr vor dem Gegner, sondern nur noch mit ihm zu erreichen. Die Gegner wären im Untergang vereint; sie können nur gemeinsam überleben. Das nukleare Zeitalter verlangt die Doktrin der gemeinsamen Sicherheit. (...)

Unter dem Gesichtspunkt der gemeinsamen Sicherheit ergibt sich folgender Vorschlag:

1. Alle Atomwaffen werden aus den Staaten in Europa abgezogen, die nicht über sie verfügen.

2. Auf dem Gebiet der konventionellen Streitkräfte wird ein annäherndes Gleichgewicht zwischen NATO und Warschauer Vertrag hergestellt.

3. Die beiden Bündnisse mit ihren Verpflichtungen und Garantien bleiben unverändert.

WALTER JENS

Rede vor dem Amtsgericht in Schwäbisch Gmünd

Ich habe, zum ersten, wiederholt in Mutlangen demonstriert, weil ich dazu beitragen wollte, hier und heute einen öffentlichen Dialog jener Art wieder aufleben zu lassen, wie er in den fünfziger Jahren, auf hohem Niveau und mit einem Maximum an Verantwortungsbewußtsein, geführt worden ist: zu einer Zeit, als langsam deutlich zu werden begann, was die Lagerung von atomaren Ersteinsatzwaffen auf bundesrepublikanischem Boden bedeutet. Bereitstellung von verwundbaren Zielen; Provokation des Gegners; Gefährdung der Bevölkerung; Erhöhung der Kriegsgefahr.

Ich habe, zum zweiten, demonstriert, weil ich, nach umfassendem und sorgfältigem Quellenstudium, zu der Ansicht gekommen bin, daß die neue, dem Prinzip »Wir müssen überlegen sein« folgende amerikanische Militärstrategie die These des Verteidigungsexperten General a. D. La Rocque bestätigt: »Die Amerikaner gehen davon aus, daß der dritte Weltkrieg ebenso in Europa ausgetragen wird, wie der erste und zweite ... und dieser Krieg wird ein nuklearer sein.« Ich habe, im Rahmen unserer Tübinger Friedensgruppe »Gustav Heinemann«, demonstriert, weil ich mit dem amerikanischen Sachverständigen in Abrüstungsfragen, C. Paul Warnke, übereinstimme: »Wäre ich Europäer, mit Händen und Füßen würde ich mich gegen die Installierung der abschreckungsfeindlichen, weil den Krieg ›regionalisierenden‹ Pershing II wehren.«

Ich habe, zum dritten, demonstriert, weil ich meine, daß die Offensivstrategie der Amerikaner, wie sie sich vor allem in den Plänen Field Manual FM100-5 und Air Land Battle 2000 niederschlägt, die Vorbereitung eines Angriffskrieges für opportun hält – wobei ich sehr wohl weiß, daß Vorbereitung eins und Ausführung ein anderes ist; aber auch die Vorbereitung hat als Handlung zu gelten, die »geeignet erscheint, das friedliche Zusammenleben der Völker zu stören«. Das heißt, wer hierzulande ja zu Dokumenten vom Rang der Air Land Battle 2000 sagt, muß sich vorhalten lassen, daß er gegen den Geist und gegen zentrale Aussagen des Artikels 26 unseres Grundgesetzes verstößt.

Ich habe, viertens, demonstriert, weil ich mich meinen Freunden in der DDR, die sich als Christen und Sozialisten verstehen, gegenüber im Wort weiß: Sie, die mit Courage und Beharrlichkeit gegen die Hochrüstung in Ost *und* West opponieren, dürfen von uns erwarten, daß wir das Unsere tun, um zur Beseitigung jener Waffen beizutragen, die man, zu Recht, zwischen Elbe und Oder in einer Weise fürchtet, von der wir uns hier leider nur eine unzureichende Vorstellung machen.

Ich habe, fünftens, demonstriert, weil ich, ein sogenannter »Prominenter«, mich der Verpflichtung erinnere, auch künftig vor Ort, im Geist des Friedens und der Freundlichkeit, präsent zu sein. Ich habe, sechstens, demonstriert, weil ich jene amerikanischen Soldaten durch Zeichen und friedliche Symbole (»Da schaut her und redet mit uns!«) auf ihre und unsere Sache aufmerksam machen wollte, die uns im vergangenen Jahr zur Seite standen. (Die farbigen Uniformierten voran: »Wir sind mit Sie«, riefen sie uns zu.) Natürlich habe ich darauf verzichtet, die Medien auf unsere Demonstration aufmerksam zu machen: Der Vorteil, daß in dem Fall die Wagen erst nach Ende der Blockade aufgetaucht wären, hätte den Nachteil der Wichtigtuerei und der Bitte um eine Extrabehandlung nicht aufgewogen. Ich wollte in aller Stille mit meinen Freunden ein Zeichen setzen – »Wir sind auch noch da, ihr Brüder und Schwestern in Christo, fröhliche Sozialisten in Magdeburg, Halle, Greifswald oder Rostock!« Kein großer Aufwand, keine Kameras, keine Blockade, wie sie die Brummi-Fahrer in Kiefersfelden vornahmen: belobt wegen ihrer tage- und kilometerlangen Straßensperre, während eine Handvoll friedlicher, meist älterer Menschen, die nicht für Partikulär-, sondern Allgemein-Interessen votierten, unter Anklage gestellt wurden, weil sie die Fahrer von drei amerikanischen Wagen »zwangen«, für eine Zigarettenlänge anzuhalten (beziehungsweise sich durch einen anderen, 300 Meter entfernten Eingang ins Innere zu begeben).

Mutlangen-Festival der Prominenz, Bauern-Demonstration im Kinzigtal, Aufmarsch vor Kiefersfelden: keine Anklage. Sit-ins der Namenlosen: Anklageerhebung. Gleichheit aller Bürger vor dem Gesetz? Papperlapapp! Aufkündigung des Grundprinzips jeden Rechtsstaats: der Rechts-*Gleichheit* aller!

Ich habe, siebtens und letztens, demonstriert, weil ich an jene gedacht habe, in der Sowjetunion, auf die »unsere« Pershings gerichtet sind … jene, deren Jahrgängen 1922, 1923 – 98 Prozent gegen Hitlers Truppen gefallen – ich es, neben den West-Alliierten, verdanke, daß ich heute freimütig fragen kann, warum so wenige in unserem Lande begreifen, daß man im Lande der 20 Millionen Kriegstoten Angst vor uns hat.

Ja, und da werde ich nun beschuldigt – ich zitiere einen ebenso fragwürdigen wie in deplorablem Deutsch formulierten Abschnitt des Strafgesetzbuches –, eine Tat begangen zu haben, die rechtswidrig ist … und verwerflich! »Rechtswidrig ist die Tat« – § 240, 2. Absatz –, »wenn die Anwendung der Gewalt oder die Androhung des Übels zu einem angestrebten Zweck als verwerflich anzusehen ist«. Zu dem angestrebten Zweck (modal? final? Oder was sonst?) – diese Formulierung zeugt nicht gerade von Bemühung um scharfes Denken und präzise Artikulation. Im Verhältnis zu dem angestrebten Zweck – das ist mit dem salopp und ohnehin formulierten »zu« offensichtlich gemeint. Sei's drum. Aber bei *verwerflich*. Da hört der Spaß auf, da wird's bitterernst. *Verwerflich:* Dieser Begriff trifft auf unsere Demonstrationen nicht zu. Hier werden

Menschen, die aus ehrenwerten Motiven handeln, im Geist Albert Schweitzers, Martin Luther Kings, Eugen Kogons, Walter Dirks' oder Kurt Scharffs, moralisch disqualifiziert. Will das Gericht dies tatsächlich tun, dann möge es konsequent sein und darauf achten, daß in den Martin-Luther-King-Passagen unserer Lesebücher künftig die Fußnote gedruckt wird: »Dieser Mann hat nach bundesrepublikanischer Rechtsprechung verwerflich gehandelt«.

Verwerflich – das bedeutet, im natürlichen Wortsinn, *moralisch mißbilligenswert* ... im natürlichen und auch im juristischen! *Verwerflich* ist kein Terminus technicus der Jurisprudenz, kein Begriff der Fachsprache, sondern auch für den Richter ein Adjektiv, das er im Sinne des Gemeinverständnisses verwendet: »Erhöhter Grad sittlicher Mißbilligung – so die Kommentierung des Begriffs. *Verwerflich* heißt *amoralisch*, heißt »sozialethisch zu verwerfen«. Kein Wunder also, daß die einhellige Lehre zur Voraussetzung des Mords aus heimtückischen Motiven – des Mords! – die verwerfliche (!) Ausnützung eines bestehenden Vertrauensverhältnisses macht. Nötigung (an der untersten Grenze, wie Staatsanwalt und Richter sagen): *verwerflich* wie heimtückischer Mord verwerflich ist? Amoralisch in Übereinstimmung mit der üblichen Verwendung des Begriffs? (Verwerflich, man kann's im Grimm'schen Wörterbuch nachschlagen, heißt religiös und sittlich minderwertig, ungehörig und geringwertig. Der verwerfliche Richter, das ist der unglaubwürdige, ethische suspekte Mann. Verwerflicher Mensch: ruchlos und sittenlos).

Und – das ist ungeheuerlich! – *solcher* Verwerflichkeit will man uns zeihen: Ja, wo leben wir denn? Immer noch im Vorgestern, wie die – durchsichtige Tarn-Übersetzung des Begriffs »gesundes Volksempfinden« zu zeigen scheint? (Im Dritten Reich »gesundes Volksempfinden«, heute »verwerflich«: hier wie dort manifestiert sich das gleiche Gut-Böse-Schema einer aufklärungsfernen Gerichtsbarkeit). Anstiftung zum Frieden als verwerflicher Akt: Diese Schreckensvision hätte mir mal einer ausmalen sollen, anno 45, nach der Befreiung unseres Landes vom Faschismus – für aberwitzig hätte ich den Menschen erklärt! Der angestrebte Zweck (worunter ich bei genauer Exegese des unscharf-vieldeutigen Satzes den durch symbolische Zeichensetzung demonstrativ und appellativ erbetenen Dialog über Fragen von Leben und Tod verstehe (Heilbronn als Menetekel!) ... der angestrebte Zweck: verwerflich? Nein, diese Etikettierung ist zurückzuweisen. Hier geht es um Ehrabschneidung, um moralische Disqualifikation, um Antasten der Würde aller Angeklagten, um einen eklatanten Verstoß gegen den Artikel I des Grundgesetzes, der durch keine Ehrenerklärung *nach* der Verurteilung aus der Welt geschafft werden kann.

Verwerflich – dieses Wort darf so nicht stehenbleiben, nicht hier und nicht künftig. Es hat im Paragraphen 240 nichts zu suchen – nichts in einem Rechtsstaat, dessen Jurisdiktion die Würde jedermanns zu wahren hat, so wie es das Grundgesetz vorschreibt. Doch dieses Grundgesetz eben wird im Kern ausgehöhlt, wenn die Formel »verwerflich« im Kontext ehrenhafter Bemühungen um den Frieden zur obrigkeitsstaatlichen Drohformel wird, die autoritär bestimmt, was sozial verbindliches Ethos ist und was nicht.

Im Sinne solcher von keiner Aufklärung berührten Wert-Setzung fühle ich mich nicht nur – das ohnehin – unschuldig, sondern von diesem Gesetzestext als Demokrat überhaupt nicht tangiert – nicht tangiert, weil Absatz 2 des Paragraphen 240 sich wegen des Begriffs »verwerflich« nach meiner Ansicht, bezogen auf unseren Fall, außerhalb der durch Artikel 1 des Grundgesetzes (»Die Würde des Menschen ist unantastbar«) definierten Rechtsordnung bewegt.

»Verwerflich«: zehn Minuten Demonstration zugunsten des Friedens, auf einer Straße, hinter der Waffen lagern, die, wie der Fall Heilbronn gezeigt hat, Vernichtung für Zeit und Ewigkeit bergen? Der Versuch, auf dem Weg zum Abgrund eine winzige Panne befördern zu helfen – verwerflich? Ich fürchte, hier feiert der Ungeist des »gesunden Volksempfindens«, der Ungeist einer totalitären Rechtsprechung seine späten und bösen Triumphe.

Ich bitte den Richter als den souveränen und verantwortlichen Ausleger des Gesetzes, diesem Spuk ein Ende zu bereiten und die Unangemessenheit des Paragraphen im Urteilsspruch sichtbar zu machen: durch einen Freispruch.

RICHARD VON WEIZSÄCKER

Der 8. Mai war ein Tag der Befreiung

Viele Völker gedenken heute des Tages, an dem der zweite Weltkrieg in Europa zu Ende ging. Seinem Schicksal gemäß hat jedes Volk dabei seine eigenen Gefühle. Sieg oder Niederlage, Befreiung von Unrecht und Fremdherrschaft oder Übergang zu neuer Abhängigkeit, Teilung, neue Bündnisse, gewaltige Machtverschiebungen – der 8. Mai 1945 ist ein Datum von entscheidender historischer Bedeutung in Europa.

Wir Deutsche begehen den Tag unter uns, und das ist notwendig. Wir müssen die Maßstäbe allein finden. Schonung unserer Gefühle durch uns selbst oder durch andere hilft nicht weiter. Wir brauchen und wir haben die Kraft, der Wahrheit so gut wir es können ins Auge zu sehen, ohne Beschönigung und ohne Einseitigkeit.

Der 8. Mai ist für uns vor allem ein Tag der Erinnerung an das, was Menschen erleiden mußten. Er ist zugleich ein Tag des Nachdenkens über den Gang unserer Geschichte. Je ehrlicher wir ihn begehen, desto freier sind wir, uns seinen Folgen verantwortlich zu stellen.

Der 8. Mai ist für uns Deutsche kein Tag zum Feiern. Die Menschen, die ihn bewußt erlebt haben, denken an ganz persönliche und damit ganz unterschiedliche Erfahrungen zurück. Der eine kehrte heim, der andere wurde heimatlos. Dieser wurde befreit, für jenen begann die Gefangenschaft. Viele waren einfach nur dafür dankbar, daß Bombennächte und Angst vorüber und sie mit dem Leben davongekommen waren. Andere empfanden Schmerz über die vollständige Niederlage des eigenen Vaterlandes. Verbittert standen Deutsche vor zerrissenen Illusionen, dankbar andere Deutsche für den geschenkten neuen Anfang.

Es war schwer, sich alsbald zu orientieren. Ungewißheit erfüllte das Land. Die militärische Kapitulation war bedingungslos. Unser Schicksal lag in der Hand der Feinde. Die Vergangenheit war furchtbar gewesen, zumal auch für viele dieser

Feinde. Würden die uns nun nicht vielfach entgelten lassen, was wir ihnen angetan hatten?

Die meisten Deutschen hatten geglaubt, für die gute Sache des eigenen Landes zu kämpfen und zu leiden. Und nun sollte sich herausstellen: Das alles war nicht nur vergeblich und sinnlos, sondern es hatte den unmenschlichen Zielen einer verbrecherischen Führung gedient. Erschöpfung, Ratlosigkeit und neue Sorgen kennzeichneten die Gefühle der meisten. Würde man noch eigene Angehörige finden? Hatte ein Neuaufbau in diesen Ruinen überhaupt Sinn?

Der Blick ging zurück in einen dunklen Abgrund der Vergangenheit und nach vorn in eine ungewisse dunkle Zukunft.

Und dennoch wurde von Tag zu Tag klarer, was es heute für uns alle gemeinsam zu sagen gilt: Der 8. Mai war ein Tag der Befreiung. Er hat uns alle befreit von dem menschenverachtenden System der nationalistischen Gewaltherrschaft.

Niemand wird um dieser Befreiung willen vergessen, welche schweren Leiden für viele Menschen mit dem 8. Mai erst begannen und danach folgten. Aber wir dürfen nicht im Ende des Krieges die Ursache für Flucht, Vertreibung und Unfreiheit sehen. Sie liegt vielmehr in seinem Anfang und im Beginn jener Gewaltherrschaft, die zum Krieg führte.

Wir dürfen den 8. Mai 1945 nicht vom 30. Januar 1933 trennen. Wir haben wahrlich keinen Grund, uns am heutigen Tag an Siegesfesten zu beteiligen. Aber wir haben allen Grund, den 8. Mai 1945 als das Ende eines Irrweges deutscher Geschichte zu erkennen, das den Keim der Hoffnung auf eine bessere Zukunft barg.

Der 8. Mai ist ein Tag der Erinnerung. Erinnern heißt, eines Geschehens so ehrlich und rein zu gedenken, daß es zu einem Teil des eigenen Innern wird. Das stellt große Anforderungen an unsere Wahrhaftigkeit.

Wir gedenken heute in Trauer aller Toten des Krieges und der Gewaltherrschaft.

Wir gedenken insbesondere der sechs Millionen Juden, die in deutschen Konzentrationslagern ermordet wurden.

Wir gedenken aller Völker, die im Krieg gelitten haben, vor

allem der unsäglich vielen Bürger der Sowjetunion und der Polen, die ihr Leben verloren haben.

Als Deutsche gedenken wir in Trauer der eigenen Landsleute, die als Soldaten, bei den Fliegerangriffen in der Heimat, in Gefangenschaft und bei der Vertreibung ums Leben gekommen sind.

Wir gedenken der ermordeten Sinti und Roma, der getöteten Homosexuellen, der umgebrachten Geisteskranken, der Menschen, die um ihrer religiösen oder politischen Überzeugung willen sterben mußten.

Wir gedenken der erschossenen Geiseln.

Wir denken an die Opfer des Widerstandes in allen von uns besetzten Staaten.

Als Deutsche ehren wir das Andenken der Opfer des deutschen Widerstandes, des bürgerlichen, des militärischen und glaubensbegründeten, des Widerstandes in der Arbeiterschaft und bei Gewerkschaften, des Widerstandes der Kommunisten.

Wir gedenken derer, die nicht aktiv Widerstand leisteten, aber eher den Tod hinnahmen, als ihr Gewissen zu beugen. (...)

Wir haben wahrlich keinen Grund zu Überheblichkeit und Selbstgerechtigkeit. Aber wir dürfen uns der Entwicklung dieser 40 Jahre dankbar erinnern, wenn wir das eigene historische Gedächtnis als Leitlinie für unser Verhalten in der Gegenwart und für die ungelösten Aufgaben, die auf uns warten, nutzen.

- Wenn wir uns daran erinnern, daß Geisteskranke im Dritten Reich getötet wurden, werden wir die Zuwendung zu psychisch kranken Bürgern als unsere eigene Aufgabe verstehen.
- Wenn wir uns erinnern, wie rassisch, religiös und politisch Verfolgte, die vom sicheren Tod bedroht waren, oft vor geschlossenen Grenzen anderer Staaten standen, werden wir vor denen, die heute wirklich verfolgt sind und bei uns Schutz suchen, die Tür nicht verschließen.
- Wenn wir uns der Verfolgung des freien Geistes während der Diktatur besinnen, werden wir die Freiheit jedes Gedankens und jeder Kritik schützen, so sehr sie sich auch gegen uns selbst richten mag.

– Wer über die Verhältnisse im Nahen Osten urteilt, der möge an das Schicksal denken, das Deutsche den jüdischen Mitmenschen bereiteten und das die Gründung des Staates Israel unter Bedingungen auslöste, die noch heute die Menschen in dieser Region belasten und gefährden.
– Wenn wir daran denken, was unsere östlichen Nachbarn im Kriege erleiden mußten, werden wir besser verstehen, daß der Ausgleich, die Entspannung und die friedliche Nachbarschaft mit diesen Ländern zentrale Aufgabe der deutschen Außenpolitik bleiben. Es gilt, daß beide Seiten sich erinnern und beide Seiten einander achten. Sie haben menschlich, sie haben kulturell, sie haben letzten Endes auch geschichtlich allen Grund dazu.

Der Generalsekretär der Kommunistischen Partei der Sowjetunion Michail Gorbatschow hat verlautbart, es ginge der sowjetischen Führung beim 40. Jahrestag des Kriegsendes nicht darum, antideutsche Gefühle zu schüren. Die Sowjetunion trete für Freundschaft zwischen den Völkern ein.

Gerade wenn wir Fragen auch an sowjetische Beiträge zur Verständigung zwischen Ost und West und zur Achtung von Menschenrechten in allen Teilen Europas haben, gerade dann sollten wir dieses Zeichen aus Moskau nicht überhören. Wir wollen Freundschaft mit den Völkern der Sowjetunion.

III

HERMANN HESSE

Ein Krieg kommt nicht aus dem blauen Himmel herab

Lieber Freund, ein Krieg kommt nicht aus dem blauen Himmel herab, er muß gleich jeder andern menschlichen Unternehmung vorbereitet werden, er bedarf der Pflege und Mitwirkung vieler, um möglich und wirklich zu werden. Gewünscht aber, vorbereitet und suggeriert wird er durch die Menschen und Mächte, denen er Vorteil bringt. Er bringt ihnen entweder direkten baren Geldgewinn wie der Rüstungsindustrie (und sobald der Krieg ist – wieviel unzählige vorher harmlose Gewerbe werden da zu Rüstungsgeschäften, und wie automatisch strömt das Kapital diesen Geschäften zu), oder er bringt ihnen Gewinn an Geltung, Achtung und Macht, wie etwa den stellenlosen Generälen und Obersten. So sind zum Beispiel an der Wiederaufrüstung von Deutschland, Japan und anderen zur Zeit militärlosen Ländern viele Tausende und Zehntausende interessiert, Leute mit harten Rechnerseelen oder ehrgeizigen Kriegerseelen, und zu den Mitteln, mit denen diese Leute den von ihnen gewünschten Krieg vorzubereiten bemüht sind, gehört die Verbreitung der Unsicherheit und Angst – und Ihr Freunde, die Ihr dieser Ansteckung erliegt, helft dadurch mit, den Krieg zu ermöglichen und herbeizurufen …

Wir Freunde des Friedens und der Wahrheit, Sie und ich,

dürfen nicht diesen Geschäftemachern und Strebern Gehör schenken und helfen, wir müssen stets zu unserem Glauben stehen, daß es andere Wege zum Frieden und andere Mittel zur Ordnung und Entgiftung der Welt gibt als die Bomben und den Krieg.

ALBERT EINSTEIN

Vertrauen

Der Glaube, man könne Sicherheit durch nationale Bewaffnung erlangen, ist beim gegenwärtigen Stand der militärischen Technik eine verhängnisvolle Illusion. Auf der Seite der Vereinigten Staaten wurde diese Illusion noch besonders begünstigt durch einen zweiten Irrglauben, der darauf beruhte, daß es in diesem Land zuerst gelang, eine Atombombe herzustellen. Man neigte daher zum Glauben, daß es für die Dauer möglich sei, eine entscheidende militärische Überlegenheit zu erreichen. Auf diesem Weg glaubte man jeden potentiellen Gegner abschrecken zu können und dadurch uns selbst und der übrigen Menschheit die von allen so sehnlich gewünschte Sicherheit zu bringen. Die Maxime, der wir in den letzten fünf Jahren vertrauten, lautet: Sicherheit durch überlegene Macht, was sie auch kosten möge.

Die Folge dieser mechanistischen, technisch-militärischen und psychologischen Einstellung konnte nicht ausbleiben. Jede außenpolitische Handlung wird beherrscht durch den einzigen Gesichtspunkt: Wie müssen wir handeln, um im Kriegsfalle dem Gegner möglichst überlegen zu sein? Errichtung von militärischen Stützpunkten an allen erreichbaren, strategisch wichtigen Punkten der Erde, Bewaffnung und wirtschaftliche Stärkung von potentiellen Bundesgenossen. Im Innern Konzentration ungeheurer finanzieller Macht in den Händen des Militärs, Militarisierung der Jugend, Überwachung der Loyalität der Bürger und besonders der Beamten durch eine immer mächtiger werdende Polizei, Einschüchterung der politisch unabhängig Denkenden, Beeinflussung der Mentalität der Bevölkerung durch Radio, Presse und Schule, Knebelung wachsender Gebiete der öffentlichen Informationsmittel durch das militärisch bedingte Geheimnis.

Weitere Folgen: Das ursprünglich nur als Vorbeugung gedachte Wettrüsten zwischen den Vereinigten Staaten und Rußland nimmt einen hysterischen Charakter an. Auf beiden Seiten werden die Mittel der Massenvernichtung mit fieberhafter Eile betrieben – hinter der Mauer des Geheimnisses.

Die Wasserstoffbombe erscheint am Horizont der Öffentlichkeit als wahrscheinlich erreichbares Ziel. Ihre beschleunigte Entwicklung wird vom Präsidenten feierlich proklamiert. Ist sie erfolgreich, so bringt sie radioaktive Verseuchung der Atmosphäre und damit die Vernichtung alles Lebendigen auf der Erde in den Bereich des technisch Möglichen. Das Gespenstische dieser Entwicklung liegt in ihrer scheinbaren Zwangsläufigkeit. Jeder Schritt erscheint als unvermeidliche Folge des vorangehenden. Als Ende winkt immer deutlicher die allgemeine Vernichtung.

Ist überhaupt ein Weg zur Rettung denkbar unter den obwaltenden, von den Menschen selbst geschaffenen Umständen? Wir alle und im besonderen auch die für das Verhalten Amerikas und Rußlands verantwortlichen Personen müssen einsehen lernen, daß sie zwar einen äußeren Feind bezwungen haben, daß sie aber nicht fähig waren, sich von der durch den Krieg geschaffenen Mentalität zu befreien. Man kann nicht zu einem wirklichen Frieden gelangen, wenn man seine Handlungsweise nach der Möglichkeit eines künftigen Konfliktes einrichtet – besonders da immer klarer wird, daß ein solcher kriegerischer Konflikt allgemeine Vernichtung bedeuten würde. Der leitende Gedanke allen politischen Handelns müßte deshalb sein: Was können wir tun, um ein friedliches, im Rahmen des Möglichen befriedigendes Zusammenleben der Nationen herbeizuführen?

Erstes Problem ist die Beseitigung der gegenseitigen Furcht und des gegenseitigen Mißtrauens. Feierlicher Verzicht auf gegenseitige Gewaltanwendung (nicht nur Verzicht auf Verwendung von Mitteln der Massenvernichtung) ist zweifellos nötig. Solcher Verzicht kann aber nur dann wirksam sein, wenn er mit der Einführung einer übernationalen richterlichen und exekutiven Instanz verbunden ist, der die Entscheidung der mit der Sicherheit der Nationen unmittelbar verknüpften Probleme übertragen wird. Schon eine Erklärung der Nationen, an der Realisation einer solchen »beschränkten Weltregierung« loyal mitzuarbeiten, würde die drohende Kriegsgefahr bedeutend herabsetzen.

Letzten Endes beruht jedes friedliche Zusammenleben der Menschen in erster Linie auf gegenseitigem Vertrauen und erst in zweiter Linie auf Institutionen wie Gericht und Polizei; dies gilt ebenso für Nationen wie für Individuen. Das Vertrauen aber gründet sich auf eine loyale Beziehung des »Nehmens und Gebens«.

Wie verhält es sich aber mit der internationalen Kontrolle? Nun, sie mag als polizeiliche Maßregel sekundär nützlich sein. Man wird aber gut daran tun, ihre Wichtigkeit nicht zu überschätzen. Ein Vergleich mit der »Prohibition« stimmt nachdenklich.

ALBERT SCHWEITZER
Der Krieg ist ein furchtbares Übel

Weil offenbar ist, ein wie furchtbares Übel ein Krieg in unserer Zeit ist, darf nichts unversucht bleiben, ihn zu verhindern. Insbesondere muß dies noch aus einem ethischen Grunde geschehen. Wir haben uns in den beiden letzten Kriegen grausiger Unmenschlichkeit schuldig gemacht und würden es in einem kommenden noch weiter tun. Dies darf nicht sein.

Wagen wir die Dinge zu sehen, wie sie sind. Es hat sich ereignet, daß der Mensch ein Übermensch geworden ist. Sein Übermenschentum besteht darin, daß er auf Grund seiner Errungenschaften des Wissens und Könnens nicht nur über die in seinem Körper gegebenen physischen Kräfte verfügt, sondern auch solchen, die in der Natur vorhanden sind, gebietet und sie in Dienst nehmen kann. Als Mensch konnte er zum Töten auf Entfernung nur die körperliche Kraft verwenden, mit der er den Bogen spannte, um mit ihm den Pfeil zu verschicken. Als Übermensch kommt er dazu, sich die Energie, die bei der raschen Verbrennung eines gewissen Gemisches von chemischen Stoffen frei wird, durch eine dazu erfundene Vorrichtung zunutze zu machen. Dies erlaubt ihm, von einem viel wirksameren Geschoß Gebrauch zu machen und es auf eine viel größere Entfernung zu versenden.

Der Übermensch leidet aber an einer verhängnisvollen geistigen Unvollkommenheit. Er bringt die übermenschliche Vernünftigkeit, die dem Besitz übermenschlicher Macht entsprechen sollte, nicht auf. Dieser bedürfte er, um von der von ihm errungenen Macht nur zur Verwirklichung des Sinnvollen und Guten, nicht auch zum Töten und Vernichten Gebrauch zu machen. Darum sind ihm die Errungenschaften des Wissens und Könnens mehr zum Verhängnis als zum Gewinn geworden.

Bezeichnend ist in dieser Hinsicht, daß sich ihm die erste große Entdeckung, die Verwendung der bei rascher Verbrennung entstehenden Explosionskraft, zunächst nur als Mittel zum Töten auf Entfernung anbot.

Die Eroberung der Luft durch den Verbrennungsmotor bedeutete eine große Errungenschaft. Alsbald wird von ihr als einer Möglichkeit zum Töten und Zerstören aus der Höhe Gebrauch gemacht. Damit wird nun vollends offenbar, was man sich vorher nicht recht eingestehen wollte, daß der Übermensch mit dem Zunehmen seiner Macht zugleich immer mehr zum armseligen Menschen wird. Um der Vernichtung aus der Höhe nicht völlig ausgeliefert zu sein, muß er sich, gleich dem Getier des Feldes, in der Erde verkriechen. Zugleich muß er sich darein ergeben, daß nun eine bisher unvorstellbare Vernichtung von Werten statthaben wird.

Schließlich ergibt sich als weitere Entdeckung die Kenntnis der bei der Auflösung des Atoms frei werdenden ungeheuren Kräfte und ihrer Verwendbarkeit. Nach einiger Zeit stellt sich dann aber heraus, daß die Zerstörungsgewalt einer vervollkommneten Bombe dieser Art ins Unberechenbare geht und daß bereits ins Große gehende Versuche mit ihr zu Katastrophen führen können, die die Existenz der Menschheit in Frage stellen. Nun erst tut sich das Grauenvolle unserer Existenz ganz vor uns auf, und die Frage, was aus uns werden soll, stellt sich uns unabweisbar.

Was uns aber eigentlich zu Bewußtsein kommen sollte und schon lange zuvor hätte kommen sollen, ist dies, daß wir als Übermenschen Unmenschen geworden sind. Wir haben es geschehen lassen, daß in den Kriegen Menschen in Menge – im zweiten Weltkrieg an die 20 Millionen – vernichtet wurden, daß durch Atombomben ganze Städte mit ihren Bewohnern zu nichts wurden, daß durch Brandbomben Menschen zu lodernden Fackeln wurden. Wir nahmen solche Geschehnisse in Radiosendungen und in Zeitungen zur Kenntnis und beurteilten sie danach, ob sie einen Erfolg der Völkergruppe, der wir zugehörten, oder unserer Gegner bedeuteten. Wenn wir uns eingestanden, daß dieses Geschehen aus einem unmenschlichen Tun bestehe, taten wir es mit dem Gedanken, daß wir durch die gegebene Tatsache des Krieges dazu verurteilt seien, es geschehen zu lassen. Indem wir uns so ohne weiteres in dieses Schicksal ergeben, machen wir uns der Unmenschlichkeit schuldig.

Die Erkenntnis, die uns heute not tut, ist die, daß wir miteinander der Unmenschlichkeit schuldig sind. Das furchtbare gemeinsame Erlebnis muß uns dazu aufrütteln, alles zu wollen und zu erhoffen, was eine Zeit heraufführen kann, in der Kriege nicht mehr sein werden.

Dieses Wollen und Hoffen kann nur noch darauf gehen, daß wir durch einen neuen Geist die höhere Vernünftigkeit erreichen, die uns von dem unseligen Gebrauch der uns zu Gebote stehenden Macht abhält.

THOMAS MANN
»Meine natürliche Sorge gilt daher Deutschland …«

Ihren Brief zu beantworten, fällt mir nicht leicht. Schwerer fiele mir nur, ihn nicht zu beantworten, weshalb ich den Versuch einer Antwort unternehme.

Sie zitieren einen Abschnitt aus einer »message«, die ich im Juli 1945 in das ruinierte Deutschland geschickt. Er lautet wie folgt:

»C'en est fini de la puissance. Mais la puissance n'est pas tout, elle n'est méme pas l'essentiel, la grandeur de l'Allemagne n'a jamais été une affaire de puissance. Puisse l'idéal allemand redevenir un jour ce qu'il a été autrefois: gagner la consideration des puissants en travaillant à la libération de l'esprit humain.«

Anschließend fragen Sie: »Neuf ans aprés, où en sommes nous? Quels progrès a accompli l'Allemagne sur la vole que vous lui traciez? Et, pulsque votre appel était (re)publié dans le journal du ›Comité de l'Allemagne Libre‹, paraissant en France, quelles sont, au milieu des malentendus de la CED et des preparatifs de rearmément, les chances et les difficultés d'une véritable revonciliation franco-allemande?«

Nun ist ja unleugbar, daß von den Hoffnungen des Jahres 1945 kaum eine sich erfüllt hat. Kraft einer unseligen und unheildrohenden Weltkonstellation, deren Ursachen zu analysieren hier nicht der Ort ist, sehen wir eine Menschheit, deren moralischem Status durch die Kriege von gestern und vorgestern schon schwerer Abbruch geschehen ist, in zwei Lager zerrissen, deren furchtbar gespanntes Verhältnis mit einer Katastrophe solchen Ausmaßes droht, daß sie der Zivilisation den Rest geben würde.

Daß zwischen den Lagern die wichtigste Grenze quer durch ein Land, das unglückliche Deutschland, verläuft, rückt die Unhaltbarkeit der Gesamtsituation in ein um so grelleres Licht.

Doch nicht vom »Ganzen« soll hier vornehmlich die Rede

sein –, vielmehr von der Lage und politischen Temperatur in Deutschland, und zwar in dem Teil des einstigen Reichs, der heute »DBR« heißt. Denn nicht nur liegen dort, im Westen, die Quellen jeder deutschen Macht, nicht nur liegt dort die deutsche Schwerindustrie; ausschließlich der Westen ist es vorläufig, dessen Beitrag zur kriegerischen Hochrüstung der »freien Welt«, das heißt natürlich zur Sicherung des Friedens – an den man jedoch nicht glaubt –, das Problem des Tages bildet. Das kleindeutsche Bonner Staatsgebilde ist es also, das uns im vorliegenden Zusammenhang zu interessieren hat.

Vor allem werde hier möglichen Mißverständnissen vorgebeugt. Ich bin ein Sohn Deutschlands, zunächst, Europas, dann des Westens schließlich und, meiner Nationalität nach, Amerikaner. Meine natürliche Sorge gilt daher Deutschland so gut wie Europa, wie dem Westen, wie den Vereinigten Staaten. Daß sie darüber hinaus der Menschheit gilt, bedarf der Erwähnung nicht. Wenn ich aber in der Folge Überzeugungen vertrete, die von der Regierung des großen, in tiefster Seele freundlichen Volkes überm Meer nicht geteilt werden, so geschieht dies keineswegs in feindlicher Absicht. Sehr im Gegenteil bin ich sicher, den wohlverstandenen Interessen auch Amerikas zu dienen, indem ich, dem dort augenblicklich üblichen Konformismus zum Trotz, ausdrücklich abweiche von der Denkungsart, die drüben vorherrscht.

Nun denn, ich frage mich: Wollen die Deutschen der DBR die Wiederaufrüstung, und könnten sie gar verblendet genug sein, den Krieg zu wollen. Das können sie nicht –, könnten es so wenig wie Frankreich und aus denselben zwingenden Gründen. Da sie es aber nicht können, muß – als großer Schritt in Richtung des Krieges – auch die Wiederaufrüstung ihnen – wie Frankreich – zutiefst verdächtig und unerwünscht sein.

Ich sage »sie« und »ihnen« und meine natürlich nicht alle Bürger der Bundesrepublik. Wir wissen, daß in den vergangenen Jahren, akzeleriert, seit dem Jahre 1949, in dem das »deutsche Wirtschaftswunder« sich zu manifestieren begann, Personen und Interessen dort neuerdings an Macht gewannen, die rechtens und de facto »abgewirtschaftet« hatten mit dem Zusammenbruch des Hitler-Regimes. Wenn aber diesmal Schlechtes nach oben kam, so waren es nicht fanatisierte Massen breiter Volksschichten, von denen es getragen war. Und nicht, wie in den Jahren vor 1933, etablierte das Übel sich aus eigener Kraft und gegen den – übrigens schon damals geteilten und teilweise gelähmten – Willen der demokratischen Welt, die sich außerstande wähnte, irgend zu intervenieren. Vielmehr waren es diesmal mächtige Repräsentanten ebendieser Welt, die, zur schockhaften Verwirrung der nunmehr friedwilligen westdeutschen Majorität, dem Todfeind von gestern den Rükken stärkten, in der Irrmeinung, er tauge zum Kron-Alliierten gegen den designierten Todfeind von morgen.. Und wie, wenn der Gestrige nun seine wiederhochgepäppelten Kräfte alsbald einer Allianz zur Verfügung stellte, von der allein er sich die Zurückgewinnung verlorenen Besitzes erhoffen könnte –, es sei denn, daß er es vorzöge, Gewalt anzuwenden und so einen Krieg zu entfesseln, den »präventiv« zu nennen, dem Verblendetsten nicht mehr beifallen würde? – Gleichviel: festzustellen war, daß, anders als vor 33, Einflüsse von außen wirkten und fortwirken. Auch nahm ja die »Unterwanderung« des politischen Lebens in der DBR möglichst versteckte Wege und wurde dem Gros der Bevölkerung erst deutlich, als sie – in ihren Grenzen – bereits vollzogen war.

Die Erklärung eines bedenklichen Phänomens nähme freilich diesem nichts von seiner Bedenklichkeit, bliebe sie auf sich beschränkt und außer Zusammenhang mit Symptomen entgegengesetzten und also »guten«, Gutes verheißenden Charakters.

Während nämlich das »deutsche Wirtschaftswunder« seinen Namen nur sehr bedingt verdient, hat in der DBR etwas stattgefunden, das, angesichts der ungemeinen Seltenheit seines Auftretens in der Geschichte, wirklich etwas vom Wunder hat, ich meine die Entwicklung der deutschen Sozialdemokratie, einer Partei, die buchstäblich aus der Geschichte und aus dem eigenen Versagen in ihr gelernt hat und klüger und entschlossener daraus hervorgegangen ist; einer Partei, die nicht nur offenbar weiß, was sie will, sondern deren artikulierter Wille immer spürbarer wird.

Die Wahlen in Schleswig-Holstein sind ein in seiner Bedeutung nicht zu unterschätzendes Zeichen. Wie bekannt, verlor in diesen Wahlen die CDU ein Drittel ihrer Stimmen, während die SPD mit einer freilich noch geringen Mehrheit zur stärksten Partei des Bundesstaates wurde. Worauf gründet sich dies Resultat?

Vor mir liegt ein Dokument, das sich »Essener Vorschlag« nennt, im vergangenen Juli von einer Gruppe von Sozialdemokraten und sozialistischen Wissenschaftlern ausgearbeitet wurde und, wie die Einführung mitteilt, »... die Haltung der ... Partei zu den wichtigsten Gegenwartsfragen entwickelt ...«

Es scheint mir lohnend, aus der »Grundsatzerklärung« des Manifestes ein paar einschlägige Stellen hier wiederzugeben:

»Angesichts dieser tödlichen Gefahr (eines neuen Weltkrieges)«, heißt es da, »muß die Erhaltung des Friedens oberstes Gebot unseres politischen Tuns sein. Das beste Mittel zu seiner Erfüllung erkennen wir in einer Politik der Freundschaft und Verständigung gegenüber allen Völkern der Erde, unabhängig von ihrer jeweiligen Staats- und Gesellschaftsordnung. Von der Gefährlichkeit und Verderbnis des Militarismus und von der Sinnlosigkeit aller Gewaltanwendung im zwischenstaatlichen Zusammenleben der Völker überzeugt, leisten wir feierlich VERZICHT AUF MACHTPOLITIK. (Fettdruck in Majuskeln authentisch).«

Der »Grundsatzerklärung« folgt ein »Plan zur Schaffung der Einheit Deutschlands«, den hier auch nur summarisch wiederzugeben weder möglich noch nötig ist. Auch setze man nicht voraus, der »Plan« finde in allen Punkten meine Zustimmung. Immerhin scheint folgendes mir hörenswert:

»Wir Sozialdemokraten«, bekennen seine Urheber, »haben 1945 den Siegermächten aus innerster Überzeugung das Recht zugestanden, eine Kontrolle über unser Land auszuüben, um das Wiederaufleben des deutschen Militarismus und die damit zwangsläufig verbundene neuerliche Bedrohung des Weltfriedens zu verhindern. Nachdem diese Mächte jedoch das ihnen allein zur Erfüllung dieser Aufgabe zustehende Recht ... dazu benutzt haben, den deutschen Militarismus psychologisch und materiell zu fördern und zu stützen, haben sie die völkerrechtliche Voraussetzung für eine weitere Aufrechterhaltung der Besetzung Deutschlands verwirkt. Nachdem sie ihre Stellung als

Besatzungsmächte außerdem dazu mißbraucht haben, einer neuen Völkerverhetzung Vorschub zu leisten ..., haben sie ihrem weiteren Verbleiben ... auch moralisch den Boden entzogen.«

Es folgt die Aufforderung zur sofortigen Räumung Gesamtdeutschlands von allen fremden Truppen, und mir scheint, ihre Motivierung bliebe gut, auch wenn ihr aus einer Reihe von praktischen Gründen nicht gleich Gehör geschenkt werden kann. Was übrigens weiter folgt, sucht, nicht unwirksam, von diesen Gegengründen einige zu entkräften, und ist wichtig in sich selbst: »Wir verzichten«, erklärt das Manifest, »auf den Aufbau einer deutschen Wehrmacht. Sie widerspricht unserem Grundsatz der Abkehr von jeder Machtpolitik und würde – ja nach der augenblicklichen Ausrichtung der deutschen Außenpolitik – eine ständige Bedrohung Europas darstellen. Dagegen erleichtert die Ablehnung jeder deutschen Wiederaufrüstung die Herbeiführung eines gemeinsamen Beschlusses der Siegermächte über die Räumung Deutschlands von allen fremden Truppen, indem sie einerseits den berechtigten Sicherheitswünschen unserer Nachbarn Rechnung trägt und zugleich alle Sonderhoffnungen einzelner Besatzungsmächte auf Stärkung der eigenen Position durch deutsche Heere endgültig zunichte macht. Zur Aufrechterhaltung der inneren Sicherheit unseres Landes ist eine starke Polizei ausreichend. Unser Verzicht auf Machtpolitik schließt den Verzicht auf die Herstellung von Massen-Vernichtungsmitteln ein. Wissenschaft, Technik und Industrie unseres Landes dienen allein der Verbesserung der Lebenshaltung unseres Volkes und jener Völker, die in ständigem gegenseitigen Geben und Nehmen unsere geistige und materielle Kultur mit entwickeln. Es ist unser Wunsch, daß zu diesen Völkern die Völker des Ostens in Zukunft ebenso gehören wie die Völker des Westens. Unser Wille zu dauerhafter Freundschaft mit der UdSSR, Indien und China ist deshalb nicht weniger ernst als unser Wunsch nach freundschaftlicher Verbundenheit mit Frankreich, England und den USA.«

So, also, lautet, nach dem »Essener Vorschlag«, das außenpolitische Programm der SPD. Und wenn es sich versteht, daß ihm fürs Innere der Plan eines demokratisch gelenkten Sozialismus entspricht und daß dieser der organisierten Arbeiterschaft gewiß besonders am Herzen liegt, so meine ich, daß dennoch die Partei ihre zunehmende Popularität vor allem ihrer Friedenspolitik verdankt, wie es nicht zuletzt die Außenpolitik der Bundesregierung sein dürfte, die ihre Partei in Schleswig-Holstein um ein rundes Drittel ihrer Stimmen gebracht hat.

Unter den Westmächten aber, mit denen – nach dem »Essener Vorschlag« – ein geeinigtes Deutschland in »freundschaftlicher Verbundenheit« zu leben wünscht, steht Frankreich an erster Stelle. Warum steht es dort? Weil es Deutschland geographisch am nächsten liegt? Vielleicht. Doch grenzen auch andere Länder aneinander, ohne daß ihr gegenseitiges Vertrauen eine conditio sine qua non des Friedens in Europa darstellte. Frankreich und Deutschland, die benachbarten Kernländer, das Doppelherz des Kontinents – sobald und solange sie in Zwietracht leben, ist der Erdteil bedroht; und um ein Vielfaches näher fände er sich seiner Rettung, sobald und solange Freundschaft herrschte zwischen den beiden.

Daß Frankreich die Verständigung wünscht, unterliegt mir keinem Zweifel; noch steht das Recht der geprüften Nation mir außer Frage, sich der deutschen Aufrüstung fürs nächste zu widersetzen. Daß es aber auch in Deutschland an gutem Willen und guter Widersetzlichkeit nicht fehlt, bewiese die Haltung der SPD, auch wenn im übrigen die Zeichen schlimmer stünden, als sie stehen.

Sie könnten viel schlechter stehen. Die westdeutsche Publizistik, soviel ich sehe, ist ziemlich einig in dem Axiom, daß bei der Ordnung der europäischen Angelegenheiten nichts ohne Frankreich, geschweige gegen Frankreich geschehen darf. Die kulturelle Anziehungskraft, welche ihr Land ausübt auf die jüngste deutsche Intelligenz, ist sehr stark –, obgleich doch seine Kulturpropaganda an Eifer und Lautstärke weit zurücksteht hinter der amerikanischen. Man bewundert, nicht ohne Neid, die ungebrochene Kontinuität, die Traditionssicherheit des französischen Geistes, die sich mit jeder Kühnheit des Experimentes und des Avantgardismus so wohl zu vereinigen weiß. Der Blick unserer Künstler, der jungen gerade, ist mit erwartender und empfänglicher Sympathie nach Paris gerichtet, in dem Gefühl, daß von dort noch immer die feinsten und reifsten Ergebnisse des ästhetischen Laborierens Europas kommen. Deutsche Musik-Veranstaltungen zeigen, daß Pierre Boulez stärker das Bild der Produktion bestimmt als Schönberg und Strawinsky. Gides versucherisches Werk bleibt ein erregender Gegenstand literarischer Erörterung. Unsere Theater spielen Giraudoux, Cocteau, Anouilh, und keine deutsche Bühne von geistigem Anspruch hat sich die grotesken Melancholien von ›En attendant Godot‹ entgehen lassen, die man als französisches Kulturgut betrachtet, so gut wie Picassos fortwirkendes Werk. Sartre fasziniert als Dramatiker, Romancier und Essayist –, wie denn das »existenzialistische« Weltgefühl, philosophisch zuerst in Deutschland ausgearbeitet, in literarisch-artistischer Apparatur über Frankreich zu uns zurückgekehrt ist.

Soviel von dieser Sphäre. Und die kompakte Masse des Volkes? Mir scheint, die letzten Reste des Mythos vom »Erbfeind des Westen« sind abgestorben. Schon Hitlers Schwindel-Eroberung Galliens vor vierzehn Jahren hat nicht entfernt den Stolz, das nationale Hochgefühl ausgelöst wie der Sukzeß von 1870/71. Heute ist eher eine gewisse Gêne zu beobachten über den Siegesplunder von 1940, ein Achselzucken über den Waffenruhm, mit dem man so äußerst ernüchternde Erfahrungen gemacht hat. Dies Volk, seiner großen Mehrheit nach, will nichts wissen von Krieg und Kriegsgeschrei. Es will leben, arbeiten, aufbauen – und sich ohne »Machtpolitik« das Maß von Macht wieder zuwachsen lassen, welches das natürliche und legitime Ergebnis der Aktivität, des Fleißes und ehrlicher Tüchtigkeit ist. Es ersehnt sich Zeit und ist nicht ohne berechtigte Hoffnung, daß sie ihm und der Welt gewährt sein möge. Die Hydrogenbombe sollte den Frieden sichern –, was ihn in Wahrheit fristet, ist die Tatsache, daß Rußland sie auch hat, und ich müßte mich ganz und gar irren, wenn nicht verbreitete Befriedigung über diesen Sachverhalt unter den Deutschen herrschte.

Als ich fünfundsiebzig wurde, vor bald fünf Jahren, habe ich in einer Rede der Zeit ein kleines Loblied gesungen. Sie arbeitet, sagte ich, für uns alle, wenn wir sie gewähren lassen bei ihrem Werk des Ausgleichs und der Aufhebung von Gegensätzen zu höherer Einheit, und wenn wir sie, der einzelne und die

Völker, erfüllen mit der Arbeit an uns selbst. Die Zeit ist ein kostbares Geschenk, uns gegeben, damit wir in ihr klüger, besser, reifer, vollkommener werden. Sie ist der Friede selbst, und Krieg ist nichts als das wilde Verschmähen der Zeit, das Ausbrechen aus ihr in sinnloser Ungeduld.

Der Himmel gewähre uns Zeit! In ihr wird sich dem letzten noch der bloße Gedanke an einen dritten Krieg als der selbstmörderische und kriminelle Wahnsinn erweisen, der er ist. Daß glühender Patriotismus die Fähigkeit und den Willen nicht ausschließt, einzulenken und gültig auszuhandeln, was durch Mord und Totschlag nicht beizulegen war, Frankreich, in der Person seines großen Premiers Pierre Mendès-France, hat es neuerdings demonstriert. Frankreich hat einen Mann. Möge ihm Zeit gewährt sein! Sein Fall würde das Land in die alte politische Instabilität zurückwerfen, an der ganz Europa teilhätte.

Nichts, wie die Dinge liegen, ist durch Mord und Totschlag noch beizulegen, unwiderstehlich wird die Zeit zu dieser Einsicht überreden. Ihr Wirken ist still und mächtig; sie kann die Selbstgerechtigkeit dämpfen, Verkrampfungen lösen und, indem sie die widersprüchlichen Elemente der Demokratie, Freiheit und Gleichheit, zu neuer Synthese erhebt, die Menschheit in einem humanen Sozialismus versöhnen.

Der Himmel schenke uns Zeit!

ERNST NIEKISCH

Ost-West-Gespräch

West: So hätte man also nach Ihrer Meinung am Potsdamer Abkommen festhalten müssen?

Ost: Die Sowjetunion hat nie daran gedacht, es preiszugeben. Sie ist auch heute noch nicht von ihm abgewichen.

West: Die Amerikaner sagen anders.

Ost: Es ist die alte Regel: der Dieb ruft »Haltet den Dieb!« Beachten Sie den Gang der Dinge. Schon bald nach Unterzeichnung des Abkommens fanden die Amerikaner, daß ihre imperialistischen Pläne in Europa am Potsdamer Abkommen eine Schranke finden würden. Deshalb trafen sie Anstalten, von ihm loszukommen. Zum erstenmal gestand dies der amerikanische Staatssekretär des Äußern, Byrnes, in seiner bekannten Stuttgarter Rede vom 6. September 1946 ein. Hier gebrauchte er bereits den Begriff der »Bizone«. Mit der Schaffung der Bizone begann die Zerreißung Deutschlands. Es folgten die Einrichtungen des Frankfurter Wirtschaftsrats, die Einführung einer gesonderten westdeutschen Währung, schließlich die Gründung des Bonner Staates nach Maßgabe der Londoner Empfehlungen. Die deutschen Schwerindustriellen und die Großgrundbesitzer, die nach Westdeutschland »emigriert« waren, witterten alsbald, daß sich die amerikanischen Imperialisten auf deutsche Besitzbürger zu stützen gedachten: infolgedessen ging das westdeutsche Besitzbürgertum, das die Durchführung der Bodenreform und die Auflösung der Konzerne innerhalb des westdeutschen Gebietes fürchtete, auf alle amerikanischen Absichten ein, selbst wenn auf diese Weise Deutschland in zwei Teile auseinandergebrochen wurde.

West: Sie dürfen nicht übersehen, daß zu den Strukturänderungen auch die Beschlagnahme des Privateigentums gehört, die im Ostzonengebiet vorgenommen wurde. Das gesamte Bürgertum Westdeutschlands fühlt sich durch diese Maßnahme bedroht und abgeschreckt. Es fürchtet auch für seinen eigenen Besitz. Das Wort von den »volkseigenen Betrieben« hat in den Ohren westdeutscher Bürger einen schlechten Klang.

Ost: Sie müssen darauf achten, wessen Privateigentum verstaatlicht wurde. Es handelt sich um die Betriebe von ehemaligen führenden Nazis und Kriegsverbrechern. Muß es die Opfer des Faschismus nicht erbittern, die nationalsozialistischen Übeltäter so glimpflich behandelt zu sehen, wie sie in Westdeutschland behandelt werden? Ist es nicht ein Gebot der Gerechtigkeit, daß diese Übeltäter dem Volksganzen ihren Besitz darzubringen haben, um die ungeheuren Schäden einigermaßen wieder gutzumachen, die das Volk durch sie erlitten hat? Der demokratischen Ostzonenbevölkerung erschien der Gedanke unerträglich, nationalsozialistische Verbrecher als Unternehmer weiterhin über das Wohl und Wehe deutscher Arbeiter bestimmen zu lassen oder den Gang der Produktion ihren Händen fernerhin anzuvertrauen. Die volkseigenen Betriebe brauchen den fortschrittlich gesinnten westdeutschen Bürger nicht zu schrecken!

West: Unbestreitbar ist es die bürgerliche Besitzangst, die der amerikanischen Besatzungspolitik in Westdeutschland Vorschub geleistet hat. Doch erlauben Sie mir in diesem Zusammenhang eine weitere Frage: Welche Gründe sollen die angelsächsischen Mächte gehabt haben, Deutschland zielbewußt zu zerreißen? Sie haben sich doch immer und immer wieder zur Einheit Deutschlands bekannt.

Ost: Dies ist nur zu verstehen, wenn man auf die Gesamttendenz der anglo-amerikanischen Politik hinblickt. Thomas Mann vermerkt in seinem Büchlein »Entstehung des Dr. Faustus«, daß die amerikanische Politik von 1943 begonnen habe, sich auf einen späteren Krieg gegen die Sowjetunion einzustellen. Er veröffentlicht eine Tagebuchnotiz vom August 1943; sie lautet: »Mit den Freunden über das schlechte Verhältnis zu Rußland, die Uneinigkeit, das Mißtrauen, genährt durch das Ausbleiben einer wirklichen zweiten Front, die Abberufung Litwinows und Maiskys. Eindruck, daß es sich kaum noch um diesen Krieg, sondern um die Vorbereitung des nächsten handelt.« Die Erfolge, die der amerikanische Imperialismus in Europa und Asien erzielte, vergrößerten seinen Appetit. Er konnte es nicht ertragen, daß die Sowjetunion zu einem gleichberechtigten und gleichstarken Faktor der Weltpolitik geworden war. Die Stuttgarter Rede Byrnes im Jahre 1946 enthüllte zum erstenmal offen, mit welchen Plänen sich der anglo-amerikanische Imperialismus trug. Er wollte den Kontrollrat zerstören, um das Mitbestimmungsrecht der Sowjetunion an der Ruhr auszuschalten; er wollte in diesem Industriegebiet allein Herr im Hause sein. Er erwog schon, Westdeutschland zu einem Aufmarschgebiet und Rekrutendepot für anglo-amerikanische Zwecke zu machen. Er trat in die Nachfolge Hitlers ein: das, was Hitler mißlungen war, die Vernichtung der Sowjetunion nämlich, wollte er zu Ende bringen. Ganz Europa sollte in dieses Unternehmen einbezogen werden. Die Gründung der

Westunion, schließlich des Atlantikpaktes hatten die Aufgabe, alle westeuropäischen Völker gegen die Sowjetunion zu mobilisieren.

West: Diese Pakte haben, wie auch ich glaube, doch nur den Zweck der Verteidigung!

Ost: Der Verteidigung? Wo hat die Sowjetunion einmal zu erkennen gegeben, daß sie sich mit Angriffsabsichten trägt? Sie wendet alle ihre Kräfte für den inneren Aufbau so ausschließlich auf, daß sie in ihrem eigenen Interesse jeden Gedanken an Krieg ablehnen muß. Stellen Sie sich vor, die Sowjetunion würde Pakte mit Mexiko oder mittel- und südamerikanischen Staaten abschließen. Washington würde sofort Lärm schlagen und behaupten, es fühle sich bedroht. Wollte die UdSSR eine solche Paktpolitik mit defensiven Absichten begründen, würde sie ausgelacht werden und nicht mit Unrecht. Nun schmieden die USA um die Sowjetunion einen Ring, der vom Nordkap über die west- und südeuropäischen Staaten zur Türkei, von dort über Persien nach Indien zu den Philippinen bis Japan laufen soll. Truman sprach einmal von dem »sanitären Kordon«, der um die Sowjetunion gelegt werden solle. Das ist die ausgesprochenste Einkreisungspolitik, deren letztes Ziel nur der Überfall auf die Sowjetunion sein kann. Nur zu solchem Zwecke können die Waffen dienen, welche Amerika sowohl den Mittelmeerländern wie den Staaten des Atlantikpaktes in so ungeheurer Menge geradezu aufdrängt. Für das geplante Kriegsunternehmen gegen die Sowjetunion erstrebt der angloamerikanische Imperialismus die Beihilfe der soldatischen Qualitäten des deutschen Volkes. Der Marshall-Plan ist der Aufwand, den der amerikanische Imperialismus macht, um alle die Völker, die er für sein Paktsystem braucht, zu kaufen.

WALTER BAUER

Eines Tages werden wir aufwachen und wissen

EINES Tages werden wir aufwachen und wissen,
Daß wir zu wenig getan haben oder das Falsche,
Wir werden uns sagen, daß wir mehr hätten tun sollen.
Aber was? werden wir fragen – und: wann hätten wir es tun
sollen,
Hatten wir jemals Zeit, uns zu entscheiden?
Und dann werden wir wissen, daß über uns entschieden
wurde
Von Anfang an, weil wir es so wollten.
Keine Ausrede mehr: die Zeit ist vertan.
Keine Beschönigung mehr: auf unseren Händen liegt Asche.
Bei jedem Schritt stäubt sie auf. Asche. Asche.

Wir werden uns dann eines Glanzes erinnern,
Der uns blendete vor vielen Jahren, daß wir erschauerten,
Eines Windhauches werden wir dann gedenken, der uns traf,
Uns aufriß und dann zerfloß,
Wir werden dann fragen: Wann war das? Wann der Blitz
des Lichtes?
Der Windhauch: wann?
Wir werden uns erinnern, daß da etwas war
voller Verheißung,
Aber kaum noch sagen können, was es war und daß es
Aussichten gab für uns,
Pfade, für uns allein gemacht –
Nur: daß da etwas war, dem wir nicht folgten –
Und hinzufügen: daß wir keine Zeit hatten, leider –
Weil wir die Zeit vergeudeten in kleiner, abgegriffener Münze.
Und von dem Aufblitzen des Lichtes und dem Windhauch
blieb nichts.
Nur Asche.

FRITZ VON UNRUH

Mahnruf zum Frieden

Appell an das deutsche Volk

Verflucht sei Krieg!
Verflucht das Werk der Waffen!
Es hat der Weise nichts
Mit diesem Wahn zu schaffen!

Li Tai-pe

In letzter Minute, da ruft euch ein ausgebürgerter und unter der Fackel der Freiheitsstatue am Atlantik angesiedelter Mann noch einmal zu: Erwacht, ehe es für immer zu spät ist! Schon schwebt drohende Kriegsgefahr über uns allen!

Bereits 1948, da versuchte ich es in der Paulskirche, begeistert von den hohen Idealen der amerikanischen Unabhängigkeitserklärung, euch einen neuen Weg zu zeigen, der aus dem Jammer der Bombenbrände deutscher Städte und aus dem Unheil der Heil-Schreierei herausführt auf den Weg eines dauerhaften Friedens!

Ich frage heute: soll die List der Kriegswoller wirklich mächtiger werden als der ehrliche Aufbruch sämtlicher Friedenswoller der Erde – oder lockt euch das fette Futter der Wirtschaftswunder tatsächlich an die kettenrasselnden Krippen des Menschenschlächters »Krieg« zurück? Überdröhnt sein Getrommel unser Gebet zur Einkehr und Umkehr und euer heiliges Recht auf Reue und Buße, daß ihr schon wieder die Achseln zuckt, wenn man eure Warner in neu ersonnene KZ's des Verschweigens sperrt oder sie offiziell »Narren« schimpft? Wo es doch schon in der Bibel heißt: »Wer zu seinem Bruder sagt: Du Narr! – der ist des höllischen Feuers schuldig.«

Ein deutscher Regierer äußerte kürzlich: »Wenn ihr keine Atomwaffen wollt, dann kann ich nur sagen: armes Deutschland!« Wir erwidern: kann denn überhaupt ein Volk nach dem Verlust seiner Seelenkultur noch *reich* genannt werden? Kann es im Satellitenrock andere Reichtümer ergattern als jene, die der Teufel anbietet? Nein! Nur der Friede könnte euch alle jene Schätze zurückgeben, die seit dem »Ewigen Frieden« von Immanuel Kant, die seit der Matthäus-Passion, die seit den Werken unserer klassischen Dichtung, seit Jahrhunderten auf euer geistiges Erwachen warten. Habt ihr es etwa schon wieder vergessen, was euch die tapferen Göttinger Professoren in unbezweifelbarer Deutlichkeit über die allvernichtende, kosmische Rasanz der Atomwaffe klargemacht haben?

Der große Lessing läßt einmal jemanden ausrufen: »Gott! Gott!, worauf können die Menschen einen Glauben gründen, durch den sie ewig glücklich zu werden hoffen?«

Nun, wir Friedenswoller, wir haben diesen Glauben gefunden. Er wurde uns offenbart in den Stahlgewittern und Todesorgien der Trommelfeuer – damals, als all das seelenlose, sogenannte Glücklichsein zerfetzt und zerbrannt zwischen den Granattrichtern lag wie Mist und blutnasse Lumpen und uns ein neuer Glaube die unumstößliche Tatsache erhellte, daß nur ein geläutertes Leben, daß nur ein vom Schöpferimpuls erfülltes Leben die Schlachtfelder umackern kann für die Saat des Friedens!

Heinrich Heine fragt: »Ist die Freiheit und der Friede nicht ebenso gut eine Religion wie jede andere? Warum lästert ihr also ein Zeitalter, das vielleicht das heiligste ist von allen seinen Vorgängern und Nachfolgern?«

Ihr Menschen aus zwei Weltkriegen! Hatten wir uns dies alles nicht auch beim Anblick der Verbrennungsöfen und Massengräber schuldbewußt gefragt, damals, als wir dieses heiligste Gut, den Frieden, erstmalig erkannten?

Also warum laßt ihr es dennoch zu, daß dieses heiligste Gut weiter bedroht und verlästert wird? Ihr Kameraden und Kameradinnen miterlebter Niedertracht, hatten wir nicht gemeinsam einen Schwur geleistet, den Schwur »Nie wieder!«

1832 sagte der Hambacher Redner: »Wir beneiden zwar den Nordamerikaner um sein glückliches Los, das er sich mutvoll selbst erschaffen hat; zu gleicher Zeit aber beugen wir knechtisch den Nacken unter das Joch der eigenen Dränger!«

Behielt er recht? Sind seine Worte nach anderthalb Jahrhunderten etwa noch immer wahr? Beugen wir tatsächlich bis heute immer weiter die Nacken unter das Joch unserer Dränger, wenn sie mit »Notstandsgesetzen« euren Widerstand brechen wollen und euren Mut, der sich dem »Höllensohn Krieg«, diesem schwärzesten Lügner entgegenzustellen wagt, wenn dieses Ungeheuer an eure Türen klopft und euer Spargeld fordert für immer neue Rüstung?

In der amerikanischen Unabhängigkeitserklärung steht der herrliche Satz: »All men are created equal.« – Alle Menschen sind gleich erschaffen. Wenn das stimmt – und es stimmt! –, warum gehorcht ihr dann den frechen Befehlen der Lüge, die euch heißen, gegen eure Menschenbrüder zu marschieren? Horcht nicht auf das Geflüster der Lüge »Kriege wird es immer geben, immer wird der große Fisch den kleineren fressen!« Hat nicht der Hirtenbub David den Riesen Goliath besiegt? Reitet nicht Dürers Ritter furchtlos zwischen Tod und Teufel dem Licht auf dem Berge entgegen – dem Licht des Friedens? Oder fehlt euch die Courage, zu sagen: »Wir wollen Frieden«, wo doch diese drei Worte, sprächen Millionen sie aus, die gesamte Kriegsmaschinerie zerschmelzen würden im heißen Hauch eurer zum Frieden bereiten Seele! Wißt ihr nicht, daß die ganze Menschheit eure Botschaft mit Enthusiasmus begrüßen würde? Was hindert euch, da es doch keiner wagen würde, zu behaupten, daß ihr feige seid! Ihr, die ihr doch einst dem »Verführer« mit äußerstem Heroismus nachgefolgt seid, ver-führt von seiner »satanischen« Verheißung auf das Plünderungsgut der ganzen Welt! Also, warum rührt ihr euch jetzt nicht mit dem gleichen Existenzeinsatz für die »göttliche« Verheißung des Friedens? Ihr, die ihr euch doch gerade erst aus dem Ruinenschutt herausgeschaufelt habt? Ihr, die ihr euch vertrauensvoll wieder ein paar Zimmer erbautet in der Hoffnung auf ein neues Leben in Frieden?! Ja, hört ihr denn nicht die Verführerrotte zu neuem Krieg schon wieder vor eueren Fenstern Radau machen und in den Mauern ihrer Kasernen? Waren euch denn die zwei Weltkriege noch immer keine Lehre?

Erfaßt es uns heute nicht wie mit Grausen, liest man zum Beispiel das Memorandum der Kriegsrüster-Generalität. Es beweist eben wiederum, daß das Lügenvokabular des Monstrums Krieg in seinem jahrhundertealten Gebrauch über Formulierungen verfügt, die es dem Massenkrabbeltier Dummheit unbekümmert wie Parole-Befehle zumuten kann, denn seit die Kriegsreligion jede andere Bindung an die Friedensreligion auf »höheren Befehl« zerrissen hat, da gibt es auch kein Beschwerderecht gegen diese Generalstabsphilosophie, die jeden Versuch einer Vernunftüberlegung gegen ihre Kriegsartikel der Einfachheit halber als »Hochverrat« erklärt.

Daher wird dann auch ein solcher Satz aus dem Memorandum stramm angehört: »Gewaltanwendung ist in den Augen kommunistischer Führer nicht verwerflich, da Krieg nach ihrer Lehre die Hebamme der Geschichte ist!« Das Massenkrabbeltier Dummheit horcht und muckst nicht wie beim Appell – und wehe, wer vortreten und sich die Bemerkung erlauben wollte, daß ja seit Alexander, Cäsar, Friedrich II., Hindenburg und den bis heute in den Generalstäben der Welt preußisch zurechtgehämmerten Kriegsartikeln an erster Stelle der Glaubenssatz steht: »Krieg ist der Vater aller Dinge!« Wie anders könnte man sonst, fünfzehn Jahre nach der »bedingungslosen Kapitulation« der Hitler-Generalität und nach der völligen Zertrümmerung Deutschlands, den lapidaren Satz solch eines Memorandums ehemaliger Hitler-Generale verstehen: »Die Bundesrepublik wird in jedem Falle Kampfgebiet!« Diese »erhebende« Feststellung fordert zu neuen »Heldentugenden« auf. Dabei wird die Aussicht auf die völlige Zerbombung und Verwandlung heimatlicher Äcker in radioaktive Verseuchung mit »soldatischem Mut« in Kauf genommen!

»Quidquid delirant reges, plectuntur achivi!« Was die Oberen sündigen, muß das gemeine Volk büßen!

Will das »gemeine Volk« immer weiter büßen? Erhob nicht schon 1849 der Volksdichter Ludwig Uhland seine Stimme gegen das »rastlos arbeitende Stand- und Blutgericht über die Friedens- und Freiheitskämpfer«?!

Zerreißt die Stricke der Gleichgültigkeit, mit denen man euch höheren Orts zu fesseln hofft!

Wir müssen den Krieg abschaffen! Dieser Aufschrei aller Völker muß eine Kettenwirkung hervorrufen, die den politischen Hetz- und Brandrednern zum Krieg einstimmig Halt gebietet. Weigert euch, die Möglichkeit eines dritten Weltkrieges anzuerkennen! Verstopft eure Ohren gegen die Sirenen ihrer Propaganda, dann ist es noch nicht zu spät! Euer Herzensschrei »Laßt uns den Krieg abschaffen« muß nicht nur sofort Tat werden, er muß das Memorandum aller friedliebenden Nationen werden, die sich der elementaren Kraft ihres Wollens zum Frieden bewußt geworden sind – oder von Stunde zu Stunde immer glühender bewußt werden; die es satt sind, ihre brüderlichen Siedlungen durch einen Druck auf den Knopf gewissenloser oder gefühlloser Roboterhirne von einer Sekunde zur anderen als »Kampfgebiet« erklärt zu bekommen.

Vereinigt euch! Und die Ketten des gefesselten Prometheus werden abfallen von unseren Gliedern, mit denen uns die goldbestickten, ordenprotzenden Obergötter an die Felsen ihrer Hartherzigkeit bereits geschmiedet haben oder schmieden wollen. Hinweg mit dieser Plage der Menschheit!

1916 ließ ich als Ulan vor Verdun in der Tragödie »Ein Geschlecht« einen Soldatenführer, entsetzt vom Schlachtgestöhn der Schlacht, seinen Umhang mit dem Satz herunterreißen:

»Herunter mit dem roten Tuch der Schrecken!
Ich geb es hin – die Sonne mög es bleichen!«

Und heute, 1960, rufe ich euch auf, mit mir zu schwören:

»Herunter mit dem Bluttuch neuer Kriege!
Die Sonne des Friedens möge es bleichen!«

VOLKER VON TÖRNE

Lied von den apokalyptischen Reitern

Es war in der Zeit der Depression:
Ihr Karren kam nicht mehr weiter.
Sie hatten Angst vor der Revolution,
die apokalyptischen Reiter.

Sie wechseln die Knochen. Sie wechseln die Haut.
Sie bleiben doch immer die alten.
Sie heulten sich heiser. Sie brüllten laut:
Erbarmen! Ihr müßt uns behalten.

Sie haben das Abendland ausverkauft
samt Gott und seinen Engeln.
Sie haben sich einen Gaul gekauft.
Sie sagten: Mit kleineren Mängeln.

Sie wechseln die Knochen. Sie wechseln die Haut.
Sie bleiben doch immer die alten.
Sie haben dem Gaul ins Maul geschaut.
Sie sagten: Den wolln wir behalten.

Sie machen einen mächtigen Krieg.
Ihr Schinder war keine Niete.
Und gab es am Ende auch keinen Sieg:
Es gab doch ganz schöne Profite.

Sie wechseln die Knochen. Sie wechseln die Haut.
Sie bleiben doch immer die alten.
Ihr habt ihnen wieder ein Haus gebaut,
in dem sie euch niederhalten.

ROLF HOCHHUTH

Aufruf

Bürger, streift ab für die Dauer eines Lidschlags die Angst.
Einmal seid stark für die Einsicht:
die Heimsuchung kommt nicht von Gott,
Eure falsche Ruhe ruft sie herauf.

Zieht ab vom Glauben, was Illusion war: ewig daure
die Langmut Gottes. Seine Geduld ist verbraucht.
Wer zählt die Söhne, die er gesandt hat,
sein Antlitz den Menschen zu zeigen.

Wir haben ihn nicht erkannt im bettelnden Kind,
nicht in der Greisin, die tot nur entdeckt wird,
weil sie dem Lichtableser nicht aufmacht.
Haben seine Not nicht erfaßt im Angstschrei
des jungen Piloten,
den man vom Himmel schoß, bevor er gelebt hat.

Bürger, die Ihr keine Hand rührt für den Nachbarn,
den die Polizei nächtlich verschleppte:
warum *Euch* bergen aus dem verschütteten Keller?
Wie oft, Ihr Zeugen staatlich gelenkter Erpressung,
habt Ihr wegsehend nur die Straße gemieden,

Sind wir erst selbst umstellt, wird dem Maß unsrer Feigheit
das Unheil entsprechen, das uns wegreißt aus unsrer Praxis.
Die Erde, uns allen mit gleichen Rechten geschenkt,
soll sie Feld sein und der Grund unsres Hauses
– oder nur unser Grab?

Gleichgültig liefert nun Gott uns der letzten Versuchung aus:
er tritt seine Allmacht ab an den Menschen.
Wir sind jetzt die Herren der Apokalypse,
der Tod unser Knecht.
Die Schleusen zur Sintflut bedienen jetzt wir.

Setzt Zeichen, entgiftet das Gas.
Schlaft nicht auf Bomben, entschärft sie. Und schützt
auch den Mächtigen vor der Macht, bewacht ihn.
Betet nicht, wachet, damit Ihr in Anfechtung fallet.

ALFRED ANDERSCH
Papier, das sich rot färbt

WELCHE *Aufgabe* hat der Schriftsteller heute?

(Ich spreche von dem Schriftsteller, der sich selbst als Künstler versteht, nicht von demjenigen, der Sachbücher über Hormon-Forschung oder die alten Ägypter schreibt. Diesen schätze ich nicht gering ein; ein gutes Sachbuch ist besser als ein schlechtes Stück Literatur. Es gibt aber die Literatur als Kunst, wie Bilder oder Kompositionen von Menschen gemacht, die dazu »disponiert« sind wie andere zur Herstellung von Schuhen, Getreide oder Maschinen, zur Verfertigung von Medizin oder Politik. Künstler sind Spezialisten eines bestimmten Arbeitszweigs, nichts Besonderes innerhalb einer Gesellschaft, deren Arbeit auf Arbeitsteilung beruht.)

Welche Aufgabe also? Sowohl die einfache Vernunft wie die literar-historische Erfahrung sagen uns, daß der Schriftsteller nur *die* Aufgabe lösen kann, die er selbst sich stellt. Geglückte Werke sind immer Werke, die aus den persönlichen Intentionen der Schriftsteller hervorgehen. Nur diese reißen uns mit, vermitteln uns das Erlebnis schöpferischer Kraft, in dem wir teilnehmen können, schließen seelische Kräfte auf, die aufzuschließen ein Bedürfnis der Menschen ist. Darin besteht der Anteil der Künstler am Prozeß der Arbeitsteilung. Die Kunst ist kein Luxus für wenige, sondern befriedigt ein Bedürfnis aller.

In der Antike und mindestens seit der Renaissance steht das *Persönliche* als kreative Ursache und höchster Wert der Kunst-Produktion im Mittelpunkt unseres Interesses. Der Humanismus findet seine Erfüllung in der Anschauung reiner Individualität, sich steigernd in den Begriff des Genies. Als genial gilt nur der radikal sich selbst verwirklichende Künstler.

Gibt es also nicht – wie im Mittelalter – einen öffentlichen Auftrag an die Kunst und Literatur? Ist Kunst nichts weiter als reine Individualisierung, sozusagen eine Privatangelegenheit?

Diese Frage ist nicht einfach dadurch zu beantworten, daß man sie ablehnt und erklärt, ein Schriftsteller, der sich nur mit seinen privaten Problemen beschäftige, sei für die Gesellschaft unwesentlich und unnötig. Denn erstens einmal können die Zeitgenossen sehr oft nicht erkennen, daß ein Schriftsteller, der anscheinend nur »kleine«, private Fragen behandelt, in Wirklichkeit sich die zentralen Fragen seiner Zeit stellt, und zweitens wissen wir heute, daß auch im Mittelalter, einer Zeit, die ganz und vom öffentlichen Auftrag lebte, diejenigen Künstler die bedeutendsten waren, in deren Werk eine persönliche Handschrift lebt, individuelles Leiden sichtbar wird.

Ich meine aber, daß der öffentliche Auftrag, dieser Wunsch der Gesellschaft an den Künstler, daß er sich dem kollektiven Problem stelle, dennoch von jedem Schriftsteller erfüllt wird, der diese Berufsbezeichnung überhaupt verdient. Der öffentliche Auftrag ist nämlich ein Wesen von besonderer Art, er ist die Zeit selbst, in welcher der Schriftsteller lebt, und noch keiner hat sich seiner Zeit entziehen können durch Flucht in das Private. Dies ist ein Allgemeinplatz, banal; ich versuche, ihn etwas weniger banal zu fassen, indem ich sage, daß der Schriftsteller, was immer er auch schreibt, auf Lackmus-Papier schreibt, das in einer Säureflüssigkeit rot wird. Die Zeit, auf die er geschrieben hat, schlägt durch, mag er auch das Geschriebene für so zeitlos halten, wie er will.

Besitzt der öffentliche Auftrag an den Schriftsteller heute einen bestimmten, konkreten Inhalt? Ich vermute, ja. Ich komme immer stärker zu der Überzeugung, daß wir Schriftsteller uns der Aufgabe, an einer Welt des Friedens mitzuarbeiten, nicht entziehen können.

Ich lebe in einer Welt, die von der Fiktion des Krieges lebt. Damit will ich nicht sagen, daß diese Welt den Krieg wirklich will. Sie hat aber ein umfassendes ideologisches System geschaffen, in dem die Annahme eines gegen sie gerichteten Angriffskrieges einer anderen Welt als selbstverständliche Voraussetzung allen Denkens gilt. Dieses System durchdringt alle Lebensvorgänge. Es ist der Anti-Kommunismus. Wenn man von dem Klassen-Interesse absieht, das ihn am Leben hält, so ist der Anti-Kommunismus, als psychisches Phänomen, der klinische Fall einer Verfolgungs-Neurose. Der vom Verfolgungswahn besessene Mensch baut sich ein umfassendes Feindbild auf, in dem alle Vorgänge, auch die harmlosesten, als Konfigurationen des Feindes auftreten; das weltgeschichtliche Groß-Beispiel des Auftretens einer solchen Geisteskrankheit wird immer Hitlers Anti-Semitismus bleiben. Die manischen Züge am Anti-Kommunismus sind es, die ihn so gefährlich machen. Sie verhindern, daß der Westen im Kommunismus ganz einfach nur einen Vorschlag erblickt, wie man das menschliche Leben auf dieser Erde human fortführen kann. Ich persönlich glaube, daß es angesichts der Entwicklung, welche der sogenannte Fortschritt genommen hat, nur im Sozialismus fortgeführt werden kann. Aber ich kann mir vorstellen, daß auf einen Vorschlag mit einem Gegenvorschlag geantwortet wird, mit einem Denken aus Vernunft, mit gemeinsamen sachlichen Überlegungen, mit dem Gespräch. An die Stelle solcher Erwägungen setzt der Anti-Kommunismus die Rüstung, die Vorbereitung des Krieges. Übrigens wird er nicht in einem Krieg, sondern an seiner Rüstung zugrunde gehen, so wie der manische Mensch nicht in einer Aktion, sondern in dem katatonischen Zustand der Erstarrung endet.

So wäre denn der öffentliche Auftrag an den Schriftsteller klar: Er wird gebeten, am Frieden mitzuwirken. Selbstverständlich kann er schreiben, was er will, das Papier, auf dem er schreibt, wird sich ja auf alle Fälle rot färben, aber besser wäre es schon, wenn er sich von Anfang an entschlösse, mit seinen Wörtern den Frieden zu stiften. Denn ein neuer Krieg, das wissen wir, würde ja die Erinnerung an alle Bücher dieser Welt auslöschen.

Das Buch, an dem ich gegenwärtig schreibe, wird so persönlich, so individualistisch sein wie nur möglich, denn es wird ein Stück Autobiographie sein. Aber sein Thema wird der Friede sein.

WILLIAM BORM
Eine Anregung für Parteifreunde

– Zur Entspannung gibt es keine vertretbare Alternative. Ihre Infragestellung würde Europa zunächst in den kalten Krieg zurückführen und in letzter Konsequenz einen Atomkrieg wahrscheinlich machen mit der Folge der Selbstzerstörung mindestens unseres Kontinents.

– Entspannungspolitik setzt die Bereitschaft zur friedlichen Konfliktregelung voraus und kann nur wirksam werden, wenn die legitimen Interessen auch der jeweiligen Gegenseite anerkannt werden. Die Sicherheit des einen ist zugleich auch immer die Sicherheit des anderen. Dies gilt auch im Verhältnis zu unseren östlichen Nachbarn.

– Krisenhafte Entwicklungen in anderen Teilen der Welt dürfen die Ergebnisse des Entspannungsprozesses in Europa nicht gefährden. Vielmehr muß versucht werden, den Grundsätzen der in Europa praktizierten Entspannungspolitik auch in den Krisenregionen Geltung zu verschaffen. Dies bedeutet den klaren Auftrag zu einer auf friedlichen Interessenausgleich und vertragliche Regelungen gegründeten Außenpolitik und gleichzeitig die eindeutige Absage an militärische Interventionspolitik.

– Liberale Sicherheitspolitik folgt dem Primat der gestaltenden und friedenssichernden Außenpolitik und nicht dem der militärischen Verteidigung. Dieser kommt eine ausschließlich dienende Rolle zu. Sicherheitspolitik auf der Basis der Entspannungspolitik hat zum Ziel, die politische Entspannung durch eine wirksame militärische Entspannung zu ergänzen. Sie ist bestrebt, mit der Gegenseite jede vorhandene Möglichkeit zu fairen Vereinbarungen zur Rüstungsbegrenzung und Rüstungsverminderung zu nutzen und auf diese Weise militärische Aufrüstung zu vermeiden.

Appell der Schriftsteller Europas vom 20. August 1981

DIE Menschheit soll jetzt an den verbrecherischen Gedanken gewöhnt werden, daß ein begrenzter Atomkrieg führbar sei – mit neuen Raketen, Neutronenbomben, Marschflugkörpern etc.

Wir setzen dagegen: Mit Atomwaffen ist kein begrenzter Krieg führbar; er würde die ganze Welt vernichten.

Über alle Grenzen von Staaten und Gesellschaftssystemen, über alle Meinungsverschiedenheiten hinweg richten wir an die Verantwortlichen den dringenden Appell, das neue Wettrüsten zu unterlassen und unverzüglich wieder miteinander in Verhandlungen über weitere Abrüstung einzutreten.

Wir fordern die Weltöffentlichkeit auf, nicht zu resignieren, sondern sich mit verstärkter Energie für den Frieden einzusetzen. Handeln wir gemeinsam, damit Europa nicht zum atomaren Schlachtfeld eines neuen und dann letzten Weltkrieges wird.

Nichts ist so wichtig wie die Erhaltung des Friedens!

WALTER HÖLLERER

Zweite Berliner Begegnung

WIR alle erleben, daß der Ernstfall der Stationierung von Vernichtungswaffen näherrückt. In einer Zeit der Kriegsandrohungen wollen wir den Versuch unternehmen, miteinander den Frieden zu erklären.

Die bewohnbare Erde ist bedroht. Und alle sind aufgerufen, nicht nur die Schriftsteller, sich mit allen ihnen zur Verfügung stehenden Mitteln aufzuraffen, daß die Bewohnbarkeit nicht zugrunde gerichtet wird.

Die Schriftsteller sind nicht gerade die mächtigste Gruppierung. Aber sie sollten, wie alle anderen Gruppen, das *ihnen* Mögliche, wir sollten das *uns* Mögliche tun, in diesem geschichtlichen Augenblick, so wie die Lehrer, und die Politiker, die Arbeiter, die Studenten, die Priester und die Wissenschaftler, die Schüler und die Eltern, – und wenn wir etwas tun können, so ist es: das zu *formulieren*, was auch viele andere Betroffene zur Zeit in ihren Köpfen bewegt: den Regierungen unsere Beobachtungen und Erfahrungen vor Augen zu halten; und keinesfalls den von Interessengruppen angestellten Überredern vom Dienst das Feld zu überlassen, die uns in eine neue Vorkiegszeit hineindrängen.

Wir werden auch nicht nur zusehen können, wenn man jungen Leuten durch Verdächtigungen die spontanen Friedensregungen austreiben will, die sie mit Recht der Vernichtungsmaschinerie entgegensetzen, und wir dürfen es nicht übergehen, wenn Kollegen und Wissenschaftlern ein Strick gedreht werden soll daraus, daß sie ihren Protest gegen die Hochrüstung laut werden lassen.

Wie ist man in der öffentlichen Diskussion dazugekommen, Ausdrücke wie »nukleares Theater« oder »Erstschlag« mit dem Wort »Friedenssicherung« in einem Atemzug nennen zu lassen? Gehört es zur Friedenssicherung, ein aggressives Reizklima zwischen den Völkern zu schaffen? Was soll das zum Frieden beitragen? Es kann nicht unsere, der Schriftsteller Aufgabe sein, dieses Reizklima noch zu verstärken, – aber es wird zu unserer Aufgabe gehören, auf die Mechanismen hinzuweisen, die zwischen Sprecharten und politischen Aktivitäten, zwischen Redensarten und Lebensklima bestehen, nicht nur im Privatleben, sondern auch im Miteinanderleben von Völkern.

Als ob wir das nicht schon erlebt hätten!

Und als ob wir die Folgen davon nicht noch vor Augen hätten, – die Zerstörung unserer Länder!

Wir sind nahe an dem geschichtlichen Moment, in dem, mit einem kleinen Ruck, alles das, was unsere Erde bunt und lebendig macht, – Gras und Baum und Kind und Katze, auf unabsehbare Zeit in eine graue, nicht mehr für weiteres Leben fruchtbare Substanz verwandelt wird, und mitten drinnen werden sich unsere Körper und die unserer Kinder befinden. Das steht vor uns. Was sind wir bereit zu tun, um diesem Wahn, der sichtbar vor Augen ist, Einhalt zu gebieten? Wir sind gefordert. Und das ist nicht abzuschieben.

Erschreckend ist es, daß wir immer wieder, wie Tiere in Verlegenheitszuständen, unsere Augen davon abwenden, und in gesellschaftliche oder egozentrische Verlegenheitsgesten ausweichen: als könnten wir uns so abseits halten! Dabei stehen wir uns selber vor Augen, eingebettet in Seveso-Müll und tödlichen Hiroshima-Staub, – und inskünftig in noch schlimmer ruinierten Zerfallsresten, die bis jetzt noch bunte und bewohnbare Erdlandschaften sind.

Dieses Grauen, liebe Freunde, wird zu uns gehören. Es wird *unser* Teil sein, wenn wir uns nicht durchsetzen gegen das Hirngespinst gegenseitiger Übertrumpfung durch den großen Erstschlag, oder den noch größeren Zweitschlag, – oder den allergrößten, staatlich sanktionierten Massenmord. Wir und alles andere Lebende auf der Erde, ja die Fruchtbarkeit der Erde selbst stehen jetzt in Abhängigkeitsverhältnissen auf Leben und Tod zueinander.

Wir halten es weder mit dem Sinn noch mit dem Buchstaben unseres Grundgesetzes, des Grundgesetzes der Bundesrepublik Deutschland, für vereinbar, daß dieses eng besiedelte Wohngebiet zur waffenstarrenden Basis von solchen Vernichtungsmitteln gemacht wird, von Mitteln, die das Leben radikal und auf Dauer auslöschen und für die die Bezeichnung »Waffen« nicht mehr angemessen ist.

Ganz gleich, wohin diese Raketen fliegen, ob sie nun auf Grund ihrer hektischen Produktionsweise ins eigene Land zurückfallen, was die Probestarts vermuten lassen, oder ob sie auf andere Betroffene zufliegen, – sie fliegen auf Menschen zu, die nichts mit diesem Wahn zu tun haben und nichts mit ihm zu tun haben wollen. Und wir bitten die Kollegen aller Länder, sich ebenso bestimmt gegen diese Wahnsinnsvorrichtungen zu stellen. Die Einpflanzung dieser Flächenvernichtungsmaschinerien in unseren Boden, oder in eueren Boden hilft dem Frieden nicht weiter, wie schöne Formulierungen man auch immer in der Tonart »Friedenssicherung« sich als Begleitmusik ausdenkt.

Die Bedrohung durch Abschußvorrichtungen, die auf uns gerichtet sind, *ist* vorhanden. Unerläßlich für unsere Wohngebiete ist das Drängen auf Waffenbeschränkungsabkommen und auf das Eliminieren von Total-Vernichtungs-Einrichtungen.

Die Bedrohung wird keinesfalls geringer durch die Militarisierung der öffentlichen Diskussion, die wir zur Zeit erleben: und wenn Verständigung und Sprache auf dem Spiel stehen, im unmittelbaren Zusammenhang mit der Militarisierung bis in den Alltag hinein, sollten wir, der Sprache zugewandt, uns besonders aufgerufen fühlen. Es gehört zu unseren Erfahrungen, daß das gegenseitige Aufrechnen von Waffenproduktions-Zahlen morgen nur allzu leicht in das Aufrechnen von *Totenziffern* umschlägt, falls es dann überhaupt noch etwas aufzurechnen gibt.

In der gegenwärtigen Situation drängt die Vernunft alle Beteiligten zu einem ernstgemeinten Miteinanderreden und -handeln. Die nur taktischen Proklamationen treiben uns immer weiter dem Vernichtungswahn zu.

Der Verdacht läßt sich nicht völlig ausräumen, daß die Aktivität einiger interessierter Planungsstellen gar nicht auf das Ziel zuläuft, den Wahn der schnellen Hochrüstung zu beenden, sondern auf das andere Ziel: das einmal ins Auge gefaßte Programm der Raketenstationierung gegen alle Vernunfteinwände, über die Bühne zu bringen, – nach massiven psychologischen Vorbereitungen. Oder, in anderen Gegenden: vorhandene Rampen und Silos werden, ebenfalls gegen alle Vernunfteinwände, noch *weiter* ausgebaut. Nichts ist für den Frieden gewonnen, mit dieser Praxis. Und die Erkenntnis, daß es Gegenwartsaufgaben gibt, für die es sich lohnt, Energie, Erfindergeist und materielle Mittel aufzuwenden, damit das Zusammenwohnen auf der Erde weiter möglich sein wird, diese naheliegende Erkenntnis wird von einer katastrophalen Geistesvernebelung verdrängt. Die Produktion von immer schneller veraltenden Vernichtungsriesen verschlingt den Zehrpfennig der Bevölkerung.

Täglich hören wir als Begleitkonzert die Beschwichtigungsformeln und das technologische Expertengemurmel im Stil von überholten Medizinmannsriten. Experten-Ratschläge, mit denen wirre Spekulationen als sichere Erkenntnisse auf den Frühstückstisch des Zeitungslesers gebracht werden, – keinerlei Zweifel blinken da hindurch und nichts ist in den präzeptorialen Anweisungen zu vermuten von Blut, Tränen, Vernichtung und endgültiger Vernichtung, und schon gar nicht von möglichen Rechenfehlern und Irrtümern. »Die Regierungen und die Parlamente«, ich zitiere einen der schreibenden Sicherheitsspezialisten, »müssen jetzt den Mut aufbringen zu tun, was *richtig* ist. Für Europa heißt das: Pershing II *und* Cruises Missiles, Rogers Plan *und* Modernisierung« – und unser Sicherheitsspezialist fügt dem noch den bezeichnenden Satz hinzu: »Es gilt, auch der wachsenden Atomunruhe *Herr zu werden*!« Das sind die Rezepte, die die Ruhe im Land vorbereiten. Welche Art Ruhe wird uns da angeraten?

Freunde, Kollegen: den Frieden erklären, gegenwärtig, das bedeutet schon auch, sich miteinander betroffen zu fühlen. Wir sind dabei, in eine neue Vorkiegszeit hineinzugeraten, – das ist eine Atmosphäre, die wir Älteren in einigen Begleittönen gut erinnern können.

Wir erleben, daß wieder einmal Waffenausprobierkriege geführt werden. Es gab schon einmal Waffen-Ausprobierkriege zu unseren Lebzeiten: den Abessinienkrieg. Den Spanienkrieg. Panzertypen wurden ausprobiert. Sturzkampfflugzeuge. Und nachdem das gründlich getestet war, was da aus den Waffenfabriken kam, getestet bereits mit dem Ergebnis Hunderter von Toten, nachdem das getestet war, kam der große Vernichtungsboom.

Waffenausprobierkriege: nur *zwei* neuere nenne ich hier, von zahlreichen anderen. Auf den Falklandinseln: Erprobung der Raketenwaffen. Libanonkrieg: Erprobung der militärisch angewandten Mikroelektronik. Sollte das einen ähnlichen Lauf nehmen wie Dezennien vorher? Der Vernichtungsboom würde ungleich grauenhafter aussehen als der von 1939 bis 1945.

Wer Ohren hat zu hören, und Augen zu sehen, und einen Verstand hat, nachzudenken, der wird sich in diesem Moment nicht achselzuckend abwenden können. Es wird nicht genügen, nur immer ich, ich und ich zu sagen. Wir müssen uns darauf einstellen, wir zu sagen, – wir zu sagen mit allem dem Lebendigen um uns, mit dem sich zu leben lohnt.

CHRISTOPH MECKEL

Der Tag wird kommen

Und der Tag nach der nächsten Friedensfeier – wird er
kommen
mit einer Taube oder mit einem Schlagring
Und der Tag danach – wird er eintreffen mit einem
Spielzeug
oder wird sich die Hoffnung wieder vertreten lassen durch
ein Leninzitat
Und der Tag danach – wird er herbeigeschafft werden an
den Haaren
in einem Ministersessel, mit einer ganz neuen Befehlsgewalt
Und der Tag darauf – wird er uns nur den Schlaf kosten,
oder den Kopf
Und der Tag darauf – wird er sich entschuldigen lassen durch
ein mittleres Blutbad
Und der Tag darauf – wird er überhaupt erscheinen wollen
in unserem Neubauviertel, auf unserem Bildschirm
Und der Tag danach, und der Tag nach diesem –
Und der Tag nach wie vielen Tagen – wird er wieder nur
GEDENKTAG heißen
ein Totensonntag sein, ein Papierkrieg, eine Verordnung
Und der letzte Tag – wird er immer noch eine Attrappe
der Zukunft sein
oder endlich Auskunft geben über die Liebe
Und der Tag nach dem letzten Tag – wird er der Tag sein
an dem wir gelebt und geatmet hätten?

LUISE RINSER
Friedensfest

22. Oktober 1983. Friedensfest. Ein Datum. Ein Tag von vielen. Nein. Oh nein. Ein Tag, der mit Gold eingezeichnet ist im »Buch des Lebens«. Die Vorwegnahme des Friedensreiches. So kann, so muß es werden. So muß die Geschichte der Menschheit verlaufen. Ich war in Stuttgart bei der Friedenskundgebung, bei der »Menschenkette«, die von dort bis Ulm reichte. Wir hatten gefürchtet, wir seien nicht genug Leute, um die 150 km zu füllen. Wir waren mehr als genug. An einigen Stellen war die Kette doppelt und dreifach. Man sagt, es seien 250000 Menschen gewesen. Wir probten in unserm Teil schon vorher. Ich war mit in einer Stuttgarter Vorstadt. Dort kam von Zeit zu Zeit die Straßenbahn. Ohne die Händekette zu lösen, wichen wir geschmeidig friedlich aus. Keine Polizei weit und breit. Auf der andern Straßenseite Passanten, Samstagseinkäufe tragend. Interessant ihre Reaktion: einige schauten weg, andre schauten sehnsüchtig zu uns herüber. Betroffen waren alle, so oder so.

Um 11 Uhr also schloß sich die Kette Stuttgart–Ulm. Mir treibt es heute noch die Tränen in die Augen, wenn ich davon rede oder schreibe. Ein Augenblick höchsten Glücks: jetzt! Jetzt geschieht das Wunder. Jetzt sind wir angelangt. Jetzt ist der Gott unter uns erschienen. Jetzt sind wir im Friedensreich. So also ists gemeint, so läuft die Geschichte der Menschheit, so endet sie: im Paradies, im Eins-Sein.

Später freilich die Frage: was bewirkt unser Friedensfest? Wer schert sich »da oben« darum? Man (Washington, Bonn) läßt uns Kinder Frieden spielen; ein Kinderspiel; ein Idealisten-Pazifisten-Frauen-Spiel, umso harm- und wirkungsloser, je weniger sich Regierung und Polizei einmischen. Die Nuklear-Waffen werden trotzdem stationiert …

Dennoch: seit jenem 22. Oktober bin ich nicht mehr das leichte Opfer politischer Verzweiflung. Es kommt darauf an, wer stärker ist: die krude Macht oder der Geist.

Nachher wandern wir zurück zum Schloßplatz. Singend. Unser Lied: »... wir marschieren nicht aus Haß und nicht aus Rache, wir erobern kein fremdes Gebiet ... Marschiern wir gegen den Osten? Nein. Marschiern wir gegen den Westen? Nein. Wir marschieren für die Welt, die von Waffen nichts mehr hält ...« Und der letzte Vers: »Du deutsches Volk, du bist fast immer für falsche Ziele marschiert, am Ende waren nur Trümmer. Weißt du heute, wohin man dich führt? Nimm dein Schicksal in die Hand! ...« Wenn wir nur daran glaubten, daß der Geist stärker ist als Waffen! Wir glaubens nicht, das ist das Zeichen unserer Dekadenz, das ist unser Untergang – wenn wir nicht im letzten Augenblick den Mut zum Glauben an die weltverwandelnde Kraft des Geistes finden.

HEINRICH ALBERTZ

Gegen diesen versammelten Unverstand und Haß

LANGE nicht war ein Sommer so schwierig: so voller Farben und Sonne, mit fast italienischen Nächten im preußischen Norden, so sehr eingerichtet, sich einfach loszulassen und an nichts mehr zu denken als an die Blumen im Garten und daran, wie man das Haus noch einigermaßen kühl halten könnte – zum Lesen und zum Widerlesen, ich gestehe es: zum vierten Mal »Joseph und seine Brüder« – dieses Gottes- und Menschenbuch, irgendwo kann man tief im Brunnen versinken, bei Abraham, Isaak und Jaakob.

Aber eben die andere Hitze draußen: am Sonntag haben amerikanische Militärpolizisten in Ramstein deutsche Bürger brutal zusammengeschlagen, gefesselt wie Säcke auf einen Lastwagen geworfen. Man stelle sich das im Fernsehen verbreitete Bild als Nachricht aus der DDR vor: ein sowjetischer Soldat setzt einem gefesselten Deutschen den Stiefel in den Rücken. Der öffentliche Aufschrei im Westen würde über Wochen zu hören sein. Hier schweigen fast alle. Wir haben uns an das besetzte Land gewöhnt. Und dies alles bei einem Flugschauspektakel vor der geifernden und spuckenden Menge – mein Vaterland.

Es wird immer schwieriger, gegen beides anzukämpfen: gegen den Zorn auf die geschäftigen Leisetreter und gegen die Resignation – was denn noch helfen könnte, gegen diesen versammelten Unverstand und Haß anzugehen. Ich habe ihn zum Anfassen und Lesen auf meinem Schreibtisch liegen: Briefe nach meiner Mitteilung in der »Tagesschau«, ich würde mich an der Blockade eines Atomwaffenlagers beteiligen, um die jungen Leute, die hier bewußt auch strafrechtliche Konsequenzen auf sich nehmen, nicht allein zu lassen. Briefe in der Fäkalsprache, aber auch andere, von Leuten, die lesen und schreiben können, voll jenes abgrundtiefen antikommunistischen Affektes, der ihnen täglich von neuem nun seit fünfzig Jahren ungebrochen eingeübt wird.

Auch, nein, laß dich nicht erbittern, mein Herz, höre lieber von anderen Übungen! Klaus Vack, der Unentbehrliche, Treue und Zuverlässige, ruft eben ins Schreiben hinein an: wie sie Friedlichkeit und Gewaltlosigkeit üben im Friedenscamp in Mutlangen, fröhlich und zuversichtlich auf jene drei Tage hin, wenn wir Älteren sie besuchen werden und mit ihnen auf der Straße sitzen: Heinrich Böll, wenn und solange es seine Gesundheit erlaubt, Günter Grass, Helmut Gollwitzer, Dorothee Sölle. William Borm, der Älteste, Jüngste von uns, und die vielen anderen. Diese Gruppen sind unsere Hoffnung, darum dürfen sie nicht allein den Kopf und den Rücken hinhalten. Wer kann das eigentlich nicht verstehen?

Aber sie verstehen es nicht. Vor dem Kirchentag in Hannover haben sie Angst und Schrecken verbreitet und selber Angst gehabt, Ministerpräsidenten und Bischöfe – und waren dann erstaunt, daß es so viel Freundlichkeit gibt. Jetzt wird der »heiße Herbst« herbeigeredet, fast herbeigehofft, um richtig dreinschlagen zu können, und tausend Chaoten werden für Millionen friedlicher Demonstranten genommen. Und die Zahlen der wirklichen Meinung des Volkes werden gleichzeitig verschwiegen: über 70 % der Befragten sind gegen die Aufstellung neuer Raketen.

IV

WILHELM PIECK

An der Wende der deutschen Geschichte

Sie haben mich soeben als Mitglied der beiden höchsten Organe der Deutschen Demokratischen Republik, der Provisorischen Volkskammer und Provisorischen Länderkammer, in gemeinsamer Tagung einstimmig zum Präsidenten der Deutschen Demokratischen Republik gewählt.

Mit Ihrer Wahl haben Sie mir die höchste Ehre erwiesen, die einem Bürger unserer Deutschen Demokratischen Republik zuerkannt werden kann. Ich danke Ihnen von ganzem Herzen für das mir geschenkte Vertrauen und versichere Ihnen, daß ich stets bemüht sein werde, dieses Vertrauen zu rechtfertigen. Ich werde meine ganze Kraft und die Erfahrungen eines langen, an Arbeit und politischen Ereignissen reichen Lebens einsetzen, um dem Wohle des deutschen Volkes zu dienen. Ich werde mir der hohen Verantwortung, die mir das Vertrauen des deutschen Volkes auferlegt, stets bewußt sein und – wie ich es soeben geschworen habe – »die Verfassung und die Gesetze der Republik wahren, meine Pflichten gewissenhaft erfüllen und Gerechtigkeit gegen jedermann üben«. Ich werde mich stets als Sachwalter der Interessen des ganzen deutschen Volkes betrachten, das sich, wie ich fest überzeugt bin, noch eine große, reiche und helle Zukunft erarbeiten und erringen wird.

Der Weg dazu wird nicht immer leicht sein. Große Schwierigkeiten stehen unserem Volke noch bevor. Noch liegen zahlreiche Städte und Dörfer in Trümmern, noch ist die traurige Hinterlassenschaft der Hitlermacht und des Hitlerkrieges längst nicht überwunden. Noch spüren Millionen Deutsche die Folgen des Krieges am eigenen Leibe. Noch mangelt es vielen Menschen an Nahrungsmitteln und Kleidung, an Wohnraum und an Verbrauchsgütern verschiedenster Art. Noch ist es nicht gelungen, allen Umsiedlern volle materielle Sicherheit und das Gefühl der vollen Gleichberechtigung in der gemeinsamen deutschen Heimat zu geben und sie fest in dieser Heimat zu verwurzeln. Noch leiden vor allem unsere Alten, Kranken und Siechen und vor allem unsere Kinder unter diesen Schwierigkeiten des täglichen Lebens. Noch gibt es auch Fehler und Mängel in unserer jungen demokratischen Verwaltung und manche andere Unzulänglichkeiten.

Es erscheint mir besonders wichtig, an diesem Festtage der deutschen Nation auf die großen und schwierigen, aber auch dankbaren Aufgaben hinzuweisen, die mit größter Tatkraft und Entschlossenheit zu erfüllen Ehrenpflicht der ersten Regierung unserer Deutschen Demokratischen Republik sein wird. Die Lösung aller dieser Aufgaben wird nicht leicht sein und viel Geduld erfordern. Die Lösung der großen, schwierigen Aufgaben setzt aber auch die Anspannung der Kräfte aller Deutschen und die freudige Mitarbeit des ganzen Volkes voraus. Es gilt, die mit großen Erfolgen begleitete Zusammenarbeit aller antifaschistisch-demokratischen Menschen noch mehr zu festigen und sie zum Fundament der Arbeit der parlamentarischen Organe und der Regierung zu machen. Nur so werden wir die materiellen und ideologischen Trümmer beseitigen, die uns der Hitlerkrieg hinterlassen hat, nur so werden wir zum planmäßigen Neuaufbau einer leistungsfähigen Wirtschaft und zum Aufbau eines friedlichen, in der Welt angesehenen und glücklichen Deutschlands gelangen.

Die Aufgaben sind gewaltig und die Schwierigkeiten groß. Aber es liegt kein Grund zur Kleinmütigkeit und zum Pessimismus vor, wenn wir in diesen erhebenden Stunden daran denken, was in den vergangenen Jahren in der sowjetischen Besatzungszone bereits geschaffen werden konnte. Erinnern wir uns des Ausmaßes an Not und Chaos, das der Hitlerkrieg in Deutschland zurückließ, durch das das deutsche Volk in seiner physischen Existenz bedroht war. Gerade gegenüber dieser Lage unseres Volkes können wir die Größe der Leistung ermessen, die seit der Beendigung des Krieges von den aufbauwilligen Kräften in unserer Zone vollbracht wurde. Es ist uns gelungen, im wesentlichen aus eigner Kraft aus den größten Schwierigkeiten herauszukommen. Wir haben bewußt darauf verzichtet, für das Linsengericht knechtender Dollarkredite die nationale Zukunft Deutschlands und die Freiheit des deutschen Volkes zu verkaufen. Wir können mit Stolz und Genugtuung auf das Resultat dieser Arbeit zurückblicken, das uns auch die Gewißheit gibt, die großen noch vor uns liegenden Aufgaben zu erfüllen.

Der historischen Wahrheit und Gerechtigkeit zuliebe halte ich es für nötig, festzustellen, was vielfach schon vergessen wird, daß es in den Monaten und Jahren der größten Not unseres deutschen Volkes infolge des Hitlerkrieges die besten Vertreter der deutschen Arbeiterklasse waren, die sich nicht von Verzweiflung und Panik überwältigen ließen, sondern mutig und entschlossen schon an die Aufbauarbeit gingen, als die Trümmerstätten in unseren Städten und Dörfern noch rauchten. Mit leerem Magen, ohne genügende Kleidung, oftmals buchstäblich mit nackten Händen und ohne Aussicht auf Bezahlung oder Belohnung gingen sie den Trümmerbergen zu Leibe, brachten die Fabriken und den Verkehr wieder in Gang, reparierten die landwirtschaftlichen Maschinen und Geräte und ermöglichten es den Bauern, die von den Kriegsereignissen verwüsteten Felder zu bestellen. Zu den besten Vertretern der deutschen Arbeiterklasse gesellten sich die besten aktivsten Deutschen. Intellektuelle, Angestellte, fortschrittliche Menschen aus allen Schichten des Volkes arbeiteten unter den schwierigsten Lebensverhältnissen, von dem Willen erfüllt, unser Volk aus seiner tiefsten Not herauszubringen. So wurde es zuwege gebracht, daß Industrie, Verkehr und Landwirtschaft wieder zum Leben erwachten und allmählich eine neue, demokratische Verwaltung in Gang kam. So wurde das deutsche Volk tatsächlich vor der schlimmsten Katastrophe bewahrt.

ARNOLD ZWEIG
Aufruf zur Vernunft

ZUM Frieden aufrufen? Muß man das wirklich – in einer Zeit wie der unseren?

Die Kunst, Erfahrungen zu machen und zu nutzen, hätte in den letzten paar tausend Jahren recht wohl schon Eigentum der Völker, wo nicht der Klassen werden können oder sollen. Dann würden diejenigen hinweggelacht werden, die sich erdreisten, vor uns, den Söhnen und Töchtern der kriegsgeschüttelsten Generation seit dem ersten Napoleon, noch einmal das Wort »Feldzug« in den Mund zu nehmen.

Wir sagen nichts zum Lobe des Friedens, er lobt sich selbst. Der Mensch birgt in sich einen Liebestrieb, Aufbautrieb ebenso wie einen Zerstörungs- und Todestrieb, ohne welch letzteren unsere Geschichte nicht so schrecklich nach Blut und Verwesung röche. Aber während dieser Todestrieb ununterbrochen von den herrschenden Klassen für ihre selbstischen Zwecke ausgenutzt werden konnte, blieb der andere schwach, ohne eine wirklichere Macht hinter sich als die Bitte des Apostels Paulus: »Kindlein, liebet einander.« Daher konnte es jederzeit Hysteriker geben, Schwarmpropheten und Zungenredner, die im Auftrage kleiner und mächtiger Kreise, bevorrechtigter und privilegierter Familien und Gruppen die Massen ihrer Völker in Mordschlachten gegeneinander hetzten. Sagen wir es immer wieder: für die vier- bis sechstausend Menschenleben, mit denen das französische revolutionäre Volk von 1789 bis 1792 Jahrhunderte der Qual, Knechtschaft und Ausbeutung vergalt, bluteten in den Kriegen, welche die Herrschenden des Auslandes anzettelten, um die alte Unordnung wiederherzustellen, bislang mehr als dreißig Millionen, die besten und blühendsten Jugenden aller Völker unseres Kulturkreises. Und das soll so weitergehen? Immer noch soll es geistig abnormale Agenten geben, die durch mehr oder weniger geschickte Manipulationen, den Vorwand der Friedensstiftung im Maule, wie ihn als letzter Liebling der Götter Adolf Hitler aus dem seinen schäumen ließ, das längst geächtete Verbrechen des Krieges anstiften könnten?

Im Ernst gesprochen: wer uns heute noch vom Kriege redet, ist der Geisteskrankheit dringend verdächtig. Er gehört vor eine Untersuchungskommission, der in Europa oder Amerika ein halb Dutzend Namen anerkannter Fachleute ohne weiteres zur Verfügung stünden. Und wenn man nun diese manisch-depressiv Kranken auf einer der schönsten Inseln der südlichen Hemisphäre isolierte und ihnen eine in Gold gefaßte Villeggiatur und Ferienruhe bis ans Lebensende verordnete – käme die schaffende Menschheit dabei nicht lächerlich billig weg?

Ebensoviel billiger wird es werden für uns alle, die da schreiben oder lesen, wenn wir den Frieden verteidigen, Beauftragte der Menschheit, mit jeder Waffe in der Hand, die zur Verteidigung taugt. Immer wieder und immer wieder: den anderen geht es um die Wiederherstellung von Privilegien, um das Abschöpfen des Rahms von aller Menschenarbeit, um die Fortführung des Kampfes, der 1815 verlorenging, 1917 wiederaufgenommen wurde, 1918 zum Waffenstillstand führte, 1939 aufs neue entzündet wurde und diesmal mit der erklärten Niederlage der Privilegien einen vorläufigen Abschluß fand. Nicht die werktätigen Völker sind es, die am gegenwärtigen Zustande rütteln. Überall versuchen, in wessen Namen auch immer, die Rahmabschöpfer neue Werkzeuge zu finden und Pakte zu schließen, um den weiteren Aufstieg bisher entrechteter oder neu in Sklaverei versetzter Asiaten und Europäer drunten zu halten. Endlich aber scheinen die unübersehbaren Scharen dieser Opfer zum Bewußtsein ihrer Stellung, ihrer Rechte und ihrer Helfer gekommen zu sein. Endlich jubeln sie millionenfach unseren Freunden und Kameraden zu, die sich jetzt in New York und morgen in Paris als Kernstück der Friedensfront ins Licht des Tages stellen, des heutigen, des morgigen, des der Zukunft.

Aber deshalb hören wir nicht auf, wachsam zu sein. Tausend Ruinenstädte von Rotterdam bis Stalingrad beweisen: der totale Krieg ist möglich. Hundert Ruinenstädte aber von Aachen bis Breslau und Wien zeigen den Rückschlag des totalen Krieges auf den Angreifer. Laßt die neuen Aggressoren in ihren schmuckhaften Automobilen nur umherfahren zwischen diesen Städten, nur aussteigen, ein paar Schritte gehen, sich umschauen! Der Krieg der Atombombe würde der totalste Krieg werden, sein Rückschlag auf die Orte, von denen aus er losgelassen, der totalste sein, den die Geschichte kennt; und was kennt sie besser als Zerstörung? Dennoch aber sind wir ruhig, denn der Motor der Geschichte besitzt keinen Rückwärtsgang. Und je ruhiger wir bleiben, desto sicherer wird es uns gelingen, den Frieden zu erhalten, ohne den wir alle nicht leben können. Als das Christentum seinen Siegeszug innerhalb der heidnischen Antike antrat, gehörte ihm die Zukunft, weil es den Zugang zu den Menschenrechten Sklaven und Frauen erschloß, den Kindern und Kriegsgefangenen, den Besitzlosen und Unterworfenen. Dem Sozialismus gehört, in seiner unverfälschten Form, wie sie vorläufig von den Sowjets verkörpert und weitergebildet wird, die Zukunft von morgen: auch sie erweitern den Bereich der Menschenrechte, verbürgen den Schaffenden, was ihnen gebührt. Und weil sie der Gegenwart und Zukunft so sicher sind, vermögen sie auf so wundervolle Weise die Ruhe zu bewahren gegenüber den Anwürfen und Nadelstichen, welche sie reizen sollen. Und diese Ruhe schon kann als Bürgschaft für den Frieden gelten, wenn es überhaupt eine solche Bürgschaft gibt. Der Frieden aber seinerseits bürgt dafür, daß auch für unsere Kinder und Enkel das Leben wieder einmal so lebenswert sein wird, wie es für uns war, bevor die herrschenden Klassen von 1914 den Weg antraten – in ihren eigenen Untergang.

BERTOLT BRECHT

An meine Landsleute

Ihr, die ihr überlebtet in gestorbenen Städten
Habt doch nun endlich mit euch selbst Erbarmen!
Zieht nun in neue Kriege nicht, ihr Armen
Als ob die alten nicht gelanget hätten:
Ich bitt euch, habet mit euch selbst Erbarmen!

Ihr Männer, greift zur Kelle, nicht zum Messer!
Ihr säßet unter Dächern schließlich jetzt
Hättet ihr auf das Messer nicht gesetzt
Und unter Dächern sitzt es sich doch besser.
Ich bitt euch, greift zur Kelle, nicht zum Messer!

Ihr Kinder, daß sie euch mit Krieg verschonen
Müßt ihr um Einsicht eure Eltern bitten.
Sagt laut, ihr wollt nicht in Ruinen wohnen
Und nicht das leiden, was sie selber litten:
Ihr Kinder, daß sie euch mit Krieg verschonen!

Ihr Mütter, da es euch anheimgegeben
Den Krieg zu dulden oder nicht zu dulden
Ich bitt euch, lasset eure Kinder leben!
Daß sie euch die Geburt und nicht den Tod dann schulden:
Ihr Mütter, lasset eure Kinder leben!

Friedenslied

Frei nach Neruda

Friede auf unserer Erde!
Friede auf unserem Feld!
Daß es auch immer gehöre
Dem, der es gut bestellt!

Friede in unserem Lande!
Friede in unserer Stadt!
Daß sie den gut behause
Der sie gebauet hat!

Friede in unserem Hause!
Friede im Haus nebenan!
Friede dem friedlichen Nachbarn
Daß Jedes gedeihen kann!

Friede dem Roten Platze!
Und dem Lincolnmonument!
Und dem Brandenburger Tore
Und der Fahne, die drauf brennt!

Friede den Kindern Koreas!
Und den Kumpels an Neiße und Ruhr!
Friede den New Yorker Schoffören
Und den Kulis von Singapore!

Friede den deutschen Bauern!
Und den Bauern im Großen Banat!
Friede den guten Gelehrten
Eurer Stadt Leningrad!

Friede der Frau und dem Manne!
Friede dem Greis und dem Kind!
Friede der See und dem Lande
Daß sie uns günstig sind!

WALTER FRIEDRICH

Die Verantwortung der Wissenschaft

Wenn wir uns fragen, ob diejenigen, die vom Frieden sprechen und eine weltumspannende Friedensbewegung geschaffen haben, jemals mit Krieg und Vernichtungswaffen drohen, so lautet für jedermann die Antwort: Nein. Wenn wir uns fragen, ob führende Staatsmänner und führende Organe in den Ländern, wo die Friedensbewegung nicht von den Regierungen gebilligt wird, mit Kriegs- und Vernichtungswaffen drohen, so ist die Antwort leider: Ja.

Gerade weil führende Staatsmänner und öffentliche Organe soviel zum Krieg oder Frieden beitragen können, ist es für die Friedensbewegung unvermeidlich, daß sie Stellung bezieht.

Denn um den Frieden zu erhalten, muß man aufweisen, wodurch er bedroht wird. Wenn die Regierung der Vereinigten Staaten vor zwei Wochen erklärt, daß die Truppen der USA, wo immer sie auch sein mögen, jetzt mit allen Waffen, einschließlich der Atomwaffen, versehen werden, und der Befehl ergangen ist, wenn nötig, sie anzuwenden, so müssen sich selbstverständlich die Gegner von Atomwaffen gegen die Regierung wenden, die solche Befehle erklärt. Nichts würde der Weltfriedensbewegung größere Genugtuung verschaffen, als wenn der Augenblick kommt, wo eine Regierung von Drohungen dieser Art Abstand nimmt. Es ist selbstverständlich, daß sie diese Regierung dann ehren wird, statt wie bisher anzuklagen.

Aber selbst wenn man der Meinung ist, daß eine Regierung, die die Anwendung der Atomwaffen im Auge hat, auch gleichzeitig berechtigt ist, 5000 km von ihrem Heimatland wohlausgebildete Truppen und Piloten einsatzbereit zu halten, kann man trotzdem auf dem Standpunkt stehen, daß jeder Versuch einer friedlichen Vereinbarung selbst fünf Minuten vor zwölf nicht unterlassen werden darf.

Meinungsverschiedenheiten dürfen niemals durch den Appell an die Waffen ausgetragen werden. Wer Kapitalismus und Kommunismus, Abendland und Morgenland gegenüberstellt, um durch Krieg die Entscheidung herauszufordern, wer die Zukunft auf seiner Seite hat, wird von der Weltfriedensbewegung ohne Nachsicht angeprangert und verurteilt. Wer nationale Unterschiede, religiöse Gegensätze, weltanschauliche Meinungsverschiedenheiten, machtpolitische Gegensätze benutzen will, um bewaffnete Kämpfe unter den Menschen heraufzubeschwören, wird als Anhänger des Krieges gebrandmarkt werden.

Vor etwa drei Jahren wurde das politische Testament des großen Gelehrten und Lehrers unserer Humboldt-Universität, Theodor Mommsen, veröffentlicht. Darin klagt er bitter, daß dem deutschen Bürger seiner Tage das politische Verantwortungsbewußtsein abhanden gekommen ist. Er bezieht sich dabei ganz besonders auf die akademische Welt, und wir können nicht sagen, daß damals sein Urteil ein Vorurteil gewesen ist. Theodor Mommsen hat darunter furchtbar gelitten. Aber heute noch hat es oft den Anschein, als ob der Krieg auf deutschem Boden sich nicht vermeiden lassen mag, weil die Menschen, die im Brennpunkt des öffentlichen und wissenschaftlichen Lebens stehen, so schwer den Entschluß zu einer gemeinsamen Stellungnahme aufbringen.

Noch viel zu häufig lassen sich diese davon leiten, daß ein Vorkommnis, welches ihr Mißfallen erregt, sie an lebenswichtigen Entschlüssen hindert.

Die Grausamkeit des Krieges trifft nicht die Mitglieder einer Partei oder einer Weltanschauung. Die Erhaltung des Friedens und die Schrecken des Krieges betreffen jeden Menschen und alle Menschen. Die Erhaltung des Friedens ist nicht das Privileg einer politischen Partei oder einer Weltanschauung. Man erwartet allenthalben im Ausland, besonders in den Ländern, die die ganze Kraft der faschistischen Unterdrückung hinter sich haben, daß jetzt jeder Deutsche die Entschlossenheit, die Ausdauer, ja Überzeugung im Kampf für den Frieden aufbringt, die so viele Deutsche noch vor kurzem für die Verlängerung des Krieges an den Tag gelegt haben.

OTTO NUSCHKE
Ex oriente pax

Kann es eine nichtswürdigere Lüge geben als die, daß von seiten dieses Friedenslagers, das unter der Führung der großen Sowjetunion steht, der Frieden der Welt, insbesondere der des Westens, bedroht würde? Man handelt hier nach dem Grundsatz: Was ich denk und tu, trau ich andern zu. 17 Milliarden Dollar mobilisieren die USA, um den Rüstungstaumel in der ganzen westlichen Welt zu entfesseln. So lange hat man die Pläne für eine Einbeziehung Westdeutschlands in die Remilitarisierung geleugnet, jetzt lüftet man den Schleier. Im außenpolitischen Ausschuß des amerikanischen Senats und des Repräsentantenhauses erklärt der amerikanische Außenminister

Acheson: Die amerikanische Regierung ist entschlossen, die Bildung einer internationalen Streitmacht zur Verteidigung Westeuropas, an der auch deutsche Einheiten beteiligt sein sollen, mit allen Mitteln zu fördern.

Diesen amtlichen amerikanischen Erklärungen ist eine westdeutsche Tragikomödie vorausgegangen. Seit 1945 haben die Westalliierten im Verein mit den westdeutschen Politikern feierlich erklärt, eine Remilitarisierung Deutschlands käme nicht in Frage. Jetzt aber hat Herr Dr. Adenauer dem Hohen Kommissar McCloy die Pläne für eine deutsche Wiederaufrüstung mit nach Washington gegeben, und das Ergebnis ist die jüngste Erklärung des amerikanischen Außenministers. Dem Bericht wird noch der Satz angehängt: »Die deutschen Truppen sollen nicht nur mit leichten Waffen, sondern auch mit Panzern und eigenen Flugzeugen ausgerüstet sein.«

Die Aufgabe einer verantwortungsvollen Opposition in Westdeutschland wäre es gewesen, sich diesen Aufrüstungsplänen und der ganzen Kriegshetze mit aller Kraft zu widersetzen. Wie die Dinge nun einmal liegen, lag diese Verantwortung in erster Linie bei der Sozialdemokratie, die als stärkste Oppositionspartei im Bonner Parlament das Wort führt. Aber wir erlebten das unendlich traurige Schauspiel, daß der Führer der Opposition, Herr Dr. Schumacher, zum »Über-Adenauer« wurde. Er ruft nach westlichen Divisionen und fordert zur Aggression gegen die DDR auf, um an ihrer Ostgrenze, wie er sich ausdrückt, den Frieden »offensiv« zu verteidigen! Statt den wirklichen Frieden zu verteidigen, übertrumpft Herr Dr. Schumacher, der Führer der deutschen Sozialdemokratie im Westen, die Kriegstreiber!

Wir müssen es mit schmerzlichem Bedauern aussprechen, daß auch die Kirchen ihrer hohen Verantwortung, für den Frieden einzutreten, nicht genügen. Es sind zwar auf dem Katholikentag in Passau und auf der Tagung der Evangelischen Kirche in Essen Stimmen gegen die Remilitarisierung laut geworden. Aber wo ist die eindeutige Verurteilung jeder Kriegshetze, wo bleibt die Stimme der Kirche zur Ächtung der Atombombe? Der Oberkonsistorialrat Dr. Gerstenmaier hat sich nicht gescheut, den Kirchentag in Essen für eine Rede zu mißbrauchen, in der er die Wiederaufrüstung Westdeutschlands offen forderte. Die Kirchen nehmen den merkwürdigen Standpunkt ein, daß sie nur gesondert und für sich zu der brennenden Weltfrage des Friedens sprechen können. Welche fundamentale Verkennung der Kraft eines geeinten Willens.

In der Frage des Friedens gibt es keine Abkapselung; jede Sonderaktion schwächt die Schlagkraft eines gemeinsamen Protestes. Die Kirchen können kein Sonderdasein führen. Nur wenn sie im Volke stehen und mit dem Volke gehen, werden sie ihrer hohen Pflicht und letzten Verantwortung gerecht.

Leider hat die ökumenische Konferenz in Toronto (Kanada) in der Frage des Friedens so fundamental versagt, daß sie den amerikanischen Angriff auf Korea mit dem frivolen Worte Trumans »von der Polizeiaktion« billigte. Ihre geschichtliche Aufgabe wäre es gewesen, den schändlichen amerikanischen Krieg in Korea offen zu verurteilen. Und mit schmerzlichem Bedauern müssen wir feststellen, daß der deutsche Bischof Dibelius seine geschichtliche Stunde versäumte, als er vor dem amerikanischen Präsidenten Truman stand und ihn nicht als christlicher Bischof beschwor, dem Töten in Korea Einhalt zu gebieten.

Als Christlich-Demokratische Union haben wir daher die geschichtliche Pflicht, im Namen unserer christlichen Menschen vor der Welt, vor Gott und unserem Gewissen laut zu verkünden: Christen der Erde, gedenkt eurer heiligen Pflicht, überall für den Frieden zu arbeiten, zu beten und zu kämpfen. Der Krieg kommt nicht von Gott. Er ist Menschenwerk und kann durch Menschen verhindert werden.

Zur selben Zeit, da in Toronto die ökumenische Kirchentagung stattfand und jenen verhängnisvollen Beschluß faßte, Trumans Angriff auf Korea zu billigen, erschien der Vermittlungsvorschlag des indischen Ministerpräsidenten Pandit Nehru. Der Nichtchrist beschämte die Christen, indem er das tat, was christliche Aufgabe gewesen wäre.

Wenn jetzt mit allen Mitteln der modernen Propaganda eine Kreuzzugsstimmung erzeugt werden soll; wenn man davon spricht, Protestanten, Katholiken und Mohammedaner müßten zusammenstehen gegen die Bedrohung ihrer religiösen Interessen durch den Bolschewismus, so haben wir die Pflicht vor unserem Gewissen, laut in die Welt zu rufen:

Der Frieden ist heute nur bedroht von jenem engstirnigen Kapitalismus, der da meint, daß seine Kapitalisten und Kaufleute nur dort Geschäfte machen können, wo es keinen Sozialismus gibt. Die Länder des Sozialismus sind aber heute der Hort des Friedens, der Verständigung und die Vorkämpfer der Freiheit und Unabhängigkeit für alle Nationen.

Wer in Sowjetrußland war, weiß, daß seine Bewohner von leidenschaftlichster Friedenssehnsucht erfüllt sind. Diese Friedensgesinnung steht im Einklang mit der Arbeit ihrer Staatsmänner und Diplomaten.

Aus dem Osten kommt das Licht – hieß es einst. Wir bekennen heute: Ex oriente pax! Aus dem Osten kommt der Frieden! Wenn die Christen schon einen Kreuzzug unternehmen, so kann es nur ein Kreuzzug für den Frieden sein.

JURIJ BRĚZAN

Zwei Sekunden und eine Ähre Korn

Ich kann nicht verlangen,
Mann an der Drehbank:
»Dein Werkstück muß schneller,
Um zwei Sekunden nur schneller –
Von der Drehbank gehn!«

Aber ich kann dich bitten:
»Schenke uns zwei Sekunden,
Mann an der Drehbank!«

Uns –
Das bist du und ich,
Dein Kind
Und dein Land.

Ich kann nicht verlangen,
Mann hinter dem Pfluge:
»Fünf Ähren ernte du dort,
Wo bislang viere nur wuchsen!«

Aber ich kann dich bitten:
»Lasse die stählernen Rosse pflügen.
Sie pflügen tiefer und besser
Und schneller!«

Und:
»Spare ein wenig an Schwielen und Schweiß –
Dünge statt dessen
Mit Lernen die Saat.«

Um dieses, Mann hinter dem Pfluge,
Bitte ich dich für uns:
Für deine alten Jahre,
Für deinen jungen Sohn,
Für dein genug nun gequältes Land.

Ich bitte euch,
Euch alle im Land:
»Spart die Sekunde
Und mehret die Frucht!«
Denn:
Vielleicht ist es gerade
Deine Sekunde
Oder dein Halm Korn,
Die, auf die Waagschale des Friedens geworfen,
Sie endgültig senken
Und so leben lassen dein Kind
Ohne Furcht vor dem Grabe
Unterm Birkenkreuz.

Deswegen bitte ich euch,
Euch alle im Land,
Um zwei Sekunden nur Zeit
Und um eine einzige Ähre mehr Korn!

JOHANNES R. BECHER

Die drei Schritte zum Frieden

Der erste Schritt, den ein Mensch in der Richtung zum Frieden hin unternimmt, ist der, daß er begreift: der Friede und nur der Friede kann einen Wiederaufstieg Deutschlands ermöglichen, und ein Krieg, wie er auch immer verlaufen möge, würde den endgültigen Untergang des deutschen Volkes bedeuten.

Der zweite Schritt, den der Mensch zum Frieden hin unternimmt, ist der, daß er nicht nur vom Frieden spricht zu allen den Menschen, die er erreichen kann, daß also dieser Mensch nicht nur in Worten für den Frieden wirbt, sondern daß dieser Mensch auch bemüht ist, sich persönlich freizuhalten von allem, was den Frieden bedroht und dem Kriege hilft. Ein solcher Mensch, der den zweiten Schritt in der Richtung zum Frieden hin unternimmt, wird auch den Mut finden, seiner Zeitung zu schreiben, wenn die Kriegshetzer sich derer bedienen, ein solcher Mensch, der den zweiten Schritt in der Richtung zum Frieden hin gewagt hat, wird es sich nicht verdrießen lassen, mit seinem Nachbarn zu sprechen, wenn dieser im Begriff ist, sich für eine Söldnertruppe anwerben zu lassen, und er wird in einem solchen Fall auch mit der Frau des Nachbarn sprechen, damit diese einen Einfluß auf ihren Mann ausübt.

Der dritte Schritt, den ein Mensch in der Richtung zum Frieden hin unternimmt, ist der, daß die Einsicht in ihm Raum gewinnt, daß, mag sein Verhalten als einzelner noch so beispielhaft und rühmenswert sein, er sich mit anderen einzelnen, die ebenso denken wie er, zusammenschließen muß, damit aus diesen Vereinigungen friedlicher Menschen über die ganze Welt hin der Friede zu einer Macht wird. Denn auch dieses gehört zur Einsicht des Menschen, der den dritten Schritt in der Richtung des Friedens hin unternommen hat: der Frieden kommt nicht von selbst, der Frieden ist ebensowenig ein Schicksal wie der Krieg. Ebenso wie der Krieg Menschenwerk ist, kann auch der Frieden nur von Menschen geschaffen, von Menschen errungen werden. Und da diejenigen, die ein Interesse am Krieg haben und für den Krieg Partei nehmen, da diese Kriegspartei eine Macht darstellt, muß auch die Partei des Friede zu einer Macht werden, damit sie die Gewalt hat, den Frieden zu schaffen, den Frieden zu *erzwingen.*

VICTOR KLEMPERER
Ein Gesetz und ein Gebot der Menschlichkeit

Wie Sie wissen, sind in der Präambel die Ausdrücke »aggressiv« und »imperialistisch« gebraucht. Es wurde gefragt, ob man nicht in einem deutschen Gesetz für »aggressiv« und »imperialistisch« deutsche Worte setzen könnte. Das wurde deshalb abgelehnt, weil »aggressiv« und »imperialistisch« Worte sind, die heute international juristisch und rechtlich festgelegt sind. Indem wir diese Worte nehmen, umgrenzen wir aufs allergenaueste, wen wir treffen wollen.

In einem anderen Paragraph heißt es, »wer Kriegspropaganda treibt, wer die Kriegspropaganda verherrlicht ...«. Es wurde eingewendet, man könnte sich einfacher ausdrücken und allgemeiner sagen: Wer diese Dinge billigt. Das haben wir auch abgelehnt. Denn wer billigt alles diese Dinge? Es können Menschen darunter sein, die keine Bösewichte sind, die nicht genügend nachgedacht haben, die vielleicht verführt sind und die man noch irgendwie aufklären kann. Sie alle richten an sich noch keinen Schaden an. Wen wir aber treffen wollen, das sind die wirklichen Hetzer, das sind die eigentlichen Anstifter eines neuen und ungeheuerlichen Verbrechens. Nur die wollen wir treffen.

Wir haben das deshalb so genau bestimmt und so eng begrenzt, weil nun ein dritter Punkt kommt: Weil das Gesetz mit Recht so streng ist, weil es in äußersten Fällen die Todesstrafe vorsieht. Auch hierüber wurde gesprochen. Es war der Vertreter der LDP, der erklärte: Der Todesstrafe stimmt meine Partei prinzipiell niemals zu, in diesem Falle aber stimmen wir ihr bei.

Dieses Gesetz ist deshalb so streng, weil es sich gegen eine so furchtbare Sache richtet. Ist es nicht grauenhaft, daß es heute noch Menschen gibt, Nationen, die sich Kulturnationen nennen, die mit dem Gedanken eines neuen Krieges nicht etwa nur spielen, sondern die diesen Krieg wirklich und buchstäblich vorbereiten? Und das nach dem uns so nahe liegenden Entsetzen des letzten Krieges! (...)

Dieses Gesetz ist eine absolute Notwendigkeit. Wir wünschen, daß jeder, der dieses Gesetz lesen wird, sich damit durchdringe, daß das Gesetz für uns und für alle Welt eine Notwendigkeit ist, daß es ein Gesetz nicht der Härte ist, sondern ein Gesetz und ein Gebot der Menschlichkeit, so notwendig und so heilig, wie nur irgendein Gebot sein kann.

OTTO GROTEWOHL

Für alle Völker ist der Kampf um den Frieden die erste vaterländische Pflicht

NIEMAND darf sich darüber täuschen, daß die Remilitarisierungspolitik eine ständige und sich immer mehr verschärfende Gefahr des Krieges mit sich bringt. Alle friedliebenden Menschen müssen daher ihre Bemühungen zur Herbeiführung der Einstellung aller Remilitarisierungsmaßnahmen und der Verwirklichung der in Potsdam feierlich von allen vier Mächten anerkannten Politik der Entmilitarisierung und Demokratisierung Deutschlands verstärken. Jede Fortsetzung der Politik der Remilitarisierung bedroht das Leben unseres gesamten Volkes. Die friedliebenden Menschen unseres Volkes müssen sich daher mit ihrer ganzen Kraft dieser tödlichen Gefahr widersetzen. Bei der Verteidigung des Lebens unseres Volkes dürfen uns weder politische Auffassungen noch Konfessionen trennen. Die Teilnahme am Kampf um den Frieden wird nicht an Bedingungen geknüpft. Jeder ist willkommen, der gewillt ist, die Bedrohung des Friedens abzuwehren und sich für eine Politik des friedlichen Aufbaus einzusetzen. Ob Arbeiter oder Wissenschaftler, ob Bauer oder Handwerker, alle Menschen, die guten Willens sind, haben Platz in der breiten Front des Friedens und müssen kämpfend in ihr stehen.

Für alle Völker ist der Kampf um den Frieden die erste vaterländische Pflicht. Unser Volk, das noch immer aus vielen Kriegswunden blutet, braucht nichts anderes als den Frieden. Es fordert einen gerechten und dauerhaften Frieden für sich und für die ganze Welt.

Um die Welt von der groben Verletzung der Potsdamer Verpflichtungen durch die Westmächte abzulenken, versuchen die herrschenden Kreise der USA, Großbritanniens und Frankreichs ihre Völker davon zu überzeugen, daß die Erhaltung des Friedens nur durch Aufrüstung möglich sei. Das ist ein Verbrechen an der Menschheit. Wer den Frieden will, kann strittige Fragen mit anderen Völkern nicht durch die Bereitstellung von Machtmitteln, sondern nur durch Freundschaft und mit friedlichen Mitteln lösen.

Die aggressive Politik der Westmächte zeigte sich aber nicht nur durch den Abschluß des Nordatlantikpaktes und durch die Errichtung zahlreicher Militärstützpunkte auf fremden Gebieten. Es gibt eine ganze Fülle von Maßnahmen, die den aggressiven Charakter der USA-Politik zum Ausdruck bringen. Dazu gehören die Remilitarisierung Westdeutschlands, die Aufstellung westdeutscher Streitkräfte, die Verstärkung der Interventionstruppen in Westdeutschland, die Förderung der Aufrüstung und der erneuten Militarisierung Japans, das Wettrüsten und die Vergrößerung der Streitkräfte der Mitgliedsstaaten des Nordatlantikpaktes. Diese Tatsachen kennzeichnen den friedensfeindlichen Charakter der Westmächte. Zur Verschleierung ihrer Aufrüstungspolitik verleumden sie die Friedensbemühungen der Sowjetunion …

Heute ist festzustellen, daß das Ziel der amerikanischen Regierung und der übrigen Westmächte nicht die Herbeiführung einer friedlichen Regelung ist, sondern daß sie ihre Kriegsvorbereitungen systematisch fortsetzen wollen. Unter grober Mißachtung ihrer Verpflichtungen aus dem Potsdamer Abkommen bereiten die Westmächte ihr Militärbündnis mit Adenauer und den Hitlergeneralen Speidel, Manteuffel, Heusinger und anderen vor. Sie ignorieren die wachsende Bewegung gegen die Remilitarisierung in Deutschland und erwarten von der Bonner Regierung, daß sie die für den Frieden und gegen die Remilitarisierung eintretenden Menschen niederknüppeln oder einsperren läßt.

Die friedliebenden Menschen aller Völker müssen erkennen, daß hier aus selbstsüchtigen Interessen, in verbrecherischer Weise das Leben der Völker aufs Spiel gesetzt wird. Die USA-Imperialisten verfolgen die gleiche Politik, die Hitler mit seinen Mitverschworenen der Welt bereits einmal vorexerziert hat. Auch Hitler redete vom Frieden, während er mit seinen Spießgesellen den Krieg vorbereitete. Das Schicksal Hitlers und seiner Weltherrschaftspläne sollte allen denen zur Warnung dienen, die heute eine gleiche Machtpolitik zu verwirklichen suchen.

Die Anhänger des Friedenslagers dürfen weder die Gefährlichkeit der Kriegstreiber noch die Skrupellosigkeit ihrer Methoden übersehen.

Wir können aber auch mit Genugtuung erkennen, daß der Kampf für den Frieden gewaltige Kräfte ausgelöst hat. Dieser Friedenskampf vereinigt die Völker der unbesiegbaren Sowjetunion mit dem siegreichen chinesischen Volk. Er umfaßt die Völker der Volksdemokratien und der Deutschen Demokratischen Republik. Zum Weltfriedenslager bekennen sich heute die noch national unterdrückten Völker, und schließlich gehören große Teile auch jener Völker zum Weltfriedenslager, die heute noch von ihren Monopolherren beherrscht und ausgebeutet werden. Diese breite und wohlorganisierte Friedensmacht stärkt auch unsere Kräfte immer aufs neue und gibt uns die feste Zuversicht in den endgültigen Sieg unserer guten Sache. Der Frieden besiegt den Krieg. Die Zukunft hebt die Vergangenheit auf.

RUDOLF LEONHARD

Wir Antimilitaristen und die Rote Armee

Manche werfen uns vor, es sei inkonsequent, daß wir absolut und mit aller Energie und mit aller Leidenschaft gegen die Wiederaufrüstung Westdeutschlands kämpfen und zugleich Freunde der Roten Armee sind. Der Vorwurf ist falsch; er beruht auf der formalistischen Gleichstellung eines Eroberungskrieges mit einem Befreiungskriege und einer Angriffsarmee mit einer Verteidigungsarmee. Zwar wird von jeder Armee gesagt, daß sie eine Verteidigungsarmee sei; aber es ist sehr leicht, durch Beobachtung der Wirklichkeit festzustellen, welche Armee zur Verwirklichung von Angriffsabsichten und welche wirklich nur zur Verteidigung dient. Wenn eine Armee weit von den Grenzen ihres Landes um ein anderes Land herum in lauter mehr oder weniger anständig eroberten Stützpunkten liegt, in fremden Ländern, in denen sie nichts zu suchen hat und in denen sie nicht erwünscht ist, so kann sie nicht zur Verteidigung dienen, sondern nur zum Angriff. Wenn sie sich das Recht, ja das Vorrecht auf eine reine Angriffswaffe wie die Atombombe nicht nehmen läßt, so kann sie keine reine Verteidigungsarmee sein; wenn ihre ganze Existenz mit Hetzreden und Drohreden und Gewaltmaßnahmen gehegt wird, dann kann sie keine Verteidigungsarmee sein.

Eine Volksarmee, eine wirkliche Volksarmee, kann keine Aggressionsarmee sein. Ich kann das aus eigner Erfahrung beurteilen, ich habe jahrelang einer Armee angehört, und zwar einer sehr eindeutig konservativen und volksfeindlichen Armee, nämlich der des kaiserlichen Deutschlands. Ich habe sehn können, was der Hauptzweck dieser Armee war: der, Untertanen zu bilden, Knechte, den Menschen zu entmenschen. Wir haben in der Ausbildung am Anfang des ersten Weltkrieges ein einziges Mal Bajonette in die Hand bekommen, aber noch im feindlichen Feuer Grußübungen gemacht. Die Grußübungen, die Unterordnung, der Kadavergehorsam waren die Hauptsache. Im zivilen Leben gilt es als unhöflich, einen Menschen anzustarren; der Soldat mußte also durch Anstarren grüßen. Der Mensch, der seines normalen Ganges die Straße lang geht, schlenkert mit den Armen; der Soldat mußte also die Arme beim Gehn an den Leib drücken. In allem, was der Soldat tat, mußte er das Gegenteil von dem tun, was natürlich war, und mußte es tun, um umgeformt, durchgeknetet, umgeworfen zu werden. Man sagte damals in Deutschland von vielen Männern, man sehe ihnen an, daß sie gedient haben; man sah es ihnen an, ihnen waren die Knochen gebrochen – bildlich gemeint natürlich, sozusagen die geistigen Knochen –, sie waren die tüchtigen Automaten geworden, die der konservative großpreußisch-militaristische Junker- und Kapitalistenstaat brauchte.

Ich habe später die spanische Volksarmee gesehn, und zwischen der und der ehemaligen preußischen Armee bestand in der Tat keine Ähnlichkeit und kaum eine Vergleichsmöglichkeit. In der deutschen Armee wäre Begeisterung verdächtig gewesen; in dieser Volksarmee war noch die Disziplin begeistert. Ich sah in der Eingangshalle eines Umschulungslazaretts einen großen Briefkasten, an dem stand geschrieben, die kranken Soldaten sollten Fragen hineinlegen, Ärzte und Offiziere würden sich die größte Mühe geben, diese Fragen befriedigend zu beantworten; sei der Frager mit der Antwort nicht zufrieden, sollte er wieder und weiter fragen, bis Übereinstimmung zwischen ihm und den Befragten hergestellt sei. Mir stand vor Staunen der Mund offen: das hatte ich, alter Soldat des Weltkriegs, noch nie erlebt: hier war eine Armee, in der man fragen, in der man lernen sollte, eine Armee, die grade Wert darauf legte, daß der Soldat begreife – und in der, die ich gekannt hatte, war es doch die Hauptregel für den gewöhnlichen Soldaten gewesen, sich ja nicht und durch nichts bemerkbar zu machen, also vor allem auch nicht durch Fragen, und auch in der französischen Armee galt für den Soldaten der Grundsatz: »Il ne faut pas chercher acomprendre« – Man soll nicht versuchen zu begreifen. In der spanischen Armee aber, einer Volksarmee, wurde es grade gewünscht, daß der Soldat begreife! Ich wohnte einer Parade in Alcala de Henares bei. Der General, der sie mit uns abnahm, winkte einen Soldaten heran, der Soldat sprang herzu und faßte im Eifer, im liebevollen Eifer des Folgenwollens den Arm des Generals. Auch hier blieb mir der Verstand stehn, oder vielmehr, er schwang sich auf eine neue Ebene: in der preußischen Armee, wohl in jeder Armee eines Unterdrükkerstaates, wäre wohl ein Soldat, der einen General, sei es auch im Enthusiasmus, angefaßt hätte, erschossen worden.

Es war schon sonderbar genug, daß ich, eingefleischter Antimilitarist seit den Erkenntnissen des ersten Weltkriegs, mit gutem Gewissen, ja mit Hochgefühl eine Parade abgenommen hatte; aber es war eben keine Parade wie die, an denen ich selbst früher hatte teilnehmen müssen, und es war keine Armee wie die, die ich zu nahe gekannt hatte. So geschah es auch später, daß ich, eingefleischter Antimilitarist, bei einem Bankett im befreiten Berlin ein Hoch auf die Rote Armee ausgebracht habe. Es war nach einer Vorstellung des Sing- und Tanzchors der Roten Armee, einer Truppe nicht von Künstlern, sondern einfachen Soldaten, die ihrer Begabung wegen zum Dienst in dieser Truppe kommandiert oder vielmehr beurlaubt wurden und deren gesangliche und tänzerische Darbietungen kaum hinter hohen Leistungen von Berufstänzern zurückstanden. Sie hatten während des ersten deutschen Schriftstellerkongresses für uns gesungen und getanzt, und alle im Zuschauerraum, ausnahmslos alle, aus welcher Gegend Deutschlands sie kamen und in welcher Philosophie oder politischen Anschauung sie standen, waren hingerissen gewesen. So sagte ich in meinem Toast den Dank dafür, daß diese Armee, da wir selbst uns nicht hatten befreien können, uns befreit hatte, und sagte: »Ihr habt siegen können unter anderm auch, weil ihr das könnt, was ihr uns eben gezeigt habt.« Weil ihr, sollte das heißen, zwar ganz Soldaten seid, und was für tapfere Soldaten, aber weil ihr mehr als Soldaten seid und nicht Soldaten im herkömmlichen Sinne. Denn die Soldaten, die diese Lieder sangen und diese Tänze tanzten, die waren Volk aus dem Volke, ein vom andern Volk untrennbarer Teil des Volkes, eine Armee also, die nur für volksfreundliche, volkswichtige und volkswahre Ziele eingesetzt werden kann, eine Armee, durch Freundschaften und Patenschaften industriellen und landwirtschaftlichen Betrieben verbunden, eine Armee, nicht abgesondert vom Volk, sondern im ganzen Land mit tausend täglichen Fäden ins Leben dieses Volkes verwebt, eine Armee, die mindestens so sehr eine Schule ist wie das, was man früher und anderswo Armee nannte und nennt.

Diese Armee ist keine Angriffsarmee, und der Staat, den sie schützen soll und der freilich gewissenhaft genug ist, sie zum Schutze tüchtig zu halten, ist kein Angriffsstaat. Wir brauchen die Freundschaft dieses Staates, außer aus vielen andern Gründen auch deshalb, weil wir uns nicht zu befreien verstanden haben und weil dieser Staat und diese Armee uns befreit haben. Dieser Staat, in dem alle lernen, wie wir alle lernen müssen, und in dem auch die Armee noch eine große Schule ist, kann und soll uns lehren, wie eine Freiheit, wenn man sie schon nicht selbst gewonnen hat, aufgebaut und in neuen Einrichtungen befestigt wird, und die Lehre wird ganz und wahr sein, wenn wir es lernen, zur uns geschenkten Freiheit den eigenen Freiheitswillen, den eignen Konstruktionswillen, den eignen Friedenswillen hinzuzutun.

Friedenswillen – denn, ohne jede Paradoxie, die Rote Armee ist nicht eine Bedrohung des Friedens, sondern, anders als das in imperialistischen Phrasen von andern gesagt wurde, eine Garantie des Friedens. Sie ist es, weil sie Organ des Staates ist, der wie jeder andre den Frieden braucht und mehr als jeder andre den Frieden will, der auf dem Wege zum Frieden führt. Sie ist eine Armee, es ist ohne Paradoxie gesagt, die nichts mehr wünscht, als zu verschwinden, als überflüssig zu werden; die sehr durchdachten, ernsthaften, realistischen Abrüstungsvorschläge der Sowjetregierung beweisen es.

Nichts andres hat unser Ludwig Renn gemeint, als er, hoher Offizier in der Armee der spanischen Republik, einem Ausfrager antwortete: »Ich hasse den Krieg, ich hasse in der Welt nichts so sehr wie den Krieg, und deshalb bin ich hier.«

ARTHUR BAUMGARTEN
Das neue Volksrecht und die Weltfriedensbewegung

Vom Standpunkt des historischen Materialismus ist der bisherige Zustand des Völkerrechts und seiner Wissenschaft leicht zu erklären. Der bürgerliche Staat – um nur von ihm zu reden – ist ein Instrument in den Händen der herrschenden Klassen, die eine Minderheit der Bevölkerung darstellen. Die herrschenden Klassen des Imperialismus brauchen den Krieg, genauer gesagt, sie können einen dauerhaften Frieden nicht dulden, denn der Krieg ist ihnen, namentlich den Großmächten, ein höchst wichtiges Hilfsmittel im Konkurrenzkampf. Gewiß brauchen auch die bürgerlichen Staaten Friedenszeiten und verhalten sich danach. Ein den Frieden zuverlässig sicherndes Völkerrecht zu begründen, sind sie aber nicht gewillt. Wie das Völkerrecht selbst, so ist auch seine Wissenschaft in der bürgerlichen Gesellschaft ein Produkt des Klasseninteresses. Sie sucht, sofern sie nicht rein positivistisch ist, ein Völkerrecht, wie es den herrschenden Klassen dienlich ist, mit Hilfe von allerhand Ideologien als der Natur des Menschen entsprechend zu erweisen aus.

Die Völker spielen hiernach im Völkerrecht der bürgerlichen Staaten eine sekundäre Rolle. Immerhin äußert sich die Tatsache, daß ohne ihre revolutionäre Erhebung der moderne bürgerliche Staat nicht zustande gekommen wäre, in der offiziellen Anerkennung ihres Selbstbestimmungsrechts, wennschon auch dieses Recht de facto immer wieder verletzt wird. Ebenso bringt die Stimme der öffentlichen Meinung, wenigstens teilweise, die Empfindungen der Völker zum Ausdruck und übt auf das Völkerrecht, in dem im wesentlichen das harte Gesetz des wirtschaftlichen Konkurrenzkampfes herrscht, einen freilich im einzelnen schwer festzustellenden, vermenschlichenden Einfluß aus.

Und nun treten mit einem Male die Völker machtvoll auf die Bühne der Geschichte des Völkerrechts. Das ist das Neue am

Völkerrecht unserer Tage. Es ist eine über alle Länder verbreitete Friedensbewegung entstanden, die ihre nichtstaatlichen Organe gefunden hat und binnen kurzem zu einem rechtsbildenden Faktor von weltgeschichtlicher Bedeutung geworden ist. Es war höchste Zeit. Der amerikanische Monopolkapitalismus bereitete bald nach der Beendigung des zweiten Weltkrieges fieberhaft einen dritten Weltkrieg vor und ist in wenigen Jahren zum gefährlichsten Feind des Friedens und damit eines wahren Völkerrechts geworden. Die UN, die ihren Statuten gemäß ein Hort des Friedens sein sollten, hat er zu einem Instrument seiner imperialistischen Pläne gemacht. Soweit sie ihm dazu nicht auszureichen schienen, hat er sie umgangen und neben sie den Atlantikpakt gestellt, der offensichtlich aggressiven Charakter trägt. Eine bloße Aufzählung seiner der Kriegsvorbereitung dienenden Hauptaktionen würde zu weit führen. Mit dem Völkerrecht macht er kurzen Prozeß. Seine Theoretiker erklären, daß zwischen zwei Gruppen von Staaten, die so verschiedenen Weltanschauungen huldigen, wie der westlichen und der östlichen, ein Völkerrecht unmöglich sei, und er handelt danach. Für die kapitalistische Welt ist ihm die Souveränität der Einzelstaaten ein veralteter Begriff. Das ist kein Angsttraum. Die Beweise dafür, daß es nüchterne Wirklichkeit ist, sind erdrückend.* Und welches ist der tiefste Grund für ein solches auf den ersten Blick unglaubwürdiges Gebaren? Der amerikanische Monopolkapitalismus weiß, daß ein friedlicher Wettbewerb zwischen dem kapitalistischen und dem sozialistischen System auf lange Zeit hinaus möglich ist, er weiß aber auch, daß er in diesem Wettbewerb schließlich den kürzeren ziehen wird. Daher rafft er alle Kräfte für einen Krieg gegen die Sowjetunion und die Volksdemokratien zusammen, bevor noch der Gegner allzusehr erstarke.

Die obersten Organe der Weltfriedensbewegung sind die Hunderte von Millionen von Menschen repräsentierenden Weltfriedenskongresse (die ich Weltfriedensparlament nennen

* Ich verweise auf die eingehendste mir vertraute Darstellung der amerikanischen Nachkriegspolitik in dem sowjetischen Werk: A. Leontiew, Der Imperialismus des Dollars im westlichen Europa (russ.), Moskau, Staatsverlag für politische Literatur 1949.

möchte) und der Weltfriedensrat. Sie sind die organisierte Zusammenfassung zahlloser Friedensvereinigungen und einzelner Friedenskämpfer der ganzen Welt, die einen erheblichen Bruchteil der Menschheit, ihre pars sanior, man darf sagen die Völker vertreten. Sie hat uns etwas gebracht, das in der Geschichte noch nicht dagewesen ist. Friedensbewegungen und Kundgebungen gibt es schon seit langem. Die Weltfriedensbewegung unterscheidet sich von ihnen nicht nur quantitativ; die Quantität ist in eine neue Qualität umgeschlagen.

WIELAND HERZFELDE

Losungen und Inschriften

Der Krieg hat in wenigen Stunden vernichtet,
Was der Fleiß von Jahrhunderten hat errichtet.
Es ist, was wir schaffen, nur von Bestand,
Nimmt das Volk sein Geschick in die eigene Hand.

Blühen oder Bluten – Freude oder Qual,
Trümmer oder Aufbau – Triff deine Wahl!

Millionen Tropfen höhlen den Stein,
Den Krieg besiegt der Millionen Nein.

Jahrtausende sangen den Ruhm der Männer,
Die Kriege gewannen;
Wir singen den Ruhm der Völker,
Die Krieg verhindern.

Sitzt erst der Wurm in der Frucht,
Kannst du sie nicht mehr retten,
Willst du das Leben beschützen,
Vernichte im Frieden den Krieg.

Die in schwerer Zeit dieses Haus erbaut,
Haben gemeinsamer Kraft und der Zukunft vertraut.

JOHANNES DIECKMANN
Wahrheit und friedliche Koexistenz

MAN verwechsle nicht die friedliche Koexistenz zwischen Staaten und Völkern mit einem ideologischen Mischmasch aus Sozialismus und Imperialismus. Hier gibt es selbstverständlich keinen Ausgleich, keine Möglichkeit einer »Versöhnung« – hier ringen miteinander Wasser und Feuer. Dieser Kampf des Geistes kann, soll und darf nur mit geistigen Waffen ausgefochten werden. Alle Versuche, eine geistige Kraft mit dem Schwert zu überwinden, sind in der Geschichte der Menschheit auf die Dauer stets gescheitert. Neros Löwen haben das Christentum nicht umbringen können, und die zelotischen Jesuiten haben nicht verhindern können, daß die Lehre des Galilei heute längst Gemeingut aller Menschen geworden ist. Alle Siege und Niederlagen der schrecklichen Religionskriege des Mittelalters haben nicht einen Deut zur Gotterkenntnis des Menschen beigetragen –, eher zum Gegenteil; und nicht die Scheiterhaufen-Theologen des Mittelalters haben im damaligen geistigen Ringen gesiegt, sondern ihre in unvorstellbarer Weise zu Tode gequälten Opfer. Und auch die sehr unheilige »Heilige Allianz«, die die Französische Revolution mit Kanonen erschießen wollte, mußte erfahren, daß Ideen »die stärksten aller Realitäten« (Goethe) sind. Mit Gewalt also kann die Wahrheit einer Idee nicht auf die Dauer unterdrückt oder gar ausgerottet werden, und so wie zwischen Feuer und Wasser gibt es zwischen zwei sich diametral entgegenstehenden Ideen auch keinen »Ausgleich«.

Das alles ist deutlich und klar, aber es hat nichts zu tun mit friedlicher Koexistenz der Völker und Staaten.

Ein solches friedliches Zusammenleben, Miteinanderleben der Völker und Staaten ist eine dringende Notwendigkeit – ja überhaupt die dringendste Notwendigkeit unserer Zeit. Das läßt sich unschwer beweisen, wenn man sich das Gegenteil der friedlichen Koexistenz bis in die letzte Konsequenz hinein vorstellt. Das aber würde gar nichts anderes bedeuten, als daß die in zwei ideologische Hälften gespaltene Menschheit nunmehr mit Atomfeuer und -schwert aufeinander losginge und diesen Kampf um die bessere Idee mit den modernen Massenvernichtungswaffen atomarer, bakteriologischer und chemischer Kriegsführung durchführte. Jedermann muß einleuchten, daß eine solche Vorstellung heller Wahnsinn ist und zu nichts anderem als zur Massenvernichtung der Menschheit überhaupt führen kann.

UWE BERGER

Der Soldat

Am Bahnhof Friedrichstraße
Grünt Rasen neuerdings,
Auf dem zu seinem Spaße
Sachkundig, flach von rechts nach links,
An einem Morgen ein sowjetischer Soldat
Die Sense schwang ...

Und wär wohl lieber bei der Mahd
Daheim –
   Maschinen, Kolchosleute und Gesang!

BERTOLT BRECHT

Zum Völkerkongreß für den Frieden

Das Gedächtnis der Menschheit für erduldete Leiden ist erstaunlich kurz. Ihre Vorstellungsgabe für kommende Leiden ist fast noch geringer. Die Beschreibungen, die der New Yorker von den Greueln der Atombombe erhielt, schreckten ihn anscheinend nur wenig. Der Hamburger ist noch umringt von Ruinen, und doch zögert er, die Hand gegen einen neuen Krieg zu erheben. Die weltweiten Schrecken der vierziger Jahre scheinen vergessen. Der Regen von gestern macht uns nicht naß, sagen viele.

Diese Abgestumpftheit ist es, die wir zu bekämpfen haben, ihr äußerster Grad ist der Tod. Allzu viele kommen uns schon heute vor wie Tote, wie Leute, die schon hinter sich haben, was sie vor sich haben, so wenig tun sie dagegen.

Und doch wird nichts mich davon überzeugen, daß es aussichtslos ist, der Vernunft gegen ihre Feinde beizustehen. Laßt uns das tausendmal Gesagte immer wieder sagen, damit es nicht einmal zu wenig gesagt wurde! Laßt uns die Warnungen erneuern, und wenn sie schon wie Asche in unserem Mund sind! Denn der Menschheit drohen Kriege, gegen welche die vergangenen wie armselige Versuche sind, und sie werden kommen ohne jeden Zweifel, wenn denen, die sie in aller Öffentlichkeit vorbereiten, nicht die Hände zerschlagen werden.

KUBA

Gegen den Krieg

Krieg kommt nicht aus einer schwarzen Wolke,
Krieg ist nicht ein Sommerhagelschlag.
Krieg geht um wie Seuche unterm Volke,
Mitternachtsgespenst am hellen Tag.
Bannt den Spuk,
Treibt die Gespenster aus,
Denn ihr wißt ja, wer die Nachtgespenster sind,
Diese Welt ist kein Gespensterhaus,
Und der Mensch von heut ist kein verweintes Kind.

Mit den Bösen geht es nicht im guten,
Palmenwedel sind kein Argument,

Wenn in Griechenland die Bauern bluten
Und am fernen Pazifik der Himmel brennt.
Bannt den Spuk,
Treibt die Gespenster aus,
Denn ihr wißt ja, wer die Nachtgespenster sind,
Diese Welt ist kein Gespensterhaus,
Und der Mensch von heut ist kein verweintes Kind.

Malt drei Kreuze über eure Türen,
Halten werden sie die Bomben nicht.
Kriegsverbrecher werden Kriege führen,
Bis man ihnen ihre Hälse bricht.
Bannt den Spuk,
Treibt die Gespenster aus,
Denn ihr wißt ja, wer die Nachtgespenster sind,
Diese Welt ist kein Gespensterhaus,
Und der Mensch von heut ist kein verweintes Kind.

ERNST BLOCH

Pazifistische Muße

Ja gerade der Zivilgeist ist im Spätkapitalismus so identisch mit Großbombern geworden, daß erst der Imperialismus, als letzte kapitalistische Phase, den Krieg auf die Vollendung gebracht hat, die man total nennt. Die diversen Wallstreet-Kriege sind total nicht bloß, weil sie keineswegs mehr nur zwischen Heeren geschehen, sondern weil sie sich das Wehrlose besonders heroisch zum Opfer aussuchen. Die gefüllten Kirchen, die Frauen und Kinder hatten vor den Ritterheeren nicht gezittert, aber vor dem Furor der imperialistischen Bourgeoisie, gerade vor dieser, finden sie keine Gnade. Item, ist es nicht nur spitzbübischer Idealismus, es ist pure Gaunerei geworden, was im Schoß der Großbourgeoisie an Pazifismus übrigbleibt und die Aggression verdammt, die im Weißen Haus, im Vatikan, von lauter Börsengängern, Tartuffes, Francopfaffen selber fabrizierte. So gedeiht der Friede auf kapitalistischem Boden wie ein Lamm im Schlachthaus; der Friedenstraum ist kapitalistisch sowenig erfüllbar wie der von Menschenliebe überhaupt. Gewiß, Kriege sind nicht unvermeidlich, wenn eine einheitliche, hinreichend starke Aktion ihrer prospektiven Opfer eingreift, aber sie bleiben auch dann als ständige Drohung, ein bloßer Nicht-Krieg bestenfalls, unter Hängen und Würgen, dessen Erhaltung ständige Wachsamkeit erfordert. Ursächlich entfernt erst der Sozialismus den Krieg und den Keim, den jeder kapitalistische Friedensschluß zu neuen Kriegen trägt. Der Friede ist keine Parteisache, er ist im Zeitalter seiner ständigen Bedrohung eine Menschheitssache par excellence, doch einer Menschheit ohne Nimrods. Der Wille zur Freizeit vom Krieg, also zur pazifistischen Muße, kommt erst ganz zum Zuge zusammen mit jener Bändigung des imperialistischen Maximalprofits, die schließlich seine Abschaffung heißt. Sonst wird die Abwesenheit, gar Unmöglichkeit von Angriffskriegen aus einem höchsterwünschten Zustand nie ein normaler.

Das kommt also auch hier heraus, sobald man den Bock zum Gärtner macht. Dabei mußten die Böcke selber gestehen, daß der Friede ein alter Traum sei, wenn auch für sie kein schöner. Der Ruf der Bertha von Suttner: »Die Waffen nieder« bewegte sich in einer so alten, vor allem oft gemalten Sehnsucht, daß der Pazifismus fast die Überlieferung einer eigenen Utopie besitzt. Einer Utopie, die, wenn sie auch zuweilen in den sozialen mitenthalten ist, doch keineswegs mit ihnen zusammenfällt. Denn der Friedenstraum findet sich gerade bei Schriftstellern besonders ausgeführt, die gar keine ausgeführten Entwürfe zum besten Staat hinterlassen haben; so bei den altisraelitischen Propheten, so bei Kant. Ebenso gehört er zum revolutionären Naturrecht: Grotius, als Begründer des Völkerrechts, malt den Frieden eben als normalen Zustand. Und der Friedenstraum war, bevor er auf den Börsenpazifismus kam und seinen Schein, der jungen bürgerlichen Aufklärung nahe und ihrer Verbrüderung gegen Fürsten, gegen Herren- und Religionskriege.

LOUIS FÜRNBERG

Die wunderbaren Fragen

WER hatte sie vertrieben,
Die Angst, die die Menschen fraß,
Und wo war die Angst geblieben,
Die ihnen im Nacken saß?

Und wer hatte die tausend Gesichter
Der teuflischen Ängste bekriegt
Und die mächtigen Ängste-Züchter
Besiegt?

Wer hatte die eiternden Wunden
Der Krätze der Demut geheilt
Und die Gebundnen entbunden
Und mit Land beteilt,

Damit sie darauf gehen
Nicht mit dem Joch im Genick,
Sondern die Sterne sehen
Mit befreitem Blick?

Wer hat die Bauern geheißen:
Nehmt das Feld und pflügt!
Und wer hat die Wölfe, die Weißen,
Besiegt?

STEPHAN HERMLIN

Die Vögel und der Test

Zeitungen melden, daß unter dem Einfluß der Wasserstoffbombenversuche die Zugvögel über der Südsee ihre herkömmlichen Routen ändern.

Von den Savannen übers Tropenmeer
Trieb sie des Leibes Notdurft mit den Winden,
Wie taub und blind, von weit- und altersher,
Um Nahrung und um ein Geäst zu finden.

Nicht Donner hielt sie auf, Taifun nicht, auch
Kein Netz, wenn sie was rief zu großen Flügen,
Strebend nach gleichem Ziel, ein schreiender Rauch,
Auf gleicher Bahn und stets in gleichen Zügen.

Die nicht vor Wasser zagten noch Gewittern
Sahn eines Tags im hohen Mittagslicht
Ein höhres Licht. Das schreckliche Gesicht

Zwang sie von nun an ihren Flug zu ändern.
Da suchten sie nach neuen sanfteren Ländern.
Laßt diese Änderung euer Herz erschüttern ...

ERWIN STRITTMATTER

Handzettel für einige Nachbarn

WENN die Pilze aus Steinstaub und Feuer himmelan
wachsen,
Wird es zu spät sein,
Und die Klagen um das Versäumte
Werden die Sterne nicht rühren.

Ich sah einen Mann, der dachte und dachte
An einen Kuß von der lange Begehrten.
Abends am Bach beim Syringenstrauch schwor er,
Daß er sie lebenslang lieben werde.

Gleichzeitig wurden hinter dem Meer
Qualvolle Massentode erdacht.

Nachbar, ach Nachbar, ich gönn dir den Kuß,
Aber ich gönn ihm die herrschende Stelle
Unter deinen Gedanken nicht.
Siehe, wer liebt, der sollte besorgt sein,
Daß auch für fernere Liebe noch Raum bleibt.
Magere Liebe, wenn dir der erste,
Aber der hundertste Kuß nicht gewiß ist.
Willst du ums Jahr, wenn es wiederum Mai ist,
Drunten am Bache im Feuerregen
Deiner Geliebten die Totenhand küssen?

Ich sah einen Mann, der war fleißig und geizte.
In seinem Hirne summte die Summe
Für ein Motorrad, das er sich wünschte.
In seinem Sommer, in herbsüßer Taufrüh,
Wollte er durch Winde und Düfte fahren.

Gleichzeitig hüllte man hinter dem Meer
Rasende Tode in stählerne Mäntel.

Nachbar, ach Nachbar, ich gönn dir dein Schnellrad,
Aber ich gönn ihm die herrschende Stelle
Unter deinen Gedanken nicht.
Wie wird dein Mai sein und was dein Motorrad,
Wenn dich, noch eh du dich satt dran gefreut hast,
Wirbelnder Glutwind zum Sternenraum weht?

Ich sah einen Mann, der war bieder und eilte
Von seiner Arbeit in seinen Garten,
Spielte dort mit gescheckten Kaninchen.
»Kostet's auch Müh mich«, so sagte der Mann,
»Aber den Aalstrich am Rücken der Tiere
Muß ich noch feiner, noch reiner erzüchten!«

Gleichzeitig wurden hinter dem Meer
Todesbakterien in Gläsern gezüchtet.

Nachbar, ach Nachbar, ich gönn dir den Garten,
Gönn dir die kleinste der Schöpferfreuden,
Aber ich gönn ihr die herrschende Stelle
Unter deinen Gedanken nicht.
Nichts wird mehr erben, weil nichts mehr vererbt wird,
Sollte die Kraft, die in guten Händen
Wüsten zu Paradiesen macht,
Ätzend in fruchtbare Gärten falln
Und das versteckteste Saatkorn vernichten.

Ich sah einen Mann, der stieß mit der Stange
Bunte Bälle auf grünem Tuch,
Fächerte tändelnd bebilderte Karten.
»He, du Prophet!« so rief mich der Mann,
»Stör mir nicht mahnend den Gleichklang der Stunde!
Sieh doch, ich lebe und spiele, bin munter,
Außerdem glaube ich an die Vernunft.«

Gleichzeitig warfen, die gegen Vernunft sind,
Probeweise Bakterien auf Menschen.

Nachbar, ach Nachbar, wisse, die Zeit
Macht aus den Wartenden Mitverbrecher;
Denn die Vernunft will geschürt sein, und besser
Ferne Besorgnis als plötzliche Furcht,
Die dich mit tödlicher Lähmung vergiftet.

Ich sah einen Mann, dessen Hände warn welk
Wie die Blätter an sterbenden Bäumen.
»Alles wird kommen«, so sagte der Mann,
»Wie es uns höhere Mächte verordnen.«
»Treffliche Weisheit!« so rühmte der Mann
Und behütete sie wie ein Goldstück
Im zerwurmten Großväterschrank.

Gleichzeitig stiegen hinter dem Meer
Aktien, die sein Schicksal bestimmten.

Nachbar, he, du mit dem Heiligenschein!
Wirst du nicht zittern, wenn Himmel brennen?
Hör mich und eil dich, du Geisterbeweiser,
Bring die durchwurmten Gedankenkommoden
Auf einen Hauklotz, hau Brennholz daraus!

Ich sah einen Mann, der webte und schlang
Leere Worte zu langen Reden,
Soff sich voll am Geräusch seiner Worte,
Wickelte Leben in Zeitungspapier,
Und die Menge nickte im Schlafe.

Und dein Fluch wird im Weltraum verhallen.
Wie auf dem Monde, so wirst du wandeln,
Bis du in stummer Öde erstarrst.

Aber ich sah auch die Zukunft-Besorgten
Rege und handelnd, die Trägheit bekriegend,
Rufend die Völker, die Fesseln zu lösen,
Forschend und wissend, weisend die vielen.
Unter dem Vorrat trefflicher Worte

Wählend und wägend die trefflichsten aus.
Rüttelnd an Türen, klopfend bei Nachbarn
Wissend auch dem, der halb schlafend sie abwies,
Etwas zu sagen, was ihm im Ohr blieb.

Und ich ging mit den Zukunft-Besorgten,
Machte mich auf, die Menge zu mahnen:
Rafft euch und strafft euch! Tut euch zusammen!
Liebt euer Leben mit wilderer Kraft!
Nachbarn, helft hindern, daß Goldverrückte,
Laßt nicht geschehn, daß Profitverzückte
Emsig die Pferde des Todes schirrn. – Kämpft!

Denn wenn Pilze aus Steinstaub und Feuer himmelan
wachsen,
Wird es zu spät sein,
Und die Klagen um das Versäumte
Werden die Sterne nicht rühren.

GEORG MAURER

Die ihr geboren werdet heute ...

I

Die ihr geboren werdet heute
Und ihr, die ihr noch gegen den Mutterleib klopft,
Nicht weil ihr kommen wolltet, weil ihr gerufen wurdet,
Ihr mit geschlossenen Augen gleich des Buches Deckeln,
Das ihr aufschlagen sollt,
Die Lettern allmählich verstehend, um hinzuzuschreiben
Kapitel um Kapitel eurer eignen Geschichte:
Während ihr in den Wiegen schreit oder lächelt,
Wendet der Sturm eine Seite um nach der andern,
Und eure Väter und Mütter müssen stehn

Für die Worte – denn ihr werdet lesen
Jedes einzelne Wort und jeden Namen untilgbar
Und fragen, warum ihr gerufen wurdet,
Wenn auf den Wiegen bereits steht: Mord!
Und Warntafeln sind an vergifteten Meeren;
Warum die blauen und rosa Jäckchen gestrickt werden,
Da sie einschmelzen sollen auf euren Leibern zu furcht-
baren Mustern,
Kaum daß ihr das berühmte Licht der Welt erblickt,
Das ungeheuer weiß aufgeht mit Wolken,
Darin die Vögel nicht leben können – und selbst der Granit
Der Pflastersteine, auf denen ihr spielen wollt,
Schrecklich sich ändert,
Minerale treibend wie giftige Blumen;
Warum die Wälder grün heißen in Märchen
Und sind doch fahl wie die Greise,
Und der Prinz die Prinzessin küßt auf die Lippen,
Da doch die Lippen herabfalln.

II

ZWAR noch halten sich unsre Seen rein,
Um euch und die Fraun und Männer zu baden
Vom Dunst der großen Städte,
Und der Wälder Dämmerung wartet,
In unsre Augen zu grünen!
Noch verzaubert der Laterne Schein die Gesichter
der Liebenden,
Und sie reden leiser, wenn der Morgen
Über den Parkbäumen sich hebt
Und der frische Hauch über den Kanal fährt.
Die Vorhänge an offenen Fenstern bauschen sich lustig
Von den Atemstößen des Frühlings!
Doch wenn der Vorhang vom Staubstoß sich hebt
Der Sonne, die vor dem Morgen schon aufgeht,
Daß die erschrockenen Kathedralen und Hochhäuser knicken
Wie Maste, werden unsre Schatten an den grellen Wänden
Länger sichtbar sein als wir – und nichts wird bleiben!

In den Alpen entdecken darum Millionäre die Schönheit
Niedriger Almhütten, selbst kahle unwirtliche Hänge
Entzücken sie (und sie bieten hohe Preise dafür),
Und sie prüfen die Klüfte für mannshohe Rattenlöcher,
Darin zu überleben den Untergang, den sie bereiten.
Doch von Holzfällern bei Heilbronn hört ich, die die Äxte nicht hoben
Gegen die Bäume, um Platz für die Raketen zu schaffen,
Sondern gegen die Vernichter der Bäume.
So schreiben sie mit den Äxten
Die Lettern des Friedens. O ihr eben Geborenen,
Solche ungelenken Züge,
Die zittrigen Unterschriften der Mütter
Werdet ihr freudig lesen, denn diese führten
Das Buch des Lebens weiter!

PAUL WIENS

Vermächtnis

Das sei unser Vermächtnis:
Ein gutes, ein scharfes Gedächtnis –
Und unsere Hinterlassenschaft:
Ein Sommer voller Licht und Saft,
Ein Sommer – windig, aber weich,
Tief, tief der Wald, die Äcker reich,
Die Straßen um die Erde breiter,
Die Leute herzlicher, gescheiter,
Haut und Gedanken ohne Beulen,
Gedichte an den Anschlagsäulen,
Mit Liebe jedes Haus umlaubt,
Froh jedes Kind – und überhaupt
Ein Tröpflein nur des Volkes Bitterkeit,
Sein Glück jedoch – wie alle Meere weit!

HANNS CIBULKA
Zwei Silben

Landschaft über Landschaft,
zwanzig Monde Steppe,
dreihundert Tage
den Himmel von Pästum
und Monte Cassino,
und dann die kleine Sehnsucht
der Wiesen vor Alkmaar,
wo der Mond wie ein Wiegenlied
über die Grachten ging.

Landschaft
über Landschaft.

Heute
liebe ich ein Stück Erde,
zu kalt für den feurigen Wein,
zu warm für die Pelze
des Nordens.

Jeden Morgen
steht es in mir auf,
und kommt der Abend,
geht es in meinem Herzen
zur Ruh.

Ein kleines Stück
der neuen großen Welt,
voll von dem was verging
und was noch kommen wird,
eine Landschaft
voll Arbeit und Frieden,
und zwei Silben Sehnsucht –
Deutschland.

PETER HACKS
Der Frieden
Nach Aristophanes

Wer mächtig heut in den gedrehten Strick greift,
Dem wird der Krieg einst keinen Strick mehr drehen;
In Frieden wird er leben, eine weiche
Freundin am Hals, im Herd die Scheiter wendend.
Wer aber will, es sei und bleibe Krieg,
Dionysos, den spick mir ganz und über
Mit ehernen Lanzenspitzen, daß er Rost schwitzt.
Und wer, ein Feldwebel und Leutschinder,
Sich Mann nur fühlt, wenn Männer er entmannt,
Soll Pfeile fressen, bis er Schäfte scheißt.
Und wer, als Feldherr, große, müde Heere
So gern bewegt, sei, auf dem Rücken liegend,
Von Heeren überquert, zahllosen Stiefeln,
Die ins Gekrös ihn treten und Gemächt.
Wer aber, Gold aus Eisen sich zu schlagen,
Ein Brot-aus-Blut-Bäcker, ein von Hunger Satter,
Sei Harnischschmied er oder Armbrusthändler,
Des Mordens Fortführung anrät aus Freßgier:
Der soll in diesem hohlen Brunnenloch
Mit keiner Nahrung als für zwei, drei Tage,
Dem Kern der Erde nah, langsam verschmachten,
Das letzte Fett wegschmorend, das letzte Wasser
Ausatmend, bang der Wolken Flug ansehn
In fernen Himmels rötlichem Oval
Und ohne Tröstung vor sich hin krepieren
Zum haarigen Skelett, zur Sündenmumie,
Mählich bedeckt vom Kot der schwirrenden Vögel.
(...)

Inzwischen bitte ich dich, Eirene, Friedensbringerin, nimm unser Opfer gnädig entgegen. Schließe einen Bund mit uns, der fester ist als der Bund zwischen Kopf und Schulter, Mann und

Weib, Fürst und Volk; denn Hälse, Ehen und Grundgesetze werden nur allzuhäufig gebrochen. Du aber und wir müssen bis an den Rand der Zeiten beisammen bleiben.

Zeig uns dein Bild, Göttin,
das oft geträumte, das oft mit letzter Kraft
Des stumpfen Gehirns vorgestellte, das so viele Jahre
In blutigen und schneenassen Betten ersehnte,
Laß es uns anschaun leibhaftig.
Mache den Völkern, den erhitzten, verständlich,
Daß Krieg kein Probstein sei ihrer bessern und schlechtern
Weise zu leben,
Sondern ein Mittel, das alle Zwecke vernichtet,
Ein Wäscher, der nicht den Fleck, der den Rock
wegwäscht,
Ein Arzt, der mit der Krankheit den Kranken beseitigt,
Ein Richter, der Toten nur recht gibt.
Stell sie uns wieder vors Aug!, die Fülle des Marktes;
Zwiebeln wie Köpfe, Knoblauch armdick, Frühgurken und
Des Granatapfels ledernen Beutel, gefüllt mit Rubinen.
Und dem besegelten Meer mach entsteigen die Waren.
Den Böotier laß kommen, mit Fettgänsen bepackt,
Wachteln und Schnepfen, und in Körben würm sich
Der silberkiemige Aal vom Kopaisee.
Wir dann drängen in Haufen uns
Um die Stände, schiebend und stoßend. Es schrein
Die Marktweiber, es überschrein sie
Die Stadtvielfraße. Und zuletzt noch kommen
Die Künstler alle dieser knausrigen Bühne
Herbeigelaufen. Die Armen, zu spät
Wie immer erhielten ihr Honorar sie.
Zu spät, es gibt nichts mehr. Und aufschrein sie in Jammer
Gleich der Medea in der bekannten Tragödie:
Weh mir, weh mir, all meine Lieben verschwunden.
So aber, wenn's dir gefällt, Göttin, laß es geschehen.

EMIL FUCHS

Gemeinsamkeit zwischen Christen und Marxisten

Ich gestehe, daß ich mir in meinen kühnsten Träumen niemals eine solche Vorstellung erlaubt hätte: als Sprecher Tausender bewußter Christen vor dem Repräsentanten eines deutschen Staates stehen zu können, der der Staat der Arbeiter und Bauern, der in Wahrheit der erste Friedensstaat in der deutschen Geschichte ist.

Wenn ich heute sehe, daß die Kämpfe meiner Jugend nicht umsonst waren, wenn ich feststellen darf, daß wenigstens in einem Teil Deutschlands die Vergangenheit unseres Volkes gesellschaftlich bewältigt wurde, so weiß ich auch – und mit mir wissen es unzählige christliche Bürger der DDR, wodurch dieses Neue in der deutschen Geschichte möglich geworden ist: Es ist möglich geworden durch die unverbrüchliche Gemeinsamkeit aller demokratischen Kräfte, die sich in unserer Republik unter der Führung der Arbeiterklasse entwickelt hat.

Diese Gemeinsamkeit hat uns als Christen geholfen, die Widersprüche zu überwinden, in die wir in der Vergangenheit immer wieder gestoßen wurden. Uns Christen sagt das Neue Testament: »So jemand spricht: ›Ich liebe Gott‹ und hasset seinen Bruder, der ist ein Lügner. Denn wer seinen Bruder nicht liebt, den er sieht, wie kann er Gott lieben, den er nicht sieht.« Bei dem Versuch, diesem Wort zu gehorchen, brach in der Vergangenheit immer wieder ein tiefer Widerspruch auf zwischen der persönlichen Gewissensentscheidung und dem ehrlichen Willen des einzelnen Christen, für Fortschritt und Menschlichkeit einzutreten; und den verhängnisvollen Konsequenzen, die eine Gesellschaftsordnung entwickelte, die auf dem Prinzip des Konkurrenzkampfes, und das heißt doch, auf dem Gegeneinander der Menschen aufgebaut war. Darüber hinaus gab es vor allem den Widerspruch zwischen der Friedensliebe der christlichen Menschen und der Kriegspolitik derjenigen Kreise, denen es um ihren Profit und um ihre Machtpositionen ging. Uns

Christen in der Deutschen Demokratischen Republik ist es leichter geworden als den Christen in Westdeutschland, die Schlußfolgerungen aus dieser verhängnisvollen Vergangenheit zu ziehen, weil wir das in der Gemeinschaft aller humanistischen Kräfte tun konnten …

In diesem Sinne finden in unserem Staat alle progressiven christlichen Traditionen der Vergangenheit ihre Erfüllung: von der Landfriedensbewegung im Mittelalter über den Kampf Thomas Müntzers bis hin zu den Christen, die im 19. Jahrhundert für die Gestaltung einer dauerhaften Friedensordnung eintraten und nach einer echten Lösung der sozialen Frage suchten.

Wir sind Ihnen, verehrter Herr Vorsitzender, besonders dankbar dafür, daß Sie mit Ihrem Vorschlag an die westdeutsche Regierung, mit der Regierung unserer Republik eine Friedensvereinbarung auf zehn Jahre abzuschließen, bewußt an die bewährte Tradition der treuga dei, des »Gottesfriedens«, angeknüpft haben. Eine solche Vereinbarung wäre ein erster Schritt auf dem Wege zur weiteren Festigung des Friedens, zur Bändigung der Kräfte in Westdeutschland, die aus der Vergangenheit nichts gelernt haben und die heute die Hauptgefahr für den Frieden in Europa darstellen. Meine Freunde und ich sind überzeugt, daß eine solche Vereinbarung eine Atmosphäre schaffen hilft, in der sich eine Annäherung und Verständigung zwischen den beiden deutschen Staaten vollziehen könnte.

Wenn der große deutsche Humanist und Reformator Philipp Melanchthon, dessen 400. Todestag wir im vergangenen Jahr feierlich begingen, seinem Abscheu gegen den Krieg mit den Worten Ausdruck verlieh: »Alle Kriege hindern die wissenschaftlichen Bestrebungen und entstellen die Kirche«, dann können wir heute feststellen: Unser Staat hilft als Teil des sozialistischen Lagers mit, daß die Friedensträume unserer großen Dichter und Denker und all der Millionen einfacher Menschen, die sich der Werke, die sie mit ihren Händen geschaffen haben, auch erfreuen wollen, in der Mitte des 20. Jahrhunderts endlich Wirklichkeit werden können.

Freilich darf in diesem Zusammenhang nicht verschwiegen werden, daß die Kräfte des wiedererstandenen deutschen Militarismus und Imperialismus in Westdeutschland heute den christlichen Glauben in einem noch nie dagewesenen Ausmaß zur ideologischen Rechtfertigung ihrer Atomkriegspolitik mißbrauchen …

Diejenigen jedoch, die die weltanschaulichen Unterschiede zwischen Christen und Marxisten als ein Hemmnis für dieses Ringen der humanistischen Kräfte darstellen, mehr noch: die den Antikommunismus und das christliche Zeugnis als identisch hinstellen und als ideologischen Kitt für das Erreichen ihrer menschenfeindlichen Ziele benützen möchten, handeln gegen die Interessen der Nation. Die friedliebenden Christen der Deutschen Demokratischen Republik, aber auch der Bundesrepublik, erkennen indes immer mehr, welche Gefahren das für die Erhaltung des Friedens heraufbeschwören müsse, sie wehren sich gegen jeden Mißbrauch ihres Glaubens im Dienste einer friedensfeindlichen Politik.

Gewiß, es gibt Unterschiede zwischen der Weltanschauung des Marxisten und dem Glauben des Christen, es gibt sogar sehr tiefgehende Unterschiede, die wir nicht vertuschen wollen. Aber diese weltanschaulichen Unterschiede sind für uns kein Hindernis für die feste Gemeinsamkeit aller der Kräfte, die in echter Verantwortung für des Menschen wahres Wohl wirken wollen. Im Gegenteil: Unser Gewissen, die gesellschaftlichen Konsequenzen unseres christlichen Glaubens, unser unerbittlicher Wille, für die Wahrheit einzutreten, zwingen uns, für den Frieden und die soziale Gerechtigkeit, für den Sozialismus zu kämpfen.

JOHANNES BOBROWSKI

Nänie

Stimmen, der Wind
über die Bucht
kommt, Rohrwerke, Helsingör

hat so getönt: über dem Sund
die Küste, gestreckt
gegen den Himmel, dort
auf dem Absturz steht,
der mich gerufen hat,
Helios, breiten Mundes,
unter dem Augenbogen
dunkel – die Feuer um ihn
um Schulter und Haar, die rasselnden
Züge, erbrausend: Planeten,
der mörderische
concentus der Welt.

Über die Bucht,
weit,
über dem Regen
farbenstrahlend aus Nebeln
der Bogen – Frieden
ist uns versprochen.

WALTER ULBRICHT

Friedenskommission und Konföderation

Der Volkskammer liegen zwei wichtige Dokumente zur Beschlußfassung vor: der Deutsche Friedensplan, der unser Beitrag sein soll zur Sicherung des Friedens in Deutschland und in Europa und ein Appell an alle Deutschen in Ost und West.

Es geht um den längst fälligen Friedensvertrag mit den beiden deutschen Staaten, es geht um die friedliche und vernünftige Regelung der Westberlinfrage. Der Deutsche Friedensplan enthält den Vorschlag, eine deutsche Friedenskommission aus Vertretern der Parlamente und der Regierungen der beiden deutschen Staaten zu bilden, zur Ausarbeitung von deutschen Vorschlägen zum Friedensvertrag und zur Vereinbarung eines

Abkommens des guten Willens, das dem Zweck dient, das Verhältnis zwischen den beiden deutschen Staaten unverzüglich zu verbessern.

Unsere Vorschläge zu einem Friedensvertrag gehen aus von den Grundsätzen der Charta der Vereinten Nationen. Durch den Friedensvertrag soll verhindert werden, daß jemals wieder von Deutschland ein Krieg ausgeht.

Der Friedensvertrag soll dem deutschen Volke für immer Frieden und volle Gleichberechtigung in der Familie der Völker sichern. Auf der Grundlage des Friedensvertrages soll auch die Westberlinfrage eine friedliche Regelung finden, indem Westberlin bis zur Wiedervereinigung Deutschlands den Status einer neutralen Freien Stadt erhält. Unsere Vorschläge zur Gewährleistung der Sicherheit in Europa und zur Annäherung der beiden deutschen Staaten und ihrer friedlichen Wiedervereinigung entsprechen den friedlichen Interessen unseres ganzen Volkes. Wir sind überzeugt, daß der Friedensvertrag auch den Weg öffnet zur Wiedervereinigung der beiden deutschen Staaten, die bei der gegebenen Lage nur möglich ist über die Bildung einer Konföderation. Dieser unser Friedensplan, diese unsere Vorschläge dienen einzig und allein dem Frieden, dem Frieden für unser deutsches Volk, dem Frieden für die Nachbarvölker in Europa, dem Frieden für alle Völker der Welt. Kein Volk soll geschädigt, niemandes Ehre und Würde angetastet, niemandem Unmögliches zugemutet werden. Alle sollen davon Nutzen haben. (...)

Daß es unerträglich ist, heute, 16 Jahre nach Beendigung des zweiten Weltkrieges, noch immer auf einen Friedensvertrag warten zu müssen, das sagen nicht nur wir. Bereits 1946 schlug die Sowjetregierung im Sinne des Potsdamer Abkommens die Ausarbeitung eines Friedensvertrages mit Deutschland vor. (...) Die Diskussion in der Weltöffentlichkeit wird gegenwärtig leidenschaftlich, zum Teil erbittert geführt. Es gibt natürlicherweise sehr verschiedene Ansichten. Wenn man von Bonn einschließlich seiner sozialdemokratischen Trommler des Krieges absieht, die ihre Sache auf Schießen und nicht auf Verhandeln gestellt haben, setzt sich in der Weltöffentlichkeit immer stärker die Auffassung durch, daß es weit besser ist zu verhandeln, als zu schießen. Es ist in der Tat höchste Zeit zu verhindern, daß aus den Überresten des zweiten Weltkrieges die Flammen eines dritten emporlodern. Es wird also nicht geschossen, sondern es wird verhandelt werden! Das möchte ich vor allem jenen unter unseren westdeutschen Landsleuten sagen, die sich durch das Geschrei und die Kriegsdrohungen der westdeutschen Militaristen und Ultras haben erschrecken lassen. Es wird verhandelt werden! Alles wird friedlich zugehen. Nichts anderes ist vorgeschlagen. Wir werden niemals unfriedliche Mittel anwenden, wenn wir nicht angegriffen werden. (...)

Der Staatsrat der Deutschen Demokratischen Republik hat sich – wie Sie wissen – mit dem dringenden Ersuchen an den westdeutschen Bundestag und die Regierung der westdeutschen Bundesrepublik gewandt, unverzüglich der Einleitung von Verhandlungen zwischen Vertretern beider deutscher Staaten über eine Friedensregelung mit Deutschland und Fragen der Wiedervereinigung zuzustimmen.

Der Staatsrat hat dabei an den westdeutschen Bundestag und an die westdeutsche Regierung appelliert, nicht wieder eine große Chance für unsere Nation leichtfertig zu verspielen, wie es leider allzuoft in der Geschichte Deutschlands zum Unglück unseres deutschen Volkes geschehen ist. Es gilt in der Tat eine historische Chance für die Nation wahrzunehmen!

Ist es richtig, so werden vielleicht auch manche von Ihnen fragen, daß wir uns noch einmal so eindringlich an die Regierung der westdeutschen Bundesrepublik wenden. Ich weiß: Viele Bürger der Deutschen Demokratischen Republik haben es gründlich satt, immer wieder mitzuerleben, wie unsere Friedens- und Verständigungsangebote von den herrschenden Kreisen in Bonn mit Drohungen und Beschimpfungen beantwortet werden.

Wir verstehen recht gut die Ungeduld und die Empörung der Bürger der Deutschen Demokratischen Republik. Aber es geht hier um den Frieden und die Zukunft der deutschen Nation. Und da dürfen wir keine Mühe scheuen. Wir dürfen keinen Versuch unterlassen und niemals die Hoffnung aufgeben, trotz allem zu einer Verständigung zwischen der Deutschen Demokratischen Republik und der westdeutschen Bundesrepublik über einen Friedensvertrag zu gelangen, um so den westdeutschen Militarismus zu bändigen und den Weg frei zu machen für eine Annäherung der beiden deutschen Staaten, für ihre Zusammenarbeit im Rahmen einer deutschen Konföderation.

MORITZ MITZENHEIM
Politische Diakonie

Als ein Theologe, der durch das lutherische Bekenntnis bestimmt ist, brauche ich nicht zu betonen, daß ich sehr wohl um die Unterschiede von Glaube und Politik, von Rathaus und Kirche weiß. Sie werden mich nicht dabei ertappen, daß ich politische Forderungen theologisch oder religiös zu untermauern versuche oder daß ich die mir in der Ordination aufgetragene Weitergabe der Frohen Botschaft von Gottes Gnade in Jesus Christus einer politischen Erwägung zuliebe biege oder verkürze. Ich weiß aber ebenso eins: daß Staat und Kirche es weithin mit denselben Menschen zu tun haben, daß die Kirche nicht in einem luftleeren Raum operiert und daß die Predigt der Kirche den Menschen helfen muß, in ihrer Gegenwart sich zurechtzufinden und mit den ihnen gestellten Fragen fertig zu werden.

Die Kirche hat besonders heute eine wichtige Aufgabe, die man vielleicht mit dem Wort politische Diakonie bezeichnen könnte. Es muß von ihr gefordert werden, daß sie in einer Zeit, die so viele Möglichkeiten, aber auch Gefährdungen in sich birgt, ein wegweisendes und ein tröstendes Wort auch zu Fragen, die die Öffentlichkeit bewegen, sagt.

Unsere Zeit ist gekennzeichnet durch Umschichtung und Umgestaltung, deren Ausmaß wir noch kaum absehen können. Alte Wirtschaftsordnungen zerfallen, neue Formen des menschlichen Miteinanderlebens bilden sich heraus und stehen in der Bewährungsprobe. Völker, die Jahrhunderte hindurch in einer geschichtslosen Gleichförmigkeit dahinlebten, treten selbstbewußt und zukunftsfreudig in die Arena der Weltgeschichte. Die Wissenschaft und Technik hat in den letzten Jahrzehnten eine atemberaubende Entwicklung begonnen. Die Kenntnisse und Möglichkeiten der Menschen wuchsen ins kaum Vorstellbare.

Wuchs der Mensch, wuchs sein Verantwortungsbewußtsein proportional zu seinen neuen Möglichkeiten? Wir wissen vom Worte Gottes her, daß dem Menschen die Welt von Gott gegeben ist, damit er sich ihrer bediene. Er darf und soll forschen, lernen, entdecken, erfinden. Aber wir wissen auch: ihm ist nicht nur die Welt gegeben, daß er sich ihrer bediene, sondern der Nächste, der Bruder geschenkt, daß er ihm diene.

Wir wollen unermüdlich warnen und mahnen, diesen Dienst für den Nächsten nicht zu vergessen, Christen leben nicht nur in der Koexistenz. Ihr Glaube fordert Pro-Existenz, liebenden Dienst für den Bruder.

Ob die Welt blüht, ob die neuen Möglichkeiten genutzt werden, ein schöneres und reicheres Leben für viele zu bauen, oder ob die Welt in der Hölle eines unvorstellbaren Atomkrieges verbrennt, wird sich daran entscheiden, ob Egoismus, Gier und Machtrausch die Oberhand gewinnen oder ob die Gewissen wach bleiben und Menschlichkeit und Gerechtigkeit Form und Inhalt des Umgangs der Menschen miteinander und der Völker miteinander bestimmen.

Sie sind, liebe Freunde, zu Ihrer Arbeitstagung in der Deutschen Demokratischen Republik, in Dresden, zusammengekommen. Es ist eine ernste Silhouette für Ihre Arbeit, diese liebenswürdige Kunst- und Kulturstadt, die vor 18 Jahren im Feuersturm einer Bombennacht vernichtet wurde. Wenn irgendwo, so ist an solchen Stätten, deren es auf der Welt ja leider manche gibt, besonders deutlich, daß Krieg nicht mehr sein darf. Die Wunden der schönen Stadt sind noch nicht vernarbt, und es waren doch »nur« konventionelle Bomben, die ungezählte Menschen verbrannten und unersetzliche Schönheit zertrümmerten.

Es ist nicht nur verständlich, es ist unsere Pflicht, überall zu fordern, daß der Krieg als Mittel der Politik aus dem Kalkül der Verantwortlichen verschwindet, daß vernünftige und sachliche

Verhandlungen die Atmosphäre entgiften und daß Abkommen der Vernunft und des guten Willens stabilisierend und bewahrend die Kriegsgefahr verringern.

GÜNTER KUNERT
Auf der Schwelle des Hauses

In den Dünen sitzen. Nichts sehen
Als Sonne. Nichts fühlen als
Wärme. Nichts hören
Als Brandung. Zwischen zwei
Herzschlägen glauben: Nun
Ist Frieden.

ANNA SEGHERS
Bevor uns die Schuld überwältigt

Der Atomtod wird nicht mehr satt von einzelnen Menschenopfern und auch nicht von der Bevölkerung einer einzelnen Stadt: er wird Länder und Völker fressen. Man hat ihm Rampen gegen den Osten gebaut, und es kümmert ihn nicht, wieviel Millionen, auf die gar nicht gezielt war, dabei zugrunde gehen. Die furchtbare Öde eines vergifteten Erdteils kümmert ihn nicht und erst recht nicht die furchtbare Schuld, die die spüren werden, die nachher noch leben und vorher stumm blieben.

Lassen wir uns von unserer Berufspflicht überwältigen, bevor uns die Schuld überwältigt.

Unseren Erdball überzieht ein Netz aus Längen- und Breitengraden, unerläßlich für Schiffe und Flugzeuge. Unerläßlich für den Frieden ist das Netz, das zwischen Menschen guten

Willens entsteht, schreibenden und lesenden. Vielleicht ist ein Punkt in diesem Netz Neruda am Kap Horn, vielleicht ist Laxness ein anderer Punkt auf Island. Vielleicht Fedin in Moskau, vielleicht Aldridge in London. Solche lebenden Längen- und Breitengrade mit den Menschen, auf die ihre Bücher wirken, bilden ein Netz, das unzerreißbar sein muß.

Unter den Schriftstellern gab es und gibt es sehr viele Meinungsverschiedenheiten. Da das Wort ihr Beruf ist, wird laut vernehmbar, was den einen vom anderen unterscheidet. Das ist unvermeidlich. Stumm bleiben über das, was uns eint, schweigen vor der Gefahr ist nicht mehr möglich.

MARTIN RIESENBURGER

Sie sind für Freiheit und Frieden gefallen

Als die Machthaber des Dritten Reiches im früheren Lustgarten eine Hetzausstellung, genannt »Sowjet-Paradies«, errichteten, da fand sich eine Gruppe jüdischer Menschen zusammen, die jenem Treiben einen offenen Widerstand entgegensetzen wollten. Diese Gruppe junger Juden stand unter der Leitung von Herbert Baum. Sie faßten den Entschluß, dieses üble Machwerk der Nazis in Brand zu stecken. Es brannte auch, aber durch Verrat flog die Gruppe auf, und alle wurden vor den berüchtigten Freisler-Volksgerichtshof gestellt. Kurz darauf wurden an den Litfaßsäulen die ersten rotleuchtenden Plakate geklebt mit der Bekanntmachung der vollstreckten Todesurteile. So wurden in den Jahren 1942/43 siebenundzwanzig blühende Menschen im Alter von neunzehn bis vierundzwanzig Jahren enthauptet, zu ihnen gehörte auch die treue Gefährtin und Gattin von Herbert Baum, Marianne Baum. Herbert Baum wurde im Polizeigefängnis Alexanderplatz am 11. 6. 1942 gehenkt. Im Jahre 1949 gelang es uns durch Hinweise, die Leiche von Herbert Baum auf dem Friedhof in Marzahn aufzufinden. Sie wurde auf einem Ehrenplatz beigesetzt. Auf seinem Grabe erhebt sich ein Denkmal, das auf der Stirnseite seinen Namen trägt, auf der Rückseite sind mit goldenen Lettern die Namen der siebenundzwanzig Hingerichteten seiner Gruppe eingemeißelt mit dem mahnenden Wort: »Sie sind für Freiheit und Frieden gefallen.«

HEINZ KAHLAU

Der Krieg in Vietnam

Mit diesem Krieg
endet die Geschichte
der gelungenen Raubkriege.
Der mächtigste Räuber
kann seinen Raub
nicht mehr heimtragen.
Mit angehaltenem Atem
beobachten ihn
alle Räuber der Welt.

ERWIN STRITTMATTER

Selbstermunterungen

Ich finde, solange wir unsere Zähne und unsere Krallen noch durch Bomben und Raketen ersetzen und um ein Landstück, wie Raubtiere um ein Fleischstück, übereinander herfallen, sollten wir uns nicht »zivilisiert« nennen.

Wir experimentieren an der Ausmerzung des Raubtierglücks und meinen (vielfach fälschlich), dabei einem Teil der Menschen das Glück eines sie befriedigenden Berufs, einer sie befriedigenden Arbeit vorenthalten zu müssen. Verlieren wir, auch wenn unsere Meinung vorerst richtig sein sollte, das Ziel nicht aus den Augen, unbedingt für alle die Kongruenz von Leben und beglückendem Schaffen herzustellen!

In einer Reihe von Jahren wirds selbstverständlich sein, daß sich Menschen verschiedener Erdnationen auf dem Mond befinden. Selbstverständlich aber wird noch nicht sein, daß wir auf der Erde einander nicht in Kriegen totschlagen. Selbstverständlich wird vielleicht nur sein, daß wir uns stolz zugute halten: Wir warens nicht, die das Totschlagen anfingen.

Auf keinen Fall der tätliche Angreifer zu sein – das erscheint mir als ein Fortschritt in der Entwicklungsgeschichte der Menschheit.

Kriege, sehe ich, haben ökonomische Ursachen; die ideologischen Verklärungen, ob religiöse, ob andere, werden ihnen als Verkleidung umgetan.

Ich bin nicht lang genug hier, um die Kraft, die mich hier sein läßt, so deutlich zu erkennen, daß ich mit dem Finger auf sie zeigen könnte. Aber ich gebs nicht auf, in Gedanken und in Taten nach dieser Kraft zu suchen, und dieses Suchen ist, hoffe ich, das Beste, was ich während meines Hierseins leisten kann.

ALBRECHT SCHÖNHERR

Gedanken zum Thema Abrüstung

Wir sind für die eingehende Information zum Thema »Abrüstung und Frieden« dankbar. Wenn dieses Thema auf der Tagesordnung steht, werden Christen immer interessiert sein. Sie werden sich bemühen, von ihren Voraussetzungen aus ihren eigenen Beitrag dazu zu finden. Diesem Bemühen sollen folgende Gedanken dienen.

Für uns Christen ist »Friede« geradezu das Schlüsselwort für menschliches Zusammenleben. Das Weihnachtswort nennt als Thema des Lebens und Wirkens Christi »Ehre Gottes« und »Friede auf Erden« (Luk. 2,14). Eine zentrale Zielvorstellung der biblischen Hoffnung ist ein Friedensreich, in dem die Schwerter zu Pflugscharen umgeschmiedet werden (Jes. 2,4). Es ist selbstverständlich, vielleicht mittlerweile schon allzu selbstverständlich, daß auch die Kirchen als solche allenthalben für Frieden eintreten: das Reden vom Frieden ist manchmal allzu unverbindlich und risikolos, allzu billig geworden. Es gilt, konkreter vom Frieden zu reden.

1. *Nicht kalter Friede, sondern Friede in Sicherheit und Zusammenarbeit*

Die Bedeutung der Schlußakte von Helsinki ist nicht verblaßt, im Gegenteil: Sie wird uns allen und weithin in der Welt immer deutlicher bewußt. Helsinki zielt auf Frieden in Sicherheit *und* Zusammenarbeit, also einen von warmem Leben erfüllten Frieden. Kalter Friede ist nicht weit ab von kaltem Krieg. Der Zusammenhang von Friede, Sicherheit und Zusammenarbeit wird gewährleistet durch die 10 Prinzipien von Helsinki. Ihre besondere Bedeutung liegt darin, daß in ihnen individuelle, gesellschaftliche und politische Gesichtspunkte miteinander verwoben sind. Es kann keinen wirklichen Frieden geben, wo Menschenrechte mit Füßen getreten werden; es kann aber auch keinen wirklichen Frieden geben, wo sich Einzel- und Gruppenegoismus gegen das Ganze durchsetzen möchten. Die 10 Prinzipien sind keine völkerrechtlich verbindliche Abmachung, aber sie besitzen eine moralische Verbindlichkeit, die sich kraft ihres Inhaltes immer mehr Autorität verschaffen wird.

Die Kirchen haben den Gedanken einer Konferenz für Sicherheit und Zusammenarbeit in Europa von Anfang an unterstützt, weil sie sich von dem Gelingen einer solchen Konferenz viel für die Entspannung in Europa und dadurch in der ganzen Welt erhofft haben. Zu verweisen ist u. a. auf die Ansprache, die der Vorsitzende der Konferenz der Kirchenleitungen des

Bundes der Evangelischen Kirchen in der DDR beim ersten Empfang des Vorstandes durch den Herrn Staatssekretär für Kirchenfragen am 24.2.1971 gehalten hat. Seine Ausführungen, in deren Zusammenhang er die Aufnahme der DDR in die UNO forderte, gipfelten in dem Satz: »Die evangelischen Kirchen in der DDR sind davon überzeugt, daß es eine Verantwortung für die ganze Welt gibt, den Frieden und gerechte Zustände und damit Überlebenschancen zu sichern ... (In diesem Prozeß gibt es noch viel Streit und wird es Streit geben.) In diesem Streit werden wir Christen nach dem Maß unserer Erkenntnis Partei ergreifen müssen für Frieden und Gerechtigkeit, gegen Krieg, Kriegsdrohung, Haß, Ausbeutung und Unterdrückung.«

Dies zu tun, nämlich Partei zu ergreifen, ermöglicht uns Christen trotz unserer Einsicht in das Wesen des Menschen mit seinen Abgründen an Bosheit und Torheit die Hoffnung, daß Gott seine Welt nicht verkommen lassen, sondern zu seinem Ziel führen will. Der Glaube an Gott in Jesus Christus ermöglicht es uns ja, mit aller Nüchternheit die Schranken des Menschlichen ins Auge zu fassen und doch hoffnungsvoll an der Gestaltung der Zukunft mitzuarbeiten. Weil Gott der Herr aller Menschen ist und weil er das Ziel der Welt bestimmt, können sich Christen über alle Taten, die in die Richtung dieser Zukunft weisen, freuen, auch wenn sie nicht christlich begründet sind. Die Weltkirchenkonferenz, die Ende vorigen Jahres in Nairobi tagte, hat die Schlußakte von Helsinki ein »Zeichen der Hoffnung« genannt. Viele Christen begrüßen den Stockholmer Appell des Weltfriedensrates für Entspannung und Abrüstung.

Mit der Entspannung werden die Völker und Staaten Europas freilich nur vorankommen, wenn ein Klima gegenseitigen Vertrauens entsteht. Das wird in der Schlußakte hervorgehoben. Wir können uns in dieser Sache auf keinen Geringeren als Leonid Breshnew berufen, der beim Moskauer Weltkongreß der Friedenskräfte so klar gesprochen hat: »Die langen Jahre des kalten Krieges haben ihre Spuren im Bewußtsein hinterlassen, und dies nicht nur bei Berufspolitikern. Dabei handelt es sich um Vorurteile, Mißtrauen und mangelhafte Kenntnis der Dinge, ja sogar um den Unwillen, die tatsächlichen Positionen und Möglichkeiten der anderen kennenzulernen, und sich umzustellen ist keineswegs leicht. Doch geschehen muß es, man muß lernen zusammenzuarbeiten.« Leider sind wir in diesem Lernprozeß, in dem die Spuren des kalten Krieges überwunden werden sollen, noch nicht sehr viel weitergekommen.

Friede bedeutet konkret:

2. Nicht Verschwörung zu Ausbeutung und Unterdrückung, sondern Friede in Gerechtigkeit

Der frühere Generalsekretär des Ökumenischen Rates der Kirchen, Eugene Carson Blake, hat ein gewichtiges Wort gesagt: »In unserer heutigen von ungerechten Strukturen bestimmten Welt kann Gerechtigkeit der neue Name von Liebe sein.« Konkreter Friede ist Friede in Gerechtigkeit; das Festhalten eines ungerechten Status quo ist latenter Kriegszustand.

Diese Erkenntnis wirkt aktuell im Verhältnis zu den Entwicklungsländern, im Kampf gegen den Hunger, den Rassismus, den Sexismus und andere ungerechte Vorurteile und Zustände. Die Synode des Bundes der Evangelischen Kirchen in Eisenach 1971 bezeichnete eine neue Stufe im Denken der Kirchen. Hatte man bisher unter abstrakter Verwendung gewisser Bibelstellen mit zweierlei Maß gemessen – Ungerechtigkeit der Machthaber sei anders zu bewerten als die Ungerechtigkeit der Regierten –, so heißt es nun: »Der Verzicht auf politische Stellungnahmen ist oft tatsächlich Parteinahme für die, die die Macht in Händen haben. Das gilt entsprechend für die Anwendung von Gewalt ebenso wie für den Verzicht auf Gewalt. Die Kirche hat sich in der Geschichte auch durch solchen Verzicht und somit durch Gewährenlassen unterdrückender Gewalt schuldig gemacht ...«

Friede bedeutet konkret:

3. Nicht auf der Basis von Abschreckung, sondern von Abrüstung

Diese Aussage hängt mit dem Vorigen eng zusammen. Die Konsultation der Konferenz Europäischer Kirchen im Oktober vorigen Jahres in Buckow forderte, daß durch Abrüstung frei werdende Mittel im Rahmen internationaler Vereinbarungen den Ländern der dritten Welt zugute kommen möchten. Die Kommission der Kirchen für internationale Angelegenheiten des Ökumenischen Rates der Kirchen (CCIA) hat errechnet, daß die Ausgaben für Rüstung in der Welt 1974 mehr als 220 Milliarden US-Dollar betragen haben. Das ist die gleiche Summe wie das Volkseinkommen aller Entwicklungsländer. Der Rüstungswettlauf ist eine der gefährlichsten Formen der Friedensbedrohung. Darum war es ein Hauptanliegen der ökumenischen Vollversammlung in Nairobi, auf Abrüstung zu drängen.

Dabei sollte man Abrüstung nicht mit kontrollierter Aufrüstung verwechseln, wenn diese auch für eine Übergangszeit besser als ein ungezügelter Rüstungswettlauf ist. Abrüstung heißt: reale Truppen- und Waffenverminderung, wobei die Verminderung der Quantität nicht durch eine Erhöhung der Vernichtungsqualität kompensiert werden darf.

Als besonders beunruhigend erscheint die Aufrüstung in den Entwicklungsländern. Studien der genannten CCIA haben ergeben, daß diese manchmal weit über ihr Sicherheitsbedürfnis hinaus aufrüsten. Sie kaufen Waffen, deren Reichweite in keinem Verhältnis zu der Größe ihres Landes stehen. Das reiche Angebot des Waffenhandels verführt dazu, falsche Prioritäten zu setzen: Aufrüstung statt Herstellung einer stabilen Basis für das Leben der Bevölkerung. Darüber hinaus werden furchtbare Vernichtungswaffen durch einen verantwortungslosen Waffenhandel in Gebiete mit noch unstabilen politischen Verhältnissen geliefert.

Bei den Gefahren der Aufrüstung ist nicht zu vergessen, daß die Rüstungstechnik sich in einem inneren Zwang beständig auf immer furchtbarere Möglichkeiten hin vervollkommnet. Auch die Verbindung mit der Konjunktur ist, besonders in Zeiten wirtschaftlicher Regression, unübersehbar: Kürzlich kam durch den Rundfunk, daß die Herstellung eines neuen Flugzeuges in einem westlichen Land siebzigtausend Arbeitsplätze sichere. Um der Welt-Aufrüstung Einhalt zu gebieten, ist ein entschlossenes politisches Handeln vonnöten – ein Handeln, zu dem sich die Staaten eigentlich schon seit dem Frieden von Versailles verpflichtet haben. Die KEK-Konsultation von

Buckow riet zu großer Nüchternheit. Gutgemeinte Redensarten oder Schwarzweißmalerei helfen keinen Schritt weiter. Wahrscheinlich sind es tatsächlich die »vertrauensfördernden Maßnahmen«, von denen Helsinki spricht, die vor allem weiterhelfen können.

4. Was können die Kirchen tun?

Wir Christen sollen uns nicht übernehmen, aber wir dürfen uns auch nicht aus der Mitverantwortung stehlen.

Die Kirche hat vor allem die Aufgabe der Bewußtseinsbildung, der Einleitung und Durchführung eines Lernprozesses. Grundvoraussetzung ist umfassende Information. M. Mead hat gesagt: »Unwissenheit in einer Zeit, in der Wissen verfügbar ist, ist Sünde.« Zu dem Lernprozeß gehört, daß wir einander verstehen, daß wir auch von den Voraussetzungen des anderen her zu denken lernen. Dazu gehört, daß wir uns weigern, irgendein Freund-Feind-Schema zu akzeptieren.

Zum Lernprozeß gehört der Aufbau tragfähiger Wertmaßstäbe, eine Erziehung zum Frieden, die »innere Abrüstung«, die insbesondere den Abbau von automatischen Feindbildern einschließt.

Für diese Aufgabe haben wir Christen kein Monopol. Wir sind froh darüber, daß andere die gleiche Verantwortung spüren und in der gleichen Arbeit stehen. Zeichen für diese Überzeugung ist unsere Teilnahme an dem Weltkongreß der Friedenskräfte in Moskau.

Im Sinne dieser Aufgaben, die zu erfüllen wir Christen im Interesse der Zukunft der Welt für unumgänglich notwendig halten, hat der BEK ein umfangreiches Programm als Nacharbeit zu Helsinki beschlossen. Er hofft, damit das heute für Abrüstung und Entspannung Notwendige seinerseits zu tun.

KARL MICKEL
Was ich tun kann

Machen wir ein Gedankenexperiment, vernichten wir alles, was (im weitesten Sinne) mit Kunst zu tun hat, als hätte es nie dergleichen gegeben: die menschliche Welt zerfiele; die Atombombe wirkte nicht radikaler. Die Sprache ist Resultat und Basis der Kooperation (welche die Einzelkräfte potenziert); ohne gemeinsames Singen wäre nie ein Busch gerodet und, wahrscheinlich, kein genaues Wort fixiert worden; dem Althistoriker (bisher leider nur ihm) ist die Literatur unentbehrliche Geschichtsquelle (das heißt die alte Dichtung enthält Einsichten, die Gesellschaften stabilisiert und/oder gesprengt haben); ja selbst der Krieg wäre ohne die Künste unmöglich, der Todesmut korreliert mit der Marschmusik, die Autorität mit dem Offiziersputz. Wie sollte etwas gänzlich Neues, der Frieden (den es noch nicht gibt, höchstens war/ist an dieser oder jener Stelle des Planeten ab und an kein Krieg) – wie sollte denn Frieden geschaffen werden ohne Mitwirkung der Künste?

Was ich tun kann, ist beschränkt und mittelbar, mir scheint, ich kann versuchen, beizutragen, ein öffentliches Bewußtsein zu erzeugen: darüber, daß der Frieden möglich ist. – Wenn ich die Friedenskräfte unterstütze (aktuelle Verse verfasse, diese Erklärung schreibe usw.), tue ich dies außerhalb meiner Arbeit, ich handle nichtspezifisch: als Kommunist, Staatsbürger, Friedensfreund. Der Gedanke von der Notwendigkeit des Friedens ist als wie der Krieg, Erfahrung hat ihn geboren und wiedergeboren, die Weltliteratur überliefert seine Geschichte. Die Idee von der Möglichkeit des Friedens könnte nun der Dichtung immanent (materielle Gewalt) werden. Dies erfordert aber die stetig auf die ganze Kunst (ganz auf die Kunst) gerichtete lebenslängliche Anstrengung.

Ich muß den gegenwärtigen Weltzustand und die ihm innewohnenden Tendenzen näher und näher verstehen;

die menschliche Natur, ihren Kern und ihre vielfachen Auszweigungen studieren;

die ungeheure, befreiende und lastende, Tradition großer Kunst mir aneignen und weitergeben;

mit mehr und mehr Gleichgesinnten zusammenwirken, gegen Mißwollende polemisieren, Feinde abwehren und von den Feinden lernen;

bedeutende Gegenstände erkennen und meine Kunstmittel aus den Bedürfnissen der Gegenstände gewinnen;

dem Leser offene Probleme klar darlegen, ihm also vertrauen;

mehr Selbstkritik aufbringen als meine Kritiker Kritik, jedoch produktiv bleiben;

ich muß mich verzetteln, um das Zentrum zu finden, darf spielen, um wesentlich zu werden;

und weiß nie, ob ich das, was ich mir vorgesetzt habe, werde leisten können, so daß am Ende, sei es meiner Unzulänglichkeit halber, sei es unüberwindlicher widriger Umstände wegen, alles nichts wäre. Das eben ist das Risiko jedes Bürgers der Gelehrtenrepublik.

GERALD GÖTTING

Friedensverantwortung der Christen

Im Sozialismus besteht das Neue für Christen darin, daß sie nach Gerechtigkeit, Menschlichkeit und Frieden nicht mehr im Widerspruch zur bestehenden Ordnung zu trachten brauchen, sondern daß sie gewiß sein dürfen: Wenn sie helfen, den Sozialismus auszubauen und zu vervollkommnen, dann wirken sie für wachsende soziale Gerechtigkeit, für reale Humanität und tragen dazu bei, daß der Frieden sicherer wird. Mit anderen Worten: Wenn Christen bisher ihrer Friedensverantwortung entsprechen wollten, dann waren sie durch die gesellschaftlichen Umstände gezwungen, den herrschenden Gewalten entgegenzutreten. Im Sozialismus aber, wo das Ringen um mehr Frieden eine Sache der ganzen Gesellschaft ist, wird der Christ seinem Friedensauftrag am besten dadurch gerecht, daß er dieses Ringen der ganzen Gesellschaft unterstützt. Das ist die bisher größte geschichtliche Chance für den Friedensdienst, zu dem sich der Christ gerufen weiß.

Die bürgerliche Propaganda versucht immer wieder, die kirchliche Situation bei uns so darzustellen, als ob der Sozialismus die Kirchen in unlösbare Konflikte hineinstelle. Westliche Berichte und Kommentare über das kirchliche Leben in der DDR können sich häufig nicht genugtun mit Schilderungen über die »Spannungen« und »Probleme«, denen sich die Kirchen hierzulande angeblich ausgesetzt sehen. In Wirklichkeit ist doch eigentlich die Lage genau umgekehrt: In der kapitalistischen Gesellschaft steht die Friedensbotschaft des Evangeliums, steht die Berufung der Christen zu Mitmenschlichkeit und Brüderlichkeit in einem polaren Spannungsverhältnis zu den realen gesellschaftlichen Gegebenheiten; dort gibt es einen unlösbaren Interessengegensatz zwischen Christen, die beispielsweise das Antirassismus- oder das Antimilitarismus-Programm des Weltrates der Kirchen ernstnehmen, und anderen, die am Waffenhandel mit Südafrika verdienen.

Christen im Sozialismus hingegen wissen sich mit ihrer Ordnung, mit ihrem Staat verbunden, weil Gerechtigkeit und Frieden am günstigsten auf dem gesellschaftlichen Boden des Sozialismus gedeihen. Gerade in diesem Jahr der Vorbereitung auf den 30. Gründungstag unserer Republik wollen wir die Grunderfahrung bekräftigen, die wir in diesen drei Jahrzehnten gewonnen haben – die Erfahrung nämlich: Je stärker der Sozialismus, um so sicherer der Friede!

Das ist die Überzeugung, in der die Mitglieder unserer Partei ebenso wie die uns nahestehenden Bürger ihre Kraft dafür einsetzen, die Deutsche Demokratische Republik als Bestandteil der sozialistischen Staatengemeinschaft allseitig zu stärken; denn sie wissen: Jede Tat für unser sozialistisches Vaterland kommt dem Frieden und dem Wohl des Menschen zugute. Eindrucksvoll wird diese Haltung unserer Freunde gerade jetzt wieder in ihrer Teilnahme am sozialistischen Wettbewerb zum 30. Jahrestag der DDR und in den vielfältigen Verpflichtungen bewiesen, mit denen sie gegenwärtig in den Jahreshauptversammlungen der Ortsgruppen die Programme zum Volkswirtschaftsplan bereichern. Solche Beweise tätiger Verbundenheit mit unserem Friedensstaat, die wir ja auch bei vielen parteilosen christlichen Mitbürgern erleben, fördern natürlich die Entwicklung des Bewußtseins staatsbürgerlicher Mitverantwortung auch bei kirchlichen Amtsträgern.

Und eine zweite Grunderkenntnis aus dreißig Jahren, in denen wir unsere Republik mitgetragen, den Sozialismus vorangebracht und dem Frieden gedient haben, wollen wir aufgreifen: Die schlimmsten Feinde des Friedens sind Antikommunismus und Antisowjetismus. Sie widersprechen den Lebensinteressen unseres Volkes wie aller Völker; denn unter dem Feldzeichen des Antikommunismus und des Antisowjetismus sind die schlimmsten Verbrechen an unserem Volk wie an anderen Völkern begangen worden. Unter dem Deckmantel des Antikommunismus und des Antisowjetismus verüben die Imperialisten immer neue Anschläge auf Fortschritt und Frieden in der Welt.

Antikommunismus und Antisowjetismus sind unvereinbar mit christlicher Friedensliebe und Friedensverantwortung. Sie sind die schlimmste, die blutigste, die folgenschwerste Haßideologie, die die Geschichte je gekannt hat. Seit 1848 hat die Reaktion das antikommunistische, seit 1917 das antibolschewistische Feindbild systematisch aufgebaut. Wer da meint, ein Christ dürfe nicht hassen – und über diesen Komplex müßte man mancherlei sagen –, dem tut sich in dem Bemühen um den Abbau und die Überwindung dieser Feindbilder ein weites und dankbares Betätigungsfeld auf.

VOLKER BRAUN

Neuer Zweck der Armee Hadrians

Von Hadrianus, dem Cäsar
Wird seit alters zwischen den Zeilen berichtet
Daß er seine Armee nicht brauchte, um Kriege zu führen
Für die das Reich zu riesig war zwischen irgendwelchen

Britannien und Cappadocien, sondern um zu reisen.
Da er die Truppen schon nicht
Abmustern konnte vor den Augen der Goten oder Sassaniden
Setzte er sie ein zu einem unüblichen Zweck
Nicht Städte niederzubrennen, sondern Städte zu gründen.
Wo seine Lanzenträger landeten, griffen sie zur Kelle
Und wo sie abzogen, war die Erde bewohnbar.
Das erloschene Jerusalem hob er aus den Trümmern
Und Athen, das palastreiche, zierte er mit Palästen.
Vor den Ländern, die er unterm Stiefel hielt
Bückte er sich, die Mosaiken zu studieren
Was er nahm, war Maß an den verwüsteten Tempeln
Der Schnitt, den er machte, war der goldene.
Er befehligte schließlich Steinmetze, Maurer und Schmiede.
Er wählte seine Leute vermutlich, aus ihren Blicken
Nicht kriegerischen Sinn lesend sondern Kunstsinn
So daß sie noch Soldaten waren, aber schon Arbeiter
Schlagfertig noch und kunstfertig zugleich.
Dies alles zwischen den Zeilen
In einer längst toten Sprache. Aber wir wieder
Denken so heftig desgleichen, daß es uns zum Gleichnis
wird. Nämlich
Das ist so lange her, daß es beinahe wahr ist.
Denn können wir nicht, in den Umwälzungen, die wir wagen
Wie die Armee den ganzen Staat
Wenn er schon nötig ist, benutzen
Zu seinem und einem anderen Zweck?
Mächtig über die Menschen noch, aber zugleich
Sie mächtig zu machen ihrer selbst, ihrer gemeinsamen Sinne?
Dies Unüblich, das die Regeln
Außer Kraft setzt, indem es zur Regel wird?
Diesen cäsarischen Luxus der Massen
Der die Völker jubeln macht
In ihren lebendigen Sprachen?

STEFFEN MENSCHING

Lied für meine Freunde

Wir stehn starr
Und singen vom Frieden,
Wir schreiben Gedichte
Gegen den Krieg,
Den wir nicht kennen,
Der dir und mir nichts nahm,
Außer vielleicht einen Onkel
Oder Großvater,
Den wir nie sahn.
Wir glauben den Berichten der Alten,
Gelesenen Büchern, gesehenen Filmen,
Unsre Gefühle sind gewöhnlich
Oder gekünstelt.
Wir liegen im Gras
Und denken an Wärme,
Weichheit und Mädchen.
Wir liegen auf Mädchen
Und denken an Wärme,
Weichheit und Gras,
Nicht an Worte wie
Frieden und Krieg.
Ich kann euch nichts sagen
Über Nächte in Kellern,
Aber ich behaupte zu wissen,
Was Stille ist und Regen
Oder ein einfach mal so gesungenes Lied.
Wir haben Augen Ohren Hände
Und singen vom Frieden,
Stehn starr.

CHRISTA WOLF

»Literatur heute muß Friedensforschung sein«

LITERATUR heute muß Friedensforschung sein.

Es schreibt sich nicht leichter, seit wir wissen, daß unsere beiden Länder, die einmal »Deutschland« hießen und diesen Namen verwirkten, als sie ihn durch Auschwitz verdarben – daß das Land zu beiden Seiten der Elbe im Fall der »Atomaren Auseinandersetzung« als eines der ersten ausgelöscht sein würde. Es wird wohl schon Landkarten geben, welche die Phasen dieser Auslöschung aufgezeichnet haben. Kassandra, denke ich mir, muß Troja mehr geliebt haben als sich selbst, als sie es wagte, ihren Landsleuten den Untergang ihrer Stadt zu prophezeien. Sind vielleicht, frage ich mich, diese beiden Länder von ihren Bewohnern nicht genug geliebt worden und neigen dazu – wie ein Mensch, der nicht geliebt wurde und daher nicht lieben kann – sich und andre zu zerstören? Dies frage ich, um mir heftig zu widersprechen, und als Beweis des Gegenteils nehme ich, wie absurd es scheinen mag, die Literatur. Es genügte nicht, ich weiß es, hätte ein Volk Heimat nur in seiner Literatur. Und doch, schlage ich vor – wie die Lage ist, sollte jeder, auch der abwegigste Vorschlag erlaubt sein –: Soll doch jener Todeskarte die Literatur ihre eigne Karte entgegenhalten dürfen. Soll, was sie an Ort- und Landschaften, an menschlichen Zusammenhängen genau, gerecht und parteiisch, schmerzvoll, kritisch, hingebungsvoll, angstvoll und freudig, ironisch, aufsässig und liebend beschrieb, von jener Todeskarte getilgt werden und für gerettet gelten. Soll endlich einmal die Literatur der Deutschen nicht folgenlos bleiben; soll, was in den beiden deutschen Staaten die Literatur über drei Jahrzehnte lang an Trauer- und Freudenarbeit geleistet, soll die »Wahrheit des Diesseits«, der sie sich gestellt hat, doch einmal zu Buche schlagen und den beiden Ländern zugute kommen. Soll Literatur endlich einmal, dieses eine Mal, beim Wort genommen und herangezogen werden, um sichern zu helfen den Bestand des Irdischen.

Heller Wahnsinn, sagen Sie. Nun gut. So fehlt mir – in der Sprache der Psychiatrie – die Krankheitseinsicht, und ich gebe mich diesem hellen Wahnsinn hin, um nicht der finsteren Seite der Vernunft anheimzufallen. Vielleicht mag es wirklich einem Generalstab schwerer werden, über einer Stadt das Kreuz zu machen, die innig und genau beschrieben wurde, als über einer, die keiner kennt. Die niemandem so nahe ging, daß er sie als seine Kindheitsstadt, als Stätte seiner Demütigung oder seiner ersten Liebe beschreiben mußte.

Nun lächeln Sie über meine Naivität. Über meine Unvernunft. *Er schien ganz vernünftig, sprach mit den Leuten,* heißt es bei Büchner über Lenz. *Er tat alles, wie es die andern taten; es war aber eine entsetzliche Leere in ihm, er fühlte keine Angst mehr, kein Verlangen, sein Dasein war ihm eine notwendige Last.*

Auch in jenem Land jenseits des Glaubens, gerade dort, wird, wenn auch leise, gesprochen werden. Ein Gespräch über Bäume, über Wasser Erde Himmel Mensch – ein Versuch, der mir realistischer vorkommt als die strikt wahnwitzige Spekulation auf den Weltuntergang. Nachdem die Wahrheit, die das Wort »verkehrt« enthält, nach allen Seiten hin untersucht wäre, würden wohl andere Worte auftauchen, die wir nicht prahlerisch, sondern behutsam in den Mund nehmen wollten. Wüßten wir doch: Keines von ihnen, auch das redlichste nicht, wäre das letzte Wort. Hofften: Keines wäre das *letzte* Wort.

Auch diese Haut wird abgezogen werden und in Fetzen gehn.

KONRAD WOLF

Der Krieg beginnt nicht mit dem ersten Schuß

Der Krieg beginnt nicht mit dem ersten Schuß. Der zweite Weltkrieg hat – das ist meine jetzt tiefe Überzeugung – weder im September 1939 noch an diesem verhängnisvollen 22. Juni 1941 begonnen, er hat früher begonnen, spätestens 1935. Ich sage das deshalb, weil ich seit einem Jahr mit Kollegen zusammen an einem Dokumentarfilm arbeite, im Bemühen, eine Chronik der ersten 50 Jahre dieses Jahrhunderts mit den Liedern von Ernst Busch als Film zu machen. Und ein Teil dieses sechsteiligen Films ist das Jahr 1935, stellvertretend für den deutschen Faschismus. Als wir an diesem Material arbeiteten, das vorwiegend aus Wochenschauen des Jahres 1935 bestand, sind wir darauf gestoßen. Das war keine aus Büchern erlesene oder vorprogrammierte Absicht. Aus diesem Material, dem Deutschen-Wochenschau-Material, erstand zwangsläufig die ganz eindeutige Feststellung: Der Krieg hat 1935 begonnen. Wer es bis dahin noch nicht gewußt hat durch die Warnungen, die natürlich auch schon vor 1933 in bezug auf Hitler und die deutschen Faschisten ausgesprochen wurden – hier war es schwarz auf weiß durch die Gesetzgebung. Alle entscheidenden Gesetze, die notwendig waren, um den Krieg sozusagen legal zu machen, unter Einspannung des ganzen Volkes, der Staatsmaschinerie, der Industrie, wurden in diesem Jahr geschaffen: die Gründung der Wehrmacht, Flottenabkommen mit England, der berühmte Autobahnbau lief auf vollen Touren, Erlaß des Luftschutzgesetzes, das Gesetz über die Umstellung der Industrie auf Kriegsproduktion, die Nürnberger Gesetze und so weiter und so fort. Das alles geschah nicht verborgen, das geschah in aller Öffentlichkeit. Die Wochenschauen weisen es aus. Die Manöver, die stattfanden, waren – ich will fast sagen, es ist nicht übertrieben – ein großes Volksfest. Das alles ist gezeigt worden.

Ich sage das jetzt – damit das nicht mißverstanden wird –

nicht aus Gründen der Rechthaberei eines, der das Glück hatte, ja, das Glück, außerhalb zu sein in einem Land, in dem der Sozialismus aufgebaut wurde, sondern ich sage das, weil das existentiell wichtig und notwendig ist für heute. Auch heute wird das nicht anders sein. Die Weichen für die Kriege werden vor dem ersten Schuß gestellt und die Herren, die heute wieder über den Krieg und seine Notwendigkeit sprechen, nehmt sie bitte wörtlich. Auch damals wurde das ja gesagt, bloß man hat es nicht ernst, man hat es nicht wörtlich genommen. Solche Dinge soll man gefälligst wörtlich nehmen. Das betrifft auch die Rüstung – von damals und von heute. Das betrifft auch die Warnung – von damals und von heute. Und wann endlich begreifen wir diese später sooft stöhnend gesagte Äußerung: Ja, hätten wir es doch damals gewußt.

IRMTRAUD MORGNER

»Und was ist die Mutter aller Dinge?«

Als Frieden wird allgemein Frieden überm eigenen Kopf, im eigenen Land, verstanden. Ein nationalistisches Verständnis. Im Gegensatz zu den Gefahren, vor denen wir stehen ...

Seit Ende des zweiten Weltkrieges hat es nur achtundzwanzig weltweite Friedenstage gegeben. Dazwischen wurden hundertsechzehn lokale Kriege geführt.

Während dieser »kleinen«, »begrenzten« Kriege fühlten wir »Friedenszeit«.

Wenn wir nicht bald von unseren begrenzten Fühl- und Denkgewohnheiten abkommen, werden wir den großen, nicht begrenzbaren Atomkrieg nicht verhindern können.

Seit Heraklit wissen wir, daß der Streit der Vater aller Dinge ist.

Es gibt auch Übersetzer, die den berühmten Heraklitsatz greller verdolmetscht haben, handlicher für Ausbeutergesellschaften. »Der Kampf ist der Vater aller Dinge«, habe ich schon gelesen, oder »Der Krieg ist der Vater aller Dinge«.

Und was ist die Mutter aller Dinge?

Die Fähigkeit zu hegen hat unsere Spezialistenkultur seit einigen Jahrtausenden allein bei Frauen hochentwickelt. Hegen als Weiberressort für private Zwecke!

Plötzlich ist der historische Punkt erreicht, da diese Fähigkeit, die beiden Menschenarten von Natur mehr oder weniger eigen ist, für die größten öffentlichen Zwecke unentbehrlich wird.

Alleinherrschendes Eroberungsdenken in Gesellschaft, Wissenschaft und Technik haben die Erde an Abgründe geführt.

Plötzlich ist der historische Punkt erreicht, da diese Fähigkeit, die beiden Menschenarten von Natur mehr oder weniger eigen ist, für die größten öffentlichen Zwecke unentbehrlich wird.

Alleinherrschendes Eroberungsdenken in Gesellschaft, Wissenschaft und Technik haben die Erde an Abgründe geführt.

Wer wissen will, was Frieden ist und ihn weltweit erstrebt, muß auch wissen wollen, was die Mutter aller Dinge ist.

Denn sie muß schnellstens in die Weltpolitik eingebracht werden, wo der Vater aller Dinge bisher Alleinherrscher war.

Unser Planet kann nur dauern, wenn er den Menschen, die drauf siedeln, Vater-Land und Mutter-Land wird: Heimat.

Caputher Appell

Wir, Verehrer und mittelbare und unmittelbare Schüler Albert Einsteins, haben uns heute in Caputh im Einstein-Haus versammelt. Uns bewegt eine tiefe Sorge, die auch das Denken und Wirken Einsteins in seinem letzten Lebensabschnitt bestimmte.

Vor 35 Jahren, im Oktober 1946, veröffentlichte Albert Einstein den Gründungsaufruf für ein »Notkomitee amerikanischer Physiker«. Die Arbeit dieses zusammen mit namhaften USA-Physikern gegründeten Komitees richtete sich gegen jede »atomare Erpressung«, Atombomben als Mittel der Politik der damaligen US-Regierung einzusetzen.

Einstein warnte auch vor der Gefahr, »daß wir, Bürger der

Vereinigten Staaten, allmählich dazu kommen, in militärischen Begriffen zu denken, zu glauben, daß militärische Männer und militärische Kraft benötigt werden, um unserer Außenpolitik Substanz zu geben, und zu glauben, daß Wissenschaft und Erziehung militärischen Belangen untergeordnet werden sollten. So mögen wir dicht an den Rand eines Krieges geführt werden.«

Schon im Juni 1945 hatten die Wissenschaftler, die am geheimen »Manhattanprojekt« arbeiteten, ihre Befürchtungen im »James-Franck-Bericht« fixiert:

»Wenn die Vereinigten Staaten die ersten wären, die von diesen Mitteln zur wahllosen Vernichtung von Menschen Gebrauch machen, würden sie die Unterstützung durch die Öffentlichkeit der ganzen Welt preisgeben, einen wahren Rüstungswettlauf auslösen und die Möglichkeit eines internationalen Abkommens hinsichtlich der künftigen Kontrolle solcher Waffen in Frage stellen.«

Trotz aktiver Unterstützung durch Albert Einstein und Niels Bohr, der eindringlich die Notwendigkeit einer Verständigung mit der UdSSR betonte, blieb die Stimme der Vernunft ungehört. Hiroshima und Nagasaki wurden zerstört. Diese Zentren des Infernos mit 180000 Toten lagen in einer mit allen Verbindungen und Versorgungseinrichtungen relativ intakt gebliebenen Umgebung, aus der rasch Hilfe gebracht werden konnte.

Heute liegen tausende Kernwaffen neben den Abschußrampen bereit: Wasserstoffbomben, Langstreckenbomber, interkontinentale ballistische Raketen, Atom-Unterseeboote. Diese Waffen des mehrfachen Selbstmordes der Menschheit hat uns der Rüstungswettlauf gebracht.

Was haben die USA dabei gewonnen außer, daß das nukleare Teufelszeug näher an ihr eigenes Gestade rückt?

In Westeuropa stationierte Pershing-II-Raketen, die auf lebenswichtige Zentren und strategische Einrichtungen im gesamten europäischen Teil der UdSSR gerichtet sind, reduzieren die Zeit zwischen Schlag und Gegenschlag von bisher 50 Minuten auf etwa 5 Minuten. Flügelraketen mit elektronischer Geländeorientierung vergrößern das Übergewicht von Angriff gegenüber Verteidigung. Die Neutronenbomben bedeuten dabei die entsetzliche Gefahr eines weiteren Herabsetzens der »Atomschwelle«. Diese Drohung mit einer eurostrategischen Erstschlagkapazität ist ebenso gefährlicher Wahnsinn wie die Doktrin vom weltweiten Einsatz militärischer Macht zur Durchsetzung amerikanischer Interessen.

Noch einmal soll Albert Einstein sprechen: »Es ist nicht der Wille des amerikanischen Volkes, den wir hier am Werke sehen, sondern der Wille der mächtigen Minderheit, die durch ihre wirtschaftliche Machtstellung auch die politischen Organe beherrscht. Diese Leute fürchten in Wahrheit nicht eine militärische Aktion Rußlands, sondern vielmehr den moralischen Einfluß eines starken Rußlands, der ihre Machtstellung auf indirektem Wege gefährlich werden könnte.« Angesichts der tödlichen Gefahr, welche die Eskalation des nuklearen Wettrüstens für die Menschheit bringt, appellieren wir an alle Menschen der Welt, die die Sehnsucht nach Erhaltung und Fortbestand des Lebens vereinigt, unabhängig von ihrer politischen und religiösen Anschauung, die folgende Resolution zu unterstützen:

Wir bekräftigen nachdrücklich den Einstein-Russell-Appell: »Angesichts der Tatsache, daß in einem künftigen Weltkrieg mit Sicherheit Kernwaffen eingesetzt werden und daß solche Waffen die weitere Existenz der Menschheit in Frage stellen, appellieren wir an die Regierungen der Welt, zu erkennen und öffentlich zu erklären, daß ihre Ziele nicht durch einen Weltkrieg gefördert werden können; daher fordern wir sie auf, nach friedlichen Mitteln und Wegen zur Lösung aller strittigen Fragen zu suchen.«

Alle Regierungen der Welt sollten einverständlich erklären, daß sie niemals als erste Kernwaffen einsetzen werden. Sie sollten ferner versichern, auch niemals Kernwaffen gegen einen Staat einzusetzen, der nicht über Kernwaffen verfügt und auf dessen Territorium keine Kernwaffen stationiert sind. Wir erwarten, daß keine Regierung es zuläßt, daß auf ihrem Territorium Neutronenbomben stationiert werden.

Wir erwarten von den Unterzeichnerstaaten der Deklaration von Helsinki, weitere vertrauensbildende Maßnahmen zum Abbau des Mißtrauens zu beschließen und den in Helsinki eingeleiteten Prozeß der europäischen Sicherheit und Zusammenarbeit zu vertiefen.

Wir erwarten von den Regierungen der USA und der UdSSR, im Sinne von SALT II den Prozeß der Begrenzung der strategischen Kernwaffen in die Phase der Reduzierung dieser Waffen mit dem Ziel ihrer völligen Vernichtung zu überführen.

Wir erwarten von den Regierungen der Staaten der NATO und des Warschauer Paktes, ein Moratorium für die Stationierung neuer Raketenwaffen sowie der Modernisierung von Kernwaffen und Trägermitteln zu erklären, die Produktion neuartiger Kernwaffen einschließlich der Neutronenbombe zu bannen und mit höchster Priorität Verhandlungen zur Reduzierung der Kernwaffen bis zu ihrer endgültigen Vernichtung zu führen und so dem Artikel VI des Vertrages zur Nichtweiterverbreitung von Kernwaffen Substanz zu geben.

Wir hoffen, daß diese Willenserklärung ganz im Sinne Einsteins auch das Wissen und die ethische Basis für eine weltweite kontrollierte Abrüstung insbesondere der Atomwaffen verstärken wird. Kernwaffen müssen von dieser Erde verschwinden, damit die Erde leben kann. Damit werden die notwendigen Mittel und wissenschaftlichen Potenzen frei, um den Kampf gegen Hunger, Seuchen, Arbeitslosigkeit und Unwissenheit erfolgreich zu führen.

Wir sind sicher, im Geiste Einsteins zu handeln, wenn wir jeden bitten, unabhängig von seiner persönlichen weltanschaulichen und gesellschaftlichen Position, den Deklarationsentwurf über die Ächtung des Ersteinsatzes von Atomwaffen zu unterstützen, den die Regierung der Sowjetunion den Vereinten Nationen unterbreitet hat. Die Verhinderung einer das Überleben der Menschheit bedrohenden nuklearen Katastrophe steht über allen politischen Streitfragen.

Caputh, Einstein-Haus, den 22. Oktober 1981

P.-A. Thiessen — *K. Fuchs*
R. Rompe — *H.-J. Treder*
M. Steenbeck

HEINER MÜLLER

Neue Fragen

Ich möchte ein Unbehagen aussprechen und eine Frage stellen, auf die ich keine Antwort weiß.

Wenn wir vom Frieden in Europa reden, reden wir von einem Frieden im Krieg, Krieg auf mindestens drei Kontinenten. Der Frieden in Europa ist nie etwas anderes gewesen, so wie der Faschismus weißglühende Episode in dem vielhundertjährigen kapitalistischen Weltkrieg war, ein geographischer Lapsus, Genozid in Europa statt, was die Norm war und ist, in Südamerika, Afrika, Asien.

Wir reden aneinander vorbei, wenn wir auf der Ebene der Macht miteinander reden. Wir reden aneinander vorbei, wenn wir unsere Differenzen zudecken, statt sie zu formulieren. Wenn wir über die gleichen Waffen reden, reden wir über die gleichen und über verschiedene Dinge. Rüstung in der kapitalistischen Welt erhält und schafft Arbeitsplätze. Das Gegenteil muß noch bewiesen werden. Rüstung in unserer Welt senkt nicht nur das materielle Lebensniveau. Das beweist sich in unserem Alltag. Auch die Friedensbewegung, wenn sie sich als blauäugige Einheit versteht, wiederholt das Trauerspiel der Kinderkreuzzüge.

Hinter der Frage Krieg oder Frieden steht mit der nuklearen Drohung die schrecklichere Frage, ob noch ein anderer Frieden denkbar ist als der Frieden der Ausbeutung und der Korruption. Der Alptraum, daß die Alternative Sozialismus oder Barbarei abgelöst wird durch die Alternative Untergang oder Barbarei. Das Ende der Menschheit als Preis für das Überleben des Planeten. Eine negative Friedensutopie. Ich hätte gern, daß auch davon gesprochen wird. Ich möchte noch nicht glauben, daß in dieser Lage Subversion mehr kann als Diskussion. Ich rede nicht von der Subversion der Kunst, die notwendig ist, um die Wirklichkeit unmöglich zu machen.

EVA STRITTMATTER
Trost

Täglich erreichen mich traurige Briefe.
Überall Krankheit, Verhängnis und Tod.
Daß ich nicht leichten Sinnes einschliefe,
Genügt schon der Freunde Bedrängnis und Not.
Und dann noch die große Bedrohung des Lebens:
Kriegswut. Das lächelnd gemeine Gesicht
Des Mächtigen, der, als wär alles vergebens
Gewesen, Waffen verspricht,
Bomben, die *sauber* sind, für den Frieden,
Für Freiheit des Geistes und *das*: Kultur.
Hat man auch jede Berührung vermieden
Mit eiferndem Haß, seine hämische Spur
Preßt sich ins Hirn und läßt uns nicht schlafen,
Und wenn, sind die Träume von Ängsten verzerrt.
Die Seele sucht zitternd ruhigen Hafen,
Doch ist jede Fluchtbucht von Schrecken versperrt.
Tags heißt es wieder, ins Lichte zu sehen,
Mit Willenshilfe sich aufzurichten.
Es gibt nur den Satz: Es wird nicht geschehen.
Wir werden es zwingen, uns nicht zu vernichten.
Und Freunden Trost! Das Wort kann nicht heilen.
Es hilft nicht mehr als die menschliche Hand.
Doch kann es Gewißheit und Güte mitteilen:
Was uns in helleren Tagen verband,
Verbindet uns auch in Tagen der Trauer,
Bei Krankheit, Verzweiflung und jedem Verlust.
Wir bauen zwar alle nicht auf die Dauer
Und sind uns wohl der Vergängnis bewußt,
Aber wir wollen mit Kräften nicht sparen
Und ohne Furcht vor Verkümmerung geben.
Und trifft es einst uns, sind wir leiderfahren
Und können das Leiden mit Kraft überleben.

FRANZ FÜHMANN
Weltinnenpolitik von unten

ERSTENS: Es ist ein tragisches Paradox, daß die Menschheit imstande wäre, sich zu vernichten, bevor sie sich noch gebildet hat. Die Selbstvernichtung als Akt der Konstituierung. Die Menschheit als strukturiertes Gebilde existiert ja nur der Anlage nach als gemeinsame Art, als Potenz, als Begriff. Was sich organisiert hat, sind Völker, Staaten, Nationen und jene Machtgebilde der Blöcke und Lager, die heute die Menschheit nicht zuletzt dadurch zertrennen, daß sie sich als einzig denkbares Modell einer künftigen Menschheit betrachten. Das ungebrochene Tradieren einer Ausschließlichkeitshaltung, die den Weg der Konstituierung der Menschheit letztlich im Untergang des anderen sieht, statt die Zukunft als Synthese zweier Widerspruchspole, also als ein Neues zu fassen, bietet wenig Hoffnung auf jenes Rettende, das in dem Maße wüchse, in dem die Gefahr wächst.

Zweitens: Die Gefahr ist zu einer neuen Qualität gewachsen, in die unmittelbare Nähe ihrer kritischen Größe.

Drittens: Wenn die Menschheit überleben will, muß sie beginnen, sich als Menschheit zu konstituieren, was zuerst einmal heißt, sich als Menschheit zu verstehen.

Viertens: Einen Ansatz zu diesem Selbstverständnis sehe ich in der Friedensbewegung, wie sie sich in den 80er Jahren als Aufbegehren von Bürgern unseres Planeten gegen den weltgefährdenden Rüstungswahnsinn herauszubilden begonnen hat.

In diesem ihrem universellen, sich über nationale, religiöse, staatliche wie ideologische Schranken hinwegsetzenden Charakter liegt der erste Ansatz zu dem, was man Weltinnenpolitik von unten nennen könnte. Das Aufsprengen eines Teufelskreises, darin Mißtrauen vermehrte Rüstung und vermehrte Rüstung vermehrtes Mißtrauen zeugen. In ihrer Korrespondenz von Universalität und Bürgerinitiative ist die Friedensbewegung durch nichts ersetzbar; ihr Wesen wie ihre Aufgabenstellung sind an niemanden delegierbar; deshalb ist sie geographisch nicht einzugrenzen. Sie steht weder in einem Abhängigkeits- noch in einem Konkurrenzverhältnis zu staatlicher Friedenspolitik. Sie ist die Keimform einer Kraft, darin Hoffnung, die sonst zu verzweifeln drohte, neue materielle Gewalt werden kann. Sie sollte in ihrem Wachsen und Werden, in ihrer Problematik wie in ihren Erscheinungsformen in beiden Gesellschaftsordnungen unserer lautersten Aufmerksamkeit wert sein.

Fünftens: Wenn es zutrifft, daß der Friede das höchste Gut ist, dann folgt, daß dieses höchste Gut wie der Kampf um seine Wahrung nicht etwas Abgeleitetes sein können, nicht Teil von etwas Übergeordnetem, dem sie sich unterzuordnen hätte, nicht Mittel zu einem anderen Zweck und nicht Instrument zu einem anderen Ziel als denen, die sie selbst repräsentieren.

Sechstens: Sich als Menschheit verstehen zu lernen setzt voraus, den anderen verstehen zu lernen. Der Wille zum Frieden ist kein Monopol. Die ernste Bereitschaft, Sicherheitsbedürfnisse der Gegenseite anzuerkennen und ihnen Rechnung zu tragen, müßte von der Erkenntnis begleitet werden, daß zwischen dem Begriff des Gegners und dem des Feindes ein Unterschied herrscht, der jenem entspricht, eine endgültige Sicherung des Friedens unter Ausschluß von Krieg im Prinzip für möglich oder letztlich für unmöglich zu halten. Ein Schwelgen in Feindbildern beweist so wenig Weitsicht wie ein Auftrumpfen mit Kriegsspielzeug Stärke beweist. (...)

Siebentens: Die Friedensforschung als Wissenschaft müßte zur wichtigsten Disziplin auf allen Gebieten des Bildungswesens werden. Ihre Arbeitsergebnisse sollten internationales Gemeingut sein.

Achtens: Die Tatsache dieser unserer Begegnung erhärtet meine Überzeugung, daß es weiterhin das Wichtigste bleibt, Gemeinsamkeiten herauszufinden, auszubauen und weiterzuführen, also auf allen Ebenen, mit allen Mitteln und Möglichkeiten eben das zu tun, was Schaffung vertrauensbildender Maßnahmen heißt. Die Grundlage allen Vertrauens ist Wahrhaftigkeit; sie beginnt immer als Wahrhaftigkeit gegenüber sich selbst. Unwahrhaftigkeit kann niemals ein Mittel für einen noch so guten Zweck sein. Sie zersetzt diesen Zweck und diskreditiert ihn. Sie baut letztlich nur Vertrauen ab, dessen Vorräte erschöpfbar sind, übrigens in allen Bereichen und in jeder Beziehung. Geschwundenes oder zersetztes Vertrauen ist wie abgestorbene Flüsse nur schwer regenerierbar.

Ich halte es mit Immanuel Kant, nach dem »die Lüge der eigentliche faule Fleck in der menschlichen Natur« ist. Wie der Krieg sollte die Lüge geächtet sein. Sie sprießen beide aus einer Wurzel und führen beide zur Zerstörung. Der Lüge da, wo man wirkt, den Krieg auszusagen, das ist das Wesentliche, das Wenige wie das Viele, was der Schriftsteller für den Frieden tun kann.

GÜNTER GÖRLICH

Mir, Frieden.

Jedesmal, wenn der Mann nach Moskau kommt, versucht er auf die Leninberge zu gelangen, steht dort oben an der Balustrade und hat den weiten Blick über die große Stadt. Der Mann kann sich nicht satt sehen am Anblick Moskaus.

Senkt er den Blick, erkennt er das Lenin-Stadion, den Fluß Moskwa und eine Bahnlinie. Und mit diesem Schienenstrang ist der Mann durch seine Erinnerung auf besondere Weise verbunden. Zwei Monate nach dem Ende des letzten Weltkrieges, Mitte Juli 1945, hielt auf dieser Bahnlinie ein Zug, in dem deutsche Kriegsgefangene nach Moskau gelangt waren, und der Zug sollte weiterfahren bis zum Ural. Hinter einer durch Stacheldraht gesicherten Luke lag der Mann, damals noch nicht achtzehn Jahre alt, und blickte auf das für ihn so geheimnisvolle und auch furchterregende Moskau. Er sah eine unzerstörte Stadt, aber die graugrüne Tarnfarbe des Krieges hatte sie noch nicht abgelegt. In den letzten Wochen hatte der Deutsche nur zerstörte Städte und verheertes Land gesehen, von Schlesien, wo man ihn gefangengenommen hatte, bis kurz vor Moskau.

Ein Gegenzug, ein Truppentransport, zum größten Teil aus Flachwaggons zusammengestellt, auf denen Geschütze standen, nahm ihm die Sicht. Vor der Luke, an der unser Mann lag, war ein Waggon zu stehen gekommen, auf dem eine Panzerabwehrkanone verladen war. Das lange Geschützrohr hatte man mit zahlreichen weißen Ringen versehen, und der Deutsche wußte, jeder Ring, das ist ein von diesem Geschütz zerstörter deutscher Panzer.

Neben dem Geschütz stand ein russischer Soldat mit umgehängtem Gewehr und blickte genau auf die Luke und sah den Deutschen hinter dem Stacheldraht. Der erschrak, hätte sich ducken mögen, hatte Furcht vor dem sich verfinsternden Gesichtsausdruck des russischen Soldaten. Doch er rührte sich nicht, sah wie gebannt dem Soldaten in die Augen, erwartete Flüche, einen Steinwurf oder ähnliches. Da sagte der Soldat, ohne daß sich sein Gesichtsausdruck veränderte: »Hitler kaputt.«

Der junge Deutsche nickte fast unmerklich.

Der russische Soldat hob die Hand und sagte laut: »Mir!«

Aber wie sollte der Deutsche auf dieses russische Wort reagieren, er kannte es nicht, war ratlos. Was bedeutete dieses mit fast feierlichem Ernst ausgesprochene Wort?

Noch einmal sagte der russische Soldat und zog die Augenbrauen hoch: »Mir, Soldat, Mir.«

Aber sein Gegenüber hinter der Luke verstand nicht den Sinn des Wortes. In diesem Augenblick ruckte der Transporter an, der Soldat hielt sich am Geschützrohr fest.

Noch immer blickte er zur Luke hinüber, und dann rief er: »Frieden.« Und noch einmal, fast schon aus dem Blickfeld des Deutschen: »Mir, Frieden.«

Jedes Mal, wenn der Mann auf den Leninbergen steht und auf Moskau hinunterschaut, erinnert er sich an diesen Augenblick.

Und er bleibt für sein ganzes Leben von Bedeutung.

STEPHAN HERMLIN

»Jeden soll man ermutigen, … auch wenn man nicht jedem Gedanken, den er äußert, zustimmen kann.«

Seit mehr als fünfzig Jahren leben Autoren in dem unbehaglichen Bewußtsein, daß es Zeiten gibt, in denen sie sich nicht damit begnügen können, ihre eigentliche Arbeit zu tun. Damals waren Gefahren gewachsen, heute erscheinen neue, größere Gefahren, die sie auffordern, als Citoyen zu handeln. Seit jenem Kongreß in Amsterdam gegen Krieg und Faschismus, den ein Jahr vor der Machtergreifung Hitlers Henri Barbusse und Romain Rolland zusammengerufen hatten und an dem viele Schriftsteller teilnahmen, war das klargeworden. Obwohl ich damals noch ein Schüler und kein Schriftsteller war und ich direkt mit diesem Kongreß gar nichts zu tun hatte, erinnere ich mich, wie ich als junger Kommunist und Leser von Literatur den Vorbereitungen und der Durchführung des Kongresses mit größter Spannung folgte. Noch unklar fühlte ich damals schon, daß man gegen den Krieg über alle Meinungsverschiedenheiten hinweg alle vereinen müsse.

Die Aktion von Schriftstellern hat seither nicht aufgehört. Sie wurde deutlich auf den Kongressen in Paris und Madrid. Als die Weltfriedensbewegung von 1949 an sich der nuklearen Bedrohung und dem kalten Krieg entgegenstellte, standen an ihrer Spitze nicht nur Arbeiter, Wissenschaftler, Politiker, Frauen, Geistliche, sondern auch Anna Seghers und Brecht, Ehrenburg und Fadejew, Sartre und Aragon, Neruda und Amado, Lundkvist und Kuo Mo Jo, Iwaszkiewicz und Nazim Hikmet. Als 600 Millionen Menschen den Stockholmer Appell unterschrieben, wußten wir, daß wir nicht umsonst arbeiteten, daß man etwas erreichen konnte. Daß die fürchterlichen Kriege in Korea und Vietnam zum Stillstand kamen, daß Frankreich aus Algerien abziehen mußte, daß das sowjetisch-amerikanische Verhältnis sich verbesserte, war nicht allein das Verdienst der

Friedensbewegung, aber sie hatte einen beträchtlichen Anteil daran.

Die mühsame Erhaltung des Friedens, die Vermeidung einer Weltkatastrophe war nicht das Ergebnis einer gradlinigen Entwicklung; wir hatten immer wieder mit Schwierigkeiten und Rückschlägen zu rechnen. Die Kriegspartei operierte die ganzen Jahre hindurch mit der Behauptung, die Weltfriedensbewegung bestünde aus Kommunisten und ihren Sympathisanten, sie sei gegen westliche, aber sehr wohl für östliche Kernwaffen. Wir waren und sind gegen alle Kernwaffen, und was die andere Behauptung angeht, so zielte sie auf den Ausschluß der Kommunisten aus der Friedensbewegung. Was diesen Wunsch betrifft, ist er illusionär, nicht nur, weil Sozialismus und Frieden untrennbar miteinander verbunden sind, sondern auch, weil die Aufgabe der Friedensbewegung gerade darin besteht, die einander gegenüberstehenden Blöcke zu Verhandlungen und zur gleichzeitigen und gleichgewichtigen Abrüstung zu bringen, das Vorhandensein der Kommunisten in der Friedensbewegung also eine Voraussetzung ihrer Existenz ist.

Die Teilnahme von Schriftstellern an der Friedensbewegung hat eine Tradition. Es ist nur natürlich, daß in einer Zeit größerer Bedrohung Schriftsteller für den Frieden eintreten, ihre Leser in diesem Sinne zu beeinflussen suchen, sich zusammenfinden, um ein Beispiel zu geben. Das ist nicht neu, neu ist aber auch nicht, daß sich Leute finden, die mit Fälschungen und Lügen derartige Begegnungen zu verhindern suchen. Wir haben das schon vor Jahrzehnten erlebt.

Einige auf dem Gebiet der Literatur Gescheiterte besitzen nur noch die Chance, durch rufmörderischen Fleiß ein Interesse der Öffentlichkeit zu wecken. Die Nennung ihrer Namen löst selbst bei Leuten, die uns nicht gerade wohlgesinnt sind, nur Verlegenheit aus. Der Spiritus rector des Ganzen, stellvertretender Chefredakteur eines Schandblattes, das schon seit Jahren, gerade dank seiner Tätigkeit, von allen bekannten Schriftstellern der Bundesrepublik boykottiert wird, ist im Westen weitaus tiefer verachtet als im Osten, wo man ihn kaum kennt. Er schrieb schon vor fast fünfundzwanzig Jahren, man müsse »Hermlin einsam machen«. Sein frommer Wunsch hat sich nicht erfüllt; er wird wohl auch in Zukunft nicht erfüllt werden.

Damit unser ernster Kongreß nicht allzu ernst ausfällt, möchte ich aus seinem letzten, erst einige Tage alten Elaborat wenigstens einen Satz zitieren. Er lautet: »Denn das ist wohl allen klar: Die größten Hindernisse bei den Ost-West-Gesprächen der Autoren sind Hermlin und Kant.« Jeder, der die beiden Treffen von Schriftstellern in beiden Teilen Berlins beobachtet hat – und das ergibt schon einige Millionen –, weiß, daß sich dort Günter Grass und Christa Wolf begegneten, Peter Rühmkopf und Günter de Bruyn, Uwe Johnson und Fritz Rudolf Fries, Walter Höllerer und Karl Mickel, Erich Fried und Heinz Kamnitzer, Ernst Jandl und Jurij Brĕzan, Adolf Muschg und Erwin Strittmatter, Thomas Brasch und Erik Neutsch, Peter Schneider und Helmut Sakowski, Bernt Engelmann und Volker Braun, Peter Härtling und Heiner Müller, Luise Rinser und Helga Schütz, Tschingis Aitmatow und Franz Fühmann, Heinar Kipphardt und Jurek Becker, Günter Herburger und Günter Kunert, Robert Jungk und Alfred Wellm, Ingeborg Drewitz und Wolfgang Kohlhaase, Klaus Stiller und Grigori Baklanow, Hans Christoph Buch und Rolf Schneider, Guntram Vesper und Stefan Heym, Helmut Heißenbüttel und Benito Wogatzki, Hans Werner Richter und Helmut Baierl, Klaus Rifbjerg und Max Walter Schulz, und natürlich vergesse ich dabei weitere, ebenso wichtige Namen. Für sie alle waren Hermlin und Kant kein Hindernis, schon gar kein größtes Hindernis. Die unfreiwillige Komik des zitierten Satzes macht einen eigentlich dankbar.

Wer die Friedensbewegung fördern will, muß sich klar darüber sein, daß sie etwas anderes ist als jede andere Bewegung, weil ihr jeder beitreten kann, weil sie etwas will, das jeder bejahen kann, der begriffen hat, daß man miteinander reden muß, wenn man nicht aufeinander schießen will. Sie ist etwas, das sich selber, wenn erforderlich, organisatorische Formen gibt, aber sie kennt keine Eintrittserklärungen, keine Mitgliedsbücher und keine Beiträge. Sie umfaßt alle Kontinente, alle Klassen, alle Rassen, alle Religionen und alle Atheisten, alle Berufe, Männer, Frauen und Kinder. Die Arbeiterbewegung mündet in sie und ist ihre größte Teilkraft, aber sie ist nicht gleichbedeutend mit der Arbeiterbewegung. Sie braucht die größte Toleranz, das Auffinden auch der geringsten Gemeinsamkeiten, die es über Trennendes zu stellen gilt; sie braucht so viele Ideen, so viel Phantasie wie möglich. So groß die Meinungsverschiedenheiten zwischen Sozialisten und Pazifisten sein mögen – das alte Bündnis, das auf einem gemeinsamen Endziel, nämlich einer Welt ohne Waffen, beruht, das Bündnis zwischen Wilhelm Liebknecht und Bertha von Suttner, muß bestehen bleiben.

In den breiten Massen ruhen ungeheure, unerschlossene Energien, die nach Befreiung, nach Entfaltung rufen, wenn es um den Frieden geht, um diesen ältesten Traum. Gerade in der Jugend ruhen diese Energien. Jeden soll man ermutigen, seinen Beitrag zu leisten, auch wenn man nicht jedem Gedanken, den er äußert, zustimmen kann. Nichts beflügelt Menschen so sehr wie das Gefühl, ihr Eigenstes für die größte Sache beitragen zu können.

Ich weiß wohl und vergesse keinen Augenblick, daß es manche gibt, die »Frieden« sagen und etwas anderes meinen. Ich sage »manche«, denn sie sind eine kleine Minderheit, die einzige Minderheit, die keine Achtung verdient. Aber revolutionäre Wachsamkeit darf nicht lähmen, sie darf ein großes Vertrauen nicht mindern, wenn wir den Frieden erzwingen wollen.

Als Kind von zwölf Jahren las ich ein kleines Buch, das kurz nach dem ersten Weltkrieg erschienen war und das von da an meinen Lebensweg mitbestimmte – Leonhard Franks »Der Mensch ist gut«. Wer es kennt, weiß, daß es einige Novellen gegen den Krieg umfaßt. Wenn ich heute in dieses Buch blicke, finde ich in mir die gleichen Empfindungen wie damals, vor bald sechzig Jahren. Es ist ein schwärmerisches, ein visionäres Buch. Ich weiß wohl, daß Schwärmerei nicht ausreicht, um den Frieden zu retten. Aber wir sollten uns auch nicht vor ihr fürchten. Die großen Visionen helfen uns, die Forderung des Tages zu bestehen.

BRIGITTE STRUZYK

Über die Spontanität beim Erstschlag

Als Beispiel für alle hole man einen schwachen Feind,
zum Beispiel Nachbars Grete.
Der Starke muß mal begreifen,
alles hat seine Grenzen.
Sandkastenspiele sind dicht an der Wahrheit,
nicht einfach das Leben regieren lassen!
Man stecke die beiden unter eine Decke
und lasse den Starken über den Schwachen.
Komme, was wolle, aber so was gehört sich nicht!
Stracks zieht der Starke den Schwachen bei den Haaren.
Jetzt kann das Exempel statuiert werden!
Ein Schwacher – immer zur Anpassung gezwungen –
braucht Rückendeckung.
Man schlage ihm vor!
Er schlage zuerst!
Freilich, er schlägt etwas zögernd
den Starken aus der Reserve;
der schimpft wie ein Rohrspatz.
Und jetzt einfach zuschlagen!
So was versteht schließlich jeder!

ROSEMARIE SCHUDER

»Wir, die Friedfertigen, … müssen untereinander Toleranz lernen.«

Schriftstellerkongress ist eine Inventur des Geschriebenen, eine Bilanz über Gewinn und Verlust und vor allem auch über die Pläne des Morgen. So ist, wie in jedem guten Konsumladen, an diesen drei Tagen die Werkstatt von jedem hier Teilnehmenden mit einem Schild versehen: Wegen Inventur geschlossen. Eine Inventurperiode ist also eine Zeitspanne der Durchsicht. Eine Möglichkeit für Fragen und Antworten, für das Aufzeigen der Gedanken. Das zwingt den Berichtenden, sich selbst einzubringen.

Ich beschäftige mich jetzt mit Johannes Reuchlin, jenem Wissenschaftler des 16. Jahrhunderts, Jurist und Theologe und Hebraist, der für seinen Kaiser ein Gutachten abgeben sollte, ob der Talmud zu verbrennen sei, im Namen Christi. Das ist eine Untersuchung über die Entscheidung seines Gewissens, über seinen Kampf mit dem Schwert des Geistes. Mit seinem Namen hat er sich eingeschrieben in die Markierungssteine auf dem Pfad der Toleranz. Und er hat nichts anderes als seine Sachkenntnis und sein Wort. So beschwor er ausdrücklich herauf das Bild vom Baum der Erkenntnis. Und obwohl die Menschen davon verbotene Früchte nahmen, habe Gott den Baum nicht umgehauen noch verbrannt, sondern stehen lassen. Reuchlin hatte diese Bezeichnung gewählt: der Baum der Kunst des Guten und Bösen. Kunst also im Sinne des Erkennens gemeint. Und er kommt zu dem Resultat: Soviel sei gesagt vom Talmud, daß er nicht zu unterdrücken noch zu verbrennen sei.

Immer, wenn Dummheit und Gewalt keine Überzeugungskraft hatten, mußten Scheiterhaufen zusammengetragen werden und Vernichtungsarbeit leisten. Zwei Jahre nachdem 1933 auch die Bücher Lion Feuchtwangers auf dem Opernplatz von den Nazis verbrannt wurden, sag er in seiner Abhandlung vom Sinn und Unsinn des historischen Romanes: »Ich für mein Teil habe mich, seitdem ich schreibe, bemüht, historische Romane für die Vernunft zu schreiben, gegen Dummheit und Gewalt, gegen das, was Marx das Versinken in Geschichtslosigkeit nennt.«

Uns, heute nun, ist ein weltvernichtendes Feuer angedroht, das auch seinen Ausgang nehmen soll vom Namen Christus her. Was ist das für ein unsagbarer, unmenschlicher Zynismus, einem mit Atomraketen bestückten US-Unterseeboot den Namen »Corpus Christi« zu geben.

Der Kreuzigungsleib, der Auferstehungsleib galt mindestens seit den Briefen des Apostel Paulus als eine Mahnung zum

Frieden und der Liebe zu den Menschen, bekräftigt in seinem Schreiben an die Epheser: So seid ihr nun nicht mehr Gäste und Fremde. Weil Friede gemacht sein sollte durch das Blut am Kreuz. So bedeutet auch Corpus Christi das sichtbare und das unsichtbare Geheimnis. Welch eine Perversion, diese Bezeichnung auf einen Schiffskörper zu übertragen, der seinerseits sichtbar und unsichtbar zu sein vermag. Und der imstande ist, blutig Menschenleben auszulöschen und die Schöpfung zu vernichten. Welch eine unerträgliche Aushöhlung der Begriffe. Welch eine zielgerichtete Verfälschung der Worte.

Also darf Toleranz nicht so weit gehen, daß die Friedfertigen wie 1933 ohne Waffen dastehen und der gemeinsame Feind mit Feuer und Schwert das Leben auf diesem Planeten auslöschen kann.

Wir aber in unserem erprobten Bündnis, Christen und Marxisten, wir, die wir gemeinsam Ehrfurcht vor dem Leben haben, wollen und müssen das Leben verteidigen. Solange der Feind bewaffnet dasteht, dürfen die Friedfertigen die Waffen nicht aus der Hand legen. Wir, die Friedfertigen, die das Leben lieben, die den Frieden lieben, müssen untereinander Toleranz lernen. Mißverständnisse, unbedachte Zungenschläge auf der einen oder anderen Seite, auch ein Übereifer in der Friedenspropaganda können in kameradschaftlichen Gesprächen erörtert werden, denn ich bin überzeugt, es fehlt nicht am guten Willen.

Die Welt ohne Waffen, und damit meine ich natürlich die ganze Welt ohne Waffen, mag heute für Marxisten und Christen noch eine Utopie sein, aber es ist ein Entwurf, der in unseren Herzen wohnt.

ERICH HONECKER

Brief an Bundeskanzler Kohl vom 5. Oktober 1983

SEHR GEEHRTER HERR BUNDESKANZLER!

Wie Sie wissen, hatte ich in jüngster Zeit Gelegenheit, mit namhaften Politikern der Bundesrepublik Deutschland, sowohl der Regierungsparteien als auch der Opposition und Persönlichkeiten der Wirtschaft, Gespräche über die besorgniserregende Zuspitzung der internationalen Lage und die daraus erwachsenden Gefahren für den Frieden, die Sicherheit der Völker und die Zusammenarbeit der Staaten zu führen. Trotz aller Unterschiede und auch Gegensätze, die dabei natürlicherweise zutage traten, konnte ich ein hohes Maß an Übereinstimmung in der Sorge um den Frieden und die möglichen Belastungen für die Beziehungen zwischen der Deutschen Demokratischen Republik und der Bundesrepublik Deutschland feststellen.

Im vollen Einklang mit den Interessen und Wünschen der Bürger der DDR ist es meine Auffassung, daß sich alle, die das Abgleiten der Menschheit in eine nukleare Katastrophe verhindern wollen, zu einer Koalition der Vernunft zusammentun sollten, um beruhigend auf die internationale Lage einzuwirken und nichts unversucht zu lassen, eine neue Runde des atomaren Wettrüstens zu verhindern. Andernfalls würde sich die Situation weiter verschärfen und die Kriegsgefahr noch erhöhen. Um so mehr fühle ich mich veranlaßt, erneut an Sie, Herr Bundeskanzler, den Appell zu richten, Ihre Haltung zur Stationierung neuer atomarer USA-Raketen auf dem Territorium der BRD zu überdenken und sich mit Ihrem ganzen Einfluß für ein Abkommen in Genf einzusetzen, das auf der Grundlage des Prinzips der Gleichheit und der gleichen Sicherheit zu einer Reduzierung der Atomraketen in Ost und West führt. Die ernste Erklärung des Generalsekretärs des ZK der KPdSU und Vorsitzenden des Präsidiums des Obersten Sowjets der UdSSR, Juri Andropow, der von den USA geplanten Zerstörung des militärischen Gleichgewichts Einhalt zu gebieten und in der internationalen Lage eine entscheidende Wende zum Besseren herbeizuführen, bestärkt mich in diesem Entschluß.

Mit weniger Waffen Frieden schaffen zu wollen, ist schwerlich mit einem Stationierungs-Automatismus vereinbar, der die Bundesrepublik Deutschland zu einem zentralen Startplatz für US-Erstschlagswaffen atomaren Charakters gegen die UdSSR, gegen uns alle, macht. Notwendigerweise müßte das auf seiten unseres Bündnisses zu entsprechenden Gegenmaßnahmen führen, um das für den Frieden unerläßliche militärstrategische Gleichgewicht aufrechtzuerhalten. Wie Ihnen bekannt ist, haben die Sowjetunion und die anderen sozialistischen Länder konkrete Vorschläge auf den Verhandlungstisch gelegt, die unter Berücksichtigung der Sicherheitsinteressen aller Seiten eine Einigung in Genf ermöglichen. Leider zeigen sich die USA nicht flexibel und blockieren ein Ergebnis in Genf. Nach unserer Meinung ist es in jedem Fall besser, weiter zu verhandeln als hochzurüsten.

Weder Ihnen noch uns kann an einer andauernden Zuspitzung der Situation gelegen sein, da sie die ernsthafte Gefahr katastrophaler Folgen einer weiteren Aufrüstung und die Möglichkeit in sich birgt, eine neue Eiszeit in den Beziehungen zwischen der Deutschen Demokratischen Republik und der Bundesrepublik Deutschland auszulösen. Dadurch könnte das bisher Erreichte und das von uns Angestrebte nicht nur belastet, sondern sogar in Frage gestellt werden.

In voller Verantwortung für das Wohlergehen und das Leben der Bürger der Deutschen Demokratischen Republik und in Rücksicht auf das Schicksal Europas, erkläre ich die uneingeschränkte Bereitschaft der DDR, jeden Schritt zu unterstützen, jeden Weg zu beschreiten, jede Idee konstruktiv zu prüfen, die uns einem gesicherten Frieden in Europa näherbringen und dem Weltfrieden dienen.

Ich möchte der Erwartung Ausdruck geben, daß Sie, ebenso wie wir, eingedenk der geschichtlichen Lehren zweier Weltkriege, von Ihren Möglichkeiten Gebrauch machen, um in später Stunde einer weiteren Umdrehung der Rüstungsspirale mit schlimmen Folgen Einhalt zu gebieten. Das sollte um so eher möglich sein, da wir uns beide zu dem verpflichtenden Grundsatz öffentlich bekannt haben, alles zu tun, damit niemals mehr von deutschem Boden ein Krieg ausgeht. Wir meinen, nicht neue Massenvernichtungsmittel, nicht neue Raketen, nicht Konfrontation und Politik der Stärke, sondern Rüstungsstopp und Abrüstung, Zusammenarbeit und friedliches Miteinander wünschen und brauchen die Völker Europas und insbesondere die Bürger der beiden deutschen Staaten. Ein atomwaffenfreies Europa ist letzten Endes das Ziel der europäischen Völker. Wir schließen uns im Namen des deutschen Volkes dem an.

Mit vorzüglicher Hochachtung
Erich Honecker

JÜRGEN KUCZYNSKI

Die Produktivkräfte und der Frieden

Es ist wohl an 8000 Jahre her, daß die Menschen stetig etwas mehr produzierten, als sie unbedingt zum Leben brauchten. Seit dieser Zeit entwickelte sich eine Ungleichmäßigkeit der Verteilung dessen, was die englischen Klassiker der Politischen Ökonomie mit surplus value bezeichneten, was man später zu deutsch Mehrprodukt bzw. Mehrwert nannte. Dadurch, daß einer Minderheit das Mehrprodukt, das die Produzenten schufen, zukam, ohne daß diese Minderheit zu produzieren brauchte, konnte diese sich hauptberuflich dem Nachdenken über und der Leitung der menschlichen Gesellschaft, insbesondere der Weiterentwicklung der Produktivkräfte, widmen.

Zweierlei negative Erscheinungen waren mit dieser Gestaltung der gesellschaftlichen Verhältnisse verbunden. Einmal mußten die wirklichen Produzenten auf das Mehrprodukt, das sie schufen, zugunsten der hauptberuflichen Nachdenker und Leiter ganz oder zum größten Teil verzichten. Und sodann wurden zusammen mit den immer wirksameren Produktivkräften auch immer wirksamere Destruktivkräfte, Waffen für den Kampf der Menschen untereinander um Einflußgebiete und Machtpositionen, geschaffen.

Von diesen beiden negativen Erscheinungen hatte die erste zugleich eine ungeheure positive Bedeutung. Denn ohne die ungleichmäßige Verteilung des Mehrproduktes, ohne die Freistellung einer Minderheit als Nachdenker und Leiter hätte es nach der Schaffung des Mehrproduktes vielleicht einige Hunderttausend statt nur etwa 8000 Jahre gedauert, bis die Menschheit den gegenwärtigen Stand der Produktivkräfte erreicht hätte. Die Fähigkeit zur immer wirksameren Herstellung von Destruktivkräften hatte jedoch, soweit wir heute die Vergangenheit übersehen, nur negative Auswirkungen.

Gegenwärtig hat nun die Entwicklung von Produktiv- und Destruktivkräften ein neues Stadium erreicht. Ein Stadium, das in der Geschichte der Menschheit die gleiche Bedeutung hat wie der Übergang vor 8000 Jahren zur regelmäßigen Schaffung von Mehrprodukt.

Gegenwärtig sind die Produktivkräfte so weit entwickelt – man denke als Symbolfigur an den Roboter –, daß die echte Freizeit des Menschen, die Zeit, die nicht notwendig ist, um die Grundbedürfnisse der Menschen zu befriedigen, größer wird als die für die Produktion der Grundbedürfnisse notwendige Arbeitszeit. Alle Menschen, nicht mehr nur eine Minderheit, werden in nicht ferner Zukunft Zeit und Muße haben, um ihre vielfältig sich entwickelnden Fähigkeiten auch in entsprechenden Tätigkeiten zu verwirklichen, um – beispielsweise – mehr und mehr »hauptberuflich« Nachdenker und Leiter zu sein. Und unter Nachdenker sind hier alle kulturell Tätigen – vom Wissenschaftler bis zum Künstler, vom hochgebildeten Staatsmann bis zum hochgebildeten Obstzüchter, vom Philosophen bis zum feinsinnigsten Kunsttischler – zu verstehen.

Doch genau in diesem so unendlich vielversprechenden Übergangsstadium der Menschheit in eine einzigartige Zukunft für alle, nicht nur für eine kleine Minderheit, haben auch die Destruktivkräfte eine »Perfektionierung« erreicht, die es erlaubt, die gesamte Entwicklung der Menschheit zunichte zu machen: Niemals in ihrer ganzen Geschichte stand die Menschheit an einem für sie so fundamental bedeutsamen Scheidewege.

Und auch das müssen wir sehen: 8000 Jahre lang mußte die übergroße Mehrheit der Menschen leiden, damit eine Minderheit, genährt auch von den Leiden der Mehrheit, die Produktivkräfte so schnell entwickeln konnte – sollten all diese Leiden von Millionen, von Hunderten von Millionen, von Milliarden Menschen während Tausenden von Jahren umsonst gewesen sein?

Und auch das müssen wir sehen: Soll die Perversität der Entwicklung von Destruktivkräften, ihre höchste Ausbildung in der Gegenwart, das Schicksal der Menschen, vernunftbegabter Wesen, die zu großartigen Leistungen befähigt sind, die einer so wundervollen Zukunft entgegengehen können, bestimmen? Ja, jedem Schicksal der Menschen ein Ende machen?

Wenn wir Geschichte und Gegenwart so sehen, wird die ungeheure Bedeutung der Erhaltung des Friedens wahrlich verständlich: Die Erhaltung des Friedens, die identisch ist mit der Erhaltung der Menschheit und all ihrer Leistungen.

Die Frage ist: Sollen alle Leistungen der Menschheit, all ihre Bemühungen und Leiden, diese Leistungen zu erzielen, von den Qualen der Bauern im alten Ägypten bis zu denen gehetzter Lohnarbeiter in den modernen Betrieben der USA, von den Gedanken der Weisen im alten China bis zu denen der Wissenschaftler und Techniker, die den Sputnik und seine Nachfolger in das Weltall sandten, umsonst gewesen, letztlich sinnlos gewesen sein?

MANFRED VON ARDENNE

Für eine Ethik, die dem Stand unserer Zivilisation würdig ist

Die sich jetzt schon in der Computer-Technologie abzeichnenden Tendenzen, mit Hilfe sehr kurzwelliger Strahlung Strukturelemente mit stark herabgesetzten Abmessungen zu schaffen, würden zu neuen Computergenerationen mit Eigenschaften führen, denen eine künstliche Intelligenz zugeordnet werden kann.

Die frei werdenden Mittel ließen sich weiter dazu verwenden, das Kommunikationswesen in all seinen Bereichen grundlegend zu verbessern. Das wäre ein Beitrag zur Zusammenführung der Menschen und zur Steigerung ihres wechselseitigen Verständnisses. Des weiteren könnten jene großen Aufwendungen vorgenommen werden, die notwendig wären, um die soziale Infrastruktur entscheidend zu verbessern, besonders im Bereich der Familie.

Im Gesundheitswesen wäre eine sehr viel stärkere Betonung der Präventivmedizin zu erreichen, bei der schon vor der eintretenden Krankheit die Annäherung einer Krise aus Messungen erkannt und dann ihr Eintreten durch rechtzeitige Bekämpfung der eigentlichen Ursachen verhindert wird. Große Mittel sind noch aufzuwenden, um Seuchen, um heute noch unbeherrschte Krankheiten wie Krebs, multiple Sklerose und andere zurückzudrängen.

Das alles sind riesige, aber ebendeshalb wunderbare Aufgaben. Voraussetzung jedoch ist, daß sich endlich eine höhere Ethik, die dem Stand unserer Zivilisation würdig ist, durchsetzt. (...)

Die »neue Art des Denkens« besteht meiner Auffassung nach darin, daß Völker und Regierungen die Kunst erlernen müssen, miteinander zu leben und gut miteinander auszukommen. Zur friedlichen Koexistenz gibt es im nuklearen Zeitalter weniger denn je eine akzeptable Alternative. Das Vorhandensein von Atomwaffen stellt die Menschheit mit besonderer Schärfe vor die Notwendigkeit, den Krieg als Mittel zur Lösung von Streitfragen abzuschaffen. Ein mit Atomwaffen geführter Krieg ist nicht mehr im Clausewitzschen Sinne die Fortsetzung der Politik mit anderen Mitteln, er wäre heute das Ende jeder Politik. In einem nuklearen Duell würden weder die Duellanten noch die Sekundanten überleben. Sicherheit kann nicht mehr gegeneinander, sondern nur miteinander erreicht werden.

In dieser Richtung gibt es Ansätze, die mich zuversichtlich stimmen, daß der gesunde Menschenverstand über die atomare Unvernunft siegen wird. Ich denke hier an die Gemeinsame sowjetisch-amerikanische Erklärung von Genf, in der die Führer der UdSSR und der USA, Michail Gorbatschow und Ronald Reagan bekräftigt haben, daß ein nuklearer Krieg nicht geführt werden darf, daß es in ihm keinen Sieger geben würde. Mit Genugtuung erfüllt es mich auch, daß die jüngsten sowjetischen Abrüstungsvorschläge im wesentlichen eine vorwiegend positive Aufnahme gefunden haben. Aus all dem folgt, daß es sich bei diesen Vorschlägen um eine beglückende Perspektive für die Völker handelt, für die es zu kämpfen lohnt. Uns steht ein langwieriger, komplizierter Weg bevor. Aber zum ersten Male in der Menschheitsgeschichte besteht eine reale Chance, noch in der heutigen Generation den Beginn eines dauerhaften Friedens zu erleben. (...) In der Tat glaube ich, daß die Menschheit vor einer schicksalhaften Entscheidung steht, geht es doch um ihr Sein oder Nichtsein. Entweder wird die Entwicklung in friedliche Bahnen gelenkt oder die Gefahr der Selbstvernichtung der Gattung homo sapiens steigt ins Unermeßliche.

NACHSATZ

Generalsekretär Honecker und Bundeskanzler Kohl stimmten darin überein, daß die Deutsche Demokratische Republik und die Bundesrepublik Deutschland angesichts einer sich aus der gemeinsamen Geschichte ergebenden Verantwortung besondere Anstrengungen für das friedliche Zusammenleben in Europa unternehmen müssen. Von deutschem Boden darf nie wieder Krieg, von deutschem Boden muß Frieden ausgehen.

Sie betonten, daß das Verhältnis der beiden Staaten zueinander ein stabilisierender Faktor für konstruktive Ost-West-Beziehungen bleiben muß. Von ihm sollten positive Impulse für friedliche Zusammenarbeit und Dialog in Europa und darüber hinaus ausgehen.

Aus: Gemeinsames Kommuniqué über den offiziellen Besuch des Generalsekretärs des Zentralkomitees der Sozialistischen Einheitspartei Deutschlands und dem Vorsitzenden des Staatsrates der Deutschen Demokratischen Republik, Erich Honekker, in der Bundesrepublik Deutschland vom 7. bis 11. September 1987

ANHANG

ANMERKUNGEN

11 *Her keiser, swenne ir Tiuschen vride* – Diesen Spruch richtete Walther an Kaiser Otto IV. (1182–1218), der sich kurz nach seiner Wahl vom 11. November 1208 für einen allgemeinen Landfrieden zwischen den Fürsten einsetzte, um ungehinderter in Italien eindringen zu können. Bereits im Frühjahr 1212 sah er sich wieder gezwungen, nach Deutschland zurückzukehren, um seine Herrschaft zu sichern, was ihm aber nicht gelang.
des Adlers Sinn – Gemeint ist die Freigebigkeit des Adlers, der von seinem Raub stets etwas für kleinere Vögel übrigläßt.

12 *Milde* – Hier: Freigebigkeit.
Ich saz ûf eime steine ... – Walthers Gedicht spielt auf die Lage im Deutschen Reich nach dem Tod Heinrichs VI. (1197) an, dessen Bemühungen, durch die Einführung des Erbkaisertums die Zentralgewalt zu stärken, erfolglos geblieben waren. Dem Tod des Kaisers folgten langwierige Streitigkeiten um den Thron. Aus den damit verbundenen Wirrnissen im Reich gingen die partikularistisch gesinnten deutschen Fürsten, vom Papst unterstützt, wiederum gestärkt hervor.

13 *Friedensregelung* – Aus Eike von Repkows »Sachsenspiegel« (1220), I. Teil, 2. Buch, 66. Kapitel, dem ersten deutschsprachigen Rechtsbuch, das ein maßgebliches Dokument des bis dahin ungeschriebenen feudalistischen Gewohnheitsrechts darstellt. 1220 zuerst lateinisch geschrieben, bis 1235 ins Niederdeutsche übertragen, bildete es die Grundlage für verschiedene andere Rechtssammlungen. Der Text ist hier in einer niederdeutschen Fassung wiedergegeben.

15 *Ein edles Leben* – Aus Meister Eckeharts um 1310 aufgezeichneter Predigt »Hoc est praeceptum meum ut diligatis invicem« (Dies ist meine Lehre, daß ihr einander hochachten möget).

16 *»Klage des Friedens ...«* – Aus einer Predigt des Erasmus für ein Friedenskonzil in Basel, das nicht zustande kam.

20 *Scotist* – Anhänger der Sekte des Johannes Duns Scotus (1266–1308), der im Gegensatz zu Thomas von Aquino den Vorrang des Willens vor dem Verstand vertrat.

Thomist – Anhänger des Scholastikers Thomas von Aquino (1225–1274).

Nominalist – Anhänger des Nominalismus, einer Richtung der scholastischen Philosophie, deren Lehre die allgemeinen Begriffe (Universalien) nicht für Wirkliches, sondern bloße Benennungen und Namen (lat.: nomina) hielt.

Peripatetiker – Schüler des Aristoteles, benannt nach dem Peripatos, dem Wandelgang seiner Philosophenschule.

21 *Observanten* – Angehörige strengerer Richtungen katholischer Mönchsorden, besonders bei den Franziskanern.

Coleten – Anhänger des englischen Humanisten und Theologen John Colet (1466?–1519).

Konventbrüder – Franziskanermönche, die sich nach Trennung von den Observanten (1517) zu einem eigenen Orden zusammenschlossen.

23 *Pontifex maximus* – Vorsteher des altrömischen Priesterkollegiums. Später Titel der römischen Kaiser, seit dem 5. Jahrhundert für den Papst.

Minoriten – Franziskaner.

28 *Recht und Frieden* – Aus Ulrich Zasius' »Rechtliche Darstellung nach schlechten Tagen« (1517). Die Schriften des gegen die Scholastik auftretenden Rechtsgelehrten standen zeitweilig auf dem päpstlichen Index verbotener Bücher.

29 *Frid vor dem Schaden* – Aus der Sammlung »Schimpf und Ernst« (1519) des Schwankdichters und Franziskaners Johannes Pauli. Die Erstausgabe enthält 693 Schwankerzählungen, in »Schimpf« (Scherz) und »Ernst« unterteilt. Das hier gedruckte Stück ist »von Ernst das 39.«.

geschicht – geschieht.

vermitten – vermieden.

30 *Curtisan* – Hier: Höfling am Hof des Papstes.

belieben – geblieben.

31 *hon* – haben.

Ungebär – Zuchtloses Benehmen.

32 *sich … gereidt underwinden* – sich zu sagen herausnehmen.
»Man muß das Unkraut ausräufen …« – Aus Thomas Müntzers »Fürstenpredigt« (1524).
Sich – Sieh (an).
43. Psal – Gemeint ist die Stelle in Psalm 44, Vers 4.
1. Paralip. 14 – Erstes Buch der Chronik, Kapitel 14, Vers 11. Die Paralipomena (griech.: die Übergangenen, die Ausgelassenen) sind die beiden Bücher der Chronik im Alten Testament.
lengnen – leugnen.
Deut. 2 – Altes Testament, 5. Buch Mose (auch Das Buch Deuteronomium genannt), Kapitel 2, Verse 26 bis 30.
berechnen – Rechenschaft ablegen.
Iskias – Hiskija: Vgl. Altes Testament, Zweites Buch der Könige, Kapitel 18, Vers 22.
Josias – Zweites Buch der Könige, Kapitel 23, Vers 5.
Kyrus – Altes Testament, Zweites Buch der Chronik, Kapitel 36, Verse 22 und 23.
Daniel – Altes Testament, Buch Daniel, Kapitel 6, Vers 27.
33 *Helias* – Elija: Vgl. Erstes Buch der Könige, Kapitel 18, Vers 40.
die Pfaffen Baal vorstöret – die Pfaffen Baals zerstört.
Deus noster refugium et virtus – (lat.) Unser Gott ist Zuflucht und Kraftquell. Die freie Nachdichtung der Psalmen durch Martin Luther ist zuerst 1529 belegt.
Herr Zebaoth – Herr der Heerscharen.
34 *kein Dank dazu haben* – keinen Gedanken hinzusetzen.
fügen – schicken.
Lut – Wortlaut.
heiliger Krüztag – Die römisch-katholische Kirche feiert am 3. Mai das Fest der Auffindung des heiligen Kreuzes durch Kaiserin Helena im Jahre 320.
35 *Dwyl* – Dieweil.
Anschlag – Absicht.
Fürnehmen – Vorhaben.
einlaussen – einlassen.
erpuwen – erbauen.
abschlahen – abschlagen.
soferr – sofern.
Raut – Rat.
36 *halt in* – halte ein.
widern – sich widersetzen.
inzugohn – einzugehen.
bruchen – brauchen, genießen.

36 *bachen* – backen.
mayen – mähen.
Spys – Speise.
Wunn – Hier: Weideplatz; entsprechend der althochdeutschen Rechtsformel »wunna enti weida« tautologisch gebraucht.
Zwingen und Bännen – Zwingburgen und Gerichtbarkeitsgebiete der Feudalherren.
Spennige – Aufsässige.
Verraut – Verrat.
Zwangnus – Not.
Intrag – Einbuße.
38 *Paracelsus* – Eigentlich Philippus Theophrastus Bombastus von Hohenheim; Arzt und Philosoph, sozialutopischer Kritiker des Feudalismus zur Zeit der frühbürgerlichen Revolution in Deutschland. Seine Anschauungen sind mit denen Sebastian Francks verwandt. Vgl. die erste Anm. zu S. 40.
siechet – siehet.
für sich gangen – gelungen.
wider dies Gebot – Gemeint ist das 5. christliche Gebot »Du sollst nicht töten«.
zudem – abgesehen davon.
verbracht – vollbracht.
zeucht – auszieht.
Orden mit Landsknechten – Gemeint sind die geistlichen Ritterorden, besonders die Johanniter (Malteser), aber auch die damals so genannten »Orden frommer Landsknechte«, d. h. Landsknechte, die an Kreuzzügen teilnahmen.
39 *Julio* – Julius Cäsar.
Ritterschaft – Ordensritter, Kreuzfahrer, Religionskrieger.
verbringen – vollbringen.
40 *Sebastian Franck* – Der zum Protestantismus übergetretene Theologe und Geograph sagte sich 1528 von jeder kirchlichen Konfession los und lebte seither in großer Armut als Seifensieder, später als Buchdrucker.
Item – Ein noch zu erörternder Punkt.
Cacum – Akkusativ von Cacus: In der altitalischen Sage ein feuerspeiendes Ungetüm, von Herkules erschlagen.
Buscidem – Busiridem: Akkusativ von Busiris; nach der griechischen Sage ist Busiris ein ägyptischer König, Sohn des Poseidon, der alle Fremden am Altare des Zeus schlachtete; er wurde von Herakles (Herkules) erschlagen.
Blutfreund – Verwandter.

41 *Geding* – Hier: Verabredung.
entschütten – befreien.
Pfütz Lerna – Im Frühneuhochdeutschen oft für Sumpf, so genannt nach dem Sumpf Lerna bei Argos, in dem die Lernäische Schlange (Hydra von Lerna) hauste.

42 *Grießwarter* – Kampfrichter (bei mittelalterlichen Turnieren).
Daß Fried und Ruh – Aus Hans Sachs' »Landsknechtsspiegel« vom 24. Oktober 1546. Dem Gedicht ist der Satz vorangestellt: »Des Krieges Art, Frucht und Lohn magst du hierin verstohn!«

43 *Georg Agricola* – Arzt und Naturforscher, Begründer der Mineralogie. Der Text stammt aus seinem lateinischen Widmungsbrief an Kurfürst August von Sachsen vom 18. März 1555.

45 *βαθύπλουτος* – (griech.) im tiefsten den Reichtum bergend.
Philemon – Attischer Komödiendichter (um 300 v. u. Z.); angespielt wird hier auf sein Stück »Der Bauer«.
Johannes Althusius – Jurist und Rechtsphilosoph, wirkte seit 1604 bis zu seinem Tode (1638) als Syndikus der Stadt Emden. Der Text ist ein Auszug aus seinem Hauptwerk »Politica« (1603), in welchem er eine gegen die feudalen Machthaber gerichtete Theorie des Widerstandsrechts vertrat.

47 *Johann Valentin Andreae* – Lutherischer Theologe mit utopischen, christlich-sozialen Vorstellungen; wirkte u. a. als Schriftsteller und in verschiedenen kirchlichen Ämtern.

48 *Fleuch in der Mannheit Burg* – Aus dem 2. Buch der »Trostgedichte in Widerwärtigkeit des Krieges« (1620/21).

50 *Jakob Böhme* – Schuhmachermeister und pantheistischer Naturphilosoph in Görlitz. – Aus seiner Schrift »Vom dreifachen Leben des Menschen« (1622).

51 *unser Held* – Gustav II. Adolf von Schweden (1594–1632) fiel in der Schlacht bei Lützen.
zweimal freigemacht – In der Schlacht von Breitenfeld bei Leipzig am 17. September 1631 und in der Schlacht von Lützen am 16. November 1632.

52 *Emanuel* – Christus (nach Jesaja 7,14).

53 *des Sachsens Haus* – Haus und Familie des sächsischen Kurfürsten Johann Georg I. (1585–1656).

54 *Über den Untergang der Stadt Freistadt* – 1637 brannte Freistadt (Niederschlesien) nieder. Gryphius hat die Katastrophe vom nahen Zissendorf aus miterlebt.

55 *abgemeit* – abgemäht.
verschorren – verscharrt.

56 *Raitung* – Rechnung.

58 *Hegt Frieden!* – Aus »Friedens Lob- und Krieges Leidgesang« (1641). Scultetus schrieb deutsche und lateinische Gedichte und lehrte am Jesuitenkolleg in Troppau.

60 *Schlesischer Krieg* – Gemeint sind die Kämpfe auf schlesischem Boden während des Dreißigjährigen Krieges, an denen sich die Schweden, Brandenburger und Sachsen gegen die Kaiserlichen beteiligten. Ergebnis dieser Auseinandersetzungen war die weitgehende Rekatholisierung Schlesiens.

geschicht – geschieht.

Banse – Lagerplatz, besonders in der Scheune.

Beuthen – Gemeint ist wohl Beuthen an der Oder, das im Schlesischen Krieg eine strategisch wichtige Rolle spielte und am 17. Oktober 1641 von den Kaiserlichen eingenommen wurde.

verurschen – (schlesisch) verschwenden.

61 *O edler Fried, du höchstes Gut* – Schlußgedicht aus Moscheroschs Roman »Wunderliche und wahrhaftige Gesichte Philanders von Sittewald« (1642).

Bruder Veit – Landsknecht.

Kraut – Pulver.

Kraut und Lot – Pulver und Blei.

Offen – Ofen: Gemeint ist Buda, heute Stadtteil von Budapest.

62 *die Gliedmaßen, hoch gesessen* – die hochgestellten Leute, die Herrschenden.

verschränken – sich verbindlich erklären.

63 *Pfuhu* – Uhu.

sicht – sieht.

65 *Das Friede wünschende Teutschland* – 1. Aufzug der 2. Handlung aus Johann Rists gleichnamigem Schauspiel (1647).

Aufenthalt – Unterhalt.

67 *Partisanen* – Langschäftige Spieße mit zweischneidiger Klinge und Parierstange.

schwichtet – bringt zum Schweigen.

69 *Der Bauer spricht* – Aus der erst 1702 veröffentlichten Gedichtsammlung »Wohlklingende Pauke«. Nikolaus Peucker (um 1623–1674) war Schüler Hofmannswaldaus und Hausdichter des preußischen Kurfürsten Friedrich Wilhelm.

70 *Martin Rinckart* – Archidiakonus, schrieb Kirchenlieder (z. B. »Nun danket alle Gott«) und Dramen, in denen Stoffe aus der Reformationsgeschichte gestaltet sind.

Müllerin-Stimm – Zur Hochzeit des sächsischen Kriegssekretärs Christian Müller in Eilenburg.

Friedens-Zeit – Gemeint ist der Prager Friedensschluß vom 30. Mai

1635 zwischen Kaiser Ferdinand II. und Kursachsen, dem weitere Fürsten und Städte beitraten, der jedoch 1636 den Einfall der Schweden in Sachsen zur Folge hatte.

70 *Auf schönen Eselinnen* – Nach dem Triumphlied von Debora und Barak, Altes Testament, Buch der Richter 5,10.

72 *Grase-Mägde* – Erntemägde.

Hofe-Schall – Lied von feiner, höfischer Art.

Barten-Schall – Äxteschall.

76 *»... wo Krieg ist ...«* – Aus Grimmelshausens Roman »Der abenteuerliche Simplicissimus Teutsch«, III. und IV. Kapitel des Dritten Buchs (1669).

Dorsten – Stadt in Westfalen.

Meerrohr – Rohrstock.

Numen – Gottheit.

77 *Ranzion* – Lösegeld.

Irene – (lat.) Friedensgöttin, Tochter des Zeus und der Themis (griech. Eirene).

ein großer Gott – Der große Gott von Soest: Kruzifix mit einer fast lebensgroßen Christusgestalt aus Silber.

Fürtuch – Lendentuch.

Jove – (lat.) Vokativ von Jovis oder Juppiter (Jupiter).

Sylvani – Wald- und Feldgötter niederen Ranges.

Faunis – Feldgottheiten.

78 *Ganymed* – Wegen seiner Schönheit von Zeus in den Olymp entrückter Jüngling, der dort den Göttern als Mundschenk diente.

Lykaon – In der griechischen Sage der König von Arkadien, dessen gotteslästerlicher Frevel zu Zeus' Entschluß führte, die Menschheit durch eine Sintflut auszulöschen.

besorglich – vermutlich.

terminieren – mönchisch betteln.

mit Butzen und Stiel – mit Stumpf und Stiel. Butz ist das Kernhaus bei Äpfeln und Birnen.

79 *Narcissum* – Narcissus verliebte sich in sein Spiegelbild und starb aus Sehnsucht nach sich selbst.

Adonidem – Adonis, der durch große Schönheit ausgezeichnete Geliebte der Venus.

Mercurius – Gott des Handels und auch der Beredsamkeit.

Pallas – Athene, Göttin der Wissenschaft.

Parnasso – Ein den Musen geweihter Berg.

in hora Martis – (lat.) die Stunde, in der Mars, der Kriegsgott, regiert.

80 *Schweizer Meil* – 5000 Schritt.

80 *Tamerlan* – Nachkomme Dschingis-Khans, gelangte 1394 in einem Feldzug bis Moskau.
Gülte – Schuldbrief.
Umgelt – Abgabe.
Chorum Deorum – (lat.) Versammlung (Chor) der Götter.
Helikon – Griechischer Gebirgszug; sagenhafter Musensitz.

81 *Fabricii* – König Pyrrhus von Epirus (um 280 v. u. Z.) versuchte vergeblich, den römischen Gesandten Fabricius zu bestechen, als er nach einer Niederlage mit ihm über den Austausch der Gefangenen verhandelte.
Kriegsgurgeln – Diejenigen, die vom Krieg nicht lassen können (abgeleitet vom Säufer, der das Trinken nicht lassen kann).

82 *Manoah* – Eine durch ihren Goldreichtum berühmte indianische Stadt im heutigen Venezuela.
der große Mogul – Großmogul nannten sich die Herrscher der 1525 in Indien gegründeten mohammedanischen Dynastie.
Tartar Cham – Großkhan ist der Titel der mohammedanisch-mongolischen Herrscher Persiens.
Priester Johann – Sagenhafter christlicher Herrscher in Afrika, der in Abessinien gewirkt haben soll.
zu Augusti Zeiten – Octavianus Augustus (63–14 v. u. Z.), erster römischer Kaiser.
Ist es nit ein elend Leben um den armen Bauernstand – Volkslied aus Schwaben und der Schweiz, das in verschiedenen mundartlichen Fassungen überliefert ist; die vorliegende hochdeutsche Fassung übertrug Wolfgang Steinitz.
Pfleger – Verwalter eines geistlichen Stiftes.
tribulieren – quälen.

84 *»Also ist hingegen des Vaterlandes Wohlstand unsre Vergnügung«* – Aus Leibniz' »Ermahnung an die Teutschen, ihren Verstand und Sprache besser zu üben, samt beigefügten Vorschlag einer teutsch gesinnten Gesellschaft« (1683).
Was in diesem Krieg vorgangen – Gemeint ist wohl der Krieg, den Ludwig XIV. von 1672 bis 1678 zunächst gegen Holland führte. Auf seine Seite traten in der Folge Spanien, Brandenburg und Österreich. Im Frieden zu Nimwegen (1679) mußte Brandenburg seine Eroberungen (Stettin, Stralsund, Rügen) an Schweden zurückgeben, und Frankreich konnte seine Herrschaft auch auf die rechte Seite des Rheins ausdehnen.

86 *Honorius* – Flavius Honorius war der erste weströmische Kaiser nach der Teilung des Römischen Reiches (395).
Alaric – Alarich. Der Westgotenkönig eroberte 410 Rom.

88 *Fabius Cunctator* – Der römische Konsul (gest. 203 v. u. Z.) erhielt wegen seiner vorsichtigen Kriegführung gegen Hannibal den Beinamen Cunctator (Zauderer).

Scipiones – Plural von Scipio: Gemeint ist Publius Cornelius Scipio Africanus der Ältere (235–183); er schlug Hannibal bei Zamae (201 v. u. Z.), wodurch die Karthager zum Frieden gezwungen wurden.

89 *Der Frühling* – Ewald von Kleists 1749 in 460 Hexametern verfaßtes Gedicht hatte starke Wirkungen auf die zeitgenössische Poesie. – Als preußischer Offizier anfangs vom Ungeist der friderizianischen Armee abgestoßen, verherrlichte Kleist später die Kriegstaten Friedrichs II. Als Major im Siebenjährigen Krieg erlag er 1759 den in der Schlacht bei Kunersdorf erlittenen Verletzungen.

94 *An Herrn Kanonikus Gleim* – Uz' Verse sind angeregt durch Johann Wilhelm Ludwig Gleims »Preußische Kriegslieder in den Feldzügen von 1756 und 1757 von einem Grenadier«. Uz schrieb an Gleim am 28. Februar 1757: »Krieg und Helden sind kein Stoff für meine Lieder. Ich habe dieses in der beiliegenden Ode weitläufiger gesagt, die ich auf Ihre Ermunterung geschrieben.« Vgl. die Anm. zu S. 150.

95 *Briefe, die neueste Literatur betreffend* – Auszüge aus dem ersten und dem fünften Brief (vom 4. bzw. 11. Januar 1759) von Lessing seit 1759 zunächst anonym herausgegebenen »Briefen« an einen verwundeten deutschen Offizier. Sie waren Ewald von Kleist gewidmet.

96 *Xenophon* – Griechischer Geschichtsschreiber (um 430 v. u. Z.), der die 10000 griechischen Söldner aus dem Feldzug des Kyros gegen dessen Bruder zum Hellespont zurückführte. In seinem Hauptwerk »Anabasis« schildert er diesen Rückzug.

Polybios – Griechischer Geschichtsschreiber (um 210 v. u. Z.), von dessen »Universalgeschichte« (in 40 Büchern), die den Aufstieg Roms zur Weltmacht darstellt, nur die ersten fünf Bücher erhalten geblieben sind.

Herr von Palthen – Johann Franz von Palthen (1724–1804), Jurist, anakreontischer Dichter und Übersetzer.

St. Pierre – Charles-Irénée Castel de Saint-Pierre (1658–1743), französischer Geistlicher und Philosoph, der 1713 ein »Projekt über den ewigen Frieden« veröffentlichte.

97 *An die Könige* – Ramler, seit 1748 Lehrer an der Kadettenschule in Berlin und während der neunziger Jahre Leiter des Königlichen Nationaltheaters, verfaßte unter anderem Lobgesänge auf Friedrich II.

97 *Lisbôa* – Lissabon.
Oby – Gemeint ist der sibirische Fluß Ob.
Brennen – Brandenburger.
98 *Manco Capac* – Sagenhafter Gründer der Dynastie der Inka (um 1100), galt als Religionsstifter, Gesetzgeber und Sohn des Sonnengottes. Unter der Herrschaft der Inka entstand ein nach ihnen benanntes Reich, das große Teile Südamerikas einnahm.
99 *Der Eroberer* – Erstdruck im »Schwäbischen Magazin von gelehrten Sachen auf das Jahr 1777«. In einer Fußnote des Herausgebers heißt es über den damals 18jährigen Friedrich Schiller: »Von einem Jüngling, der allem Ansehn nach Klopstocken liest, fühlt und beinahe versteht. Wir wollen sein Feuer beileibe nicht dämpfen.«
100 *auf die Erobrungen hinzuschwindeln* – die Eroberungen schwindelnd zu überschauen.
101 *Flammen der Königsstadt* – Vermutlich eine Anspielung auf den Brand Roms im Jahre 64, den Kaiser Nero befohlen hatte, um Anlaß für die Verfolgung der Christen zu haben.
fliehn – Hier, wie häufig bei Schiller, in der Bedeutung »eilen«, »fliegen«.
103 *Bragalied* – Lied nach Bragi Boddason (um 800–850), dem ältesten norwegischen Skalden, der später zum Gott der Dichtkunst und Beredsamkeit erhöht wurde. Seine Verse sind teilweise erhalten geblieben.
Telyn – Keltisches Instrument, das Klopstock irrtümlich den norwegischen Skalden zuschrieb.
Tamerlan – Vgl. die zweite Anm. zu S. 80.
Der Krieg dauerte unaufhörlich fort – Aus Wezels Roman »Robinson Krusoe« (Zweiter Teil).
105 *Sic transit gloria mundi* – (lat.) So vergeht der Ruhm der Welt.
107 *Also, ihr Herrscher der Erde* – Aus Schubarts Artikel »Staatskatechese«, der im 14. Stück seiner »Deutschen Chronik« abgedruckt ist.
108 *Dreihundert Sparter* – Leonidas, König von Sparta, verteidigte 480 v. u. Z. mit 300 Spartanern und 700 Thespiern den Thermopylen-Paß gegen die persische Übermacht und fand mit seinen Soldaten den Tod.
110 *Der höhere Frieden* – Das Gedicht erschien zuerst, mit der von Kleist hinzugefügten Entstehungszeit, als Nr. I der »Kleinen Gelegenheitsgedichte« im »Neunten und zehnten Stück« des »Phöbus« (September/Oktober 1808).
Georg Christian Gottlieb Wedekind – Arzt und Schriftsteller, war einer der Führer der Mainzer Jakobiner und verfaßte zahlreiche

Schriften über Medizin, Philosophie, Politik und Theologie. – Auszug aus seiner Rede »Über Regierungsverfassungen« (1792).

111 *Kaiserin von Rußland* – Katharina II. (1729–1796) ließ 1783 die Krim besetzen und erklärte 1787 der Türkei erneut den Krieg; 1790 beendete sie den Krieg mit Schweden zugunsten Rußlands und erzielte bei der zweiten und dritten Teilung Polens (1793 und 1795) Gebietsgewinne.

113 *Die freien Deutschen und die freien Franken ...* – Aus Forsters Rede im Mainzer Nationalkonvent am 21. März 1793.

120 *Präliminarartikel* – Aus Kants Schrift »Zum ewigen Frieden« (1795).

Hostilitäten – Feindseligkeiten.

123 *scandalum acceptum* – (lat.) angenommenes Ärgernis.

Strategemen – Kriegslisten.

124 *Sieben Gesinnungen der großen Friedensfrau* – Aus Herders »Briefen zu Beförderung der Humanität« (1794–1797).

ein sehr sinnreiches Manuskript – Gemeint sind die »Ideen« des mit Herder eng befreundeten Bergrats August von Einsiedel.

St. Pierre – Vgl. die vierte Anm. zu S. 96.

pax sempiterna – (lat.) der immerwährende Friede.

St. Veitstanz – Nervenleiden.

schwarzer Tod – Seit der verheerenden Epidemie in Europa (14. Jh.) eine Bezeichnung für die Pest.

126 *Marius* – Gajus Marius (156–86 v. u. Z.), römischer Feldherr, Führer der Popularen, Gegner Sullas.

Sulla – Lucius Cornelius Sulla (138–78 v. u. Z.), Führer der Aristokraten im römischen Bürgerkrieg, besiegte Marius.

Gengischan – Dschingis-Khan.

Tamerlan – Vgl. die zweite Anm. zu S. 80.

Lips Tullian – Anführer einer Räuberbande, 1715 in Dresden hingerichtet.

Mazarin, Louvois, Du Terrais – Staatsmänner des 17. Jahrhunderts. Sie vertraten die intrigante, aggressive Politik des absolutistischen Frankreichs.

129 *Nimrod* – Nach dem Alten Testament Herrscher über babylonische und Gründer assyrischer Städte. Vgl. die dritte Anm. zu S. 587.

Og zu Basan – Riesenhafter König, der von den unter Moses' Führung in Palästina eindringenden Israeliten besiegt wurde.

Lazerte – Eidechse.

Bubo – Uhu.

String of Wampum – Indianischer Schmuck aus aufgereihten Schneckengehäusen. Die Überreichung galt als Zeichen des Friedensschlusses; sie begleitete die im Text erwähnte feierliche Versicherung.

130 *»So wünscht ein wahrer Patriot und Menschenfreund zu erfahren ...«* – Aus Heft L der »Einfälle und Bemerkungen« Georg Christoph Lichtenbergs. In sogenannten Sudelbüchern (mit den Buchstaben A bis L bezeichnet) hatte Lichtenberg seine Gedanken von der Studentenzeit bis zum Lebensende festgehalten.

Versuch über den Begriff des Republikanismus – Friedrich Schlegels Anfang des Jahres 1796 entstandener Aufsatz wurde durch die kritische Auseinandersetzung mit Kants Werk »Zum ewigen Frieden« (1795) angeregt. Auf dessen erste Auflage beziehen sich Schlegels Zitate. – Seine Absicht, diesen »Versuch« in Niethammers »Philosophischem Journal« drucken zu lassen, scheiterte, weil der Herausgeber weder die erste Fassung noch beide Umarbeitungen akzeptierte. Schlegel bot den Aufsatz daraufhin im Juli 1796 Johann Friedrich Reichardt an, der ihn in seiner Zeitschrift »Deutschland« veröffentlichte.

133 *Carl August Joseph Hofheim* – Über den Verfasser der 1796 anonym erschienenen Schrift »Von der europäischen Republik«, welcher dieser Text entnommen ist, war bisher nichts Näheres zu ermitteln.

involvieren – Hier: bedingen, zur Folge haben.

134 *Instigation* – Aufhetzung.

Abdera – Stadt in Thrazien; das Schilda der Antike.

caracter repraesentantium – (lat.) Anlage zum Repräsentieren.

ex rerum natura – (lat.) aus der Natur der Dinge.

135 *Hermann Heynich* – Über Heynich ist nichts Näheres bekannt. Seine Schrift erschien 1797 in Hamburg als Anhang zu einer Ausgabe von Kants »Zum ewigen Frieden« ohne vollständige Namensnennung des Autors.

Johannes des Täufers Schicksal – Herodes Antipas ließ den Bußprediger Johannes, einen Vorläufer Jesu, hinrichten.

136 *Illuminaten* – Angehörige des gleichnamigen, 1776 gegründeten Ordens, der ein den Freimaurern ähnlicher Geheimbund war und im Sinne der bürgerlichen Aufklärung gegen Intoleranz und Despotismus auftrat.

141 *St. Pierre* – Vgl. die vierte Anm. zu S. 96.

150 *»Mit Wölfen macht ich keinen Frieden! ...«* – Gleim, der durch Rat und materielle Hilfe beträchtlichen Einfluß auf viele Dichter seiner Zeit ausübte, nahm 1744 als Sekretär des Prinzen Wilhelm von Brandenburg-Schwedt am Zweiten Schlesischen Krieg teil. Er verfaßte unter anderem die »Kriegslieder eines preußischen Grena-

diers« (1758), die neben patriotischer Begeisterung auch nationalistische Züge aufweisen. Vgl. die Anm. zu S. 94.

151 *W.* – (Fußnote) Wieland, der dieses Gedicht in seiner Zeitschrift »Neuer teutscher Merkur« abdruckte.

Die Christenheit oder Europa – Der Aufsatz entstand im Oktober/November 1799 und wurde erstmals 1826 vollständig gedruckt.

152 *das alte Papsttum liegt im Grabe* – Nach der Besetzung des Kirchenstaates durch französische Revolutionstruppen wurde im Februar 1798 die päpstliche Autorität für aufgehoben erklärt. Der nach Südfrankreich deportierte Papst Pius VI. starb dort 1799. Erst im Juli 1801 konnte mit Pius VII. ein neuer Papst in den Vatikan einziehen.

153 *das neue Jerusalem* – Rom.

»... und jeder Staat eilt ...« – Aus Fichtes »Reden an die deutsche Nation«, die er 1807 unter persönlicher Gefahr im französisch besetzten Berlin hielt. 1811/12 war Johann Gottlieb Fichte der erste gewählte Rektor der eben gegründeten Berliner Universität.

155 *Vom ernsten Tagwerk lächelnd* – Auf den »Fürsten des Festes« zu beziehen.

Fürst des Festes – Wer der Fürst der Friedensfeier sei, ist seit Entdeckung der Reinschrift dieser Hymne (1954) strittig. Sie entstand vermutlich im Herbst 1802 und geht auf den Friedensschluß von Lunéville zurück, der am 9. Februar 1801 die Revolutionskriege beendete und an den Hölderlin überschwengliche Hoffnungen knüpfte.

vergessen – Aktive Bedeutung.

bei Geistern und Menschen – bei Göttern und Menschen.

ewige Jünglinge – Die »Himmlischen«.

die lieben Freunde – Die Jünger.

158 *O Mutter* – Zu verbinden mit Natur.

159 *Satyren* – Die zwischen Tier und Mensch stehenden lüsternen Begleiter des Dionysos. Hölderlin, der diese Naturdämonen an keiner anderen Stelle nennt, deutet mit ihnen vielleicht auf die wilde, ungebundene Seite des menschlichen Wesens: auf das Titanische. (Die Titanen hatten das Aussehen von Satyren.)

160 *Luise Wiedemann* – Schwester der Caroline. Luise Michaelis (1770–1846), die später Lebenserinnerungen schrieb, hatte 1796 den Arzt Christian Rudolf Wilhelm Wiedemann geheiratet.

161 *Goethe schrieb an meinen Mann* – An Schelling, mit dem Caroline seit Juni 1803 verheiratet war, schrieb Goethe am 31. Oktober 1806: »Den Aufwand an Geistes- und Körperkräften, an Geld und Vorräten verschmerzt man gern, weil doch so vieles und darunter das

Werteste erhalten ist.« Die Trauung von Goethe und Christiane Vulpius fand am 19. Oktober 1806 in aller Stille statt.

161 *Anfälle der Marodeurs* – Jena war, Carl Augusts preußenfreundlicher Gesinnung wegen, für die Plünderung freigegeben worden.

162 *Pretiosen* – Kostbarer Schmuck.

Geschichtsschreiber (Johannes Müller) – Verwechslung von Caroline; zu Napoleon wurde nicht der Historiker Müller, sondern der spätere Kanzler des Großherzogtums Weimar, Friedrich Müller (1779–1849), gesandt.

Eroberungskrieg und vaterländischer Schutzkrieg – Aus Friedrich Ludwig Jahns Schrift »Deutsches Volkstum« (1808).

Sieger von Marengo – Bei Marengo (heute Ortsteil von Alessandria) in Oberitalien siegte Napoleon Bonaparte am 14. Juni 1800 über die Österreicher unter Melas.

Arcole – Bei Arcole, südöstlich von Verona, schlug Bonaparte 1796 die Österreicher.

163 *Capua* – Stadt in Süditalien. Angespielt wird hier auf die Gladiatorenschulen des alten Roms, in denen Sklaven für die Kampfspiele vorbereitet wurden. Das kam einer Bevorzugung z. B. gegenüber der Bergwerksarbeit gleich.

Kriegserklärung gegen den Krieg – 3. Abhandlung der Schrift »Dämmerungen für Deutschland«, an der Jean Paul von August 1808 bis März 1809 arbeitete.

Professor Stephan – Kaspar Johann Stephan (1774–1832), Professor der Medizin in Bamberg und Salzburg.

164 *Geryon* – In der griechischen Mythologie ein Riese mit drei Leibern.

Kant ..., der den ewigen Frieden verfocht, den er jetzt selber genießt – Immanuel Kant war 1804 in Königsberg gestorben.

Konstantin Ancklitzen – Berthold Schwarz, angeblich ein deutscher Mönch, soll Anfang des 14. Jahrhunderts das Schießpulver entdeckt haben. Ob es sich bei ihm um den Franziskanermönch »Meister Berthold« handelt, der eigentlich Konstantin Ancklitzer hieß, ist unsicher.

166 *Muhammed* – Mohammed (um 570–632), Stifter des Islam.

Wenn's nur einmal Friede wär! – Hoffmann von Fallersleben (1798–1874) sagt zu diesem Lied: »Erk überschreibt es: ›Soldatenlied aus den Kriegsjahren 1813–15‹, das ist nicht richtig; ich hörte es bereits in meiner Jugend singen, als die Westfalen nach Spanien ziehen mußten (1809). Es paßt auch viel mehr zu der Zeit 1809–12 als zu der späteren, wo der Krieg im Lande selbst geführt wurde.«

168 *An das deutsche Volk im Jahre 1810* – Seume schrieb dieses Gedicht wenige Monate vor seinem Tode.

169 *Duns* – Dummkopf.

Sarmaten – Im Altertum die Bewohner Osteuropas jenseits der Weichsel und der Karpaten. Hier sind die Polen gemeint. 1795 wurde Polen zum dritten Male zwischen Rußland, Österreich und Preußen aufgeteilt.

170 *Klientenheere* – Heere reicher römischer Sklavenhalter. Sie bestanden aus abhängig gewordenen armen Bürgern (Klienten), die für ihre Herren (Patrone) auch Kriegsdienste zu leisten hatten.

171 *»Denn wer Tyrannen bekämpft ...«* – Aus dem »Katechismus für den deutschen Kriegs- und Wehrmann« (1813). Ernst Moritz Arndt trat als Wortführer der deutschen Einheit hervor; zusammen mit dem Freiherrn vom Stein bereitete er 1812 von Rußland aus im »Deutschen Comité« die nationale Befreiung vor. 1848/49 war er Mitglied der Frankfurter Nationalversammlung.

173 *Die Vision auf dem Schlachtfelde bei Dresden* – Hoffmanns Skizze entstand am 16. und 17. Dezember 1813 und wurde bereits Anfang 1814 in Bamberg gedruckt. – Vgl. dazu auch seine Tagebucheintragung vom 19. August 1813: »Schlachtfeld gesehn, entsetzlicher Anblick, zerschmetterte Köpfe – Der lebende Russe, welcher leicht verwundet sein Pfeifchen rauchte und Schnaps trank – Unvergeßliche Eindrücke ... – Verstümmelte zerrissene Menschen!!«

175 *Fokus* – (lat. focus) Feuerstätte, Brennpunkt. Hier: Flammenzeichen.

Nero – Lucius Domitius Nero (37–68), seit 54 römischer Kaiser; gilt als grausamer Tyrann und Verwandtenmörder.

Dschingiskhan – Dschingis-Chan, eigentlich Tamudschin (1155 bis 1227), Begründer des mongolischen Weltreiches; führte mit seinen gefürchteten Reitertruppen zahlreiche Eroberungskriege.

Tilly – Johann Taerclaes Graf von Tilly (1559–1632), im Dreißigjährigen Krieg kaiserlicher Heerführer der katholischen Liga.

Alba – Fernando Alvares de Toledo, Herzog von Alba (1507–1582), spanischer Feldherr; im Auftrag Philipps II. Statthalter in den Niederlanden, wo er eine grausame Schreckensherrschaft führte.

Alexander – Alexander I. Pawlowitsch (1777–1825), seit 1801 russischer Zar.

176 *Friedrich Wilhelm* – Friedrich Wilhelm III. (1770–1840), seit 1797 König von Preußen.

Kein Friede ohne Sicherheit – Aus einem Artikel im »Preußischen Korrespondenten« vom 14. Juli 1813. Friedrich Schleiermacher war der erste Dekan an der theologischen Fakultät der Berliner Universität. Seine Vorlesungen über »Politik« (Staatsphilosophie) wurden ihm nach den Karlsbader Beschlüssen (1819) verboten.

178 *Entwurf eines europäischen Staatenbundes* – Erschien 1814 in den von Brockhaus herausgegebenen »Deutschen Blättern«. K. Chr. F. Krause, ein Fichte- und Schellingschüler, habilitierte sich dreimal; es gelang ihm nicht, eine Professur zu bekommen.

180 *Aus dem Kriege kommen wir heim* – Joseph von Eichendorff nahm 1813/14 als Offizier an den Befreiungskriegen gegen Napoleon teil.

183 *Aphorismen* – Goethe äußerte diese Gedanken in Gesprächen mit Riemer (13. Dezember 1806) und Eckermann (14. März 1830) sowie in der »Italienischen Reise«. Den Spruch vom 10. November 1826 widmete er dem Grafen Carl Moritz Brühl.

184 *Auf freiem Grund mit freiem Volke stehn* – Aus »Faust. Der Tragödie Zweiter Teil«, 5. Akt (1831/32).

185 *Das große Völkerbündnis kommt zustande* – Aus der »Vorrede« zu Heines Schrift »Französische Zustände« (1832).

186 *Volteschlagen* – Im Kartenspiel ein Kunstgriff, durch den man beim Mischen einer bestimmten Karte die gewünschte Lage gibt.

187 *embauchieren* – anwerben.
mediatisieren – der Selbständigkeit berauben.

189 *»Der wahre Patriot hält auf die Freiheit seines Landes«* – Aus Adolf Diesterwegs »Wegweiser zur Bildung für deutsche Lehrer« (1834).

191 *»Wer das Schwert erhebt ...«* – Aus Büchners Flugschrift »Der hessische Landbote« (1834).

192 *Freundschaft, Friede, Gerechtigkeit* – Aus der Einleitung im ersten Heft von Börnes Zeitschrift »La Balance« (1836).
Frieden und Freiheit der Völker – Aus »Krieg und Frieden« (1839). Karl Follen gründete 1815 in Gießen die erste burschenschaftliche Organisation (»Gießener Schwarze«). Er emigrierte, um den Demagogenverfolgungen zu entgehen, und lehrte später als Professor der deutschen Sprache und Literatur in Cambridge (USA).

194 *»Und das sollen Landsleute sein?«* – Aus Weitlings Schrift »Garantien der Harmonie und Freiheit« (1842); seine Lehre war die erste selbständige theoretische Regung des deutschen Proletariats.

202 *Der Kanonengießer* – Gedicht aus dem Zyklus »Lieder aus Lancashire«, der zuerst 1845 im Elberfelder »Gesellschaftsspiegel« erschien, einer Zeitschrift, die auch Marx und Engels zu ihren Mitarbeitern zählte.

205 *Brief an den Friedenskongreß* – Antwort Alexander von Humboldts auf die Einladung zum Frankfurter Friedenskongreß, wo das Schreiben vermutlich zu spät eintraf, weshalb es in den offiziel-

len Kongreßakten nicht abgedruckt ist. Der von Humboldt eigenhändig geschriebene Brief fand sich im Nachlaß eines Schriftführers des Frankfurter Kongresses und wurde 1892 erstmalig veröffentlicht.

206 *Ein Epilog* – Storms Gedicht entstand am 20. Dezember 1850 und war ursprünglich als Abschluß der Novelle »Ein grünes Blatt« gedacht. Politischer Hintergrund des Gedichts ist der deutsch-dänische Krieg, in dem die schleswig-holsteinischen Streitkräfte einer Übermacht der Dänen gegenüberstanden. Am 1. August 1850 war Husum, am 7. August Friedrichstadt von den Dänen besetzt worden. Vom 29. September bis zum 4. Oktober hatten schleswig-holsteinische Truppen unter dem preußischen General von Willisen Friedrichstadt erfolglos belagert und beschossen. Theodor Storm schrieb darüber am 14. Oktober an Laura Setzer: »Die Zeit des Friedrichstädter Bombardements über herrschte die ungeheuerste Aufregung in der Stadt, die Kinder rannten am ersten Tage schon mit Blumen zu Kränzen, wenn unsere Leute kämen, den Abend, die Nacht müßten sie ja jedenfalls kommen, keiner konnte Ruhe finden. Aber es kamen nur Verwundete, Hunderte und Hunderte; aber nicht allein Dänen, auch Kinder, Weiber, Greise, die durch die Kugeln ihrer eignen Brüder zerrissen, verstümmelt, verbrannt waren.«

207 *Adresse an die Nationale Arbeiterunion der Vereinigten Staaten* – Von Marx anläßlich des drohenden Krieges zwischen England und den USA im Frühjahr 1869 verfaßt, wurde diese Adresse am 11. Mai im Generalrat der Internationalen Arbeiterassoziation verlesen.

208 *Shoddy-Aristokraten* – Shoddy: (engl.) Baumwollabfälle. Diejenigen, die diese Abfälle zu verarbeiten begannen, erzielten rasch riesige Gewinne.

209 *Epilog zum Kriege* – Während des Deutsch-Französischen Krieges (1870/71) bekannte sich Herwegh zur deutschen Sozialdemokratie. Sie verurteilte die Aggression gegen die französische Republik.
die Stadt voll Blut und Wunden – Gemeint ist Paris; frei nach Paul Gerhardts Kirchenlied »O Haupt voll Blut und Wunden«.

210 *Germania, mir graut vor dir!* – Frei nach Goethes »Faust«, Kerkerszene: »Heinrich, mir graut's vor dir.«

212 *Albert Friedrich Lange* – Philosoph, Pädagoge und Sozialpolitiker, schrieb u. a. eine zweibändige »Geschichte des Materialismus und Kritik seiner Bedeutung für die Gegenwart« (1866), mit der er nachhaltige Wirkung ausübte. Lange übersiedelte 1866 in die Schweiz.

215 *Kein Völkerhaß* – Erstdruck in »Chemnitzer Raketen«, politisch-satirische Beilage der Chemnitzer »Freien Presse«, Nr. 35 vom 5. September 1875. Max Kegel, Buchdrucker und Lyriker, seit 1869 Mitglied der Eisenacher Partei, war Redakteur des »Wahren Jakob« und Herausgeber eines mehrmals aufgelegten »Sozialdemokratischen Liederbuches«.

216 *Rüstungsgelder dienen nicht dem Volkswohl* – Aus dem Vortrag »Krieg und Frieden«, den Virchow am 17. Mai 1877 hielt. Der sozial engagierte Mediziner war Mitbegründer der Liberalen Fortschrittspartei.

217 *Eduard Sack* – Pädagoge und Herausgeber des »Schulblattes für die Volksschullehrer der Provinz Preußen«. Sack trat für die pädagogischen Ideale der bürgerlichen Klassik ein; es wurde ihm verwehrt, in der Lehrerbildung tätig zu sein.

219 *Aphorismen* – Entnommen den »Aphorismen« Wilhelm Raabes und dem Epilog seiner Erzählung »Deutscher Adel«.

Chassepot – Ein nach seinem Erfinder benanntes Infanteriegewehr; in der französischen Armee um 1870 in Gebrauch.

220 *Die Taler rollten* – Aus dem Vorwort zur 2. Auflage der Erzählung »Christoph Pechlin« (1890).

224 *»Jeder Krieg, den ein Volk seinem Nachbar bereitet ...«* – Aus der Schrift »Der Mensch und seine Stellung in Natur und Gesellschaft« (1889). Ludwig Büchner, Arzt und Philosoph, hatte an der Revolution von 1848 teilgenommen und vertrat kleinbürgerlich-demokratische Ansichten.

227 *Heinrich Kämpchen* – Bergarbeiter und Dichter; einer der Führer des großen Ruhrbergarbeiterstreiks 1889.

228 *Schießt nicht auf uns, ihr Brüder* – Dieses Gedicht Mackays wurde 1927 von Ernst Schneller in das Agitationsheft der KPD »Der Krieg« aufgenommen. John Henry Mackay teilte die sozialen Ansichten des Anarchisten Max Stirner.

231 *Tilsiter Friede* – Durch den Friedensschluß von Tilsit (1807) zwischen Napoleon I. und Zar Alexander I. verlor Preußen mehr als die Hälfte seines Gebietes.

234 *Zeit der algerischen Feldzüge* – Die algerischen Feldzüge begannen 1830 mit der Eroberung Algiers und endeten in den siebziger Jahren mit der völligen Eroberung Algeriens durch Frankreich.

236 *Dreibund* – Die Koalition von Deutschland, Österreich-Ungarn und Italien gegen Frankreich und Rußland.

Eskamotage – Hier: Beseitigung (durch Taschenspielertrick).

237 *Chauvin* – Französischer Grenadier, der in Flugschriften immer wieder für die Rückkehr Napoleons I. eintrat und Rache für die

Niederlage in der Schlacht bei Waterloo nehmen wollte; nach ihm benannt ist der den Haß gegen andere Völker schürende, eroberungssüchtige, extreme Nationalismus (Chauvinismus).

238 *Gladstone* – William Ewart Gladstone (1809–1898) war mehrmals englischer Premierminister, zuletzt von 1892 bis 1894.

241 *Die Einwirkung des Militarismus auf die bürgerliche Gesellschaft* – Aus Quiddes Schrift »Der Militarismus im heutigen deutschen Reich«. Ludwig Quidde, Historiker und Autor mehrerer antimilitaristischer Schriften, erhielt 1927 den Friedensnobelpreis.

242 *Karl Henckell* – Bürgerlicher, zunächst dem Proletariat nahestehender Dichter, dessen Bücher in der Zeit des Sozialistengesetzes verboten waren. Um 1890 widerrief er das Werk seiner Frühzeit (»dem Parteigetriebe bin ich tot«) und erklärte ausdrücklich die Einsamkeit des Dichters zur Grundlage seines Schaffens.

243 *Carducci* – Giosuê Carducci (1835–1907), italienischer Lyriker und Literaturhistoriker, 1906 mit dem Nobelpreis ausgezeichnet, war Gegner der Romantik, des Feudalismus sowie des Christentums und trat als Anhänger Garibaldis für die Einheit Italiens ein. Später versöhnte er sich mit der Monarchie.

König Saul – Der biblische König Saul (um 1000 v. u. Z.) kämpfte um die Befreiung der Israeliten von den Philistern und soll sein Lebensende in Schwermut verbracht haben.

244 *Der Krieg ist kein reinigendes Gewitter* – Aus der Schrift »Der wahre Weg zum Frieden« (1896). Eduard Löwenthal gründete 1874 einen deutschen Verein für internationale Friedenspropaganda und schrieb u. a. eine »Geschichte der Friedensbewegung« (1907).

245 *Geistlichkeit und Heilsbotschaft* – Aus dem Aufsatz mit gleichem Titel, der 1897 erschien. Moritz von Egidy war Offizier, Publizist und Herausgeber des christlichen Wochenblattes »Die Versöhnung«, in welchem er das Bündnis zwischen Thron und Altar angriff.

246 *Bekenntnis zu einer Gesellschaft ohne Militarismus* – Aus Fontanes Brief vom 26. Oktober 1897 an den Londoner Arzt James Morris (1826–1900), mit dem er befreundet war.

à tout prix – (franz.) um jeden Preis.

247 *Kurt Eisner* – Der sozialdemokratische Politiker und Schriftsteller trat zu den Unabhängigen Sozialdemokraten über und war 1918/19 bayerischer Ministerpräsident. Er wurde kurz vor Ausrufung der Bayerischen Räterepublik ermordet.

249 *Der Krieg wird kämpfend überwunden werden* – Aus Bertha von Suttners Buch »Der Krieg und seine Bekämpfung«. Die von ihr mitbegründete österreichische Gesellschaft der Friedensfreunde war Vorbild der von A. H. Fried initiierten Deutschen Friedensgesell-

schaft. B. v. Suttners Roman »Die Waffen nieder!« (1891) hatte in kurzer Zeit zahlreiche Auflagen und wurde in mehrere Sprachen übersetzt.

250 *versus* – (lat.) gegen, im Gegensatz.

Die Nation hat ein Recht auf den internationalen Frieden – Aus der Schrift »Die Nation und die Friedensbewegung« (1910). Karl Lamprecht begründete die kulturhistorische Methode in der bürgerlichen Geschichtsschreibung.

252 *Alfred Hermann Fried* – Pazifist und Autor eines »Handbuches der Friedensbewegung« (2 Teile, 1911–1913), erhielt 1919 den Friedensnobelpreis.

254 *Der Sinn des Nobelpreises* – Diese Rede hielt Gerhart Hauptmann auf dem Nobelpreis-Bankett in Stockholm am 10. Dezember 1912.

Lynkeusarbeit – Arbeit eines Wächters. Nach der griechischen Sage war Lynkeus wegen seines scharfen Auges berühmt, mit dem er auch feste Gegenstände durchdringen konnte. – Name des Turmwächters in Goethes Faust II.

255 *Verteidigungsrede* – Aus Rosa Luxemburgs Rede vor der 2. Strafkammer des Landgerichts Frankfurt (Main) am 20. Februar 1914.

257 *Werner Möller* – Dichter und aktiver Mitkämpfer in der Novemberrevolution; als Parlamentär des »Vorwärts« von Noske-Soldaten erschlagen.

258 *O Freunde, nicht diese Töne!* – Im November 1914 erschien in der »Neuen Rundschau«, eine heftige Entgegnung Romain Rollands im Journal de Genève herausfordernd, Thomas Manns Aufsatz »Gedanken im Kriege«. Hermann Hesse veröffentlichte daraufhin in der »Neuen Zürcher Zeitung« den Artikel »O Freunde, nicht diese Töne«, der ihm umgehend chauvinistische Angriffe einbrachte. Im »Kölner Tageblatt« hieß es: »Wie ein Ritter von der traurigen Gestalt ... zieht der Drückeberger Hermann Hesse daher, als vaterlandsloser Gesell, der längst innerlich den Staub der heimischen Erde von seinen Schuhen geschüttelt hat.«

263 *Aufruf an die Europäer* – Georg Friedrich Nicolai verfaßte diesen Aufruf als Erwiderung auf den militaristischen und chauvinistischen Aufruf »An die Kulturwelt« (1914), den 93 Persönlichkeiten unterzeichnet hatten, darunter Gelehrte wie Max Planck, Wilhelm Ostwald, Wilhelm Röntgen, Wilhelm Wundt und Ernst Haeckel. Einige der Unterzeichner distanzierten sich, z. T. erst einige Zeit später, von dem Text, Planck im Sommer 1915. Nicolai war Arzt an der Charité und veröffentlichte u. a. »Die Biologie des Krieges« (1917) und »Naturwissenschaft und Pazifismus« (1918). Nach seiner Berufung an die Berliner Universität behinderten chauvinistische

Studenten 1920 seine Vorlesungen. 1922 nahm er einen Ruf nach Córdoba an.

266 *Ich lehne die geforderten Kriegskredite ab!* – Karl Liebknecht lehnte am 2. Dezember 1914 in einer Rede vor dem Deutschen Reichstag die Bewilligung weiterer Kriegskredite ab.

269 *»Immer werden die Völker ...«* – Aus »Stimmen der Völker zum Krieg« (1914). Eugen Leviné war Delegierter des Gründungsparteitages der KPD und im April 1919 Vorsitzender des Exekutivkomitees der Bayerischen Räterepublik. Bei deren Niederschlagung wurde er ermordet.

270 *Im Kriege triumphiert der Kriegsstaat* – Aus »Der Sinn des Lebens und die Wissenschaft« des Soziologen Franz Müller-Lyer. Die Passage entstand offenbar unter dem Eindruck des ersten Weltkrieges und wurde erst in eine 1919 erschienene Auflage des Werkes aufgenommen.

271 *Lied der Gefallenen* – »Immerhin ist es mir eine kleine Genugtuung, daß das überhaupt erste revolutionäre Gedicht, das in jenen Zeiten in Deutschland veröffentlicht wurde, von mir ist.« (Feuchtwanger, »Selbstdarstellung«, 1933). »Es ging, damals mißverstanden, durch die ganze deutsche Presse, wurde oft komponiert und findet sich in vielen Anthologien deutscher Kriegslyrik. Liest man das Gedicht heute, so begreift man nicht, wie es damals mißverstanden werden konnte. Las man es damals, so war sein Sinn offenbar nur denjenigen klar, die eines Herzens mit dem Autor waren.« (Feuchtwanger, »Vorwort zu den ›Drei Stücken‹«, 1934).

273 *Rafft Euch auf!* – Aus dem Flugblatt »Unterseeboot, Völkerrecht und Völkermord« (1916). Julian Marchlewski war Mitbegründer des Bundes Polnischer Arbeiter (1889) und – zusammen mit Rosa Luxemburg – der Sozialdemokratischen Partei Polens und Litauens (1893). Er arbeitete später in der deutschen Sozialdemokratie und beteiligte sich seit 1900 an der Seite Lenins an der Herausgabe der »Iskra«. Als einer der Führer des Spartakusbundes wurde Marchlewski 1919 Mitglied des ZK der KPD; 1921/22 stand er im diplomatischen Dienst Sowjetrußlands.

276 *Arbeiter und Arbeiterinnen!* – Dieser Aufruf Franz Mehrings wurde im Juni 1916 als Flugblatt des Spartakusbundes verbreitet.

279 *Der Kellner* – Erste Fassung der Erzählung aus der Sammlung »Der Mensch ist gut«, die später den Titel »Der Vater« erhielt. Zunächst in René Schickeles »Weißen Blättern« gedruckt, wurde sie von Paul Cassirer in den Jahresalmanach seines Verlages aufgenommen und auf einem der von ihm veranstalteten Vortragsabende von Tilla Durieux, seiner Frau, gelesen. Es waren mehr als drei-

hundert Menschen erschienen; zu den Geladenen gehörte auch Käthe Kollwitz, die in einem Brief an ihren Sohn schrieb: »Dieses las die Durieux mit einer eigenen wachsenden Leidenschaft und Erregtheit. Es war fast nicht zum Aushalten. Ich fühlte, daß nicht nur ich es war, die kaum an sich halten konnte. Als sie geendet hatte und ihr letzter Ruf ›Frieden‹ nachklang, rief einer aus den Zuhörern laut, wie in übermäßiger Sehnsucht, immer weiter – Frieden, Frieden –, es war, als ob wir alle hochgehoben wurden von derselben Welle ... So sieht es in den Menschen aus, die scheinbar gut den Krieg ertragen ... Überall unter der Oberfläche blutige Wunden und Tränen. Und doch geht der Krieg weiter ...« – Als Tausende vor dem Potsdamer Bahnhof in Berlin versammelt waren, um Karl Liebknecht nach seiner Entlassung aus dem Zuchthaus zu begrüßen, wurde eine kleine Broschüre mit dem Text dieser Erzählung verteilt.

289 *An das Volk der Zwanzigjährigen* – Aus dem Essay »Das junge Geschlecht« (1917).

290 *Die Mörder sitzen in der Oper* – In dem 1919 im Rowohlt Verlag Berlin erschienenen Band »Der politische Dichter« ist dieses Gedicht mit dem Untertitel »Zum Andenken an Karl Liebknecht« abgedruckt. Walter Hasenclever, einer der Wortführer des literarischen Expressionismus, trat für eine »Politisierung des Geistes« ein.

292 *Die Perspektive des Friedens ...* – Aus einem Brief Gustav Radbruchs vom 21. April 1917 von der Westfront an seinen Freund Hermann Kantorowicz. Radbruch lehrte als Rechtsphilosoph und Jurist an der Universität Heidelberg; sein umfangreiches literarisches Werk enthält auch Arbeiten zur Kultur- und Literaturgeschichte. Er war sozialdemokratischer Reichstagsabgeordneter und 1921/22 Justizminister.

298 *Eine Passion wider den Krieg* – Diese Erzählung aus dem mit dem Kleistpreis ausgezeichneten Buch »Das Grab der Welt« versah Zech mit der Vorbemerkung: »Das Erscheinen dieses Mittsommer 1918 abgeschlossenen Buches war für den Oktober desselben Jahres vorgesehen. Der Zensor des ›Oberkommandos in den Marken‹ war aber anderer Ansicht und verbot die Veröffentlichung. Vielleicht, durch die morbide Brille seines Gehirns gesehen, mit Recht. Denn immer noch war Krieg auf Erden. Und heute? In Paris donnern Haubitzen den Frieden ein. Wirklich Frieden auf Erden, solange diese Erde steht? Wir haben Grund genug, zu zweifeln. Was uns darum nicht behindern kann, gegen den Krieg auf Erden zu sein. Auch dort, wo man irrwähnt: Kain habe seinen Bruder Abel zu Recht erschlagen. Ich widme diese Passion jenen Menschen, die

Verantwortungsgefühl genug haben, Mörder nicht zu ehren.« Paul Zech, der zuerst mit expressionistischen Dichtungen hervortrat, emigrierte nach dem Verbot seiner Bücher 1937 nach Südamerika; sein umfangreiches lyrisches, dramatisches und erzählerisches Werk aus der Exilzeit ist teilweise noch unpubliziert. Bedeutendes leistete Zech auch als Nachdichter (u. a. von Rimbaud und Villon).

302 *Gerrit Engelke* – Aus der Arbeiterklasse stammender religiös-humanistischer Lyriker. Er fiel 1918, kurz vor dem Waffenstillstand, an der Westfront.

305 *»Saatfrüchte sollen nicht vermahlen werden«* – Zitat aus dem Traktat »Lehrbrief« im Siebenten Buch von Goethes Roman »Wilhelm Meisters Lehrjahre« (1795/96).

306 *Der Panamakanal* – Von Ivan Golls Gedicht gibt es vier Fassungen: Die erste erschien 1914 bei Alfred Richard Mayer, Berlin, unter Golls Pseudonym Iwan Lassang; die zweite Fassung 1918 im Gedichtband »Der Torso«, Roland-Verlag München; die dritte (hier abgedruckte) 1920 in der von Kurt Pinthus im Rowohlt Verlag Berlin herausgegebenen Anthologie »Menschheitsdämmerung« mit dem Vermerk »Spätere Fassung 1918«; die vierte Fassung erschien 1924 im Schmiede Verlag Berlin in Golls Gedichtband »Der Eiffelturm«.

309 *Aufruf zur Gründung der Deutschen Demokratischen Partei* – Mitglieder der DDP, die bis zum 28. Juni 1933 existierte, gehörten fast allen Regierungen der Weimarer Republik an.

311 *pro patria* – (lat.) für das Vaterland.

312 *Magnus Hirschfeld* – Sexuologe und Gründer des Instituts für Sexualwissenschaft in Berlin (1918), zu dem die erste deutsche Sexual- und Eheberatungsstelle gehörte. Eines seiner bedeutendsten Werke ist die Sittengeschichte des Weltkrieges (1930). Hirschfeld war SPD-Mitglied, sein Pazifismus mit Vorstellungen eines sogenannten biologischen Sozialismus verbunden. Er propagierte die Errichtung eines »Menschheitsstaates«.

314 *Emil Julius Gumbel* – Mathematiker, Universitätsprofessor und Publizist; sein fachwissenschaftliches Werk zählt mehr als 700 Publikationen. Er emigrierte nach Entzug der Lehrbefugnis (1932) über Frankreich in die Vereinigten Staaten.

316 *Hans Wehberg* – Völkerrechtler und Publizist. Seit 1924 bis zu seinem Tode (1962) Herausgeber der Zeitschrift »Friedenswarte«. Wegen seiner Schrift gegen den chauvinistischen Aufruf der 93 Intellektuellen (vgl. die Anm. zu S. 263) war er Schikanen ausgesetzt.

316 *Hermann Kantorowicz* – Rechtstheoretiker und Rechtshistoriker, der pazifistische Ideen und Ziele vertrat. 1933 aus politischen Gründen entlassen und ausgebürgert, lehrte er bis zu seinem Tod (1940) als Professor in Cambridge. Kantorowicz hatte im Auftrag des Deutschen Reichstages ein Gutachten über die Schuldfrage im ersten Weltkrieg verfaßt, das von den herrschenden Kreisen unterdrückt wurde, weil es nicht zu dem von ihnen gewünschten Resultat kam. Dieses Gutachten wurde erst 1967 von I. Geiss in der Bundesrepublik publiziert.

Völkerbund – Staatenvereinigung, die sich am 14. Februar 1919 konstituierte und mit dem Ausbruch des zweiten Weltkrieges faktisch ihr Ende fand. Der Völkerbund wurde am 18. April 1946 formal aufgelöst. Die Sowjetunion war ihm 1934 beigetreten und versuchte, ihn zu einem Instrument kollektiver Sicherheit gegen die faschistische Kriegsgefahr zu machen.

317 *Die Proletarier von pazifistischer Selbsttäuschung befreien* – Aus einem Beitrag in der Zeitschrift »Kommunistische Fraueninternationale« (Mai/Juni 1922). Clara Zetkin war seit 1920 Reichstagsabgeordnete der KPD. Am 30. August 1932 eröffnete sie als Alterspräsidentin den neugewählten Deutschen Reichstag. Sie emigrierte in die Sowjetunion und starb dort 1933.

319 *Rapallovertrag* – Im April 1922 in Rapallo abgeschlossener Vertrag zwischen der RSFSR und Deutschland, der zwischen beiden Staaten nach den Vorstellungen Lenins koexistentielle Beziehungen begründen sollte. Der Vertrag wurde von Tschitscherin und Rathenau unterzeichnet. (Vgl. die Anm. zu S. 326.) Josef Wirth, Mitglied der Zentrumspartei, war 1921/22 Reichskanzler und trat für normalisierte Beziehungen zu Sowjetrußland ein. Er emigrierte 1933 in die Schweiz und kehrte 1948 in die Bundesrepublik zurück. Für sein aktives Engagement gegen die Remilitarisierung erhielt er den Lenin-Friedenspreis.

321 *Robert René Kuczynski* – Wirtschaftsstatistiker und Publizist, Gründer und Vorsitzender des »Ausschusses zur Durchführung des Volksentscheides für die entschädigungslose Enteignung der Fürsten«. Kuczynski emigrierte 1933 nach England und arbeitete für die Verständigung zwischen dem deutschen und französischen Volk. Er war mit Barbusse und Léon Blum befreundet.

322 *»Wie soll der Christ heute … sich zum Friedensgedanken stellen?«* – Martin Rades Kritik an protestantischen Kirchenvertretern richtet sich gegen den militaristischen »Geist von 1914«, der schnell auch in den Kirchen Einzug hielt und den Krieg bejubelte: »Ja, der Krieg ist doch ein Volkserzieher von Gottes Gnaden. Der männermor-

dende Krieg ist der großartigste Volkserhalter und Volksverjünger.« (Kirchliches Jahrbuch 1915, S. 134.) – Rade war ab 1892 Pfarrer an der Frankfurter Paulskirche, später Universitätsprofessor in Marburg.

323 *Frieden und Freundschaft mit Sowjetrußland* – Walther Rathenau, der sich für eine Politik der Verständigung mit Sowjetrußland einsetzte, war seit Januar 1922 Außenminister und unterzeichnete zusammen mit Tschitscherin den Rapallo-Vertrag. Er wurde im Juni 1922 von rechtsextremen nationalistischen Offizieren der »Organisation Konsul« ermordet.

326 *Ich bin kein Pazifist* – Aus der Rede »Von deutscher Republik«, geschrieben im Juli/August 1922. Ursprünglich mit einem Geburtstagsartikel für Gerhart Hauptmann befaßt, entschloß sich Thomas Mann unter dem Eindruck der Ermordung Walther Rathenaus mit einem Bekenntnis zur Republik an die Öffentlichkeit zu treten, »einer Art von Manifest ..., worin ich der Jugend, die auf mich hört, ins Gewissen rede« (an Ernst Bertram am 8. Juli 1922). Am 13. Oktober sprach er die Rede öffentlich im Berliner Beethovensaal, anschließend auch während einer Lesereise durch Deutschland und Holland. Der Text wurde zuerst (auszugsweise) im »Berliner Tageblatt« vom 17. Oktober 1922 gedruckt, Anfang 1923 erschien die Ansprache bei S. Fischer als Broschüre.

328 *Eljen!* – (ungarisch) Heil! Hoch!
Evviva la guerra! – (ital.) Es lebe der Krieg!

330 *Ernst Friedrich* – Schriftsteller und Publizist, trat 1911 der SPD bei und wurde 1916 nach Sabotageakten in einem kriegswichtigen Betrieb vor Gericht gestellt. 1923 gründete er in der Parochialstraße in Berlin das »Erste Internationale Anti-Kriegsmuseum«, das im März 1933 von SA-Trupps zerstört wurde. Friedrich emigrierte nach Frankreich und schloß sich der französischen Widerstandsbewegung an.

331 *Walter Schücking* – Völkerrechtler und Politiker, während der Weimarer Republik Parlamentsabgeordneter und Präsident der deutschen Gruppe der Interparlamentarischen Union (IPU). 1930 wurde er als erster deutscher Richter an den Internationalen Gerichtshof in Den Haag berufen.

335 *'chappieren* – echappieren: entlaufen, entfliehen.

339 *Helene Stöcker* – Frauenrechtlerin und Pazifistin. Sie bereiste 1922 als Mitglied der »Gesellschaft der Freunde des Neuen Rußland« die Sowjetunion. 1932 Emigration über Schweiz, die Sowjetunion und Schweden in die USA.

340 *sub specie aeternitatis* – (lat.) unter dem Gesichtspunkt der Ewigkeit.

341 *Zeppelinrummel* – Gemeint ist die Propaganda für die sogenannte Zeppelin-Eckener-Spende, die dem Zeppelin-Konzern den Bau des Luftschiffes LZ 127 ermöglichte.

357 *Zum Glück gewannen wir ihn nicht!* – In einer neuen Ausgabe seiner Werke versah Kästner dieses Gedicht mit der Anmerkung: »Dieses Gedicht, das nach dem Weltkrieg ›römisch Eins‹ entstand, erwarb sich damals, außer verständlichen und selbstverständlichen Feindschaften, auch unvermutete Feinde. Das ›Zum Glück‹ der letzten Zeile wurde für eine Art Jubelruf gehalten und war doch eine sehr, sehr bittere Bemerkung. Nun haben wir schon wieder einen Krieg verloren, und das Gedicht wird noch immer mißverstanden werden.«

358 *Formen und Möglichkeiten einer großen antifaschistischen Aktion* – Aus der Rede Ernst Thälmanns auf dem Plenum des ZK der KPD am 24. Mai 1932, das auf eine Politik der Antifaschistischen Aktion im Kampf gegen Faschismus und Krieg orientierte.

360 *Rede vor Gericht* – Carl von Ossietzky hielt diese Rede im Juli 1932. Sie erschien zuerst am 5. Juli 1932 in der »Weltbühne« nach Notizen von Johannes Bückler und wurde unter dem Titel »Bekenntnis zum Pazifismus« geringfügig gekürzt in der ersten Nummer der »Weltbühne« nach dem zweiten Weltkrieg, am 4. Juni 1946, wieder veröffentlicht. Sie ist das Schlußwort Ossietzkys in einem erneuten Prozeß gegen die »Weltbühne«. Anlaß dazu war der erste unverfälschte Abdruck der Exhortatio (Ermahnung) Papst Benedikts XV. vom 28. Juli 1915, in der dieser den Krieg »eine grauenvolle Schlächterei« nennt, zusammen mit einer Glosse von Kurt Tucholsky, in der es heißt: »Soldaten sind Mörder«. Ossietzky, als verantwortlicher Redakteur der Zeitschrift angeklagt, wurde mit der Begründung freigesprochen, es sei nicht einzusehen, daß gerade Kriegsteilnehmer, die in der Reichswehr dienen, gemeint seien.

Konferenz in Genf – Abrüstungskonferenz, die am 2. Februar 1932 begann, und auf der die Delegation der UdSSR erneut den Vorschlag einer vollständigen Abrüstung machte. Für den Fall der Ablehnung brachte sie einen Konventionsentwurf über proportionale und progressive Herabsetzung der Rüstungen ein. Deutschland erstrebte auf der Konferenz eine »Rüstungsgleichberechtigung« und setzte sie infolge der Widersprüche zwischen den imperialistischen Mächten durch.

Hoover – Herbert Clark Hoover (1874–1964) war von 1929 bis 1933 Präsident der USA.

»Weltbühnen«-Prozeß – Der Prozeß vor dem deutschen Reichsgericht, in dem Carl von Ossietzky und Walter Kreiser, »wegen Ver-

brechen gegen § 1, Absatz 2 des Gesetzes über Verrat militärischer Geheimnisse vom 3. Juni 1914«, angeklagt wurden. Anlaß war ein »Weltbühnen«-Artikel von Heinz Jäger (Pseudonym für Walter Kreiser) »Windiges aus der deutschen Luftfahrt« vom 12. März 1929. Kreiser kritisierte darin die geheime Subventionspolitik der Weimarer Republik zugunsten der Flugzeugindustrie und deren Rüstungsvorhaben.

361 *Kelloggpakt* – Der Briand-Kellogg-Pakt vom 27. August 1928, in dem sich die Teilnehmer (fast alle Staaten der Welt) verpflichteten, auf Krieg als Mittel zur Regelung von Streitfragen zu verzichten. Der Pakt sollte den USA dazu verhelfen, auf dem Wege einer »pazifistischen« Diplomatie die Rolle eines Schiedsrichters zu übernehmen. Die UdSSR forderte seine Ergänzung durch ein Abrüstungsabkommen.
out of law – (engl.) außerhalb des Gesetzes.

362 *Otto Lehmann-Russbüldt* – Schriftsteller und Publizist; während des ersten Weltkrieges Mitbegründer des »Bundes Neues Vaterland«, Mitglied der »Gesellschaft der Freunde des Neuen Rußland«. Emigrierte 1933 nach England.

363 *Antikriegskongreß* – Der Kongreß fand im Jahre 1932 in Amsterdam statt, an ihm nahmen u. a. G. Dimitroff, H. Barbusse, R. Rolland, H. Mann, A. Einstein, M. Cachin teil. Der Antikriegskongreß trug zur Klärung des Verhältnisses der Kommunisten zum Pazifismus bei. Zu damaliger Zeit herrschten dogmatisch-sektiererische Positionen in der KPD, was dazu führte, daß Gemeinsamkeiten zwischen Kommunisten und Pazifisten nicht im Vordergrund standen.

366 *Der Friedensstörer* – Aus Max Herrmann-Neißes 1946 postum erschienenem Gedichtband »Heimatfern«, der zu den ersten Büchern gehörte, die der im Jahr zuvor gegründete Aufbau-Verlag herausbrachte.

368 *Christliches Friedensgebet und die Völkerwelt* – Aus der Rede »Kirche und Völkerwelt« (1934). Bonhoeffer trat zusammen mit Martin Niemöller gegen die Deutschen Christen auf und leitete seit 1935 ein illegales Predigerseminar der Bekennenden Kirche. Nach dem mißglückten Attentat auf Hitler vom 20. Juli 1944 wurde er verhaftet und 1945 im KZ Flossenburg hingerichtet.

369 *Vaterlandsliebe* – Aus der Rede von Anna Seghers auf dem 1. Internationalen Schriftstellerkongreß zur Verteidigung der Kultur im Juni 1935 in Madrid.

374 *Mit Feder und Gewehr gegen den Krieg* – Rede Ludwig Renns auf dem 2. Internationalen Schriftstellerkongreß zur Verteidigung der Kultur im Juli 1937 in Madrid.

375 *»Für Frieden, Freiheit und Brot!«* – Dieser Aufruf für die Deutsche Volksfront wurde im Dezember 1936 erlassen und von zahlreichen Politikern und Künstlern unterzeichnet.

376 *Für die heilige Sache des Friedens* – Schlußteil der Rede Thomas Manns zur Gründung einer Dokumentensammlung in der Yale University (1938).

377 *Frieden und Sozialismus* – Aus dem Vortrag »Vom kommenden Sieg der Demokratie« (1938).

382 *Programm der Sozialistischen Aktion* – Dieses im Nachlaß von Moltke aufgefundene Aktionsprogramm gibt in Form von Thesen wesentliche Punkte des Kreisauer Programms wieder. Mierendorff war Sozialdemokrat und Mitglied des Kreisauer Kreises.

388 *Kriegswinter* – Das Gedicht entstand in Jena, wo Ricarda Huch bis 1946 zurückgezogen lebte. Sie war 1933 aus der Preußischen Akademie der Künste ausgetreten.

389 *Gelöbnis* – Albrecht Goes war während des zweiten Weltkrieges katholischer Wehrmachtsgeistlicher an der Ostfront.

391 *Wann wird der Krieg enden?* – Stefan Heym war während des zweiten Weltkrieges Aufklärungsoffizier der amerikanischen Armee. Seine Reden an deutsche Soldaten wurden von alliierten Rundfunkstationen gesendet.

393 *Ottilie Kollwitz* – Schwiegertochter von Käthe Kollwitz.

397 *An die kriegsgefangenen deutschen Offiziere und Soldaten* – Friedrich von Paulus, 1942/43 Oberbefehlshaber der bei Stalingrad geschlagenen 6. Armee, distanzierte sich in sowjetischer Gefangenschaft vom Faschismus. Er war einer der Mitbegründer des »Nationalkomitees Freies Deutschland«.

398 *Was meine illegale Arbeit bestimmt* – Bernhard Bästlein war Sekretär der KPD im Bezirk Mittelrhein und seit 1933 Reichstagsabgeordneter. Nach Flucht aus der Haft fand er Anschluß an die Saefkow-Gruppe, wurde 1944 erneut verhaftet und im gleichen Jahr ermordet.

400 *Des Krieges Ruhm* – Peter Huchel war 1940–1945 Soldat, nach dem Krieg Sendeleiter des Berliner Rundfunks und 1948–1962 Chefredakteur der Zeitschrift »Sinn und Form«. Er starb, zehn Jahre nach seiner Übersiedlung in die Bundesrepublik, 1981 in Stauffen i. Br.

401 *Letzter Appell* – Bruno Apitz, acht Jahre lang Häftling im KZ Buchenwald, schrieb über diese Zeit seinen weltbekannt gewordenen Roman »Nackt unter Wölfen« (1958).

405 *Dem Frieden entgegen* – Hesses Gedicht wurde Ostern 1945 von Radio Basel gesendet.

408 *Ein Wort an Berlin* – Aus dem Aufruf Heinrich Manns anläßlich der Befreiung Berlins durch die Sowjetarmee am 1. Mai 1945.

411 *Maschinensklaven* – Das Gedicht gehört zu den »Moabiter Sonetten«, die Haushofer im dortigen Gefängnis geschrieben hatte. Sein ebenfalls eingekerkerter Bruder fand das Manuskript. – Albrecht Haushofer, bis 1941 Mitarbeiter im Auswärtigen Amt und Berater von Rudolf Heß, wurde nach dem 20. Juli 1944 verhaftet und kurz vor Kriegsende ermordet.

412 *Chor der Waisen* – Nelly Sachs emigrierte 1940 mit Hilfe von Selma Lagerlöf nach Stockholm, wo sie Mitglied der Jüdischen Gemeinde war. Sie erhielt 1966 den Nobelpreis für Literatur.

414 *Frühling 1946* – Das Gedicht ist Elisabeth Langgässers Tochter Cordelia gewidmet, die aus »rassischen Gründen« in das KZ Auschwitz gebracht wurde, dann als vermißt galt und im Frühjahr 1946 aufgefunden und der Mutter zurückgegeben werden konnte. Elisabeth Langgässer hatte seit 1936 wegen ihrer jüdischen Herkunft Berufsverbot. Sie lebte zehn Jahre lang zurückgezogen, gefährdet und unter vielfachen Belastungen und schrieb heimlich den Roman »Das unauslöschliche Siegel«.

426 *Vom Willen zum Frieden* – Aus der Rede Johannes R. Bechers auf dem Ersten Deutschen Schriftstellerkongreß in Berlin (4.–8. Oktober 1947).

430 *… stehe ich vor der Aufgabe der kurzen Friedensansprache* – Am 24. Oktober 1948, kurz nach seiner Rückkehr aus dem Exil, sprach Bodo Uhse zusammen mit Johannes R. Becher, Bertolt Brecht, Arnold Zweig u. a. im ehemaligen Admiralspalast auf einer Friedenskundgebung des Kulturbundes.

431 *Notizen nebenbei* – Die Aufzeichnungen halten Erlebnisse einer Reise im Frühjahr 1948 fest, die Eduard Claudius zusammen mit Anna Seghers, Stephan Hermlin, Günter Weisenborn, Bernhard Kellermann u. a. unternahm. Es war der erste Aufenthalt deutscher Künstler nach dem Krieg in der Sowjetunion.

435 *In Freiheit und Verantwortung* – Der Aufsatz von Reinhold Schneider erschien 1951 in der Zeitschrift »Aufbau« mit dem nachfolgenden redaktionellen Vermerk: »Als wir im Frühling dieses Jahres unser ›Gespräch um die Einheit‹ zu führen begannen, baten wir neben anderen Autoren aus dem Westen Deutschlands auch den katholischen Schriftsteller Reinhold Schneider um seine Stellungnahme. Er schrieb daraufhin von ›Unserer Verantwortung‹ (Aufbau 4/51) und mußte erleben, daß seine Worte, die sich beharrlich um Verständigung mühten, im Westen unserer Heimat auf den brutalen Hohn gewisser Schreiberlinge stießen. Unwill-

kürlich dachte man angesichts all dieser Verleumdungen und Beleidigungen an das Goethe-Wort vom deutschen Dichter, der ein deutscher Märtyrer ist. – Dem entgegenzutreten hat Reinhold Schneider jetzt einer ausländischen Zeitschrift, der ›Schweizer Rundschau‹, den folgenden Beitrag zur Verfügung gestellt, den das Blatt im November-Heft veröffentlicht – nicht ohne sich gleich auch davon zu distanzieren. Wir glauben, daß Reinhold Schneiders Worte bei allen Menschen, die guten Willens sind, ihrer Heimat Einheit und Frieden zu geben, einen um so stärkeren Widerhall finden werden.«

439 *Wenn wir den Frieden sichern wollen* – Gustav W. Heinemann (CDU) trat 1950 aufgrund politischer Differenzen aus der ersten Regierung Adenauer aus und später der SPD bei; er war 1968/69 Justizminister, 1969–1977 Bundespräsident der Bundesrepublik Deutschland.

444 *Die Atombombe und die Zukunft der Menschheit* – Jaspers' im August 1956 entstandener Radiovortrag in zwölf Thesen, hier die 1. und (auszugsweise) die 12. These, wurde im Herbst 1956 von mehreren deutschsprachigen Sendern ausgestrahlt und später auch in Buchform veröffentlicht.

452 *Leppich* – Jesuit und Verfechter eines atomaren Krieges gegen die sozialistischen Länder.

sieben Moraltheologen – Im Mai 1958 veröffentlichten sieben bundesdeutsche Moraltheologen ein im Auftrage des Bonner Verteidigungsministeriums erstelltes Gutachten zur atomaren Bewaffnung der Bundeswehr und hielten eine nukleare Vernichtung der Welt für sittlich gerechtfertigt.

»Das Leben ist der Güter höchstes nicht!« – Schlußverse aus Schillers Trauerspiel »Die Braut von Messina« (1803).

465 *Weltfriedensbewegung* – Klara-Maria Faßbinder trat bereits nach dem ersten Weltkrieg aktiv für pazifistische Ideen ein, wurde von den Nazis aus dem Schuldienst entlassen und gehörte 1951 zu den Gründungsmitgliedern der »Westdeutschen Frauen-Friedensbewegung«. Wegen ihres Friedensengagements war sie mehrfach Repressalien ausgesetzt. Der damalige Bundespräsident Heinrich Lübke verweigerte seine Zustimmung, als sie von der französischen Regierung für ihren Beitrag zur deutsch-französischen Aussöhnung mit dem Orden »Les palmes académiques« ausgezeichnet werden sollte.

467 *Max Reimann* – Mitbegründer und Vorsitzender der KPD in der Bundesrepublik. Nach dem Verbot der Partei (1956) leitete er die illegale Arbeit und trat 1971 der DKP bei.

472 *Generale* – Rede Christian Geisslers zum Anti-Kriegstag 1965.

477 *Wolfgang Abendroth* – Politologe und Jurist, 1948/49 Professor in Jena, danach in Marburg. Dem Text liegt das Protokoll einer Konferenz zum Verbot der KPD zugrunde, die am 6. und 7. Mai 1967 in Düsseldorf stattfand.

479 *Renate Riemeck* – Historikerin und Publizistin, Mitarbeiterin in der »Aktionsgemeinschaft gegen die atomare Aufrüstung der Bundesrepublik«. Sie gehörte zu den 158 Unterzeichnern eines Aufrufes zur Gründung der »Deutschen Friedens-Union« (DFU) vom 6. Dezember 1960; wenige Tage später legte sie ihr Lehramt an der Evangelischen Pädagogischen Akademie in Wuppertal nieder. Das Kultusministerium Nordrhein-Westfalen hatte R. Riemeck im Sommer 1960 aus der Prüfungskommission für die von ihr ausgebildeten Lehramtsanwärter zurückgezogen, woraufhin es zu Protesten von Studenten und Wissenschaftlern kam. Auch der Theologe Martin Niemöller ergriff für sie Partei.

Münchener Abkommen – Völkerrechtswidriger, 1938 zwischen Chamberlain, Daladier, Hitler und Mussolini geschlossener Vertrag, der das faschistische Deutschland zur Annexion tschechoslowakischer Gebiete ermächtigte und Hitler die Vorbereitung des zweiten Weltkrieges erleichterte.

480 *Fünf Thesen …* – Aus dem am 11. Dezember 1971 an der Universität Oslo gehaltenen Vortrag »Friedenspolitik in unserer Zeit«. Willy Brandt war am Tag zuvor der Friedensnobelpreis verliehen worden.

Nixon – Richard Nixon war 1969–1974 Präsident der Vereinigten Staaten.

482 *Wenn Sicherheitspolitik zum Sicherheitsrisiko wird* – Rede Gollwitzers auf dem 17. Deutschen Evangelischen Kirchentag in Berlin (West) 1977.

Jimmy Carter – James Carter, 1977–1981 Präsident der Vereinigten Staaten.

492 *Gert Bastian* – Generalmajor a. D. der Bundeswehr; bat im Januar 1980 um seine Versetzung in den einstweiligen Ruhestand, weil er den NATO-Nachrüstungsbeschluß nicht akzeptieren konnte. Der damalige Verteidigungsminister Apel lehnte ab und ordnete eine Versetzung an; im Sommer des gleichen Jahres erfolgte die vorzeitige Pensionierung. Bastian war als Mitglied der »Grünen« deren Fraktionssprecher im Bundestag und Vertreter im Verteidigungsausschuß. Er trat im Januar 1987 aus dieser Partei aus und engagiert sich in der 1980 gegründeten Organisation »Generäle für den Frieden«.

499 *Zwettl 1945* – Eine der Stationen des Flüchtlingstrecks, auf dem sich Peter Härtling als Kind befand.

500 *»... wir bekamen den Frieden geschenkt«* – Herburgers Text erschien zuerst am 16. Oktober 1981 in der DKP-Tageszeitung »Unsere Zeit« unter dem Titel »Über den Frieden«.

507 *Krefelder Appell* – Aufruf zum Gespräch, der unter dem Motto »Der Atomtod bedroht uns alle« auf dem Krefelder Forum am 15./16. 11. 1980 verabschiedet wurde und gegen den NATO-Raketenbeschluß gerichtet war. Dieter Lattmann war 1969–1974 Bundesvorsitzender des Verbandes Deutscher Schriftsteller (VS) in der BRD.

508 *Bernt Engelmann* – Vorsitzender des VS von 1977 bis 1983, einer der Organisatoren des »Appells der Schriftsteller Europas« (1981) und des »Internationalen Schriftstellertreffens für den Frieden« in Den Haag (1982).

512 *Peter Römer* – Jurist und Politologe, Professor in Marburg.

Art. 26 GG – Bezugnahme auf die entsprechende Vorschrift des Grundgesetzes der BRD; sie lautet: »Handlungen, die geeignet sind und in der Absicht vorgenommen werden, das friedliche Zusammenleben der Völker zu stören, insbesondere die Führung eines Angriffskrieges vorzubereiten, sind verfassungswidrig. Sie sind unter Strafe zu stellen.« Art. 87a Abs. 1 GG lautet: »Der Bund stellt Streitkräfte zur Verteidigung auf. Ihre zahlenmäßige Stärke und die Grundzüge ihrer Organisation müssen sich aus dem Haushaltsplan ergeben.«

513 *Gemeinsame Sicherheit* – Aus der Rede, die Egon Bahr (SPD) anläßlich der Verleihung des Gustav-Heinemann-Bürgerpreises am 23. Mai 1982 in Rastatt hielt.

514 *Rede vor dem Amtsgericht in Schwäbisch Gmünd* – Walter Jens beteiligte sich mehrfach an Demonstrationen und Blockaden gegen den amerikanischen Raketenstützpunkt in Mutlangen und wurde deshalb vor Gericht gestellt. Vom 1. bis 3. September 1983 beteiligten sich zahlreiche Prominente an der Blockade des amerikanischen Militärlagers Mutlangen, unter ihnen Heinrich Böll, William Borm, Freimut Duve, Bernt Engelmann, Erhard Eppler, Günter Grass, Peter Härtling, Dieter Hildebrandt, Rolf Hochhuth, Robert Jungk, Petra Kelly, Hans-Ulrich Klose, Erich Küchenhoff, Oskar Lafontaine, Jo Leinen, Oskar Negt, Claus Offe, Dietmar Schönherr, Otto Tausig, Ernst Tugendhat, Heidemarie Wieczorek-Zeul.

515 *Artikel 26 unseres Grundgesetzes* – Zum Wortlaut dieses Artikels s. Anm. zu S. 512.

519 *Der 8. Mai war ein Tag der Befreiung* – Aus der vielbeachteten Rede des Bundespräsidenten der Bundesrepublik Deutschland, Richard von Weizsäcker, zum 40. Jahrestag des Kriegsendes vor dem Deutschen Bundestag in Bonn.

523 *Ein Krieg kommt nicht aus dem blauen Himmel herab* – Hesses Appell gegen die Wiederaufrüstung der BRD erschien zuerst am 4. August 1951 in den »Nürnberger Nachrichten«.

529 *»Meine natürliche Sorge gilt daher Deutschland ...«* – Erstmals in französischer Übersetzung unter dem Titel »Thomas Mann lance un message« in »L'Express«, Paris, 23. Oktober 1954. Eine deutsche Rückübersetzung erschien erstmals (auszugsweise) unter dem Titel »Thomas Mann gegen die Remilitarisierung« in »Neues Deutschland«, Berlin, 30. Oktober 1954.

»C'en est fini de la puissance ...« – »Damit ist die Gewalt endlich beendet. Aber die Gewalt ist nicht alles, sie ist nicht das Wesentliche, die Größe Deutschlands ist niemals eine Sache der Gewalt gewesen. Kann das deutsche Ideal eines Tages wieder sein, was es einmal war: die Achtung der Großen verdienend durch das Mitwirken an der Befreiung des menschlichen Geistes«. Anschließend fragen Sie: »Neun Jahre danach, wo stehen wir da? Welche Fortschritte hat Deutschland gemacht auf dem Weg, den Sie ihm vorgezeichnet haben? Und da nun Ihr Appell in der Zeitschrift des ›Komitees Freies Deutschland‹, die in Frankreich erscheint, (wieder) veröffentlicht wurde, worin liegen inmitten der Mißverständnisse der CED und der Wiederaufrüstungen, die Chancen und die Schwierigkeiten einer wirklichen deutsch-französischen Wiederversöhnung?«

534 *conditio sine qua non* – (lat.) notwendige Bedingung.

535 *»En attendant Godot«* – »Warten auf Godot«, Drama von Samuel Beckett.

539 *Marshall-Plan* – Nach dem amerikanischen General und Außenminister George Catlett Marshall (1880–1959) benannter Plan zum wirtschaftlichen Neuaufbau Europas, der insbesondere der Bundesrepublik Deutschland zugute kam.

541 *Li Tai-pe* – Li Bai: chinesischer Lyriker (701–762).

542 *»Wir beneiden zwar ...«* – Philipp Jakob Siebenpfeiffer in seiner Rede auf dem Hambacher Fest am 27. Mai 1832.

Memorandum der Kriegsrüster-Generalität – Denkschrift des Führungsstabes der Bundeswehr vom 19. August 1960 unter dem Titel »Voraussetzungen einer wirksamen Verteidigung«, in welcher der Plan eines Atomkrieges gegen die sozialistischen Länder nach dem Motto »Alles oder nichts« entwickelt wird.

544 *»Quidquid delirant ...«* – Horaz, Episteln (Brief an Lollius).

545 *Volker von Törne* – Lyriker und Leiter der Geschäftsstelle der Aktion Sühnezeichen in Berlin (West); er starb 1980 auf einer Vortragsreise während der Friedenswoche.

551 *William Borm* – Mitglied der Freien Demokratischen Partei, 1965–72 FDP-Bundestagsabgeordneter, 1986 Ehrendoktor der Karl-Marx-Universität Leipzig.

552 *Appell der Schriftsteller Europas* – Von Bernt Engelmann initiiert und von mehr als 150 Autoren erstunterzeichnet.

559 *Heinrich Albertz* – Pastor, 1966/67 Regierender Bürgermeister von Berlin (West).

»Joseph und seine Brüder« – Roman von Thomas Mann.

Abraham, Isaak und Jaakob – Gestalten des Alten Testaments.

Rammstein – Größte Luftwaffenbasis der amerikanischen Truppen in der Bundesrepublik. (Am 28. August 1988 kam es dort bei Vorführungen einer italienischen Kunstflugstaffel zum Zusammenstoß zweier Flugzeuge. Durch Explosionen und abstürzende Wrackteile starben mehr als sechzig Menschen.)

567 *Friedenslied* – Frei nach Pablo Nerudas Gedicht »Der Große Gesang« (1950). Hanns Eislers Komposition entstand 1951, Brechts Gedicht wahrscheinlich im gleichen Jahr.

571 *die Pläne für eine deutsche Wiederaufrüstung* – Adenauer bot in einem Memorandum vom 28. August 1950 den USA im Widerspruch zum Potsdamer Abkommen und zum Bonner Grundgesetz, ohne Wählervotum, parlamentarische Beratung und ohne Konsultation mit seiner eigenen Regierung deutsche Streitkräfte an. Das Memorandum führte zum Rücktritt des damaligen Innenministers Gustav W. Heinemann; es war gleichzeitig der auslösende Faktor für die »Ohne uns«-Bewegung gegen die Remilitarisierung in Westdeutschland.

Dr. Gerstenmaier – Späterer Bundestagspräsident, der unter dem Vorwurf finanzieller Unredlichkeiten zurücktreten mußte.

576 *Ein Gesetz und ein Gebot der Menschlichkeit* – Aus einer Rede, die Victor Klemperer als Abgeordneter der Volkskammer bei der Verabschiedung des Gesetzes über den Schutz des Friedens hielt. Klemperer, Romanist und nach dem Krieg Professor in Leipzig, Halle und Berlin, war seiner jüdischen Abstammung wegen von den Nazis aus dem Lehramt an der TU Dresden vertrieben worden. Berühmt wurde sein Buch »LTI« (Lingua Tertii Imperii) über die Sprache des Dritten Reiches.

584 *Arthur Baumgarten* – Rechtsphilosoph, der unter dem Eindruck des Faschismus an die Seite der Arbeiterklasse fand. Lehrte seit 1933 in Basel, nach dem Krieg in Leipzig, Berlin und Potsdam.

587 *Johannes Dieckmann* – Mitbegründer und Stellvertretender Vorsitzender der LDPD, seit 1949 bis zu seinem Tode (1969) Präsident der Volkskammer der DDR.

Heilige Allianz – 1815 zwischen Rußland, Preußen und Österreich geschlossenes Bündnis zur Unterdrückung demokratischer und nationalstaatlicher Bewegungen in Europa.

Nimrod – (Auch Nimrud) Im Alten Testament uralter babylonischer Herrscher, der als gewaltiger Jäger vor dem Herrn bezeichnet wird. Dies geht wahrscheinlich auf eine Entstellung des Namens des babylonischen Kriegs- und Jagdgottes Ninurta zurück.

588 *Zum Völkerkongreß für den Frieden* – Der Kongreß tagte vom 12. bis 20. Dezember 1952 in Wien. Brechts Grußadresse wurde von Helene Weigel verlesen. Der Text war im »Neuen Deutschland« vom 29. November 1952 erstveröffentlicht.

590 *Pazifistische Muße* – Ernst Bloch, der sich selbst als Marxist verstand, hatte seit 1949 bis zu seiner Emeritierung den Lehrstuhl für Philosophie an der Leipziger Universität inne. Er verließ die DDR 1961 und nahm eine Honorarprofessur in Tübingen an. Sein dreibändiges Hauptwerk »Das Prinzip Hoffnung« erschien 1954–1959 zuerst im Aufbau-Verlag.

601 *Der Frieden* – Der Text ist dem 1. und 2. Akt von Aristophanes' Komödie »Der Frieden« in der Bearbeitung von Peter Hacks entnommen. Im Stück spricht diese Worte der Weingärtner Trygaios.

in diesem hohlen Brunnenloch – Die Friedensgöttin Eirene ist vom Krieg auf dem Olymp in einen Brunnen geworfen worden, aus dem sie von Trygaios befreit wird.

602 *Medea* – Nach der griechischen Sage Tochter des Königs von Kolchis. Als ihr Gatte Jason sie verstieß, tötete Medea ihre Kinder und ihre Nebenbuhlerin.

in der bekannten Tragödie – »Medea« von Euripides.

605 *Nänie* – (lat.) Trauergesang; altrömische Totenklage.

609 *Politische Diakonie* – Aus einer Rede Moritz Mitzenheims auf einem Empfang des Staatssekretärs für Kirchenfragen für die Teilnehmer der Tagung des Arbeitsausschusses der Christlichen Friedenskonferenz in Dresden (1963). Mitzenheim war 1945–1970 Bischof der Evangelisch-Lutherischen Landeskirche Thüringens, befürwortete das gesellschaftliche Engagement evangelischer Christen und setzte sich für die Normalisierung der Beziehungen zwischen Staat und Kirche ein.

611 *Bevor uns die Schuld überwältigt* – Aus der Rede auf dem Internationalen Schriftstellertreffen in Berlin und Weimar. Anna Seghers hielt die Rede am 19. Mai 1955 in Weimar.

612 *Martin Riesenburger* – Landesrabbiner, Prediger und Seelsorger des Altersheimes der Jüdischen Gemeinde Berlin bis zu deren Auflösung durch die Nazis 1943. Nach 1945 wirkte er für den Neuaufbau der Jüdischen Gemeinden in der DDR.

Freisler-Volksgerichtshof – Roland Freisler war Präsident des Volksgerichtshofes in Leipzig, des Obersten Gerichts während der Nazi-Zeit.

613 *Selbstermunterungen* – Auszüge aus dem erstmals 1981 erschienenen Band dieser Aufzeichnungen.

614 *Gedanken zum Thema Abrüstung* – Gesprächsbeitrag des damaligen Bischofs der Evangelischen Kirche Berlin-Brandenburg Albrecht Schönherr bei einer Begegnung des Bundes der Evangelischen Kirchen in der DDR (BEK), des Vorstandes der Konferenz der Kirchenleitungen und des Präsidiums der Synode des Bundes der Evangelischen Kirchen in der DDR mit dem Staatssekretär für Kirchenfragen der DDR in Berlin am 8. April 1976.

616 *Weltkirchenkonferenz ... in Nairobi* – Konferenz des Weltkirchenrates, die im Dezember 1975 stattfand und u. a. ein Programm gegen den Militarismus beschloß.

620 *Was ich tun kann* – Beitrag Karl Mickels für eine Umfrage der ndl; Erstdruck in Heft 3/1977.

623 *Hadrian* – Hadrianus (76–138), seit 117 römischer Kaiser, gab die Eroberungspolitik seines Vorgängers Trajan auf; verteidigte und sicherte die Grenzen (Ausbau des Limes), festigte die kaiserliche Gewalt. Er förderte Kunst und Philosophie.

»Literatur heute muß Friedensforschung sein« – Aus Christa Wolfs Rede »Von Büchner sprechen«, die sie am 16. Oktober 1980 in Darmstadt anläßlich der Verleihung des Georg-Büchner-Preises hielt.

628 *Der Krieg beginnt nicht mit dem ersten Schuß* – Konrad Wolf, von 1975 bis zu seinem Tode (1982) Präsident der Akademie der Künste der DDR, nahm als Angehöriger der Roten Armee an der Befreiung Berlins teil.

629 *»Und was ist die Mutter aller Dinge?«* – Dieser Text entstand für die »Initiative Künstler für den Frieden« in Berlin (West).

Neue Fragen – Diskussionsrede Heiner Müllers auf der 1. Berliner Begegnung zur Friedensförderung (13./14. Dezember 1981).

634 *Weltinnenpolitik von unten* – Beitrag Franz Fühmanns zur »Berliner Begegnung« (s. vorstehende Anm.).

638 *Mir, Frieden.* – Görlich las diesen Beitrag zum Treffen »Schriftsteller für den Frieden« in der Berliner Kongreßhalle am 23. März 1982, veranstaltet vom Schriftstellerverband der DDR.

640 *»Jeden soll man ermutigen ...«* – Aus der Rede Stephan Hermlins auf dem IX. Schriftstellerkongreß der DDR (31. Mai–2. Juni 1983) in Berlin.

644 *»Wir, die Friedfertigen ... müssen untereinander Toleranz lernen.«* – Aus der Rede Rosemarie Schuders auf dem IX. Schriftstellerkongreß (s. vorstehende Anm.).

647 *Brief an Bundeskanzler Kohl* – Erstveröffentlichung: »Neues Deutschland«, 10. Oktober 1983.

QUELLEN-VERZEICHNIS

Abendroth, Wolfgang, Politische Funktion des KPD-Verbotes. Aus: KPD-Verbot oder mit Kommunisten leben?, Reinbek 1968

Agricola, Georg, »Denn keine Gabe, die Gott den Sterblichen geschenkt hat, ist erwünschter, erfreulicher und besser als der Friede«. Aus: Ausgewählte Werke, Band 3, Berlin 1965

Albertz, Heinrich, Gegen diesen versammelten Unverstand und Haß. Aus: Nachträge, Reinbek 1985

Althusius, Johannes, Vom menschenwürdigen Leben. Aus: Politica methodice digesta, 1603, Neudruck Aalen 1963. Deutsche Fassung aus: Johannes Althusius, Grundbegriffe der Politik, Frankfurt (Main) 1948

Andersch, Alfred, Papier, das sich rot färbt. In: Kürbiskern, München, Heft 2/1979

Andreae, Johann Valentin, Staatskunst. Aus: Christianopolis. Utopie eines christlichen Staates aus dem Jahre 1619. Neu hrsg. von G. Wirth, Leipzig 1977

Andres, Stefan, Rede zum Ostermarsch 1960. In: Konkret, München, April 1960. Aus: Vaterland, Muttersprache. Deutsche Schriftsteller und ihr Staat von 1945 bis heute, Berlin (West) 1979

Apitz, Bruno, Letzter Appell. In: Buchenwald – Mahnung und Verpflichtung, Berlin 1960

Ardenne, Manfred von, Für eine Ethik, die dem Stand unserer Zivilisation würdig ist. In: Neues Deutschland, 28. Januar 1986

Arndt, Ernst Moritz, »Denn wer Tyrannen bekämpft, ist ein heiliger Mann«. Aus: Katechismus für den teutschen Kriegs- und Wehrmann, (o. O.) 1813

Bahr, Egon, Gemeinsame Sicherheit. In: Die Neue Gesellschaft, Bonn/Bad Godesberg, Heft 7/1982
Bastian, Gert, Warum ich die Nachrüstung ablehne. In: Blätter für deutsche und internationale Politik, Köln, Heft 2/1980
Bästlein, Bernhard, Was meine illegale Arbeit bestimmt. In: Deutsche Widerstandskämpfer 1933–1945. Biographien und Briefe. Band I, Berlin 1970
Bauer, Walter, Eines Tages werden wir aufwachen und wissen. Aus: Nachtwachen des Tellerwäschers, München 1957
Baumgarten, Arthur, Das neue Völkerrecht und die Friedensbewegung. Aus: Rechtsphilosophie auf dem Wege, Berlin 1972
Bebel, August, »Der Militarismus lastet wie ein Alp auf ganz Europa«. Aus: Die Tätigkeit des Deutschen Reichstages von 1890 bis 1893, Berlin 1909
Becher, Johannes R., Gruß des deutschen Dichters an die Russische Föderative Sowjetrepublik. Aus: Gesammelte Werke. Band 2: Ausgewählte Gedichte 1919–1925, Berlin und Weimar 1966
Die drei Schritte zum Frieden. Aus: Gesammelte Werke, Band 17: Publizistik III, 1946–1951, Berlin und Weimar 1976
Bender, Hans, Der junge Soldat. In: Expeditionen. Deutsche Lyrik seit 1945, München 1959
Benjamin, Walter, Theorien des deutschen Faschismus. Aus: Lesezeichen. Schriften zur deutschsprachigen Literatur, Leipzig 1970
Bergengruen, Werner, Die letzte Epiphanie. Aus: Auf der Schwelle, Leipzig 1953
Berger, Uwe, Der Soldat. Aus: Hütten im Strom, Berlin 1961
Bloch, Ernst, Die pazifistische Muse. Aus: Das Prinzip Hoffnung. Band II, Berlin 1957
Bobrowski, Johannes, Nänie. Aus: Gesammelte Werke in sechs Bänden. Band I: Die Gedichte, Berlin 1987
Böhme, Jakob, »Unser Streit um das höchste Gut stehet nicht in Schwert und Schlag«. Aus: August Faust (Hrsg.), Jakob Böhme. Sämtliche Schriften, Dritter Band, Stuttgart 1942
Böll, Heinrich, You enter Germany. Aus: Aufsätze. Kritiken. Reden, Köln–Berlin 1967
Bonhoeffer, Dietrich, Christliches Friedensgebot und die Völkerwelt. Aus: Gesammelte Schriften, Erster Band, München 1958
Borchert, Wolfgang, Lesebuchgeschichten. Aus: Das Gesamtwerk, Halle (Saale) 1957
Borm, William, Eine Anregung für Parteifreunde. In: Vorgänge, Weinheim, Heft 3/1981

Born, Nicolas, Gedicht: Aus: Nicolas Born, F. C. Delius, Volker von Törne, Rezepte für Friedenszeiten, Berlin und Weimar 1973

Börne, Ludwig, Freundschaft, Liebe, Gerechtigkeit. Aus: Sämtliche Schriften, Zweiter Band, Düsseldorf 1964

Brandt, Willy, Fünf Thesen zur Friedenspolitik in unserer Zeit. In: Bulletin der Bundesregierung, Bonn 1971

Braun, Volker, Neuer Zweck der Armee Hadrians. Aus: Training des aufrechten Gangs, Halle (Saale) 1979

Brecht, Bertolt, An meine Landsleute; Friedenslied. Aus: Gesammelte Werke in zwanzig Bänden. Band 10: Gedichte 3, Frankfurt (Main) 1967

Zum Völkerkongreß für den Frieden. Aus: Gesammelte Werke in zwanzig Bänden. Band 20: Schriften zu Politik und Gesellschaft, Frankfurt (Main) 1967

Bredel, Willi, Meine deutschen Hörer! Aus: Bredel. Ein Lesebuch für unsere Zeit, Berlin und Weimar 1966

Brĕzan, Jurij, Zwei Sekunden und eine Ähre Korn. Aus: Auf dem Rain wächst Korn, Berlin 1951

Büchner, Georg, »Wer das Schwert erhebt gegen das Volk, der wird durch das Schwert umkommen«. Aus: Werke und Briefe, Wiesbaden 1958

Büchner, Ludwig, Jeder Krieg, den ein Volk seinem Nachbar bereitet, ist ein Krieg gegen sich selbst. Aus: Der Mensch und seine Stellung in der Natur in Vergangenheit, Gegenwart und Zukunft, Leipzig 1872

Bürger, Gottfried August, Die Tode: Aus: Werke und Briefe, Leipzig 1958

Chamisso, Adelbert von, Die Predigt des guten Britten. Aus: Werke in zwei Bänden. Erster Band: Gedichte. Dramatisches, Leipzig 1981

Cibulka, Hanns, Zwei Silben. Aus: Losgesprochen, Leipzig 1987

Claudius, Eduard, Notizen nebenbei. Aus: Geschichte einer Liebe, Halle–Leipzig 1981

Claudius, Matthias, Kriegslied. Aus: Ein Tropfen aus dem Ozean. Ausgewählte Werke und Briefe, Berlin 1975

Czepko, Daniel, Das übel verstandene »Man soll den Feind nicht reizen«. Aus: Weltliche Dichtungen, Breslau 1932

Delp, Alfred, Die Ordnung Gottes verkünden – den Menschen Ordnung bringen. Aus: Im Angesicht des Todes. Geschrieben zwischen Verhaftung und Hinrichtung 1944–1945, Frankfurt (Main) 1947

Dieckmann, Johannes, Wahrheit und friedliche Koexistenz. Aus: Wohin der Weg führt, Berlin 1963

Diesterweg, Adolf, »Der wahre Patriot hält auf die Freiheit seines Landes«. Aus: Wegweiser zur Bildung für deutsche Lehrer, Berlin 1962

Döblin, Alfred, Geleitwort zur Zeitschrift »Das Goldene Tor«. Aus: Die Vertreibung der Gespenster, Berlin 1968

Egidy, Moritz von, Geistlichkeit und Heilsbotschaft. In: Die Versöhnung, Berlin 1897/1898

Eich, Günter, Versuch eines Requiems. Aus: Gesammelte Werke, Band I, Frankfurt (Main) 1973

Eichendorff, Joseph von, Der Friedensbote. Aus: Werke in drei Bänden. Band I: Gedichte. Nachlese. Die Freier, Berlin 1962

Einstein, Albert, Außenpolitische Wünsche für 1929. Aus: Offener Brief an die Plenartagung der Vereinten Nationen. In: Über den Frieden. Weltordnung oder Weltuntergang. Hrsg. von O. Nathan und H. Norden, Frankfurt (Main) 1975
Vertrauen. In: Über den Frieden. Weltordnung oder Weltuntergang. Hrsg. von O. Nathan und H. Norden, Frankfurt (Main) 1975

Eisner, Kurt, Die deutsche Arbeiterklasse und der Friede von Brest-Litowsk. Aus: Die halbe Macht den Räten. Ausgewählte Aufsätze und Reden, Köln 1969

Engelke, Gerrit, An die Soldaten des großen Krieges. Aus: Rhythmus des neuen Europa, München 1960

Engelmann, Bernt, Berliner Begegnung zur Friedensförderung. Aus: Berliner Begegnung zur Friedensförderung. Protokoll vom 13./14. Dezember 1981, Berlin 1982

Engels, Friedrich, Kann Europa abrüsten? Aus: Karl Marx, Friedrich Engels, Werke, Band 22, Berlin 1963

Enzensberger, Hans Magnus, Sozialpartner in der Rüstungsindustrie. Aus: Verteidigung der Wölfe, Frankfurt (Main) 1957

Erasmus von Rotterdam, Klage des Friedens, bei allen Völkern verbannt und niedergeschlagen. Aus: Kurt von Raumer, Ewiger Friede. Friedensrufe und Friedenspläne seit der Renaissance, Freiburg–München 1953

Faßbinder, Klara-Maria, Weltfriedensbewegung. Aus: Begegnungen und Entscheidungen, Darmstadt 1961

Feuchtwanger, Lion, Lied der Gefallenen. Aus: Centum Opuscula, Rudolstadt 1956

Fichte, Johann Gottlieb, »... und jeder Staat eilt, die Erfindung des andern bei sich einheimisch zu machen«. Aus: Der geschlossne Handelsstaat. Ein philosophischer Entwurf als Anhang zur Rechtslehre

und Probe einer künftig zu liefernden Politik, Jena 1920 (Neudruck nach dem Original aus dem Jahre 1800)
Fleming, Paul, Neu-Jahrs-Ode 1633. Aus: Wir vergehn wie Rauch von starken Winden. Deutsche Gedichte des 17. Jahrhunderts. Erster Band, Berlin 1985
Follen, Karl, Frieden und Freiheit der Völker. Aus: Frieden und Krieg, Frankfurt (Main) 1839
Fontane, Theodor, Bekenntnis zu einer Gesellschaft ohne Militarismus. Aus: Fontanes Briefe in zwei Bänden, Zweiter Band, Berlin und Weimar 1980
Forster, Georg, Die freien Deutschen und die freien Franken sind unzertrennlich. Aus: Forster. Ein Lesebuch für unsere Zeit, Weimar 1952
Franck, Sebastian, »... daß Kriegen viehisch, wider die Natur und Vernunft«. Aus: Das Kriegbüchlein des Friedes. In: Siegfried Wollgast (Hrsg.), Zur Friedensidee in der Reformationszeit, Berlin 1968
Frank, Leonhard, Der Kellner: In: Die weißen Blätter, Berlin, Heft 11/1916
Fried, Hermann Alfred, Militaristischer und pazifistischer Friedensbegriff. Aus: Handbuch der Friedensbewegung. Erster Teil, Leipzig 1911
Friedrich, Ernst, »Kämpft gegen den Imperialismus – und Ihr kämpft gegen jeden Krieg!« Aus: Krieg dem Kriege, Berlin 1924
Friedrich, Walter, Die Verantwortung der Wissenschaft. Rede auf der konstituierenden Sitzung des zentralen Friedenskomitees der Humboldt-Universität. Aus: Frédéric Joliot-Curie/Walter Friedrich, Die Verantwortung der Wissenschaft, Berlin 1951
Fuchs, Emil, Gemeinsamkeit zwischen Christen und Marxisten. In: Neues Deutschland, 10. Februar 1961
Fühmann, Franz, Weltinnenpolitik von unten. Aus: Berliner Begegnung zur Friedensförderung. Protokoll vom 13./14. Dezember 1981, Berlin 1982
Fürnberg, Louis, Die wunderbaren Fragen. Aus: Gesammelte Werke in sechs Bänden. Band 2: Gedichte 1947–1957, Berlin 1962

Geissler, Christian, Generale. In: Konkret, München, Oktober 1965. Aus: Vaterland, Muttersprache. Deutsche Schriftsteller und ihr Staat von 1945 bis heute, Berlin (West) 1979
Gellert, Christian Fürchtegott, Der Held und der Reutknecht. Aus: Fabeln und Erzählungen. Historisch-kritische Ausgabe, Tübingen 1966
Gerhardt, Paul, Danklied für die Verkündigung des Friedens. Aus: Dichtungen und Schriften, München 1957

Ginkel, Emil, Skagerrak. Aus: Pause am Lufthammer, Berlin 1928
Gleim, Johann Wilhelm Ludwig, Der Schafmann und das Schaf. Nach: J. W. L. Gleim's sämtliche Werke, Band 3, Halberstadt 1811
Goes, Albrecht, Gelöbnis. Aus: Gedichte 1930–1950, Frankfurt (Main) 1950
Goethe, Johann Wolfgang, Aphorismen. Aus: Poetische Werke. Band 14: Autobiographische Schriften II. Italienische Reise, Berlin 1961
Zu Eckermann. Sonntag, den 14. März 1830. Aus: Johann Peter Ekkermann. Gespräche mit Goethe in den letzten Jahren seines Lebens, Berlin und Weimar 1982
Auf freiem Grund mit freiem Volke stehn. Aus: Poetische Werke. Band 8: Dramatische Dichtungen IV. Faust, Berlin und Weimar 1978
Goll, Ivan, Der Panamakanal. Aus: Dythyramben, Leipzig 1918
Gollwitzer, Helmut, Wenn Sicherheitspolitik zum Sicherheitsrisiko wird. Aus: Unser Kampf für Frieden und Abrüstung. In: Argumente. Texte aus vier Jahrzehnten (hrsg. von Wolfgang Erk), Stuttgart 1978
Görlich, Günter, Mir, Frieden. Aus: Schriftsteller für den Frieden. Sonderdruck der Neuen Deutschen Literatur, Berlin 1982
Görres, Joseph, Frieden ist Völkerbeglückung. Aus: Der allgemeine Frieden – ein Ideal, Koblenz 1798
Götting, Gerald, Friedensverantwortung der Christen. Aus: Christliche Demokraten in schöpferischer Mitarbeit für das Wohl des Volkes. In: Reden und Aufsätze (1977–1981), Berlin 1982
Grass, Günter, Das Treffen in Telgte, Darmstadt und Neuwied 1979
Grimmelshausen, Hans Jakob Christoffel von, »... wo Krieg ist, da muß der Unschuldig sowohl als der Schuldig herhalten!«. Aus: Der abenteuerliche Simplicissimus Teutsch, Berlin und Weimar 1984
Grotewohl, Otto, »Überzeugen wir die Welt von dem wirklich friedlichen Charakter unseres Wollens«. Aus: Im Kampf um die einige deutsche demokratische Republik. Reden und Aufsätze. Band II, Berlin 1954
Gryphius, Andreas, Tränen des Vaterlandes. Anno 1636; Über den Untergang der Stadt Freistadt. Aus: Werke in einem Band, Weimar 1963
Gumbel, Emil Julius, Die Erschießung des 16jährigen Kurt Friedrich und seiner beiden Freunde. Aus: Zwei Jahre Mord, Berlin 1921

Hacks, Peter, Der Frieden. Aus: Stücke nach Stücken, Berlin und Weimar 1965
Härtling, Peter, Der Friedensbote. Aus: Weißt Du, was der Frieden ist? Lese-Bilder-Noten-Buch für den Frieden, Berlin (West) 1981
Hasenclever, Walter, Die Mörder sitzen in der Oper. Aus: Der politische Dichter, Berlin 1919

Hauptmann, Gerhart, Der Sinn des Nobelpreises. Aus: Das gesammelte Werk, I. Abteilung, Band 17, Berlin 1943

Haushofer, Albrecht, Maschinensklaven. Aus: Moabiter Sonette, Berlin 1946

Hebbel, Friedrich, Höchstes Gebot. Aus: Werke in drei Bänden. Band 3: Gedichte. Aufzeichnungen aus meinem Leben. Novellen. Rezensionen, Weimar 1960

Heckert, Fritz, Nach dem Antikriegskongreß: Der Kampf geht weiter. In: Internationale Gewerkschafts-Pressekorrespondenz (deutsche Ausgabe), Nr. 73, 13. September 1932

Hegel, Georg Wilhelm Friedrich, Möglichkeit des Friedens. In: Grundlinien der Philosophie des Rechts oder Naturrecht und Staatswissenschaft im Grundriß. Hrsg. von Hermann Klenner, Berlin 1981

Heine, Heinrich, Das große Völkerbündnis kommt zustande. Aus: Werke und Briefe in zehn Bänden, Band 4, Berlin 1961

Heinemann, Gustav W., Wenn wir den Frieden sichern wollen. In: Gesamtdeutsche Rundschau, Bonn, 18. Januar 1953

Henckell, Karl, Krieg dem Kriege. Aus: Gesammelte Werke, München 1921

Herburger, Günter, »... wir bekamen den Frieden geschenkt«. Aus: Über den Frieden. In: Das Flackern des Feuers im Land, Darmstadt und Neuwied 1983

Herder, Johann Gottfried, Sieben Gesinnungen der großen Friedensfrau. Aus: Herders Werke in fünf Bänden, Band 5, Berlin und Weimar 1971

Hermlin, Stephan, Die Vögel und der Test. Aus: Gedichte, Berlin und Weimar 1981

»Jeden soll man ermutigen, ... auch wenn man nicht jedem Gedanken, den er äußert, zustimmen kann.« Aus: IX. Schriftstellerkongreß der Deutschen Demokratischen Republik (Rede und Diskussion), Berlin 1983

Herrmann-Neiße, Max, Der Friedensstörer. Aus: Heimatfern, Berlin 1946

Herwegh, Georg, Epilog zum Kriege. Februar 1871. Aus: Herweghs Werke in einem Band, Berlin und Weimar 1980

Herzfelde, Wieland, Losungen und Inschriften. Aus: Unterwegs, Berlin 1961

Hesse, Hermann, O Freunde, nicht diese Töne! Aus: Krieg und Frieden, Berlin 1949

Dem Frieden entgegen. Aus: Gedichte, Frankfurt (Main) 1947

Ein Krieg kommt nicht aus dem blauen Himmel herab. In: Nürnberger Nachrichten, 4. August 1951

Heym, Georg, Der Krieg. Aus: Gedichte, Leipzig 1967

Heym, Stefan, Wann wird der Krieg enden? Aus: Reden an den Feind, Berlin 1986

Heynich, Hermann, Die sogenannten untern Volksklassen kultivieren und fortbilden. Aus: I. Kants philosophischer Entwurf zum ewigen Frieden. Anhang zu: Immanuel Kant, Zum ewigen Frieden, Hamburg 1797

Hirschfeld, Magnus, Die Einordnung aller in einen einheitlichen Gesellschaftskörper. Aus: Was eint und was trennt das Menschengeschlecht?, Berlin 1919

Hochhuth, Rolf, Aufruf. Aus: Die Berliner Antigone, Reinbek 1975

Hoffmann, Ernst Theodor Amadeus, Die Vision auf dem Schlachtfelde bei Dresden. Aus: Gesammelte Werke in Einzelausgaben, Band 8, Berlin und Weimar 1983

Hofheim, Carl August Joseph, »So sind es Menschenhände, die das Werk der schaffenden Gottheit verdarben«. Aus: Von der europäischen Republik, Altona 1796 (unter dem Pseudonym Justus Sincerus Veridicus)

Holz, Arno, »Weltgeschichte«. Aus: Buch der Zeit, Berlin 1924

Hölderlin, Friedrich, »Um des schönen, neuen, goldenen Friedens willen«. Aus: Sämtliche Werke und Briefe. Band 2: Hyperion. Theoretische Versuche, Berlin und Weimar 1970
Friedensfeier. Aus: Sämtliche Werke und Briefe. Band 1: Gedichte. Berlin und Weimar 1970

Höllerer, Walter, Zweite Berliner Begegnung. Aus: Zweite Berliner Begegnung. Den Frieden erklären. Protokolle des zweiten Berliner Schriftstellertreffens am 22./23. April 1983, Darmstadt und Neuwied 1983

Honecker, Erich, Brief an Bundeskanzler Kohl vom 5. Oktober 1983. Aus: Reden und Aufsätze, Band 9, Berlin 1985

Huch, Ricarda, Kriegswinter. Aus: Herbstfeuer, Leipzig 1947

Huchel, Peter, Des Krieges Ruhm. Aus: Gedichte, Berlin 1948

Humboldt, Alexander von, Brief an den Friedenskongreß. In: Die Waffen nieder! Monatsschrift zur Förderung der Friedensidee, Berlin, Leipzig, Wien, 1. Jahrgang, Heft 1/1892

Humboldt, Wilhelm von, »Dann sind die Menschen, und zwar die freien Menschen, friedlich geworden«. In: Ideen zu einem Versuch, die Grenzen der Wirksamkeit des Staates zu bestimmen. Aus: Individuum und Staatsgewalt, Leipzig 1985

Hutten, Ullrich von, Entschüldigung wider etlicher unwahrhaftiges Ausgeben. Aus: Opera. Hrsg. von Eduard Böcking. Zweiter Band, Leipzig 1859

Jahn, Friedrich Ludwig, Eroberungskrieg und vaterländischer Schutzkrieg. Aus: Das deutsche Volkstum, Dresden 1928

Jahnn, Hans Henny, Für den totalen Frieden: In: Der Schriftsteller. Organ des Schutzverbandes Deutscher Autoren, Nordwest, Hamburg, 4. Jahrgang, Nr. 1, Januar 1951

Jaspers, Karl, Die Atombombe und die Zukunft des Menschen. Radiovortrag, München 1957

Jean Paul, Kriegserklärung gegen den Krieg. Aus: Jean Pauls Werke in zwei Bänden, Berlin und Weimar 1977

Jens, Walter, Rede vor dem Amtsgericht in Schwäbisch Gmünd. In: Vorgänge, Weinheim, Heft 2/1985

Kahlau, Heinz, Der Krieg in Vietnam. Aus: Bögen. Ausgewählte Gedichte 1950–1980, Berlin und Weimar 1981

Kämpchen, Heinrich, International. Aus: Das Lied des Ruhrkumpels, Berlin 1960

Kant, Immanuel, Präliminarartikel zum ewigen Frieden unter Staaten. Aus: Zum ewigen Frieden, Hamburg 1797

Kantorowicz, Hermann, Verteidigung des Völkerbundes. Aus: Verteidigung des Völkerbundes (Rede), Berlin 1922

Karschin, Anna Louisa, Ein Gebet an den Mars. Aus: O, mir entwischt nicht, was die Menschen fühlen. Gedichte und Briefe. Stimmen von Zeitgenossen, Berlin 1981

Kaschnitz, Marie Luise, Hiroshima. Aus: Neue Gedichte, Hamburg 1957

Kästner, Erich, Die andre Möglichkeit. Aus: Gesammelte Schriften, Band I, Zürich 1959

Kegel, Max, Kein Völkerhaß. Aus: Auswahl aus seinem Werk, Berlin 1974

Klaar, Ernst, Morgendämmern. Aus: Stimme des Vortrupps, Berlin 1961

Klabund, Die Ballade des Vergessens. Aus: Die Harfenjule, Köln 1948

Kleist, Ewald Christian von, Der Frühling. Aus: Ihn foltert Schwermut, weil er lebt. Sämtliche Werke und ausgewählte Briefe, Berlin 1982

Kleist, Heinrich von, Der höhere Frieden. Aus: Werke und Briefe in vier Bänden, Band 3, Berlin und Weimar 1978

Klemperer, Victor, Ein Gesetz und ein Gebot der Menschlichkeit. Aus: Bericht des Rechtsausschusses der Volkskammer anläßlich der zweiten Lesung des Gesetzes zum Schutze des Friedens am 15. Dezember 1950 (4. Sitzung). In: Volkskammer der DDR. Stenographische Niederschrift der 1.–15. Vollsitzung, Berlin 1950/51

Klopstock, Friedrich Gottlieb, Die Krieger. Aus: Werke in einem Band, Berlin und Weimar 1983

Koeppen, Wolfgang, Wahn. Aus: Ich lebe in der Bundesrepublik. Hrsg. von Wolfgang Weyrauch, München, 1960

Kollwitz, Käthe, Es ist genug gestorben! Aus: Brief an Ottilie Kollwitz vom 21. Februar 1944. Aus: Aus Tagebüchern und Briefen, Berlin 1959

Krause, Karl Christian Friedrich, Entwurf eines europäischen Staatenbundes als Basis des allgemeinen Friedens und als rechtliches Mittel gegen jeden Angriff wider die innere und äußere Freiheit Europas, 1814. Aus: Entwurf eines europäischen Staatenbundes, Leipzig 1920

Krolow, Karl, An den Frieden. Aus: Heimsuchung, Berlin 1948

Kuba, Gegen den Krieg. Aus: Gedichte, Rostock 1961

Kuczynski, Jürgen, Die Produktivkräfte und der Frieden. Aus: Herbert Meißner, Karlheinz Lohs (Hrsg.), Frieden ohne Alternative, Berlin 1985

Kuczynski, Robert René, Klassensolidarität statt Völkerhaß. In: Finanzpolitische Korrespondenz, Berlin, 23. Juni 1922

Külz, Wilhelm, Blockpolitik ist eine unbedingte Notwendigkeit. Rede auf dem LDPD-Parteitag Sachsen im Oktober 1946. Aus: Wolfgang Tenzler, Wolfgang Bogisch (Hrsg.), Die richtige Seite, Berlin 1969

Kunert, Günter, Auf der Schwelle des Hauses. Aus: Der ungebetene Gast, Berlin und Weimar 1965

Lamprecht, Karl, Die Nation hat ein Recht auf den internationalen Frieden. Aus: Die Nation und die Friedensbewegung, Berlin 1914

Lange, Friedrich Albert, Aufruf an die Menschenfreunde aller Nationen. Aus: Über Politik und Philosophie. Briefe und Leitartikel 1862–1875 (Hrsg. von Georg Eckert), Duisburg 1968

Langgässer, Elisabeth, Frühling 1946. Aus: De profundis. Deutsche Lyrik in dieser Zeit. Eine Anthologie aus zwölf Jahren, München 1946

Lattmann, Dieter, Lied vom Krefelder Appell. Aus: Berliner Begegnung zur Friedensförderung. Protokoll vom 13./14. Dezember 1981, Berlin 1982

Le Fort, Gertrud von, Und wenn er einst erscheinet ... Aus: Gedichte, Wiesbaden 1949

Lehmann-Russbüldt, Otto, Sozialismus und Friedensfront. Aus: Reiter durch Jahrhunderte, Düsseldorf 1947

Leibniz, Gottfried Wilhelm, »Also ist hingegen des Vaterlandes Wohlstand unsre Vergnügung«. Aus: Sämtliche Schriften und Briefe, Vierte Reihe, 3. Band, Berlin 1986

Die Freiheit des Vaterlandes und die Ehre der Nation. In: Geschwinde Kriegsverfassung oder Verordnungen so weiland Ludwig XIII. König in Frankreich in einer dringenden Notdurft ergehen lassen. Aus: Werke, Reihe I, Band 5, Hannover 1864–1884

Lenz, Siegfried, Schwierige Trauer. Aus: Ein Haus aus lauter Liebe, Berlin und Weimar 1977

Leonhard, Rudolf, Wir Antimilitaristen und die Rote Armee. Aus: Unsere Republik, Berlin 1951

Lessing, Gotthold Ephraim, Briefe, die neueste Literatur betreffend. Aus: Gesammelte Werke in zehn Bänden. Vierter Band: Über die Fabel. Literaturbriefe. Sophokles, Berlin 1955

Levìné, Eugen, »Immer werden die Völker gegen das Blutvergießen protestieren«. Aus: Stimmen der Völker zum Krieg, Berlin 1924

Lichtenberg, Georg Christoph, »So wünscht ein wahrer Patriot und Menschenfreund zu erfahren ...« Aus: Lichtenbergs Werke in einem Band, Berlin und Weimar 1973

Liebknecht, Karl, Ich lehne die geforderten Kriegskredite ab!; Der Krieg. Aus: Gesammelte Reden und Schriften, Band VIII, Berlin 1966

Liebknecht, Wilhelm, Die parlamentarische Friedenskonferenz. In: Der Wähler, Leipzig, 15. Juli 1890

Liliencron, Detlev von, Krieg und Frieden. Aus: Gesammelte Werke. Zweiter Band: Gedichte, Berlin 1914

Logau, Friedrich von, Des Krieges Buchstaben. Aus: Die tapfere Wahrheit. Sinngedichte, Leipzig 1978

Lorbeer, Hans, Erde, wir singen dein Lied! Aus: Die Straße gehn ... Verse aus vier Jahrhunderten, Halle (Saale) 1961

Löwenthal, Eduard, Der Krieg ist kein reinigendes Gewitter. Aus: Der wahre Weg zum bleibenden Frieden, Berlin 1896

Luther, Martin, Der XLVI. Psalm. Deus noster refugium et virtus. Aus: Sämtliche deutsche geistliche Lieder, Halle (Saale) 1912

Luxemburg, Rosa, Verteidigungsrede. Aus: Gesammelte Werke, Band 3, Berlin 1973

Mackay, John Henry, Schießt nicht auf uns, ihr Brüder. Aus: Der Krieg. Gedichte, Berlin 1927

Mann, Heinrich, An das Volk der Zwanzigjährigen. Aus: Ausgewählte Werke in Einzelausgaben. Band XII: Essays, Zweiter Band, Berlin 1956

Wir wollen den Frieden retten. Aus: Ein Wort an Berlin. Aus: Ausgewählte Werke in Einzelausgaben. Band XIII: Essays, Dritter Band, Berlin 1962

Mann, Thomas, Ich bin kein Pazifist. Aus: Aufsätze. Reden. Essays. Band 3: 1919–1925, Berlin und Weimar 1986
Für die heilige Sache des Friedens. Aus: Gesammelte Werke in zwölf Bänden. Band XI: Altes und Neues, Berlin 1955
Frieden und Sozialismus. Aus: Gesammelte Werke in zwölf Bänden. Band XII: Zeit und Werk, Berlin 1955
»Meine natürliche Sorge gilt daher Deutschland ...«. Aus: Gesammelte Werke in dreizehn Bänden. Band 13: Nachträge, Frankfurt (Main) 1975
Marchlewski, Julian, Rafft euch auf! Aus: Unterseebootkrieg, Völkerrecht und Völkermord. Flugblatt (1916)
Marchwitza, Hans, Frieden. Aus: Das Wort der Verfolgten. Anthologie eines Jahrhunderts, Berlin 1948
Marx, Karl, Adresse an die Nationale Arbeiterunion der Vereinigten Staaten. Aus: Karl Marx, Friedrich Engels, Werke, Band 16, Berlin 1962
Marx, Karl und Friedrich Engels, Das Proletariat muß sich zur führenden Klasse der Nation erheben. Aus: Karl Marx, Friedrich Engels, Werke, Band 4, Berlin 1959
Maurer, Georg, Die ihr geboren werdet heute ... Aus: Werke in zwei Bänden, Band 1, Halle–Leipzig 1987
Meckel, Christoph, Der Tag wird kommen. Aus: Ausgewählte Gedichte 1955–1978, Königstein (Taunus) 1979
Mehring, Franz, Arbeiter und Arbeiterinnen! Flugblatt des Spartakusbundes (Sommer 1917). Aus: Gesammelte Schriften, Band 15, Berlin 1966
Meister Eckehart, Ein edles Leben. Aus: Opus tripartium, Leipzig 1935

Mensching, Steffen, Lied für meine Freunde. Aus: Poesiealbum 146, Berlin 1976
Metzger, Max Josef, Planmäßige Organisierung des Friedens. Aus: Für Frieden und Einheit. Briefe aus der Gefangenschaft, Meitungen 1964
Mickel, Karl, Was ich tun kann. Aus: Neue Deutsche Literatur, Berlin, Heft 3/1977
Mierendorff, Carlo, Programm der Sozialistischen Aktion. Aus: Ger van Roon, Neuordnung im Widerstand, München 1967
Mitzenheim, Moritz, Politische Diakonie. Aus: Politische Diakonie, Berlin 1964
Möller, Werner, An die Kriegshetzer. Aus: Sturmgesang. Proletarische Gedichte, Elberfeld 1913
Morgner, Irmtraud, »Und was ist die Mutter aller Dinge?« Aus: Weißt Du, was der Frieden ist? Lese-Bilder-Noten-Buch für den Frieden, Berlin (West) 1981

Mörike, Eduard, In Gedanken an unsere deutschen Krieger. Aus: Mörikes Werke in einem Band, Berlin und Weimar 1982

Moscherosch, Hans Michael, O edler Fried, du höchstes Gut. Aus: Wunderliche und wahrhaftige Gesichte Philanders von Sittewald, Berlin und Stuttgart 1883

Mühsam, Erich, Soldatenlied. Aus: Gedichte. Drama. Prosa, Berlin 1961

Müller, Heiner, Neue Fragen. Aus: Berliner Begegnung zur Friedensförderung. Protokoll vom 13./14. Dezember 1981, Berlin 1982

Müller-Lyer, Franz, Im Kriege triumphiert der Kriegsstaat. Aus: Der Sinn des Lebens und die Wissenschaft, München 1919

Müntzer, Thomas, »Man muß das Unkraut ausräufen aus dem Weingarten Gottis«. Aus: Hutten/Müntzer/Luther. Werke in zwei Bänden, Berlin und Weimar 1970

Nicolai, Georg Friedrich, Aufruf an die Europäer. Aus: Hans Wehberg (Hrsg.), Gesammelte Aufsätze zum Wiederaufbau Europas, Leipzig 1921

Niekisch, Ernst, Ost-West-Gespräch. Hrsg. vom Sekretariat der Nationalen Front des demokratischen Deutschland, Berlin 1950

Niemöller, Martin, Wehrt euch gegen den Atomtod! Aus: Reden (3), Frankfurt (Main) 1961

Novalis, Die Christenheit oder Europa. Aus: Werke in einem Band, Berlin und Weimar 1985

Nuschke, Otto, Ex oriente pax. Rede auf dem 5. Parteitag der CDU am 15. September 1950. Aus: Reden und Aufsätze 1919–1950, Berlin 1957

Opitz, Martin, Fleuch in der Mannheit Burg. Aus: Gesammelte Werke. Kritische Ausgabe, Band I: Die Werke von 1614 bis 1621, Stuttgart 1968

Ossietzky, Carl von, Rede vor Gericht. In: Die Weltbühne, Berlin, 5. Juli 1932

Paracelsus, »Der Feind Christi soll überwunden werden, aber mit der Lehr, nit mit Mörderei«. Aus: Siegfried Wollgast (Hrsg.), Zur Friedensidee in der Reformationszeit, Berlin 1968

Pauli, Johannes, Frid vor dem Schaden. Aus: Schimpf und Ernst. Erster Teil: Die Ausgabe von 1522, Berlin 1924

Paulus, Friedrich von, An die kriegsgefangenen deutschen Offiziere und Soldaten in der U. d. S. S. R. und an das deutsche Volk. Aus: Nie wieder Krieg. Hrsg. von der Deutschen Friedens-Union (DFU), Berlin (West) 1979

Peucker, Nikolaus, Der Bauer spricht. Aus: Tränen des Vaterlandes. Deutsche Dichtung aus dem 16. und 17. Jahrhundert. Eine Auswahl von Johannes R. Becher, Berlin 1963

Pieck, Wilhelm, Volksbegehren gegen den Panzerkreuzerbau. Aus: Reden und Aufsätze. Band II: Auswahl aus den Jahren 1908–1950, Berlin 1954

Einheit und Aktionsprogramm. Aus: Zur Geschichte der KPD. Eine Auswahl aus Materialien und Dokumenten 1914–1946, Berlin 1954

An der Wende der deutschen Geschichte. Aus: Im Kampf um den Frieden. Ausgewählte Reden und Schriften 1918–1959, Berlin 1985

Platen, August von, Nach den Freiheitskriegen. Aus: Dichtungen, Berlin 1957

Quidde, Ludwig, Die Einwirkung des Militarismus auf die bürgerliche Gesellschaft. Aus: Der Militarismus im heutigen deutschen Reich. Eine Anklageschrift, Stuttgart 1893

Raabe, Wilhelm, Aphorismen; Die Taler rollten. Aus: Sämtliche Werke, Band 2 und 5, Berlin 1915/16

Radbruch, Gustav, Die Perspektive des Friedens in einem deutschen Bündnis mit Rußland. Aus: Gustav Radbruch, Briefe (Hrsg. v. Erik Wolf), Göttingen 1968

Rade, Martin, »Wie soll der Christ heute … sich zum Friedensgedanken stellen?« Aus: Christentum und Frieden, Tübingen 1922

Ramler, Karl Wilhelm, An die Könige. Aus: Gedichte gegen den Krieg, München 1962

Rathenau, Walther, Frieden und Freundschaft mit Sowjetrußland. Aus: Rede auf einer Versammlung in Stuttgart vor einem geladenen Kreis aller Parteien am 9. Juni 1922. In: Gesammelte Reden, Berlin 1924

Reimann, Max, Friedliche Koexistenz der beiden deutschen Staaten. Aus: Referat auf der 20. Tagung des ZK der KPD im Jahre 1962. In: Aus Reden und Aufsätzen, Berlin 1962

Renn, Ludwig, Mit Feder und Gewehr gegen den Krieg. Aus: Das Wort, Moskau, Heft 10/1937

Repgow, Eike von, Friedensregelung. Aus: Der Sachsenspiegel (Landrecht). Zweites Buch, Art. 66, § 1–2. Nach der Berliner Handschrift vom Jahre 1369, 3. Ausgabe, Berlin 1861

Riemeck, Renate, Rückwärtsgewandte Prophetie. Aus: Erkenntnishilfe und Wegweisung. Lenins Werk und wir Christen heute, Berlin 1970

Riesenburger, Martin, Sie sind für Freiheit und Frieden gefallen. Aus: Das Licht verlöschte nicht, Berlin 1960

Rinckart, Martin, Die schöne Müllerin-Stimm und friedenreiches Freuden-Lied. Aus: Wir vergehn wie Rauch von starken Winden. Deutsche Gedichte des 17. Jahrhunderts, Erster Band, Berlin 1985

Rinser, Luise, Friedensfest. Aus: Im Dunkeln singen. 1982–1985, Frankfurt (Main) 1985

Rist, Johann, Das Friede wünschende Teutschland. Aus: Sämtliche Werke. Zweiter Band: Dramatische Dichtungen, Berlin–New York 1972

Römer, Peter, Die Friedenspflicht im Grundgesetz. In: Demokratie und Recht, Köln, Heft 3/1982

Ruge, Arnold, Krieg und Restauration. Aus: Die Hegelsche Linke. Dokumente zu Philosophie und Politik im deutschen Vormärz, Leipzig 1985

Sachs, Hans, Daß Fried und Ruh. Aus: Werke in zwei Bänden, Weimar 1960

Sachs, Nelly, Chor der Waisen. Aus: Fahrt ins Staublose, Frankfurt (Main) 1961

Sack, Eduard, »Was tun die Volksbildner ... gegen die aus den schlimmsten Zeiten der Barbarei uns gebliebene Menschenschlächterei ...?« Aus: Beiträge zur Schule im Dienste der Freiheit, Braunschweig 1878

Schiller, Friedrich, Der Eroberer. Aus: Sämtliche Werke in zehn Bänden. Band I: Gedichte, Berlin und Weimar 1980

Schlegel, Friedrich, Versuch über den Begriff des Republikanismus. Aus: Werke in zwei Bänden, Berlin und Weimar 1980

Schlegel-Schelling, Caroline, Brief an Luise Wiedemann vom 30. November 1806. Aus: Erich Schmidt (Hrsg.), Caroline. Briefe aus der Frühromantik, Zweiter Band, Leipzig 1913

Schleiermacher, Friedrich, Kein Friede ohne Sicherheit. In: Der preußische Correspondent, Berlin, 14. Juli 1813

Schneider, Reinhold, In Freiheit und Verantwortung. Aus: Aufbau, Berlin, 7. Jahrgang, Heft 12/1951

Scholl, Hans, »Ich möchte eine Utopie schaffen«. Aus: Rußlandtagebuch. In: Hans Scholl, Sophie Scholl, Briefe und Aufzeichnungen, Frankfurt (Main) 1984

Scholl, Sophie, »Wann endlich wird die Zeit kommen?« Aus: Brief an Fritz Hartnagel vom 7. November 1942. In: Hans Scholl, Sophie Scholl, Briefe und Aufzeichnungen, Frankfurt (Main) 1984

Schönherr, Albrecht, Gedanken zum Thema Abrüstung. Aus: Horizont und Mitte. Aufsätze. Vorträge. Reden 1953–1977, Berlin 1979

Schubart, Christian Friedrich Daniel, Also, ihr Herrscher der Erde. Aus: Schubarts Werke in einem Band, Berlin und Weimar 1988

Schücking, Walter, Soziale Frage und Pazifismus. Aus: Vorwort zur deutschen Ausgabe von Hélène Claparède-Spir (Hrsg.), Völkerverständigung, (o. O.) 1925

Schuder, Rosemarie, »Wir, die Friedfertigen, ... müssen untereinander Toleranz lernen.« Aus: IX. Schriftstellerkongreß der Deutschen Demokratischen Republik (Rede und Diskussion), Berlin 1983

Schumacher, Kurt, »Wir konnten nicht feige sein.« Aus: Ein Stück Wirklichkeit mehr. Zum 25. Jahrestag der Ermordung von Adam Kuckhoff, Berlin 1968

Schweitzer, Albert, Der Krieg ist ein furchtbares Übel. Aus: Rede anläßlich der Entgegennahme des Friedenspreises des Deutschen Buchhandels am 4. November 1954 in Frankfurt am Main. In: Ausgewählte Werke, Band 5, Berlin 1975

Schwieger, Jakob, Auf den lang gewünscheten Frieden in Teutschland. Aus: Auserlesene Gedichte, Leipzig 1828

Scultetus, Andreas, Hegt Frieden! Aus: Friedens Lob und Krieges Leid, Braunschweig 1771

Seghers, Anna, Vaterlandsliebe. Aus: Bevor uns die Schuld überwältigt. Aus: Gesammelte Werke in Einzelausgaben. Band XIII: Aufsätze. Ansprachen. Essays 1954–1979, Berlin und Weimar 1980

Seume, Johann Gottfried, An das deutsche Volk im Jahre 1810. Aus: Seumes Werke in zwei Bänden, Berlin und Weimar 1983

Slang, Der große Verbrecher. Aus: Eine Auswahl Lyrik und Prosa, Berlin o. J.

Stöcker, Helene, Sowjet-Rußland – Weltperspektive für das Proletariat. Aus: Verkünder und Verwirklicher. Beiträge zum Gewaltproblem, Berlin 1928

Storm, Theodor, Ein Epilog. Aus: Sämtliche Werke in vier Bänden. Band I: Gedichte, Märchen und Spukgeschichten, Novellen, Berlin und Weimar 1978

Strittmatter, Erwin, Handzettel für einige Nachbarn. Selbstermunterungen. Aus: Selbstermunterungen, Berlin und Weimar 1981

Strittmatter, Eva, Trost. Aus: Heliotrop, Berlin und Weimar 1983

Struzyk, Brigitte, Über die Spontanität beim Erstschlag. Aus: Leben auf der Kippe, Berlin und Weimar 1984

Suttner, Bertha von, Der Krieg wird kämpfend überwunden werden. Aus: Der Krieg und seine Bekämpfung, Berlin 1904

Thälmann, Ernst, Formen und Möglichkeiten einer großen antifaschistischen Aktion. Rede auf dem Plenum des ZK der KPD am 24. Mai 1932. Aus: Heinz Karl/Erika Kücklich, Die antifaschistische Aktion, Berlin 1965

Für den siegreichen sozialistischen Freiheitskampf im neuen Völkerfrühling der deutschen Nation. Aus: Antwort auf Briefe eines Kerkergenossen, Berlin 1961
Toller, Ernst, Den Müttern. Aus: Vormorgen. Gedichte, Potsdam 1924. Was tatest du wider den Krieg? Aus: Quer durch, Berlin 1930
Törne, Volker von, Lied von den apokalyptischen Reitern. Aus: Nicolas Born, F. C. Delius, Volker von Törne, Rezepte für Friedenszeiten, Berlin und Weimar 1973
Tucholsky, Kurt, Krieg dem Kriege. Aus: Ausgewählte Werke, Band I, Berlin 1979

Uhse, Bodo, Tagebuchnotiz. Aus: Gesammelte Werke in Einzelausgaben. Band 5: Reise- und Tagebücher I, Berlin und Weimar 1981
Ulbricht, Walter, Friedenskommission und Konföderation. Aus: Der deutsche Friedensplan. In: Schriftenreihe des Staatsrates der DDR, Nr. 13/1961
Unruh, Fritz von, Mahnruf zum Frieden. Aus: Wir wollen Frieden, Düsseldorf 1961
Uz, Johann Peter, An Herrn Kanonikus Gleim. Aus: Sämtliche Poetische Werke, Stuttgart 1890

Virchow, Rudolf, Rüstungsgelder dienen nicht dem Volkswohl. Vortrag am 17. Mai 1877, Berlin 1877
Vogel, Bruno, Der Schrei. Aus: Es lebe der Krieg, Leipzig 1925
Vogeler, Heinrich, Frieden zwischen Mensch und Mensch, zwischen Volk und Volk. Aus: Manifeste Manifeste. 1905–1933, Dresden 1965

Walther von der Vogelweide, Her keiser, swenne ir Tiuschen vride; Ich saz ûf eime steine ... Aus: Die Gedichte Walthers von der Vogelweide, Berlin 1965
Wedekind, Georg Christian Gottlieb, »Führt allenthalben die Volksregierung ein – und denn hat aller Krieg ein Ende«. Aus: Über die Regierungsverfassungen. Rede vom 5. November 1792, Mainz 1792
Weerth, Georg, Der Kanonengießer. Aus: Weerths Werke in zwei Bänden, Berlin und Weimar 1980
Wehberg, Hans, Die kleine Schar einsamer Pazifisten sah das Unheil voraus. Aus: Als Pazifist im Weltkrieg, Leipzig 1919
Weinert, Erich, Bauer, steh auf! Aus: Gesammelte Gedichte. Band 2: Gedichte 1926–1927, Berlin und Weimar 1970
Weisenborn, Günther, Lied vom Frieden. Aus: Historien der Zeit, Berlin 1947

Weiskopf, F. C., Trommlerliedchen. Aus: Es geht eine Trommel, Berlin-Schöneberg 1923

Weitling, Wilhelm, »Und das sollen Landsleute sein?« Aus: Garantien der Harmonie und Freiheit, Berlin 1955

Weizsäcker, Carl Friedrich von, Ethik der technischen Welt. Aus: Bedingungen des Friedens, Berlin 1964

Weizsäcker, Richard von, Der 8. Mai 1945 war ein Tag der Befreiung. Aus: Rede zum 40. Jahrestag der Befreiung vor dem Deutschen Bundestag in Bonn. In: Bulletin der Bundesregierung, Bonn 1985

Weyrauch, Wolfgang, Die Wiederholung. Aus: Gesang um nicht zu sterben, Hamburg 1956

Wezel, Johann Karl, Der Krieg dauerte unaufhörlich fort. Aus: Robinson Krusoe. Geschichte der Kolonie, Berlin 1979

Wiens, Paul, Vermächtnis. Aus: Dienstgeheimnis, ein Nächtebuch, Berlin 1968

Wirth, Josef, Der Rapallovertrag – ein ehrliches, aufrichtiges Friedenswerk. Aus: Verhandlungen des Reichstages (I. Wahlperiode), Band 355, Berlin 1922

Wolf, Christa, »Literatur heute muß Friedensforschung sein«. Aus: Die Dimension des Autors. Essays und Aufsätze. Reden und Gespräche. Band II, Berlin und Weimar 1986

Wolf, Konrad, Der Krieg beginnt nicht mit dem ersten Schuß. Aus: Konrad Wolf im Dialog. Künste und Politik, Berlin 1985

Wolff, Wilhelm, Preußisches Kriegsvolk. In: Freikugeln. Blätter für ernste und heitere Unterhaltung, Leipzig, 13. Februar 1845

Zasius, Ulrich, Recht und Frieden. In: Oratio legalis post caniculae ferias. In: Erik Wolf, Quellenbuch zur Geschichte der deutschen Rechtswissenschaft, Frankfurt (Main) 1946

Zech, Paul, Eine Passion wider den Krieg. Aus: Das Grab der Welt, Hamburg 1919

Zetkin, Clara, Die Proletarier von pazifistischer Selbsttäuschung befrein. Aus: Ausgewählte Reden und Schriften, Band 2, Berlin 1960

Zweig, Arnold, Aufruf zur Vernunft. Aus: Ausgewählte Werke in Einzelausgaben. Band 16: Essays. Zweiter Halbband, Aufsätze zu Krieg und Frieden, Berlin und Weimar 1967

Appell der Schriftsteller Europas vom 20. August 1981. In: Blätter für deutsche und internationale Politik, Köln, Heft 12/1981

Artikelbrief der Schwarzwälder Bauern. Nach: Kaiser, Gott und Bauer. Die Zeit des Deutschen Bauernkrieges im Spiegel der Literatur, Berlin 1975

Aufruf zur Gründung der Deutschen Demokratischen Partei. In: Berliner Tageblatt vom 16. 11. 1918

Caputher Appell. In: Sitzungsberichte der Akademie der Wissenschaften der DDR, Berlin 1983

Flugblatt deutscher Jakobiner. Aus: Hedwig Voegt, Die deutsche jakobinische Literatur und Publizistik 1789–1800, Berlin 1955

Froh begrüßte Friedenstaube. Landsknechtslied. Aus: Tränen des Vaterlandes. Deutsche Dichtung aus dem 16. und 17. Jahrhundert. Eine Auswahl von Johannes R. Becher, Berlin 1963

»Für Frieden, Freiheit und Brot!« Aufruf für die deutsche Volksfront. Aus: Nie wieder! Texte gegen den Krieg. Hrsg. von M. Bosch, Köln 1981

Ich bin Soldat, doch ich bin es nicht gerne. Volkslied. Aus: Wolfgang Steinitz, Deutsche Volkslieder demokratischen Charakters aus sechs Jahrhunderten, Band I, Berlin 1954

Ist es nit ein elend Leben um den armen Bauernstand. Volkslied. Aus: Wolfgang Steinitz, Deutsche Volkslieder demokratischen Charakters aus sechs Jahrhunderten, Band I, Berlin 1954

Wenn's nur einmal Friede wär! Volkslied. Aus: Wolfgang Steinitz, Deutsche Volkslieder demokratischen Charakters aus sechs Jahrhunderten, Band I, Berlin 1954

EDITORISCHE NACHBEMERKUNG

Das »Deutsche Friedensbuch« soll das Denken über den Frieden in seiner historischen Dimension und Vielstimmigkeit deutlich machen. Die Herausgeber beabsichtigten, die Friedensproblematik in ihren sozialen und moralischen, juristischen, politischen und religiös-theologischen Aspekten darzustellen. Dabei stehen realitätshaltige Texte neben utopischen, pazifistischen oder solchen, die aus einer verkehrten, ideologisierten Anschauung der Welt hervorgingen. Der Leser muß sich also über die Ambivalenz mancher Texte sein eigenes Urteil bilden; er wird dabei in dem einen oder anderen Fall auf mißbräuchlichen Umgang mit der Friedensidee stoßen.

Der vorliegende Band, der Texte vom 12. Jahrhundert bis zum Jahre 1987 vereinigt, will Friedensdenken von Deutschen als eine geistig-kulturelle Komponente dokumentieren in einer Zeit, in der die deutschen Zimmer unserer mehrstaatlich verfaßten Nation in einem gemeinsamen europäischen Haus vermessen werden.

Das »Deutsche Friedensbuch«, dessen Mitherausgeber seinerzeit Horst Ullrich war, erschien 1965 in erster Auflage. Mit der jetzt, ein Vierteljahrhundert später, edierten erweiterten Ausgabe ist ein konzeptionell und inhaltlich verändertes Buch entstanden, dessen damals unter anderen politischen Umständen gewählter Titel heute auf neue Weise aktuell geworden ist.

Alle (zumeist gekürzten) Texte dieses Bandes sind nach den geltenden Dudenregeln modernisiert und werden in der Reihenfolge ihrer Entstehung dargeboten; Auslassungen sind mit (...) gekennzeichnet. Die Lebensdaten der Autoren und Autorinnen finden sich im Inhaltsverzeichnis. Redaktionsschluß war im Frühjahr 1989.

Ein besonderer Dank der Herausgeber sei Herrn Viktor Liebrenz, dem Lektor dieses Buches, ausgesprochen.

K. A. M./W. N.

INHALTS-VERZEICHNIS

ERSTER TEIL

I

II

III

IV

V

ZWEITER TEIL

I

III

ANHANG